Machine Learning Héroe: Domina la Ciencia de Datos con los Fundamentos de la programación en Python

Primera Edición

Primera edición:

Octubre de 2024

Publicado por Cuantum Technologies LLC.

Plano, TX.

ISBN 979-8-89587-368-7

"Artificial intelligence is the new electricity."

- Andrew Ng, Co-founder of Coursera and Adjunct Professor at Stanford University

Quiénes somos

Bienvenido a este libro creado por Cuantum Technologies. Somos un equipo de desarrolladores apasionados comprometidos con la creación de software que ofrece experiencias creativas y resuelve problemas del mundo real. Nuestro enfoque se centra en construir aplicaciones web de alta calidad que proporcionen una experiencia de usuario fluida y satisfagan las necesidades de nuestros clientes.

En nuestra empresa, creemos que programar no se trata solo de escribir código. Se trata de resolver problemas y crear soluciones que marquen la diferencia en la vida de las personas. Constantemente exploramos nuevas tecnologías y técnicas para mantenernos a la vanguardia de la industria, y estamos emocionados de compartir nuestro conocimiento y experiencia contigo a través de este libro.

Nuestro enfoque del desarrollo de software se basa en la colaboración y la creatividad. Trabajamos en estrecha colaboración con nuestros clientes para comprender sus necesidades y crear soluciones adaptadas a sus requisitos específicos. Creemos que el software debe ser intuitivo, fácil de usar y visualmente atractivo, y nos esforzamos por crear aplicaciones que cumplan con estos criterios.

Este libro tiene como objetivo proporcionar un enfoque práctico y detallado para comenzar con "Natural Language Processing con Python Edición Actualizada: Desde lo Básico a Proyectos Avanzados". Ya seas un principiante sin experiencia en programación o un programador experimentado que busca expandir sus habilidades, este libro está diseñado para ayudarte a desarrollar tus habilidades y construir una base sólida en Procesamiento de Lenguaje Natural (PLN) con Python.

Nuestra Filosofía:

En el corazón de Cuantum, creemos que la mejor manera de crear software es a través de la colaboración y la creatividad. Valoramos la opinión de nuestros clientes y trabajamos estrechamente con ellos para crear soluciones que satisfagan sus necesidades. También creemos que el software debe ser intuitivo, fácil de usar y visualmente atractivo, y nos esforzamos por crear aplicaciones que cumplan con estos criterios.

También creemos que la programación es una habilidad que se puede aprender y desarrollar con el tiempo. Animamos a nuestros desarrolladores a explorar nuevas tecnologías y técnicas, y les proporcionamos las herramientas y recursos que necesitan para mantenerse a la vanguardia de la industria. También creemos que la programación debe ser divertida y gratificante, y nos esforzamos por crear un entorno de trabajo que fomente la creatividad y la innovación.

Nuestra Experiencia:

En nuestra empresa de software, nos especializamos en construir aplicaciones web que ofrecen experiencias creativas y resuelven problemas del mundo real. Nuestros desarrolladores tienen experiencia en una amplia gama de lenguajes de programación y marcos de trabajo, incluyendo Python, IA, ChatGPT, Django, React, Three.js y Vue.js, entre otros. Constantemente exploramos nuevas tecnologías y técnicas para mantenernos a la vanguardia de la industria, y nos enorgullecemos de nuestra capacidad para crear soluciones que satisfagan las necesidades de nuestros clientes.

También tenemos una amplia experiencia en análisis y visualización de datos, aprendizaje automático e inteligencia artificial. Creemos que estas tecnologías tienen el potencial de transformar la forma en que vivimos y trabajamos, y estamos emocionados de estar a la vanguardia de esta revolución.

En conclusión, nuestra empresa está dedicada a crear software web que fomente experiencias creativas y resuelva problemas del mundo real. Priorizamos la colaboración y la creatividad, y nos esforzamos por desarrollar soluciones que sean intuitivas, fáciles de usar y visualmente atractivas. Nos apasiona la programación y estamos ansiosos por compartir nuestro conocimiento y experiencia contigo a través de este libro. Ya seas un principiante o un programador experimentado, esperamos que encuentres este libro como un recurso valioso en tu camino hacia convertirte en un experto en Natural Language Processing con Python Edición Actualizada: Desde lo Básico a Proyectos Avanzados.

TABLA DE CONTENIDOS

Introducción

En la era digital actual, los datos se han convertido en uno de los activos más valiosos para empresas, investigadores y profesionales de todas las industrias. Desde comprender el comportamiento del consumidor hasta predecir tendencias del mercado, las decisiones basadas en datos son ahora el corazón de la innovación y la ventaja competitiva. Pero los datos, en su forma bruta, son solo el comienzo. Para liberar todo su potencial, necesitamos convertir los datos en **insights** accionables. Aquí es donde entra en juego el **machine learning**, una poderosa herramienta que puede transformar datos en bruto en predicciones, recomendaciones y decisiones informadas.

El machine learning ya no está limitado al mundo académico o a las grandes empresas tecnológicas. Se está aplicando en todas partes, desde la atención médica y las finanzas hasta el marketing y más allá. La pregunta es: **¿Cómo puedes, como un futuro héroe del machine learning, aprovechar este poder y dominar las herramientas esenciales que transforman los datos en oro?** La respuesta radica en aprender tanto los conceptos fundamentales del machine learning como el lenguaje de programación **Python**, que es hoy en día el lenguaje de referencia para la ciencia de datos y el aprendizaje automático.

Bienvenido a *Machine Learning Hero: Master Data Science with Python Essentials*. Este libro está diseñado para transformarte en un **héroe de la ciencia de datos**, equipándote con los conocimientos y habilidades necesarios para manejar datos con confianza y aplicar técnicas de machine learning para resolver problemas del mundo real. Comenzaremos con los fundamentos y gradualmente desarrollaremos tu experiencia mediante una combinación de comprensión teórica, ejercicios prácticos y proyectos de la vida real.

¿Por qué el Machine Learning?

Seguramente has oído hablar del machine learning como el motor detrás de los avances en inteligencia artificial (IA), análisis predictivo y automatización. Pero, ¿por qué es tan importante el machine learning? En pocas palabras, el machine learning es la clave para descubrir información a partir de los datos. Le da a las computadoras la capacidad de aprender patrones a partir de los datos y tomar decisiones o hacer predicciones sin ser programadas explícitamente para cada tarea.

En industrias como las finanzas, la salud, el comercio minorista y el entretenimiento, el machine learning se está utilizando para identificar tendencias, predecir el comportamiento de los clientes, optimizar procesos y mucho más. Ya sea mejorando las recomendaciones de productos, automatizando la atención al cliente o prediciendo fluctuaciones en el mercado de valores, el potencial del machine learning es prácticamente ilimitado. Como futuro héroe del machine learning, tu objetivo será comprender estos principios, aplicarlos de manera efectiva y generar impacto con soluciones basadas en datos.

El Poder de Python

La elección del lenguaje de programación puede ser tan importante como la comprensión de los algoritmos detrás del machine learning. **Python** es, con mucho, el lenguaje más popular para la ciencia de datos y el machine learning, por varias razones:

- **Simplicidad**: La sintaxis fácil de leer de Python lo hace accesible tanto para principiantes como para profesionales experimentados.
- **Versatilidad**: Python admite bibliotecas para la manipulación de datos, visualización y machine learning, convirtiéndolo en una herramienta integral para todas tus necesidades de ciencia de datos.
- **Apoyo Comunitario**: Python cuenta con una comunidad activa de desarrolladores, lo que significa actualizaciones constantes, bibliotecas y recursos que hacen que la resolución de problemas sea más rápida y eficiente.
- **Bibliotecas de Ciencia de Datos**: Bibliotecas como **NumPy**, **Pandas**, **Matplotlib** y **Scikit-learn** proporcionan los cimientos para el procesamiento de datos, visualización y machine learning.

En este libro, no solo dominarás la sintaxis de Python, sino que también aprenderás a utilizar estas poderosas bibliotecas para manipular y visualizar datos. Python se convertirá en tu herramienta más valiosa mientras te adentras en el mundo del machine learning.

¿Qué Aprenderás?

Machine Learning Hero: Master Data Science with Python Essentials está diseñado para llevarte de ser un principiante a un practicante hábil en ciencia de datos. A continuación, un desglose de lo que puedes esperar:

1. **Introducción al Machine Learning**: Comenzarás por entender los principios fundamentales del machine learning. ¿Qué es el machine learning? ¿Cómo funciona? ¿Cuáles son los diferentes tipos de machine learning, como el aprendizaje supervisado y no supervisado? Esta sección establecerá las bases para todo lo que sigue.
2. **Conceptos Básicos de Python para Machine Learning**: Te familiarizarás con los elementos esenciales de Python y aprenderás las bibliotecas clave necesarias para la ciencia de datos, como **NumPy** para cálculos numéricos, **Pandas** para la manipulación de datos, **Matplotlib** y **Seaborn** para la visualización de datos, y **Scikit-learn** para construir modelos de machine learning.

3. **Preprocesamiento de Datos**: Los datos crudos rara vez están listos para ser analizados. Aprenderás cómo limpiar y preprocesar datos, manejar valores faltantes, escalar características y codificar variables categóricas, pasos esenciales antes de aplicar cualquier algoritmo de machine learning.
4. **Algoritmos Clásicos de Machine Learning**: Una vez que tus datos estén preprocesados, te sumergirás en algunos de los algoritmos de machine learning más utilizados:
    - **Modelos de regresión** para predecir valores continuos, como precios o temperaturas.
    - **Modelos de clasificación** para categorizar datos en clases distintas (por ejemplo, correos spam vs. no spam).
    - **Modelos de clustering**, como **K-Means**, para agrupar puntos de datos similares sin etiquetas.
5. **Ingeniería de Características**: Una de las habilidades más poderosas en la ciencia de datos es la capacidad de crear nuevas características a partir de los datos existentes. Aprenderás a mejorar el rendimiento de tus modelos mediante la ingeniería inteligente de características.
6. **Proyectos Prácticos**: Este libro no es solo teoría. Aplicarás lo que has aprendido a conjuntos de datos reales en proyectos prácticos, como:
    - Predecir precios de automóviles basados en diversas características usando **regresión lineal**.
    - Segmentar clientes usando **K-Means clustering**.
    - Predecir la supervivencia en el Titanic utilizando **algoritmos de clasificación**.

Al final de este libro, tendrás las habilidades para abordar problemas del mundo real utilizando técnicas de machine learning. Entenderás cómo preprocesar datos, elegir modelos apropiados, ajustar hiperparámetros y evaluar el rendimiento de tus modelos.

¿Para Quién es Este Libro?

Ya sea que estés comenzando con la ciencia de datos o tengas algo de experiencia en programación, este libro es para ti. Si alguna vez has querido entender cómo funciona el machine learning y cómo puedes aplicarlo para resolver problemas, entonces has llegado al lugar correcto. Con la combinación de proyectos prácticos, ejercicios y explicaciones de conceptos de machine learning, este libro te capacitará para convertirte en un **héroe del machine learning**.

No se requiere experiencia previa en machine learning, aunque un conocimiento básico de Python será útil. Si no estás familiarizado con Python, no te preocupes: cubriremos todos los elementos esenciales para que te pongas al día.

Prepárate para Convertirte en un Héroe del Machine Learning

El camino para convertirte en un héroe del machine learning comienza aquí. El viaje puede parecer complejo, pero con las herramientas y la orientación adecuadas, pronto estarás construyendo tus propios modelos y haciendo predicciones como un profesional. A medida que avances en este libro, recuerda que el verdadero poder del machine learning radica en su capacidad para resolver problemas y tomar decisiones basadas en datos. Con estas habilidades en tu conjunto de herramientas, tendrás el poder de aprovechar los datos para generar un impacto significativo en cualquier campo.

¡Comencemos tu transformación en un **héroe del machine learning**!

Parte 1: Fundamentos de Machine Learning y Python

Capítulo 1: Introducción a Machine Learning

Al embarcarnos en este viaje hacia el ámbito de *Machine Learning* (ML) en el año actual, nos encontramos a la vanguardia de una revolución tecnológica que ha transformado industrias, redefinido la innovación y revolucionado los procesos de toma de decisiones a escala global. La convergencia de un poder de cómputo sin precedentes, algoritmos sofisticados y la proliferación de grandes volúmenes de datos ha democratizado *Machine Learning*, haciéndolo más accesible y aplicable que nunca. Esta tecnología transformadora ha penetrado en sectores tan diversos, desde la revolución en los diagnósticos médicos y la optimización de los mercados financieros, hasta la habilitación de vehículos autónomos y la mejora de las experiencias de entretenimiento personalizadas. El alcance de *Machine Learning* sigue expandiéndose exponencialmente, tocando prácticamente todos los aspectos de nuestras vidas modernas.

En este capítulo fundamental, sentamos las bases para tu exploración de los conceptos clave de *Machine Learning* y su papel integral en el desarrollo de software contemporáneo. Esta base servirá como trampolín para los temas más avanzados y especializados que encontrarás a medida que avances en esta guía completa. Emprenderemos un viaje para desentrañar la verdadera esencia de *Machine Learning*, profundizando en sus diversos paradigmas y examinando cómo está transformando el mundo que nos rodea de maneras profundas y a menudo inesperadas. Ya sea que estés dando tus primeros pasos en este fascinante campo o buscando profundizar en tu experiencia existente, este capítulo sirve como un iniciador esencial, preparando el escenario para la gran cantidad de conocimientos y perspectivas prácticas que te esperan.

A medida que navegamos por las complejidades de *Machine Learning*, exploraremos sus principios fundamentales, desmitificaremos términos clave e iluminaremos el potencial transformador que posee en múltiples industrias. Desde el aprendizaje supervisado y no supervisado hasta el aprendizaje por refuerzo y las redes neuronales profundas, desglosaremos los diversos enfoques que hacen de *Machine Learning* una herramienta tan versátil y poderosa. Al final de este capítulo, habrás adquirido una comprensión sólida de los bloques de construcción que forman la base de *Machine Learning*, equipándote con los conocimientos para abordar conceptos más complejos y aplicaciones del mundo real en los capítulos que siguen.

1.1 Introducción a Machine Learning

En su núcleo, *Machine Learning* es un subcampo transformador de la inteligencia artificial (IA) que otorga a las computadoras la notable capacidad de aprender y adaptarse a partir de datos, sin la necesidad de programación explícita. Este enfoque revolucionario se desvía del desarrollo tradicional de software, donde los programas se codifican meticulosamente para realizar tareas específicas. En cambio, los modelos de *Machine Learning* están diseñados ingeniosamente para descubrir patrones de manera autónoma, generar predicciones precisas y optimizar los procesos de toma de decisiones al aprovechar grandes cantidades de datos.

La esencia de *Machine Learning* radica en su capacidad para evolucionar y mejorar con el tiempo. A medida que estos sistemas sofisticados procesan más datos, refinan continuamente sus algoritmos, mejorando su rendimiento y precisión. Esta naturaleza auto-mejorable convierte a *Machine Learning* en una herramienta invaluable en una amplia gama de aplicaciones, desde sistemas de recomendación personalizados y reconocimiento avanzado de imágenes hasta tareas complejas de procesamiento del lenguaje natural.

Al aprovechar el poder de las técnicas estadísticas y la optimización iterativa, los modelos de *Machine Learning* pueden descubrir relaciones intrincadas dentro de los datos que podrían ser imperceptibles para los analistas humanos. Esta capacidad para extraer conocimientos significativos de conjuntos de datos complejos y de alta dimensionalidad ha revolucionado numerosos campos, incluidos la salud, las finanzas, los sistemas autónomos y la investigación científica, allanando el camino para descubrimientos e innovaciones pioneras.

1.1.1 La Necesidad de Machine Learning

La era digital ha dado paso a una época sin precedentes de generación de datos, con un volumen asombroso de información producida cada día. Esta avalancha de datos proviene de una miríada de fuentes, incluidas las interacciones en redes sociales, transacciones de comercio electrónico, dispositivos de Internet de las Cosas (IoT), aplicaciones móviles y muchas otras plataformas digitales. Estas fuentes contribuyen colectivamente a un flujo continuo de datos en tiempo real que crece exponencialmente con cada momento que pasa.

La magnitud y la complejidad de estos datos presentan un desafío formidable para los paradigmas de programación tradicionales. Los métodos convencionales, que dependen de reglas predefinidas, algoritmos estáticos y estructuras lógicas rígidas, se vuelven cada vez más inadecuados cuando se enfrentan a la tarea de procesar, analizar y extraer conocimientos significativos de este vasto y dinámico torrente de información. Las limitaciones de estos enfoques tradicionales se vuelven evidentes a medida que luchan por adaptarse a los patrones y matices siempre cambiantes ocultos en los datos.

Es precisamente aquí donde *Machine Learning* surge como una solución innovadora. Al aprovechar algoritmos sofisticados y modelos estadísticos, los sistemas de *Machine Learning* poseen la notable capacidad de aprender de manera autónoma a partir de esta inmensa cantidad de datos.

A diferencia de sus contrapartes tradicionales, estos sistemas no están limitados por reglas fijas, sino que tienen la capacidad de identificar patrones, extraer conocimientos y tomar decisiones informadas en función de los datos que procesan. Lo que distingue a *Machine Learning* es su adaptabilidad inherente: estos sistemas refinan y mejoran continuamente su rendimiento con el tiempo, todo sin la necesidad de una intervención humana constante o reprogramación manual.

El poder de *Machine Learning* radica en su capacidad para descubrir correlaciones ocultas, predecir tendencias futuras y generar conocimientos accionables que serían prácticamente imposibles de discernir manualmente para los humanos. A medida que estos sistemas procesan más datos, se vuelven cada vez más competentes en reconocer patrones complejos y hacer predicciones más precisas.

Esta naturaleza auto-mejorable de los algoritmos de *Machine Learning* los convierte en herramientas invaluables para navegar por las complejidades de nuestro mundo rico en datos, ofreciendo soluciones que no solo son escalables, sino también capaces de evolucionar junto con el panorama siempre cambiante de la información digital.

Algunos ejemplos comunes de *Machine Learning* en acción incluyen:

1. Sistemas de recomendación

Los sistemas de recomendación son un claro ejemplo de *Machine Learning* en acción, ampliamente utilizados por plataformas como Netflix y Amazon para mejorar la experiencia del usuario y fomentar la participación. Estos sistemas analizan grandes cantidades de datos de usuarios para sugerir contenido o productos personalizados basados en patrones de comportamiento individuales.

- **Recopilación de datos**: Estos sistemas recogen continuamente datos sobre las interacciones de los usuarios, como el historial de visualización, registros de compras, calificaciones y patrones de navegación.
- **Reconocimiento de patrones**: Los algoritmos de *Machine Learning* procesan estos datos para identificar patrones y preferencias únicos para cada usuario.
- **Emparejamiento de similitud**: El sistema luego compara estos patrones con los de otros usuarios o con las características de los productos para encontrar coincidencias relevantes.
- **Sugerencias personalizadas**: Basado en estas coincidencias, el sistema genera recomendaciones personalizadas para cada usuario.

- **Aprendizaje continuo**: A medida que los usuarios interactúan con las recomendaciones, el sistema aprende de esta retroalimentación, refinando sus sugerencias con el tiempo.

Por ejemplo, Netflix podría recomendarte un nuevo drama policial basado en tu historial de ver programas similares, mientras que Amazon podría sugerirte productos complementarios basados en tus compras recientes.

Esta tecnología no solo mejora la satisfacción del usuario al proporcionar contenido o productos relevantes, sino que también beneficia a las empresas al aumentar la participación, la retención y, potencialmente, las ventas o la audiencia.

2. Filtros de spam

Los filtros de spam son otro ejemplo de *Machine Learning* en acción, específicamente utilizando técnicas de aprendizaje supervisado para categorizar y clasificar automáticamente los correos electrónicos no deseados.

- **Datos de entrenamiento**: Los filtros de spam se entrenan inicialmente con un gran conjunto de correos electrónicos que han sido etiquetados manualmente como "spam" o "no spam" (también conocido como "ham").
- **Extracción de características**: El sistema analiza varias características de cada correo electrónico, como la información del remitente, el contenido de la línea de asunto, el texto del cuerpo, la presencia de ciertas palabras clave e incluso la estructura HTML.
- **Selección de algoritmos**: Los algoritmos comunes utilizados para la detección de spam incluyen Naive Bayes, Support Vector Machines (SVM) y, más recientemente, enfoques de aprendizaje profundo.
- **Aprendizaje continuo**: Los filtros de spam modernos actualizan continuamente sus modelos en función de la retroalimentación de los usuarios, adaptándose a nuevas tácticas de spam a medida que surgen.
- **Métricas de rendimiento**: La efectividad de los filtros de spam generalmente se mide mediante métricas como precisión (exactitud en la identificación de spam) y exhaustividad (capacidad para detectar todo el spam).

Los filtros de spam se han vuelto cada vez más sofisticados, capaces de detectar patrones sutiles que pueden indicar spam, como errores ortográficos leves de palabras comunes o formatos de correo electrónico inusuales. Esta aplicación de *Machine Learning* no solo ahorra tiempo a los usuarios al clasificar automáticamente los correos electrónicos no deseados, sino que también desempeña un papel crucial en la ciberseguridad al ayudar a prevenir ataques de phishing y la propagación de malware.

3. Reconocimiento de imágenes

Los sistemas de reconocimiento de imágenes son una aplicación poderosa de *Machine Learning*, particularmente mediante Redes Neuronales Convolucionales (CNNs). Estos sistemas están diseñados para identificar y clasificar objetos, rostros u otros elementos dentro de imágenes digitales.

- **Funcionalidad**: Los sistemas de reconocimiento de imágenes analizan patrones de píxeles en las imágenes para detectar y categorizar varios elementos. Pueden identificar objetos específicos, rostros, texto o incluso escenas complejas.
- **Aplicaciones**: Estos sistemas tienen una amplia gama de usos, entre ellos:
    - Reconocimiento facial para seguridad y autenticación
    - Detección de objetos en vehículos autónomos
    - Diagnóstico médico a través de imágenes
    - Moderación de contenido en plataformas de redes sociales
    - Control de calidad en manufactura
- **Tecnología**: Las CNNs son particularmente eficaces para las tareas de reconocimiento de imágenes. Utilizan múltiples capas para extraer progresivamente características de nivel superior de la imagen de entrada cruda. Esto les permite aprender patrones complejos y hacer predicciones precisas.
- **Proceso**: Un sistema típico de reconocimiento de imágenes sigue estos pasos:
    - **Entrada**: El sistema recibe una imagen digital.
    - **Preprocesamiento**: La imagen puede ser redimensionada, normalizada o mejorada.
    - **Extracción de características**: La CNN identifica características clave en la imagen.
    - **Clasificación**: El sistema categoriza la imagen en función de los patrones aprendidos.
    - **Resultado**: El sistema proporciona el resultado de la clasificación, a menudo con una puntuación de confianza.
- **Ventajas**: Los sistemas de reconocimiento de imágenes pueden procesar y analizar imágenes mucho más rápido y con mayor precisión que los humanos en muchos casos. También pueden trabajar continuamente sin fatiga.
- **Desafíos**: Estos sistemas pueden enfrentar dificultades con variaciones en la iluminación, el ángulo o obstrucciones parciales. Garantizar la privacidad y abordar

posibles sesgos en los datos de entrenamiento también son consideraciones importantes.

A medida que la tecnología avanza, los sistemas de reconocimiento de imágenes continúan mejorando en precisión y capacidad, encontrando nuevas aplicaciones en diversas industrias.

4. Coches autónomos

Los coches autónomos son un claro ejemplo de *Machine Learning* en acción, demostrando la capacidad de la tecnología para navegar entornos complejos del mundo real y tomar decisiones en fracciones de segundo. Estos vehículos autónomos utilizan una combinación de varias técnicas de *Machine Learning* para operar de manera segura en las carreteras:

- **Percepción**: Los algoritmos de *Machine Learning* procesan datos de múltiples sensores (cámaras, LiDAR, radar) para identificar y clasificar objetos en el entorno del coche, como otros vehículos, peatones, señales de tráfico y marcas viales.
- **Toma de decisiones**: Basados en el entorno percibido, los modelos de *Machine Learning* toman decisiones sobre la dirección, aceleración y frenado en tiempo real.
- **Planificación de rutas**: Los sistemas de IA calculan rutas óptimas y navegan a través del tráfico, considerando factores como las condiciones de la carretera, las reglas de tráfico y los obstáculos potenciales.
- **Comportamiento predictivo**: Los modelos de *Machine Learning* predicen las acciones probables de otros usuarios de la carretera, lo que permite al coche anticipar y reaccionar ante posibles peligros.
- **Aprendizaje continuo**: Los sistemas de conducción autónoma pueden mejorar con el tiempo al aprender de nuevas experiencias y datos recogidos durante su operación.

El desarrollo de coches autónomos representa un avance significativo en la inteligencia artificial y la robótica, combinando varios aspectos de *Machine Learning*, como la visión por computadora, el aprendizaje por refuerzo y las redes neuronales profundas, para crear un sistema capaz de manejar las complejidades de los escenarios de conducción del mundo real.

1.1.2 Tipos de Machine Learning

Los algoritmos de *Machine Learning* se pueden categorizar en tres tipos principales, cada uno con su enfoque único para procesar y aprender a partir de los datos:

1. Aprendizaje supervisado

Este enfoque fundamental en *Machine Learning* implica entrenar modelos con conjuntos de datos etiquetados, donde cada entrada está asociada a una salida conocida. El objetivo del algoritmo es discernir la relación subyacente entre las características de entrada y sus etiquetas correspondientes. Al aprender este mapeo, el modelo se vuelve capaz de hacer predicciones precisas sobre nuevos puntos de datos no vistos. Este proceso de generalización es crucial, ya que permite al modelo aplicar su conocimiento aprendido a escenarios del mundo real más allá del conjunto de entrenamiento.

En el aprendizaje supervisado, el modelo refina iterativamente su comprensión de la estructura de los datos a través de un proceso de predicción y corrección de errores. Ajusta sus parámetros internos para minimizar la discrepancia entre sus predicciones y las etiquetas reales, mejorando gradualmente su rendimiento. Este enfoque es particularmente efectivo para tareas como la clasificación (por ejemplo, detección de spam, reconocimiento de imágenes) y la regresión (por ejemplo, predicción de precios, pronóstico del clima), donde existen relaciones claras entre la entrada y la salida.

El éxito del aprendizaje supervisado depende en gran medida de la calidad y cantidad de los datos etiquetados disponibles para el entrenamiento. Un conjunto de datos diverso y representativo es esencial para asegurar que el modelo pueda generalizar bien a los diversos escenarios que pueda encontrar en la práctica. Además, la selección y la ingeniería cuidadosa de las características juegan un papel crucial en mejorar la capacidad del modelo para capturar patrones relevantes en los datos.

Ejemplo

Un filtro de spam que aprende a clasificar correos electrónicos como "spam" o "no spam" basado en ejemplos etiquetados.

```
# Example of supervised learning using Scikit-learn
from sklearn.model_selection import train_test_split
from sklearn.linear_model import LogisticRegression
from sklearn.datasets import load_iris

# Load dataset
data = load_iris()
X_train, X_test, y_train, y_test = train_test_split(data.data, data.target, test_size=0.2, random_state=42)

# Initialize and train the model
model = LogisticRegression(max_iter=200)
model.fit(X_train, y_train)

# Make predictions
predictions = model.predict(X_test)

print(f"Predicted labels: {predictions}")
print(f"True labels: {y_test}")
```

Este código demuestra un ejemplo de aprendizaje supervisado utilizando la biblioteca Scikit-learn en Python.

Aquí tienes un desglose de lo que hace el código:

- Importa los módulos necesarios de Scikit-learn para la división de datos, creación de modelos y carga de conjuntos de datos.
- El conjunto de datos Iris se carga usando load_iris(). Este es un conjunto de datos clásico en *Machine Learning*, que contiene mediciones de flores de iris.
- Los datos se dividen en conjuntos de entrenamiento y prueba utilizando train_test_split(). El 80% de los datos se usa para entrenamiento y el 20% para prueba.
- Se inicializa un modelo de Regresión Logística y se entrena con los datos de entrenamiento usando model.fit(X_train, y_train).
- El modelo entrenado luego se utiliza para hacer predicciones en los datos de prueba con model.predict(X_test).
- Finalmente, imprime las etiquetas predichas y las etiquetas verdaderas para su comparación.

2. Aprendizaje No Supervisado

Este enfoque en *Machine Learning* implica trabajar con datos no etiquetados, donde la tarea del algoritmo es descubrir estructuras ocultas o relaciones dentro del conjunto de datos. A diferencia del aprendizaje supervisado, no hay etiquetas de salida predefinidas que guíen el proceso de aprendizaje. En su lugar, el modelo explora los datos de manera autónoma para identificar patrones, agrupaciones o asociaciones inherentes.

En el aprendizaje no supervisado, el algoritmo intenta organizar los datos de maneras significativas sin conocimiento previo de cómo deberían ser esas organizaciones. Esto puede llevar al descubrimiento de patrones o insights previamente desconocidos. Una de las aplicaciones más comunes del aprendizaje no supervisado es el clustering, donde el algoritmo agrupa puntos de datos similares basándose en sus características inherentes.

Otras tareas en el aprendizaje no supervisado incluyen:

- Reducción de dimensionalidad: Simplificar conjuntos de datos complejos reduciendo el número de variables mientras se conserva la información esencial.
- Detección de anomalías: Identificar patrones inusuales o valores atípicos en los datos que no se ajustan al comportamiento esperado.
- Aprendizaje de reglas de asociación: Descubrir relaciones interesantes entre variables en grandes bases de datos.

El aprendizaje no supervisado es particularmente valioso cuando se trabaja con grandes cantidades de datos no etiquetados o cuando se exploran conjuntos de datos para obtener insights iniciales antes de aplicar técnicas de análisis más específicas.

Ejemplo

Segmentación de mercado, donde los datos de los clientes se agrupan para encontrar perfiles de clientes distintos.

```
# Example of unsupervised learning using K-Means clustering
from sklearn.cluster import KMeans
import numpy as np

# Randomly generated data
X = np.array([[1, 2], [1, 4], [1, 0],
              [10, 2], [10, 4], [10, 0]])

# Fit KMeans
kmeans = KMeans(n_clusters=2, random_state=0).fit(X)
print(f"Cluster Centers: {kmeans.cluster_centers_}")
print(f"Predicted Clusters: {kmeans.labels_}")
```

Aquí tienes un desglose detallado de cada parte del código:

- **Imports:** El código importa las bibliotecas necesarias: KMeans de sklearn.cluster para el algoritmo de clustering y numpy para las operaciones con arrays.
- **Creación de datos:** Se crea un pequeño conjunto de datos X usando numpy. Contiene 6 puntos de datos, cada uno con 2 características. Los puntos de datos están elegidos deliberadamente para formar dos grupos distintos: [1,2], [1,4], [1,0] y [10,2], [10,4], [10,0].
- **Inicialización de KMeans:** Se crea una instancia de KMeans con dos parámetros:
  - **n_clusters=2:** Esto especifica que queremos encontrar 2 clusters en nuestros datos.
  - **random_state=0:** Esto establece una semilla para la generación de números aleatorios, asegurando la reproducibilidad de los resultados.
- **Ajuste del modelo:** Se llama al método fit() en la instancia de KMeans con nuestros datos X. Esto ejecuta el algoritmo de clustering.
- **Resultados:** Se imprimen dos resultados principales:
  - **cluster_centers_**: Estas son las coordenadas de los puntos centrales de cada cluster.
  - **labels_**: Estas son las asignaciones de clusters para cada punto de datos en X.

El algoritmo KMeans funciona refinando iterativamente las posiciones de los centros de los clusters para minimizar la varianza total dentro del cluster. Comienza inicializando los centros de los clusters aleatoriamente, luego alterna entre asignar puntos al centro más cercano y actualizar los centros basados en la media de los puntos asignados.

Este ejemplo demuestra el uso básico del clustering K-Means, que es una técnica popular de aprendizaje no supervisado para agrupar puntos de datos similares. Es particularmente útil para identificar patrones o relaciones en grandes conjuntos de datos, aunque es importante tener en cuenta que su efectividad puede depender de la colocación inicial de los centroides del cluster.

3. Aprendizaje por Refuerzo

Este método está inspirado en la psicología conductual. Aquí, un agente interactúa con un entorno y aprende a tomar acciones que maximicen la recompensa acumulada. El aprendizaje por refuerzo se utiliza a menudo en campos como la robótica, los juegos y los sistemas autónomos. En este enfoque, un agente aprende a tomar decisiones interactuando con su entorno.

Los componentes clave del aprendizaje por refuerzo (RL) son:

- **Agente**: La entidad que aprende y toma decisiones.
- **Entorno**: El mundo en el que opera el agente.
- **Estado**: La situación actual del agente en el entorno.
- **Acción**: Una decisión tomada por el agente.
- **Recompensa**: Retroalimentación del entorno basada en la acción del agente.

El proceso de aprendizaje en RL es cíclico:

1. El agente observa el estado actual del entorno.
2. Basado en este estado, el agente elige una acción.
3. El entorno transiciona a un nuevo estado.
4. El agente recibe una recompensa o penalización.
5. El agente usa esta retroalimentación para mejorar su política de toma de decisiones.

Este proceso continúa, con el objetivo del agente de maximizar su recompensa acumulada con el tiempo.

El RL es particularmente útil en escenarios donde la solución óptima no es inmediatamente clara o donde el entorno es complejo. Ha sido exitosamente aplicado en varios campos, incluyendo:

- **Robótica**: Enseñando a los robots a realizar tareas mediante prueba y error.
- **Juegos**: Desarrollando IA que pueda dominar juegos complejos como Go y Ajedrez.
- **Vehículos autónomos**: Entrenando coches autónomos para navegar en el tráfico.
- **Gestión de recursos**: Optimización del uso de energía o inversiones financieras.

Uno de los principales desafíos en RL es equilibrar la exploración (probar nuevas acciones para obtener más información) con la explotación (usar la información conocida para tomar la mejor decisión). Este equilibrio es crucial para que el agente aprenda de manera efectiva y se adapte a entornos cambiantes.

Los algoritmos populares de RL incluyen Q-learning, SARSA y Deep Q-Networks (DQN), que combinan RL con técnicas de aprendizaje profundo.

A medida que la investigación en RL continúa avanzando, podemos esperar ver aplicaciones más sofisticadas y mejoras en áreas como el *transfer learning* (aplicar el conocimiento de una tarea a otra) y los sistemas multiagente (donde múltiples agentes de RL interactúan).

Ejemplo

Un robot aprendiendo a caminar ajustando sus movimientos basándose en la retroalimentación del entorno.

El aprendizaje por refuerzo es más complejo y típicamente involucra la configuración de un entorno, acciones y recompensas. Aunque a menudo se maneja mediante frameworks como OpenAI Gym, aquí tienes una ilustración conceptual básica en Python:

```
import random

class SimpleAgent:
    def __init__(self):
        self.state = 0

    def action(self):
        return random.choice(["move_left", "move_right"])

    def reward(self, action):
        if action == "move_right":
            return 1  # Reward for moving in the right direction
        return -1  # Penalty for moving in the wrong direction

agent = SimpleAgent()

for _ in range(10):
    act = agent.action()
    rew = agent.reward(act)
    print(f"Action: {act}, Reward: {rew}")
```

Desglose del código:

- **Imports**: El código comienza importando el módulo 'random', que se utilizará para hacer elecciones aleatorias.
- **Clase SimpleAgent**: Esta clase representa un agente básico de aprendizaje por refuerzo.

- El método __init__ inicializa el estado del agente en 0.
- El método action elige aleatoriamente entre "move_left" y "move_right" como acción del agente.
- El método reward asigna recompensas basadas en la acción tomada:
  - Si la acción es "move_right", devuelve 1 (recompensa positiva).
  - Para cualquier otra acción (en este caso, "move_left"), devuelve -1 (recompensa negativa).

- **Creación del agente**: Se crea una instancia de SimpleAgent.
- **Bucle de simulación**: El código ejecuta un bucle 10 veces, simulando 10 pasos de la interacción del agente con su entorno.
  - En cada iteración:
    - El agente elige una acción.
    - Se calcula la recompensa para esa acción.
    - Se imprimen la acción y la recompensa.

Este código demuestra un concepto muy básico de aprendizaje por refuerzo, donde un agente toma decisiones basadas en recompensas. En este ejemplo simplificado, el agente no aprende ni mejora su estrategia con el tiempo, pero ilustra la idea central de acciones y recompensas en el aprendizaje por refuerzo.

1.1.3 Conceptos Clave en Machine Learning

1. Modelo

Un modelo en *Machine Learning* es un marco computacional sofisticado que va más allá de simples ecuaciones matemáticas. Es un sistema intrincado diseñado para extraer patrones y relaciones significativas a partir de grandes cantidades de datos. Este algoritmo inteligente se adapta y evoluciona a medida que procesa información, aprendiendo a hacer predicciones precisas o tomar decisiones informadas sin programación explícita.

Actuando como un intermediario dinámico entre las características de entrada y los resultados deseados, el modelo refina continuamente su comprensión y mejora su rendimiento. A través de procesos de entrenamiento iterativos, desarrolla la capacidad de generalizar a partir de ejemplos conocidos para aplicarlos a nuevos escenarios no vistos, conectando de manera efectiva los datos brutos con ideas procesables.

La capacidad del modelo para captar relaciones complejas y no lineales en los datos lo convierte en una herramienta invaluable en diversos campos, como el reconocimiento de imágenes, el procesamiento del lenguaje natural, la predicción financiera y el diagnóstico médico.

2. Datos de entrenamiento

Los datos de entrenamiento sirven como la base sobre la cual se construyen y refinan los modelos de *Machine Learning*. Este conjunto de datos cuidadosamente seleccionado actúa como el recurso educativo principal para el modelo, proporcionándole los ejemplos necesarios para aprender. En escenarios de aprendizaje supervisado, estos datos se estructuran típicamente como pares de características de entrada y sus correspondientes salidas correctas, lo que permite al modelo discernir patrones y relaciones.

La importancia de los datos de entrenamiento no puede subestimarse, ya que influye directamente en la capacidad del modelo para realizar su tarea. Tanto la calidad como la cantidad de estos datos juegan un papel crucial en la efectividad del modelo. Un conjunto de datos de alta calidad debe ser completo, estar etiquetado correctamente y estar libre de sesgos o errores significativos que puedan desviar el proceso de aprendizaje.

Además, la diversidad y representatividad de los datos de entrenamiento son primordiales. Un conjunto de datos bien equilibrado debe abarcar una amplia gama de escenarios y casos extremos que el modelo pueda encontrar en aplicaciones del mundo real. Esta variedad permite que el modelo desarrolle una comprensión sólida del problema, mejorando su capacidad para generalizar de manera efectiva a nuevos puntos de datos no vistos.

Al exponer al modelo a una amplia gama de ejemplos durante la fase de entrenamiento, lo equipamos con el conocimiento y la flexibilidad necesarios para navegar en situaciones complejas del mundo real. Este enfoque minimiza el riesgo de sobreajuste a patrones específicos en los datos de entrenamiento y, en su lugar, fomenta un modelo más adaptable y confiable, capaz de manejar entradas y escenarios diversos.

3. Características (Features)

Las características son la piedra angular de los modelos de *Machine Learning*, actuando como los atributos distintivos o características medibles del fenómeno en estudio. Estos insumos son la materia prima a partir de la cual nuestros modelos extraen conocimientos y hacen predicciones. En el ámbito de *Machine Learning*, los procesos de selección y creación de características no son simplemente pasos, sino puntos críticos que pueden influir dramáticamente en el rendimiento del modelo.

El arte de elegir y diseñar características es fundamental. Las características bien diseñadas tienen el poder de simplificar la arquitectura del modelo, acelerar el proceso de entrenamiento y mejorar significativamente la precisión de las predicciones. Actúan como una lente a través de la cual el modelo percibe e interpreta el mundo, moldeando su comprensión y capacidad de toma de decisiones.

Por ejemplo, en el campo del procesamiento del lenguaje natural, las características pueden variar desde elementos básicos como la frecuencia de palabras y la longitud de las oraciones hasta constructos lingüísticos más sofisticados, que pueden incluir relaciones semánticas, estructuras sintácticas o incluso *embeddings* de palabras dependientes del contexto. La selección y creación de estas características puede tener un impacto profundo en la capacidad del modelo para comprender y generar texto similar al humano.

Además, la ingeniería de características a menudo requiere experiencia en el dominio y habilidades creativas para resolver problemas. Implica transformar datos sin procesar en un formato que represente mejor el problema subyacente a los modelos predictivos, lo que potencialmente revela patrones o relaciones ocultas que podrían no ser inmediatamente aparentes en el conjunto de datos original.

4. Etiquetas (Labels)

En el ámbito del aprendizaje supervisado, las etiquetas desempeñan un papel crucial como los resultados objetivo o las salidas deseadas que el modelo se esfuerza por predecir. Estas etiquetas sirven como la verdad base contra la cual se evalúa y refina el rendimiento del modelo. Por ejemplo, en un sistema de detección de spam, las etiquetas binarias "spam" o "no spam" guían el proceso de clasificación del modelo.

En las tareas de regresión, las etiquetas toman la forma de valores continuos, como los precios de las casas en un modelo de predicción inmobiliaria. La relación intrincada entre las características de entrada y estas etiquetas forma el núcleo de lo que el modelo busca comprender y replicar durante su fase de entrenamiento.

Este proceso de aprendizaje implica que el modelo ajuste iterativamente sus parámetros internos para minimizar la discrepancia entre sus predicciones y las etiquetas reales, mejorando así su precisión predictiva con el tiempo.

5. Sobreajuste vs. Subajuste

Estos conceptos fundamentales están intrínsecamente relacionados con la capacidad de un modelo para generalizar, lo cual es crucial para su aplicabilidad en el mundo real. El **sobreajuste** se manifiesta cuando un modelo se adapta en exceso a los matices y particularidades del conjunto de datos de entrenamiento, incluidas las fluctuaciones aleatorias y el ruido inherente. Esta sobreadaptación resulta en un modelo que funciona excepcionalmente bien en el conjunto de entrenamiento, pero falla cuando se enfrenta a nuevos datos no vistos. Es decir, el modelo "memoriza" los datos de entrenamiento en lugar de aprender los patrones subyacentes, lo que lleva a una pobre generalización.

Por el contrario, el **subajuste** ocurre cuando un modelo carece de la complejidad o profundidad necesarias para captar los patrones intrincados y las relaciones dentro de los datos. Dicho modelo suele ser demasiado simple o rígido, fallando en discernir características o tendencias importantes. Esto resulta en un rendimiento subóptimo no solo con nuevos datos, sino también con los datos de entrenamiento. Un modelo subajustado no captura la esencia del problema que se supone debe resolver, lo que conduce a predicciones o clasificaciones constantemente deficientes.

El delicado equilibrio entre estos dos extremos representa uno de los mayores desafíos en *Machine Learning*. Encontrar este equilibrio es esencial para desarrollar modelos que sean precisos y generalizables. Los profesionales emplean diversas técnicas para abordar este desafío, incluyendo:

- **Regularización**: Esto implica agregar un término de penalización a la función de pérdida del modelo, desalentando soluciones excesivamente complejas y promoviendo modelos más simples y generalizables.
- **Validación cruzada**: Al dividir los datos en múltiples subconjuntos para entrenamiento y validación, esta técnica proporciona una evaluación más robusta del rendimiento del modelo y ayuda a detectar el sobreajuste de manera temprana.
- **Selección adecuada del modelo**: Elegir una arquitectura y nivel de complejidad del modelo adecuados según la naturaleza del problema y los datos disponibles es crucial para mitigar tanto el sobreajuste como el subajuste.
- **Ingeniería y selección de características**: Diseñar y seleccionar cuidadosamente las características relevantes puede ayudar a crear modelos que capturen los patrones esenciales sin ser demasiado sensibles al ruido.

Una comprensión profunda de estos conceptos es indispensable para aplicar eficazmente las técnicas de *Machine Learning*. Permite a los profesionales desarrollar modelos robustos y precisos, capaces de generalizar bien a datos no vistos, resolviendo así problemas del mundo real con mayor eficacia y fiabilidad.

Este equilibrio entre la complejidad del modelo y su capacidad de generalización está en el corazón de la creación de soluciones de *Machine Learning* que no solo son poderosas en entornos controlados, sino también prácticas y confiables en escenarios diversos del mundo real.

Ejemplo de sobreajuste: Si un modelo memoriza cada detalle del conjunto de datos de entrenamiento, puede rendir perfectamente en esos datos, pero fallar al generalizar con datos no vistos.

```
# Example to demonstrate overfitting with polynomial regression
from sklearn.preprocessing import PolynomialFeatures
from sklearn.linear_model import LinearRegression
import numpy as np
import matplotlib.pyplot as plt

# Generate some data points
np.random.seed(42)
X = np.random.rand(100, 1) * 10
y = 2 + 3 * X + np.random.randn(100, 1) * 2

# Polynomial features
poly = PolynomialFeatures(degree=15)
X_poly = poly.fit_transform(X)

# Train a polynomial regression model
```

```
model = LinearRegression()
model.fit(X_poly, y)

# Plot the overfitted model
plt.scatter(X, y, color='blue')
plt.plot(X, model.predict(X_poly), color='red')
plt.title('Overfitting Example')
plt.show()
```

Desglosemos este código que demuestra el sobreajuste utilizando regresión polinómica:

1. Importar las bibliotecas necesarias:

```
from sklearn.preprocessing import PolynomialFeatures
from sklearn.linear_model import LinearRegression
import numpy as np
import matplotlib.pyplot as plt
```

Estas importaciones proporcionan herramientas para la generación de características polinómicas, la regresión lineal, las operaciones numéricas y la creación de gráficos.

2. Generar datos sintéticos:

```
np.random.seed(42)
X = np.random.rand(100, 1) * 10
y = 2 + 3 * X + np.random.randn(100, 1) * 2
```

Esto crea 100 valores aleatorios para X y valores correspondientes de y con algo de ruido añadido. Aquí, la relación entre X y y sigue una función lineal con ruido, lo que simula datos reales imperfectos.

3. Crear características polinómicas:

```
poly = PolynomialFeatures(degree=15)
X_poly = poly.fit_transform(X)
```

Este paso transforma las características originales en características polinómicas de grado 15. Usar un grado tan alto es propenso a generar sobreajuste, ya que el modelo captará incluso las pequeñas variaciones y el ruido del conjunto de datos de entrenamiento.

4. Entrenar el modelo:

```
model = LinearRegression()
model.fit(X_poly, y)
```

Aquí, se ajusta un modelo de regresión lineal a las características polinómicas.

5. Visualizar los resultados:

```
plt.scatter(X, y, color='blue')
plt.plot(X, model.predict(X_poly), color='red')
plt.title('Overfitting Example')
plt.show()
```

Este gráfico muestra los puntos de datos originales en azul y las predicciones del modelo en rojo. Lo más probable es que la curva roja sea compleja, ajustándose demasiado bien a los puntos de datos de entrenamiento, lo que indica un claro ejemplo de sobreajuste.

Este código ilustra el concepto de sobreajuste al usar un modelo polinómico de alto grado en datos ruidosos. El modelo ajusta perfectamente los datos de entrenamiento, pero su capacidad para generalizar a nuevos datos probablemente será deficiente, ya que el modelo ha captado detalles específicos del conjunto de entrenamiento que no se replican en datos no vistos.

1.2 El Rol de Machine Learning en el Desarrollo Moderno de Software

Machine Learning (ML) ha pasado de ser una tecnología experimental a convertirse en un pilar indispensable en el desarrollo moderno de software en diversas industrias. Se ha establecido como una fuerza transformadora que ha revolucionado la forma en que abordamos la ingeniería de software y el diseño de aplicaciones. Su impacto va mucho más allá del ámbito de los científicos de datos, impregnando cada aspecto del ciclo de vida de desarrollo.

La integración de *Machine Learning* ha inaugurado una nueva era de aplicaciones inteligentes y adaptativas que están remodelando las experiencias de usuario y optimizando procesos internos. Desde mejorar las interacciones con los clientes mediante recomendaciones personalizadas hasta optimizar flujos de trabajo complejos con análisis predictivo, *Machine Learning* está a la vanguardia de la innovación en el desarrollo de software.

Esta sección profundiza en las formas profundas en que *Machine Learning* ha remodelado el panorama de la ingeniería de software. Exploraremos cómo ha redefinido los paradigmas tradicionales de desarrollo, permitiendo la creación de aplicaciones más intuitivas, eficientes y receptivas. Además, examinaremos por qué la competencia en *Machine Learning* se ha convertido en una habilidad esencial para los desarrolladores en el ecosistema tecnológico actual en rápida evolución, posicionándola como una competencia crítica para aquellos que buscan estar a la vanguardia de la innovación en software.

1.2.1 La Transición de la Programación Tradicional a Machine Learning

El desarrollo tradicional de software depende en gran medida de instrucciones explícitas, donde los programadores elaboran meticulosamente reglas para que las computadoras procesen entradas y generen salidas. Sin embargo, el panorama de la resolución de problemas ha evolucionado dramáticamente, presentando desafíos que a menudo son demasiado complejos o dinámicos para ser abordados mediante reglas codificadas de manera convencional.

Por ejemplo, considere la tarea monumental de crear un programa basado en reglas que pueda identificar todos los objetos posibles dentro de una imagen, o la complejidad de predecir las preferencias de productos de un usuario basándose en su comportamiento histórico. Estos escenarios ejemplifican las limitaciones de los enfoques tradicionales de programación cuando se enfrentan a la naturaleza matizada y cambiante de los problemas del mundo real.

En respuesta a estos desafíos, *Machine Learning* surge como una solución transformadora. Al permitir que el software aprenda patrones de los datos de manera autónoma, *Machine Learning* trasciende las limitaciones de las instrucciones programadas explícitamente. Este enfoque revolucionario permite a los sistemas adaptarse, evolucionar y tomar decisiones informadas basadas en la gran cantidad de información que procesan, en lugar de depender únicamente de reglas predeterminadas.

Para ilustrar las diferencias fundamentales entre estos dos enfoques, examinemos una comparación:

- **Paradigma de Programación Tradicional**:

Entrada → Programa (conjunto de reglas) → Salida

En este modelo, el programa consiste en un conjunto fijo de reglas definidas meticulosamente por el programador. El comportamiento del sistema está totalmente predeterminado por estas reglas, lo que limita su capacidad para adaptarse a escenarios imprevistos o patrones de datos en evolución.

- **Paradigma de Machine Learning**:

Entrada → Datos + Modelo → Salida

Aquí, el modelo es generado dinámicamente por algoritmos sofisticados que aprenden de grandes cantidades de datos. Este enfoque permite que el sistema haga predicciones o decisiones basadas en patrones descubiertos, en lugar de seguir un conjunto de instrucciones predefinidas.

Este cambio transformador ha desbloqueado una gran cantidad de oportunidades de innovación, particularmente en dominios donde la adaptabilidad y la personalización son primordiales. Los modelos de *Machine Learning* poseen la notable capacidad de refinar continuamente su rendimiento a lo largo del tiempo, integrando sin problemas nuevos datos en sus procesos de toma de decisiones y automatizando tareas complejas que antes estaban reservadas exclusivamente para los expertos humanos. Esta evolución en las capacidades del software ha allanado el camino para sistemas más inteligentes, receptivos y eficientes en un amplio espectro de aplicaciones.

1.2.2 Aplicaciones Clave de Machine Learning en el Desarrollo de Software

Machine Learning se ha convertido en una parte integral de las aplicaciones con las que interactuamos a diario, revolucionando varios aspectos del desarrollo de software. Su influencia se extiende a múltiples dominios, mejorando la funcionalidad, la experiencia del usuario y la eficiencia general.

Exploremos algunas de las áreas clave donde *Machine Learning* está teniendo un impacto profundo en el campo del desarrollo de software:

Sistemas de Recomendación: Personalización de las Experiencias del Usuario

Los sistemas de recomendación han revolucionado el panorama digital, convirtiéndose en una parte integral de numerosas plataformas en línea. Desde gigantes del comercio electrónico como Amazon hasta servicios de streaming como Netflix, e incluso plataformas de redes sociales, estos sistemas inteligentes han transformado la forma en que los usuarios interactúan con el contenido y los productos. Al aprovechar algoritmos sofisticados y técnicas de *Machine Learning*, los sistemas de recomendación analizan grandes cantidades de datos, incluidas las conductas pasadas, preferencias e interacciones de los usuarios, para predecir y sugerir artículos o contenido que se alineen con los gustos individuales.

El poder de los sistemas de recomendación radica en su capacidad para procesar y aprender continuamente de millones de interacciones de usuarios. Este aprendizaje constante les permite adaptarse y perfeccionar sus sugerencias a lo largo del tiempo, creando recomendaciones cada vez más personalizadas y relevantes. Como resultado, los usuarios disfrutan de una experiencia adaptada que no solo mejora su participación, sino que también les presenta nuevos productos, contenido o conexiones que de otro modo no habrían descubierto.

Uno de los enfoques fundamentales en la construcción de sistemas de recomendación es el filtrado colaborativo. Esta técnica analiza patrones de similitud entre usuarios o elementos para generar recomendaciones. Por ejemplo, si dos usuarios tienen historiales de visualización similares en una plataforma de streaming, el sistema puede recomendar a uno contenido que el otro haya disfrutado pero que el primero aún no haya visto. Este método aprovecha la sabiduría colectiva de la base de usuarios, creando un efecto en red que mejora las recomendaciones para todos a medida que se recopilan y procesan más datos.

Ejemplo: Filtrado Colaborativo en Python

```
import numpy as np
from sklearn.metrics.pairwise import cosine_similarity

# Sample user-item matrix (users x items)
user_item_matrix = np.array([
    [5, 4, 0, 0],
    [4, 0, 3, 0],
    [0, 0, 5, 4],
```

```
    [3, 5, 4, 0]
])

# Compute cosine similarity between users
user_similarity = cosine_similarity(user_item_matrix)

print("User Similarity Matrix:")
print(user_similarity)

# Recommendation for a user based on their similarity with others
user_index = 0  # Recommendations for the first user
similar_users = user_similarity[user_index].argsort()[::-1][1:]   # Sort users by
similarity, excluding the user itself
print(f"Top similar users for User {user_index}: {similar_users}")
```

Desglosemos este ejemplo de código de filtrado colaborativo:

1. Importar las bibliotecas necesarias:

```
import numpy as np
from sklearn.metrics.pairwise import cosine_similarity
```

Esto importa NumPy para las operaciones numéricas y cosine_similarity de scikit-learn para calcular la similitud entre los usuarios.

2. Crear una matriz de usuario-producto de ejemplo:

```
user_item_matrix = np.array([
    [5, 4, 0, 0],
    [4, 0, 3, 0],
    [0, 0, 5, 4],
    [3, 5, 4, 0]
])
```

Esta matriz representa las calificaciones que los usuarios otorgan a los productos. Cada fila es un usuario y cada columna es un producto. Los valores representan las calificaciones, con 0 indicando que no se ha dado ninguna calificación.

3. Calcular la similitud coseno entre los usuarios:

```
user_similarity = cosine_similarity(user_item_matrix)
```

Este cálculo muestra cuán similares son los usuarios entre sí, basándose en sus patrones de calificación.

4. Imprimir la matriz de similitud entre usuarios:

```
print("User Similarity Matrix:")
```

```
print(user_similarity)
```

Esto muestra las similitudes calculadas entre todos los usuarios.

5. Encontrar usuarios similares para hacer recomendaciones:

```
user_index = 0
similar_users = user_similarity[user_index].argsort()[::-1][1:]
print(f"Top similar users for User {user_index}: {similar_users}")
```

Esta parte busca a los usuarios más similares al primer usuario (índice 0), los ordena por similitud en orden descendente y excluye al propio usuario. Luego, imprime los índices de los usuarios más similares.

Este código demuestra un enfoque básico de filtrado colaborativo, que es una técnica clave para construir sistemas de recomendación.

2. Automatización y Mejoras de Eficiencia

Machine Learning está revolucionando la forma en que manejamos tareas repetitivas dentro del desarrollo de software, mejorando significativamente la eficiencia y reduciendo el error humano. Procesos que antes requerían una supervisión humana constante ahora se automatizan con gran precisión, lo que permite a los desarrolladores centrarse en aspectos más complejos y creativos de su trabajo.

Un ejemplo destacado de esta automatización es en el campo de las **pruebas automatizadas**. Las pruebas tradicionales de software a menudo implican la creación y ejecución manual de casos de prueba, lo que puede ser lento y propenso a errores humanos. Con *Machine Learning*, los desarrolladores pueden ahora entrenar modelos para:

- Detectar automáticamente errores analizando patrones en el código e identificando posibles problemas.
- Predecir problemas potenciales basándose en datos históricos de casos de prueba anteriores y sus resultados.
- Generar casos de prueba automáticamente, cubriendo una gama más amplia de escenarios que las pruebas manuales.
- Priorizar qué partes del código requieren una prueba más exhaustiva, basándose en una evaluación de riesgos.

Este enfoque impulsado por *Machine Learning* no solo acelera el proceso de desarrollo, sino que también mejora la calidad general del software al detectar problemas que podrían pasarse por alto en las pruebas manuales.

Más allá de las pruebas, *Machine Learning* también se aplica en otras áreas del desarrollo de software para mejorar la automatización y la eficiencia:

- **Refactorización de código:** Los modelos de ML pueden analizar estructuras de código y sugerir mejoras u optimizaciones.
- **Optimización de rendimiento:** La IA puede identificar cuellos de botella en el rendimiento del software y sugerir o implementar optimizaciones.
- **Asignación de recursos:** ML puede ayudar a predecir las necesidades de recursos para proyectos, permitiendo una mejor planificación y asignación.
- **Revisión de código:** Las herramientas impulsadas por IA pueden ayudar en la revisión de código al detectar problemas potenciales o violaciones de estilo antes de la revisión humana.

Estos avances en automatización y eficiencia están transformando el panorama del desarrollo de software, permitiendo a los equipos entregar software de mayor calidad más rápidamente y con menos recursos.

Ejemplo: Predicción de Defectos en el Software

Predecir qué partes de una base de código son más propensas a introducir errores puede mejorar la calidad del software. Esto es especialmente útil en proyectos a gran escala donde probar cada funcionalidad manualmente es impráctico. Aquí tienes un enfoque básico para predecir defectos en el software utilizando un modelo de *Machine Learning*:

```
# Importing libraries
from sklearn.model_selection import train_test_split
from sklearn.ensemble import RandomForestClassifier
from sklearn.metrics import classification_report

# Example dataset with features like complexity, lines of code, and number of changes
X = [
    [20, 300, 5],   # Code complexity, lines of code, number of changes
    [15, 150, 2],
    [30, 500, 10],
    [10, 100, 1],
]
y = [0, 0, 1, 0]  # 1 represents buggy code, 0 represents bug-free code

# Split data into training and testing sets
X_train,  X_test,  y_train,  y_test  =  train_test_split(X,  y,  test_size=0.2,
random_state=42)

# Train a RandomForestClassifier model
model = RandomForestClassifier()
model.fit(X_train, y_train)

# Predict and evaluate
```

```
y_pred = model.predict(X_test)
print(classification_report(y_test, y_pred))
```

Desglosemos este código que demuestra un enfoque básico para predecir defectos en el software utilizando *Machine Learning*:

1. Importar bibliotecas:

```
from sklearn.model_selection import train_test_split
from sklearn.ensemble import RandomForestClassifier
from sklearn.metrics import classification_report
```

Estas líneas importan las funciones y clases necesarias de scikit-learn, una biblioteca popular de *Machine Learning* en Python.

2. Crear un conjunto de datos de ejemplo:

```
X = [
    [20, 300, 5],    # Code complexity, lines of code, number of changes
    [15, 150, 2],
    [30, 500, 10],
    [10, 100, 1],
]
y = [0, 0, 1, 0]  # 1 represents buggy code, 0 represents bug-free code
```

Este código crea un conjunto de datos simple donde X representa las características (complejidad del código, líneas de código, número de cambios), y y representa las etiquetas (código con errores o sin errores).

3. Dividir los datos:

```
X_train, X_test, y_train, y_test = train_test_split(X, y, test_size=0.2,
random_state=42)
```

Esta línea divide los datos en conjuntos de entrenamiento y prueba, reservando el 20% de los datos para el conjunto de prueba.

4. Entrenar el modelo:

```
model = RandomForestClassifier()
model.fit(X_train, y_train)
```

Aquí se crea un RandomForestClassifier y se entrena con los datos de entrenamiento.

5. Hacer predicciones y evaluar:

```
y_pred = model.predict(X_test)
print(classification_report(y_test, y_pred))
```

Finalmente, el modelo hace predicciones en los datos de prueba, e imprime un informe de clasificación para evaluar el rendimiento del modelo.

Este código demuestra un flujo de trabajo básico para usar *Machine Learning* en la predicción de defectos de software. Esta herramienta ayuda a los desarrolladores a enfocarse en las partes del código que son más propensas a tener errores, mejorando así la eficiencia y reduciendo el tiempo de inactividad.

3. Procesamiento del Lenguaje Natural (NLP)

El *Procesamiento del Lenguaje Natural* (NLP), un fascinante subcampo de *Machine Learning*, se centra en cerrar la brecha entre la comunicación humana y la comprensión por parte de las computadoras. Este campo abarca una amplia gama de aplicaciones que han revolucionado la forma en que interactuamos con la tecnología. Desde chatbots sofisticados que pueden participar en conversaciones humanas hasta avanzadas herramientas de análisis de sentimientos que pueden descifrar el tono emocional de textos, el NLP se ha convertido en una parte integral del desarrollo moderno de software.

Una de las aplicaciones más prominentes del NLP es en el desarrollo de **chatbots**. Estos asistentes virtuales impulsados por IA han transformado el servicio al cliente, proporcionando soporte instantáneo las 24 horas del día para consultas comunes. Al manejar preguntas y tareas rutinarias, los chatbots reducen significativamente la carga de trabajo de los agentes humanos, permitiéndoles dedicar su tiempo a problemas más complejos. Esto no solo mejora la eficiencia general, sino que también aumenta la satisfacción del cliente al proporcionar respuestas rápidas y precisas.

Otra técnica crucial en el conjunto de herramientas del NLP es el **análisis de sentimientos**. Esta capacidad permite a los desarrolladores crear aplicaciones que interpretan automáticamente las opiniones expresadas en texto. Al analizar comentarios de clientes, reseñas de productos o publicaciones en redes sociales, las herramientas de análisis de sentimientos proporcionan valiosos insights sobre las percepciones y emociones de los usuarios. Esta información es invaluable para las empresas que buscan evaluar la opinión pública, mejorar productos o servicios, y tomar decisiones basadas en datos para mejorar la experiencia del cliente.

Además, el NLP ha avanzado considerablemente en el campo de la **traducción de idiomas**. Los modelos de *Machine Learning* ahora pueden traducir texto entre cientos de idiomas con notable precisión, rompiendo barreras lingüísticas y facilitando la comunicación global.

Estas capacidades de traducción se han integrado en diversas plataformas, facilitando la conexión entre personas de diferentes culturas y lenguas.

Ejemplo: Análisis de Sentimientos usando Python

```
from textblob import TextBlob

# Sample text
text = "I love using this product, it's absolutely fantastic!"

# Perform sentiment analysis
blob = TextBlob(text)
sentiment = blob.sentiment

print(f"Sentiment polarity: {sentiment.polarity}")  # Polarity ranges from -1 (negative) to 1 (positive)
```

Vamos a desglosar el código de análisis de sentimientos:

- **Importar la biblioteca:**from textblob import TextBlob Esta línea importa la clase TextBlob de la biblioteca textblob, que proporciona una API simple para tareas de procesamiento del lenguaje natural.
- **Definir el texto de ejemplo:**text = "I love using this product, it's absolutely fantastic!" Esta línea crea una variable de cadena que contiene el texto a ser analizado.
- **Realizar el análisis de sentimientos:**blob = TextBlob(text) sentiment = blob.sentiment Estas líneas crean un objeto TextBlob a partir del texto y luego extraen su atributo de sentimiento.
- **Imprimir la polaridad del sentimiento:**print(f"Sentiment polarity: {sentiment.polarity}") Esta línea imprime el puntaje de polaridad del análisis de sentimientos. La polaridad varía entre -1 (muy negativo) y 1 (muy positivo), siendo 0 neutral.

El comentario al final explica que la polaridad varía de -1 (negativo) a 1 (positivo), lo que ayuda a interpretar los resultados.

Este código de ejemplo demuestra una manera simple de realizar un análisis de sentimientos en texto, lo que puede ser útil para que las empresas midan automáticamente el tono emocional de los comentarios de los usuarios o reseñas de productos.

En este ejemplo, el puntaje de polaridad ayuda a determinar si el sentimiento es positivo, negativo o neutral, permitiendo a las empresas monitorear el feedback de los usuarios a gran escala.

4. Seguridad y Detección de Fraude

Machine Learning se ha convertido en una herramienta fundamental para mejorar las medidas de seguridad y detectar actividades fraudulentas en diversas industrias. Su capacidad para analizar grandes cantidades de datos rápidamente e identificar patrones que podrían ser imperceptibles para los observadores humanos lo hace particularmente valioso en este ámbito.

Los sistemas de detección de fraudes impulsados por algoritmos de *Machine Learning* están diseñados para examinar transacciones y actividades en tiempo real. Estos sistemas pueden procesar miles de puntos de datos simultáneamente, buscando irregularidades sutiles o patrones sospechosos que podrían indicar un comportamiento fraudulento. Esta capacidad es especialmente crucial en sectores como las finanzas, el comercio electrónico y la ciberseguridad, donde la velocidad de detección puede marcar una diferencia significativa en la prevención de pérdidas financieras o brechas de seguridad.

Una de las técnicas clave empleadas en la detección de fraudes es la detección de anomalías. Este enfoque implica entrenar modelos de *Machine Learning* sobre lo que constituye un comportamiento "normal" o transacciones dentro de un sistema. Una vez que el modelo tiene una comprensión robusta de los patrones típicos, puede identificar más fácilmente desviaciones de estas normas. Estas anomalías o valores atípicos se marcan luego como posibles fraudes para una mayor investigación.

El poder de *Machine Learning* en este contexto radica en su capacidad para:

- Aprender y adaptarse continuamente a nuevos patrones de fraude, manteniéndose a la vanguardia de las tácticas en evolución utilizadas por actores maliciosos
- Procesar y analizar datos a una escala y velocidad mucho mayores que las capacidades humanas
- Reducir falsos positivos al comprender relaciones complejas y multidimensionales en los datos
- Operar 24/7 sin fatiga, proporcionando vigilancia constante contra amenazas de seguridad

Al aprovechar estas capacidades, las organizaciones pueden mejorar significativamente su postura de seguridad, proteger sus activos y clientes, y mantener la confianza en sus sistemas y servicios.

Ejemplo: Detección de Anomalías Usando Isolation Forest

```
from sklearn.ensemble import IsolationForest

# Sample transaction data (simplified)
X = [[500], [520], [490], [505], [1500]]  # The last transaction might be suspicious

# Fit Isolation Forest
model = IsolationForest(contamination=0.1)  # Set contamination to define outlier proportion
model.fit(X)

# Predict anomalies
```

```
predictions = model.predict(X)
print(f"Transaction labels: {predictions}")  # -1 indicates an anomaly (potential fraud)
```

Vamos a desglosar este ejemplo de código para la detección de anomalías utilizando *Isolation Forest*:

- **Importar la biblioteca:**from sklearn.ensemble import IsolationForest Esta línea importa la clase IsolationForest de scikit-learn, una popular biblioteca de *Machine Learning* en Python.
- **Definir datos de ejemplo:**X = [[500], [520], [490], [505], [1500]] Esto crea una lista de montos de transacciones. El comentario indica que la última transacción (1500) podría ser sospechosa debido a su valor más alto.
- **Crear y ajustar el modelo:**model = IsolationForest(contamination=0.1) model.fit(X) Se instancia un modelo de *IsolationForest* con un parámetro de contaminación de 0.1, lo que estima que alrededor del 10% de los datos podrían ser anómalos. Luego, el modelo se ajusta a los datos.
- **Predecir anomalías:**predictions = model.predict(X) Esta línea utiliza el modelo entrenado para hacer predicciones sobre los datos de entrada.
- **Imprimir resultados:**print(f"Transaction labels: {predictions}") Esto imprime las predicciones. El comentario explica que -1 indica una anomalía (potencial fraude), mientras que 1 indicaría transacciones normales.

Este ejemplo demuestra una implementación básica de la detección de anomalías para la prevención de fraudes en transacciones financieras. Puede ayudar a identificar patrones inusuales que podrían indicar actividad fraudulenta.

Al identificar comportamientos inusuales, los sistemas de detección de fraudes pueden tomar medidas proactivas, como marcar o bloquear transacciones que parecen sospechosas.

1.2.3 Machine Learning en el Ciclo de Vida del Desarrollo de Software

Machine Learning no solo está transformando los productos finales que creamos; está revolucionando todo el proceso de desarrollo de software. La integración de ML está redefiniendo cada etapa del **Ciclo de Vida del Desarrollo de Software (SDLC)**, llevando a enfoques más eficientes, basados en datos e innovadores.

Exploremos cómo *Machine Learning* está dejando su huella en las diversas fases del desarrollo de software:

Recolección de Requisitos: Los algoritmos de *Machine Learning* pueden analizar grandes cantidades de datos de usuarios, incluyendo patrones de uso, comentarios y tendencias del mercado. Esto ayuda a los desarrolladores y gerentes de producto a identificar características clave que los usuarios necesitan o desean, incluso si no las han solicitado explícitamente. Al aprovechar los modelos predictivos, los equipos pueden anticipar futuras necesidades de los usuarios y priorizar las características en consecuencia, lo que conduce a productos más centrados en el usuario y competitivos.

Diseño: Las herramientas de diseño impulsadas por ML van más allá de las simples pruebas A/B. Pueden analizar datos de interacción de usuarios en múltiples interfaces y sugerir disposiciones óptimas, esquemas de colores y ubicaciones de elementos. Este enfoque basado en datos para el diseño de UI/UX asegura que las interfaces no solo sean estéticamente agradables, sino también funcionalmente eficientes, lo que potencialmente aumenta el compromiso y la satisfacción del usuario.

Desarrollo: Asistentes de código impulsados por IA como GitHub Copilot representan un salto significativo en la productividad del desarrollo. Estas herramientas utilizan modelos de *Machine Learning* entrenados en vastos repositorios de código para sugerir fragmentos de código relevantes, completar funciones o incluso generar clases enteras. Esto puede acelerar considerablemente el proceso de codificación, reducir errores y permitir que los desarrolladores se centren en tareas de resolución de problemas más complejas.

Pruebas: *Machine Learning* en las pruebas va más allá de la simple automatización. Los modelos de ML pueden aprender de los resultados de pruebas anteriores para predecir qué áreas del código son más propensas a contener errores. Esto permite pruebas más específicas, reduciendo el tiempo total de prueba mientras se mejora la cobertura. Además, ML puede ayudar en la generación de casos de prueba, simulación de comportamiento de usuario para pruebas de estrés e incluso predecir posibles vulnerabilidades de seguridad antes de que puedan ser explotadas.

Mantenimiento: Los modelos de ML en el mantenimiento actúan como un observador constante y vigilante del rendimiento del software. Al analizar patrones en archivos de registro, informes de usuarios y métricas del sistema, estos modelos pueden predecir cuándo y dónde podrían ocurrir fallas. Este enfoque proactivo permite que los equipos de desarrollo aborden problemas potenciales antes de que afecten a los usuarios, lo que mejora la fiabilidad del sistema y la satisfacción del usuario. Además, ML puede ayudar en el análisis de causas raíz, ayudando a los desarrolladores a identificar rápidamente la fuente de los problemas cuando estos ocurren.

Al integrar *Machine Learning* en todo el SDLC, los equipos de desarrollo pueden crear software más robusto, amigable para el usuario y eficiente, al tiempo que reducen potencialmente el tiempo y los costos de desarrollo.

1.2.4 Por qué Todo Desarrollador Debería Aprender Machine Learning

Dadas las amplias y transformadoras aplicaciones de *Machine Learning* en todo el panorama del desarrollo moderno de software, se ha convertido en una habilidad indispensable que los desarrolladores deben adquirir y cultivar. El ámbito de ML ha expandido su alcance mucho más allá de los roles especializados en ciencia de datos, impregnando varios aspectos de la ingeniería de software.

A medida que las herramientas y técnicas impulsadas por IA continúan integrándose sin problemas con las prácticas tradicionales de la ingeniería de software, existe una creciente expectativa de que las empresas busquen desarrolladores con una comprensión fundamental de los conceptos y metodologías de *Machine Learning*.

Este cambio en las expectativas de la industria no es simplemente una tendencia pasajera, sino un reflejo de la evolución del propio desarrollo de software. La capacidad de aprovechar el poder de los algoritmos de *Machine Learning* y aplicarlos de manera efectiva en contextos diversos se ha convertido en un activo valioso para los desarrolladores en diferentes dominios. Desde mejorar las experiencias del usuario a través de recomendaciones personalizadas hasta optimizar el rendimiento del sistema mediante análisis predictivo, las aplicaciones de ML son tanto amplias como profundas.

Además, a medida que las líneas entre el desarrollo de software tradicional y las soluciones impulsadas por IA continúan desdibujándose, los desarrolladores que están bien versados en los principios de *Machine Learning* se encuentran mejor equipados para innovar, resolver problemas complejos y crear sistemas de software más inteligentes y adaptativos.

Este conocimiento no solo mejora sus capacidades de resolución de problemas, sino que también los posiciona a la vanguardia del avance tecnológico, listos para enfrentar los desafíos y oportunidades que surgen en un mundo cada vez más impulsado por la IA.

1.3 Tendencias de IA y Machine Learning en 2024

El panorama del *Machine Learning* y la inteligencia artificial está experimentando una transformación revolucionaria a un ritmo sin precedentes. A medida que avanzamos en 2024, somos testigos de una multitud de tendencias innovadoras que no solo están reformulando industrias enteras, sino que también están alterando fundamentalmente la forma en que los desarrolladores y las empresas aprovechan estas tecnologías de vanguardia.

Desde la aparición de nuevos paradigmas arquitectónicos hasta cambios significativos en las prácticas éticas de la IA, obtener una comprensión completa de estas tendencias se ha vuelto esencial para cualquiera que busque mantener una ventaja competitiva en el campo en rápida evolución de la IA y el *Machine Learning*.

Esta sección fundamental se embarca en una exploración profunda de las tendencias más destacadas e influyentes de 2024. Al proporcionar un análisis detallado de estos desarrollos, buscamos ofrecerte una visión panorámica de la trayectoria de la industria, iluminando el camino hacia el futuro y equipándote con el conocimiento necesario para posicionarte estratégicamente en este dinámico paisaje.

A través de esta exploración, obtendrás valiosos conocimientos sobre cómo aprovechar eficazmente estos avances, lo que te permitirá mantenerte a la vanguardia de la innovación y capitalizar las innumerables oportunidades que surgen en esta era transformadora de la inteligencia artificial y el *Machine Learning*.

1.3.1 Transformers más allá del Procesamiento de Lenguaje Natural (NLP)

En los últimos años, las arquitecturas **Transformer** han inaugurado una nueva era en el procesamiento del lenguaje natural, revolucionando el campo con modelos innovadores como BERT, GPT y T5. Estas arquitecturas han demostrado capacidades sin precedentes en la comprensión y generación de lenguaje humano.

Sin embargo, a medida que avanzamos hacia 2024, el impacto de los *Transformers* ha trascendido las fronteras del NLP, permeando diversos dominios como la visión por computadora, el aprendizaje por refuerzo e incluso el campo complejo de la bioinformática. Esta notable expansión intersectorial se puede atribuir a la capacidad excepcional de los *Transformers* para modelar dependencias intrincadas dentro de las estructuras de datos, lo que los hace extraordinariamente efectivos en una amplia gama de tareas y aplicaciones.

Un ejemplo destacado de esta expansión es evidente en el ámbito de la visión por computadora, donde los *Vision Transformers* (ViTs) han surgido como líderes en tareas de clasificación de imágenes. Estos modelos de vanguardia no solo han igualado, sino que en muchos escenarios han superado el rendimiento de las redes neuronales convolucionales tradicionales (CNNs), que durante mucho tiempo han sido el estándar de oro en el procesamiento de imágenes. El éxito de los ViTs subraya la versatilidad y el poder de las arquitecturas *Transformer*, demostrando su capacidad para adaptarse y sobresalir en dominios muy alejados de su aplicación original en el procesamiento del lenguaje natural.

Las arquitecturas *Transformer*, inicialmente introducidas para tareas de NLP, han revolucionado el campo y ahora se aplican a diversos dominios más allá del procesamiento de lenguaje. Aquí tienes una explicación ampliada:

- **Origen y Evolución**: Los *Transformers* se introdujeron por primera vez en el artículo "Attention is All You Need" de Vaswani et al. en 2017. Representaron una desviación significativa de las arquitecturas tradicionales de modelado de secuencias como las RNNs y CNNs, enfocándose en el concepto de "atención".
- **Característica Clave - Mecanismo de Atención**: El núcleo de los modelos *Transformer* es su mecanismo de atención, que les permite procesar todas las palabras de una secuencia simultáneamente. Esta capacidad de procesamiento paralelo los hace más rápidos y eficientes que los modelos secuenciales.
- **Más Allá de NLP**: A partir de 2024, los *Transformers* han expandido su alcance a varios dominios, incluyendo:

    - Visión por Computadora: Los *Vision Transformers* (ViTs) son ahora modelos líderes para tareas de clasificación de imágenes, a menudo superando a las redes neuronales convolucionales (CNNs) tradicionales.
    - Aprendizaje por Refuerzo: Los *Transformers* se están aplicando a tareas complejas de toma de decisiones.
    - Bioinformática: Se utilizan para analizar secuencias y estructuras biológicas.
- **Ventajas**:
    - Modelado de Dependencias Complejas: Los *Transformers* sobresalen en capturar relaciones intrincadas en datos de diversos dominios.
    - Dependencias de Largo Alcance: Son particularmente efectivos para comprender conexiones entre elementos que están alejados en una secuencia.
    - Paralelización: Su arquitectura permite el uso eficiente del hardware moderno, lo que conduce a tiempos de entrenamiento más rápidos.
- **Impacto**: La versatilidad de los *Transformers* ha llevado a resultados de vanguardia en numerosas tareas, convirtiéndolos en una piedra angular de los enfoques modernos de *Machine Learning* en múltiples campos.

Ejemplo: Uso de Vision Transformer (ViT) para Clasificación de Imágenes

```
# Import necessary libraries
from transformers import ViTForImageClassification, ViTFeatureExtractor
from PIL import Image
import torch

# Load pre-trained Vision Transformer and feature extractor
model = ViTForImageClassification.from_pretrained("google/vit-base-patch16-224")
feature_extractor   =   ViTFeatureExtractor.from_pretrained("google/vit-base-patch16-
224")

# Load and preprocess the image
image = Image.open("sample_image.jpg")
inputs = feature_extractor(images=image, return_tensors="pt")

# Perform inference (image classification)
with torch.no_grad():
    outputs = model(**inputs)
    logits = outputs.logits

# Predicted label
predicted_class_idx = logits.argmax(-1).item()
print(f"Predicted class index: {predicted_class_idx}")
```

Vamos a desglosar este ejemplo de código que demuestra cómo usar un *Vision Transformer* (ViT) para la clasificación de imágenes:

- **1. Importar bibliotecas:**from transformers import ViTForImageClassification, ViTFeatureExtractor from PIL import Image import torch Estas líneas importan los módulos necesarios de la biblioteca transformers, PIL para el procesamiento de imágenes y PyTorch.
- **2. Cargar el modelo preentrenado y el extractor de características:**model = ViTForImageClassification.from_pretrained("google/vit-base-patch16-224") feature_extractor = ViTFeatureExtractor.from_pretrained("google/vit-base-patch16-224") Esto carga un modelo ViT preentrenado y su correspondiente extractor de características.
- **3. Cargar y preprocesar la imagen:**image = Image.open("sample_image.jpg") inputs = feature_extractor(images=image, return_tensors="pt") Aquí, se carga una imagen y se preprocesa utilizando el extractor de características.
- **4. Realizar la inferencia:**with torch.no_grad(): outputs = model(**inputs) logits = outputs.logits Esta sección ejecuta la imagen a través del modelo para obtener las salidas de clasificación.
- **5. Obtener la clase predicha:**predicted_class_idx = logits.argmax(-1).item() print(f"Predicted class index: {predicted_class_idx}") Finalmente, el código determina la clase predicha encontrando el índice con el valor logit más alto.

En este ejemplo, se utiliza el *Vision Transformer* para clasificar una imagen. El modelo ViT divide la imagen en parches, trata cada parche como un token (similar a cómo se tratan las palabras en texto) y los procesa utilizando la arquitectura transformer. El resultado es un modelo de clasificación de imágenes potente que compite con, y a veces supera, las CNN tradicionales.

Esta tendencia refleja un movimiento más amplio hacia **arquitecturas generalizadas de transformers**, donde los transformers están siendo adoptados en diversos dominios para tareas como el procesamiento de imágenes, el aprendizaje por refuerzo e incluso el plegamiento de proteínas.

1.3.2 Aprendizaje Auto-supervisado

Una tendencia innovadora que ha ganado un impulso significativo en los últimos años es el **aprendizaje auto-supervisado** (SSL). Este enfoque revolucionario ha transformado el entrenamiento de modelos de *machine learning* al eliminar la necesidad de conjuntos de datos etiquetados de manera extensiva. SSL permite que los modelos aprendan representaciones de datos de manera autónoma abordando tareas que no requieren etiquetado manual, como la reconstrucción de entradas corruptas o la predicción del contexto a partir de la información circundante.

Este cambio de paradigma no solo ha reducido drásticamente el tiempo y los recursos que tradicionalmente se dedicaban al etiquetado de datos, sino que también ha desbloqueado nuevas posibilidades en dominios donde los datos etiquetados son escasos o difíciles de obtener.

El impacto del SSL ha sido particularmente profundo en el campo de la visión por computadora. Técnicas de vanguardia como **SimCLR** (*Simple Framework for Contrastive Learning of Visual Representations*) y **BYOL** (*Bootstrap Your Own Latent*) han demostrado capacidades notables, alcanzando niveles de rendimiento que rivalizan, y en algunos casos superan, a los enfoques de aprendizaje supervisado.

Estos métodos logran esta hazaña mientras requieren solo una fracción de los datos etiquetados que tradicionalmente serían necesarios, marcando un avance significativo en la eficiencia y accesibilidad de las tecnologías de *machine learning*.

Ejemplo: Aprendizaje Auto-supervisado con SimCLR en PyTorch

```
# Import required libraries
import torch
import torchvision
import torchvision.transforms as transforms
from torch import nn, optim

# Define transformation for self-supervised learning (SimCLR augmentation)
transform = transforms.Compose([
    transforms.RandomResizedCrop(32),
    transforms.RandomHorizontalFlip(),
    transforms.ToTensor(),
])

# Load the CIFAR-10 dataset without labels (unsupervised)
train_dataset = torchvision.datasets.CIFAR10(root='./data', train=True,
transform=transform, download=True)
train_loader = torch.utils.data.DataLoader(train_dataset, batch_size=64,
shuffle=True)

# Define a simple ResNet backbone
backbone = torchvision.models.resnet18(pretrained=False)
backbone.fc = nn.Identity()  # Remove the final classification layer

# Define the projection head for SimCLR
projection_head = nn.Sequential(
    nn.Linear(512, 256),
    nn.ReLU(),
    nn.Linear(256, 128),
)

# Combine backbone and projection head
class SimCLRModel(nn.Module):
    def __init__(self, backbone, projection_head):
```

```
        super(SimCLRModel, self).__init__()
        self.backbone = backbone
        self.projection_head = projection_head

    def forward(self, x):
        features = self.backbone(x)
        projections = self.projection_head(features)
        return projections

model = SimCLRModel(backbone, projection_head)

# Example forward pass through the model
sample_batch = next(iter(train_loader))[0]
outputs = model(sample_batch)
print(f"Output shape: {outputs.shape}")
```

Vamos a desglosar este ejemplo de código de aprendizaje auto-supervisado con SimCLR en PyTorch:

- **1. Importación de Bibliotecas:** El código comienza importando las bibliotecas necesarias: PyTorch, torchvision y módulos específicos para redes neuronales y optimización.
- **2. Aumento de Datos:** Se define una tubería de transformación usando transforms.Compose. Esto incluye recortes aleatorios, volteo horizontal y conversión a tensor. Estas aumentaciones son cruciales para el enfoque de aprendizaje contrastivo de SimCLR.
- **3. Carga del Conjunto de Datos:** El conjunto de datos CIFAR-10 se carga sin etiquetas, lo que enfatiza la naturaleza no supervisada del proceso de aprendizaje.
- **4. Arquitectura del Modelo:**
    - Se utiliza una ResNet18 como el extractor de características. La capa de clasificación final se elimina para obtener representaciones de características.
    - Se define una cabeza de proyección, que procesa aún más las características. Este es un componente clave de SimCLR.
    - La clase SimCLRModel combina la columna vertebral (*backbone*) y la cabeza de proyección.
- **5. Instanciación del Modelo:** Se crea una instancia del modelo SimCLRModel.
- **6. Ejemplo de Paso hacia Adelante (Forward Pass):** El código demuestra un paso hacia adelante a través del modelo usando un lote de ejemplo del cargador de datos. Esto muestra cómo el modelo procesa los datos de entrada y genera proyecciones.

Esta implementación muestra los componentes principales de SimCLR: aumento de datos, una red para la extracción de características y una cabeza de proyección. El modelo aprende a crear representaciones significativas de los datos de entrada sin depender de etiquetas, lo cual es la esencia del aprendizaje auto-supervisado.

1.3.3 Aprendizaje Federado y Privacidad de los Datos

A medida que las preocupaciones sobre la privacidad de los datos continúan aumentando, el **aprendizaje federado** ha surgido como una solución innovadora para entrenar modelos de *Machine Learning* mientras se preserva la confidencialidad de los datos. Este enfoque permite el desarrollo de sistemas de IA avanzados aprovechando la inteligencia colectiva de numerosos dispositivos descentralizados, como teléfonos inteligentes o sensores IoT, sin la necesidad de centralizar información sensible.

Al permitir que los modelos se entrenen localmente en dispositivos individuales y solo compartan actualizaciones agregadas, el aprendizaje federado asegura que los datos en bruto permanezcan seguros y privados, abordando eficazmente las crecientes preocupaciones sobre la protección de datos y la privacidad de los usuarios.

El impacto del aprendizaje federado se extiende a diversas industrias, siendo la salud un ejemplo destacado de su potencial transformador. En entornos médicos, esta tecnología permite a las instituciones de salud colaborar en el desarrollo de modelos de IA de vanguardia sin comprometer la confidencialidad de los pacientes.

Los hospitales pueden contribuir a la creación de herramientas de diagnóstico más robustas y precisas entrenando modelos en sus conjuntos de datos locales y compartiendo solo los conocimientos aprendidos. Este enfoque colaborativo no solo mejora la calidad de los diagnósticos impulsados por IA, sino que también mantiene los más altos estándares de protección de datos del paciente, fomentando la confianza y el cumplimiento de estrictas normativas de privacidad en el sector sanitario.

Ejemplo: Aprendizaje Federado con PySyft

```
import syft as sy
import torch
import torch.nn as nn
import torch.optim as optim
from torchvision import datasets, transforms
from torch.utils.data import DataLoader

# Create a PySyft domain for federated learning
domain = sy.Domain(name="main_domain")

# Create virtual workers in the domain
alice = domain.get_client()
bob = domain.get_client()

# Load the MNIST dataset
```

```
transform = transforms.Compose([transforms.ToTensor(), transforms.Normalize((0.5,), (0.5,))])
mnist_dataset = datasets.MNIST('.', train=True, download=True, transform=transform)

# Split the dataset between Alice and Bob
alice_data, bob_data = torch.utils.data.random_split(mnist_dataset, [30000, 30000])
alice_loader = DataLoader(alice_data, batch_size=64, shuffle=True)
bob_loader = DataLoader(bob_data, batch_size=64, shuffle=True)

# Send datasets to the workers
alice_dataset = sy.Dataset(data=alice_loader.dataset, name="alice_data", description="MNIST data for Alice")
bob_dataset = sy.Dataset(data=bob_loader.dataset, name="bob_data", description="MNIST data for Bob")
domain.load_dataset(alice_dataset, client=alice)
domain.load_dataset(bob_dataset, client=bob)

# Define the neural network model
class SimpleNN(nn.Module):
    def __init__(self):
        super(SimpleNN, self).__init__()
        self.fc = nn.Linear(784, 10)

    def forward(self, x):
        return self.fc(x)

model = SimpleNN()

# Configure the optimizer and loss function
optimizer = optim.SGD(model.parameters(), lr=0.01)
loss_fn = nn.CrossEntropyLoss()

# Train the model on Alice's and Bob's datasets
for epoch in range(1):
    for client, loader in [(alice, alice_loader), (bob, bob_loader)]:
        print(f"Training on {client.name}")
        for data, target in loader:
            data = data.view(data.size(0), -1)  # Flatten the images
            target = target.long()

            # Send data to the client
            data_ptr = data.send(client)
            target_ptr = target.send(client)

            # Perform forward pass on the remote model
            output_ptr = model(data_ptr)
            loss_ptr = loss_fn(output_ptr, target_ptr)

            # Perform backpropagation on the remote model
            optimizer.zero_grad()
            loss_ptr.backward()
            optimizer.step()
```

```
print("Federated learning completed!")
```

Analicemos este ejemplo de código de aprendizaje federado usando PySyft:

- **1. Importación de Bibliotecas:** El código comienza importando las bibliotecas necesarias: PySyft (sy), PyTorch (torch) y torchvision para el manejo de conjuntos de datos.
- **2. Configuración de Trabajadores PySyft:** Se crean dos trabajadores virtuales, "alice" y "bob", usando PySyft. Estos simulan distintos poseedores de datos en un escenario de aprendizaje federado.
- **3. Definición del Modelo:** Se define una red neuronal simple (SimpleNN) con una única capa lineal. Este será el modelo entrenado de manera federada.
- **4. Preparación de los Datos:** Se carga el conjunto de datos MNIST y se divide entre Alice y Bob, simulando datos distribuidos. Cada trabajador obtiene su propio DataLoader.
- **5. Bucle de Entrenamiento:** El modelo se entrena durante una época. Para cada lote:
    - Los datos se envían al trabajador respectivo (Alice o Bob)
    - El modelo realiza predicciones
    - Se calcula y retropropaga la pérdida
    - Se actualiza el modelo
    - Se recuperan los datos del trabajador.
- **6. Preservación de la Privacidad:** El aspecto clave del aprendizaje federado se demuestra aquí: los datos sin procesar nunca abandonan los trabajadores. Solo se comparten las actualizaciones del modelo, preservando la privacidad de los datos.

Este ejemplo demuestra cómo se puede aplicar el aprendizaje federado usando PySyft, una biblioteca diseñada para facilitar el aprendizaje automático que preserva la privacidad. El modelo se entrena entre dos "trabajadores" diferentes (simulados como Alice y Bob) sin compartir nunca los datos sin procesar.

1.3.4 Inteligencia Artificial Explicable (XAI)

A medida que los modelos de IA, particularmente las redes de *deep learning*, se han vuelto cada vez más complejos y opacos, la demanda de interpretabilidad ha crecido exponencialmente. En respuesta a esta necesidad urgente, la **Inteligencia Artificial Explicable (XAI)** ha emergido como una tendencia fundamental en 2024, revolucionando la forma en que entendemos e interactuamos con los sistemas de IA. XAI tiene como objetivo desmitificar los procesos de toma de decisiones de los modelos complejos, brindando a los usuarios y partes interesadas una visión sin precedentes de cómo la IA llega a sus conclusiones.

Este avance en la transparencia de la IA se facilita mediante técnicas innovadoras como **SHAP** (SHapley Additive exPlanations) y **LIME** (Local Interpretable Model-agnostic Explanations). Estos enfoques ofrecen desgloses detallados de las predicciones del modelo, iluminando la importancia relativa de diferentes características y la lógica subyacente que impulsa las decisiones de la IA. Al proporcionar este nivel de detalle, las técnicas de XAI son fundamentales para fomentar la confianza en los sistemas de IA, especialmente en dominios críticos donde las consecuencias de las decisiones impulsadas por IA pueden ser de gran alcance.

El impacto de la Inteligencia Artificial Explicable es especialmente profundo en sectores críticos como la salud, donde permite a los profesionales médicos comprender y validar los diagnósticos asistidos por IA; en finanzas, donde ayuda a los analistas a comprender complejas evaluaciones de riesgos y recomendaciones de inversión; y en la conducción autónoma, donde permite a ingenieros y reguladores examinar los procesos de toma de decisiones de los vehículos autónomos.

Al cerrar la brecha entre las capacidades avanzadas de la IA y la comprensión humana, XAI no solo está mejorando la confiabilidad de los sistemas de IA, sino que también está allanando el camino hacia una inteligencia artificial más responsable y alineada éticamente.

Ejemplo: Explicabilidad con SHAP en Python

```
import shap
import xgboost
from sklearn.datasets import load_diabetes
from sklearn.model_selection import train_test_split
from sklearn.metrics import mean_squared_error

# Load the Diabetes dataset
data = load_diabetes()
X = data.data
y = data.target

# Split the data into training and testing sets
X_train, X_test, y_train, y_test = train_test_split(X, y, test_size=0.2, random_state=42)

# Train an XGBoost model
model = xgboost.XGBRegressor()
model.fit(X_train, y_train)

# Evaluate the model
y_pred = model.predict(X_test)
print(f"Mean Squared Error: {mean_squared_error(y_test, y_pred)}")

# Initialize SHAP explainer
explainer = shap.Explainer(model, X_train)
```

```
shap_values = explainer(X_test)

# Visualize SHAP values for a single prediction
shap.plots.waterfall(shap_values[0])
```

Analicemos este ejemplo de código que utiliza SHAP (SHapley Additive exPlanations) para IA explicable:

- **1. Importación de bibliotecas:**import shap, xgboost, load_diabetes Importa SHAP para explicaciones, XGBoost para modelado y un conjunto de datos para regresión.
- **2. Carga de datos:**X, y = load_diabetes().data, load_diabetes().target Carga el conjunto de datos de Diabetes con características (X) y valores objetivo (y).
- **3. Entrenamiento del modelo:**model = xgboost.XGBRegressor().fit(X_train, y_train) Entrena un modelo de regresión XGBoost con el conjunto de datos.
- **4. Creación del explicador SHAP:**explainer = shap.Explainer(model, X_train); shap_values = explainer(X_test) Inicializa un explicador SHAP y calcula los valores SHAP para los datos de prueba.
- **5. Visualización de explicaciones:**shap.plots.waterfall(shap_values[0]) Genera un gráfico de cascada para la primera predicción, mostrando las contribuciones de las características.

Este ejemplo ilustra cómo los valores SHAP pueden utilizarse para explicar predicciones individuales. El gráfico de cascada muestra cómo las diferentes características contribuyen a la predicción final, proporcionando transparencia en la toma de decisiones del modelo.

1.3.5 Ética y Gobernanza de la IA

A medida que la inteligencia artificial continúa permeando varios sectores de la industria y la sociedad, la importancia de las **consideraciones éticas** se ha vuelto cada vez más relevante. En 2024, las organizaciones están poniendo un mayor énfasis en desarrollar e implementar sistemas de *machine learning* que no solo sean poderosos y eficientes, sino también transparentes, justos y libres de sesgos. Este cambio hacia una IA ética representa una evolución crucial en el campo, reconociendo el profundo impacto que las tecnologías de IA pueden tener en individuos y comunidades.

El concepto de IA Ética abarca una amplia gama de cuestiones críticas que deben abordarse durante todo el ciclo de vida de los sistemas de IA. Estas incluyen:

- Abordar y mitigar los sesgos en los conjuntos de datos utilizados para entrenar modelos de IA
- Garantizar la equidad en los procesos de toma de decisiones algorítmicas

- Proteger contra decisiones de IA que puedan perjudicar o desventajar desproporcionadamente a ciertos grupos demográficos
- Promover la transparencia en las operaciones de la IA y en las razones detrás de las decisiones
- Proteger la privacidad individual y asegurar los datos sensibles

En respuesta a estas preocupaciones urgentes, gobiernos e instituciones de todo el mundo han comenzado a establecer y hacer cumplir marcos integrales de **gobernanza de la IA**. Estos marcos sirven como guías esenciales para el desarrollo, implementación y gestión responsables de tecnologías de IA. Los principios fundamentales que se enfatizan en estas estructuras de gobernanza suelen incluir:

- **Mitigación de sesgos y equidad**: Esto implica implementar procesos rigurosos para identificar, evaluar y eliminar los sesgos en los modelos de IA. Garantiza que los sistemas de IA no perpetúen o exacerben las desigualdades sociales existentes, sino que promuevan resultados justos y equitativos para todas las personas, independientemente de sus características demográficas.
- **Transparencia y explicabilidad**: Un enfoque clave es hacer que los sistemas de IA sean más interpretables y responsables. Esto incluye desarrollar métodos para explicar los procesos de toma de decisiones de la IA en términos comprensibles para los humanos, permitiendo un mayor escrutinio y confianza en los resultados impulsados por IA.
- **Protección de la privacidad y seguridad de los datos**: Los marcos de gobernanza enfatizan la importancia crítica de salvaguardar la privacidad del usuario y manejar la información sensible de manera responsable. Esto implica implementar medidas sólidas de protección de datos, asegurar el cumplimiento de las normativas de privacidad de datos y adoptar técnicas de preservación de la privacidad en el desarrollo de la IA.
- **Responsabilidad y supervisión**: Establecer líneas claras de responsabilidad y mecanismos de supervisión en el desarrollo e implementación de la IA. Esto incluye definir roles y responsabilidades, implementar procesos de auditoría y crear canales para abordar preocupaciones o quejas relacionadas con los sistemas de IA.

Para los desarrolladores y organizaciones que trabajan en el campo de la IA, integrar estas consideraciones éticas en cada etapa del ciclo de vida de la IA —desde la conceptualización y el diseño hasta el desarrollo, las pruebas, la implementación y la supervisión continua— ya no es opcional, sino una necesidad fundamental. Al priorizar las prácticas éticas de IA, las partes interesadas pueden fomentar una mayor confianza en las tecnologías de IA, promover su adopción responsable y garantizar que se realicen los beneficios de la IA mientras se minimizan los posibles daños.

Además, el enfoque en la IA ética está impulsando la innovación en campos relacionados como la IA explicable (XAI), el *machine learning* consciente de la equidad y las técnicas de IA para la preservación de la privacidad. Estos avances no solo abordan preocupaciones éticas, sino que a menudo conducen a sistemas de IA más robustos, confiables y efectivos en general.

A medida que avanzamos, se espera que la integración de consideraciones éticas en el desarrollo de la IA desempeñe un papel fundamental en la configuración del futuro de la tecnología y su impacto en la sociedad. Al alinear las capacidades de la IA con los valores humanos y las normas sociales, podemos trabajar hacia un futuro en el que las tecnologías de IA potencien el potencial humano, promuevan la igualdad y contribuyan positivamente al bien común.

1.4 Panorama del Ecosistema Python para Machine Learning

Python se ha convertido en el lenguaje por excelencia para *machine learning* gracias a su elegante simplicidad, excepcional legibilidad y un extenso ecosistema de bibliotecas que facilitan la implementación de algoritmos complejos de *machine learning*. Esta poderosa combinación hace de Python una opción ideal tanto para desarrolladores experimentados como para principiantes en el campo, permitiendo a los practicantes centrarse en resolver problemas complejos en lugar de lidiar con un código complicado.

En las siguientes secciones, profundizaremos en los componentes clave del ecosistema de Python que lo han llevado a la vanguardia del *machine learning*. Exploraremos cómo estas herramientas trabajan de manera sinérgica para respaldar cada fase del ciclo de vida de *machine learning*, desde el preprocesamiento inicial de datos y el análisis exploratorio hasta el desarrollo y despliegue de modelos avanzados de *deep learning*.

Al aprovechar el conjunto completo de bibliotecas de Python, los científicos de datos y los ingenieros de *machine learning* pueden navegar sin problemas por todo el espectro de tareas necesarias para llevar un proyecto de *machine learning* desde su concepción hasta su implementación.

1.4.1 ¿Por qué Python para Machine Learning?

El dominio de Python en el ámbito del *machine learning* se puede atribuir a una multitud de factores convincentes que lo convierten en la opción preferida tanto para desarrolladores como para científicos de datos:

- **Sintaxis intuitiva y curva de aprendizaje suave**: La sintaxis clara y legible de Python, junto con su estructura simple, lo hace excepcionalmente accesible para los principiantes, al tiempo que ofrece el poder y la flexibilidad que requieren los profesionales experimentados. Esta accesibilidad democratiza el *machine learning*, permitiendo que una amplia gama de personas contribuya al campo.

- **Ecosistema integral de bibliotecas**: Python cuenta con una colección inigualable de bibliotecas y marcos que cubren todos los aspectos posibles del flujo de trabajo de *machine learning*. Desde la manipulación de datos con Pandas hasta el *deep learning* con TensorFlow, el ecosistema de Python ofrece una rica gama de herramientas que se integran sin problemas para apoyar proyectos complejos de ML.
- **Comunidad sólida y de apoyo**: La comunidad de Python es reconocida por su tamaño, diversidad y espíritu colaborativo. Este vibrante ecosistema fomenta el intercambio rápido de conocimientos, la resolución de problemas y la innovación. Los desarrolladores pueden acceder a una gran cantidad de recursos, como documentación extensa, tutoriales, foros y proyectos de código abierto, lo que acelera sus procesos de aprendizaje y desarrollo.
- **Integración versátil de lenguajes**: La capacidad de Python para interactuar sin esfuerzo con otros lenguajes de programación ofrece una flexibilidad incomparable. Esta interoperabilidad permite a los desarrolladores aprovechar las fortalezas de varios lenguajes dentro de un solo proyecto, combinando la facilidad de uso de Python con los beneficios de rendimiento de lenguajes como C++ o las capacidades empresariales de Java.
- **Prototipado y desarrollo rápidos**: La tipificación dinámica y la naturaleza interpretada de Python facilitan la ideación y el prototipado rápido. Esta agilidad es crucial en el mundo iterativo del *machine learning*, donde la experimentación rápida y el refinamiento de modelos son clave para el éxito.

Estas ventajas han consolidado la posición de Python como la lengua franca del *machine learning*. A medida que profundicemos en el ecosistema de Python, exploraremos las bibliotecas fundamentales que se han convertido en herramientas indispensables en el arsenal de los profesionales de *machine learning*.

1.4.2 NumPy: Cálculo Numérico

En la base de prácticamente cada esfuerzo de *machine learning* se encuentra **NumPy**, un acrónimo de "Numerical Python". Esta poderosa biblioteca actúa como el cimiento para el cálculo numérico en Python, ofreciendo un soporte robusto para arreglos y matrices grandes de múltiples dimensiones.

La amplia colección de funciones matemáticas de NumPy permite operaciones eficientes sobre estas estructuras de datos complejas, lo que la convierte en un componente esencial en el conjunto de herramientas de *machine learning*.

El núcleo de la mayoría de los algoritmos de *machine learning* gira en torno a la manipulación y el análisis de datos numéricos. NumPy sobresale en este dominio, proporcionando operaciones extremadamente rápidas y eficientes en cuanto a memoria sobre grandes conjuntos de datos. Su implementación optimizada, escrita en gran parte en C, permite cálculos rápidos que superan significativamente el rendimiento del código escrito en Python puro.

Esta combinación de velocidad y versatilidad hace que NumPy sea un recurso indispensable para los practicantes de *machine learning*, permitiéndoles manejar conjuntos de datos masivos y realizar operaciones matemáticas complejas con facilidad.

Ejemplo: Fundamentos de NumPy

```
import numpy as np

# Create a 2D NumPy array (matrix)
matrix = np.array([[1, 2], [3, 4]])

# Perform matrix multiplication
result = np.dot(matrix, matrix)
print(f"Matrix multiplication result:\\\\n{result}")

# Calculate the mean and standard deviation of the array
mean_value = np.mean(matrix)
std_value = np.std(matrix)

print(f"Mean: {mean_value}, Standard Deviation: {std_value}")
```

Vamos a desglosar este ejemplo de código de NumPy:

- **1. Importar NumPy:**

```
import numpy as np
```

Esta línea importa la biblioteca NumPy y le asigna el alias 'np' para facilitar su uso.

- **2. Crear una matriz 2D de NumPy:**

```
matrix = np.array([[1, 2], [3, 4]])
```

Esto crea una matriz de 2x2 usando la función array de NumPy.

- **3. Realizar la multiplicación de matrices:**

```
result = np.dot(matrix, matrix)
```

Esto usa la función dot de NumPy para multiplicar la matriz por sí misma.

- **4. Imprimir el resultado:**

```
print(f"Matrix multiplication result:\\n{result}")
```

Esto muestra el resultado de la multiplicación de matrices.

- **5. Calcular la media y la desviación estándar:**

```
mean_value = np.mean(matrix)
std_value = np.std(matrix)
```

Estas líneas calculan la media y la desviación estándar de la matriz usando funciones de NumPy.

- **6. Imprimir la media y la desviación estándar:**

```
print(f"Mean: {mean_value}, Standard Deviation: {std_value}")
```

Esto muestra la media y la desviación estándar calculadas.

Este ejemplo demuestra operaciones básicas de NumPy, como la creación de arreglos, multiplicación de matrices y cálculos estadísticos, mostrando la eficiencia de NumPy en la manipulación de datos numéricos.

NumPy también es la base de muchas otras bibliotecas como Pandas y TensorFlow, proporcionando estructuras de datos y funciones esenciales que simplifican operaciones como álgebra lineal, generación de números aleatorios y manipulación básica de arreglos.

1.4.3 Pandas: Manipulación y Análisis de Datos

Cuando se inicia un proyecto de *machine learning*, las etapas iniciales a menudo implican una preparación extensa de los datos. Esta fase crucial abarca la limpieza de los datos en bruto, la manipulación de su estructura y la realización de un análisis profundo para garantizar que los datos estén listos para ser utilizados por los modelos.

Aquí es donde entra en juego **Pandas**, una biblioteca robusta y versátil para el análisis de datos que ha revolucionado la forma en que los científicos de datos interactúan con datos estructurados. Pandas permite a los profesionales manejar eficientemente grandes conjuntos de datos, proporcionando un conjunto de herramientas para la carga, filtrado, agregación y manipulación sin problemas de estructuras de datos complejas.

En el corazón de Pandas se encuentran dos estructuras de datos fundamentales, cada una diseñada para satisfacer diferentes necesidades de manipulación de datos:

- **Series**: Esta matriz unidimensional etiquetada actúa como el bloque de construcción para estructuras de datos más complejas. Es ideal para representar series temporales, almacenar una sola columna de un *DataFrame* o contener cualquier arreglo de valores con un índice asociado.
- **DataFrame**: El caballo de batalla de Pandas, un *DataFrame* es una estructura de datos bidimensional etiquetada que se asemeja a una tabla o una hoja de cálculo. Consiste en una colección de objetos *Series*, lo que permite la manipulación intuitiva de filas y columnas. Los *DataFrames* son particularmente útiles para manejar tipos de datos

heterogéneos en diferentes columnas, lo que los hace invaluables para conjuntos de datos del mundo real.

Ejemplo: Manipulación de Datos con Pandas

```
import pandas as pd

# Create a DataFrame from a dictionary
data = {
    'Name': ['Alice', 'Bob', 'Charlie', 'David'],
    'Age': [25, 30, 35, 40],
    'Salary': [50000, 60000, 70000, 80000]
}

df = pd.DataFrame(data)

# Display the DataFrame
print("Original DataFrame:\\\\n", df)

# Filter rows where Age is greater than 30
filtered_df = df[df['Age'] > 30]
print("\\\\nFiltered DataFrame (Age > 30):\\\\n", filtered_df)

# Calculate the mean salary
mean_salary = df['Salary'].mean()
print(f"\\\\nMean Salary: {mean_salary}")
```

Vamos a desglosar este ejemplo de código de Pandas:

- **1. Importar Pandas:**

```
import pandas as pd
```

Esta línea importa la biblioteca Pandas y le asigna el alias 'pd' para facilitar su uso.

- **2. Crear un diccionario:**

```
data = {
    'Name': ['Alice', 'Bob', 'Charlie', 'David'],
    'Age': [25, 30, 35, 40],
    'Salary': [50000, 60000, 70000, 80000]
}
```

Esto crea un diccionario con tres claves (Name, Age, Salary) y sus valores correspondientes.

- **3. Crear un DataFrame:**

```
df = pd.DataFrame(data)
```

Esta línea crea un *DataFrame* de Pandas a partir del diccionario que acabamos de crear.

- **4. Mostrar el DataFrame:**

```
print("Original DataFrame:\\n", df)
```

Esto imprime el *DataFrame* original para mostrar su contenido.

- **5. Filtrar el DataFrame:**

```
filtered_df = df[df['Age'] > 30]
```

Esto crea un nuevo *DataFrame* que contiene solo las filas donde la columna 'Age' es mayor que 30.

- **6. Mostrar el DataFrame filtrado:**

```
print("\\nFiltered DataFrame (Age > 30):\\n", filtered_df)
```

Esto imprime el *DataFrame* filtrado para mostrar el resultado de la operación de filtrado.

- **7. Calcular el salario promedio:**

```
mean_salary = df['Salary'].mean()
```

Esto calcula la media de la columna 'Salary' en el *DataFrame* original.

- **8. Mostrar el salario promedio:**

```
print(f"\\nMean Salary: {mean_salary}")
```

Esto imprime el salario promedio calculado.

Este ejemplo demuestra operaciones básicas de Pandas como la creación de un *DataFrame*, el filtrado de datos y la realización de cálculos sobre columnas. Muestra cómo Pandas puede utilizarse para la manipulación y análisis de datos de manera concisa y legible.

Pandas es particularmente útil para tareas como:

- **Limpieza de datos**: Manejo de valores faltantes, duplicados o tipos de datos incorrectos.
- **Transformación de datos**: Aplicación de funciones a filas o columnas, agregación de datos y reestructuración de conjuntos de datos.
- **Combinación y unión de datos**: Integración de datos provenientes de múltiples fuentes.

Con Pandas, puedes manejar la mayoría de los pasos de preprocesamiento de datos en tu pipeline de *machine learning* de manera eficiente.

1.4.4 Matplotlib y Seaborn: Visualización de Datos

Una vez que has limpiado y preprocesado tus datos, la visualización se convierte en un paso crucial para descubrir patrones ocultos, relaciones y tendencias que pueden no ser inmediatamente aparentes solo con los números en bruto.

La visualización de datos sirve como una poderosa herramienta para el análisis exploratorio de datos, permitiendo a los científicos de datos y practicantes de *machine learning* obtener valiosas percepciones y tomar decisiones informadas a lo largo del proceso de desarrollo de modelos. En el ecosistema Python, dos bibliotecas destacan por sus robustas capacidades para crear representaciones de datos informativas y visualmente atractivas: **Matplotlib** y **Seaborn**.

Estas bibliotecas ofrecen funcionalidades complementarias que cubren diferentes necesidades de visualización:

- **Matplotlib**: Como una biblioteca integral de bajo nivel para gráficos, Matplotlib proporciona una base para crear una amplia gama de visualizaciones. Su flexibilidad permite un control detallado sobre los elementos de las gráficas, lo que la convierte en una opción ideal para crear figuras personalizadas y de calidad publicable. Matplotlib sobresale en la producción de visualizaciones estáticas, interactivas y animadas, que van desde gráficos de líneas y dispersión hasta representaciones 3D complejas y mapas geográficos.
- **Seaborn**: Construida sobre la sólida base de Matplotlib, Seaborn lleva la visualización de datos al siguiente nivel al ofrecer una interfaz de alto nivel para crear gráficos orientados a datos estadísticos. Simplifica el proceso de generar visualizaciones estéticamente agradables e informativas, especialmente para datos estadísticos. Las fortalezas de Seaborn radican en su capacidad para crear fácilmente visualizaciones complejas como *heatmaps*, gráficos de violín y gráficos de regresión, mientras que también proporciona temas incorporados para mejorar la apariencia general de tus gráficas.

Al aprovechar estas poderosas bibliotecas, los científicos de datos pueden comunicar eficazmente sus hallazgos, identificar valores atípicos, detectar correlaciones y obtener una comprensión más profunda de las estructuras de datos subyacentes. Esta fase de exploración visual a menudo conduce a valiosos insights que informan la ingeniería de características, la selección de modelos y, en última instancia, el desarrollo de modelos de *machine learning* más precisos y robustos.

Ejemplo: Visualización de Datos con Matplotlib y Seaborn

```
import matplotlib.pyplot as plt
import seaborn as sns
import numpy as np
```

```
# Create random data
data = np.random.normal(size=1000)

# Plot a histogram using Matplotlib
plt.hist(data, bins=30, edgecolor='black')
plt.title('Histogram using Matplotlib')
plt.show()

# Plot a kernel density estimate (KDE) plot using Seaborn
sns.kdeplot(data, fill=True)
plt.title('KDE plot using Seaborn')
plt.show()
```

Analicemos el ejemplo de código para la visualización de datos usando Matplotlib y Seaborn:

1. Importar las bibliotecas necesarias:

```
import matplotlib.pyplot as plt
import seaborn as sns
import numpy as np
```

Esto importa Matplotlib, Seaborn y NumPy, que son esenciales para crear visualizaciones y generar datos aleatorios.

2. Crear datos aleatorios:

```
data = np.random.normal(size=1000)
```

Esto genera 1000 números aleatorios de una distribución normal usando NumPy.

3. Crear un histograma usando Matplotlib:

```
plt.hist(data, bins=30, edgecolor='black')
plt.title('Histogram using Matplotlib')
plt.show()
```

Este código crea un histograma de los datos aleatorios con 30 contenedores y bordes negros, añade un título y muestra la gráfica.

4. Crear una gráfica de Estimación de Densidad Kernel (KDE) usando Seaborn:

```
sns.kdeplot(data, fill=True)
plt.title('KDE plot using Seaborn')
plt.show()
```

Este código de ejemplo crea una gráfica KDE de los mismos datos usando Seaborn, con sombreado bajo la curva, añade un título y muestra la gráfica.

Estas visualizaciones ayudan a explorar datos mediante la identificación de patrones, distribuciones y valores atípicos potenciales. Son fundamentales para el proceso de aprendizaje automático, ya que proporcionan perspectivas que pueden informar análisis posteriores y el desarrollo de modelos.

Las visualizaciones juegan un papel crucial en el proceso de aprendizaje automático, ofreciendo perspectivas invaluables y facilitando la comunicación efectiva. Sirven para múltiples propósitos a lo largo del flujo de trabajo de ciencia de datos:

- **Exploración de Datos**: Las visualizaciones permiten a los científicos de datos:
    - Identificar valores atípicos que pueden sesgar resultados o requerir un manejo especial
    - Descubrir correlaciones entre variables, potencialmente informando la selección de características
    - Detectar tendencias o patrones que podrían no ser evidentes solo desde los datos sin procesar
    - Obtener una comprensión holística de las distribuciones y características de los datos
- **Comunicación de Resultados**: Las visualizaciones bien elaboradas son herramientas poderosas para:
    - Presentar hallazgos complejos de manera clara y accesible a audiencias diversas
    - Ilustrar el rendimiento del modelo y comparaciones a través de gráficos intuitivos
    - Apoyar la toma de decisiones basada en datos haciendo que las perspectivas sean visualmente convincentes
    - Cerrar la brecha entre el análisis técnico y la comprensión empresarial

Al aprovechar las visualizaciones de manera efectiva, los profesionales del aprendizaje automático pueden mejorar sus capacidades analíticas y asegurar que sus perspectivas resuenen tanto con las partes interesadas técnicas como no técnicas.

1.4.5 Scikit-learn: El caballo de batalla del Machine Learning

Cuando se trata de algoritmos de *machine learning* tradicionales, **Scikit-learn** destaca como la biblioteca principal en el ecosistema Python. Ofrece un conjunto completo de herramientas para minería de datos y análisis, caracterizadas por su simplicidad, eficiencia y robustez. Esto convierte a Scikit-learn en un recurso invaluable para practicantes de todos los niveles, desde aquellos que están dando sus primeros pasos en *machine learning* hasta expertos enfrentando proyectos complejos.

El extenso conjunto de herramientas de Scikit-learn abarca una amplia variedad de técnicas y utilidades de *machine learning*, que incluyen:

- **Algoritmos de aprendizaje supervisado**: Esta categoría incluye una gama diversa de métodos para modelado predictivo, tales como:
  - Regresión lineal y logística para modelar relaciones entre variables
  - Árboles de decisión y *random forests* para crear modelos potentes e interpretables
  - Máquinas de soporte vectorial (*Support Vector Machines*, SVMs) para tareas efectivas de clasificación y regresión
  - Métodos de aumento de gradiente como XGBoost y LightGBM para predicciones de alto rendimiento
- **Técnicas de aprendizaje no supervisado**: Estos algoritmos están diseñados para descubrir patrones y estructuras ocultas dentro de datos no etiquetados:
  - Algoritmos de agrupamiento (*clustering*) como K-means y DBSCAN para agrupar puntos de datos similares
  - Métodos de reducción de dimensionalidad como el Análisis de Componentes Principales (PCA) y t-SNE para visualizar datos de alta dimensión
  - Algoritmos de detección de anomalías para identificar valores atípicos y patrones inusuales
- **Herramientas completas de evaluación y optimización de modelos**: Scikit-learn ofrece un marco robusto para evaluar y ajustar modelos de *machine learning*:
  - Técnicas de validación cruzada para garantizar la generalización del modelo
  - Capacidades de búsqueda en cuadrícula (*grid search*) y búsqueda aleatoria (*random search*) para sintonización eficiente de hiperparámetros
  - Una amplia gama de métricas de evaluación como precisión, recall, F1-score y ROC AUC para evaluar el rendimiento del modelo
  - Herramientas de selección de modelos para ayudar a elegir el mejor algoritmo para una tarea determinada

Más allá de estas funcionalidades clave, Scikit-learn también ofrece utilidades para preprocesamiento de datos, selección de características y persistencia de modelos, lo que lo convierte en una solución integral para muchos flujos de trabajo de *machine learning*. Su diseño de API consistente y documentación extensa aumentan su atractivo, permitiendo a los usuarios cambiar sin problemas entre diferentes algoritmos y técnicas mientras mantienen un paradigma de codificación familiar.

Ejemplo: Entrenando un clasificador de árbol de decisión con Scikit-learn

```
from sklearn.datasets import load_iris
from sklearn.model_selection import train_test_split
from sklearn.tree import DecisionTreeClassifier
from sklearn.metrics import accuracy_score

# Load the Iris dataset
iris = load_iris()
X = iris.data
y = iris.target

# Split the data into training and testing sets
X_train, X_test, y_train, y_test = train_test_split(X, y, test_size=0.2, 
random_state=42)

# Initialize and train a decision tree classifier
model = DecisionTreeClassifier()
model.fit(X_train, y_train)

# Make predictions and evaluate accuracy
y_pred = model.predict(X_test)
accuracy = accuracy_score(y_test, y_pred)

print(f"Accuracy of the Decision Tree Classifier: {accuracy:.2f}")
```

Desglosando el ejemplo de código para entrenar un clasificador de árbol de decisión usando Scikit-learn:

1. Importar las bibliotecas necesarias:

```
from sklearn.datasets import load_iris
from sklearn.model_selection import train_test_split
from sklearn.tree import DecisionTreeClassifier
from sklearn.metrics import accuracy_score
```

Estas líneas importan los módulos requeridos de Scikit-learn para cargar el conjunto de datos, dividir los datos, crear el modelo y evaluar su rendimiento.

2. Cargar el conjunto de datos:

```
iris = load_iris()
X = iris.data
y = iris.target
```

Esto carga el conjunto de datos de Iris, un conjunto de datos incorporado en Scikit-learn. X contiene las características y y contiene las etiquetas objetivo.

3. Dividir los datos:

```
X_train, X_test, y_train, y_test = train_test_split(X, y, test_size=0.2, random_state=42)
```

Esto divide los datos en conjuntos de entrenamiento y prueba. El 80% de los datos se usa para entrenamiento y el 20% para pruebas.

4. Inicializar y entrenar el modelo:

```
model = DecisionTreeClassifier()
model.fit(X_train, y_train)
```

Esto crea un clasificador de árbol de decisión y lo entrena con los datos de entrenamiento.

5. Hacer predicciones y evaluar:

```
y_pred = model.predict(X_test)
accuracy = accuracy_score(y_test, y_pred)
```

Aquí, se utiliza el modelo entrenado para hacer predicciones en los datos de prueba y se calcula la precisión de estas predicciones.

6. Imprimir los resultados:

```
print(f"Accuracy of the Decision Tree Classifier: {accuracy:.2f}")
Esto imprime la precisión del modelo, formateada con dos decimales.
```

Este ejemplo demuestra el flujo de trabajo típico en Scikit-learn: cargar los datos, dividirlos en conjuntos de entrenamiento y prueba, inicializar un modelo, entrenarlo, hacer predicciones y evaluar su rendimiento.

La API fácil de usar de Scikit-learn, junto con su vasta colección de herramientas para preprocesamiento de datos, construcción de modelos y evaluación, la convierte en una biblioteca versátil para cualquier proyecto de machine learning.

1.4.6 TensorFlow, Keras y PyTorch: Bibliotecas de Deep Learning

Aunque Scikit-learn es la biblioteca preferida para tareas de machine learning tradicional, el campo del deep learning requiere herramientas más especializadas. En el ecosistema Python, tres bibliotecas se destacan como líderes en deep learning: TensorFlow, Keras y PyTorch. Cada una de estas bibliotecas aporta fortalezas únicas, atendiendo a diferentes necesidades dentro de la comunidad de deep learning.

- **TensorFlow**: Desarrollada por Google, esta biblioteca de código abierto ha ganado una adopción generalizada por su flexibilidad y escalabilidad. Su arquitectura permite manejar desde experimentos a pequeña escala hasta proyectos de machine learning a nivel de producción. Herramientas como TensorBoard la hacen atractiva tanto para investigadores como para profesionales de la industria.
- **Keras**: Ahora parte del marco de TensorFlow, Keras sirve como su API de alto nivel oficial. Su enfoque en la simplicidad y facilidad de uso la ha convertido en una opción favorita para desarrollar rápidamente prototipos e iterar en modelos sin tener que lidiar con detalles de bajo nivel. Su diseño intuitivo es ideal tanto para principiantes como para practicantes experimentados.
- **PyTorch**: Desarrollada por Facebook, PyTorch ha ganado popularidad debido a su gráfico computacional dinámico, que permite una depuración intuitiva y la modificación de modelos sobre la marcha. Es particularmente apreciada por investigadores y aquellos que trabajan en la experimentación avanzada. Su enfoque "pythonic" y la integración con el ecosistema científico de Python la han vuelto popular en el ámbito académico.

Veamos un ejemplo sencillo de cómo entrenar una red neuronal usando Keras:

Ejemplo: Construyendo una red neuronal con Keras

```
from tensorflow.keras.models import Sequential
from tensorflow.keras.layers import Dense
from tensorflow.keras.optimizers import Adam
from sklearn.datasets import load_iris
from sklearn.model_selection import train_test_split

# Load the Iris dataset
iris = load_iris()
X = iris.data
y = iris.target

# Split the data
X_train, X_test, y_train, y_test = train_test_split(X, y, test_size=0.2, random_state=42)

# Build a simple feedforward neural network with Keras
model = Sequential([
    Dense(10, input_dim=4, activation='relu'),
    Dense(10, activation='relu'),
    Dense(3, activation='softmax')
])

# Compile the model
model.compile(optimizer=Adam(), loss='sparse_categorical_crossentropy', metrics=['accuracy'])
```

```
# Train the model
model.fit(X_train, y_train, epochs=50, batch

_size=10)

# Evaluate the model
loss, accuracy = model.evaluate(X_test, y_test)
print(f"Test Accuracy: {accuracy:.2f}")
```

Desglosando el ejemplo de código para construir una red neuronal usando Keras:

1. **Importar las bibliotecas necesarias:**

```
from tensorflow.keras.models import Sequential
from tensorflow.keras.layers import Dense
from tensorflow.keras.optimizers import Adam
from sklearn.datasets import load_iris
from sklearn.model_selection import train_test_split
```

Esto importa los módulos necesarios de Keras y Scikit-learn para la creación del modelo, la carga de datos y la división del conjunto de datos.

2. **Cargar y dividir el conjunto de datos:**

```
iris = load_iris()
X = iris.data
y = iris.target
X_train, X_test, y_train, y_test = train_test_split(X, y, test_size=0.2,
random_state=42)
```

Esto carga el conjunto de datos de Iris y lo divide en conjuntos de entrenamiento y prueba.

3. **Construir la red neuronal:**

```
model = Sequential([
    Dense(10, input_dim=4, activation='relu'),
    Dense(10, activation='relu'),
    Dense(3, activation='softmax')
])
```

Esto crea un modelo secuencial con tres capas densas. La primera capa tiene 10 neuronas y toma 4 características de entrada. La capa final tiene 3 neuronas para las 3 clases en el conjunto de datos de Iris.

4. **Compilar el modelo:**

```
model.compile(optimizer=Adam(), loss='sparse_categorical_crossentropy',
metrics=['accuracy'])
```

Esto configura el modelo para el entrenamiento, especificando el optimizador, la función de pérdida y las métricas a seguir.

5. **Entrenar el modelo:**

```
model.fit(X_train, y_train, epochs=50, batch_size=10)
```

Esto entrena el modelo con los datos de entrenamiento durante 50 épocas y con un tamaño de lote de 10.

6. **Evaluar el modelo:**

```
loss, accuracy = model.evaluate(X_test, y_test)
print(f"Test Accuracy: {accuracy:.2f}")
```

Esto evalúa el rendimiento del modelo con los datos de prueba e imprime la precisión.

Este ejemplo demuestra lo fácil que es construir y entrenar una red neuronal utilizando Keras, una API de alto nivel en TensorFlow.

El extenso ecosistema de bibliotecas y herramientas de Python simplifica todo el flujo de trabajo de machine learning, desde la adquisición inicial de datos y el preprocesamiento hasta la construcción sofisticada de modelos y su implementación en el mundo real. Esta suite de recursos reduce significativamente la complejidad típicamente asociada con proyectos de machine learning, permitiendo a los desarrolladores centrarse en resolver problemas en lugar de lidiar con detalles de implementación.

Para quienes trabajan con algoritmos clásicos de machine learning, Scikit-learn ofrece una interfaz fácil de usar y una gran cantidad de funciones bien documentadas. Su diseño API consistente permite experimentar fácilmente con diferentes algoritmos y crear rápidamente prototipos de soluciones de machine learning. Por otro lado, aquellos que se adentran en el deep learning pueden aprovechar la potencia de TensorFlow, Keras o PyTorch. Estas bibliotecas proporcionan la flexibilidad y eficiencia computacional necesarias para construir y entrenar arquitecturas complejas de redes neuronales, desde redes básicas hasta modelos avanzados como redes neuronales convolucionales (CNN) y redes neuronales recurrentes (RNN).

La versatilidad de Python no solo se limita a proporcionar herramientas; fomenta una comunidad vibrante de desarrolladores e investigadores que contribuyen continuamente a su crecimiento. Este ecosistema colaborativo garantiza que Python permanezca a la vanguardia de la innovación en machine learning, con nuevas bibliotecas y técnicas que surgen regularmente para abordar los desafíos en evolución en el campo. La legibilidad y facilidad de uso de Python, combinadas con sus potentes bibliotecas, lo convierten en una opción ideal tanto para la creación rápida de prototipos como para sistemas de machine learning listos para producción. Como resultado, Python se ha establecido firmemente como el lenguaje predeterminado para los profesionales de machine learning en todo el mundo, tanto en la academia como en la industria, impulsando la investigación de vanguardia y el desarrollo de aplicaciones de IA de última generación.

Ejercicios Prácticos Capítulo 1

Ejercicio 1: Comprendiendo los Tipos de Machine Learning

Tarea: Con base en la explicación de aprendizaje supervisado, no supervisado y de refuerzo, clasifica los siguientes ejemplos del mundo real en el tipo de aprendizaje automático correcto:

- Un sistema que predice los precios de las casas en función de características como el tamaño, la ubicación y el número de habitaciones.
- Un programa que agrupa a los clientes en clústeres según su comportamiento de compra.
- Un robot que aprende a caminar recibiendo retroalimentación de su entorno.

Solución:

- **Aprendizaje Supervisado**: Predicción de precios de casas en función de características.
- **Aprendizaje No Supervisado**: Agrupación de clientes en base a su comportamiento de compra.
- **Aprendizaje por Refuerzo**: Un robot que aprende a caminar mediante retroalimentación.

Ejercicio 2: Implementando Aprendizaje Supervisado

Tarea: Utiliza Scikit-learn para implementar un modelo básico de aprendizaje supervisado. Carga el **conjunto de datos de Iris**, divídelo en conjuntos de entrenamiento y prueba, y entrena un modelo de **Regresión Logística** para clasificar las especies de iris. Después de entrenar, evalúa la precisión del modelo en el conjunto de prueba.

Solución:

```
from sklearn.datasets import load_iris
from sklearn.model_selection import train_test_split
from sklearn.linear_model import LogisticRegression
from sklearn.metrics import accuracy_score

# Load the Iris dataset
iris = load_iris()
X = iris.data
y = iris.target
```

```
# Split the data into training and testing sets
X_train, X_test, y_train, y_test = train_test_split(X, y, test_size=0.2, random_state=42)

# Initialize and train a Logistic Regression model
model = LogisticRegression(max_iter=200)
model.fit(X_train, y_train)

# Make predictions and evaluate accuracy
y_pred = model.predict(X_test)
accuracy = accuracy_score(y_test, y_pred)

print(f"Model Accuracy: {accuracy:.2f}")
```

Ejercicio 3: Explorando Aprendizaje No Supervisado

Tarea: Implementa un algoritmo de **agrupamiento K-means** usando Scikit-learn en el siguiente conjunto de datos:

```
data = [[1, 2], [1, 4], [1, 0], [10, 2], [10, 4], [10, 0]]
```

Usa 2 clústeres y, después de ajustar el modelo, imprime los centros de los clústeres y las etiquetas asignadas a cada punto de datos.

Solución:

```
from sklearn.cluster import KMeans

# Define the dataset
data = [[1, 2], [1, 4], [1, 0], [10, 2], [10, 4], [10, 0]]

# Fit the K-means model with 2 clusters
kmeans = KMeans(n_clusters=2, random_state=0).fit(data)

# Print cluster centers and labels
print(f"Cluster Centers: {kmeans.cluster_centers_}")
print(f"Data Labels: {kmeans.labels_}")
```

Ejercicio 4: Análisis de Sentimientos Usando NLP

Tarea: Utiliza **TextBlob** para realizar un análisis de sentimientos en el siguiente texto:

"El nuevo modelo de teléfono es increíble, me encanta la cámara y la duración de la batería."

Escribe un script en Python para calcular e imprimir la polaridad del sentimiento.

Solución:

```
from textblob import TextBlob
```

```
# Define the text
text = "The new phone model is amazing, I absolutely love the camera and the battery
life!"

# Perform sentiment analysis
blob = TextBlob(text)
sentiment = blob.sentiment

# Print the sentiment polarity
print(f"Sentiment Polarity: {sentiment.polarity}")
```

Ejercicio 5: Visualización de Datos

Tarea: Usa **Matplotlib** para graficar un histograma con los siguientes datos:

```
data = [22, 25, 23, 20, 19, 22, 26, 30, 31, 22, 24, 25, 22, 27]
```

Crea un histograma con 5 divisiones y etiqueta los ejes de manera adecuada.

Solución:

```
import matplotlib.pyplot as plt

# Define the data
data = [22, 25, 23, 20, 19, 22, 26, 30, 31, 22, 24, 25, 22, 27]

# Create a histogram
plt.hist(data, bins=5, edgecolor='black')

# Add labels and title
plt.title('Histogram of Data')
plt.xlabel('Values')
plt.ylabel('Frequency')

# Show the plot
plt.show()
```

Ejercicio 6: Construcción de una Red Neuronal Simple con Keras

Tarea: Utiliza **Keras** para construir una red neuronal feedforward simple. Entrena la red en el **conjunto de datos Iris** para clasificar las especies. La red debe contener dos capas ocultas con 10 neuronas cada una y usar funciones de activación **ReLU**. Evalúa la precisión en el conjunto de prueba.

Solución:

```
from tensorflow.keras.models import Sequential
from tensorflow.keras.layers import Dense
from sklearn.datasets import load_iris
```

```
from sklearn.model_selection import train_test_split

# Load the Iris dataset
iris = load_iris()
X = iris.data
y = iris.target

# Split the data
X_train, X_test, y_train, y_test = train_test_split(X, y, test_size=0.2, random_state=42)

# Build the neural network
model = Sequential([
    Dense(10, input_dim=4, activation='relu'),
    Dense(10, activation='relu'),
    Dense(3, activation='softmax')
])

# Compile the model
model.compile(optimizer='adam', loss='sparse_categorical_crossentropy', metrics=['accuracy'])

# Train the model
model.fit(X_train, y_train, epochs=50, batch_size=10)

# Evaluate the model
loss, accuracy = model.evaluate(X_test, y_test)
print(f"Test Accuracy: {accuracy:.2f}")
```

Ejercicio 7: Explorando AI Explicable (XAI)

Tarea: Usa **SHAP** (SHapley Additive exPlanations) para explicar las predicciones de un modelo XGBoost en el **conjunto de datos Boston Housing**. Imprime y grafica los valores SHAP para la primera predicción.

Solución:

```
import shap
import xgboost
from sklearn.datasets import load_diabetes

# Load the Diabetes dataset
data = load_diabetes()
X, y = data.data, data.target

# Train an XGBoost model
model = xgboost.XGBRegressor()
model.fit(X, y)

# Initialize SHAP explainer
explainer = shap.Explainer(model, X)
```

```
shap_values = explainer(X)

# Plot the SHAP values for the first prediction
shap.plots.waterfall(shap_values[0])
```

Estos ejercicios prácticos ayudan a reforzar los conceptos clave presentados en el Capítulo 1. Al trabajar en estas tareas, obtendrás experiencia práctica en la comprensión de los tipos de machine learning, construcción de modelos simples, manipulación de datos y visualización, e incluso en temas de vanguardia como la inteligencia artificial explicable. Asegúrate de tomarte tu tiempo con cada ejercicio y no dudes en ajustar el código para explorar más a fondo.

Resumen del Capítulo 1

En el Capítulo 1, establecimos las bases para entender el machine learning y su papel en el desarrollo de software moderno, centrándonos en el panorama actual en 2024. Comenzamos explorando la definición fundamental de machine learning, explicando cómo se diferencia de los enfoques tradicionales de programación. A diferencia de los métodos tradicionales en los que las reglas se programan explícitamente, el machine learning permite que los sistemas aprendan patrones a partir de los datos, lo que los hace adaptables y capaces de hacer predicciones o decisiones informadas.

Examinamos los tres tipos principales de machine learning: **aprendizaje supervisado**, **aprendizaje no supervisado** y **aprendizaje por refuerzo**. Cada uno de estos métodos fue presentado con ejemplos del mundo real, como la predicción de precios de casas (aprendizaje supervisado), el agrupamiento de clientes basado en su comportamiento (aprendizaje no supervisado) y el entrenamiento de un robot para caminar (aprendizaje por refuerzo). El capítulo enfatizó que la elección del tipo de machine learning depende de la naturaleza del problema y de los datos disponibles.

Después de esto, exploramos el **papel del machine learning en el desarrollo de software moderno**. El machine learning se ha integrado en el ciclo de vida del desarrollo de software, automatizando tareas como los sistemas de recomendación, el análisis de sentimientos e incluso las pruebas de software. Se discutieron aplicaciones clave, mostrando cómo el machine learning optimiza los procesos y mejora las experiencias de los usuarios. Ejemplos de código, como un sistema de recomendación y un análisis de sentimientos, demostraron implementaciones prácticas de estos conceptos.

Luego, analizamos más de cerca las **tendencias clave que están moldeando la IA y el machine learning en 2024**. Estas tendencias incluyen la expansión de las arquitecturas de transformadores más allá del procesamiento del lenguaje natural (NLP), el auge del aprendizaje autosupervisado, la creciente importancia del aprendizaje federado para la privacidad de los datos y el creciente enfoque en la inteligencia artificial explicable (XAI). Cada tendencia fue complementada con ejemplos y fragmentos de código, brindando a los lectores un vistazo a los desarrollos más avanzados en IA.

Por último, exploramos el **ecosistema Python para machine learning**, que es vital para ejecutar estos conceptos. Se introdujeron bibliotecas como NumPy, Pandas, Matplotlib, Scikit-learn, TensorFlow, Keras y PyTorch. Estas herramientas apoyan cada aspecto del proceso de machine learning, desde la manipulación y visualización de datos hasta el entrenamiento de modelos de deep learning complejos. La flexibilidad y el amplio soporte de bibliotecas en el ecosistema Python lo convierten en el lenguaje dominante para el machine learning.

A lo largo de este capítulo, has adquirido una comprensión sólida de los fundamentos del machine learning, las tendencias modernas y las herramientas que usarás a lo largo del libro. Este conocimiento prepara el terreno para temas más avanzados a medida que profundizamos en el campo del machine learning y la inteligencia artificial.

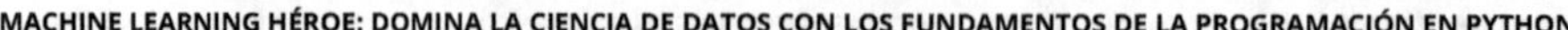

Capítulo 2: Python y Bibliotecas Esenciales para Ciencia de Datos

Python ha emergido como el pilar fundamental del machine learning y la ciencia de datos, gracias a su elegante simplicidad, su excepcional legibilidad y su rico ecosistema de potentes bibliotecas. Esta robusta colección de bibliotecas abarca una amplia gama de funcionalidades, desde cálculos numéricos intrincados hasta técnicas sofisticadas de manipulación de datos y algoritmos avanzados de entrenamiento de modelos.

La integración perfecta de estas herramientas ha consolidado la posición de Python como el lenguaje principal para la construcción de soluciones avanzadas de machine learning. A medida que te embarcas en el desarrollo de modelos cada vez más complejos, establecer una base sólida en Python se vuelve no solo beneficioso, sino absolutamente esencial para garantizar procesos de desarrollo fluidos, eficientes y efectivos.

En este capítulo integral, profundizaremos en los elementos esenciales de la programación en Python, con un énfasis particular en los elementos que son indispensables para los flujos de trabajo de machine learning y ciencia de datos. Nuestra exploración abarcará un amplio espectro de características fundamentales de Python, brindándote una sólida base en las capacidades del lenguaje.

Además, examinaremos en profundidad algunas de las bibliotecas más adoptadas y altamente valoradas en el campo, incluyendo NumPy para el cálculo numérico, Pandas para la manipulación y análisis de datos, Matplotlib para la visualización de datos, y Scikit-learn para la implementación de algoritmos de machine learning.

Al dominar estas potentes herramientas, estarás equipado con las habilidades para manejar datos con una eficiencia sin precedentes, descubrir y visualizar tendencias complejas dentro de tus conjuntos de datos e implementar una amplia variedad de algoritmos de machine learning con una notable facilidad y precisión.

Para comenzar nuestro recorrido, empecemos revisando los bloques de construcción fundamentales de la programación en Python. Sin embargo, nuestro enfoque será único, orientado específicamente al ámbito del machine learning. Examinaremos estos conceptos básicos a través del lente de sus aplicaciones prácticas en proyectos de machine learning, proporcionándote una comprensión contextual que cierra la brecha entre el conocimiento teórico y la implementación en el mundo real.

Esta exploración enfocada no solo reforzará tu comprensión de los fundamentos de Python, sino que también iluminará cómo estos elementos fundamentales sirven como base para la construcción de modelos sofisticados de machine learning y soluciones de ciencia de datos.

2.1 Conceptos Básicos de Python para Machine Learning

Antes de sumergirnos en las potentes bibliotecas que forman la columna vertebral del machine learning con Python, es crucial establecer una base sólida en los conceptos fundamentales de Python. Esta base incluye dominar las estructuras de datos esenciales, como las listas y los diccionarios, comprender las complejidades del flujo de control básico y aprovechar el poder de las funciones.

Al desarrollar una comprensión integral de estos elementos fundamentales, estarás mejor equipado para navegar por las complejidades de los algoritmos de machine learning y aprovechar las herramientas de ciencia de datos con mayor eficiencia y efectividad.

Las listas y los diccionarios, por ejemplo, sirven como contenedores versátiles para organizar y manipular datos, una habilidad que se vuelve invaluable al trabajar con grandes conjuntos de datos o vectores de características. Los mecanismos de control de flujo, incluidos los bucles y las declaraciones condicionales, te permiten implementar lógica sofisticada dentro de tus algoritmos, permitiendo procesos de toma de decisiones dinámicas que son esenciales en las aplicaciones de machine learning. Las funciones, por otro lado, proporcionan un medio para encapsular código reutilizable, promoviendo la modularidad y mejorando la estructura general de tus proyectos de machine learning.

Al invertir tiempo en solidificar tu comprensión de estos fundamentos de Python, no solo estarás aprendiendo sintaxis; estarás construyendo un marco robusto que respaldará tu viaje hacia conceptos más avanzados de machine learning. Esta base sólida será invaluable cuando comiences a trabajar con bibliotecas especializadas, permitiéndote centrarte en las complejidades de los algoritmos y el desarrollo de modelos, en lugar de luchar con desafíos de programación básicos.

2.1.1 Conceptos Clave de Python para Machine Learning

Variables y Tipos de Datos en Python

En Python, las variables son de tipo dinámico, lo que significa que no es necesario declarar explícitamente el tipo de dato al crear una variable. Esta característica proporciona flexibilidad y facilidad de uso, permitiéndote asignar diferentes tipos de datos a las variables sin especificar sus tipos de antemano.

Aquí tienes una explicación más detallada de cómo funcionan las variables en Python:

1. **Declaración de Variables:** En Python, puedes crear una variable simplemente asignándole un valor usando el signo igual (=). Por ejemplo:

```
age = 30
name = "John"
height = 175.5
```

En este ejemplo, hemos creado tres variables (edad, nombre y altura) y les hemos asignado valores de diferentes tipos de datos.

2. **Tipos de Datos:** Python admite varios tipos de datos integrados, incluidos:

- Enteros (int): Números enteros, por ejemplo, -1, 0, 1, 2, etc.
- Números de punto flotante (float): Números decimales, por ejemplo, -1.5, 0.0, 1.5, etc.
- Cadenas de texto (str): Texto encerrado entre comillas simples (' ') o dobles (" ")
- Booleanos (bool): Representa valores verdadero (True) o falso (False)
- Listas: Colecciones ordenadas y modificables de elementos

Python determina automáticamente el tipo de dato adecuado en función del valor asignado a la variable.

3. **Tipado Dinámico:** El tipado dinámico de Python te permite cambiar el tipo de dato de una variable simplemente asignándole un nuevo valor de un tipo diferente. Por ejemplo:

```
x = 10
print(x)  # Output: 10

x = "Hello, World!"
print(x)  # Output: Hello, World!
```

En este ejemplo, a la variable **x** primero se le asigna un valor entero y luego se le reasigna un valor de tipo cadena. Ambas asignaciones son válidas en Python.

Comprender las variables y los tipos de datos es fundamental para la programación en Python. Esto forma la base para la manipulación de datos y es crucial tanto en tareas de scripting simples como en análisis de datos complejos.

Al dominar estos conceptos, estarás bien preparado para afrontar diversos desafíos de programación y desarrollar soluciones poderosas de análisis de datos en Python.

Ejemplo:

```
# Integer variable
age = 25

# Float variable
salary = 60000.50
```

```
# String variable
name = "Alice"

# Boolean variable
is_student = True

print(age, salary, name, is_student)
```

En machine learning, a menudo trabajas con datos numéricos y cadenas de texto. Comprender cómo maneja Python estos tipos de datos básicos es esencial cuando se trabaja con conjuntos de datos.

Estructuras de Datos: Listas, Tuplas y Diccionarios - Los Pilares de la Gestión de Datos en Machine Learning

Las estructuras de datos fundamentales de Python son los pilares clave para organizar, manipular y gestionar datos de manera eficiente en el ámbito del machine learning. Estas estructuras versátiles —listas, tuplas y diccionarios— proporcionan el marco esencial para almacenar, acceder y procesar la información crucial en los flujos de trabajo de machine learning.

Ya sea que estés trabajando con puntos de datos en bruto, vectores de características, parámetros de modelos o resultados de cálculos, estas estructuras ofrecen la flexibilidad y el rendimiento necesarios para manejar conjuntos de datos complejos y operaciones algorítmicas.

En el contexto del machine learning, usarás estas estructuras frecuentemente para realizar una variedad de tareas. Las **listas**, con su naturaleza ordenada y mutable, son ideales para representar secuencias de puntos de datos o información de series temporales. En proyectos como los que exploran la segmentación de clientes o la predicción de precios, por ejemplo, las listas son herramientas esenciales para almacenar y organizar características clave.

Las **tuplas**, por ser inmutables, son una solución perfecta para almacenar conjuntos fijos de valores, como los hiperparámetros de un modelo. Esta inmutabilidad las hace confiables para garantizar que los valores no se alteren accidentalmente durante el entrenamiento de un modelo.

Los **diccionarios**, con su estructura de pares clave-valor, son excelentes para mapear características a sus valores correspondientes, lo que los convierte en una herramienta invaluable para tareas como la ingeniería de características o el almacenamiento de parámetros.

Listas

Colecciones ordenadas y mutables que sirven como contenedores versátiles para almacenar y manipular secuencias de datos. Las listas en Python ofrecen un tamaño dinámico y soporte para varios tipos de datos, lo que las hace ideales para representar conjuntos de datos, vectores de características o información de series temporales en aplicaciones de machine learning.

Su naturaleza mutable permite modificaciones eficientes "in-place", lo que resulta particularmente útil cuando estás preprocesando datos o implementando algoritmos iterativos, como los que podrías usar en la clasificación de textos o predicciones basadas en Python y SQL, áreas clave que exploras en tu desarrollo.

Ejemplo:

```
# List of data points
data_points = [2.5, 3.8, 4.2, 5.6]

# Modify a list element
data_points[2] = 4.5

print(data_points)
```

Este código demuestra el uso de listas en Python, las cuales son estructuras de datos esenciales en machine learning para almacenar y manipular secuencias de datos. Vamos a desglosarlo:

1. data_points = [2.5, 3.8, 4.2, 5.6]

Esta línea crea una lista llamada 'data_points' que contiene cuatro números de punto flotante. En el contexto de machine learning, esto podría representar un conjunto de mediciones o valores de características.

2. data_points[2] = 4.5

Esta línea demuestra la naturaleza mutable de las listas. Modifica el tercer elemento (índice 2) de la lista, cambiando su valor de 4.2 a 4.5. Esto muestra cómo las listas permiten modificaciones eficientes *in-place*, lo cual es particularmente útil cuando se están preprocesando datos o implementando algoritmos iterativos en machine learning.

3. print(data_points)

Esta línea imprime la lista modificada, permitiendo ver el resultado del cambio.

Este ejemplo ilustra cómo las listas en Python pueden usarse para almacenar y manipular puntos de datos, lo cual es una tarea común en aplicaciones de machine learning, como la representación de conjuntos de datos o vectores de características.

Diccionarios

Colecciones versátiles de pares clave-valor que sirven como herramientas poderosas para organizar y acceder a datos en aplicaciones de machine learning. Estas estructuras de datos son ideales para crear mapeos entre piezas relacionadas de información, como nombres de características y sus valores correspondientes, o etiquetas de parámetros y sus configuraciones asociadas.

En el contexto de machine learning, los diccionarios son invaluables cuando se trabaja con conjuntos de datos estructurados, permitiendo la recuperación y modificación eficientes de puntos de datos específicos basados en sus identificadores únicos. Su flexibilidad y rendimiento los hacen particularmente adecuados para tareas como la ingeniería de características, la optimización de hiperparámetros y el almacenamiento de configuraciones de modelos.

Al aprovechar los diccionarios, los científicos de datos y los practicantes de machine learning pueden crear representaciones más intuitivas y manejables de conjuntos de datos complejos, facilitando procesos más fluidos de manipulación y análisis de datos durante el desarrollo de modelos de machine learning.

Ejemplo:

```
# Dictionary to store machine learning model parameters
model_params = {
    "learning_rate": 0.01,
    "num_epochs": 50,
    "batch_size": 32
}

# Accessing values by key
print(f"Learning Rate: {model_params['learning_rate']}")
```

Este código demuestra el uso de un diccionario en Python, específicamente en el contexto de almacenar parámetros de un modelo de machine learning:

- Se crea un diccionario llamado model_params para almacenar tres pares clave-valor que representan los hiperparámetros del modelo: tasa de aprendizaje, número de épocas y tamaño de lote.
- El diccionario utiliza claves de tipo cadena ("learning_rate", "num_epochs", "batch_size") para asignar valores numéricos correspondientes.
- El código luego muestra cómo acceder a un valor específico del diccionario usando su clave. En este caso, se imprime la tasa de aprendizaje.

Este enfoque es especialmente útil en machine learning para gestionar y acceder a los hiperparámetros del modelo de manera eficiente. Permite una referencia y ajuste fáciles de estos parámetros a lo largo del proceso de desarrollo.

Los diccionarios son particularmente útiles en machine learning, por ejemplo, cuando se trata de hiperparámetros de modelos, lo que facilita su referencia y ajuste.

Tuplas

Las tuplas son secuencias ordenadas inmutables en Python, que ofrecen una estructura similar a las listas pero con la clave de ser inmodificables una vez creadas. Esta inmutabilidad hace que las tuplas sean particularmente valiosas en contextos de machine learning donde la integridad y consistencia de los datos son fundamentales. Son ideales en escenarios que requieren almacenar conjuntos fijos de valores, como:

1. Hiperparámetros del modelo: Las tuplas pueden contener de forma segura combinaciones de tasas de aprendizaje, tamaños de lote y números de épocas.
2. Atributos de conjuntos de datos: Pueden mantener nombres de características o el orden de columnas de manera consistente a lo largo de diferentes etapas del procesamiento de datos.
3. Coordenadas o puntos de datos multidimensionales: Las tuplas pueden representar coordenadas espaciales o temporales fijas en ciertos algoritmos.

La naturaleza inmutable de las tuplas no solo garantiza la consistencia de los datos, sino que también puede ofrecer beneficios de rendimiento en ciertos escenarios, lo que las convierte en una herramienta indispensable en el conjunto de herramientas de cualquier profesional de machine learning.

Ejemplo:

```
# Creating a tuple of model hyperparameters
model_config = (0.01, 64, 100)  # (learning_rate, batch_size, num_epochs)

# Unpacking the tuple
learning_rate, batch_size, num_epochs = model_config

print(f"Learning Rate: {learning_rate}")
print(f"Batch Size: {batch_size}")
print(f"Number of Epochs: {num_epochs}")

# Attempting to modify the tuple (this will raise an error)
# model_config[0] = 0.02  # This line would cause a TypeError
```

Este código demuestra el uso de tuplas en Python, especialmente en el contexto de machine learning. Vamos a desglosarlo:

- Se crea una tupla llamada model_config con tres valores que representan los hiperparámetros de un modelo de machine learning: tasa de aprendizaje (0.01), tamaño de lote (64) y número de épocas (100).

- Luego, la tupla se desempaqueta en tres variables separadas: learning_rate, batch_size y num_epochs.
- Los valores de estas variables se imprimen usando f-strings, que permiten un formato sencillo del resultado.
- Hay una línea comentada que demuestra que intentar modificar una tupla (intentando cambiar model_config[0]) generaría un TypeError. Esto ilustra la naturaleza inmutable de las tuplas.

Este ejemplo muestra cómo las tuplas pueden usarse para almacenar conjuntos fijos de valores, como los hiperparámetros del modelo, asegurando que estos valores críticos permanezcan constantes durante la ejecución de un programa de machine learning.

Flujo de Control: Bucles y Condicionales

En machine learning, la capacidad de navegar por grandes conjuntos de datos, evaluar condiciones complejas e implementar lógica algorítmica sofisticada es fundamental. Los robustos mecanismos de control de flujo de Python proporcionan una solución elegante y eficiente a estos desafíos.

Con su sintaxis intuitiva y potentes constructos, Python permite a los científicos de datos y practicantes de machine learning iterar sin problemas sobre extensos conjuntos de datos, realizar comprobaciones condicionales matizadas e implementar lógica intrincada que forma la base de algoritmos avanzados.

Estas características de control de flujo no solo simplifican el manejo de tareas complejas, sino que también mejoran la eficiencia y legibilidad general del código de machine learning, permitiendo a los desarrolladores centrarse en resolver problemas de alto nivel en lugar de quedar atrapados en los detalles de la implementación.

Condicionales (sentencias if-else)

Estas estructuras de control permiten que tu programa tome decisiones dinámicas basadas en condiciones especificadas. Al evaluar expresiones booleanas, los condicionales permiten una lógica de bifurcación, ejecutando diferentes bloques de código dependiendo de si se cumplen ciertos criterios. Esta flexibilidad es crucial en aplicaciones de machine learning, donde la toma de decisiones a menudo depende de análisis complejos de datos y resultados de modelos.

Por ejemplo, los condicionales pueden usarse para determinar si la precisión de un modelo cumple con un cierto umbral o para clasificar puntos de datos en diferentes categorías basadas en sus características. La capacidad de implementar tales procesos de toma de decisiones de manera programática es fundamental para crear algoritmos de machine learning sofisticados que puedan adaptarse y responder a entradas y escenarios variables.

Ejemplo:

```
accuracy = 0.85
```

```
# Check model performance
if accuracy > 0.80:
    print("The model performs well.")
else:
    print("The model needs improvement.")
```

Este ejemplo demuestra un ejemplo básico de declaraciones condicionales en Python, que son cruciales para la toma de decisiones en los algoritmos de machine learning. Vamos a desglosarlo:

- accuracy = 0.85: Esta línea asigna a la variable 'accuracy' el valor de 0.85, que podría representar la precisión de un modelo de machine learning.
- if accuracy > 0.80:: Esta es la declaración condicional. Verifica si la precisión es mayor que 0.80.
- Si la condición es verdadera (accuracy > 0.80), ejecuta el código en la siguiente línea: print("El modelo tiene buen desempeño.")
- Si la condición es falsa, ejecuta el código en el bloque else: print("El modelo necesita mejoras.")

En este caso, dado que la precisión (0.85) es mayor que 0.80, el resultado sería "El modelo tiene buen desempeño."

Este tipo de lógica condicional es esencial en machine learning para tareas como evaluar el rendimiento del modelo, clasificar puntos de datos o tomar decisiones basadas en los resultados del modelo.

Bucles

Estructuras de control fundamentales en Python que permiten la ejecución repetitiva de bloques de código. En los contextos de machine learning, los bucles son indispensables para tareas como iterar a través de extensos conjuntos de datos, procesar lotes de datos durante el entrenamiento del modelo o realizar operaciones repetitivas en estructuras de datos a gran escala.

Proporcionan un medio eficiente para automatizar tareas repetitivas, aplicar transformaciones a lo largo de conjuntos de datos completos e implementar algoritmos iterativos, centrales en muchas técnicas de machine learning. Ya sea para el preprocesamiento de datos, la ingeniería de características o la evaluación de modelos, los bucles forman la columna vertebral de muchos procesos de manipulación y análisis de datos en los flujos de trabajo de machine learning.

Ejemplo:

```
# Loop through a list of accuracy scores
```

```
accuracy_scores = [0.80, 0.82, 0.85, 0.88]
for score in accuracy_scores:
    if score > 0.85:
        print(f"High accuracy: {score}")
```

Este código de ejemplo demuestra un bucle en Python, que es crucial para iterar sobre datos en tareas de machine learning. Vamos a desglosarlo:

- accuracy_scores = [0.80, 0.82, 0.85, 0.88]: Esto crea una lista de puntuaciones de precisión, que podrían representar el rendimiento de diferentes modelos de machine learning o de varias iteraciones.
- for score in accuracy_scores:: Esto inicia un bucle que itera a través de cada puntuación en la lista.
- if score > 0.85:: Para cada puntuación, esta declaración condicional verifica si es mayor que 0.85.
- print(f"Alta precisión: {score}"): Si una puntuación es mayor que 0.85, se considera alta precisión y se imprime.

Este ejemplo ilustra cómo los bucles pueden usarse para procesar múltiples puntos de datos de manera eficiente, lo cual es esencial en machine learning para tareas como evaluar el rendimiento del modelo a través de diferentes iteraciones o conjuntos de datos.

En los flujos de trabajo de machine learning, los bucles son esenciales al iterar sobre datos o al repetir un proceso (como múltiples épocas durante el entrenamiento).

Funciones

En Python, las funciones sirven como unidades modulares y reutilizables de código que mejoran significativamente la estructura y eficiencia del programa. Estos constructos versátiles permiten a los desarrolladores encapsular operaciones complejas en bloques manejables y autónomos, lo que promueve la organización del código y reduce la redundancia.

Las funciones son particularmente valiosas en los contextos de machine learning, donde pueden emplearse para optimizar tareas repetitivas como el preprocesamiento de datos, la ingeniería de características o la evaluación del modelo. Al definir funciones para operaciones comunes, los científicos de datos pueden crear un código más mantenible y escalable, lo que facilita la depuración y la colaboración.

Además, las funciones permiten la abstracción de algoritmos complejos, lo que permite a los practicantes centrarse en la lógica de alto nivel mientras encapsulan los detalles de la implementación. Ya sea para normalizar datos, implementar funciones de pérdida personalizadas o orquestar pipelines completos de machine learning, las funciones juegan un papel crucial en la creación de soluciones eficientes y efectivas.

Ejemplo:

```
# Function to calculate the mean of a list of numbers
def calculate_mean(data):
    return sum(data) / len(data)

# Example usage
scores = [88, 92, 79, 85]
mean_score = calculate_mean(scores)
print(f"Mean score: {mean_score}")
```

Este ejemplo demuestra la creación y uso de una función en Python, que es particularmente útil en contextos de machine learning. Vamos a desglosarlo:

- **Definición de la Función**: El código define una función llamada calculate_mean que toma un solo parámetro data. Esta función calcula la media (promedio) de una lista de números.
- **Implementación de la Función**: Dentro de la función, sum(data) suma todos los números de la lista, y len(data) obtiene la cantidad de elementos. Dividir la suma por la cantidad de elementos da como resultado la media.
- **Ejemplo de Uso**: El código luego demuestra cómo usar esta función:
    - Se crea una lista de puntuaciones [88, 92, 79, 85].
    - La función calculate_mean se llama con esta lista como argumento.
    - El resultado se almacena en la variable mean_score.
- **Salida**: Finalmente, el código imprime la puntuación promedio usando un f-string, lo que permite un formato sencillo del resultado.

Este ejemplo de código ilustra cómo las funciones pueden usarse para encapsular operaciones comunes en machine learning, como calcular medidas estadísticas. Al definir tales funciones, puedes hacer que tu código sea más modular, reutilizable y fácil de mantener, lo cual es crucial cuando trabajas en proyectos complejos de machine learning.

En machine learning, a menudo crearás funciones para preprocesar datos, entrenar modelos o evaluar resultados. Estructurar tu código en funciones lo hace más modular, fácil de leer y mantener.

2.1.2 Trabajando con Bibliotecas en Python

Si bien dominar los conceptos básicos de Python es crucial, el verdadero poder de Python en machine learning radica en su extenso ecosistema de bibliotecas externas. Estas bibliotecas proporcionan herramientas y algoritmos sofisticados que mejoran significativamente tus capacidades en la manipulación de datos, análisis y desarrollo de modelos.

El robusto sistema de gestión de paquetes de Python, liderado por la versátil herramienta **pip**, simplifica el proceso de descubrir, instalar y mantener estas bibliotecas esenciales. Esta integración sin problemas de recursos externos no solo acelera el desarrollo, sino que también garantiza que tengas acceso a técnicas avanzadas de machine learning y a implementaciones optimizadas, permitiéndote concentrarte en resolver problemas complejos en lugar de reinventar la rueda.

Por ejemplo, para instalar **NumPy** (una biblioteca crucial para el cálculo numérico), puedes ejecutar el siguiente comando:

```
pip install numpy
```

Una vez instalada, puedes importarla y comenzar a usarla en tus scripts de Python:

```
import numpy as np

# Creating a NumPy array
data = np.array([1, 2, 3, 4, 5])

# Calculating the mean of the array
mean_value = np.mean(data)
print(f"Mean of data: {mean_value}")
```

Este código demuestra el uso básico de NumPy, una biblioteca fundamental para el cálculo numérico en Python, que es esencial para tareas de machine learning. Vamos a desglosarlo:

- import numpy as np: Esta línea importa la biblioteca NumPy y la alias como 'np' para mayor comodidad.
- data = np.array([1, 2, 3, 4, 5]): Aquí se crea un array de NumPy a partir de una lista de enteros. Los arrays de NumPy son más eficientes que las listas de Python para operaciones numéricas.
- mean_value = np.mean(data): Esto calcula la media (promedio) de todos los valores en el array 'data' usando la función mean de NumPy.
- print(f"Mean of data: {mean_value}"): Finalmente, esta línea imprime el valor de la media calculada usando un f-string para el formato.

Este ejemplo muestra cómo NumPy simplifica las operaciones numéricas, que son cruciales en machine learning para tareas como el preprocesamiento de datos y el análisis estadístico.

2.1.3 Cómo Encajan los Conceptos Básicos de Python en Machine Learning

Aunque pronto profundizaremos en bibliotecas potentes como TensorFlow y Scikit-learn, que ofrecen capacidades avanzadas para tareas de machine learning, es importante reconocer que las características básicas de Python sirven como los bloques fundamentales sobre los cuales se construyen los algoritmos y modelos más complejos. A medida que avances en tu viaje por el machine learning, te encontrarás confiando frecuentemente en:

- **Listas y diccionarios** para el manejo eficiente de datos y su organización. Estas estructuras de datos versátiles te permiten almacenar, manipular y acceder a grandes volúmenes de información, lo cual es fundamental al trabajar con conjuntos de datos de diversos tamaños y complejidades. Las listas te permiten mantener colecciones ordenadas de elementos, mientras que los diccionarios proporcionan pares clave-valor para búsquedas rápidas y asociaciones.
- **Bucles y condicionales** para navegar a través de estructuras de datos e implementar procesos de toma de decisiones lógicas dentro de los algoritmos. Los bucles te permiten iterar sobre conjuntos de datos, realizando operaciones en cada elemento de manera sistemática. Los condicionales, por otro lado, te permiten crear lógica de bifurcación, permitiendo que tus algoritmos tomen decisiones basadas en criterios o umbrales específicos. Estas estructuras de control son esenciales para tareas como el preprocesamiento de datos, la selección de características y la evaluación de modelos.
- **Funciones** para encapsular y modularizar diversas tareas a lo largo de la canalización de machine learning. Al descomponer procesos complejos en unidades más pequeñas y manejables, las funciones mejoran la legibilidad, reutilización y mantenibilidad del código. Son especialmente útiles para tareas como la limpieza de datos, donde podrías necesitar aplicar transformaciones consistentes en múltiples conjuntos de datos. Las funciones también desempeñan un papel crucial en la extracción de características, permitiéndote definir operaciones personalizadas que se pueden aplicar uniformemente a tus datos. Además, son invaluables en la evaluación de modelos, donde puedes crear métricas y funciones de evaluación reutilizables para evaluar el rendimiento de tus modelos de manera consistente.

Desarrollar una comprensión sólida de estos elementos fundamentales de Python es clave para tu éxito en machine learning. Al dominar estos conceptos básicos, descubrirás que trabajar con bibliotecas más avanzadas de machine learning se vuelve mucho más intuitivo y eficiente.

Esta sólida base te permitirá centrar tu energía mental en resolver problemas complejos del mundo real y desarrollar algoritmos innovadores, en lugar de perderte en problemas básicos de sintaxis o de implementación de constructos de programación fundamentales.

A medida que avances, descubrirás que estas características básicas de Python se integran perfectamente con herramientas especializadas de machine learning, permitiéndote crear soluciones más sofisticadas y poderosas para una amplia gama de desafíos de ciencia de datos.

2.2 NumPy para Cálculos de Alto Rendimiento

En machine learning, la capacidad de realizar cálculos numéricos rápidos y precisos es primordial. Aquí es donde **NumPy** (Numerical Python) brilla como una herramienta indispensable en el arsenal del científico de datos. Como una de las bibliotecas más poderosas y ampliamente adoptadas, NumPy ofrece un soporte robusto para gestionar y manipular grandes arrays y matrices multidimensionales. Su extenso conjunto de funciones matemáticas de alto nivel permite a los desarrolladores ejecutar cálculos intrincados con notable facilidad y eficiencia.

NumPy sirve como la piedra angular para numerosos algoritmos de machine learning, facilitando operaciones críticas como cálculos de álgebra lineal, transformaciones de matrices y manipulaciones avanzadas de arrays.

Al aprovechar las implementaciones optimizadas basadas en C de NumPy, los científicos de datos pueden procesar conjuntos de datos voluminosos con una velocidad y precisión sin precedentes. Esta capacidad es particularmente crucial cuando se trata de la naturaleza intensiva en datos de los modelos modernos de machine learning, donde incluso pequeñas ganancias de rendimiento pueden traducirse en importantes ahorros de tiempo y mejoras en la precisión del modelo.

A lo largo de esta sección, profundizaremos en el funcionamiento interno de NumPy, explorando sus funcionalidades principales y características distintivas. Examinaremos cómo esta poderosa biblioteca se integra perfectamente en los flujos de trabajo de machine learning, permitiendo cálculos de alto rendimiento que forman la columna vertebral de técnicas avanzadas de análisis de datos y modelado predictivo.

Desde operaciones básicas con arrays hasta transformaciones matemáticas complejas, descubriremos cómo el versátil conjunto de herramientas de NumPy capacita a los científicos de datos para abordar las tareas computacionales más desafiantes en machine learning con confianza y precisión.

2.2.1 Introducción a los Arrays de NumPy

En el corazón de NumPy se encuentra el potente **ndarray**, o array N-dimensional, que sirve como la base para cálculos numéricos de alto rendimiento. Estos arrays ofrecen ventajas significativas sobre las listas nativas de Python, particularmente en el ámbito de las operaciones numéricas.

Los arrays de NumPy están meticulosamente optimizados para ofrecer velocidades de ejecución superiores y utilizar los recursos de memoria de manera más eficiente, lo que los hace ideales para manejar tareas de procesamiento de datos a gran escala, comúnmente encontradas en aplicaciones de machine learning.

Una de las características clave que distingue a los arrays de NumPy es su naturaleza homogénea. A diferencia de las listas de Python, que pueden contener elementos de diversos tipos, los arrays de NumPy requieren que todos los elementos sean del mismo tipo de dato.

Esta uniformidad en la estructura de los datos permite a NumPy realizar operaciones matemáticas con una eficiencia notable, aprovechando optimizaciones de bajo nivel y operaciones vectorizadas. Como resultado, los cálculos complejos en grandes conjuntos de datos se pueden ejecutar significativamente más rápido, proporcionando una ventaja crucial en los algoritmos de machine learning que requieren mucha capacidad de cómputo.

Comencemos creando un array simple en NumPy:

Ejemplo: Creación de un Array en NumPy

```
import numpy as np

# Creating a 1D array from a list
data = [1, 2, 3, 4, 5]
numpy_array = np.array(data)

print("NumPy Array:", numpy_array)
```

Este código demuestra cómo crear un array simple de NumPy. Vamos a desglosarlo:

- import numpy as np: Esta línea importa la biblioteca NumPy y la alias como 'np' para mayor comodidad.
- data = [1, 2, 3, 4, 5]: Aquí se crea una lista regular de Python con valores enteros.
- numpy_array = np.array(data): Esta línea convierte la lista de Python en un array de NumPy utilizando la función np.array().
- print("NumPy Array:", numpy_array): Finalmente, esta línea imprime el array de NumPy creado.

El array de NumPy resultante se verá similar a una lista de Python, pero en realidad se almacena en bloques de memoria contiguos, lo que lo hace más eficiente para operaciones numéricas. Esta eficiencia es particularmente importante en machine learning, donde los cálculos numéricos a gran escala son comunes.

En este ejemplo, hemos convertido una lista de Python en un array de NumPy. Notarás que el array se ve similar a una lista, pero detrás de escena, los arrays de NumPy se almacenan en bloques de memoria contiguos, lo que los hace mucho más eficientes para tareas numéricas.

2.2.2 Operaciones Clave con Arrays de NumPy

Los arrays de NumPy ofrecen una amplia gama de operaciones matemáticas, que van desde aritmética básica hasta álgebra lineal avanzada, lo que los convierte en una herramienta indispensable para el machine learning y el análisis de datos. Estos arrays permiten operaciones elemento a elemento, broadcasting y una amplia gama de funciones matemáticas, lo que permite a los científicos de datos realizar cálculos complejos de manera eficiente en grandes conjuntos de datos.

La versatilidad y el rendimiento de los arrays de NumPy en el manejo de cálculos numéricos los convierten en un pilar fundamental en el desarrollo e implementación de algoritmos sofisticados de machine learning y canalizaciones de procesamiento de datos.

Exploremos estos conceptos clave:

Operaciones Elemento a Elemento

NumPy te permite ejecutar operaciones en arrays completos simultáneamente, eliminando la necesidad de bucles explícitos. Esta poderosa característica abarca una amplia gama de operaciones aritméticas básicas, como suma, resta, multiplicación y división. Al aprovechar las operaciones vectorizadas de NumPy, puedes realizar cálculos complejos en grandes conjuntos de datos con una notable eficiencia, lo que mejora significativamente el rendimiento en tareas de machine learning intensivas en datos.

Por ejemplo, puedes sumar dos arrays de la misma forma sin esfuerzo, y NumPy realizará automáticamente la suma elemento a elemento. Esta capacidad se extiende a operaciones más complejas, permitiéndote aplicar funciones matemáticas a arrays completos en un solo paso, lo que simplifica en gran medida el código y mejora la legibilidad.

Ejemplo

```
import numpy as np

# Create two NumPy arrays
array1 = np.array([1, 2, 3, 4])
array2 = np.array([5, 6, 7, 8])

# Perform element-wise addition
sum_array = array1 + array2

# Perform element-wise multiplication
product_array = array1 * array2

# Apply a mathematical function (e.g., square root) to each element
sqrt_array = np.sqrt(array1)

print("Sum Array:", sum_array)
print("Product Array:", product_array)
print("Square Root of Array1:", sqrt_array)
```

Este código demuestra operaciones clave con arrays de NumPy. Vamos a desglosarlo:

- Primero, importamos NumPy como 'np'.

- Creamos dos arrays de NumPy, 'array1' y 'array2', cada uno con cuatro enteros.
- Se realiza la suma elemento a elemento usando 'array1 + array2', lo que da como resultado 'sum_array'.
- La multiplicación elemento a elemento se realiza con 'array1 * array2', que se almacena en 'product_array'.
- La función de raíz cuadrada 'np.sqrt()' se aplica a cada elemento de 'array1', creando 'sqrt_array'.
- Finalmente, se imprimen los resultados.

Este ejemplo muestra la capacidad de NumPy para realizar operaciones eficientes elemento a elemento y aplicar funciones matemáticas a arrays completos de manera simultánea, lo cual es crucial en tareas de machine learning.

Broadcasting

Esta característica sofisticada permite realizar operaciones entre arrays de diferentes dimensiones, ajustando automáticamente los arrays más pequeños para que coincidan con la forma de los más grandes. Al hacerlo, el broadcasting simplifica significativamente los cálculos complejos y la manipulación de datos, permitiendo un código más eficiente y conciso.

Esta capacidad es particularmente valiosa en escenarios de machine learning, donde las operaciones a menudo involucran matrices y vectores de diferentes tamaños. Por ejemplo, al agregar un término de sesgo a cada fila de una matriz de características, el broadcasting elimina la necesidad de bucles explícitos, mejorando tanto el rendimiento como la legibilidad.

Además, facilita las operaciones elemento a elemento entre arrays de diferentes formas, lo que lo convierte en una herramienta indispensable para tareas como el escalado de características, normalización y la aplicación de transformaciones a grandes conjuntos de datos.

Ejemplo

```
import numpy as np

# Create a 2D array (matrix)
matrix = np.array([[1, 2, 3],
                   [4, 5, 6],
                   [7, 8, 9]])

# Create a 1D array (vector)
vector = np.array([10, 20, 30])

# Use broadcasting to add the vector to each row of the matrix
result = matrix + vector

print("Original Matrix:")
print(matrix)
```

```
print("\\nVector:")
print(vector)
print("\\nResult after broadcasting:")
print(result)
```

Este código demuestra la característica de broadcasting de NumPy, que permite realizar operaciones entre arrays de diferentes dimensiones. Vamos a desglosarlo:

- Primero, importamos NumPy como 'np'.
- Se crea un array 2D (matriz) con forma (3,3).
- Se crea un array 1D (vector) con forma (3,).
- Luego, el código utiliza broadcasting para sumar el vector a cada fila de la matriz.
- Finalmente, imprime la matriz original, el vector y el resultado después del broadcasting.

El concepto clave aquí es el broadcasting. NumPy alinea automáticamente el vector 1D con cada fila de la matriz 2D, permitiendo una suma elemento a elemento sin la necesidad de bucles explícitos. Esto es particularmente útil en machine learning para tareas como agregar términos de sesgo a capas de una red neuronal o normalizar conjuntos de datos.

Funciones Matemáticas

NumPy ofrece una amplia gama de funciones matemáticas que se pueden aplicar directamente a arrays, lo que mejora significativamente la eficiencia computacional en tareas de ciencia de datos y machine learning. Esta suite completa incluye una variedad de operaciones, desde aritmética básica hasta cálculos matemáticos avanzados:

- **Funciones Trigonométricas**: NumPy proporciona tanto funciones trigonométricas estándar (sin, cos, tan) como inversas (arcsin, arccos, arctan), esenciales para tareas que involucren cálculos angulares o procesamiento de señales.
- **Funciones Logarítmicas y Exponenciales**: La biblioteca incluye logaritmos naturales (log), logaritmos en base 10 (log10) y funciones exponenciales (exp), cruciales para diversas operaciones de escalado y análisis estadístico.
- **Operaciones Estadísticas**: NumPy incorpora una serie de funciones estadísticas, como el cálculo de la media, mediana, desviación estándar y varianza, lo que facilita un análisis de datos rápido y eficiente.
- **Funciones Matemáticas Especiales**: Funciones avanzadas como gamma, beta y las funciones de error están disponibles, apoyando el modelado matemático complejo y las tareas de computación científica.

Estas funciones pueden aplicarse a arrays completos elemento por elemento, permitiendo operaciones vectorizadas que mejoran significativamente el rendimiento al trabajar con grandes conjuntos de datos. Esta capacidad es particularmente valiosa en escenarios de machine learning, donde a menudo se requieren cálculos rápidos en grandes volúmenes de datos.

Ejemplo

```
import numpy as np

# Create a NumPy array
array = np.array([0, 30, 45, 60, 90])

# Apply trigonometric functions
sin_values = np.sin(np.deg2rad(array))
cos_values = np.cos(np.deg2rad(array))

# Apply logarithmic and exponential functions
log_values = np.log(np.abs(array) + 1)  # Adding 1 to avoid log(0)
exp_values = np.exp(array)

# Perform statistical operations
mean_value = np.mean(array)
std_dev = np.std(array)

print("Original array:", array)
print("Sine values:", sin_values)
print("Cosine values:", cos_values)
print("Natural log values:", log_values)
print("Exponential values:", exp_values)
print("Mean:", mean_value)
print("Standard deviation:", std_dev)
```

Este código demuestra varias operaciones matemáticas utilizando NumPy, una poderosa biblioteca para cálculos numéricos en Python. Vamos a desglosarlo:

- Primero, se crea un array de NumPy con ángulos en grados: [0, 30, 45, 60, 90].
- Se aplican funciones trigonométricas:
    - np.sin() y np.cos() calculan los valores de seno y coseno.
    - np.deg2rad() convierte los grados a radianes, ya que las funciones trigonométricas de NumPy esperan radianes.
- Se utilizan funciones logarítmicas y exponenciales:
    - np.log() calcula el logaritmo natural.
    - np.abs(array) + 1 se utiliza para evitar tomar log(0).

   - np.exp() calcula el exponencial (e^x) para cada elemento.
- Se realizan operaciones estadísticas:
   - np.mean() calcula el promedio del array.
   - np.std() calcula la desviación estándar.

Finalmente, el código imprime el array original y todos los valores calculados.

Este ejemplo muestra la capacidad de NumPy para realizar operaciones eficientes elemento a elemento y aplicar funciones matemáticas a arrays completos de manera simultánea, lo cual es crucial en tareas de machine learning.

Álgebra Lineal

NumPy proporciona una amplia gama de herramientas para operaciones avanzadas de álgebra lineal, permitiendo la manipulación eficiente de matrices y vectores. Estas capacidades incluyen multiplicación de matrices, descomposición de valores propios, descomposición en valores singulares y la resolución de sistemas de ecuaciones lineales.

Tales operaciones son fundamentales para numerosos algoritmos de machine learning, como el análisis de componentes principales (PCA), las máquinas de soporte vectorial (SVM) y las redes neuronales. La implementación optimizada de estas operaciones en la biblioteca mejora significativamente la eficiencia computacional, lo que la convierte en un recurso indispensable para investigadores y profesionales en campos que van desde la ciencia de datos y machine learning hasta la mecánica cuántica y el modelado financiero.

Ejemplo

```
import numpy as np

# Create a matrix
A = np.array([[1, 2], [3, 4]])

# Calculate the determinant
det_A = np.linalg.det(A)

# Calculate eigenvalues and eigenvectors
eigenvalues, eigenvectors = np.linalg.eig(A)

# Perform matrix inversion
A_inv = np.linalg.inv(A)

# Solve a linear system Ax = b
b = np.array([5, 6])
x = np.linalg.solve(A, b)

print("Matrix A:\\n", A)
print("Determinant of A:", det_A)
print("Eigenvalues:", eigenvalues)
```

```
print("Eigenvectors:\\n", eigenvectors)
print("Inverse of A:\\n", A_inv)
print("Solution to Ax = b:", x)
```

Este código de ejemplo demuestra varias operaciones clave de álgebra lineal utilizando NumPy, una poderosa biblioteca para cálculos numéricos en Python. Vamos a desglosarlo:

1. Primero, se crea una matriz 2x2 A usando np.array().
2. Se calcula el determinante de A utilizando np.linalg.det().
3. Se calculan los valores propios y los vectores propios de A con np.linalg.eig().
4. Se encuentra la inversa de la matriz A usando np.linalg.inv().
5. Se resuelve un sistema lineal Ax = b utilizando np.linalg.solve(), donde b es un vector [5, 6].

Finalmente, el código imprime todos los resultados: la matriz original, su determinante, valores propios, vectores propios, inversa y la solución del sistema lineal.

Estas operaciones son fundamentales en muchos algoritmos de machine learning, incluidos el análisis de componentes principales (PCA), las máquinas de soporte vectorial (SVM) y las redes neuronales. La implementación eficiente de estas operaciones en NumPy la convierte en una herramienta esencial para tareas de ciencia de datos y machine learning.

Funciones Estadísticas

NumPy ofrece una completa suite de herramientas estadísticas que permiten el cálculo eficiente de varias medidas a través de conjuntos de datos completos. Estas funciones incluyen, pero no se limitan a:

- Medidas de tendencia central: media, mediana y moda.
- Medidas de dispersión: desviación estándar, varianza y rango.
- Percentiles y cuantiles para entender la distribución de los datos.
- Coeficientes de correlación para evaluar relaciones entre variables.
- Histogramas y recuentos de frecuencia para la visualización de datos.

Estas potentes capacidades estadísticas permiten a los científicos de datos y a los practicantes de machine learning analizar rápidamente y obtener información de grandes conjuntos de datos, facilitando una toma de decisiones más informada y el desarrollo de modelos.

Ejemplo

```
import numpy as np

# Create a sample dataset
```

```
data = np.array([1, 2, 3, 4, 5, 6, 7, 8, 9, 10])

# Calculate basic statistics
mean = np.mean(data)
median = np.median(data)
std_dev = np.std(data)
variance = np.var(data)

# Calculate percentiles
percentiles = np.percentile(data, [25, 50, 75])

# Calculate correlation coefficient
data2 = np.array([2, 4, 5, 4, 5, 7, 9, 8, 10, 12])
correlation = np.corrcoef(data, data2)[0, 1]

print(f"Mean: {mean}")
print(f"Median: {median}")
print(f"Standard Deviation: {std_dev}")
print(f"Variance: {variance}")
print(f"25th, 50th, and 75th Percentiles: {percentiles}")
print(f"Correlation Coefficient: {correlation}")
```

Este ejemplo de código demuestra varias funciones estadísticas disponibles en NumPy, una poderosa biblioteca para cálculos numéricos en Python. Vamos a desglosarlo:

- Primero, se crea un conjunto de datos de muestra utilizando np.array() con valores del 1 al 10.
- Se calculan las medidas estadísticas básicas:
  - Media (promedio) usando np.mean().
  - Mediana (valor medio) usando np.median().
  - Desviación estándar usando np.std().
  - Varianza usando np.var().
- Se calculan los percentiles utilizando np.percentile(), específicamente los percentiles 25, 50 (mediana) y 75.
- Se calcula el coeficiente de correlación entre el conjunto de datos original y un nuevo array data2 usando np.corrcoef().
- Finalmente, se imprimen todas las estadísticas calculadas.

Este ejemplo muestra la capacidad de NumPy para calcular de manera eficiente varias medidas estadísticas en conjuntos de datos, lo cual es crucial para tareas de análisis de datos y machine learning.

Manipulación de Arrays

NumPy ofrece una completa suite de funciones diseñadas para remodelar, concatenar y dividir arrays. Estas potentes herramientas permiten a los científicos de datos y practicantes de machine learning realizar operaciones de manipulación de datos de manera flexible y eficiente. Ya sea que necesites reestructurar tus datos para ingresarlos en una red neuronal, combinar múltiples conjuntos de datos o particionar tus datos para validación cruzada, las capacidades de manipulación de arrays de NumPy proporcionan la funcionalidad necesaria para manejar estas tareas con facilidad y precisión.

Ejemplo

```
import numpy as np

# Create a 1D array
arr = np.array([1, 2, 3, 4, 5, 6])
print("Original array:", arr)

# Reshape the array
reshaped = arr.reshape((2, 3))
print("Reshaped array:\\n", reshaped)

# Concatenate arrays
arr1 = np.array([1, 2, 3])
arr2 = np.array([4, 5, 6])
concatenated = np.concatenate((arr1, arr2))
print("Concatenated array:", concatenated)

# Split an array
split_arrays = np.split(concatenated, 3)
print("Split arrays:", split_arrays)

# Transpose a 2D array
transposed = reshaped.T
print("Transposed array:\\n", transposed)
```

Este ejemplo demuestra varias técnicas de manipulación de arrays utilizando NumPy, una poderosa biblioteca para cálculos numéricos en Python. Vamos a desglosarlo:

1. Creación de un array 1D: np.array([1, 2, 3, 4, 5, 6]) crea un array unidimensional.
2. Redimensionar: arr.reshape((2, 3)) transforma el array 1D en un array 2D con 2 filas y 3 columnas.
3. Concatenación: np.concatenate((arr1, arr2)) une dos arrays (arr1 y arr2) de extremo a extremo.
4. División: np.split(concatenated, 3) divide el array concatenado en tres partes iguales.

5. Transposición: reshaped.T voltea el array 2D sobre su diagonal, intercambiando sus filas y columnas.

Estas operaciones son cruciales en machine learning para tareas como la preparación de datos, la ingeniería de características y el manejo de entradas/salidas de modelos. Permiten la manipulación eficiente de grandes conjuntos de datos y operaciones matemáticas complejas.

Aritmética de Arrays

NumPy permite a los usuarios ejecutar operaciones elemento a elemento en arrays con una notable eficiencia. Esta poderosa característica permite la suma, resta, multiplicación o división de arrays completos a través de sentencias concisas de una sola línea de código.

Al aprovechar las operaciones vectorizadas de NumPy, los científicos de datos y los practicantes de machine learning pueden realizar cálculos matemáticos complejos en grandes conjuntos de datos con una velocidad y simplicidad sin igual, lo que agiliza significativamente su flujo de trabajo y mejora la productividad general en tareas de análisis numérico.

Ejemplo: Aritmética Básica con NumPy

```
import numpy as np

# Define two NumPy arrays
array1 = np.array([1, 2, 3, 4])
array2 = np.array([5, 6, 7, 8])

# Perform element-wise addition, subtraction, multiplication, and division
sum_array = array1 + array2
diff_array = array2 - array1
prod_array = array1 * array2
div_array = array2 / array1

print("Sum:", sum_array)
print("Difference:", diff_array)
print("Product:", prod_array)
print("Division:", div_array)
```

Este código demuestra operaciones básicas de aritmética con arrays utilizando NumPy, una poderosa biblioteca para cálculos numéricos en Python. Vamos a desglosarlo:

- Primero, se crean dos arrays de NumPy: array1 y array2.
- Luego, se realizan cuatro operaciones elemento a elemento:
    - Suma: sum_array = array1 + array2
    - Resta: diff_array = array2 - array1
    - Multiplicación: prod_array = array1 * array2

- División: div_array = array2 / array1

Estas operaciones se realizan elemento a elemento, lo que significa que cada elemento en array1 se combina con el elemento correspondiente en array2.

Finalmente, se imprimen los resultados de estas operaciones.

Este ejemplo muestra la capacidad de NumPy para realizar operaciones eficientes elemento a elemento en arrays, lo cual es crucial en diversas tareas de machine learning, como cálculos de gradientes, transformaciones de matrices y optimización de pesos de modelos.

En machine learning, la aritmética de arrays es fundamental para operaciones como cálculos de gradientes, transformaciones de matrices y optimización de los pesos de los modelos.

Redimensionamiento de Arrays

El redimensionamiento de arrays es una operación fundamental en machine learning, especialmente cuando se trabaja con conjuntos de datos complejos y multidimensionales, como datos de imágenes o series temporales. Este proceso implica alterar la estructura de un array sin modificar sus datos subyacentes. NumPy ofrece herramientas potentes y eficientes para redimensionar arrays, lo que permite a los científicos de datos y practicantes de machine learning transformar fácilmente los datos entre diferentes representaciones dimensionales.

Por ejemplo, al trabajar con datos de imágenes, a menudo es necesario convertir un array 2D que representa los valores de los píxeles en un vector 1D para ingresarlo en ciertos modelos de machine learning. De manera inversa, los datos de series temporales podrían necesitar ser redimensionados de una secuencia 1D a un array 2D con pasos de tiempo y características específicos. Las capacidades de redimensionamiento de NumPy permiten realizar estas transformaciones sin problemas, manteniendo la integridad de los datos mientras se adaptan al formato requerido por varios algoritmos y modelos.

Ejemplo

```
# Create a 1D array
array = np.array([1, 2, 3, 4, 5, 6])

# Reshape the array into a 2D array (3 rows, 2 columns)
reshaped_array = array.reshape((3, 2))

print("Original Array:", array)
print("Reshaped Array:\\\\n", reshaped_array)
```

Este ejemplo demuestra cómo redimensionar un array usando NumPy, una poderosa biblioteca para cálculos numéricos en Python. Vamos a desglosarlo:

- Primero, se crea un array 1D con 6 elementos usando np.array([1, 2, 3, 4, 5, 6]).

- Luego, se utiliza la función reshape() para transformar este array 1D en un array 2D con 3 filas y 2 columnas: array.reshape((3, 2)).
- Finalmente, el código imprime tanto el array original como el array redimensionado.

Esta operación de redimensionamiento es crucial en machine learning, especialmente cuando se prepara la data para varios modelos. Te permite reestructurar tus datos sin cambiar su contenido, lo cual es a menudo necesario al trabajar con diferentes algoritmos o formatos de datos.

2.2.3 Álgebra Lineal con NumPy

El álgebra lineal forma la base matemática de muchos algoritmos de machine learning, sirviendo como una herramienta clave para la manipulación de datos, extracción de características y optimización de modelos. NumPy, una poderosa biblioteca de cálculo numérico para Python, ofrece una amplia gama de funciones para manejar eficientemente operaciones de álgebra lineal, convirtiéndola en un recurso indispensable para los practicantes de machine learning.

Algunas de las principales tareas de álgebra lineal en las que NumPy sobresale incluyen:

Multiplicación de matrices

Una operación fundamental en álgebra lineal que es crucial para varias tareas de machine learning. En el contexto de machine learning, la multiplicación de matrices juega un papel fundamental en:

- **Transformación de características**: Aplicar transformaciones lineales a los datos de entrada para extraer o enfatizar ciertas características.
- **Cálculos en redes neuronales**: Calcular la suma ponderada de las entradas en cada capa de una red neuronal.
- **Implementación de técnicas de reducción de dimensionalidad**: Como el Análisis de Componentes Principales (PCA), que depende en gran medida de las operaciones de matrices para identificar las características más importantes en un conjunto de datos.
- **Cálculos de matrices de covarianza**: Utilizados en varios análisis estadísticos y algoritmos de machine learning para entender las relaciones entre diferentes características.

Ejemplo

```
# Define two matrices
matrix1 = np.array([[1, 2], [3, 4]])
matrix2 = np.array([[5, 6], [7, 8]])

# Perform matrix multiplication
result = np.dot(matrix1, matrix2)
```

```
print("Matrix Multiplication Result:\\\\n", result)
```

Este ejemplo de código demuestra la multiplicación de matrices usando NumPy, una poderosa biblioteca para cálculos numéricos en Python. Vamos a desglosarlo:

- Se definen dos matrices utilizando np.array(): matrix1 = np.array([[1, 2], [3, 4]])matrix2 = np.array([[5, 6], [7, 8]])Cada matriz tiene un tamaño de 2x2.
- La multiplicación de matrices se realiza utilizando la función np.dot(): result = np.dot(matrix1, matrix2)Esta función calcula el producto punto de las dos matrices.
- Finalmente, se imprime el resultado de la multiplicación de matrices: print("Resultado de la multiplicación de matrices:\\n", result)

Esta operación es crucial en machine learning para diversas tareas, incluyendo:

- Transformación de características
- Cálculos en redes neuronales
- Implementación de técnicas de reducción de dimensionalidad, como el Análisis de Componentes Principales (PCA)
- Cálculo de matrices de covarianza para análisis estadísticos

Al utilizar la implementación eficiente de NumPy para operaciones de matrices, los desarrolladores de machine learning pueden mejorar significativamente el rendimiento de sus algoritmos, especialmente al trabajar con grandes conjuntos de datos y modelos complejos.

Cálculo de determinantes

Una operación crucial en álgebra lineal que proporciona información valiosa sobre las propiedades de una matriz. El determinante de una matriz es un valor escalar que encapsula información importante sobre el comportamiento y las características de la matriz. En el contexto de machine learning y análisis de datos, los determinantes cumplen varios propósitos importantes:

- **Evaluar la invertibilidad de una matriz**: El determinante ayuda a determinar si una matriz es invertible (no singular). Un determinante distinto de cero indica que la matriz es invertible, lo cual es esencial para varias operaciones matemáticas y algoritmos.
- **Resolver sistemas de ecuaciones lineales**: Los determinantes juegan un papel clave en la Regla de Cramer, un método para resolver sistemas de ecuaciones lineales. Esta aplicación es particularmente útil en problemas de optimización y ajuste de modelos.
- **Calcular descomposiciones de matrices**: Los determinantes a menudo están involucrados en varias técnicas de descomposición de matrices, como la descomposición LU y la descomposición de Cholesky. Estas descomposiciones son

fundamentales en muchos algoritmos de machine learning, incluyendo la reducción de dimensionalidad y la resolución eficiente de sistemas lineales.

- **Cálculos de volumen y área**: En interpretaciones geométricas, el valor absoluto del determinante representa el factor de escala de volumen o área de una transformación lineal, lo que puede ser útil en ciertas aplicaciones de machine learning que involucren datos espaciales o transformaciones.

NumPy proporciona métodos eficientes para calcular determinantes, incluso para matrices grandes, lo que la convierte en una herramienta indispensable para los practicantes de machine learning que trabajan con operaciones complejas de álgebra lineal.

Ejemplo

```
import numpy as np

# Define a square matrix
matrix = np.array([[1, 2, 3],
                   [4, 5, 6],
                   [7, 8, 9]])

# Calculate the determinant
determinant = np.linalg.det(matrix)

print("Matrix:")
print(matrix)
print(f"\\nDeterminant: {determinant}")
```

Este ejemplo demuestra cómo calcular el determinante de una matriz usando NumPy, una poderosa biblioteca para cálculos numéricos en Python. Aquí tienes un desglose del código:

- Primero, importamos NumPy con el alias 'np'.
- Se define una matriz cuadrada de 3x3 utilizando np.array().
- El determinante de la matriz se calcula usando la función np.linalg.det().
- Finalmente, el código imprime tanto la matriz original como su determinante.

Este ejemplo es particularmente relevante en machine learning para tareas como:

- Evaluar la invertibilidad de una matriz, que es importante en algoritmos como la regresión lineal y el análisis de componentes principales (PCA).
- Resolver sistemas de ecuaciones lineales, lo cual es fundamental en varios problemas de optimización.

- Calcular descomposiciones de matrices, que se utilizan en muchos algoritmos de machine learning para tareas como la extracción de características y la compresión de datos.

Cálculo de valores propios y vectores propios

Una operación fundamental en álgebra lineal con importantes aplicaciones en machine learning. Los valores propios y vectores propios proporcionan información crucial sobre las propiedades de una matriz y son esenciales para varias técnicas:

- **Reducción de dimensionalidad**: Se utilizan en métodos como el análisis de componentes principales (PCA) para identificar las características más importantes en conjuntos de datos de alta dimensión.
- **Clustering espectral**: Aprovecha los vectores propios para agrupar puntos de datos en función del espectro de la matriz de similitud.
- **Comprensión de transformaciones lineales**: Ayuda a visualizar cómo las matrices estiran, comprimen o rotan los vectores en el espacio.
- **Diagonalización de matrices**: Simplifica operaciones complejas de matrices, lo que a menudo conduce a cálculos más eficientes en algoritmos de machine learning.

La implementación eficiente de NumPy para el cálculo de valores propios y vectores propios permite a los científicos de datos realizar estas operaciones rápidamente, incluso en matrices grandes. Esta capacidad facilita el desarrollo de modelos de machine learning sofisticados.

Ejemplo

```
import numpy as np

# Define a square matrix
matrix = np.array([[4, -2],
                   [1, 1]])

# Calculate eigenvalues and eigenvectors
eigenvalues, eigenvectors = np.linalg.eig(matrix)

print("Matrix:")
print(matrix)
print("\\nEigenvalues:")
print(eigenvalues)
print("\\nEigenvectors:")
print(eigenvectors)
```

Este ejemplo de código demuestra cómo calcular valores propios y vectores propios usando NumPy, una poderosa biblioteca para cálculos numéricos en Python. Aquí tienes un desglose del código:

- Primero, importamos NumPy como 'np'.
- Se define una matriz cuadrada de 2x2 utilizando np.array().
- La función np.linalg.eig() se utiliza para calcular tanto los valores propios como los vectores propios de la matriz.
- La función devuelve dos arrays: uno para los valores propios y otro para los vectores propios.
- Finalmente, el código imprime la matriz original, los valores propios y los vectores propios.

Esta operación es crucial en machine learning para diversas tareas, incluyendo:

- Análisis de Componentes Principales (PCA) para la reducción de dimensionalidad.
- Extracción de características.
- Comprender el comportamiento de las transformaciones lineales en los algoritmos.

Al aprovechar la implementación eficiente de NumPy para estas operaciones, los científicos de datos pueden mejorar significativamente el rendimiento de sus algoritmos, especialmente cuando se manejan grandes conjuntos de datos y modelos complejos.

Resolución de sistemas de ecuaciones lineales

Una operación crítica en numerosos problemas de optimización y algoritmos de machine learning. Este proceso es esencial para:

- Regresión lineal: Determinar los coeficientes óptimos que minimizan la diferencia entre los valores predichos y reales.
- Máquinas de soporte vectorial: Encontrar el hiperplano que mejor separa diferentes clases de puntos de datos.
- Ajuste de mínimos cuadrados: Minimizar la suma de los residuos al cuadrado en varias aplicaciones de ajuste de curvas.
- Problemas de flujo de redes: Optimizar la asignación de recursos en sistemas complejos.

Las eficientes rutinas de álgebra lineal de NumPy permiten resolver rápidamente grandes sistemas de ecuaciones, lo que facilita la implementación de modelos sofisticados de machine learning que pueden manejar conjuntos de datos del mundo real.

Ejemplo

```
import numpy as np

# Define the coefficient matrix A and the constant vector b
```

```
A = np.array([[3, 1], [1, 2]])
b = np.array([9, 8])

# Solve the system of linear equations
x = np.linalg.solve(A, b)

print("Coefficient matrix A:")
print(A)
print("\\nConstant vector b:")
print(b)
print("\\nSolution x:")
print(x)

# Verify the solution
print("\\nVerification (should be close to b):")
print(np.dot(A, x))
```

Este ejemplo demuestra cómo resolver un sistema de ecuaciones lineales utilizando el módulo de álgebra lineal de NumPy. Aquí tienes un desglose de lo que hace el código:

- Primero, importa NumPy como 'np'.
- Define una matriz de coeficientes A y un vector constante b:A = [[3, 1], [1, 2]]b = [9, 8]
- Se utiliza la función np.linalg.solve(A, b) para resolver el sistema de ecuaciones lineales Ax = b para x.
- Luego, el código imprime la matriz de coeficientes A, el vector constante b y la solución x.
- Finalmente, verifica la solución calculando np.dot(A, x), que debería ser cercano a b.

Este tipo de operación es crucial en machine learning para varias tareas, incluyendo:

- Regresión lineal
- Máquinas de soporte vectorial
- Ajuste de mínimos cuadrados
- Problemas de flujo de redes

Al utilizar la implementación eficiente de NumPy, los desarrolladores de machine learning pueden resolver rápidamente grandes sistemas de ecuaciones, lo que facilita la creación de modelos sofisticados que pueden manejar conjuntos de datos del mundo real.

Descomposiciones de matrices

Técnicas esenciales en álgebra lineal que descomponen matrices complejas en componentes más simples y manejables. Estas descomposiciones, como LU (Inferior-Superior), QR

(Ortogonal-Triangular) y la Descomposición en Valores Singulares (SVD), juegan un papel crucial en varios algoritmos de machine learning. Son especialmente valiosas para tareas como:

- **Extracción de características**: Identificar y aislar las características más importantes en conjuntos de datos de alta dimensionalidad.
- **Compresión de datos**: Reducir la dimensionalidad de los datos preservando su información más significativa.
- **Reducción de ruido**: Separar señales significativas del ruido de fondo en conjuntos de datos.
- **Resolución de sistemas lineales**: Calcular eficientemente soluciones para sistemas complejos de ecuaciones lineales.
- **Análisis de Componentes Principales (PCA)**: Una técnica popular para la reducción de dimensionalidad y visualización de datos.

Estas descomposiciones no solo mejoran la eficiencia de los algoritmos de machine learning, sino que también proporcionan información valiosa sobre la estructura subyacente de los datos, facilitando un análisis más efectivo y el desarrollo de modelos.

Ejemplo

```
import numpy as np
from scipy.linalg import lu, qr

# Create a sample matrix
A = np.array([[1, 2], [3, 4]])

# LU Decomposition
P, L, U = lu(A)
print("LU Decomposition:")
print("P:", P)
print("L:", L)
print("U:", U)

# QR Decomposition
Q, R = qr(A)
print("\\nQR Decomposition:")
print("Q:", Q)
print("R:", R)

# Singular Value Decomposition (SVD)
U, s, VT = np.linalg.svd(A)
print("\\nSingular Value Decomposition:")
print("U:", U)
print("s:", s)
print("V^T:", VT)
```

Este código demuestra tres técnicas comunes de descomposición de matrices:

1. **Creación de Matriz:** Se crea una matriz A de 2x2 con NumPy.
2. **Descomposición LU:** Utiliza scipy.linalg.lu(A) para descomponer A en:
   - P: Matriz de permutación.
   - L: Matriz triangular inferior.
   - U: Matriz triangular superior.
3. **Descomposición QR:** Utiliza scipy.linalg.qr(A) para descomponer A en:
   - Q: Matriz ortogonal.
   - R: Matriz triangular superior.
4. **SVD:** Utiliza np.linalg.svd(A) para descomponer A en:
   - U y VT: Matrices unitarias.
   - s: Valores singulares.

Estas técnicas de descomposición son fundamentales en machine learning para tareas como extracción de características, compresión de datos, reducción de ruido, resolución de sistemas lineales y Análisis de Componentes Principales (PCA). Proporcionan información valiosa sobre la estructura subyacente de los datos y pueden mejorar significativamente la eficiencia de los algoritmos de machine learning.

Al aprovechar la implementación optimizada de NumPy para estas operaciones, los desarrolladores de machine learning pueden mejorar significativamente el rendimiento y la eficiencia de sus algoritmos, permitiéndoles trabajar con conjuntos de datos más grandes y modelos más complejos. Esta capacidad es particularmente valiosa en áreas como el deep learning, donde las operaciones con matrices grandes son frecuentes y computacionalmente intensivas.

2.2.4 Funciones Estadísticas en NumPy

El machine learning implica con frecuencia el análisis de conjuntos de datos complejos para descubrir patrones e información valiosa. Este proceso requiere la aplicación de diversas funciones estadísticas para extraer información significativa de los datos.

NumPy, una poderosa biblioteca de cálculo numérico para Python, ofrece una amplia gama de herramientas estadísticas que son indispensables para los científicos de datos y practicantes de machine learning. Estas herramientas incluyen una amplia gama de funciones para calcular medidas estadísticas esenciales, como la media, la mediana, la moda, la desviación estándar, la varianza y los percentiles.

Al aprovechar la eficiente implementación de estas operaciones estadísticas en NumPy, los investigadores y desarrolladores pueden procesar rápidamente grandes conjuntos de datos, identificar tendencias y derivar conclusiones significativas que forman la base para algoritmos y modelos avanzados de machine learning.

Cálculo de la Media y Desviación Estándar

La media y la desviación estándar son medidas estadísticas fundamentales que se utilizan ampliamente en el análisis de datos y machine learning para comprender la tendencia central y la dispersión de las distribuciones de datos. Estas métricas proporcionan información crucial sobre las características de los conjuntos de datos, ayudando a los científicos de datos y practicantes de machine learning a tomar decisiones informadas sobre el preprocesamiento de datos, la selección de modelos y la interpretación de resultados.

- **Media**: También conocida como el promedio, representa el valor central de un conjunto de datos. Se calcula sumando todos los valores y dividiéndolos por el número de observaciones. En machine learning, la media se utiliza a menudo para escalar características, normalizar datos y como referencia para comparar predicciones de modelos.
- **Desviación estándar**: Cuantifica la cantidad de variación o dispersión en un conjunto de datos. Mide cuán lejos los puntos de datos tienden a desviarse de la media. Una desviación estándar baja indica que los puntos de datos tienden a estar cerca de la media, mientras que una desviación estándar alta sugiere que los puntos de datos están distribuidos en un rango más amplio de valores. Esta medida es crucial para comprender la distribución de las características, detectar valores atípicos y evaluar la fiabilidad de las predicciones en modelos de machine learning.

En el contexto de machine learning:

- **Escalado de características**: La media y la desviación estándar se utilizan en técnicas como la estandarización (normalización por puntaje z) para escalar las características a un rango común, lo que puede mejorar el rendimiento de muchos algoritmos de machine learning.
- **Detección de valores atípicos**: Los puntos de datos que se encuentran fuera de un cierto número de desviaciones estándar de la media a menudo se consideran valores atípicos, los cuales pueden requerir un tratamiento especial en la etapa de preprocesamiento.
- **Evaluación de modelos**: Estas estadísticas se utilizan para evaluar el rendimiento de modelos de regresión, donde la media de los residuos (errores) debería estar idealmente cerca de cero, y la desviación estándar de los residuos proporciona información sobre la precisión del modelo.
- **Procesos Gaussianos**: Muchos algoritmos de machine learning asumen datos distribuidos normalmente, donde la media y la desviación estándar son parámetros clave de la distribución normal (gaussiana).

Comprender y utilizar efectivamente estas medidas estadísticas es esencial para desarrollar modelos de machine learning robustos y precisos en diversos dominios y aplicaciones.

Ejemplo

```
# Generate random data
data = np.random.rand(100)

# Calculate mean and standard deviation
mean_value = np.mean(data)
std_value = np.std(data)

print(f"Mean: {mean_value}, Standard Deviation: {std_value}")
```

Este ejemplo de código demuestra cómo calcular la media y la desviación estándar de un conjunto de datos usando NumPy.

Aquí tienes un desglose de lo que hace el código:

- Primero, genera datos aleatorios usando np.random.rand(100), que crea un array de 100 números aleatorios entre 0 y 1.
- Luego, calcula la media de los datos usando np.mean(data).
- También calcula la desviación estándar de los datos usando np.std(data).
- Finalmente, imprime la media y la desviación estándar calculadas.

Este ejemplo ilustra cómo las funciones estadísticas de NumPy pueden utilizarse para calcular de manera eficiente medidas importantes en el análisis de datos y machine learning. Estos cálculos son cruciales para tareas como el escalado de características, la normalización de datos y la comprensión de la distribución de los conjuntos de datos.

Estas funciones se usan frecuentemente en pipelines de machine learning para tareas como el escalado y la normalización de características.

Percentiles y Cuantiles

Los percentiles son herramientas estadísticas poderosas que se utilizan para dividir los datos en diferentes segmentos, proporcionando información valiosa sobre la distribución de un conjunto de datos. Al calcular percentiles, podemos determinar puntos específicos en los datos que los dividen en porciones iguales. Por ejemplo, el percentil 50, también conocido como la mediana, divide los datos en dos mitades iguales.

Comprender los percentiles es crucial en machine learning por varias razones:

- **Análisis de la distribución de datos**: Los percentiles ayudan a visualizar cómo se distribuyen los datos en su rango, revelando si están distribuidos uniformemente o sesgados hacia ciertos valores.

- **Detección de valores atípicos**: Al examinar percentiles extremos (por ejemplo, el 1% o el 99%), podemos identificar posibles valores atípicos que pueden afectar significativamente el rendimiento del modelo.
- **Escalado de características**: En algunos casos, los métodos de escalado basados en percentiles, como el escalado robusto, pueden ser más apropiados que el escalado estándar, especialmente cuando se manejan conjuntos de datos que contienen valores atípicos.
- **Evaluación del modelo**: Los percentiles se usan a menudo para evaluar el rendimiento del modelo, como en el cálculo del error absoluto mediano o en la evaluación de los intervalos de predicción.

Esta medida estadística es particularmente útil cuando se detectan valores atípicos o se entiende la dispersión de una característica en un conjunto de datos, ya que proporciona una forma robusta de describir las características de los datos que son menos sensibles a los valores extremos en comparación con medidas como la media y la desviación estándar.

Ejemplo

```
# Generate random data
data = np.random.rand(100)

# Calculate the 25th, 50th, and 75th percentiles
percentiles = np.percentile(data, [25, 50, 75])

print(f"25th percentile: {percentiles[0]}, 50th percentile (median): {percentiles[1]},
75th percentile: {percentiles[2]}")
```

Este ejemplo demuestra cómo calcular percentiles usando NumPy. Aquí tienes un desglose de lo que hace el código:

- Primero, genera 100 números aleatorios entre 0 y 1 usando np.random.rand(100). Esto simula un conjunto de datos que queremos analizar.
- Luego, calcula los percentiles 25, 50 y 75 de estos datos utilizando np.percentile(data, [25, 50, 75]). La función devuelve un array con los valores de los percentiles.
- Finalmente, imprime estos percentiles. Cabe destacar que el percentil 50 también se conoce como la mediana.

Este código es útil en machine learning para comprender la distribución de los datos, detectar valores atípicos y preprocesar datos. Los percentiles proporcionan una forma robusta de describir las características de los datos, especialmente cuando se trata de conjuntos de datos sesgados o al elegir cómo preprocesar los datos.

Comprender la distribución de los datos es clave en machine learning, particularmente cuando se trabaja con conjuntos de datos sesgados o al elegir cómo preprocesar los datos.

2.2.5 Generación de Números Aleatorios

En machine learning, la generación de números aleatorios juega un papel crucial en varios aspectos del desarrollo de modelos y la experimentación.

Este proceso es fundamental para varias tareas clave:

1. **Inicialización de pesos en redes neuronales**: La inicialización aleatoria ayuda a romper la simetría y permite puntos de partida diversos para la optimización.
2. **División de conjuntos de datos**: Dividir aleatoriamente los datos en conjuntos de entrenamiento, validación y prueba asegura una evaluación imparcial del modelo.
3. **Creación de datos sintéticos**: Generar conjuntos de datos artificiales permite realizar experimentos controlados y aumentar los datos del mundo real cuando son limitados.
4. **Implementación de algoritmos estocásticos**: Muchos algoritmos de machine learning dependen de la aleatoriedad para la optimización y la exploración.
5. **Validación cruzada**: El muestreo aleatorio se utiliza en técnicas como la validación cruzada k-fold para evaluar el rendimiento del modelo.
6. **Aumento de datos**: Se pueden aplicar transformaciones aleatorias a los datos existentes para aumentar el tamaño del conjunto de datos y su diversidad.

El módulo random de NumPy ofrece una completa suite de funciones para generar números aleatorios a partir de varias distribuciones de probabilidad. Estas incluyen distribuciones uniformes, normales (gaussianas), binomiales y muchas otras. La implementación eficiente del módulo lo convierte en una herramienta ideal para manejar la generación de números aleatorios a gran escala en pipelines de machine learning.

Características clave del módulo random de NumPy incluyen:

1. Generación de números aleatorios con semilla para garantizar la reproducibilidad.
2. Funciones para muestreo de distribuciones de probabilidad específicas.
3. Generación eficiente de grandes arrays de números aleatorios.
4. Soporte para generación de números aleatorios a escala tanto escalar como basada en arrays.

Al aprovechar estas capacidades, los practicantes de machine learning pueden introducir aleatoriedad controlada en sus flujos de trabajo, mejorando la robustez y generalización de los modelos.

Ejemplo: Generación de Números Aleatorios

```
# Generate 10 random numbers between 0 and 1
random_numbers = np.random.rand(10)
```

```
# Generate random integers between 1 and 10
random_integers = np.random.randint(1, 11, size=10)

print("Random Numbers:", random_numbers)
print("Random Integers:", random_integers)
```

Este ejemplo de código demuestra cómo generar números aleatorios utilizando el módulo random de NumPy. Vamos a desglosarlo:

- np.random.rand(10): Esto genera 10 números aleatorios entre 0 y 1 de una distribución uniforme.
- np.random.randint(1, 11, size=10): Esto genera 10 enteros aleatorios entre 1 y 10 (inclusive).

El código luego imprime ambos conjuntos de números aleatorios. Esta funcionalidad es crucial en machine learning para tareas como:

- Crear conjuntos de datos aleatorizados.
- Barajar datos.
- Establecer condiciones iniciales para los modelos.

Estas capacidades de generación de números aleatorios son esenciales para introducir aleatoriedad controlada en los flujos de trabajo de machine learning, lo que puede mejorar la robustez y la generalización del modelo.

Estas funciones son indispensables en machine learning para crear conjuntos de datos aleatorizados, barajar datos o establecer condiciones iniciales para los modelos.

NumPy es una biblioteca fundamental para cualquier proyecto de machine learning, proporcionando operaciones de alto rendimiento en arrays y matrices, herramientas para el análisis estadístico y soporte para cálculos numéricos eficientes. Ya sea realizando multiplicación de matrices en una red neuronal o generando números aleatorios para dividir conjuntos de datos, la velocidad y eficiencia de NumPy lo convierten en una parte esencial de tu kit de herramientas.

2.3 Pandas para la Manipulación Avanzada de Datos

En machine learning, gran parte del tiempo que se invierte en la construcción de modelos implica limpiar, transformar y preparar los datos antes de que estén listos para el análisis o para ser utilizados en algoritmos. Este proceso se conoce como **manipulación de datos**. Aunque NumPy sobresale en la gestión de cálculos numéricos, a menudo no es suficiente cuando se trabaja con datos tabulares o estructurados. Aquí es donde **Pandas** se convierte en un cambio de juego.

Pandas es una biblioteca poderosa y flexible diseñada específicamente para trabajar con datos estructurados, como tablas, archivos CSV, hojas de cálculo de Excel y bases de datos SQL. Simplifica muchas de las tareas comunes asociadas con el análisis de datos, como el filtrado, agrupamiento y combinación de conjuntos de datos, convirtiéndola en una herramienta esencial para cualquier científico de datos o practicante de machine learning.

En esta sección, exploraremos las características avanzadas de Pandas que te permitirán manipular y analizar datos de manera eficiente, y proporcionaremos ejemplos para asegurarnos de que comprendas cómo aplicar estos conceptos en tus propios proyectos.

2.3.1 Introducción a las Estructuras de Datos de Pandas

Pandas introduce dos estructuras de datos principales que son centrales para su funcionalidad y forman la columna vertebral de la manipulación de datos en Python:

Series

Una versátil estructura unidimensional etiquetada capaz de contener varios tipos de datos (enteros, cadenas, flotantes, etc.). Esta estructura fundamental en Pandas se asemeja a una columna en una hoja de cálculo o a una sola columna de una tabla de base de datos. Las Series sobresalen en el manejo de datos de series temporales, representando características individuales dentro de un conjunto de datos o almacenando información etiquetada.

Su flexibilidad y eficiencia las hacen indispensables para tareas como análisis financiero, procesamiento de datos de sensores y la ingeniería de características en flujos de trabajo de machine learning.

Ejemplo: Creación de una Serie en Pandas

```
import pandas as pd

# Create a Series from a list
data = [10, 20, 30, 40, 50]
s = pd.Series(data, index=['a', 'b', 'c', 'd', 'e'])

print(s)

# Accessing elements
print("\\nValue at index 'c':", s['c'])

# Basic statistics
print("\\nMean:", s.mean())
print("Max:", s.max())
```

Vamos a desglosar este ejemplo de código:

1. Primero, importamos la biblioteca Pandas y le asignamos el alias 'pd': import pandas as pd

2. Creamos una lista de datos: data = [10, 20, 30, 40, 50]
3. Creamos una Serie de Pandas utilizando estos datos y asignamos etiquetas de índice personalizadas: s = pd.Series(data, index=['a', 'b', 'c', 'd', 'e'])
4. Imprimimos la Serie completa: print(s)
5. Accedemos e imprimimos un elemento específico utilizando su etiqueta de índice: print("\\nValor en el índice 'c':", s['c'])
6. Finalmente, demostramos algunas operaciones estadísticas básicas en la Serie:
   - print("\\nMedia:", s.mean())
   - print("Máximo:", s.max())

Este código muestra la creación y manipulación básica de una Serie de Pandas, que es un array unidimensional etiquetado capaz de contener varios tipos de datos. Demuestra cómo crear una Serie, acceder a sus elementos y realizar operaciones estadísticas simples, que son tareas comunes en el análisis de datos y el preprocesamiento para machine learning.

En este ejemplo, creamos una Serie de Pandas a partir de una lista de números, asignamos etiquetas de índice personalizadas y demostramos operaciones básicas como el acceso a elementos y el cálculo de estadísticas. Las Series son particularmente útiles para representar datos de series temporales o características individuales en un conjunto de datos.

DataFrame

Un DataFrame es una tabla bidimensional de datos con filas y columnas etiquetadas, similar a una hoja de cálculo o una tabla SQL. Esta es la estructura central en Pandas y la que más utilizarás en machine learning. Los DataFrames se pueden considerar como una colección de objetos Series, donde cada columna es una Serie. Permiten manejar fácilmente tipos de datos heterogéneos en diferentes columnas, lo que los hace ideales para tareas complejas de análisis y manipulación de datos.

Estas estructuras de datos están diseñadas para manejar de manera eficiente las complejidades de los datos del mundo real. Proporcionan una amplia gama de métodos integrados para la limpieza, transformación y análisis de datos, lo que los convierte en herramientas indispensables en los flujos de trabajo de ciencia de datos y machine learning.

Comencemos creando un DataFrame de Pandas simple a partir de un diccionario para ilustrar cómo funcionan estas estructuras en la práctica. Este ejemplo demostrará lo fácil que es crear y manipular datos estructurados utilizando Pandas, preparando el terreno para operaciones más avanzadas que exploraremos más adelante.

Ejemplo: Creación de un DataFrame de Pandas

```
import pandas as pd
```

```
# Create a dictionary of data
data = {
    'Name': ['Alice', 'Bob', 'Charlie', 'David'],
    'Age': [25, 30, 35, 40],
    'Salary': [50000, 60000, 70000, 80000]
}

# Convert the dictionary to a DataFrame
df = pd.DataFrame(data)

# Display the DataFrame
print(df)
```

Este ejemplo de código demuestra cómo crear un DataFrame de Pandas simple.

Aquí tienes un desglose de lo que hace:

- Primero, importa la biblioteca Pandas como 'pd'.
- Luego, crea un diccionario llamado 'data' con tres claves: 'Name' (Nombre), 'Age' (Edad) y 'Salary' (Salario). Cada clave tiene una lista de valores.
- A continuación, convierte este diccionario en un DataFrame de Pandas utilizando pd.DataFrame(data).
- Finalmente, imprime el DataFrame para mostrar su contenido.

El DataFrame resultante tendrá tres columnas (Name, Age y Salary) y cuatro filas, una por cada persona en el conjunto de datos. Esta estructura es similar a una hoja de cálculo o tabla de base de datos, lo que facilita la manipulación y análisis de datos en Python.

Este ejemplo sirve como base para entender cómo crear y trabajar con DataFrames en Pandas, lo cual es crucial para la manipulación y análisis de datos en proyectos de machine learning.

2.3.2 Lectura y Escritura de Datos con Pandas

Una de las tareas más fundamentales y cruciales en machine learning es la capacidad de leer datos desde varias fuentes externas. Estas fuentes pueden ir desde simples archivos CSV (valores separados por comas) hasta estructuras más complejas como bases de datos o hojas de cálculo de Excel. Este paso es crítico porque forma la base de cualquier análisis de datos o proyecto de machine learning.

Pandas, una poderosa biblioteca de manipulación de datos en Python, sobresale en esta área al proporcionar una interfaz fluida para la importación y exportación de datos. Ofrece una amplia gama de funciones que pueden manejar diferentes formatos de archivo y estructuras de datos con facilidad. Por ejemplo, la función read_csv() puede cargar sin problemas datos desde archivos CSV, mientras que read_sql() puede obtener datos directamente de bases de datos SQL.

Además, Pandas no solo se limita a la importación de datos. También proporciona capacidades igualmente robustas para exportar datos nuevamente a varios formatos una vez que has completado tu análisis o manipulaciones de datos. Este flujo bidireccional de datos es crucial en los flujos de trabajo de machine learning, donde a menudo necesitas guardar resultados intermedios o exportar predicciones finales.

La flexibilidad y eficiencia de Pandas en el manejo de operaciones de entrada/salida de datos agilizan significativamente la fase de preparación de datos de los proyectos de machine learning. Esto permite que los científicos de datos y los ingenieros de machine learning se centren más en el desarrollo del modelo y menos en las complejidades de manejo de datos, acelerando en última instancia toda la cadena de producción de machine learning.

Lectura de Datos desde un Archivo CSV

La función read_csv() en Pandas es una herramienta poderosa y versátil que se utiliza para cargar datos desde archivos CSV (valores separados por comas) en un DataFrame. Esta función ofrece una amplia gama de opciones y capacidades:

1. **Fuentes de Archivo**: Puede leer desde varias fuentes, incluyendo:
   - Rutas de archivos locales en tu computadora.
   - URLs que apuntan a archivos CSV en Internet.
   - Objetos tipo archivo como StringIO o BytesIO.
   - Archivos comprimidos (por ejemplo, gzip, bz2, zip) sin necesidad de descomprimirlos primero.
2. **Personalización**: La función ofrece numerosos parámetros para personalizar cómo se lee el CSV:
   - Especificar diferentes delimitadores (por ejemplo, archivos separados por tabulaciones).
   - Manejar diferentes tipos de caracteres de comillas.
   - Omitir filas o usar filas específicas como encabezados de columna.
   - Especificar tipos de datos para las columnas.
   - Manejar valores faltantes o analizar fechas automáticamente.
3. **Rendimiento**: Para archivos grandes, read_csv() ofrece opciones como chunksize o iterator para leer el archivo en porciones más pequeñas, lo cual es útil para la gestión de memoria con grandes conjuntos de datos.
4. **Flexibilidad**: Puede manejar varios formatos de CSV, incluidos aquellos con o sin encabezados, diferentes codificaciones e incluso archivos CSV algo desordenados o no estándar.

La flexibilidad y el conjunto robusto de características de esta función la convierten en una herramienta esencial para los científicos de datos y analistas que trabajan con datos estructurados en Python, especialmente en el contexto de la preparación de datos para proyectos de machine learning.

Ejemplo: Lectura de Datos desde un Archivo CSV

```
# Load a CSV file into a DataFrame
df = pd.read_csv('data.csv')

# Display the first few rows of the DataFrame
print(df.head())
```

Este ejemplo de código demuestra cómo leer datos desde un archivo CSV utilizando Pandas, una popular biblioteca de Python para la manipulación de datos.

Aquí tienes un desglose de lo que hace el código:

- df = pd.read_csv('data.csv'): Esta línea usa la función read_csv() de Pandas para cargar datos desde un archivo llamado 'data.csv' en un DataFrame llamado 'df'. El DataFrame es una estructura de datos bidimensional que puede contener varios tipos de datos.
- print(df.head()): Esta línea imprime las primeras filas del DataFrame. La función head() muestra por defecto las primeras 5 filas, lo que te da una vista previa rápida de tus datos.

Este código es un paso fundamental en los flujos de trabajo de análisis de datos y machine learning, ya que te permite importar fácilmente datos estructurados desde archivos CSV en un formato conveniente para su posterior procesamiento y análisis.

Una vez que los datos están cargados en un DataFrame, puedes trabajar con ellos como lo harías con cualquier tabla.

Escribir Datos a un Archivo CSV

Después de manipular tus datos, puedes exportarlos fácilmente de vuelta a un archivo CSV usando el método to_csv(). Esta función es muy versátil y te permite guardar tu DataFrame de varias maneras:

- Puedes especificar la ruta del archivo donde deseas guardar el archivo CSV.
- Tienes control sobre si incluir o no el índice en el archivo de salida.
- Puedes elegir el carácter delimitador (coma por defecto, pero puedes usar tabulaciones u otros caracteres).
- Hay opciones para manejar las comillas en cadenas y el escape de caracteres especiales.

- Puedes especificar la codificación del archivo de salida, lo que es útil para manejar diferentes conjuntos de caracteres.

Este método es particularmente útil en los flujos de trabajo de machine learning, donde podrías necesitar guardar resultados intermedios, conjuntos de datos procesados o predicciones de modelos para un análisis posterior o para compartir con miembros del equipo.

Ejemplo: Guardar Datos en un Archivo CSV

```
# Save the DataFrame to a CSV file
df.to_csv('output.csv', index=False)
```

Este es el desglose de lo que hace este código:

- df se asume que es un DataFrame de Pandas que contiene los datos que deseas guardar.
- Se llama al método to_csv() en el DataFrame para exportar su contenido a un archivo CSV.
- El primer argumento, 'output.csv', especifica el nombre del archivo que se creará.
- El parámetro index=False le indica a Pandas que no incluya el índice del DataFrame como una columna en el archivo CSV.

Esta es una operación común en los flujos de trabajo de procesamiento de datos y machine learning, lo que te permite guardar datos procesados o resultados para análisis posterior o para compartir con otros.

2.3.3 Selección y Filtrado de Datos

Una vez que hayas cargado exitosamente tus datos en un DataFrame de Pandas, frecuentemente te encontrarás en situaciones donde necesitas manipular y extraer partes específicas de esos datos. Esto a menudo involucra tres operaciones principales: filtrar filas, seleccionar columnas específicas y hacer subconjuntos de los datos basados en condiciones particulares. Estas tareas son fundamentales para la preprocesamiento de datos y análisis en los flujos de trabajo de machine learning.

Filtrar filas te permite enfocarte en subconjuntos específicos de tus datos que cumplen ciertos criterios. Por ejemplo, podrías querer analizar solo a los clientes que hicieron compras por encima de un determinado umbral o enfocarte en transacciones que ocurrieron en un período de tiempo específico.

Seleccionar columnas específicas es crucial cuando deseas trabajar con ciertos atributos o características de tu conjunto de datos. Esto es especialmente importante en los procesos de selección de características, donde identificas las variables más relevantes para tu modelo de machine learning.

Subconjuntar datos basados en condiciones combina tanto el filtrado de filas como la selección de columnas, permitiéndote crear conjuntos de datos altamente específicos adaptados a tus necesidades de análisis. Por ejemplo, podrías querer examinar el comportamiento de compra de un segmento específico de clientes en determinadas categorías de productos.

Pandas sobresale al hacer que estas tareas de manipulación de datos sean sencillas y eficientes. Sus poderosas capacidades de indexación y filtrado proporcionan una amplia gama de métodos y sintaxis que te permiten realizar estas operaciones con facilidad. Ya sea que estés utilizando indexación booleana, selección basada en etiquetas con .loc[], o indexación basada en enteros con .iloc[], Pandas ofrece formas flexibles e intuitivas para acceder y manipular tus datos.

Estas capacidades no solo simplifican el proceso de preparación de datos, sino que también mejoran la eficiencia general de tu pipeline de machine learning. Al dominar estas funcionalidades de Pandas, puedes navegar rápidamente a través de grandes conjuntos de datos, extraer información relevante y preparar tus datos para las etapas de modelado posteriores con precisión y facilidad.

Selección de Columnas

Puedes seleccionar una columna de un DataFrame utilizando su nombre. Esta operación devuelve una **Serie** de Pandas, que es un array unidimensional etiquetado capaz de contener datos de cualquier tipo (entero, cadena, flotante, objetos de Python, etc.). Una Serie es esencialmente una sola columna de un DataFrame, con un índice para cada fila.

Por ejemplo, si tienes un DataFrame 'df' con una columna llamada 'Name', puedes seleccionar esta columna utilizando:

```
names = df['Name']
```

Esto crea un nuevo objeto Serie llamado 'names' que contiene solo los datos de la columna 'Name'. La Serie mantiene el mismo índice que el DataFrame original, lo que permite una fácil alineación con otros datos.

Entender cómo seleccionar columnas es crucial en la manipulación de datos, ya que te permite enfocarte en características o atributos específicos de tu conjunto de datos, lo cual es a menudo necesario en las etapas de preprocesamiento de datos y selección de características en los flujos de trabajo de machine learning.

Ejemplo: Selección de una Columna Individual

```
# Select the 'Name' column
names = df['Name']
print(names)
```

Aquí tienes lo que hace este código:

- df['Name'] selecciona la columna 'Name' del DataFrame df. Esto crea una Serie de Pandas que contiene solo los datos de la columna 'Name'.
- La columna seleccionada se asigna a una nueva variable llamada names.
- print(names) muestra el contenido de la Serie names.

Esta operación es crucial en la manipulación de datos, ya que te permite enfocarte en características o atributos específicos de tu conjunto de datos. Es especialmente útil en las etapas de preprocesamiento de datos y selección de características en los flujos de trabajo de machine learning.

Si deseas seleccionar varias columnas, puedes pasar una lista de nombres de columnas.

Ejemplo: Selección de Múltiples Columnas:

```
# Select the 'Name' and 'Salary' columns
selected_columns = df[['Name', 'Salary']]
print(selected_columns)
```

Este ejemplo de código demuestra cómo seleccionar múltiples columnas de un DataFrame de Pandas:

Aquí tienes un desglose de lo que hace este código:

- df[['Name', 'Salary']]: Esto selecciona dos columnas, 'Name' y 'Salary', del DataFrame df. Los dobles corchetes [[]] se utilizan para especificar múltiples columnas.
- Las columnas seleccionadas se asignan a una nueva variable llamada selected_columns. Esto crea un nuevo DataFrame que contiene solo las columnas 'Name' y 'Salary' del DataFrame original.
- print(selected_columns): Esta línea muestra el contenido del DataFrame selected_columns, mostrando solo las columnas seleccionadas.

Esta operación es útil cuando deseas enfocarte en características o atributos específicos de tu conjunto de datos, lo cual es común en las etapas de preprocesamiento de datos y selección de características en flujos de trabajo de machine learning.

Filtrar Filas Basadas en Condiciones

Filtrar filas basadas en condiciones es una operación fundamental en la manipulación de datos, especialmente cuando trabajas con grandes conjuntos de datos donde necesitas enfocarte en subconjuntos específicos. Este proceso es facilitado en Pandas mediante el **indexado booleano**, una técnica poderosa que te permite seleccionar datos basándote en condiciones lógicas.

Así es como funciona el indexado booleano:

- Defines una condición o conjunto de condiciones que se evalúan como **True** o **False** para cada fila en tu DataFrame.
- Pandas aplica esta condición a cada fila, creando una máscara booleana, que es una serie de valores **True** y **False** correspondientes a cada fila.
- El DataFrame se filtra para incluir solo las filas donde la condición se evalúa como **True**.

Este método es increíblemente flexible, permitiéndote crear filtros complejos utilizando operadores lógicos (**and**, **or**, **not**) y operadores de comparación (<, >, ==, etc.). Por ejemplo, puedes seleccionar fácilmente todas las filas donde una columna numérica sea mayor que un cierto valor o donde una columna de texto contenga una subcadena específica.

El indexado booleano no solo es potente, sino también eficiente, ya que Pandas optimiza estas operaciones para trabajar rápidamente incluso en grandes conjuntos de datos. Esto lo convierte en una herramienta esencial en el preprocesamiento de datos para machine learning, donde a menudo necesitas filtrar datos irrelevantes o enfocarte en subconjuntos específicos para análisis o entrenamiento de modelos.

Ejemplo: Filtrado de Filas Basado en una Condición:

```
# Filter rows where Age is greater than 30
filtered_df = df[df['Age'] > 30]
print(filtered_df)
```

Este código demuestra cómo filtrar filas en un DataFrame de Pandas basado en una condición. Aquí tienes una explicación de lo que hace:

- df[df['Age'] > 30]: Esta línea crea una máscara booleana donde cada fila en la columna 'Age' se compara con el valor 30. Devuelve **True** para las filas donde la edad es mayor que 30, y **False** en caso contrario.
- La máscara booleana se utiliza para indexar el DataFrame original df, seleccionando efectivamente solo las filas donde la condición es **True**.
- El resultado se asigna a un nuevo DataFrame llamado filtered_df, que contiene solo las filas del DataFrame original donde la edad es mayor que 30.
- Finalmente, print(filtered_df) muestra el DataFrame filtrado.

Este tipo de operación es crucial en el preprocesamiento de datos para machine learning, ya que te permite enfocarte en subconjuntos específicos de tus datos según ciertos criterios. Por ejemplo, puedes usar esto para filtrar datos irrelevantes o analizar un segmento particular de tu conjunto de datos.

También puedes combinar múltiples condiciones utilizando operadores lógicos como & (y) o | (o).

Ejemplo: Combinación de Múltiples Condiciones:

```
# Filter rows where Age is greater than 30 and Salary is less than 75000
filtered_df = df[(df['Age'] > 30) & (df['Salary'] < 75000)]
print(filtered_df)
```

Este ejemplo de código demuestra cómo filtrar filas en un DataFrame de Pandas basado en múltiples condiciones:

Aquí tienes un desglose de lo que hace este código:

- Crea una máscara booleana utilizando dos condiciones: df['Age'] > 30 y df['Salary'] < 75000. Esto significa que verifica las filas donde la edad es mayor que 30 Y el salario es menor que 75000.
- Las condiciones se combinan utilizando el operador &, que representa el AND lógico.
- La máscara booleana resultante se utiliza para indexar el DataFrame original df, seleccionando solo las filas que cumplen ambas condiciones.
- El resultado filtrado se asigna a un nuevo DataFrame llamado filtered_df.
- Finalmente, el código imprime filtered_df, que contiene solo las filas que cumplen ambas condiciones.

Este tipo de filtrado es crucial en el preprocesamiento de datos para machine learning, ya que te permite enfocarte en subconjuntos específicos de tus datos basados en múltiples criterios. Es particularmente útil cuando se trata de valores atípicos, datos faltantes o cuando necesitas analizar un segmento particular de tu conjunto de datos.

El filtrado de datos es una parte fundamental de la preparación de conjuntos de datos para machine learning, especialmente al tratar con valores atípicos, datos faltantes o subconjuntos específicos de datos.

2.3.4 Manejo de Datos Faltantes

En conjuntos de datos del mundo real, es común encontrar datos faltantes, lo que puede afectar significativamente la calidad y confiabilidad de los modelos de machine learning. Los datos faltantes pueden surgir de varias fuentes, como errores en la recolección de datos, fallos en el sistema o simplemente porque la información no estaba disponible en el momento del registro. Pandas, reconociendo la prevalencia e importancia de este problema, ofrece una suite completa de herramientas robustas para abordar los datos faltantes.

Estas herramientas se pueden agrupar en tres funciones principales:

Detección de datos faltantes

Pandas ofrece una gama de métodos potentes para identificar y localizar valores faltantes dentro de tu conjunto de datos. Estas herramientas te permiten evaluar de manera integral la magnitud y el patrón de los datos faltantes, lo cual es crucial para comprender la calidad y completitud de tu conjunto de datos.

La función principal para este propósito es isnull(), que devuelve un DataFrame booleano donde **True** indica un valor faltante y **False** indica un valor presente. Esta función se puede aplicar a todo el DataFrame o a columnas específicas, proporcionando un mapa detallado de dónde ocurren los valores faltantes.

Además, Pandas ofrece funciones complementarias como notnull() (el inverso de isnull()), isna() (un alias de isnull()) y notna() (un alias de notnull()). Estas funciones se pueden combinar con otras operaciones de Pandas, como sum() o mean(), para cuantificar la cantidad de datos faltantes en cada columna o fila. Al aprovechar estas herramientas, los científicos de datos pueden obtener valiosos conocimientos sobre la distribución e impacto de los valores faltantes, lo que les permite tomar decisiones informadas sobre estrategias de limpieza y preprocesamiento de datos.

Ejemplo: Detección de Datos Faltantes con Pandas:

```
import pandas as pd
import numpy as np

# Create a sample DataFrame with missing values
df = pd.DataFrame({
    'A': [1, 2, np.nan, 4],
    'B': [5, np.nan, np.nan, 8],
    'C': [9, 10, 11, 12]
})

# Detect missing values
missing_values = df.isnull()

# Count missing values in each column
missing_count = df.isnull().sum()

print("DataFrame with missing values:")
print(df)
print("\\nBoolean mask of missing values:")
print(missing_values)
print("\\nCount of missing values in each column:")
print(missing_count)
```

Este ejemplo demuestra cómo detectar y cuantificar datos faltantes utilizando Pandas:

- Comenzamos importando Pandas como pd y NumPy como np.
- Creamos un DataFrame de Pandas de ejemplo llamado df con algunos valores faltantes (representados por np.nan).

- El método isnull() de Pandas se utiliza para crear una máscara booleana de valores faltantes.
- Luego usamos isnull().sum(), otra operación de Pandas, para contar el número de valores faltantes en cada columna.
- La salida mostrará el DataFrame original, la máscara booleana de valores faltantes y el recuento de valores faltantes en cada columna, todo usando la funcionalidad de Pandas.

Este enfoque te permite identificar rápidamente qué columnas tienen datos faltantes y cuántos valores faltan, lo cual es crucial para decidir las estrategias adecuadas para manejar los datos faltantes en tu flujo de trabajo de machine learning. Con Pandas, puedes realizar estas operaciones de manera eficiente incluso en grandes conjuntos de datos.

Manejo de Datos Faltantes

Una vez identificados, Pandas ofrece un conjunto completo de herramientas para abordar los valores faltantes en los conjuntos de datos. Estas estrategias van desde enfoques simples, como eliminar filas o columnas que contienen datos faltantes, hasta métodos de imputación más sofisticados.

Por ejemplo, puedes optar por eliminar filas enteras donde falte algún valor usando la función dropna(), o puedes rellenar los huecos con valores específicos a través del método fillna(). Además, Pandas proporciona opciones para un manejo más matizado, como la interpolación basada en puntos de datos circundantes o el uso de técnicas de relleno hacia adelante o hacia atrás para propagar el último valor conocido.

La elección del método a menudo depende de la naturaleza de tus datos y los requisitos de tu modelo de machine learning, lo que permite un enfoque flexible y personalizado para gestionar los datos faltantes en tu pipeline de preprocesamiento.

Ejemplo: Manejo de Datos Faltantes:

```
import pandas as pd
import numpy as np

# Create a sample DataFrame with missing values
df = pd.DataFrame({
    'A': [1, 2, np.nan, 4],
    'B': [5, np.nan, np.nan, 8],
    'C': [9, 10, 11, 12]
})

print("Original DataFrame:")
print(df)

# Drop rows with any missing values
df_dropped = df.dropna()
```

```
print("\\nDataFrame after dropping rows with missing values:")
print(df_dropped)

# Fill missing values with a specific value
df_filled = df.fillna(0)
print("\\nDataFrame after filling missing values with 0:")
print(df_filled)

# Fill missing values with the mean of each column
df_mean_filled = df.fillna(df.mean())
print("\\nDataFrame after filling missing values with column means:")
print(df_mean_filled)

# Interpolate missing values
df_interpolated = df.interpolate()
print("\\nDataFrame after interpolating missing values:")
print(df_interpolated)
```

Este ejemplo de código demuestra varios métodos para manejar datos faltantes en un DataFrame de Pandas. Aquí tienes un desglose de lo que hace el código:

1. Importa las bibliotecas necesarias: Pandas y NumPy.
2. Crea un DataFrame de ejemplo con valores faltantes (representados por np.nan).
3. Imprime el DataFrame original.
4. Demuestra cuatro métodos diferentes para manejar datos faltantes:
   - a. Usando dropna() para eliminar las filas con cualquier valor faltante.
   - b. Usando fillna(0) para reemplazar todos los valores faltantes con 0.
   - c. Usando fillna(df.mean()) para rellenar los valores faltantes con la media de cada columna.
   - d. Usando interpolate() para rellenar los valores faltantes interpolando entre los valores existentes.

Cada método se aplica al DataFrame, y el resultado se imprime para mostrar cómo los datos han sido transformados. Este código ilustra la flexibilidad de Pandas en el manejo de datos faltantes, permitiéndote elegir el método más adecuado para tu conjunto de datos específico y tu tarea de machine learning.

Imputación de valores faltantes

Para enfoques más sofisticados, Pandas permite la imputación de datos faltantes utilizando métodos estadísticos o técnicas de machine learning. Esta funcionalidad avanzada permite a los científicos de datos emplear estrategias más matizadas para manejar los valores faltantes, lo que a menudo conduce a una mejor preservación de la integridad de los datos y a un mejor rendimiento del modelo.

Los métodos estadísticos de imputación en Pandas incluyen:

- Imputación por media, mediana o moda: Reemplazar los valores faltantes con el promedio, el valor medio o el valor más frecuente de la columna, respectivamente.
- Imputación en series temporales: Usar métodos como forward fill o backward fill para propagar el último valor conocido hacia adelante o hacia atrás en datos ordenados cronológicamente.
- Interpolación: Estimar los valores faltantes en función de los puntos de datos circundantes, lo que puede ser particularmente útil para datos numéricos con un orden lógico.

Para una imputación más avanzada, Pandas se integra bien con bibliotecas de machine learning como scikit-learn, permitiendo:

- Imputación con K-Nearest Neighbors (KNN): Estimar los valores faltantes en función de los valores de puntos de datos similares.
- Imputación por regresión: Usar otras variables para predecir y rellenar los valores faltantes.
- Imputación múltiple mediante ecuaciones encadenadas (MICE): Un método iterativo que crea múltiples imputaciones para los datos faltantes.

Estas técnicas sofisticadas de imputación pueden mejorar significativamente la calidad de tu conjunto de datos, lo que potencialmente lleva a modelos de machine learning más precisos y robustos. Sin embargo, es crucial elegir el método de imputación con cuidado, considerando la naturaleza de tus datos y los requisitos específicos de tu análisis o tarea de modelado.

Ejemplo: Imputación de Valores Faltantes:

```
import pandas as pd
import numpy as np
from sklearn.impute import SimpleImputer, KNNImputer

# Create a sample DataFrame with missing values
df = pd.DataFrame({
    'A': [1, 2, np.nan, 4, 5],
    'B': [5, np.nan, np.nan, 8, 10],
    'C': [9, 10, 11, 12, np.nan]
})

print("Original DataFrame:")
print(df)

# Simple imputation using mean strategy
```

```
mean_imputer = SimpleImputer(strategy='mean')
df_mean_imputed = pd.DataFrame(mean_imputer.fit_transform(df), columns=df.columns)
print("\\nDataFrame after mean imputation:")
print(df_mean_imputed)

# KNN imputation
knn_imputer = KNNImputer(n_neighbors=2)
df_knn_imputed = pd.DataFrame(knn_imputer.fit_transform(df), columns=df.columns)
print("\\nDataFrame after KNN imputation:")
print(df_knn_imputed)

# Multiple Imputation by Chained Equations (MICE)
from sklearn.experimental import enable_iterative_imputer
from sklearn.impute import IterativeImputer

mice_imputer = IterativeImputer(random_state=0)
df_mice_imputed = pd.DataFrame(mice_imputer.fit_transform(df), columns=df.columns)
print("\\nDataFrame after MICE imputation:")
print(df_mice_imputed)
```

Este código demuestra diferentes métodos para imputar valores faltantes en un DataFrame de Pandas utilizando varias técnicas. Aquí tienes un desglose de lo que hace el código:

- Primero, importa las bibliotecas necesarias: Pandas, NumPy y las herramientas de imputación de scikit-learn.
- Crea un DataFrame de ejemplo con valores faltantes (representados por np.nan).
- Luego, el código aplica tres métodos de imputación diferentes:
    1. **Imputación por Media**: Usa SimpleImputer para reemplazar los valores faltantes con la media de cada columna.
    2. **Imputación por K-Nearest Neighbors (KNN)**: Usa KNNImputer para estimar los valores faltantes en función de los valores de puntos de datos similares.
    3. **Imputación Múltiple por Ecuaciones Encadenadas (MICE)**: Usa IterativeImputer para realizar imputaciones múltiples para los datos faltantes.

Para cada método, el código crea un nuevo DataFrame con los valores imputados y muestra el resultado, permitiendo comparar las diferentes técnicas de imputación.

Este ejemplo ilustra la flexibilidad de Pandas y scikit-learn en el manejo de datos faltantes, mostrando varios enfoques sofisticados de imputación que pueden usarse en el preprocesamiento de datos para tareas de machine learning.

Al aprovechar estas herramientas, los científicos de datos y analistas pueden limpiar eficazmente sus conjuntos de datos, asegurando que los datos estén en un estado óptimo para los algoritmos de machine learning. Este proceso es crucial porque muchos modelos de machine learning no pueden manejar directamente los valores faltantes, y la presencia de estos vacíos puede llevar a resultados sesgados o inexactos.

Además, la flexibilidad de las herramientas de Pandas para manejar datos faltantes permite enfoques personalizados para diferentes tipos de conjuntos de datos y tareas de machine learning. Ya sea que estés trabajando en un problema de clasificación, un análisis de regresión o una tarea de clustering, Pandas ofrece la funcionalidad necesaria para preparar tus datos adecuadamente, contribuyendo finalmente a modelos de machine learning más fiables y robustos.

2.3.5 Transformación de Datos

En machine learning, a menudo es necesario transformar los datos en bruto para que sean adecuados para el entrenamiento y el análisis de modelos. Este paso crucial en el preprocesamiento de datos asegura que la información esté en el formato y escala más apropiados para los algoritmos seleccionados.

Pandas, una poderosa biblioteca de manipulación de datos para Python, ofrece una amplia suite de funciones y métodos diseñados para facilitar estas transformaciones esenciales de datos. Desde operaciones aritméticas simples hasta transformaciones estadísticas complejas, Pandas proporciona a los científicos de datos las herramientas necesarias para preparar sus conjuntos de datos para un rendimiento óptimo de los modelos.

La versatilidad de Pandas en la transformación de datos abarca varias operaciones, incluidas, pero no limitadas a:

- Escalar características numéricas a un rango estándar.
- Codificar variables categóricas en representaciones numéricas.
- Manejar valores faltantes mediante imputación o eliminación.
- Crear nuevas características a través de operaciones matemáticas en columnas existentes.
- Aplicar funciones personalizadas para modificar los datos en función de criterios específicos.

Al aprovechar estas capacidades, los científicos de datos pueden preprocesar eficientemente sus datos, asegurando que cumplan con los requisitos de los algoritmos de machine learning elegidos y potencialmente mejorando la precisión y confiabilidad general de sus modelos.

Aplicación de Funciones a Columnas

Puedes aplicar funciones personalizadas a las columnas o filas de un DataFrame utilizando la función apply(). Este método poderoso te permite realizar transformaciones complejas en tus datos pasando una función que opera sobre cada elemento o grupo de elementos en el eje especificado.

La función apply() es increíblemente versátil y puede utilizarse para diversos propósitos, tales como:

- **Limpieza de datos**: Estandarizar texto, eliminar caracteres no deseados o formatear fechas.
- **Ingeniería de características**: Crear nuevas columnas basadas en datos existentes.
- **Transformación de datos**: Escalar valores numéricos o codificar variables categóricas.
- **Operaciones condicionales**: Aplicar diferentes operaciones en función de ciertas condiciones.

Al usar apply(), puedes especificar si deseas operar en columnas (axis=0) o en filas (axis=1). Esta flexibilidad te permite realizar operaciones que abarcan múltiples columnas o que requieren información de una fila completa.

Además, apply() puede manejar tanto funciones integradas de Python como funciones definidas por el usuario, brindándote la libertad de implementar lógica personalizada adaptada a tus necesidades específicas de procesamiento de datos.

Ejemplo: Aplicación de una Función a una Columna

```
import pandas as pd

# Create a sample DataFrame
df = pd.DataFrame({
    'Name': ['Alice', 'Bob', 'Charlie', 'David'],
    'Age': [25, 30, 35, 28],
    'Salary': [50000, 60000, 75000, 55000]
})

print("Original DataFrame:")
print(df)

# Define a function to categorize age
def categorize_age(age):
    if age < 30:
        return 'Young'
    elif age < 40:
        return 'Middle'
    else:
        return 'Senior'

# Apply the function to create a new 'Age_Category' column
df['Age_Category'] = df['Age'].apply(categorize_age)

print("\\nDataFrame after applying the function:")
print(df)
```

Este código demuestra cómo aplicar una función personalizada a una columna en un DataFrame de Pandas. A continuación se explica lo que hace el código:

- Primero, importa la biblioteca Pandas y crea un DataFrame de ejemplo con tres columnas: 'Name', 'Age' y 'Salary'
- Luego, define una función personalizada llamada categorize_age() que toma una edad como entrada y devuelve una categoría: 'Young' para edades menores de 30, 'Middle' para edades entre 30 y 39, y 'Senior' para edades de 40 en adelante
- Utilizando el método apply(), el código crea una nueva columna llamada 'Age_Category' aplicando la función categorize_age() a cada valor en la columna 'Age'
- Finalmente, imprime el DataFrame original y el DataFrame modificado con la nueva columna 'Age_Category'

Este ejemplo ilustra cómo usar la función apply() de Pandas para realizar transformaciones personalizadas en las columnas de un DataFrame, lo cual es una tarea común en el preprocesamiento de datos y la ingeniería de características para machine learning.

Mapeo y reemplazo de valores

Pandas ofrece métodos potentes para mapear y reemplazar valores en un DataFrame, lo cual es esencial para la transformación y limpieza de datos. Puedes usar estas técnicas para convertir valores específicos en nuevos o reemplazar ciertos valores en todo tu conjunto de datos. Esta funcionalidad es especialmente útil cuando se trabaja con datos categóricos, se estandarizan valores o se codifican variables para modelos de machine learning.

La función map() te permite aplicar un mapeo a una Serie o a una columna en un DataFrame. Este mapeo puede definirse usando un diccionario, una función o una Serie. Por ejemplo, podrías usar el mapeo para convertir variables categóricas en códigos numéricos o para estandarizar entradas de texto.

Por otro lado, el método replace() se usa para sustituir valores específicos en un DataFrame con nuevos valores. Esto se puede aplicar tanto a columnas individuales como a todo el DataFrame. Es particularmente útil para manejar datos faltantes, corregir errores o estandarizar entradas inconsistentes en tu conjunto de datos.

Ambos métodos proporcionan formas flexibles y eficientes de transformar tus datos, asegurando que estén en el formato más adecuado para el análisis o el entrenamiento de modelos.

Ejemplo: Mapeo de valores

```
import pandas as pd

# Create a sample DataFrame
df = pd.DataFrame({
    'Color': ['Red', 'Blue', 'Green', 'Red', 'Blue'],
```

```
    'Value': [10, 20, 30, 40, 50]
})

print("Original DataFrame:")
print(df)

# Create a mapping dictionary
color_map = {'Red': 1, 'Blue': 2, 'Green': 3}

# Apply the mapping to the 'Color' column
df['Color_Code'] = df['Color'].map(color_map)

print("\\nDataFrame after mapping:")
print(df)

# Using replace method
df['Color'] = df['Color'].replace({'Red': 'Crimson', 'Blue': 'Navy', 'Green':
'Emerald'})

print("\\nDataFrame after replacing values:")
print(df)
```

Este código de ejemplo demuestra cómo usar Pandas para la transformación de datos, específicamente enfocándose en el mapeo y reemplazo de valores en un DataFrame. A continuación se detalla lo que hace el código:

1. Importa la biblioteca Pandas y crea un DataFrame de ejemplo con columnas 'Color' y 'Value'
2. Crea un diccionario de mapeo llamado 'color_map' que asigna códigos numéricos a los colores
3. Usando el método map(), crea una nueva columna llamada 'Color_Code' aplicando el color_map a la columna 'Color'
4. Luego usa el método replace() para cambiar los nombres de colores en la columna original 'Color' por tonos más específicos

Este ejemplo ilustra dos técnicas importantes de transformación de datos:

1. map(): Se usa para aplicar un mapeo (en este caso, de nombres de colores a códigos numéricos) a una columna
2. replace(): Se usa para sustituir valores específicos en un DataFrame por nuevos valores

Estas técnicas son particularmente útiles en el preprocesamiento de datos para machine learning, especialmente cuando se trabaja con datos categóricos que deben convertirse a formato numérico para la entrada en los modelos.

2.3.6. Agrupación y agregación de datos

En el campo del machine learning, la agregación de datos desempeña un papel crucial en la extracción de conocimientos significativos de grandes conjuntos de datos. Este proceso implica condensar datos complejos en estadísticas resumen, como medias, sumas o recuentos, que pueden proporcionar información valiosa sobre los patrones y tendencias subyacentes en las características de tu conjunto de datos. Estas estadísticas resumen son esenciales para varias tareas de machine learning, como la ingeniería de características, la evaluación de modelos y la visualización de datos.

Pandas, una poderosa biblioteca de manipulación de datos para Python, simplifica esta tarea compleja mediante sus robustas operaciones de agrupación. Estas operaciones te permiten segmentar eficientemente tus datos según criterios específicos y luego aplicar funciones de agregación a cada grupo. Esta funcionalidad es particularmente útil cuando se trabaja con grandes conjuntos de datos que contienen múltiples categorías o cuando necesitas analizar los datos a diferentes niveles de granularidad.

Por ejemplo, en un conjunto de datos de clientes, podrías querer calcular el monto promedio de compra para cada segmento de cliente, o en un conjunto de datos de series temporales, podrías necesitar calcular las tendencias diarias, semanales o mensuales. Las operaciones de agrupación de Pandas hacen que estas tareas sean no solo simples, sino también computacionalmente eficientes, permitiéndote manejar grandes volúmenes de datos con facilidad.

Además, la flexibilidad de Pandas al definir funciones de agregación personalizadas significa que no estás limitado solo a medidas estadísticas básicas. Puedes crear agregaciones complejas y específicas para tu dominio que estén adaptadas a tu problema particular de machine learning, lo que potencia aún más el uso de estas operaciones en tu flujo de preprocesamiento de datos.

Agrupación de datos por categorías

La función groupby() es una herramienta poderosa en Pandas que se utiliza para segmentar datos en función de los valores de una o más columnas. Esta operación crea un objeto GroupBy, que permite realizar análisis de datos de manera eficiente y flexible. A continuación, una explicación más detallada:

1. Agrupación: Cuando usas groupby(), Pandas divide el DataFrame en subconjuntos basados en los valores únicos de la columna(s) especificada(s). Por ejemplo, si agrupas por 'Category', todas las filas con la misma categoría se agruparán juntas.
2. Agregación: Una vez que los datos están agrupados, puedes aplicar varias funciones de agregación a cada grupo. Estas funciones pueden ser operaciones estándar como media, suma, conteo o funciones personalizadas que definas. Esto te permite calcular estadísticas resumen para cada grupo por separado.

3. Múltiples columnas: Puedes agrupar por múltiples columnas, creando una estructura jerárquica de grupos. Esto es útil para análisis más complejos, como calcular ventas por categoría de producto y región.
4. Flexibilidad: La función groupby() es altamente flexible. Puedes usarla con diferentes tipos de datos (numéricos, categóricos, datetime) y aplicar diferentes funciones de agregación a diferentes columnas en la misma operación.
5. Eficiencia: groupby() está optimizada para el rendimiento, lo que la hace eficiente incluso con grandes conjuntos de datos. Permite realizar operaciones que, de otro modo, requerirían bucles y condiciones complejas, todo en un solo comando simplificado.

Después de agrupar, puedes aplicar varias funciones de agregación como mean(), sum(), count(), max(), min(), entre muchas otras. Esta combinación de agrupación y agregación es un pilar del análisis de datos y la ingeniería de características en los flujos de trabajo de machine learning.

Ejemplo: Agrupación de datos por categorías

```
import pandas as pd
import numpy as np

# Create a sample DataFrame
df = pd.DataFrame({
    'Category': ['A', 'B', 'A', 'C', 'B', 'C', 'A', 'B'],
    'Value': [10, 15, 20, 25, 30, 35, 40, 45],
    'Date': pd.date_range(start='2024-01-01', periods=8, freq='D')
})

print("Original DataFrame:")
print(df)

# Group by 'Category' and calculate basic statistics
grouped = df.groupby('Category')
print("\\nBasic statistics for each category:")
print(grouped['Value'].describe())

# Calculate mean value for each category
mean_values = grouped['Value'].mean()
print("\\nMean values for each category:")
print(mean_values)

# Group by 'Category' and 'Date', then calculate sum
grouped_date = df.groupby(['Category', df['Date'].dt.date])
sum_values = grouped_date['Value'].sum()
print("\\nSum of values for each category and date:")
print(sum_values)

# Apply a custom function to grouped data
```

```
def custom_metric(x):
    return np.sum(x) / np.max(x)

custom_result = grouped['Value'].agg(custom_metric)
print("\\nCustom metric for each category:")
print(custom_result)

# Multiple aggregations
multi_agg = grouped['Value'].agg(['mean', 'sum', 'count', custom_metric])
print("\\nMultiple aggregations for each category:")
print(multi_agg)
```

Este código demuestra varias técnicas para agrupar y agregar datos utilizando Pandas, una poderosa biblioteca de manipulación de datos en Python.

A continuación se detalla lo que hace el código:

- Importa las bibliotecas necesarias (Pandas y NumPy) y crea un DataFrame de ejemplo con columnas 'Category', 'Value' y 'Date'
- Agrupa los datos por 'Category' y calcula estadísticas básicas utilizando el método describe()
- Calcula el valor promedio para cada categoría
- Agrupa los datos por 'Category' y 'Date', luego calcula la suma de valores para cada grupo
- Define y aplica una función personalizada (custom_metric) a los datos agrupados
- Finalmente, realiza múltiples agregaciones (media, suma, conteo y la métrica personalizada) en los datos agrupados

Este ejemplo muestra la flexibilidad de las operaciones groupby de Pandas, las cuales son esenciales para el análisis de datos y la ingeniería de características en los flujos de trabajo de machine learning. Demuestra cómo realizar diversas agregaciones, incluidas funciones personalizadas, sobre datos agrupados, lo cual es crucial para extraer información significativa de grandes conjuntos de datos.

Agregación de múltiples funciones

También puedes aplicar múltiples funciones de agregación a un conjunto de datos agrupado. Esta potente característica te permite realizar varios cálculos sobre tus datos agrupados de manera simultánea, proporcionando una visión integral de las características de tus datos.

Por ejemplo, podrías querer calcular la media, suma, conteo y desviación estándar de una columna particular para cada grupo en una sola operación. Esta capacidad es particularmente útil en el análisis de datos y la ingeniería de características para machine learning, ya que te permite extraer múltiples estadísticas resumen de manera eficiente.

Al aplicar múltiples agregaciones, puedes usar una lista de nombres de funciones, un diccionario que asocia nombres de columnas con funciones, o incluso funciones personalizadas. Esta flexibilidad te permite adaptar tus agregaciones a tus necesidades específicas, ya sea que estés trabajando con datos financieros, información de clientes u otro tipo de conjunto de datos.

Al aprovechar las agregaciones múltiples, puedes descubrir patrones y relaciones complejas dentro de tus datos, lo que puede ser crucial para desarrollar modelos de machine learning robustos.

Ejemplo: Agregación de múltiples funciones

```
import pandas as pd
import numpy as np

# Create a sample DataFrame
df = pd.DataFrame({
    'Category': ['A', 'B', 'A', 'C', 'B', 'C', 'A', 'B'],
    'Value': [10, 15, 20, 25, 30, 35, 40, 45]
})

# Define a custom function
def range_func(x):
    return x.max() - x.min()

# Group by 'Category' and apply multiple aggregations
result = df.groupby('Category')['Value'].agg([
    ('Mean', 'mean'),
    ('Sum', 'sum'),
    ('Count', 'count'),
    ('Std Dev', 'std'),
    ('Range', range_func)
])

print("Multiple aggregations for each category:")
print(result)
```

Este ejemplo demuestra cómo usar Pandas para agrupar datos y aplicar múltiples funciones de agregación.

A continuación se detalla lo que hace el código:

- Importa las bibliotecas necesarias: Pandas y NumPy
- Crea un DataFrame de ejemplo con dos columnas: 'Category' y 'Value'
- Define una función personalizada llamada range_func que calcula el rango (valor máximo menos valor mínimo) de un conjunto dado de números

- Luego, el código usa la función groupby() para agrupar los datos por la columna 'Category'
- Aplica múltiples funciones de agregación a la columna 'Value' para cada grupo utilizando el método agg(). Las agregaciones incluyen:
    - Media (promedio)
    - Suma
    - Conteo
    - Desviación estándar
    - La función personalizada de rango

El resultado es un nuevo DataFrame que muestra varias estadísticas para cada categoría en los datos originales.

Este ejemplo destaca el poder de Pandas para realizar agregaciones de datos complejas de manera eficiente, lo cual es crucial para el análisis de datos y la ingeniería de características en los flujos de trabajo de machine learning.

2.3.7 Combinación y unión de DataFrames

En el ámbito del machine learning, es común trabajar con datos que provienen de múltiples fuentes. Estos diversos conjuntos de datos a menudo deben consolidarse en un único conjunto de datos completo para su análisis y entrenamiento de modelos. Este proceso de combinar datos es crucial para crear conjuntos de datos ricos y completos en características, lo que puede llevar a modelos de machine learning más robustos y precisos.

Pandas, una poderosa biblioteca de manipulación de datos en Python, ofrece un conjunto de funciones diseñadas específicamente para combinar y unir DataFrames. Estas funciones proporcionan una funcionalidad similar a las uniones en SQL, permitiendo a los científicos de datos y analistas combinar conjuntos de datos en función de columnas o índices comunes. La capacidad de fusionar y unir datos es particularmente valiosa en escenarios como:

- Combinar datos demográficos de clientes con su historial de transacciones
- Fusionar información de productos con datos de ventas
- Integrar datos de series temporales de diferentes fuentes
- Combinar características de múltiples conjuntos de datos para el entrenamiento de modelos

Pandas ofrece varios métodos para la combinación de datos, entre ellos:

- merge(): Combina DataFrames en función de una o más columnas clave, similar a las uniones en SQL

- join(): Combina DataFrames en función de su índice
- concat(): Concatena DataFrames a lo largo de un eje particular

Estas funciones ofrecen varios tipos de uniones (interna, externa, izquierda, derecha) y opciones flexibles para manejar datos superpuestos o faltantes, lo que convierte a Pandas en una herramienta indispensable para la preparación de datos en los flujos de trabajo de machine learning.

Unión de DataFrames

La función merge() es una herramienta poderosa utilizada para combinar dos DataFrames en función de columnas comunes. Esta función es particularmente útil cuando tienes datos repartidos en múltiples DataFrames y necesitas consolidarlos en un solo conjunto de datos completo. Aquí una explicación más detallada:

1. Funcionalidad: merge() te permite combinar DataFrames alineándolos en una o más columnas que contienen valores comunes. Esto es similar a las operaciones JOIN en SQL.
2. Columna(s) clave: Las columnas utilizadas para la combinación se denominan columnas clave. Estas pueden ser una única columna o varias columnas que identifican de manera única las filas en cada DataFrame.
3. Tipos de unión: merge() soporta diferentes tipos de uniones:
    - Unión interna: Devuelve solo las filas que tienen valores coincidentes en ambos DataFrames.
    - Unión externa: Devuelve todas las filas de ambos DataFrames, rellenando con NaN para los valores faltantes.
    - Unión izquierda: Devuelve todas las filas del DataFrame izquierdo y las filas coincidentes del DataFrame derecho.
    - Unión derecha: Devuelve todas las filas del DataFrame derecho y las filas coincidentes del DataFrame izquierdo.
4. Manejo de duplicados: Si hay valores duplicados en las columnas clave, merge() puede crear todas las combinaciones posibles de coincidencias, lo que puede resultar en una multiplicación de datos.
5. Opciones de sufijos: Cuando las columnas tienen el mismo nombre en ambos DataFrames (aparte de las columnas clave), puedes especificar sufijos para diferenciarlas en el resultado combinado.

Al utilizar eficazmente la función merge(), puedes crear conjuntos de datos ricos y completos en características que son cruciales para el análisis integral de datos y la construcción de modelos de machine learning robustos.

Ejemplo: Unión de DataFrames

```
import pandas as pd

# Create two sample DataFrames
df1 = pd.DataFrame({
    'ID': [1, 2, 3, 4],
    'Name': ['Alice', 'Bob', 'Charlie', 'David']
})

df2 = pd.DataFrame({
    'ID': [1, 2, 3, 5],
    'Salary': [50000, 60000, 55000, 65000]
})

# Perform an inner merge on 'ID'
merged_inner = pd.merge(df1, df2, on='ID', how='inner')
print("Inner Merge Result:")
print(merged_inner)

# Perform a left merge on 'ID'
merged_left = pd.merge(df1, df2, on='ID', how='left')
print("\\nLeft Merge Result:")
print(merged_left)

# Perform an outer merge on 'ID'
merged_outer = pd.merge(df1, df2, on='ID', how='outer')
print("\\nOuter Merge Result:")
print(merged_outer)
```

Este código de ejemplo demuestra cómo fusionar DataFrames utilizando Pandas, una popular biblioteca de manipulación de datos en Python.

A continuación se detalla lo que hace el código:

- Primero, importa la biblioteca Pandas y crea dos DataFrames de ejemplo: df1 y df2. Ambos DataFrames tienen una columna 'ID', que se utilizará como clave para la fusión.
- Luego, el código realiza tres tipos de fusiones:

1. Fusión interna: Esto devuelve solo las filas donde los valores de 'ID' coinciden en ambos DataFrames.
2. Fusión izquierda: Esto devuelve todas las filas de df1 (el DataFrame izquierdo) y las filas coincidentes de df2. Si no hay coincidencia, rellena con NaN.
3. Fusión externa: Esto devuelve todas las filas de ambos DataFrames. Donde no hay coincidencias, rellena con NaN.

Cada fusión se realiza utilizando la función pd.merge(), especificando los DataFrames a fusionar, la columna sobre la que se realizará la fusión ('ID') y el tipo de fusión (interna, izquierda o externa).

Este ejemplo ilustra diferentes maneras de combinar datos de múltiples fuentes, lo cual es una tarea común en el preprocesamiento de datos para proyectos de machine learning.

Estas operaciones de fusión son cruciales para combinar datos de diferentes fuentes en proyectos de machine learning, permitiéndote crear conjuntos de datos completos para su análisis y el entrenamiento de modelos.

Unión de DataFrames

El método join() proporciona un enfoque alternativo para combinar DataFrames, que puede ser particularmente útil y sencillo cuando se trabaja con DataFrames que comparten un índice común. A diferencia de la función merge(), que combina DataFrames principalmente en función de los valores de las columnas, join() alinea los DataFrames en su índice de manera predeterminada.

A continuación, una explicación más detallada del método join():

- Unión basada en índices: Por defecto, join() utiliza el índice del DataFrame para realizar la operación de unión. Esto puede ser especialmente conveniente cuando los datos ya están indexados de manera significativa.
- Simplicidad: Para escenarios donde se desea combinar DataFrames en función de su índice, join() a menudo requiere menos código y puede ser más intuitivo que usar merge().
- Flexibilidad: Aunque por defecto realiza la unión basada en el índice, join() también se puede utilizar con columnas específicas estableciendo el parámetro 'on', de manera similar a merge().
- Tipos de unión: Al igual que merge(), join() admite diferentes tipos de uniones (izquierda, derecha, interna, externa) a través del parámetro 'how'.

El método join() es particularmente útil en escenarios donde tienes múltiples DataFrames con una estructura de índice compartida, como en datos de series temporales o cuando trabajas con índices jerárquicos. Permite una combinación más natural de este tipo de conjuntos de datos sin la necesidad de especificar explícitamente las columnas clave.

Ejemplo: Unión de DataFrames

```
import pandas as pd

# Create two sample DataFrames with a shared index
df1 = pd.DataFrame({'A': ['A0', 'A1', 'A2'],
                    'B': ['B0', 'B1', 'B2']},
                   index=['K0', 'K1', 'K2'])
```

```
df2 = pd.DataFrame({'C': ['C0', 'C2', 'C3'],
                    'D': ['D0', 'D2', 'D3']},
                   index=['K0', 'K2', 'K3'])

# Perform a left join
result_left = df1.join(df2, how='left')
print("Left Join Result:")
print(result_left)

# Perform an inner join
result_inner = df1.join(df2, how='inner')
print("\\nInner Join Result:")
print(result_inner)

# Perform an outer join
result_outer = df1.join(df2, how='outer')
print("\\nOuter Join Result:")
print(result_outer)
```

Este ejemplo de código demuestra cómo utilizar el método join() en Pandas para combinar DataFrames.

A continuación se detalla lo que hace el código:

- Primero, crea dos DataFrames de ejemplo, df1 y df2, con un índice compartido ('K0', 'K1', 'K2', 'K3').
- Luego, realiza tres tipos de uniones:

1. Unión izquierda (Left join): Mantiene todas las filas de df1 y agrega las filas coincidentes de df2. Las entradas no coincidentes se rellenan con NaN.
2. Unión interna (Inner join): Mantiene solo las filas donde el índice está presente en ambos DataFrames.
3. Unión externa (Outer join): Mantiene todas las filas de ambos DataFrames, rellenando las entradas no coincidentes con NaN.

Cada unión se realiza utilizando el método join(), especificando el tipo de unión con el parámetro how.

Este ejemplo muestra cómo join() puede combinar fácilmente DataFrames en función de su índice, lo que es particularmente útil cuando se trabaja con datos de series temporales o conjuntos de datos que comparten un identificador común.

Concatenación de DataFrames con concat()

concat() es una función poderosa y versátil en Pandas que permite la combinación de múltiples objetos DataFrame o Series a lo largo de un eje especificado. Esta herramienta flexible es particularmente útil cuando necesitas fusionar conjuntos de datos de manera vertical (apilando filas) o horizontal (agregando columnas). La adaptabilidad de la función la convierte en un componente esencial en el preprocesamiento de datos y en la ingeniería de características para tareas de machine learning.

Exploremos más a fondo las características clave de concat():

- Especificación del eje:
    - axis=0 (predeterminado): Concatenación vertical, agregando filas. Esto es útil para combinar datos de diferentes periodos o fuentes que comparten las mismas columnas.
    - axis=1: Concatenación horizontal, agregando columnas. Esto es beneficioso cuando quieres combinar características de diferentes conjuntos de datos para las mismas observaciones.
- Entrada flexible:
    - La función puede manejar una lista de objetos DataFrame o Series, lo que te permite combinar múltiples conjuntos de datos en una sola operación.
    - También puede aceptar un diccionario de DataFrames o Series, donde las claves del diccionario se convierten en las claves de un índice jerárquico resultante.
- Manejo del índice:
    - ignore_index=True: Ignora el índice de los objetos de entrada y crea un nuevo índice entero para el resultado.
    - Parámetro keys: Te permite crear un índice jerárquico, útil para hacer un seguimiento de la fuente de cada fila en el resultado concatenado.
    - verify_integrity=True: Verifica si hay índices duplicados y genera un error si los encuentra, asegurando la integridad de los datos.
- Manejo de datos faltantes:
    - join='outer' (predeterminado): Incluye todas las filas/columnas, rellenando los valores faltantes con NaN.
    - join='inner': Solo incluye filas/columnas presentes en todos los objetos de entrada.
    - El parámetro fill_value te permite especificar un valor para usar en lugar de NaN para datos faltantes.

La función concat() resulta invaluable en varios escenarios de ciencia de datos y machine learning:

- Análisis de series temporales: Combinación de datos de diferentes periodos o frecuencias.
- Ingeniería de características: Fusión de características de múltiples fuentes para crear un conjunto de datos completo para el entrenamiento de modelos.
- Aumento de datos: Ampliación de conjuntos de datos mediante la combinación de datos similares de diferentes fuentes.
- Validación cruzada: Creación de divisiones train-test o conjuntos de datos para validación cruzada k-fold.
- Métodos de ensamble: Combinación de predicciones de múltiples modelos en un único DataFrame para análisis adicional o meta-modelado.

Al dominar la función concat(), los científicos de datos y los practicantes de machine learning pueden manejar de manera eficiente tareas complejas de integración de datos, optimizando su flujo de trabajo y mejorando la calidad de sus datos de entrada para la modelización.

Ejemplo: Concatenación de DataFrames con concat()

```
import pandas as pd
import numpy as np

# Create sample DataFrames
df1 = pd.DataFrame({'A': ['A0', 'A1', 'A2'],
                    'B': ['B0', 'B1', 'B2']},
                   index=['K0', 'K1', 'K2'])

df2 = pd.DataFrame({'C': ['C0', 'C2', 'C3'],
                    'D': ['D0', 'D2', 'D3']},
                   index=['K0', 'K2', 'K3'])

df3 = pd.DataFrame({'E': ['E1', 'E2', 'E3'],
                    'F': ['F1', 'F2', 'F3']},
                   index=['K1', 'K2', 'K3'])

# Vertical concatenation (axis=0)
result_vertical = pd.concat([df1, df2, df3], axis=0)
print("Vertical Concatenation Result:")
print(result_vertical)

# Horizontal concatenation (axis=1)
result_horizontal = pd.concat([df1, df2, df3], axis=1)
print("\\nHorizontal Concatenation Result:")
print(result_horizontal)

# Concatenation with keys
result_keys = pd.concat([df1, df2, df3], keys=['X', 'Y', 'Z'])
print("\\nConcatenation with Keys Result:")
print(result_keys)
```

```
# Inner join concatenation
result_inner = pd.concat([df1, df2, df3], axis=1, join='inner')
print("\\nInner Join Concatenation Result:")
print(result_inner)
```

Este ejemplo demuestra varias formas de usar la función concat() en Pandas. A continuación se ofrece un desglose detallado del código y su resultado:

1. Creación de DataFrames de ejemplo:
    - Se crean tres DataFrames (df1, df2, df3) con diferentes columnas e índices parcialmente superpuestos.
2. Concatenación vertical (axis=0):
    - Combina los DataFrames apilándolos verticalmente.
    - El resultado incluye todas las filas de todos los DataFrames.
    - Las columnas se unifican, con NaN para los valores faltantes.
3. Concatenación horizontal (axis=1):
    - Combina los DataFrames uno al lado del otro.
    - El resultado incluye todas las columnas de todos los DataFrames.
    - Las filas se alinean en función del índice, con NaN para los valores faltantes.
4. Concatenación con claves:
    - Similar a la concatenación vertical, pero agrega un nivel adicional al índice.
    - Las claves ('X', 'Y', 'Z') se usan para identificar la fuente de cada fila en el resultado.
5. Concatenación con unión interna:
    - Combina los DataFrames horizontalmente, pero solo mantiene las filas con índices presentes en todos los DataFrames.
    - Es útil cuando se desea asegurar la alineación de los datos entre todas las fuentes.

Este ejemplo muestra la flexibilidad de concat() para manejar diferentes escenarios de combinación de datos. Es particularmente útil en flujos de trabajo de machine learning para tareas como la ingeniería de características, la ampliación de conjuntos de datos y la combinación de predicciones de modelos.

Pandas es una biblioteca altamente versátil que simplifica las tareas avanzadas de manipulación de datos, convirtiéndose en una herramienta esencial en los flujos de trabajo de machine learning. Desde la lectura y escritura de datos hasta la transformación, filtrado y agregación de conjuntos de datos, Pandas te permite manejar tus datos de manera eficiente y prepararlos para la modelización. Al dominar Pandas, podrás limpiar, procesar y estructurar tus datos para cualquier tarea de machine learning.

2.4 Matplotlib, Seaborn y Plotly para la Visualización de Datos

La visualización de datos efectiva es una piedra angular del machine learning, ya que sirve como una poderosa herramienta para obtener conocimientos y comunicar resultados. Permite a los practicantes descubrir patrones ocultos, identificar anomalías y comprender las relaciones complejas dentro de los conjuntos de datos. Además, las técnicas de visualización juegan un papel crucial en la evaluación del rendimiento de los modelos y en la interpretación de los resultados a lo largo del pipeline de machine learning.

Python, conocido por su rico ecosistema de bibliotecas de ciencia de datos, ofrece una variedad de herramientas de visualización para satisfacer diversas necesidades. En esta sección se exploran tres bibliotecas prominentes que se han vuelto indispensables en el kit de herramientas de los científicos de datos: **Matplotlib**, **Seaborn** y **Plotly**.

Cada una de estas bibliotecas tiene sus puntos fuertes:

- **Matplotlib**: La biblioteca fundamental para crear gráficos estáticos de calidad publicable, con control detallado sobre cada aspecto de la visualización.
- **Seaborn**: Construida sobre Matplotlib, simplifica la creación de gráficos estadísticos complejos y mejora la estética de las visualizaciones.
- **Plotly**: Especializada en visualizaciones interactivas y dinámicas, permitiendo la creación de gráficos y gráficos web listos para su uso y respuesta.

Al dominar estas bibliotecas, estarás preparado para crear un amplio espectro de visualizaciones, desde gráficos estáticos básicos hasta tableros interactivos sofisticados, mejorando tu capacidad para extraer conocimientos significativos de los datos y comunicar eficazmente tus hallazgos en el campo del machine learning.

2.4.1 Matplotlib: La Fundación de la Visualización en Python

Matplotlib es la piedra angular de la visualización de datos en Python, ofreciendo una base integral para crear una amplia variedad de representaciones visuales. Como la biblioteca de gráficos más fundamental, Matplotlib proporciona a los desarrolladores un conjunto robusto de herramientas para crear visualizaciones estáticas, interactivas y animadas que satisfacen diversas necesidades de análisis de datos.

En su núcleo, la fortaleza de Matplotlib radica en su versatilidad y control detallado sobre los elementos del gráfico. Aunque puede parecer más de bajo nivel y verboso en comparación con bibliotecas de nivel superior como Seaborn o Plotly, esta característica es precisamente lo que le otorga su poder. Permite a los usuarios ajustar cada aspecto de sus gráficos, desde los detalles más pequeños hasta la estructura general, brindando una flexibilidad sin igual en el diseño visual.

La arquitectura de la biblioteca se basa en un enfoque de dos capas: la interfaz pyplot para la generación rápida de gráficos al estilo de MATLAB y la interfaz orientada a objetos para visualizaciones más complejas y personalizables. Este sistema de dos capas hace que Matplotlib sea accesible para principiantes, al tiempo que ofrece capacidades avanzadas para usuarios experimentados.

Algunas características clave que ejemplifican la flexibilidad de Matplotlib incluyen:

- Ejes, etiquetas, títulos y leyendas personalizables
- Soporte para varios tipos de gráficos: gráficos de líneas, gráficos de dispersión, gráficos de barras, histogramas, gráficos 3D, y más
- Control detallado sobre los colores, estilos de líneas, marcadores y otros elementos visuales
- Capacidad para crear múltiples subgráficos dentro de una sola figura
- Soporte para expresiones matemáticas y renderizado en LaTeX

Si bien Matplotlib puede requerir más código para visualizaciones complejas en comparación con bibliotecas de nivel superior, esta verbosidad se traduce en un control y personalización incomparables. Esto lo convierte en una herramienta invaluable para los científicos de datos e investigadores que necesitan crear figuras de calidad publicable o adaptar sus visualizaciones a requisitos específicos.

En el contexto del machine learning, la flexibilidad de Matplotlib es particularmente útil para crear visualizaciones personalizadas del rendimiento de los modelos, la importancia de las características y las distribuciones de datos. Su capacidad para integrarse sin problemas con bibliotecas de cálculo numérico como NumPy refuerza aún más su posición como una herramienta esencial en el ecosistema de ciencia de datos y machine learning.

Gráfico de líneas básico con Matplotlib

Un **gráfico de líneas** es una de las herramientas más fundamentales y versátiles en la visualización de datos, particularmente útil para ilustrar tendencias, patrones y relaciones en datos a lo largo del tiempo o entre variables continuas. Este tipo de gráfico conecta puntos de datos individuales con líneas rectas, creando una representación visual que permite a los observadores discernir fácilmente las tendencias generales, fluctuaciones y posibles valores atípicos en el conjunto de datos.

Los gráficos de líneas son especialmente valiosos en varios contextos:

- Análisis de series temporales: Son ideales para mostrar cómo una variable cambia a lo largo del tiempo, lo que los hace perfectos para visualizar precios de acciones, variaciones de temperatura o crecimiento poblacional.
- Análisis comparativo: Se pueden trazar múltiples líneas en el mismo gráfico, lo que facilita la comparación entre diferentes conjuntos de datos o categorías.
- Relaciones entre variables continuas: Pueden mostrar eficazmente la relación entre dos variables continuas, como altura y peso o distancia y tiempo.

En el campo del machine learning, los gráficos de líneas juegan un papel crucial en la evaluación y optimización de modelos. Se usan comúnmente para visualizar curvas de aprendizaje, mostrando cómo las métricas de rendimiento del modelo (como precisión o pérdida) cambian a lo largo de las épocas de entrenamiento o con diferentes hiperparámetros. Esta retroalimentación visual es invaluable para ajustar modelos y comprender su comportamiento de aprendizaje.

Ejemplo:

Vamos a crear un gráfico de líneas básico utilizando Matplotlib para visualizar un conjunto de datos simple. Este ejemplo demostrará cómo crear un gráfico de líneas, personalizar su apariencia y agregar elementos esenciales como etiquetas y una leyenda.

```
import matplotlib.pyplot as plt
import numpy as np

# Generate sample data
x = np.linspace(0, 10, 100)
y1 = np.sin(x)
y2 = np.cos(x)

# Create the plot
plt.figure(figsize=(10, 6))
plt.plot(x, y1, label='sin(x)', color='blue', linewidth=2)
plt.plot(x, y2, label='cos(x)', color='red', linestyle='--', linewidth=2)

# Customize the plot
plt.title('Sine and Cosine Functions', fontsize=16)
plt.xlabel('x', fontsize=12)
plt.ylabel('y', fontsize=12)
plt.legend(fontsize=10)
plt.grid(True, linestyle=':')

# Add some annotations
plt.annotate('Peak', xy=(1.5, 1), xytext=(3, 1.3),
             arrowprops=dict(facecolor='black', shrink=0.05))

# Display the plot
```

```
plt.show()
```

Desglose del código:

1. Importación de bibliotecas:
    - Importamos matplotlib.pyplot para crear gráficos y numpy para generar datos.
2. Generación de datos de muestra:
    - np.linspace(0, 10, 100) crea 100 puntos equidistantes entre 0 y 10.
    - Calculamos los valores de seno y coseno para estos puntos.
3. Creación del gráfico:
    - plt.figure(figsize=(10, 6)) establece el tamaño de la figura en 10x6 pulgadas.
    - Se usa plt.plot() dos veces para crear dos gráficos de líneas en los mismos ejes.
    - Especificamos etiquetas, colores y estilos de línea para cada gráfico.
4. Personalización del gráfico:
    - plt.title() añade un título al gráfico.
    - plt.xlabel() y plt.ylabel() etiquetan los ejes x e y.
    - plt.legend() añade una leyenda para distinguir entre las dos líneas.
    - plt.grid() añade una cuadrícula al gráfico para mejor legibilidad.
5. Adición de anotaciones:
    - plt.annotate() añade una flecha que apunta a un punto específico del gráfico con texto explicativo.
6. Mostrar el gráfico:
    - plt.show() renderiza el gráfico y lo muestra.

Este ejemplo muestra varias características clave de Matplotlib:

- Creación de múltiples gráficos en los mismos ejes.
- Personalización de colores, estilos y grosores de las líneas.
- Añadir y formatear títulos, etiquetas y leyendas.
- Incluir una cuadrícula para mejorar la interpretación de los datos.
- Usar anotaciones para resaltar puntos específicos de interés.

Al entender y utilizar estas características, puedes crear gráficos informativos y visualmente atractivos para diversas tareas de Machine Learning, como la comparación del rendimiento de modelos, la visualización de distribuciones de datos o la ilustración de tendencias en datos de series temporales.

Gráficos de barras e histogramas

Los gráficos de barras y los histogramas son dos herramientas fundamentales en la visualización de datos, cada uno con propósitos distintos en el análisis de información:

Los gráficos de barras se utilizan principalmente para comparar datos categóricos. Son ideales para mostrar el tamaño relativo o la frecuencia de diferentes categorías, lo que facilita la identificación de patrones, tendencias o disparidades entre grupos discretos. En Machine Learning, los gráficos de barras se suelen emplear para visualizar la importancia de las características, el rendimiento de modelos entre diferentes categorías o la distribución de variables categóricas en un conjunto de datos.

Los histogramas, por otro lado, están diseñados para visualizar la distribución de datos numéricos. Dividen el rango de valores en intervalos (bins) y muestran la frecuencia de puntos de datos que caen en cada intervalo. Esto hace que los histogramas sean particularmente útiles para comprender la forma, la tendencia central y la dispersión de un conjunto de datos. En contextos de Machine Learning, los histogramas se usan con frecuencia para examinar la distribución de características, detectar valores atípicos o evaluar la normalidad de los datos, lo cual puede influir en los pasos de preprocesamiento o la selección de modelos.

Ejemplo: Gráfico de barras

```
import matplotlib.pyplot as plt
import numpy as np

# Sample data for bar chart
categories = ['Category A', 'Category B', 'Category C', 'Category D', 'Category E']
values = [23, 17, 35, 29, 12]

# Create a figure and axis
fig, ax = plt.subplots(figsize=(10, 6))

# Create a bar chart with custom colors and edge colors
bars = ax.bar(categories, values, color=['#1f77b4', '#ff7f0e', '#2ca02c', '#d62728',
'#9467bd'],
              edgecolor='black', linewidth=1.2)

# Customize the plot
ax.set_xlabel('Categories', fontsize=12)
ax.set_ylabel('Values', fontsize=12)
ax.set_title('Comprehensive Bar Chart Example', fontsize=16, fontweight='bold')
ax.tick_params(axis='both', which='major', labelsize=10)

# Add value labels on top of each bar
```

```
for bar in bars:
    height = bar.get_height()
    ax.text(bar.get_x() + bar.get_width()/2., height,
            f'{height}',
            ha='center', va='bottom', fontsize=10)

# Add a grid for better readability
ax.grid(axis='y', linestyle='--', alpha=0.7)

# Adjust layout and display the plot
plt.tight_layout()
plt.show()
```

Desglose del código:

1. Importación de bibliotecas:
   - Importamos matplotlib.pyplot para crear el gráfico y numpy para una posible manipulación de datos (aunque no se usa en este ejemplo específico).
2. Preparación de datos:
   - Definimos dos listas: 'categories' para las etiquetas del eje x y 'values' para las alturas de las barras.
   - Este ejemplo utiliza nombres de categorías más descriptivos y un conjunto más grande de valores en comparación con el original.
3. Creación de la figura y el eje:
   - plt.subplots() crea una figura y un solo eje, permitiendo más personalización.
   - figsize=(10, 6) establece el tamaño de la figura en 10x6 pulgadas para una mejor visibilidad.
4. Creación del gráfico de barras:
   - ax.bar() crea el gráfico de barras en el eje que creamos.
   - Usamos colores personalizados para cada barra y añadimos bordes negros para una mejor definición.
5. Personalización del gráfico:
   - Establecemos etiquetas para el eje x, eje y, y el título con tamaños de fuente personalizados.
   - ax.tick_params() se usa para ajustar el tamaño de las etiquetas de los ticks.
6. Adición de etiquetas de valor:

   - Iteramos a través de las barras y añadimos etiquetas de texto en la parte superior de cada barra mostrando su valor.
   - La posición de cada etiqueta se calcula para que esté centrada en su barra correspondiente.

7. Adición de una cuadrícula:
   - ax.grid() añade una cuadrícula en el eje y con líneas discontinuas para mejorar la legibilidad.
8. Finalización y visualización:
   - plt.tight_layout() ajusta el gráfico para que encaje en el área de la figura.
   - plt.show() renderiza el gráfico y lo muestra.

Este ejemplo de código demuestra varias características avanzadas de Matplotlib, incluyendo colores personalizados, etiquetas de valor y líneas de cuadrícula. Estas adiciones hacen que el gráfico sea más informativo y visualmente atractivo, lo cual es crucial al presentar datos en proyectos de aprendizaje automático o informes de análisis de datos.

Ejemplo: Histograma

```
import matplotlib.pyplot as plt
import numpy as np
import seaborn as sns

# Set a seed for reproducibility
np.random.seed(42)

# Generate random data from different distributions
normal_data = np.random.normal(loc=0, scale=1, size=1000)
skewed_data = np.random.exponential(scale=2, size=1000)

# Create a figure with two subplots
fig, (ax1, ax2) = plt.subplots(1, 2, figsize=(15, 6))

# Histogram for normal distribution
ax1.hist(normal_data, bins=30, color='skyblue', edgecolor='black', alpha=0.7)
ax1.set_title('Histogram of Normal Distribution', fontsize=14)
ax1.set_xlabel('Values', fontsize=12)
ax1.set_ylabel('Frequency', fontsize=12)

# Add mean and median lines
ax1.axvline(normal_data.mean(),    color='red',    linestyle='dashed',    linewidth=2,
label='Mean')
ax1.axvline(np.median(normal_data), color='green', linestyle='dashed', linewidth=2,
label='Median')
ax1.legend()

# Histogram with KDE for skewed distribution
```

```
sns.histplot(skewed_data, bins=30, kde=True, color='lightgreen', edgecolor='black',
alpha=0.7, ax=ax2)
ax2.set_title('Histogram with KDE of Skewed Distribution', fontsize=14)
ax2.set_xlabel('Values', fontsize=12)
ax2.set_ylabel('Frequency', fontsize=12)

# Add mean and median lines
ax2.axvline(skewed_data.mean(), color='red', linestyle='dashed', linewidth=2,
label='Mean')
ax2.axvline(np.median(skewed_data), color='green', linestyle='dashed', linewidth=2,
label='Median')
ax2.legend()

# Adjust layout and display the plot
plt.tight_layout()
plt.show()
```

Desglose del código:

1. **Importación de bibliotecas**:
   - Importamos matplotlib.pyplot para crear gráficos, numpy para generar datos aleatorios y seaborn para mejorar las capacidades de visualización.
2. **Generación de datos**:
   - Establecemos una semilla aleatoria para garantizar la reproducibilidad.
   - Generamos dos conjuntos de datos: uno de una distribución normal y otro de una distribución exponencial para demostrar diferentes formas de datos.
3. **Creación de la figura**:
   - plt.subplots(1, 2, figsize=(15, 6)) crea una figura con dos subgráficos lado a lado, cada uno de 15x6 pulgadas.
4. **Gráfico de distribución normal**:
   - Usamos ax1.hist() para crear un histograma de los datos distribuidos normalmente.
   - Personalizamos colores, añadimos colores de borde y ajustamos la transparencia con alpha.
   - Añadimos un título y etiquetas a los ejes.
   - Trazamos líneas verticales para la media y la mediana usando ax1.axvline().
5. **Gráfico de distribución sesgada**:
   - Usamos sns.histplot() para crear un histograma con una estimación de densidad kernel (KDE) superpuesta para los datos sesgados.

- De nuevo, personalizamos colores, añadimos colores de borde y ajustamos la transparencia con alpha.
- Añadimos un título y etiquetas a los ejes.
- Trazamos líneas verticales para la media y la mediana.

6. **Finalización y visualización**:
    - plt.tight_layout() ajusta el gráfico para que encaje en el área de la figura sin superponerse.
    - plt.show() renderiza y muestra el gráfico.

Este ejemplo demuestra varios conceptos avanzados:

- Comparación de diferentes distribuciones lado a lado.
- Uso tanto de Matplotlib como de Seaborn para diferentes estilos de visualización.
- Adición de medidas estadísticas (media y mediana) a los gráficos.
- Personalización de la estética del gráfico para mayor claridad y atractivo visual.

Estas técnicas son valiosas en Machine Learning para el análisis exploratorio de datos, la comprensión de las distribuciones de características y la comparación de conjuntos de datos o resultados de modelos.

Los histogramas son particularmente útiles en Machine Learning cuando deseas visualizar la distribución de una característica para detectar sesgos, valores atípicos o normalidad.

Gráficos de dispersión

Los gráficos de dispersión son herramientas esenciales para visualizar la relación entre dos variables numéricas en ciencia de datos y Machine Learning. Estos gráficos muestran cada punto de datos como un punto en un gráfico bidimensional, donde la posición de cada punto corresponde a los valores de las dos variables que se comparan. Esta representación visual permite a los científicos de datos y practicantes de Machine Learning identificar rápidamente patrones, tendencias o anomalías en sus conjuntos de datos.

En el contexto de Machine Learning, los gráficos de dispersión sirven varios propósitos cruciales:

- **Detección de correlación**: Ayudan a identificar la fuerza y dirección de las relaciones entre variables. Un patrón lineal claro en un gráfico de dispersión podría indicar una fuerte correlación, mientras que una dispersión aleatoria de puntos sugiere poca o ninguna correlación.

- **Identificación de valores atípicos**: Los gráficos de dispersión facilitan la detección de puntos de datos que se desvían significativamente del patrón general, lo que podría indicar valores atípicos o errores en el conjunto de datos.
- **Análisis de conglomerados**: Pueden revelar agrupaciones o clusters naturales en los datos, lo que podría sugerir la presencia de subgrupos o categorías distintas dentro del conjunto de datos.
- **Selección de características**: Al visualizar las relaciones entre diferentes características y la variable objetivo, los gráficos de dispersión pueden ayudar a seleccionar características relevantes para el entrenamiento del modelo.
- **Evaluación del modelo**: Después de entrenar un modelo, los gráficos de dispersión pueden utilizarse para visualizar los valores predichos frente a los valores reales, lo que ayuda a evaluar el rendimiento del modelo e identificar áreas donde podría estar fallando.

Al aprovechar eficazmente los gráficos de dispersión, los practicantes de Machine Learning pueden obtener valiosos conocimientos sobre sus datos, tomar decisiones informadas en su modelado y, en última instancia, mejorar el rendimiento y la interpretabilidad de sus modelos de Machine Learning.

Ejemplo: Gráfico de dispersión

```
import matplotlib.pyplot as plt
import numpy as np

# Generate sample data
np.random.seed(42)
x = np.random.rand(50) * 100
y = 2 * x + 10 + np.random.randn(50) * 10

# Create a scatter plot
plt.figure(figsize=(10, 6))
scatter = plt.scatter(x, y, c=y, cmap='viridis', s=50, alpha=0.7)

# Add a trend line
z = np.polyfit(x, y, 1)
p = np.poly1d(z)
plt.plot(x, p(x), "r--", alpha=0.8, label="Trend line")

# Customize the plot
plt.xlabel('X-axis', fontsize=12)
plt.ylabel('Y-axis', fontsize=12)
plt.title('Comprehensive Scatter Plot Example', fontsize=14, fontweight='bold')
plt.colorbar(scatter, label='Y values')
plt.legend()
plt.grid(True, linestyle='--', alpha=0.7)

# Add text annotation
```

```
plt.annotate('Interesting point', xy=(80, 170), xytext=(60, 200),
             arrowprops=dict(facecolor='black', shrink=0.05))

# Show the plot
plt.tight_layout()
plt.show()
```

Desglose del código:

1. **Importación de bibliotecas**:
   - Importamos matplotlib.pyplot para crear el gráfico y numpy para generar y manipular datos.
2. **Generación de datos**:
   - Establecemos una semilla aleatoria para garantizar la reproducibilidad.
   - Generamos 50 valores x aleatorios entre 0 y 100.
   - Creamos valores y con una relación lineal con x, más algo de ruido aleatorio.
3. **Creación del gráfico de dispersión**:
   - plt.figure(figsize=(10, 6)) establece el tamaño de la figura en 10x6 pulgadas.
   - plt.scatter() crea el gráfico de dispersión, con los colores de los puntos basados en los valores y (cmap='viridis'), tamaño personalizado (s=50) y transparencia (alpha=0.7).
4. **Añadir una línea de tendencia**:
   - Usamos np.polyfit() para calcular un ajuste lineal a los datos.
   - plt.plot() añade la línea de tendencia como una línea roja discontinua.
5. **Personalización del gráfico**:
   - Añadimos etiquetas a los ejes y un título con tamaños de fuente personalizados.
   - plt.colorbar() añade una leyenda para la escala de colores.
   - plt.legend() añade una leyenda para la línea de tendencia.
   - plt.grid() añade una cuadrícula para mayor legibilidad.
6. **Añadir una anotación**:
   - plt.annotate() añade una anotación con texto y una flecha que apunta a un punto específico en el gráfico.
7. **Finalización y visualización**:

- plt.tight_layout() ajusta el gráfico para que encaje en el área de la figura sin superponerse.
- plt.show() renderiza y muestra el gráfico.

Este ejemplo demuestra varias características avanzadas de Matplotlib, como el mapeo de colores, ajuste de línea de tendencia, anotaciones y opciones de personalización. Estas técnicas son valiosas en Machine Learning para visualizar relaciones entre variables, identificar tendencias y presentar datos de manera informativa y visualmente atractiva.

Los gráficos de dispersión son útiles para entender cómo se relacionan dos variables, lo que puede guiar la selección de características o la ingeniería de características en proyectos de Machine Learning.

2.4.2 Seaborn: Visualización estadística de datos simplificada

Si bien Matplotlib proporciona una base sólida para las visualizaciones, **Seaborn** se construye sobre esta base para simplificar la creación de gráficos estadísticos complejos. Seaborn está diseñado para agilizar el proceso de creación de visualizaciones atractivas e informativas, permitiendo a los usuarios generar gráficos sofisticados con un código mínimo.

Una de las fortalezas clave de Seaborn radica en su capacidad para manejar fácilmente conjuntos de datos con múltiples dimensiones. Esto es especialmente valioso en el contexto de Machine Learning, donde los conjuntos de datos a menudo contienen numerosas características o variables que deben analizarse simultáneamente. Seaborn ofrece una variedad de tipos de gráficos especializados, como gráficos de pares, mapas de calor y gráficos conjuntos, que están específicamente diseñados para visualizar relaciones entre múltiples variables de manera eficiente.

Además, Seaborn viene con temas y paletas de colores integrados que mejoran el atractivo estético de los gráficos desde el primer momento. Esta característica no solo ahorra tiempo, sino que también asegura una apariencia consistente y profesional en diferentes visualizaciones. La biblioteca también añade automáticamente anotaciones estadísticas a los gráficos, como líneas de regresión o intervalos de confianza, que pueden ser cruciales para interpretar los datos en proyectos de Machine Learning.

Al abstraer muchos de los detalles de bajo nivel requeridos en Matplotlib, Seaborn permite que los científicos de datos y los practicantes de Machine Learning se concentren más en los conocimientos derivados de los datos en lugar de en las complejidades de la creación de gráficos. Esta eficiencia es particularmente beneficiosa al explorar grandes conjuntos de datos o al iterar a través de múltiples opciones de visualización durante la fase de análisis exploratorio de datos de un proyecto de Machine Learning.

Visualización de distribuciones con Seaborn

Seaborn proporciona herramientas avanzadas para visualizar distribuciones, ofreciendo un enfoque sofisticado para crear histogramas y gráficos de estimación de densidad kernel (KDE).

Estas técnicas de visualización son esenciales para comprender los patrones y características subyacentes en las distribuciones de datos en proyectos de Machine Learning.

Los histogramas en Seaborn permiten una representación clara de la frecuencia de los datos en diferentes intervalos (bins), proporcionando información sobre la forma, la tendencia central y la dispersión de los datos. Son particularmente útiles para identificar valores atípicos, sesgos y multimodalidad en las distribuciones de características.

Por otro lado, los gráficos de estimación de densidad kernel (KDE) ofrecen una estimación continua y suave de la función de densidad de probabilidad de los datos. Este método no paramétrico es valioso para visualizar la forma de las distribuciones sin la discretización inherente a los histogramas, lo que permite una comprensión más matizada de la estructura subyacente de los datos.

Al combinar histogramas y gráficos KDE, Seaborn permite a los científicos de datos obtener una vista completa de las distribuciones de sus datos. Este enfoque dual es particularmente beneficioso en tareas de Machine Learning como la ingeniería de características, la detección de valores atípicos y el diagnóstico de modelos, donde comprender las sutilezas de las distribuciones de datos puede tener un impacto significativo en el rendimiento e interpretación del modelo.

Ejemplo: Gráfico de distribución (Histograma + KDE)

```
import seaborn as sns
import matplotlib.pyplot as plt
import numpy as np
import pandas as pd

# Set the style and color palette
sns.set_style("whitegrid")
sns.set_palette("deep")

# Generate random data from different distributions
np.random.seed(42)
normal_data = np.random.normal(loc=0, scale=1, size=1000)
skewed_data = np.random.exponential(scale=1, size=1000)

# Create a DataFrame
df = pd.DataFrame({
    'Normal': normal_data,
    'Skewed': skewed_data
})

# Create a figure with subplots
fig, (ax1, ax2) = plt.subplots(1, 2, figsize=(16, 6))

# Plot 1: Distribution plot with both histogram and KDE for normal data
sns.histplot(data=df, x='Normal', kde=True, color='blue', ax=ax1)
ax1.set_title('Normal Distribution', fontsize=14)
```

```
ax1.set_xlabel('Value', fontsize=12)
ax1.set_ylabel('Frequency', fontsize=12)

# Add mean and median lines
mean_normal = df['Normal'].mean()
median_normal = df['Normal'].median()
ax1.axvline(mean_normal,        color='red',        linestyle='--',        label=f'Mean:
{mean_normal:.2f}')
ax1.axvline(median_normal,      color='green',      linestyle=':',      label=f'Median:
{median_normal:.2f}')
ax1.legend()

# Plot 2: Distribution plot with both histogram and KDE for skewed data
sns.histplot(data=df, x='Skewed', kde=True, color='orange', ax=ax2)
ax2.set_title('Skewed Distribution', fontsize=14)
ax2.set_xlabel('Value', fontsize=12)
ax2.set_ylabel('Frequency', fontsize=12)

# Add mean and median lines
mean_skewed = df['Skewed'].mean()
median_skewed = df['Skewed'].median()
ax2.axvline(mean_skewed,        color='red',        linestyle='--',        label=f'Mean:
{mean_skewed:.2f}')
ax2.axvline(median_skewed,      color='green',      linestyle=':',      label=f'Median:
{median_skewed:.2f}')
ax2.legend()

# Adjust layout and display the plot
plt.tight_layout()
plt.show()

# Create a box plot to compare the distributions
plt.figure(figsize=(10, 6))
sns.boxplot(data=df)
plt.title('Comparison of Normal and Skewed Distributions', fontsize=14)
plt.ylabel('Value', fontsize=12)
plt.show()
```

Desglose del código:

1. **Importación de bibliotecas**:
   - Importamos seaborn, matplotlib.pyplot, numpy y pandas para la manipulación avanzada de datos y la visualización.
2. **Establecer estilo y paleta de colores**:
   - sns.set_style("whitegrid") establece un aspecto limpio y profesional para los gráficos.

  - sns.set_palette("deep") selecciona una paleta de colores adecuada para varios tipos de gráficos.

3. **Generación de datos**:
   - Creamos dos conjuntos de datos: uno de una distribución normal y otro de una distribución exponencial (sesgada).
   - np.random.seed(42) asegura la reproducibilidad de los datos aleatorios.
4. **Creación de un DataFrame**:
   - Usamos pandas para crear un DataFrame, una estructura de datos potente para manejar datos tabulares.
5. **Configurar subgráficos**:
   - plt.subplots(1, 2, figsize=(16, 6)) crea una figura con dos subgráficos lado a lado.
6. **Creación de gráficos de distribución**:
   - Usamos sns.histplot() para crear gráficos de distribución tanto para los datos normales como para los sesgados.
   - El parámetro kde=True añade una línea de Estimación de Densidad Kernel (KDE) al histograma.
   - Personalizamos los títulos, etiquetas y colores para cada gráfico.
7. **Añadir medidas estadísticas**:
   - Calculamos y graficamos la media y la mediana de cada distribución usando axvline().
   - Esto ayuda a visualizar cómo afecta la sesgo a estas medidas.
8. **Creación de un box plot**:
   - Añadimos un gráfico de cajas para comparar las dos distribuciones lado a lado.
   - Esto proporciona otra perspectiva sobre la dispersión y las tendencias centrales de los datos.
9. **Finalización y visualización**:
   - plt.tight_layout() ajusta los gráficos para que se encajen bien en la figura.
   - plt.show() renderiza y muestra los gráficos.

Este ejemplo demuestra varios conceptos avanzados en visualización de datos:

- Comparación de diferentes distribuciones lado a lado.
- Uso tanto de histogramas como de KDE para una vista más completa de los datos.
- Adición de medidas estadísticas (media y mediana) a los gráficos.
- Uso de gráficos de cajas para una representación alternativa de los datos.
- Personalización de la estética de los gráficos para mayor claridad y atractivo visual.

Estas técnicas son valiosas en Machine Learning para el análisis exploratorio de datos, la comprensión de las distribuciones de características y la comparación de conjuntos de datos o resultados de modelos. Ayudan a identificar sesgos, valores atípicos y diferencias entre distribuciones, lo que puede influir en las decisiones de ingeniería de características y selección de modelos.

En este ejemplo, combinamos un histograma y una **estimación de densidad kernel (KDE)** para mostrar tanto la distribución como la densidad de probabilidad de los datos. Esto es útil al analizar distribuciones de características en un conjunto de datos.

Gráficos de cajas y gráficos de violín

Los gráficos de cajas y los gráficos de violín son herramientas de visualización poderosas para mostrar la distribución de datos en diferentes categorías, especialmente cuando se comparan múltiples grupos. Estos gráficos ofrecen una vista completa de las tendencias centrales, la dispersión y los posibles valores atípicos de los datos, lo que los convierte en herramientas invaluables en el análisis exploratorio de datos y la ingeniería de características para proyectos de Machine Learning.

Los gráficos de cajas, también conocidos como gráficos de caja y bigote, proporcionan un resumen conciso de la distribución de los datos. Muestran la mediana, los cuartiles y los posibles valores atípicos, lo que permite una comparación rápida entre grupos. La "caja" representa el rango intercuartílico (IQR), con la mediana mostrada como una línea dentro de la caja. Los "bigotes" se extienden para mostrar el resto de la distribución, excluyendo los valores atípicos, que se representan como puntos individuales.

Los gráficos de violín, por otro lado, combinan las características de los gráficos de cajas con la estimación de densidad kernel. Muestran la distribución completa de los datos, con secciones más anchas que representan una mayor probabilidad de que ocurran observaciones en esos valores. Esto hace que los gráficos de violín sean particularmente útiles para visualizar distribuciones multimodales o diferencias sutiles en la forma de la distribución que podrían no ser aparentes en un gráfico de cajas.

Ambos tipos de gráficos son especialmente valiosos cuando se trabaja con variables categóricas en tareas de Machine Learning. Por ejemplo, pueden ayudar a identificar diferencias en las distribuciones de características entre diferentes clases objetivo, guiar procesos de selección de características o ayudar a detectar problemas de calidad de los datos, como el desequilibrio de clases o la presencia de valores atípicos que podrían afectar el rendimiento del modelo.

Ejemplo: Gráfico de cajas

```
import seaborn as sns
import matplotlib.pyplot as plt
import pandas as pd

# Load the tips dataset
tips = sns.load_dataset("tips")

# Set the style for the plot
sns.set_style("whitegrid")

# Create a figure with two subplots
fig, (ax1, ax2) = plt.subplots(1, 2, figsize=(16, 6))

# Create a box plot of total bill amounts by day
sns.boxplot(x='day', y='total_bill', data=tips, ax=ax1)
ax1.set_title('Box Plot of Total Bill by Day', fontsize=14)
ax1.set_xlabel('Day of the Week', fontsize=12)
ax1.set_ylabel('Total Bill ($)', fontsize=12)

# Create a violin plot of total bill amounts by day
sns.violinplot(x='day', y='total_bill', data=tips, ax=ax2)
ax2.set_title('Violin Plot of Total Bill by Day', fontsize=14)
ax2.set_xlabel('Day of the Week', fontsize=12)
ax2.set_ylabel('Total Bill ($)', fontsize=12)

# Add a horizontal line for the overall median
median_total_bill = tips['total_bill'].median()
ax1.axhline(median_total_bill, color='red', linestyle='--', label=f'Overall Median:
${median_total_bill:.2f}')
ax2.axhline(median_total_bill, color='red', linestyle='--', label=f'Overall Median:
${median_total_bill:.2f}')

# Add legends
ax1.legend()
ax2.legend()

# Adjust the layout and display the plot
plt.tight_layout()
plt.show()

# Calculate and print summary statistics
summary_stats = tips.groupby('day')['total_bill'].agg(['mean', 'median', 'std',
'min', 'max'])
print("\\nSummary Statistics of Total Bill by Day:")
print(summary_stats)

# Perform and print ANOVA test
```

```
from scipy import stats

day_groups = [group for _, group in tips.groupby('day')['total_bill']]
f_statistic, p_value = stats.f_oneway(*day_groups)
print("\\nANOVA Test Results:")
print(f"F-statistic: {f_statistic:.4f}")
print(f"p-value: {p_value:.4f}")
```

Desglose del código:

1. Importación de bibliotecas:
    - Importamos *seaborn*, *matplotlib.pyplot* y *pandas* para la manipulación y visualización de datos.
    - También importamos *scipy.stats* para pruebas estadísticas.
2. Carga y preparación de datos:
    - Usamos *sns.load_dataset("tips")* para cargar el conjunto de datos *tips* integrado en Seaborn.
    - Este conjunto de datos contiene información sobre facturas de restaurantes, incluyendo el día de la semana.
3. Configuración del gráfico:
    - *sns.set_style("whitegrid")* establece un estilo limpio y profesional para los gráficos.
    - Creamos una figura con dos subgráficos uno al lado del otro usando *plt.subplots(1, 2, figsize=(16, 6))*.
4. Creación de visualizaciones:
    - Creamos un gráfico de caja usando *sns.boxplot()* en el primer subgráfico.
    - Creamos un gráfico de violín usando *sns.violinplot()* en el segundo subgráfico.
    - Ambos gráficos muestran la distribución de los montos totales de las facturas para cada día de la semana.
5. Mejora de los gráficos:
    - Añadimos títulos y etiquetas a ambos gráficos para mayor claridad.
    - Calculamos la mediana general del monto total de la factura y la añadimos como una línea horizontal en ambos gráficos.
    - Se añaden leyendas para mostrar el significado de la línea de la mediana.
6. Visualización de los gráficos:

- *plt.tight_layout()* ajusta la disposición del gráfico para un mejor espaciado.
- *plt.show()* renderiza y muestra los gráficos.

7. Cálculo de estadísticas resumen:
   - Usamos las funciones *groupby* y *agg* de pandas para calcular la media, mediana, desviación estándar, mínimo y máximo de la factura total para cada día.
   - Estas estadísticas se imprimen para proporcionar un resumen numérico junto con la representación visual.
8. Realización de una prueba estadística:
   - Realizamos una prueba ANOVA de una vía usando *scipy.stats.f_oneway()*.
   - Esta prueba ayuda a determinar si hay diferencias estadísticamente significativas en los montos totales de las facturas entre los días.
   - Se calculan e imprimen el estadístico F y el valor p.

Ejemplo: Gráfico de Violín

```
import seaborn as sns
import matplotlib.pyplot as plt
import pandas as pd
import numpy as np
from scipy import stats

# Load the tips dataset
tips = sns.load_dataset("tips")

# Set the style and color palette
sns.set_style("whitegrid")
sns.set_palette("deep")

# Create a figure with two subplots
fig, (ax1, ax2) = plt.subplots(1, 2, figsize=(16, 6))

# Create a violin plot of total bill amounts by day
sns.violinplot(x='day', y='total_bill', data=tips, ax=ax1)
ax1.set_title('Violin Plot of Total Bill by Day', fontsize=14)
ax1.set_xlabel('Day of the Week', fontsize=12)
ax1.set_ylabel('Total Bill ($)', fontsize=12)

# Create a box plot of total bill amounts by day for comparison
sns.boxplot(x='day', y='total_bill', data=tips, ax=ax2)
ax2.set_title('Box Plot of Total Bill by Day', fontsize=14)
ax2.set_xlabel('Day of the Week', fontsize=12)
ax2.set_ylabel('Total Bill ($)', fontsize=12)
```

```
# Add mean lines to both plots
for ax in [ax1, ax2]:
    means = tips.groupby('day')['total_bill'].mean()
    ax.hlines(means, xmin=np.arange(len(means))-0.4, xmax=np.arange(len(means))+0.4,
color='red', linestyle='--', label='Mean')
    ax.legend()

# Adjust layout and display the plot
plt.tight_layout()
plt.show()

# Calculate and print summary statistics
summary_stats = tips.groupby('day')['total_bill'].agg(['count', 'mean', 'median',
'std', 'min', 'max'])
print("\\nSummary Statistics of Total Bill by Day:")
print(summary_stats)

# Perform and print ANOVA test
day_groups = [group for _, group in tips.groupby('day')['total_bill']]
f_statistic, p_value = stats.f_oneway(*day_groups)
print("\\nANOVA Test Results:")
print(f"F-statistic: {f_statistic:.4f}")
print(f"p-value: {p_value:.4f}")
```

Desglose del código:

1. Importación de bibliotecas:
    - Importamos *seaborn*, *matplotlib.pyplot*, *pandas*, *numpy* y *scipy.stats* para la manipulación de datos, visualización y análisis estadístico.
2. Carga y preparación de datos:
    - Usamos *sns.load_dataset("tips")* para cargar el conjunto de datos *tips* integrado en Seaborn.
    - Este conjunto de datos contiene información sobre facturas de restaurantes, incluyendo el día de la semana.
3. Configuración del gráfico:
    - *sns.set_style("whitegrid")* establece un aspecto limpio y profesional para los gráficos.
    - *sns.set_palette("deep")* elige una paleta de colores que funciona bien para varios tipos de gráficos.
    - Creamos una figura con dos subgráficos uno al lado del otro usando *plt.subplots(1, 2, figsize=(16, 6))*.
4. Creación de visualizaciones:

- Creamos un gráfico de violín usando *sns.violinplot()* en el primer subgráfico.
- Creamos un gráfico de caja usando *sns.boxplot()* en el segundo subgráfico para compararlos.
- Ambos gráficos muestran la distribución de los montos totales de las facturas para cada día de la semana.

5. Mejora de los gráficos:
    - Añadimos títulos y etiquetas a ambos gráficos para mayor claridad.
    - Calculamos y añadimos líneas de la media a ambos gráficos usando *ax.hlines()*.
    - Se añaden leyendas para mostrar el significado de las líneas de la media.
6. Visualización de los gráficos:
    - *plt.tight_layout()* ajusta la disposición del gráfico para un mejor espaciado.
    - *plt.show()* renderiza y muestra los gráficos.
7. Cálculo de estadísticas resumen:
    - Usamos las funciones *groupby* y *agg* de pandas para calcular el conteo, la media, la mediana, la desviación estándar, el mínimo y el máximo de la factura total para cada día.
    - Estas estadísticas se imprimen para proporcionar un resumen numérico junto con la representación visual.
8. Realización de una prueba estadística:
    - Realizamos una prueba ANOVA de una vía usando *scipy.stats.f_oneway()*.
    - Esta prueba ayuda a determinar si hay diferencias estadísticamente significativas en los montos totales de las facturas entre los días.
    - Se calculan e imprimen el estadístico F y el valor p.

Este ejemplo de código proporciona una visión más completa de los datos al:

1. Comparar gráficos de violín con gráficos de caja lado a lado.
2. Añadir líneas de la media a ambos gráficos para facilitar la comparación.
3. Incluir estadísticas resumen para una perspectiva numérica.
4. Realizar una prueba ANOVA para comprobar si hay diferencias significativas entre los días.

Estas adiciones hacen que el análisis sea más robusto e informativo, lo cual es crucial en *Machine Learning* para comprender las distribuciones de características y sus relaciones.

Los gráficos de caja y los gráficos de violín son útiles para entender la dispersión y la asimetría de los datos y para identificar valores atípicos, lo cual es importante al limpiar y preparar datos para modelos de *Machine Learning*.

Gráficos de pares para relaciones multidimensionales

Una de las características más poderosas de Seaborn es el **gráfico de pares**, que crea una cuadrícula de gráficos de dispersión para cada par de características en un conjunto de datos. Esta técnica de visualización es particularmente útil para explorar relaciones entre múltiples variables simultáneamente. Aquí una explicación más detallada:

1. Estructura de cuadrícula: Un gráfico de pares crea una matriz completa de gráficos de dispersión, donde cada variable en el conjunto de datos se grafica frente a cada otra variable, proporcionando una vista holística de las relaciones entre las características.
2. Elementos diagonales: A lo largo de la diagonal de la cuadrícula, se muestra la distribución de cada variable individual, utilizando a menudo histogramas o estimaciones de densidad de kernel para ofrecer información sobre las distribuciones subyacentes de los datos.
3. Elementos fuera de la diagonal: Estos consisten en gráficos de dispersión que visualizan la relación entre pares de variables diferentes, lo que permite la identificación de posibles correlaciones, patrones o agrupaciones dentro de los datos.
4. Codificación por colores: Los gráficos de pares suelen utilizar codificación por colores para representar diferentes categorías o clases dentro del conjunto de datos, lo que mejora la capacidad de discernir patrones, agrupaciones o separaciones entre diferentes grupos.
5. Visualización de correlaciones: Al presentar todas las relaciones por pares de manera simultánea, los gráficos de pares facilitan la identificación de correlaciones entre variables, ya sean positivas, negativas o no lineales, lo que ayuda en la selección de características y la comprensión de las dependencias de los datos.
6. Detección de valores atípicos: Los múltiples gráficos de dispersión en una configuración de gráficos de pares lo hacen particularmente eficaz para identificar valores atípicos en varias combinaciones de características, ayudando a detectar anomalías que podrían no ser evidentes en análisis de variables individuales.
7. Perspectivas para la selección de características: Los gráficos de pares pueden guiar la selección de características al resaltar qué variables tienen relaciones fuertes con las variables objetivo o entre ellas.

Esta vista integral del conjunto de datos es invaluable en *Machine Learning* para entender las interacciones entre las características, guiar la ingeniería de características e informar las decisiones de selección de modelos.

Ejemplo: Gráfico de Pares

```
import seaborn as sns
import matplotlib.pyplot as plt
import pandas as pd
from sklearn.preprocessing import StandardScaler

# Load the Iris dataset
iris = sns.load_dataset("iris")

# Standardize the features
scaler = StandardScaler()
iris_scaled = iris.copy()
iris_scaled[['sepal_length',  'sepal_width',  'petal_length',  'petal_width']]  =
scaler.fit_transform(iris[['sepal_length',      'sepal_width',       'petal_length',
'petal_width']])

# Create a pair plot with additional customization
g = sns.pairplot(iris_scaled, hue='species', height=2.5, aspect=1.2,
                 plot_kws={'alpha': 0.7},
                 diag_kws={'bins': 15, 'alpha': 0.6, 'edgecolor': 'black'},
                 corner=True)

# Customize the plot
g.fig.suptitle("Iris Dataset Pair Plot", fontsize=16, y=1.02)
g.fig.tight_layout()

# Add correlation coefficients
for i, j in zip(*np.triu_indices_from(g.axes, 1)):
    corr = iris_scaled.iloc[:, [i, j]].corr().iloc[0, 1]
    g.axes[i, j].annotate(f'r = {corr:.2f}', xy=(0.5, 0.95), xycoords='axes fraction',
                          ha='center', va='top', fontsize=10)

# Show the plot
plt.show()

# Calculate and print summary statistics
summary_stats = iris.groupby('species').agg(['mean', 'median', 'std'])
print("\\nSummary Statistics by Species:")
print(summary_stats)
```

Desglose del código:

- Importación de bibliotecas:
    - Importamos *seaborn*, *matplotlib.pyplot* y *pandas* para la manipulación y visualización de datos.
    - También importamos *StandardScaler* de *sklearn.preprocessing* para la normalización de características.
- Carga y preparación de datos:

    - Usamos *sns.load_dataset("iris")* para cargar el conjunto de datos *Iris* integrado en Seaborn.
    - Creamos una copia del conjunto de datos y estandarizamos las características numéricas usando *StandardScaler*. Este paso es importante en *Machine Learning* para asegurar que todas las características estén en la misma escala.
- Creación del gráfico de pares:
    - Usamos *sns.pairplot()* para crear una cuadrícula de gráficos de dispersión para cada par de características.
    - El parámetro 'hue' colorea los puntos por especie, lo que nos permite visualizar qué tan bien las características separan las diferentes clases.
    - Establecemos 'corner=True' para mostrar solo el triángulo inferior de la matriz del gráfico, reduciendo la redundancia.
    - Personalizamos la apariencia con 'plot_kws' y 'diag_kws' para ajustar la transparencia y las propiedades del histograma.
- Mejora del gráfico:
    - Añadimos un título principal a toda la figura usando *fig.suptitle()*.
    - Usamos *tight_layout()* para mejorar el espaciado entre subgráficos.
    - Añadimos coeficientes de correlación a cada gráfico de dispersión, lo cual es crucial para entender las relaciones entre características en *Machine Learning*.
- Visualización del gráfico:
    - *plt.show()* renderiza y muestra el gráfico de pares.
- Cálculo de estadísticas resumen:
    - Usamos las funciones *groupby* y *agg* de pandas para calcular la media, la mediana y la desviación estándar de cada característica, agrupadas por especie.
    - Estas estadísticas se imprimen para proporcionar un resumen numérico junto con la representación visual.

Este ejemplo proporciona una vista más completa del conjunto de datos *Iris* al:

- Estandarizar las características, lo cual es un paso común de preprocesamiento en *Machine Learning*.
- Crear un gráfico de pares más informativo con estéticas personalizadas y coeficientes de correlación.

- Incluir estadísticas resumen para una perspectiva numérica sobre los datos.

El gráfico de pares es particularmente útil para visualizar cómo diferentes características pueden contribuir a tareas de clasificación y para identificar posibles correlaciones entre características, lo que puede informar los procesos de selección y ingeniería de características en flujos de trabajo de *Machine Learning*.

2.4.3 Plotly: Visualización de Datos Interactiva

Mientras que *Matplotlib* y *Seaborn* destacan en la creación de visualizaciones estáticas, **Plotly** eleva la visualización de datos a nuevas alturas al ofrecer gráficos interactivos y dinámicos. Estas visualizaciones interactivas se pueden integrar sin problemas en diversas plataformas, incluidos sitios web, tableros y cuadernos de Jupyter, lo que las hace muy versátiles para diferentes contextos de presentación.

Las capacidades interactivas de Plotly ofrecen una multitud de ventajas que mejoran significativamente la exploración y el análisis de datos:

- Exploración en tiempo real: Los usuarios pueden interactuar dinámicamente con las visualizaciones de datos, lo que permite el descubrimiento instantáneo de patrones, tendencias y valores atípicos. Este enfoque práctico facilita una comprensión más profunda de conjuntos de datos complejos y promueve una toma de decisiones basada en datos más eficiente.

- Funcionalidad de zoom: La capacidad de hacer zoom en puntos de datos o regiones específicas permite un examen granular de áreas de interés particulares. Esta función es especialmente valiosa al tratar con conjuntos de datos densos o al intentar identificar patrones sutiles que podrían estar ocultos en una vista más amplia.

- Capacidades de desplazamiento: Los usuarios pueden navegar sin esfuerzo a través de conjuntos de datos extensos desplazando la vista. Esta funcionalidad es particularmente beneficiosa al trabajar con datos a gran escala o multidimensionales, lo que permite la exploración fluida de diferentes segmentos de datos sin perder el contexto.

- Información emergente: Se puede mostrar información detallada sobre puntos de datos individuales al pasar el cursor, proporcionando contexto adicional y valores específicos sin desordenar la visualización principal. Esta función permite el acceso rápido a datos precisos mientras se mantiene una interfaz limpia e intuitiva.

- Interactividad personalizable: Plotly permite a los desarrolladores adaptar las características interactivas para satisfacer necesidades analíticas específicas y preferencias del usuario. Esta flexibilidad permite la creación de visualizaciones altamente especializadas y fáciles de usar que se pueden optimizar para conjuntos de datos o objetivos analíticos particulares.

- Interactividad entre múltiples gráficos: Plotly admite vistas vinculadas a través de múltiples gráficos, lo que permite interacciones sincronizadas. Esta característica es particularmente útil para explorar relaciones entre diferentes variables o conjuntos de datos, mejorando las capacidades analíticas en general.

Estas características interactivas transforman colectivamente las visualizaciones estáticas en herramientas dinámicas y exploratorias, mejorando significativamente la profundidad y eficiencia de los procesos de análisis de datos en varios campos, incluido *Machine Learning* y ciencia de datos.

Estas características hacen de Plotly una herramienta invaluable para los científicos de datos y analistas que trabajan con conjuntos de datos grandes y complejos en proyectos de *Machine Learning*. La capacidad de interactuar con visualizaciones en tiempo real puede conducir a una comprensión de datos más rápida, un análisis exploratorio más eficiente y una mejor comunicación de resultados a las partes interesadas.

Gráfico de Líneas Interactivo con Plotly

Plotly revoluciona la visualización de datos al ofrecer una forma intuitiva de crear versiones interactivas de gráficos tradicionales como gráficos de líneas, gráficos de barras y gráficos de dispersión. Esta interactividad añade una nueva dimensión a la exploración y presentación de datos, permitiendo a los usuarios interactuar con los datos en tiempo real. A continuación, se describe cómo Plotly mejora estos tipos de gráficos tradicionales:

1. Gráficos de líneas: Plotly transforma gráficos de líneas estáticos en visualizaciones dinámicas. Los usuarios pueden hacer zoom en períodos de tiempo específicos, desplazarse por todo el conjunto de datos y pasar el cursor sobre puntos de datos individuales para ver valores precisos. Esto es particularmente útil para el análisis de series temporales en *Machine Learning*, donde identificar tendencias y anomalías es crucial.

2. Gráficos de barras: Los gráficos de barras interactivos en Plotly permiten a los usuarios ordenar datos, filtrar categorías e incluso profundizar en subcategorías. Esta funcionalidad es invaluable al tratar con datos categóricos en tareas de *Machine Learning*, como la visualización de la importancia de las características o la comparación del rendimiento del modelo entre diferentes categorías.

3. Gráficos de dispersión: Plotly eleva los gráficos de dispersión al permitir a los usuarios seleccionar y resaltar puntos de datos o grupos específicos. Esta interactividad es especialmente beneficiosa en el análisis exploratorio de datos para *Machine Learning*, donde identificar patrones, valores atípicos y relaciones entre variables es esencial para la selección de características y el desarrollo de modelos.

Al hacer que estos gráficos tradicionales sean interactivos, Plotly permite a los científicos de datos y a los profesionales de *Machine Learning* obtener una comprensión más profunda, comunicar hallazgos de manera más efectiva y tomar decisiones basadas en datos con mayor confianza.

Ejemplo: Gráfico de Líneas Interactivo

```
import plotly.graph_objects as go
import numpy as np

# Create more complex sample data
x = np.linspace(0, 10, 100)
y1 = np.sin(x)
y2 = np.cos(x)

# Create a figure with subplots
fig = go.Figure()

# Add first line plot
fig.add_trace(go.Scatter(x=x, y=y1, mode='lines+markers', name='Sine Wave',
                         line=dict(color='blue', width=2),
                         marker=dict(size=8, symbol='circle')))

# Add second line plot
fig.add_trace(go.Scatter(x=x, y=y2, mode='lines+markers', name='Cosine Wave',
                         line=dict(color='red', width=2, dash='dash'),
                         marker=dict(size=8, symbol='square')))

# Customize layout
fig.update_layout(
    title='Interactive Trigonometric Functions Plot',
    xaxis_title='X-axis',
    yaxis_title='Y-axis',
    legend_title='Functions',
    hovermode='closest',
    plot_bgcolor='rgba(0,0,0,0)',
    width=800,
    height=500
)

# Add range slider and selector
fig.update_xaxes(
    rangeslider_visible=True,
    rangeselector=dict(
        buttons=list([
            dict(count=1, label="1π", step="all", stepmode="backward"),
            dict(count=2, label="2π", step="all", stepmode="backward"),
            dict(step="all")
        ])
    )
)

# Show the plot
fig.show()
```

Desglose del código:

- Importación de bibliotecas:
  - Importamos *plotly.graph_objects* para crear gráficos interactivos.
  - Se importa *numpy* para generar datos de muestra más complejos.
- Generación de datos:
  - Usamos *np.linspace()* para crear un array de 100 puntos espaciados uniformemente entre 0 y 10.
  - Generamos ondas seno y coseno utilizando estos puntos, demostrando cómo trabajar con funciones matemáticas.
- Creación de la figura:
  - *go.Figure()* inicializa un nuevo objeto figura.
- Añadiendo trazas:
  - Añadimos dos trazas usando *fig.add_trace()*, una para seno y otra para coseno.
  - Cada traza es un objeto *Scatter* con el modo 'lines+markers', que permite tanto líneas como puntos de datos.
  - Personalizamos la apariencia de cada traza con diferentes colores, estilos de línea y símbolos de marcador.
- Personalización del diseño:
  - *fig.update_layout()* se usa para establecer varias propiedades del gráfico:
    - Se establecen el título, las etiquetas de los ejes y el título de la leyenda.
    - *hovermode='closest'* asegura que la información emergente aparezca para el punto de datos más cercano.
    - *plot_bgcolor* establece un fondo transparente.
    - Se especifican el ancho y la altura del gráfico.
- Añadiendo características interactivas:
  - Se añade un control deslizante de rango con *fig.update_xaxes(rangeslider_visible=True)*.
  - Se añaden botones de selección de rango, permitiendo la selección rápida de diferentes rangos del eje x (1π, 2π o todos los datos).

- Visualización del gráfico:
    - *fig.show()* renderiza el gráfico interactivo en la salida.

Este ejemplo de código demuestra varias características avanzadas de Plotly:

1. Trabajar con funciones matemáticas y arreglos de *numpy*.
2. Crear múltiples trazas en un solo gráfico para comparación.
3. Personalización extensa de la apariencia del gráfico.
4. Añadir elementos interactivos como controles deslizantes y selectores de rango.

Estas características son particularmente útiles en contextos de *Machine Learning*, como comparar predicciones de modelos con datos reales, visualizar relaciones complejas o explorar datos de series temporales con diferentes escalas de tiempo.

Gráfico de dispersión interactivo con Plotly

Los gráficos de dispersión interactivos son una herramienta poderosa y versátil para la exploración y presentación de datos en contextos de *Machine Learning*. Estas visualizaciones dinámicas permiten la investigación en tiempo real de las relaciones entre variables, empoderando a los científicos de datos para descubrir patrones, correlaciones y valores atípicos con una facilidad y eficiencia sin precedentes. Al permitir a los usuarios manipular la vista de los datos sobre la marcha, los gráficos de dispersión interactivos facilitan una comprensión más intuitiva y completa de conjuntos de datos complejos.

La capacidad de hacer zoom en regiones específicas de interés, desplazarse por todo el conjunto de datos y obtener información detallada a través de información emergente transforma el proceso de exploración de datos. Esta interactividad es particularmente valiosa cuando se trabaja con conjuntos de datos complejos y de alta dimensión que son comunes en proyectos de *Machine Learning*. Por ejemplo, en una tarea de clasificación, un gráfico de dispersión interactivo puede ayudar a visualizar las fronteras de decisión entre diferentes clases, permitiendo a los investigadores identificar puntos mal clasificados y áreas potenciales para la mejora del modelo.

Además, estos gráficos interactivos sirven como un medio atractivo para comunicar hallazgos a las partes interesadas, cerrando la brecha entre el análisis técnico y las ideas prácticas. Al permitir que los miembros no técnicos del equipo exploren los datos por sí mismos, los gráficos de dispersión interactivos facilitan una comprensión más intuitiva de las tendencias de los datos y los conocimientos del modelo. Esto puede ser especialmente útil en entornos colaborativos donde los científicos de datos necesitan transmitir relaciones complejas a gerentes de productos, ejecutivos o clientes que pueden no tener un profundo conocimiento estadístico.

La naturaleza dinámica de los gráficos de dispersión interactivos también mejora la eficiencia del análisis exploratorio de datos (EDA) en flujos de trabajo de *Machine Learning*. Los gráficos estáticos tradicionales a menudo requieren generar múltiples visualizaciones para capturar diferentes aspectos de los datos. En contraste, un solo gráfico de dispersión interactivo puede reemplazar varios gráficos estáticos al permitir a los usuarios alternar entre diferentes variables, aplicar filtros o ajustar la escala sobre la marcha. Esto no solo ahorra tiempo, sino que también proporciona una visión más holística de los datos, revelando potencialmente ideas que podrían perderse al examinar gráficos estáticos en aislamiento.

Además, los gráficos de dispersión interactivos pueden ser particularmente beneficiosos en los procesos de ingeniería y selección de características. Al permitir a los usuarios visualizar las relaciones entre múltiples características simultáneamente y ajustar dinámicamente la vista, estos gráficos pueden ayudar a identificar características redundantes, revelar relaciones no lineales y guiar la creación de nuevas características más informativas. Este enfoque interactivo del análisis de características puede conducir a modelos de *Machine Learning* más robustos y efectivos.

En resumen, al permitir a los usuarios hacer zoom, desplazarse, pasar el cursor sobre los puntos de datos y ajustar dinámicamente la visualización, los gráficos de dispersión interactivos transforman visualizaciones estáticas en poderosas herramientas de exploración dinámica. Estas capacidades interactivas mejoran significativamente la profundidad y eficiencia de los procesos de análisis de datos en diversas aplicaciones de *Machine Learning*, desde la exploración inicial de datos hasta la evaluación del modelo y la presentación de resultados. A medida que los proyectos de *Machine Learning* continúan creciendo en complejidad y escala, el papel de visualizaciones interactivas como los gráficos de dispersión se vuelve cada vez más crucial para extraer ideas significativas y fomentar la toma de decisiones basadas en datos.

Ejemplo: Gráfico de Dispersión Interactivo

```
import plotly.graph_objects as go
import numpy as np

# Create more complex sample data
np.random.seed(42)
n = 100
x = np.random.randn(n)
y = 2*x + np.random.randn(n)
sizes = np.random.randint(5, 25, n)
colors = np.random.randint(0, 100, n)

# Create an interactive scatter plot
fig = go.Figure()

# Add scatter plot
fig.add_trace(go.Scatter(
    x=x,
    y=y,
    mode='markers',
    marker=dict(
        size=sizes,
        color=colors,
```

```
        colorscale='Viridis',
        showscale=True,
        colorbar=dict(title='Color Scale')
    ),
    text=[f'Point {i+1}' for i in range(n)],
    hoverinfo='text+x+y'
))

# Add a trend line
z = np.polyfit(x, y, 1)
p = np.poly1d(z)
fig.add_trace(go.Scatter(
    x=[x.min(), x.max()],
    y=[p(x.min()), p(x.max())],
    mode='lines',
    name='Trend Line',
    line=dict(color='red', dash='dash')
))

# Customize layout
fig.update_layout(
    title='Interactive Scatter Plot with Trend Line',
    xaxis_title='X-axis',
    yaxis_title='Y-axis',
    hovermode='closest',
    showlegend=True
)

# Add range slider and buttons
fig.update_xaxes(
    rangeslider_visible=True,
    rangeselector=dict(
        buttons=list([
            dict(count=1, label="25%", step="all", stepmode="backward"),
            dict(count=2, label="50%", step="all", stepmode="backward"),
            dict(count=3, label="75%", step="all", stepmode="backward"),
            dict(step="all", label="100%")
        ])
    )
)

# Show the plot
fig.show()
```

Desglose del código:

1. Importación de bibliotecas:
    - Importamos *plotly.graph_objects* para crear gráficos interactivos.

   - Se importa *numpy* para generar datos de muestra más complejos y realizar cálculos.
2. Generación de datos:
   - Usamos *np.random.seed(42)* para asegurar la reproducibilidad de los números aleatorios.
   - Generamos 100 puntos aleatorios para x e y, con y teniendo una relación lineal con x más algo de ruido.
   - También creamos tamaños y colores aleatorios para cada punto para añadir más dimensiones a nuestra visualización.
3. Creación de la figura:
   - *go.Figure()* inicializa un nuevo objeto figura.
4. Añadiendo el gráfico de dispersión:
   - Usamos *fig.add_trace()* para añadir un gráfico de dispersión.
   - El parámetro *marker* se utiliza para personalizar la apariencia de los puntos:
     - *size* se establece en nuestro array de tamaños aleatorios.
     - *color* se establece en nuestro array de colores aleatorios.
     - *colorscale='Viridis'* establece un gradiente de color.
     - *showscale=True* añade una escala de color al gráfico.
   - Añadimos texto personalizado para cada punto y establecemos *hoverinfo* para mostrar este texto junto con las coordenadas x e y.
5. Añadiendo una línea de tendencia:
   - Usamos *np.polyfit()* y *np.poly1d()* para calcular una línea de tendencia lineal.
   - Se añade otra traza a la figura para mostrar esta línea de tendencia.
6. Personalización del diseño:
   - *fig.update_layout()* se usa para establecer varias propiedades del gráfico:
     - Se establecen el título y las etiquetas de los ejes.
     - *hovermode='closest'* asegura que la información emergente aparezca para el punto de datos más cercano.
     - *showlegend=True* muestra la leyenda.
7. Añadiendo características interactivas:

- Se añade un control deslizante de rango con *fig.update_xaxes(rangeslider_visible=True).*
- Se añaden botones de selección de rango, permitiendo la selección rápida de diferentes rangos del eje x (25%, 50%, 75% o todos los datos).

8. Visualización del gráfico:
   - *fig.show()* renderiza el gráfico interactivo en la salida.

Este ejemplo de código demuestra varias características avanzadas de Plotly que son particularmente útiles en contextos de *Machine Learning*:

- Visualización de datos multidimensionales (x, y, tamaño, color) en un solo gráfico.
- Añadir una línea de tendencia para mostrar la relación general entre las variables.
- Usar elementos interactivos como información emergente, controles deslizantes de rango y selectores para la exploración de datos.
- Personalización de la apariencia del gráfico para una mejor representación de datos y experiencia del usuario.

Estas características pueden ser invaluables al explorar relaciones entre variables, identificar valores atípicos o presentar patrones de datos complejos en proyectos de *Machine Learning.*

Los gráficos interactivos como este pueden ser utilizados en *Machine Learning* al explorar grandes conjuntos de datos o al presentar ideas a una audiencia que desee interactuar con los datos.

2.4.4 Combinando Múltiples Gráficos

En proyectos de ciencia de datos y *Machine Learning*, a menudo es necesario crear múltiples gráficos dentro de una sola figura para comparar diferentes aspectos de los datos o para presentar una vista integral de tu análisis. Este enfoque permite comparaciones lado a lado, análisis de tendencias a través de múltiples variables o la visualización de diferentes etapas en un pipeline de *Machine Learning*. Tanto *Matplotlib* como *Plotly* ofrecen potentes capacidades para combinar múltiples gráficos de manera efectiva.

Matplotlib proporciona un sistema flexible de subgráficos que permite organizar gráficos en una estructura similar a una cuadrícula. Esto es particularmente útil cuando necesitas comparar diferentes características, visualizar el rendimiento de múltiples modelos o mostrar la progresión de los datos a través de varios pasos de preprocesamiento. Por ejemplo, podrías crear una figura con cuatro subgráficos: uno mostrando la distribución de datos en crudo, otro mostrando los datos después de la normalización, un tercero ilustrando la importancia de las características y un cuarto presentando las predicciones del modelo versus los valores reales.

Por otro lado, *Plotly* ofrece diseños de múltiples gráficos interactivos que pueden ser especialmente beneficiosos al presentar resultados a las partes interesadas o en tableros interactivos. Con *Plotly*, puedes crear diseños complejos que incluyan diferentes tipos de gráficos (por ejemplo, gráficos de dispersión, histogramas y mapas de calor) en una sola figura. Esta interactividad permite a los usuarios explorar diferentes aspectos de los datos de manera dinámica, acercarse a áreas de interés y alternar entre diferentes vistas, mejorando la experiencia general de exploración y presentación de datos.

Al aprovechar la capacidad de combinar múltiples gráficos, los científicos de datos y los profesionales de *Machine Learning* pueden crear visualizaciones más informativas y perspicaces. Este enfoque no solo ayuda en el proceso de análisis, sino que también mejora la comunicación de hallazgos complejos a audiencias técnicas y no técnicas. Ya sea que estés utilizando *Matplotlib* por su control detallado o *Plotly* por sus características interactivas, la capacidad de crear figuras con múltiples gráficos es una habilidad esencial en la moderna caja de herramientas de ciencia de datos.

Ejemplo: Subgráficos con Matplotlib

```
import matplotlib.pyplot as plt
import numpy as np

# Create sample data
x = np.linspace(0, 10, 100)
y1 = np.sin(x)
y2 = np.cos(x)
y3 = np.exp(-x/10)
y4 = x**2 / 20

# Create a figure with subplots
fig, axs = plt.subplots(2, 2, figsize=(12, 10))

# Plot 1: Sine wave
axs[0, 0].plot(x, y1, 'b-', label='Sine')
axs[0, 0].set_title('Sine Wave')
axs[0, 0].set_xlabel('X-axis')
axs[0, 0].set_ylabel('Y-axis')
axs[0, 0].legend()
axs[0, 0].grid(True)

# Plot 2: Cosine wave
axs[0, 1].plot(x, y2, 'r--', label='Cosine')
axs[0, 1].set_title('Cosine Wave')
axs[0, 1].set_xlabel('X-axis')
axs[0, 1].set_ylabel('Y-axis')
axs[0, 1].legend()
axs[0, 1].grid(True)

# Plot 3: Exponential decay
axs[1, 0].plot(x, y3, 'g-.', label='Exp Decay')
axs[1, 0].set_title('Exponential Decay')
axs[1, 0].set_xlabel('X-axis')
axs[1, 0].set_ylabel('Y-axis')
```

```
axs[1, 0].legend()
axs[1, 0].grid(True)

# Plot 4: Quadratic function
axs[1, 1].plot(x, y4, 'm:', label='Quadratic')
axs[1, 1].set_title('Quadratic Function')
axs[1, 1].set_xlabel('X-axis')
axs[1, 1].set_ylabel('Y-axis')
axs[1, 1].legend()
axs[1, 1].grid(True)

# Adjust layout and show the plot
plt.tight_layout()
plt.show()
```

Desglose del código:

- Importación de bibliotecas:
  - Se importa *matplotlib.pyplot* para crear gráficos.
  - Se importa *numpy* para generar datos de muestra más complejos y realizar operaciones matemáticas.
- Generación de datos:
  - *np.linspace()* crea un array de 100 puntos espaciados uniformemente entre 0 y 10.
  - Se utilizan cuatro funciones diferentes para generar datos: seno, coseno, decaimiento exponencial y cuadrática.
- Creación de la figura:
  - *plt.subplots(2, 2, figsize=(12, 10))* crea una figura con una cuadrícula de subgráficos 2x2 y establece el tamaño general de la figura.
- Graficando datos:
  - Cada subgráfico se accede utilizando la notación *axs[row, column]*.
  - Se utilizan diferentes estilos de línea y colores para cada gráfico (por ejemplo, 'b-' para línea sólida azul, 'r--' para línea discontinua roja).
  - Se añaden etiquetas a cada línea para la leyenda.
- Personalización de subgráficos:
  - *set_title()* añade un título a cada subgráfico.
  - *set_xlabel()* y *set_ylabel()* etiquetan los ejes.

- *legend()* añade una leyenda a cada subgráfico.
- *grid(True)* añade una cuadrícula a cada subgráfico para mejorar la legibilidad.

- Finalización del gráfico:
    - *plt.tight_layout()* ajusta automáticamente los parámetros de los subgráficos para una disposición óptima.
    - *plt.show()* muestra la figura final con todos los subgráficos.

Este ejemplo demuestra varias características avanzadas de Matplotlib:

1. Creación de una cuadrícula de subgráficos para comparar múltiples conjuntos de datos o funciones.
2. Uso de diferentes estilos de línea y colores para distinguir entre gráficos.
3. Adición de títulos, etiquetas, leyendas y cuadrículas para mejorar la legibilidad del gráfico.
4. Trabajo con funciones matemáticas más complejas utilizando NumPy.

Estas características son particularmente útiles en contextos de *Machine Learning*, como:

- Comparar diferentes predicciones de modelos o métricas de error.
- Visualizar varias transformaciones de datos o pasos de ingeniería de características.
- Explorar relaciones entre diferentes variables o conjuntos de datos.
- Presentar múltiples aspectos de un análisis en una sola figura integral.

Combinar múltiples gráficos permite analizar datos desde diferentes perspectivas, lo cual es esencial para un análisis completo de datos en *Machine Learning*.

La visualización de datos es una parte crucial de cualquier flujo de trabajo de *Machine Learning*. Ya sea que estés explorando datos, presentando hallazgos o evaluando el rendimiento del modelo, **Matplotlib**, **Seaborn** y **Plotly** proporcionan las herramientas para hacerlo de manera efectiva. Cada biblioteca ofrece fortalezas únicas: Matplotlib proporciona flexibilidad y personalización, Seaborn simplifica la representación gráfica estadística, y Plotly permite visualizaciones interactivas. Al dominar estas herramientas, estarás bien preparado para visualizar tus datos, comunicar ideas y tomar decisiones informadas.

2.5 Scikit-learn y Bibliotecas Esenciales de Machine Learning

Machine Learning empodera a las computadoras para aprender de los datos y tomar decisiones inteligentes sin programación explícita para cada escenario. A la vanguardia de esta revolución se encuentra **Scikit-learn** de Python, una poderosa biblioteca conocida por su interfaz fácil de usar, eficiencia computacional y una amplia gama de algoritmos de vanguardia. Este versátil kit de herramientas se ha convertido en la opción preferida para científicos de datos y profesionales de *Machine Learning* en todo el mundo.

La completa suite de herramientas de Scikit-learn abarca todo el pipeline de *Machine Learning*, desde el preprocesamiento inicial de datos y la ingeniería de características hasta la construcción, entrenamiento y evaluación rigurosa de modelos. Su diseño modular permite la integración fluida de varios componentes, permitiendo a investigadores y desarrolladores crear soluciones de *Machine Learning* sofisticadas con notable facilidad y flexibilidad.

En esta exploración en profundidad, profundizaremos en el funcionamiento interno de Scikit-learn, desentrañando sus funcionalidades centrales y examinando cómo se integra sin problemas con otras bibliotecas esenciales en el ecosistema de Python. Investigaremos sus relaciones sinérgicas con potencias como **NumPy** para computación numérica, **Pandas** para manipulación de datos y **Matplotlib** para visualización de datos. Juntas, estas bibliotecas forman un marco robusto que empodera a los científicos de datos para construir pipelines de *Machine Learning* de extremo a extremo, desde la ingesta de datos en bruto hasta el despliegue de modelos predictivos finamente ajustados.

2.5.1 Introducción a Scikit-learn

Scikit-learn, una poderosa biblioteca de *machine learning*, se basa en las sólidas fundaciones de *NumPy*, *SciPy* y *Matplotlib*. Esta integración resulta en un marco altamente eficiente para cálculos numéricos y estadísticos, esencial para tareas avanzadas de *machine learning*. La elegancia de la biblioteca radica en su diseño de API consistente, que permite a los científicos de datos y a los practicantes de *machine learning* aplicar sin problemas procesos uniformes a través de una diversa gama de algoritmos, abarcando técnicas de regresión, clasificación, agrupamiento y reducción de dimensionalidad.

Una de las mayores fortalezas de Scikit-learn es su apoyo integral a los paradigmas de **aprendizaje supervisado** y **no supervisado**. Esta versatilidad va más allá de la implementación básica de modelos, abarcando aspectos cruciales del pipeline de *machine learning*, como la **evaluación de modelos** y la **optimización de hiperparámetros**. Estas características permiten a los practicantes no solo construir modelos, sino también evaluar y optimizar rigurosamente su rendimiento, asegurando el desarrollo de soluciones de *machine learning* robustas y precisas.

Para ilustrar el poder y la flexibilidad de Scikit-learn, exploraremos un flujo de trabajo típico que muestra sus capacidades de extremo a extremo:

1. **Preprocesamiento de datos**: Este paso inicial crucial implica técnicas como la escalación de características, normalización y manejo de valores faltantes. Scikit-learn proporciona un rico conjunto de herramientas de preprocesamiento para garantizar que tus datos estén en el formato óptimo para el entrenamiento del modelo.

2. **Partición de datos**: La biblioteca ofrece funciones para dividir estratégicamente tu conjunto de datos en subconjuntos de entrenamiento y prueba. Esta separación es vital para evaluar la generalización del modelo y prevenir el sobreajuste.
3. **Selección de modelos**: Scikit-learn cuenta con una extensa colección de algoritmos de *machine learning*. Los usuarios pueden elegir entre una amplia variedad de modelos adaptados a su dominio problemático específico y características de los datos.
4. **Entrenamiento del modelo**: Con su API intuitiva, Scikit-learn simplifica el proceso de ajuste de modelos a los datos de entrenamiento. Este paso aprovecha las implementaciones optimizadas de la biblioteca para aprender patrones de manera eficiente a partir de las características de entrada.
5. **Evaluación del modelo**: La biblioteca proporciona un conjunto completo de métricas y técnicas de validación para evaluar el rendimiento del modelo en datos de prueba retenidos, asegurando estimaciones confiables de efectividad en el mundo real.
6. **Optimización de hiperparámetros**: Scikit-learn ofrece herramientas avanzadas para ajustar los parámetros del modelo, incluidos métodos de búsqueda en cuadrícula y búsqueda aleatoria. Estas técnicas ayudan a identificar la configuración óptima para maximizar el rendimiento del modelo.

En las siguientes secciones, profundizaremos en cada uno de estos pasos, proporcionando ejemplos prácticos y mejores prácticas para aprovechar al máximo Scikit-learn en tus proyectos de *machine learning*.

2.5.2 Preprocesamiento de Datos con Scikit-learn

Antes de alimentar datos en un modelo de *machine learning*, es crucial preprocesarlos para garantizar un rendimiento y precisión óptimos. El preprocesamiento de datos es un paso fundamental que transforma los datos en bruto en un formato que los algoritmos de *machine learning* pueden interpretar y utilizar de manera efectiva. Este proceso implica varios pasos clave:

1. **Escalado de características**: Muchos algoritmos son sensibles a la escala de las características de entrada. Técnicas como la estandarización (escalado a media cero y varianza unitaria) o la normalización (escalado a un rango fijo, a menudo [0,1]) aseguran que todas las características contribuyan por igual al proceso de aprendizaje del modelo.
2. **Codificación de variables categóricas**: Los modelos de *machine learning* típicamente trabajan con datos numéricos. Las variables categóricas, como colores o etiquetas de texto, necesitan ser convertidas a un formato numérico. Esto se puede hacer a través de técnicas como la codificación one-hot o la codificación de etiquetas.
3. **Manejo de valores faltantes**: Los conjuntos de datos del mundo real a menudo contienen información faltante o incompleta. Las estrategias para abordar esto

incluyen la imputación (llenar los valores faltantes con estimaciones) o la eliminación de muestras incompletas, dependiendo de la naturaleza y la extensión de los datos faltantes.

4. **Selección o extracción de características**: Esto implica identificar las características más relevantes para el modelo, lo que puede mejorar el rendimiento y reducir la complejidad computacional.
5. **Detección y tratamiento de valores atípicos**: Los valores extremos pueden impactar significativamente en el rendimiento del modelo. Identificar y manejar adecuadamente los valores atípicos es a menudo un paso crucial en el preprocesamiento.

Scikit-learn proporciona una suite completa de herramientas para realizar estas tareas de preprocesamiento de manera eficiente y efectiva. Su módulo de preprocesamiento ofrece una amplia gama de funciones y clases que pueden integrarse sin problemas en los pipelines de *machine learning*, garantizando una transformación de datos consistente y reproducible a lo largo de las fases de entrenamiento y prueba.

Estandarizando Datos

En *machine learning*, estandarizar datos numéricos es un paso crítico de preprocesamiento que asegura que todas las características contribuyan por igual al proceso de aprendizaje del modelo. Esta técnica, conocida como escalado de características, transforma los datos para que todas las características tengan una media de 0 y una desviación estándar de 1. Al hacerlo, creamos un campo de juego equitativo para todas las variables de entrada, independientemente de sus escalas originales o unidades de medida.

La importancia de la estandarización se vuelve particularmente evidente al trabajar con algoritmos basados en distancias, como **Máquinas de Vectores de Soporte (SVM)** y **K vecinos más cercanos (KNN)**. Estos algoritmos son inherentemente sensibles a la escala de las características de entrada porque dependen de calcular distancias entre puntos de datos en el espacio de características.

Por ejemplo, en una SVM, el algoritmo intenta encontrar el hiperplano óptimo que separa diferentes clases. Si una característica tiene una escala mucho mayor que las demás, dominará los cálculos de distancia y potencialmente sesgará la posición del hiperplano. De manera similar, en KNN, que clasifica puntos de datos en función de la clase mayoritaria de sus vecinos más cercanos, las características con escalas más grandes tendrán una influencia desproporcionada en la determinación de qué puntos se consideran "más cercanos".

La estandarización aborda estos problemas asegurando que todas las características contribuyan proporcionalmente a los cálculos de distancia. Esto no solo mejora el rendimiento de estos algoritmos, sino que también acelera la convergencia de muchos algoritmos de optimización utilizados en modelos de *machine learning*.

Además, la estandarización facilita una interpretación más sencilla de la importancia de las características y los coeficientes del modelo, ya que todos están en la misma escala. Sin embargo, es importante notar que, aunque la estandarización es crucial para muchos algoritmos, algunos, como los árboles de decisión y los bosques aleatorios, son inherentemente inmunes al escalado de características y pueden no requerir este paso de preprocesamiento.

Ejemplo: Estandarizando Características Usando Scikit-learn

```
import numpy as np
from sklearn.preprocessing import StandardScaler
import matplotlib.pyplot as plt

# Sample data: three features with different scales
data = np.array([
    [1.0, 100.0, 1000.0],
    [2.0, 150.0, 2000.0],
    [3.0, 200.0, 3000.0],
    [4.0, 250.0, 4000.0],
    [5.0, 300.0, 5000.0]
])

# Initialize a StandardScaler
scaler = StandardScaler()

# Fit the scaler to the data and transform it
scaled_data = scaler.fit_transform(data)

# Print original and scaled data
print("Original Data:\\n", data)
print("\\nScaled Data:\\n", scaled_data)

# Print mean and standard deviation of original and scaled data
print("\\nOriginal Data Statistics:")
print("Mean:", np.mean(data, axis=0))
print("Standard Deviation:", np.std(data, axis=0))

print("\\nScaled Data Statistics:")
print("Mean:", np.mean(scaled_data, axis=0))
print("Standard Deviation:", np.std(scaled_data, axis=0))

# Visualize the data before and after scaling
fig, (ax1, ax2) = plt.subplots(1, 2, figsize=(12, 5))

# Plot original data
ax1.plot(data)
ax1.set_title("Original Data")
ax1.set_xlabel("Sample")
ax1.set_ylabel("Value")
ax1.legend(['Feature 1', 'Feature 2', 'Feature 3'])

# Plot scaled data
ax2.plot(scaled_data)
ax2.set_title("Scaled Data")
```

```
ax2.set_xlabel("Sample")
ax2.set_ylabel("Standardized Value")
ax2.legend(['Feature 1', 'Feature 2', 'Feature 3'])

plt.tight_layout()
plt.show()
```

Este ejemplo de código demuestra el proceso de estandarización de datos utilizando el StandardScaler de Scikit-learn. Vamos a desglosarlo paso a paso:

1. **Importación de Bibliotecas**:
   - Importamos numpy para operaciones numéricas, StandardScaler de sklearn.preprocessing para la estandarización de datos y matplotlib.pyplot para la visualización de datos.
2. **Creación de Datos de Muestra**:
   - Creamos un arreglo numpy con 5 muestras y 3 características, cada una con diferentes escalas (1-5, 100-300, 1000-5000).
3. **Estandarización de los Datos**:
   - Inicializamos un objeto StandardScaler.
   - Usamos fit_transform() para ajustar el escalador a los datos y transformarlos en un solo paso.
4. **Impresión de Resultados**:
   - Imprimimos tanto los datos originales como los escalados para la comparación.
   - Calculamos e imprimimos la media y la desviación estándar de ambos conjuntos de datos para verificar la estandarización.
5. **Visualización de los Datos**:
   - Creamos una figura con dos subgráficas para visualizar los datos originales y escalados uno al lado del otro.
   - Para cada subgráfica, trazamos los datos, configuramos títulos y etiquetas, y añadimos una leyenda.
   - Finalmente, ajustamos el diseño y mostramos la gráfica.

Observaciones Clave:

- Los datos originales tienen características en escalas muy diferentes, lo cual es evidente en la primera gráfica.
- Después de la estandarización, todas las características tienen una media de aproximadamente 0 y una desviación estándar de 1, como se muestra en las estadísticas impresas.
- La gráfica de datos escalados muestra todas las características en la misma escala, centradas alrededor de 0.

Este ejemplo integral no solo demuestra cómo utilizar StandardScaler, sino también cómo verificar sus efectos a través del análisis estadístico y la visualización. Este enfoque es crucial en el preprocesamiento de machine learning para asegurar que todas las características contribuyan de manera equitativa al entrenamiento del modelo, independientemente de sus escalas originales.

Codificación de Variables Categóricas

La mayoría de los algoritmos de machine learning están diseñados para trabajar con datos numéricos, lo que presenta un desafío al tratar con características categóricas. Las variables categóricas son aquellas que representan categorías o grupos discretos, como respuestas de "Sí" o "No", o opciones de color como "Rojo", "Verde" y "Azul". Estos puntos de datos no numéricos deben convertirse en un formato numérico que los algoritmos puedan procesar de manera efectiva.

Este proceso de conversión se conoce como codificación, y es un paso crucial en la preparación de datos para modelos de machine learning. Existen varios métodos para codificar variables categóricas, cada uno con sus propias ventajas y casos de uso. Scikit-learn, una popular biblioteca de machine learning en Python, proporciona dos herramientas principales para este propósito: **OneHotEncoder** y **LabelEncoder**.

El **OneHotEncoder** es particularmente útil para variables categóricas nominales (aquellas sin un orden inherente). Crea columnas binarias para cada categoría, donde un 1 indica la presencia de esa categoría y 0 indica su ausencia. Por ejemplo, codificar colores podría resultar en tres nuevas columnas: "Es_Rojo", "Es_Verde" y "Es_Azul", con solo una columna conteniendo un 1 para cada punto de datos.

El **LabelEncoder**, por otro lado, es más adecuado para variables categóricas ordinales (aquellas con un orden significativo). Asigna un entero único a cada categoría. Por ejemplo, podría codificar "Bajo", "Medio" y "Alto" como 0, 1 y 2 respectivamente. Sin embargo, se debe tener cuidado al usar LabelEncoder, ya que algunos algoritmos podrían interpretar estos números como si tuvieran un orden o magnitud inherente, lo que puede no ser siempre apropiado.

Elegir el método de codificación adecuado es crucial, ya que puede impactar significativamente el rendimiento y la interpretabilidad de tu modelo de machine learning. Al proporcionar estas herramientas de codificación, Scikit-learn simplifica el proceso de preparación de datos categóricos para el análisis, permitiendo a los científicos de datos centrarse más en el desarrollo del modelo y menos en las cuestiones técnicas del preprocesamiento de datos.

Ejemplo: Codificación de Variables Categóricas

```
import numpy as np
from sklearn.preprocessing import OneHotEncoder, LabelEncoder
import pandas as pd

# Sample categorical data
categories = np.array([['Male'], ['Female'], ['Female'], ['Male'], ['Other']])
ordinal_categories = np.array(['Low', 'Medium', 'High', 'Medium', 'Low'])

# Initialize OneHotEncoder
onehot_encoder = OneHotEncoder(sparse=False)

# Fit and transform the categorical data
encoded_data = onehot_encoder.fit_transform(categories)

# Initialize LabelEncoder
label_encoder = LabelEncoder()

# Fit and transform the ordinal data
encoded_ordinal = label_encoder.fit_transform(ordinal_categories)

# Create a DataFrame for better visualization
df = pd.DataFrame(encoded_data, columns=onehot_encoder.get_feature_names(['Gender']))
df['Ordinal Category'] = encoded_ordinal

print("Original Categorical Data:\\n", categories.flatten())
print("\\nOne-Hot                    Encoded                    Data:\\n",
df[onehot_encoder.get_feature_names(['Gender'])])
print("\\nOriginal Ordinal Data:\\n", ordinal_categories)
print("\\nLabel Encoded Ordinal Data:\\n", encoded_ordinal)
print("\\nComplete DataFrame:\\n", df)

# Demonstrate inverse transform
original_categories = onehot_encoder.inverse_transform(encoded_data)
original_ordinal = label_encoder.inverse_transform(encoded_ordinal)

print("\\nInverse Transformed Categorical Data:\\n", original_categories.flatten())
print("Inverse Transformed Ordinal Data:\\n", original_ordinal)
```

Explicación del Desglose del Código:

1. **Importación de Bibliotecas**:
   - Importamos numpy para operaciones numéricas, OneHotEncoder y LabelEncoder de sklearn.preprocessing para codificar variables categóricas, y pandas para la manipulación y visualización de datos.

2. **Creación de Datos de Muestra**:
    - Creamos dos arreglos: 'categories' para datos categóricos nominales (género) y 'ordinal_categories' para datos categóricos ordinales (bajo/medio/alto).
3. **Codificación One-Hot**:
    - Inicializamos un OneHotEncoder con sparse=False para obtener una salida de arreglo denso.
    - Usamos fit_transform() para ajustar el codificador a los datos y transformarlos en un solo paso.
    - Esto crea columnas binarias para cada categoría única en el arreglo 'categories'.
4. **Codificación por Etiqueta**:
    - Inicializamos un LabelEncoder para los datos ordinales.
    - Usamos fit_transform() para codificar las categorías ordinales en etiquetas enteras.
5. **Visualización de Datos**:
    - Creamos un DataFrame de pandas para mostrar los datos codificados de manera más clara.
    - Usamos get_feature_names() para obtener nombres de columnas significativos para los datos codificados one-hot.
    - Añadimos los datos ordinales codificados como una columna separada en el DataFrame.
6. **Impresión de Resultados**:
    - Imprimimos los datos categóricos y ordinales originales, junto con sus versiones codificadas.
    - Mostramos el DataFrame completo para mostrar cómo se pueden combinar ambos métodos de codificación.
7. **Transformación Inversa**:
    - Demostramos cómo revertir el proceso de codificación utilizando inverse_transform() tanto para OneHotEncoder como para LabelEncoder.
    - Esto es útil cuando necesitas convertir tus datos codificados de nuevo a su forma original para la interpretación o presentación.

Este ejemplo muestra tanto la codificación One-Hot para categorías nominales como la codificación por etiqueta para categorías ordinales. También demuestra cómo combinar diferentes métodos de codificación en un solo DataFrame y cómo revertir el proceso de codificación. Este enfoque integral proporciona una visión más completa de la codificación de datos categóricos en el preprocesamiento de machine learning.

2.5.3 Dividiendo los Datos para Entrenamiento y Prueba

Para evaluar correctamente un modelo de machine learning, es crucial dividir el conjunto de datos en dos partes distintas: un conjunto de entrenamiento y un conjunto de prueba. Esta separación es fundamental para evaluar el rendimiento del modelo y su capacidad para generalizar a datos no vistos. A continuación, se presenta una explicación más detallada de por qué esta división es esencial:

1. **Conjunto de Entrenamiento**: Esta porción más grande de los datos (típicamente del 70% al 80%) se utiliza para enseñar al modelo. El modelo aprende los patrones, relaciones y la estructura subyacente de los datos a partir de este conjunto. Es en estos datos donde el modelo ajusta sus parámetros para minimizar los errores de predicción.
2. **Conjunto de Prueba**: La porción restante de los datos (típicamente del 20% al 30%) se reserva y no se utiliza durante el proceso de entrenamiento. Este conjunto sirve como un proxy para nuevos datos no vistos. Después del entrenamiento, el rendimiento del modelo se evalúa en este conjunto para estimar cuán bien funcionará con datos del mundo real que no ha encontrado antes.

Los beneficios clave de esta división incluyen:

- **Prevención del Sobreajuste**: Al evaluar en un conjunto de prueba separado, podemos detectar si el modelo ha memorizado los datos de entrenamiento en lugar de aprender patrones generalizables.
- **Estimación de Rendimiento No Sesgada**: El conjunto de prueba proporciona una estimación no sesgada del rendimiento del modelo en nuevos datos.
- **Selección de Modelos**: Al comparar diferentes modelos o hiperparámetros, el rendimiento en el conjunto de prueba ayuda a elegir la mejor opción.

La función **train_test_split()** de Scikit-learn simplifica este proceso crucial de particionar tu conjunto de datos. Ofrece varias ventajas:

- **División Aleatoria**: Asegura que la división sea aleatoria, manteniendo la distribución general de los datos en ambos conjuntos.
- **Estratificación**: Para problemas de clasificación, puede mantener la misma proporción de muestras para cada clase en ambos conjuntos.
- **Reproducibilidad**: Al establecer un estado aleatorio, puedes garantizar que la misma división se reproduzca en diferentes ejecuciones, lo cual es crucial para la reproducibilidad de resultados.

Al aprovechar esta función, los científicos de datos pueden implementar fácilmente esta mejor práctica, asegurando una evaluación de modelo más robusta y confiable en sus flujos de trabajo de machine learning.

Ejemplo: Dividiendo Datos en Conjuntos de Entrenamiento y Prueba

```
import numpy as np
from sklearn.model_selection import train_test_split
from sklearn.preprocessing import StandardScaler
from sklearn.linear_model import LogisticRegression
from sklearn.metrics import accuracy_score, classification_report

# Create a sample dataset
np.random.seed(42)
X = np.random.rand(100, 2) * 10
y = (X[:, 0] + X[:, 1] > 10).astype(int)

# Split data into training and testing sets
X_train,  X_test,  y_train,  y_test  =  train_test_split(X,  y,  test_size=0.2,
random_state=42)

# Scale the features
scaler = StandardScaler()
X_train_scaled = scaler.fit_transform(X_train)
X_test_scaled = scaler.transform(X_test)

# Train a logistic regression model
model = LogisticRegression(random_state=42)
model.fit(X_train_scaled, y_train)

# Make predictions
y_pred = model.predict(X_test_scaled)

# Evaluate the model
accuracy = accuracy_score(y_test, y_pred)
print(f"Accuracy: {accuracy:.2f}")

# Print classification report
print("\\nClassification Report:")
print(classification_report(y_test, y_pred))

# Print sample of original and scaled data
print("\\nSample of original training data:")
print(X_train[:5])
print("\\nSample of scaled training data:")
print(X_train_scaled[:5])
```

Explicación del Desglose del Código:

1. **Importación de Bibliotecas**:

- Importamos numpy para operaciones numéricas, train_test_split para la división de datos, StandardScaler para la normalización de características, LogisticRegression para nuestro modelo, y accuracy_score y classification_report para la evaluación del modelo.

2. **Creación de Datos de Muestra**:
   - Utilizamos numpy para generar un conjunto de datos aleatorio con 100 muestras y 2 características.
   - Creamos una variable objetivo binaria basada en si la suma de las dos características es mayor que 10.
3. **División de los Datos**:
   - Usamos train_test_split para dividir nuestros datos en conjuntos de entrenamiento (80%) y prueba (20%).
   - El random_state asegura la reproducibilidad de la división.
4. **Normalización de las Características**:
   - Inicializamos un objeto StandardScaler para normalizar nuestras características.
   - Ajustamos el escalador a los datos de entrenamiento y transformamos tanto los datos de entrenamiento como los de prueba.
   - Este paso es crucial para muchos algoritmos de machine learning, incluida la regresión logística.
5. **Entrenamiento del Modelo**:
   - Creamos un modelo de LogisticRegression y lo ajustamos a los datos de entrenamiento escalados.
6. **Realización de Predicciones**:
   - Usamos el modelo entrenado para hacer predicciones sobre los datos de prueba escalados.
7. **Evaluación del Modelo**:
   - Calculamos la precisión del modelo para ver qué tan bien se desempeña.
   - Imprimimos un informe de clasificación, que incluye precisión, recuperación y puntaje F1 para cada clase.
8. **Visualización de Muestras de Datos**:
   - Imprimimos muestras de los datos originales y escalados de entrenamiento para ilustrar el efecto de la normalización.

Este ejemplo demuestra un flujo de trabajo completo de machine learning, desde la preparación de datos hasta la evaluación del modelo. Incluye la normalización de características, que a menudo es crucial para el rendimiento óptimo del modelo, y proporciona una evaluación más completa del rendimiento del modelo utilizando el informe de clasificación.

Este es un paso crucial en los flujos de trabajo de machine learning para asegurar que los modelos se evalúen en datos no vistos, proporcionando una estimación no sesgada del rendimiento.

2.5.4 Elección y Entrenamiento de un Modelo de Machine Learning

Scikit-learn ofrece un conjunto completo de modelos de machine learning, atendiendo a una amplia gama de tareas de análisis de datos. Esta extensa colección incluye tanto algoritmos de aprendizaje supervisado como no supervisado, proporcionando a investigadores y profesionales un conjunto de herramientas versátil para diversas aplicaciones de machine learning.

Los algoritmos de aprendizaje supervisado, que forman una parte significativa de las ofertas de Scikit-learn, están diseñados para aprender a partir de datos etiquetados. Estos algoritmos se pueden categorizar aún más en modelos de clasificación y regresión. Los modelos de clasificación se utilizan cuando la variable objetivo es categórica, mientras que los modelos de regresión se emplean para variables objetivo continuas.

Los algoritmos de aprendizaje no supervisado, por otro lado, están diseñados para encontrar patrones o estructuras en datos no etiquetados. Estos incluyen algoritmos de agrupamiento, técnicas de reducción de dimensionalidad y métodos de detección de anomalías.

Profundicemos en un algoritmo común de aprendizaje supervisado: **Regresión Logística**, que se utiliza ampliamente para tareas de clasificación. A pesar de su nombre, la regresión logística es un algoritmo de clasificación en lugar de un algoritmo de regresión. Es particularmente útil para problemas de clasificación binaria, aunque se puede extender a clasificación multiclase.

La regresión logística funciona estimando la probabilidad de que una instancia pertenezca a una clase particular. Utiliza la función logística (también conocida como función sigmoide) para transformar su salida en un valor entre 0 y 1, que puede interpretarse como una probabilidad. Esta probabilidad se utiliza luego para tomar la decisión final de clasificación, típicamente usando un umbral de 0.5.

Una de las principales ventajas de la regresión logística es su simplicidad e interpretabilidad. Los coeficientes del modelo se pueden interpretar fácilmente como el cambio en las probabilidades logarítmicas del resultado por un aumento unitario en la característica correspondiente. Esto la convierte en una opción popular en campos como la medicina y las ciencias sociales, donde la interpretabilidad del modelo es crucial.

Regresión Logística para Clasificación

La regresión logística es un algoritmo de clasificación poderoso y ampliamente utilizado en machine learning. Es particularmente efectiva para predecir resultados binarios, como determinar si un correo electrónico es "spam" o "no spam", o si un cliente realizará una compra o no. A pesar de su nombre, la regresión logística se utiliza para clasificación en lugar de tareas de regresión.

En su núcleo, la regresión logística modela la probabilidad de que una instancia pertenezca a una categoría particular. Lo hace estimando la probabilidad de un resultado categórico en función de una o más características de entrada. El algoritmo utiliza la función logística (también conocida como función sigmoide) para transformar su salida en un valor de probabilidad entre 0 y 1.

Aspectos clave de la regresión logística incluyen:

- **Clasificación Binaria**: La regresión logística sobresale en problemas con dos resultados distintos, como determinar si un correo electrónico es spam o no. Si bien está diseñada principalmente para clasificación binaria, se puede adaptar a problemas multiclase a través de técnicas como one-vs-rest o regresión softmax.
- **Estimación de Probabilidades**: En lugar de asignar directamente una etiqueta de clase, la regresión logística calcula la probabilidad de que una instancia pertenezca a una clase particular. Este enfoque probabilístico proporciona conocimientos más matizados, permitiendo ajustes de umbral basados en los requisitos específicos del caso de uso.
- **Límite de Decisión Lineal**: En su forma básica, la regresión logística establece un límite de decisión lineal para separar clases en el espacio de características. Esta naturaleza lineal contribuye a la interpretabilidad del modelo, pero puede ser una limitación para datos complejos y no linealmente separables. Sin embargo, se pueden emplear trucos de kernel o ingeniería de características para manejar relaciones no lineales.
- **Análisis de Importancia de Características**: Los coeficientes del modelo de regresión logística ofrecen valiosos conocimientos sobre la importancia de las características. Al examinar estos coeficientes, los científicos de datos pueden comprender qué características tienen el mayor impacto en las predicciones, facilitando la selección de características y proporcionando conocimientos prácticos para expertos en la materia.

La regresión logística es valorada por su simplicidad, interpretabilidad y eficiencia, lo que la convierte en una opción preferida para muchas tareas de clasificación en diversos campos, incluidos la medicina, el marketing y las finanzas.

Ejemplo: Entrenamiento de un Modelo de Regresión Logística

```
import numpy as np
import matplotlib.pyplot as plt
from sklearn.datasets import load_iris
from sklearn.linear_model import LogisticRegression
```

```
from sklearn.model_selection import train_test_split
from sklearn.metrics import accuracy_score, classification_report, confusion_matrix
from sklearn.preprocessing import StandardScaler

# Load the Iris dataset
iris = load_iris()
X = iris.data
y = iris.target

# Split the dataset into training and testing sets
X_train,   X_test,   y_train,   y_test   =   train_test_split(X,   y,   test_size=0.2,
random_state=42)

# Scale the features
scaler = StandardScaler()
X_train_scaled = scaler.fit_transform(X_train)
X_test_scaled = scaler.transform(X_test)

# Initialize and train the Logistic Regression model on all features
model = LogisticRegression(max_iter=1000, multi_class='ovr')
model.fit(X_train_scaled, y_train)

# Make predictions on the test data
y_pred = model.predict(X_test_scaled)

# Evaluate the model
accuracy = accuracy_score(y_test, y_pred)
print(f"Accuracy: {accuracy:.2f}")
print("\nClassification Report:")
print(classification_report(y_test, y_pred, target_names=iris.target_names))

# Visualize the confusion matrix
cm = confusion_matrix(y_test, y_pred)
plt.figure(figsize=(8, 6))
plt.imshow(cm, interpolation='nearest', cmap=plt.cm.Blues)
plt.title('Confusion Matrix')
plt.colorbar()
tick_marks = np.arange(len(iris.target_names))
plt.xticks(tick_marks, iris.target_names, rotation=45)
plt.yticks(tick_marks, iris.target_names)
plt.tight_layout()
plt.ylabel('True label')
plt.xlabel('Predicted label')
plt.show()

# Train separate models for decision boundary visualization
model_sepal = LogisticRegression(max_iter=1000, multi_class='ovr')
model_sepal.fit(X_train_scaled[:, [0, 1]], y_train)

model_petal = LogisticRegression(max_iter=1000, multi_class='ovr')
model_petal.fit(X_train_scaled[:, [2, 3]], y_train)
```

```
# Function to plot decision boundaries
def plot_decision_boundary(X, y, model, ax=None):
    h = .02  # step size in the mesh
    x_min, x_max = X[:, 0].min() - 1, X[:, 0].max() + 1
    y_min, y_max = X[:, 1].min() - 1, X[:, 1].max() + 1
    xx, yy = np.meshgrid(np.arange(x_min, x_max, h), np.arange(y_min, y_max, h))
    Z = model.predict(np.c_[xx.ravel(), yy.ravel()])
    Z = Z.reshape(xx.shape)
    out = ax or plt
    out.contourf(xx, yy, Z, cmap=plt.cm.RdYlBu, alpha=0.8)
    out.scatter(X[:, 0], X[:, 1], c=y, cmap=plt.cm.RdYlBu, edgecolors='black')
    out.xlabel('Feature 1')
    out.ylabel('Feature 2')
    return out

# Plot decision boundaries
plt.figure(figsize=(12, 5))
plt.subplot(121)
plot_decision_boundary(X_train_scaled[:, [0, 1]], y_train, model_sepal)
plt.title('Decision Boundary (Sepal)')
plt.subplot(122)
plot_decision_boundary(X_train_scaled[:, [2, 3]], y_train, model_petal)
plt.title('Decision Boundary (Petal)')
plt.tight_layout()
plt.show()
```

Explicación del Desglose del Código:

1. **Importación de Bibliotecas**:
    - Importamos numpy para operaciones numéricas, matplotlib para graficar y varios módulos de scikit-learn para tareas de machine learning.
2. **Cargando y Dividiendo el Conjunto de Datos**:
    - Cargamos el conjunto de datos Iris utilizando load_iris() y lo dividimos en conjuntos de entrenamiento y prueba utilizando train_test_split(). El conjunto de prueba representa el 20% del total de datos.
3. **Escalado de Características**:
    - Utilizamos StandardScaler() para normalizar las características. Esto es importante para la regresión logística, ya que es sensible a la escala de las características de entrada.
4. **Entrenamiento del Modelo**:
    - Inicializamos un modelo de LogisticRegression con max_iter=1000 para asegurar la convergencia y multi_class='ovr' para la estrategia uno contra el resto en clasificación multiclase.
    - El modelo se entrena con los datos de entrenamiento escalados.

5. **Realización de Predicciones**:
   - Usamos el modelo entrenado para hacer predicciones sobre los datos de prueba escalados.
6. **Evaluación del Modelo**:
   - Calculamos la precisión del modelo e imprimimos un informe de clasificación detallado, que incluye precisión, recuperación y puntaje F1 para cada clase.
7. **Visualización de la Matriz de Confusión**:
   - Creamos y graficamos una matriz de confusión para visualizar el rendimiento del modelo a través de diferentes clases.
8. **Visualización de Límites de Decisión**:
   - Definimos una función plot_decision_boundary() para visualizar los límites de decisión del modelo.
   - Creamos dos gráficos: uno para la longitud del sépalo vs el ancho del sépalo y otro para la longitud del pétalo vs el ancho del pétalo.
   - Estos gráficos ayudan a visualizar cómo el modelo separa diferentes clases en el espacio de características.

Este ejemplo proporciona un enfoque más integral a la clasificación mediante regresión logística. Incluye el escalado de características, que a menudo es crucial para el rendimiento óptimo del modelo, y ofrece una evaluación más completa del rendimiento del modelo utilizando diversas métricas y visualizaciones. Los gráficos de límites de decisión ofrecen información sobre cómo el modelo clasifica diferentes especies de iris en función de sus características.

Árboles de Decisión para Clasificación

Otro algoritmo de clasificación popular es el **Árbol de Decisión**, que ofrece un enfoque único para la clasificación de datos. Los Árboles de Decisión funcionan dividiendo recursivamente el conjunto de datos en subconjuntos basados en los valores de las características, creando una estructura similar a un árbol de decisiones y sus posibles consecuencias.

Aquí hay una explicación más detallada de cómo funcionan los Árboles de Decisión:

- **Estructura del Árbol**: El algoritmo comienza con todo el conjunto de datos en el nodo raíz y luego lo divide recursivamente en subconjuntos más pequeños, creando nodos internos (puntos de decisión) y nodos hoja (clasificaciones finales).
- **Selección de Características**: En cada nodo interno, el algoritmo selecciona la característica más informativa para dividir, utilizando típicamente métricas como la impureza de Gini o la ganancia de información.

- **Proceso de División**: El conjunto de datos se divide en función de los valores de la característica elegida, creando ramas que conducen a nuevos nodos. Este proceso continúa hasta que se cumple un criterio de parada (por ejemplo, profundidad máxima del árbol o mínimo de muestras por hoja).
- **Clasificación**: Para clasificar un nuevo punto de datos, este se pasa a través del árbol, siguiendo las ramas apropiadas según sus valores de características hasta que llega a un nodo hoja, que proporciona la clasificación final.

Los Árboles de Decisión ofrecen varias ventajas:

- **Interpretabilidad**: Son fáciles de visualizar y explicar, lo que los hace valiosos en campos donde los procesos de toma de decisiones deben ser transparentes.
- **Versatilidad**: Los Árboles de Decisión pueden manejar tanto datos numéricos como categóricos sin requerir un extenso preprocesamiento de datos.
- **Importancia de Características**: Realizan inherentemente la selección de características, proporcionando información sobre qué características son más influyentes en el proceso de clasificación.
- **Relaciones No Lineales**: A diferencia de algunos algoritmos, los Árboles de Decisión pueden capturar relaciones complejas y no lineales entre características y variables objetivo.

Sin embargo, es importante tener en cuenta que los Árboles de Decisión pueden ser propensos al sobreajuste, especialmente cuando se les permite crecer demasiado. Esta limitación se aborda a menudo utilizando métodos de conjunto como Bosques Aleatorios o mediante técnicas de poda.

Ejemplo: Entrenamiento de un Clasificador de Árbol de Decisión

```
import numpy as np
import matplotlib.pyplot as plt
from sklearn.tree import DecisionTreeClassifier, plot_tree
from sklearn.metrics import accuracy_score, classification_report, confusion_matrix
from sklearn.model_selection import train_test_split, cross_val_score
from sklearn.datasets import load_iris
from sklearn.preprocessing import StandardScaler

# Load the Iris dataset
iris = load_iris()
X, y = iris.data, iris.target

# Split the dataset into training and testing sets
X_train, X_test, y_train, y_test = train_test_split(X, y, test_size=0.2, 
random_state=42)

# Scale the features
```

```
scaler = StandardScaler()
X_train_scaled = scaler.fit_transform(X_train)
X_test_scaled = scaler.transform(X_test)

# Initialize and train the Decision Tree classifier
tree_model = DecisionTreeClassifier(random_state=42)
tree_model.fit(X_train_scaled, y_train)

# Make predictions on the test data
y_pred_tree = tree_model.predict(X_test_scaled)

# Evaluate the model's accuracy
accuracy = accuracy_score(y_test, y_pred_tree)
print(f"Decision Tree Accuracy: {accuracy:.2f}")

# Print classification report
print("\\nClassification Report:")
print(classification_report(y_test, y_pred_tree, target_names=iris.target_names))

# Perform cross-validation
cv_scores = cross_val_score(tree_model, X, y, cv=5)
print(f"\\nCross-validation scores: {cv_scores}")
print(f"Mean CV score: {cv_scores.mean():.2f}")

# Visualize the decision tree
plt.figure(figsize=(20,10))
plot_tree(tree_model,                                          feature_names=iris.feature_names,
class_names=iris.target_names, filled=True, rounded=True)
plt.title("Decision Tree Visualization")
plt.show()

# Visualize the confusion matrix
cm = confusion_matrix(y_test, y_pred_tree)
plt.figure(figsize=(10,7))
plt.imshow(cm, interpolation='nearest', cmap=plt.cm.Blues)
plt.title('Confusion Matrix')
plt.colorbar()
tick_marks = np.arange(len(iris.target_names))
plt.xticks(tick_marks, iris.target_names, rotation=45)
plt.yticks(tick_marks, iris.target_names)
plt.tight_layout()
plt.ylabel('True label')
plt.xlabel('Predicted label')
plt.show()

# Feature importance
feature_importance = tree_model.feature_importances_
sorted_idx = np.argsort(feature_importance)
pos = np.arange(sorted_idx.shape[0]) + .5
plt.figure(figsize=(12,6))
plt.barh(pos, feature_importance[sorted_idx], align='center')
plt.yticks(pos, np.array(iris.feature_names)[sorted_idx])
```

```
plt.xlabel('Feature Importance')
plt.title('Feature Importance for Iris Classification')
plt.show()
```

Explicación del Desglose Integral:

1. **Importación de Bibliotecas**:
   - Importamos las bibliotecas necesarias, incluyendo numpy para operaciones numéricas, matplotlib para graficar y varios módulos de scikit-learn para tareas de machine learning.
2. **Carga y Preprocesamiento de Datos**:
   - Cargamos el conjunto de datos Iris utilizando load_iris().
   - El conjunto de datos se divide en conjuntos de entrenamiento y prueba utilizando train_test_split().
   - Las características se escalan utilizando StandardScaler() para normalizar las características de entrada.
3. **Entrenamiento del Modelo**:
   - Inicializamos un DecisionTreeClassifier con un estado aleatorio fijo para reproducibilidad.
   - El modelo se entrena con los datos de entrenamiento escalados.
4. **Realización de Predicciones**:
   - Usamos el modelo entrenado para hacer predicciones sobre los datos de prueba escalados.
5. **Evaluación del Modelo**:
   - Calculamos e imprimimos la precisión del modelo.
   - Se genera un informe de clasificación detallado, que incluye precisión, recuperación y puntaje F1 para cada clase.
6. **Validación Cruzada**:
   - Realizamos una validación cruzada de 5 pliegues utilizando cross_val_score() para obtener una estimación más robusta del rendimiento del modelo.
7. **Visualización del Árbol de Decisión**:
   - Usamos plot_tree() para visualizar la estructura del árbol de decisiones, lo que ayuda a entender cómo el modelo toma decisiones.
8. **Visualización de la Matriz de Confusión**:

- Creamos y graficamos una matriz de confusión para visualizar el rendimiento del modelo en diferentes clases.

9. **Importancia de las Características**:
   - Extraemos y visualizamos las importancias de las características, que muestran qué características considera el árbol de decisiones como más importantes para la clasificación.

Este ejemplo de código proporciona un enfoque más completo para la clasificación mediante árboles de decisión. Incluye preprocesamiento de datos, entrenamiento del modelo, varias métricas de evaluación, validación cruzada y visualizaciones que ofrecen información sobre el proceso de toma de decisiones y el rendimiento del modelo. El gráfico de importancia de características es particularmente útil para entender qué atributos de las flores de iris son más cruciales para la clasificación según el modelo.

2.5.5 Evaluación del Modelo y Validación Cruzada

Después de entrenar un modelo de machine learning, es crucial evaluar su rendimiento de manera integral. Este proceso de evaluación implica varios pasos y métricas clave:

1. **Precisión**: Esta es la métrica más básica, que representa la proporción de predicciones correctas (tanto verdaderos positivos como verdaderos negativos) entre el total de casos examinados. Si bien es útil, la precisión por sí sola puede ser engañosa, especialmente para conjuntos de datos desbalanceados.
2. **Precisión**: Esta métrica mide la proporción de predicciones verdaderas positivas entre todas las predicciones positivas. Es particularmente importante cuando el costo de falsos positivos es alto.
3. **Recuperación (Sensibilidad)**: Esto representa la proporción de casos positivos reales que fueron identificados correctamente. Es crucial cuando el costo de falsos negativos es alto.
4. **Puntaje F1**: Esta es la media armónica de la precisión y la recuperación, proporcionando un único puntaje que equilibra ambas métricas. Es particularmente útil cuando tienes una distribución de clases desigual.
5. **Matriz de Confusión**: Este formato de tabla permite visualizar el rendimiento de un algoritmo, típicamente uno de aprendizaje supervisado. Presenta un resumen de los resultados de predicción en un problema de clasificación.

Scikit-learn proporciona un conjunto rico de funciones para calcular estas métricas de manera eficiente. Por ejemplo, la función classification_report() genera un informe integral que incluye precisión, recuperación y puntaje F1 para cada clase.

Además, para obtener una estimación más confiable del rendimiento de un modelo en datos no vistos, se emplea la **validación cruzada**. Esta técnica implica:

1. Dividir el conjunto de datos en múltiples subconjuntos (a menudo llamados pliegues).
2. Entrenar el modelo en una combinación de estos subconjuntos.
3. Probarlo en los subconjuntos restantes.
4. Repetir este proceso varias veces con diferentes combinaciones de subconjuntos de entrenamiento y prueba.

La validación cruzada ayuda a:

- **Reducir el sobreajuste**: Al probar el modelo en diferentes subconjuntos de datos, asegura que el modelo generalice bien y no solo memorice los datos de entrenamiento.
- **Proporcionar una estimación de rendimiento más robusta**: Ofrece múltiples puntuaciones de rendimiento, lo que permite calcular la media de rendimiento y la desviación estándar.
- **Utilizar todos los datos para entrenamiento y validación**: Esto es particularmente útil cuando el conjunto de datos es pequeño.

La función cross_val_score() de Scikit-learn simplifica este proceso, permitiendo una fácil implementación de la validación cruzada k-fold. Al utilizar estas técnicas de evaluación, los científicos de datos pueden obtener una comprensión integral de las fortalezas y debilidades de su modelo, lo que conduce a decisiones más informadas en la selección y refinamiento del modelo.

Evaluación de la Precisión del Modelo

La precisión sirve como una métrica fundamental en la evaluación del modelo, representando la proporción de predicciones correctas en todas las instancias del conjunto de datos. Se calcula dividiendo la suma de verdaderos positivos y verdaderos negativos por el total de observaciones.

Si bien la precisión proporciona una medida rápida e intuitiva del rendimiento del modelo, es importante tener en cuenta que puede no ser siempre la métrica más apropiada, especialmente en casos de conjuntos de datos desbalanceados o cuando los costos de diferentes tipos de errores varían significativamente.

Ejemplo: Evaluación de la Precisión

```
import numpy as np
from sklearn.model_selection import train_test_split
from sklearn.linear_model import LogisticRegression
from sklearn.metrics import accuracy_score, classification_report, confusion_matrix
import matplotlib.pyplot as plt
import seaborn as sns

# Generate sample data
np.random.seed(42)
```

```
X = np.random.randn(1000, 2)
y = (X[:, 0] + X[:, 1] > 0).astype(int)

# Split the data into training and testing sets
X_train, X_test, y_train, y_test = train_test_split(X, y, test_size=0.2, random_state=42)

# Initialize and train the logistic regression model
model = LogisticRegression()
model.fit(X_train, y_train)

# Make predictions on the test set
y_pred = model.predict(X_test)

# Evaluate the accuracy of the logistic regression model
accuracy = accuracy_score(y_test, y_pred)
print(f"Logistic Regression Accuracy: {accuracy:.2f}")

# Generate a classification report
print("\\nClassification Report:")
print(classification_report(y_test, y_pred))

# Create and plot a confusion matrix
cm = confusion_matrix(y_test, y_pred)
plt.figure(figsize=(8, 6))
sns.heatmap(cm, annot=True, fmt='d', cmap='Blues')
plt.title('Confusion Matrix')
plt.ylabel('True Label')
plt.xlabel('Predicted Label')
plt.show()

# Visualize the decision boundary
plt.figure(figsize=(10, 8))
x_min, x_max = X[:, 0].min() - 0.5, X[:, 0].max() + 0.5
y_min, y_max = X[:, 1].min() - 0.5, X[:, 1].max() + 0.5
xx, yy = np.meshgrid(np.arange(x_min, x_max, 0.02),
                     np.arange(y_min, y_max, 0.02))
Z = model.predict(np.c_[xx.ravel(), yy.ravel()])
Z = Z.reshape(xx.shape)
plt.contourf(xx, yy, Z, alpha=0.4)
plt.scatter(X[:, 0], X[:, 1], c=y, alpha=0.8)
plt.title('Logistic Regression Decision Boundary')
plt.xlabel('Feature 1')
plt.ylabel('Feature 2')
plt.show()
```

Explicación del Desglose Integral:

1. **Generación y Preparación de Datos**:

- Usamos NumPy para generar datos de muestra aleatorios (1000 puntos con 2 características).
- La variable objetivo se crea en función de una condición simple (suma de características > 0).
- Los datos se dividen en conjuntos de entrenamiento (80%) y prueba (20%) utilizando train_test_split.

2. **Entrenamiento del Modelo**:
   - Se inicializa un modelo de LogisticRegression y se entrena con los datos de entrenamiento.
3. **Predicción**:
   - El modelo entrenado realiza predicciones sobre el conjunto de prueba.
4. **Evaluación de Precisión**:
   - accuracy_score calcula la proporción de predicciones correctas.
   - El resultado se imprime, proporcionando una métrica de rendimiento general.
5. **Análisis Detallado del Rendimiento**:
   - classification_report proporciona un desglose detallado de la precisión, recuperación y puntaje F1 para cada clase.
   - Esto ofrece información sobre el rendimiento del modelo en diferentes clases.
6. **Visualización de la Matriz de Confusión**:
   - Se crea una matriz de confusión y se visualiza utilizando el heatmap de seaborn.
   - Esto muestra los conteos de verdaderos positivos, verdaderos negativos, falsos positivos y falsos negativos.
7. **Visualización de Límites de Decisión**:
   - El código crea una malla de puntos en el espacio de características.
   - Se utiliza el modelo entrenado para predecir las clases para cada punto en esta malla.
   - Los límites de decisión resultantes se grafican junto con los puntos de datos originales.
   - Esta visualización ayuda a entender cómo el modelo separa las clases en el espacio de características.

Este ejemplo de código proporciona una evaluación más completa del modelo de regresión logística, incluyendo representaciones visuales que ayudan a interpretar el rendimiento del modelo y su proceso de toma de decisiones.

Validación Cruzada para una Evaluación Más Confiable

La validación cruzada es una técnica estadística robusta empleada para evaluar el rendimiento y la generalizabilidad de un modelo. En este método, el conjunto de datos se divide sistemáticamente en k subconjuntos de igual tamaño, comúnmente llamados pliegues. El modelo se somete a un proceso iterativo de entrenamiento y evaluación, donde se entrena en k-1 pliegues y se prueba en el pliegue restante.

Este procedimiento se repite meticulosamente k veces, asegurando que cada pliegue sirva como conjunto de prueba exactamente una vez. Las métricas de rendimiento del modelo se agregan a través de todas las iteraciones, típicamente calculando la media y la desviación estándar, para proporcionar una evaluación integral y estadísticamente sólida de la eficacia y consistencia del modelo a través de diferentes subconjuntos de los datos.

Ejemplo: Validación Cruzada con Scikit-learn

```
import numpy as np
from sklearn.model_selection import cross_val_score, KFold
from sklearn.linear_model import LogisticRegression
from sklearn.preprocessing import StandardScaler
from sklearn.pipeline import make_pipeline
import matplotlib.pyplot as plt

# Generate sample data
np.random.seed(42)
X = np.random.randn(1000, 2)
y = (X[:, 0] + X[:, 1] > 0).astype(int)

# Create a pipeline with StandardScaler and LogisticRegression
model = make_pipeline(StandardScaler(), LogisticRegression())

# Perform 5-fold cross-validation
kf = KFold(n_splits=5, shuffle=True, random_state=42)
cross_val_scores = cross_val_score(model, X, y, cv=kf)

# Print individual fold scores and average cross-validation score
print("Individual fold scores:", cross_val_scores)
print(f"Average Cross-Validation Accuracy: {cross_val_scores.mean():.2f}")
print(f"Standard Deviation: {cross_val_scores.std():.2f}")

# Visualize cross-validation scores
plt.figure(figsize=(10, 6))
plt.bar(range(1, 6), cross_val_scores, alpha=0.8, color='skyblue')
plt.axhline(y=cross_val_scores.mean(), color='red', linestyle='--', label='Mean CV Score')
plt.xlabel('Fold')
```

```
plt.ylabel('Accuracy')
plt.title('Cross-Validation Scores')
plt.legend()
plt.show()
```

Desglose del Código:

- Declaraciones de Importación:
  - Importamos los módulos necesarios de scikit-learn, numpy y matplotlib para la manipulación de datos, creación de modelos, validación cruzada y visualización.
- Generación de Datos:
  - Creamos un conjunto de datos sintético con 1000 muestras y 2 características utilizando el generador de números aleatorios de numpy.
  - La variable objetivo es binaria, determinada por si la suma de las dos características es positiva.
- Pipeline del Modelo:
  - Creamos un pipeline que combina StandardScaler (para la normalización de características) y LogisticRegression.
  - Esto asegura que la normalización se aplique de manera consistente a través de todos los pliegues de la validación cruzada.
- Configuración de Validación Cruzada:
  - Usamos KFold para crear 5 pliegues, con barajado habilitado para mayor aleatoriedad.
  - Se establece el random_state para garantizar la reproducibilidad.
- Realización de la Validación Cruzada:
  - Se utiliza cross_val_score para realizar la validación cruzada de 5 pliegues en nuestro pipeline.
  - Devuelve un array de puntuaciones, una para cada pliegue.
- Impresión de Resultados:
  - Imprimimos las puntuaciones de cada pliegue para una vista detallada del rendimiento a través de los pliegues.
  - Se calcula y se imprime la precisión media a través de todos los pliegues.

- También calculamos e imprimimos la desviación estándar de las puntuaciones para evaluar la consistencia.

- Visualización:
  - Se crea un gráfico de barras para visualizar la precisión de cada pliegue.
  - Una línea horizontal representa la puntuación media de la validación cruzada.
  - Esta visualización ayuda a identificar cualquier variación significativa entre los pliegues.

Este ejemplo proporciona un enfoque más integral para la validación cruzada. Incluye el preprocesamiento de datos a través de un pipeline, un informe detallado de los resultados y una visualización de las puntuaciones de validación cruzada. Este enfoque ofrece una imagen más clara del rendimiento del modelo y su consistencia a través de diferentes subconjuntos de los datos.

2.5.6 Ajuste de Hiperparámetros

Cada modelo de machine learning tiene un conjunto de hiperparámetros que controlan diversos aspectos de cómo se entrena y se comporta el modelo. Estos hiperparámetros no se aprenden de los datos, sino que se establecen antes del proceso de entrenamiento. Pueden tener un impacto significativo en el rendimiento del modelo, la capacidad de generalización y la eficiencia computacional. Ejemplos de hiperparámetros incluyen la tasa de aprendizaje, el número de capas ocultas en una red neuronal, la fuerza de regularización y la profundidad máxima de los árboles de decisión.

Encontrar los hiperparámetros óptimos es crucial para maximizar el rendimiento del modelo. Este proceso, conocido como ajuste u optimización de hiperparámetros, implica buscar sistemáticamente a través de diferentes combinaciones de valores de hiperparámetros para encontrar el conjunto que produzca el mejor rendimiento del modelo en un conjunto de validación. Un ajuste efectivo de hiperparámetros puede llevar a mejoras sustanciales en la precisión del modelo, reducir el sobreajuste y mejorar la capacidad del modelo para generalizar a nuevos datos no vistos.

Scikit-learn, una popular biblioteca de machine learning en Python, proporciona varias herramientas para el ajuste de hiperparámetros. Uno de los métodos más comúnmente utilizados es GridSearchCV (Búsqueda de Rejilla con Validación Cruzada). Esta poderosa herramienta automatiza el proceso de prueba de diferentes combinaciones de hiperparámetros:

- GridSearchCV trabaja sistemáticamente a través de múltiples combinaciones de ajustes de parámetros, validando cruzadamente a medida que avanza para determinar qué ajuste ofrece el mejor rendimiento.

- Realiza una búsqueda exhaustiva sobre los valores de parámetros especificados para un estimador, probando todas las combinaciones posibles para encontrar la mejor.
- El aspecto de validación cruzada ayuda a evaluar qué tan bien cada combinación de hiperparámetros se generaliza a datos no vistos, reduciendo el riesgo de sobreajuste.
- GridSearchCV no solo encuentra los mejores parámetros, sino que también proporciona resultados detallados y estadísticas para todas las combinaciones probadas, lo que permite un análisis completo del espacio de hiperparámetros.

Ejemplo: Ajuste de Hiperparámetros con GridSearchCV

```
import numpy as np
from sklearn.model_selection import GridSearchCV, train_test_split
from sklearn.linear_model import LogisticRegression
from sklearn.preprocessing import StandardScaler
from sklearn.pipeline import make_pipeline
from sklearn.metrics import classification_report, confusion_matrix
import matplotlib.pyplot as plt
import seaborn as sns

# Generate sample data
np.random.seed(42)
X = np.random.randn(1000, 2)
y = (X[:, 0] + X[:, 1] > 0).astype(int)

# Split the data into training and testing sets
X_train, X_test, y_train, y_test = train_test_split(X, y, test_size=0.2,
random_state=42)

# Create a pipeline with StandardScaler and LogisticRegression
pipeline = make_pipeline(StandardScaler(), LogisticRegression(max_iter=1000))

# Define the parameter grid for Logistic Regression
param_grid = {
    'logisticregression__C': [0.1, 1, 10],
    'logisticregression__solver': ['liblinear', 'lbfgs'],  # Compatible solvers
    'logisticregression__penalty': ['l2']  # 'l2' is compatible with both solvers
}

# Initialize GridSearchCV
grid_search = GridSearchCV(pipeline, param_grid, cv=5, scoring='accuracy', n_jobs=-1,
verbose=1)

# Fit GridSearchCV to the training data
grid_search.fit(X_train, y_train)

# Print the best parameters and score
print("Best Parameters:", grid_search.best_params_)
print("Best Cross-validation Score:", grid_search.best_score_)
```

```
# Use the best model to make predictions on the test set
best_model = grid_search.best_estimator_
y_pred = best_model.predict(X_test)

# Print the classification report
print("\\nClassification Report:")
print(classification_report(y_test, y_pred))

# Create and plot a confusion matrix
cm = confusion_matrix(y_test, y_pred)
plt.figure(figsize=(8, 6))
sns.heatmap(cm, annot=True, fmt='d', cmap='Blues')
plt.title('Confusion Matrix')
plt.ylabel('True Label')
plt.xlabel('Predicted Label')
plt.show()

# Plot the decision boundary
x_min, x_max = X[:, 0].min() - .5, X[:, 0].max() + .5
y_min, y_max = X[:, 1].min() - .5, X[:, 1].max() + .5
xx, yy = np.meshgrid(np.linspace(x_min, x_max, 100),
                     np.linspace(y_min, y_max, 100))
Z = best_model.predict(np.c_[xx.ravel(), yy.ravel()])
Z = Z.reshape(xx.shape)

plt.figure(figsize=(10, 8))
plt.contourf(xx, yy, Z, alpha=0.4)
plt.scatter(X[:, 0], X[:, 1], c=y, alpha=0.8, edgecolor='k')
plt.xlabel('Feature 1')
plt.ylabel('Feature 2')
plt.title('Decision Boundary of Best Model')
plt.show()
```

Desglose del Código:

1. **Generar Datos**:

- Crea datos aleatorios 2D (X) y un objetivo binario (y) basado en si la suma de las características es mayor que 0.

1. **División Entrenamiento-Prueba**:
   - Divide los datos en 80% para entrenamiento y 20% para pruebas.
2. **Construir un Pipeline**:
   - Combina StandardScaler (para escalar características) y LogisticRegression en un único pipeline.
3. **Ajuste de Hiperparámetros**:

- Utiliza GridSearchCV para probar diferentes combinaciones de regularización (C), solucionadores y penalizaciones con validación cruzada de 5 pliegues.

4. **Evaluar el Modelo**:
   - Encuentra los mejores hiperparámetros, evalúa el modelo en datos de prueba e imprime la precisión y el informe de clasificación.
5. **Visualizaciones**:
   - **Matriz de Confusión**: Muestra las predicciones correctas e incorrectas.
   - **Frontera de Decisión**: Muestra cómo el modelo separa las clases en el espacio de características.

Este ejemplo proporciona un enfoque más completo para el ajuste de hiperparámetros y la evaluación del modelo. Incluye preprocesamiento de datos, una amplia gama de hiperparámetros para ajustar, análisis detallado del rendimiento y visualizaciones que ayudan a interpretar el comportamiento y rendimiento del modelo.

Scikit-learn es la piedra angular del machine learning en Python, proporcionando herramientas fáciles de usar para el preprocesamiento de datos, selección de modelos, entrenamiento, evaluación y ajuste. Su simplicidad, combinada con una amplia gama de algoritmos y utilidades, lo convierte en una biblioteca esencial tanto para principiantes como para profesionales experimentados. Al integrarse con otras bibliotecas como NumPy, Pandas y Matplotlib, Scikit-learn ofrece una solución completa de principio a fin para construir, entrenar e implementar modelos de machine learning.

2.6 Introducción a Jupyter y Google Colab Notebooks

Al comenzar a construir modelos de machine learning, a menudo necesitarás un entorno que permita la codificación interactiva, la visualización de datos y el seguimiento de experimentos. Dos de las herramientas más populares para esto son **Jupyter Notebooks** y **Google Colab**. Ambas ofrecen una interfaz interactiva donde puedes escribir código, visualizar datos y anotar tus experimentos en un flujo de trabajo sin interrupciones. Ya sea que estés trabajando en una máquina local o utilizando recursos en la nube, estos notebooks hacen que el proceso de machine learning sea más fluido, permitiéndote enfocarte en resolver problemas sin preocuparte por la configuración.

En esta sección, examinaremos más de cerca estas herramientas, exploraremos cómo utilizarlas y comprenderemos por qué son tan ampliamente adoptadas en las comunidades de ciencia de datos y machine learning.

2.6.1 Jupyter Notebooks: Tu Espacio Interactivo para la Ciencia de Datos

Jupyter Notebooks revolucionan la forma en que abordamos la ciencia de datos al ofrecer un entorno intuitivo e interactivo. Esta poderosa herramienta integra perfectamente la ejecución de código, la visualización de datos y el texto narrativo dentro de un solo documento cohesivo.

En el corazón de la funcionalidad de Jupyter están las **celdas**: bloques de construcción versátiles que permiten escribir, ejecutar y ver instantáneamente la salida de tu código. Esta estructura basada en celdas transforma Jupyter en una plataforma ideal para la experimentación iterativa, la depuración eficiente y experiencias de aprendizaje inmersivas en el ámbito de la ciencia de datos y el machine learning.

Configuración de Jupyter Notebooks

Para comenzar a usar Jupyter en tu máquina local, primero necesitarás instalarlo. La forma más sencilla es instalarlo a través de **Anaconda**, una distribución popular que viene preinstalada con muchas herramientas de ciencia de datos, incluidos Jupyter.

Instalación:

1. Descarga e instala Anaconda desde https://www.anaconda.com/.
2. Una vez instalado, abre Anaconda Navigator y lanza Jupyter Notebooks.

Alternativamente, puedes instalar Jupyter usando pip:

```
pip install notebook
```

Después de la instalación, inicia Jupyter escribiendo el siguiente comando en tu terminal:

jupyter notebook

Esto abrirá una sesión de Jupyter en tu navegador web predeterminado. Puedes crear un nuevo cuaderno, escribir código Python y ejecutarlo de manera interactiva.

Características Básicas de Jupyter Notebooks

Una vez dentro de un cuaderno de Jupyter, verás una cuadrícula de celdas. Las celdas en Jupyter pueden contener código o **Markdown** (texto formateado). Esto facilita la combinación de código con explicaciones, ecuaciones y visualizaciones, todo en un solo lugar.

Ejemplo: Escribiendo y Ejecutando Código en Jupyter

```
# Python code in a cell
x = 10
y = 20
z = x + y
print(f"The sum of {x} and {y} is {z}")
```

Puedes ejecutar este código presionando **Shift + Enter**. La salida se mostrará directamente debajo de la celda, lo que te permitirá ver los resultados de inmediato.

Las **celdas de Markdown** te permiten incluir encabezados, texto formateado e incluso LaTeX para ecuaciones matemáticas. Por ejemplo:

```
# This is a heading
You can write **bold** or *italic* text in Markdown.
```

La capacidad de mezclar código y Markdown hace que Jupyter sea ideal para crear **informes de ciencia de datos**, **experimentos de machine learning** e incluso **materiales educativos**.

Visualizando Datos en Jupyter

Jupyter se integra perfectamente con bibliotecas de visualización como **Matplotlib**, **Seaborn** y **Plotly**, lo que te permite visualizar datos directamente dentro del cuaderno.

Ejemplo: Trazando un Gráfico en Jupyter

```
import matplotlib.pyplot as plt

# Sample data
x = [1, 2, 3, 4, 5]
y = [2, 4, 6, 8, 10]

# Plot the data
plt.plot(x, y, marker='o', color='b')

# Add title and labels
plt.title("Simple Line Plot")
plt.xlabel("X-axis")
plt.ylabel("Y-axis")

# Display the plot inside the notebook
plt.show()
```

Este código demuestra cómo crear un gráfico de líneas simple utilizando Matplotlib en un entorno de Jupyter Notebook. Aquí hay un desglose del código:

1. Importa la biblioteca Matplotlib.
2. Define los datos de muestra:
    - Valores del eje x: [1, 2, 3, 4, 5]
    - Valores del eje y: [2, 4, 6, 8, 10]
3. Crea el gráfico:
    - Usa plt.plot() para dibujar la línea.

  - Establece marker='o' para agregar marcadores circulares en cada punto de datos.
  - Establece color='b' para una línea azul.
4. Agrega título y etiquetas:
  - plt.title() establece el título del gráfico.
  - plt.xlabel() y plt.ylabel() etiquetan los ejes x e y.
5. Muestra el gráfico utilizando plt.show().

Este código generará un gráfico de líneas simple directamente dentro del cuaderno de Jupyter, permitiendo una fácil visualización y análisis de los datos.

2.6.2 Google Colab: Notebooks Basados en la Nube de Forma Gratuita

Google Colab (Colaboratory) revoluciona la experiencia de Jupyter Notebook al ofrecer una plataforma basada en la nube para escribir y ejecutar código Python directamente desde tu navegador web. Esta innovadora herramienta elimina la necesidad de instalaciones locales, proporcionando un entorno de codificación accesible y sin interrupciones.

Una de las características destacadas de Colab es su acceso gratuito a recursos de computación de alto rendimiento, incluidos potentes **GPUs** (Unidades de Procesamiento Gráfico) y **TPUs** (Unidades de Procesamiento Tensorial). Estos aceleradores de hardware avanzados son especialmente valiosos para científicos de datos y profesionales de machine learning, ya que aceleran significativamente el proceso de entrenamiento de modelos de machine learning complejos y a gran escala.

Al aprovechar estos recursos, los usuarios pueden abordar tareas computacionales intensivas y experimentar con algoritmos de vanguardia sin las limitaciones del hardware local.

Comenzando con Google Colab

Para comenzar con Google Colab:

1. Ve a https://colab.research.google.com/.
2. Inicia sesión con tu cuenta de Google.
3. Crea un nuevo cuaderno o sube un cuaderno de Jupyter existente.

Colab utiliza Google Drive para almacenar cuadernos, por lo que tus archivos se guardan automáticamente en la nube y puedes compartirlos fácilmente con colaboradores.

Ejecutando Código en Google Colab

Google Colab opera de manera similar a Jupyter, con celdas de código y celdas de Markdown. Puedes ejecutar código Python igual que lo harías en un cuaderno de Jupyter.

Ejemplo: Código Python Simple en Colab

```
# Basic Python operation in Google Colab
a = 5
b = 10
print(f"The product of {a} and {b} is {a * b}")
```

Después de ejecutar la celda, verás el resultado mostrado directamente debajo del código, al igual que en Jupyter.

Accediendo a GPUs y TPUs en Colab

Una de las características más poderosas de Google Colab es su soporte para **aceleradores de hardware** como GPUs y TPUs. Estos aceleradores pueden acelerar drásticamente las tareas de machine learning, como el entrenamiento de modelos de deep learning.

Para habilitar una GPU o TPU en tu cuaderno de Colab:

1. Haz clic en **Entorno de ejecución** en el menú superior.
2. Selecciona **Cambiar tipo de entorno de ejecución**.
3. En el menú desplegable **Acelerador de hardware**, elige **GPU** o **TPU**.

Luego puedes aprovechar estos aceleradores para tareas como el entrenamiento de redes neuronales.

Ejemplo: Usando TensorFlow con una GPU en Colab

```
import tensorflow as tf

# Check if GPU is available
print("Num GPUs Available: ", len(tf.config.list_physical_devices('GPU')))

# Create a simple TensorFlow computation
a = tf.constant([[1.0, 2.0], [3.0, 4.0]])
b = tf.constant([[1.0, 1.0], [0.0, 1.0]])
result = tf.matmul(a, b)

print("Result of matrix multiplication:\\\\n", result)
```

Este código demuestra cómo usar TensorFlow con aceleración de GPU en Google Colab. Aquí tienes un desglose de lo que hace:

1. Importa la biblioteca TensorFlow.
2. Verifica la disponibilidad de la GPU: len(tf.config.list_physical_devices('GPU')) Esta línea imprime el número de GPUs disponibles.
3. Crea cálculos simples en TensorFlow:
    - Define dos matrices 2x2 'a' y 'b' como constantes de TensorFlow.

- Realiza la multiplicación de matrices utilizando tf.matmul(a, b).

4. Imprime el resultado de la multiplicación de matrices.

Este código muestra cómo Colab puede detectar y utilizar automáticamente la GPU para operaciones de TensorFlow si está habilitada en la configuración del entorno de ejecución. Es particularmente útil para tareas de deep learning que requieren un poder computacional significativo.

En este ejemplo, Colab detectará y utilizará automáticamente la GPU si la has habilitado en la configuración del entorno de ejecución. Esto es especialmente útil para tareas de deep learning que involucran grandes conjuntos de datos y modelos.

2.6.3 Características Clave y Beneficios de Jupyter y Colab

Codificación Interactiva y Experimentación

Tanto Jupyter como Colab ofrecen una ventaja distintiva a través de su naturaleza interactiva, proporcionando un entorno dinámico para la ejecución y análisis de código. Estas plataformas permiten a los usuarios escribir código, visualizar resultados de inmediato y hacer ajustes en tiempo real, fomentando una experiencia de codificación fluida y receptiva.

Este bucle de retroalimentación inmediata es particularmente beneficioso para experimentos de machine learning, donde la iteración rápida es crucial para el desarrollo y optimización de modelos. La capacidad de probar hipótesis rápidamente, refinar algoritmos y visualizar resultados convierte a estos notebooks en herramientas invaluables para científicos de datos y profesionales de machine learning.

Al permitir una experimentación ágil y facilitar información inmediata, Jupyter y Colab mejoran significativamente la eficiencia y efectividad del proceso de desarrollo de machine learning, permitiendo a investigadores y desarrolladores explorar ideas complejas e iterar soluciones con una velocidad y flexibilidad sin precedentes.

Ejemplo: Entrenamiento Interactivo de Modelos en Jupyter o Colab

```
from sklearn.linear_model import LogisticRegression
from sklearn.datasets import load_iris
from sklearn.model_selection import train_test_split
from sklearn.metrics import accuracy_score

# Load the Iris dataset
iris = load_iris()
X_train, X_test, y_train, y_test = train_test_split(iris.data, iris.target, test_size=0.2, random_state=42)

# Train a logistic regression model
model = LogisticRegression(max_iter=200)
model.fit(X_train, y_train)

# Predict and evaluate
```

```
y_pred = model.predict(X_test)
accuracy = accuracy_score(y_test, y_pred)
print(f"Model Accuracy: {accuracy:.2f}")
```

Este código demuestra cómo entrenar y evaluar un modelo de machine learning simple utilizando el conjunto de datos Iris dentro de un entorno de Jupyter o Google Colab. Aquí tienes un desglose del código:

- Importa las bibliotecas necesarias: módulos de scikit-learn para regresión logística, carga de conjuntos de datos, división en conjuntos de entrenamiento y prueba, y puntuación de precisión.
- Carga el conjunto de datos Iris y lo divide en conjuntos de entrenamiento y prueba.
- Crea y entrena un modelo de regresión logística utilizando los datos de entrenamiento.
- Utiliza el modelo entrenado para hacer predicciones sobre los datos de prueba.
- Calcula e imprime la precisión del modelo.

Este ejemplo muestra la naturaleza interactiva de los notebooks de Jupyter y Colab, permitiendo un rápido entrenamiento de modelos, evaluación y visualización de resultados.

Compartir y Colaborar

Una de las características más valiosas tanto de Jupyter como de Google Colab es su excepcional capacidad para facilitar un intercambio y colaboración sin problemas en los notebooks. Estas plataformas han revolucionado la forma en que los científicos de datos y los profesionales de machine learning trabajan juntos, rompiendo las barreras para la resolución colectiva de problemas y la difusión del conocimiento:

- **Jupyter Notebooks** ofrecen una versatilidad notable en términos de opciones de compartir. Los usuarios pueden exportar fácilmente su trabajo como archivos .ipynb, preservando todo el código, markdown y salida en un único documento portátil. Para una accesibilidad más amplia, estos notebooks pueden convertirse en formatos universalmente legibles como HTML o PDF. Esta flexibilidad garantiza que tu trabajo se pueda distribuir fácilmente a colegas, interesados o a la comunidad científica en general, independientemente de su configuración técnica.
- **Google Colab** lleva la colaboración al siguiente nivel al proporcionar una experiencia de edición multiusuario en tiempo real, similar a Google Docs. Esta característica permite que los miembros del equipo trabajen simultáneamente en el mismo notebook, fomentando un entorno colaborativo verdaderamente interactivo y dinámico. Varios científicos de datos pueden codificar, depurar y analizar datos juntos, incluso cuando están físicamente separados, lo que conduce a una solución de problemas más rápida y soluciones más robustas.

Las capacidades colaborativas de estas plataformas han transformado el panorama de los proyectos de machine learning y la difusión de investigaciones. Permiten un trabajo en equipo sin problemas en tareas de análisis de datos complejas, facilitan bucles de retroalimentación instantáneos entre colaboradores y agilizan el proceso de compartir hallazgos con audiencias más amplias. Ya sea que estés trabajando en un algoritmo de machine learning de vanguardia con un equipo distribuido o presentando tu investigación a interesados no técnicos, Jupyter y Google Colab proporcionan las herramientas para hacer que tu trabajo sea accesible, comprensible e impactante.

2.6.4 Comparación de Jupyter y Google Colab

Característica	Jupyter	Google Colab
Configuración	Requiere instalación local (Anaconda o pip)	No se requiere configuración; totalmente basado en la nube
Almacenamiento	Almacenamiento local	Almacenamiento en la nube (Google Drive)
Hardware	CPU/GPU local (dependiendo de la máquina)	Acceso gratuito a GPUs y TPUs en la nube
Colaboración	Compartir archivos .ipynb manualmente	Colaboración en tiempo real a través de Google Drive
Extensiones	Soporta una amplia gama de extensiones y complementos	Menos extensiones pero acceso integrado a servicios en la nube

Los Notebooks de Jupyter y Google Colab se han convertido en herramientas esenciales en el kit de herramientas de los profesionales modernos de machine learning, cada uno ofreciendo ventajas únicas que se adaptan a diferentes aspectos del proceso de desarrollo. Los Notebooks de Jupyter destacan en proporcionar una flexibilidad sin igual para el desarrollo local, permitiendo a los usuarios personalizar su entorno para satisfacer las necesidades específicas del proyecto y aprovechar los recursos informáticos locales. Esto convierte a Jupyter en una opción ideal para proyectos que requieren un control afinado sobre el entorno de desarrollo o que involucran datos sensibles que no pueden ser subidos a plataformas en la nube.

Por otro lado, Google Colab brilla al ofrecer la considerable ventaja de recursos de computación en la nube potentes, lo cual es particularmente beneficioso para investigadores, estudiantes o profesionales que pueden no tener acceso a hardware de alta gama. Esta democratización del poder computacional permite a los usuarios entrenar modelos complejos y procesar grandes conjuntos de datos sin necesidad de una inversión personal significativa en infraestructura de hardware.

Ambos entornos comparten fortalezas comunes que los convierten en invaluables para cualquier flujo de trabajo de ciencia de datos o machine learning. Fomentan la creación rápida de prototipos al permitir a los usuarios iterar rápidamente sobre ideas y probar hipótesis de manera interactiva. La capacidad de combinar la ejecución de código con explicaciones en texto enriquecido y visualizaciones facilita un enfoque más intuitivo y completo para el análisis de datos. Además, estas plataformas destacan en promover una colaboración sin problemas, permitiendo a los miembros del equipo compartir notebooks, trabajar juntos en tiempo real y difundir fácilmente los resultados a interesados o a la comunidad científica en general.

Ejercicios Prácticos: Capítulo 2

Ejercicio 1: Trabajando con Arrays de NumPy

Tarea: Crea un array de NumPy con los valores [10, 20, 30, 40, 50]. Redimensiona el array en un array de 2x3 y calcula la suma de todos los elementos.

Solución:

```
import numpy as np

# Create a NumPy array
array = np.array([10, 20, 30, 40, 50, 60])

# Reshape the array into 2x3
reshaped_array = array.reshape(2, 3)

# Calculate the sum of all elements
total_sum = np.sum(reshaped_array)

print("Reshaped Array:\\\\n", reshaped_array)
print("Total Sum:", total_sum)
```

Ejercicio 2: Manipulación Básica de Datos con Pandas

Tarea: Crea un DataFrame de Pandas con los siguientes datos:

Nombre	Edad	Salario
Alice	25	50000
Bob	30	60000
Charlie	35	70000
David	40	80000

Luego:

- Selecciona las columnas Nombre y Salario.
- Filtra las filas donde la Edad sea mayor que 30.

Solución:

```
import pandas as pd

# Create a DataFrame
data = {
    'Name': ['Alice', 'Bob', 'Charlie', 'David'],
    'Age': [25, 30, 35, 40],
    'Salary': [50000, 60000, 70000, 80000]
}
df = pd.DataFrame(data)

# Select Name and Salary columns
selected_columns = df[['Name', 'Salary']]
print("Selected Columns:\\\\n", selected_columns)

# Filter rows where Age is greater than 30
filtered_df = df[df['Age'] > 30]
print("\\\\nFiltered DataFrame (Age > 30):\\\\n", filtered_df)
```

Ejercicio 3: Visualización de Datos con Matplotlib

Tarea: Traza un gráfico de líneas con los valores de x [1, 2, 3, 4, 5] y los valores de y [10, 20, 25, 40, 50]. Agrega etiquetas al eje x, al eje y y un título al gráfico.

Solución:

```
import matplotlib.pyplot as plt

# Data
x = [1, 2, 3, 4, 5]
y = [10, 20, 25, 40, 50]

# Create a line plot
plt.plot(x, y, marker='o', color='b')

# Add labels and title
plt.xlabel("X-axis")
plt.ylabel("Y-axis")
plt.title("Line Graph Example")

# Show the plot
plt.show()
```

Ejercicio 4: Visualización de Datos con Seaborn

Tarea: Carga el conjunto de datos **Iris** utilizando Seaborn y crea un gráfico de pares que muestre las relaciones entre las características. Usa la columna species como el hue para diferenciar entre las especies.

Solución:

```
import seaborn as sns
import matplotlib.pyplot as plt

# Load the Iris dataset
iris = sns.load_dataset('iris')

# Create a pair plot
sns.pairplot(iris, hue='species')

# Show the plot
plt.show()
```

Ejercicio 5: Usando Scikit-learn para Clasificación

Tarea: Utiliza el **conjunto de datos Iris** de Scikit-learn y entrena un modelo de **Regresión Logística**. Divide el conjunto de datos en conjuntos de entrenamiento y prueba (80% entrenamiento, 20% prueba), entrena el modelo y luego evalúa su precisión en el conjunto de prueba.

Solución:

```
from sklearn.datasets import load_iris
from sklearn.model_selection import train_test_split
from sklearn.linear_model import LogisticRegression
from sklearn.metrics import accuracy_score

# Load the Iris dataset
iris = load_iris()
X = iris.data
y = iris.target

# Split the data into training and test sets
X_train, X_test, y_train, y_test = train_test_split(X, y, test_size=0.2,
random_state=42)

# Train the logistic regression model
model = LogisticRegression(max_iter=200)
model.fit(X_train, y_train)

# Make predictions on the test set
y_pred = model.predict(X_test)
```

```
# Calculate the accuracy
accuracy = accuracy_score(y_test, y_pred)
print(f"Model Accuracy: {accuracy:.2f}")
```

Ejercicio 6: Trabajando con Google Colab

Tarea: En **Google Colab**, crea un nuevo cuaderno y escribe un programa simple en TensorFlow que verifique si hay una GPU disponible. Si se encuentra una GPU, realiza una multiplicación de matrices básica utilizando TensorFlow.

Solución:

```
import tensorflow as tf

# Check if a GPU is available
print("Num GPUs Available: ", len(tf.config.list_physical_devices('GPU')))

# Create two matrices and perform matrix multiplication
a = tf.constant([[1.0, 2.0], [3.0, 4.0]])
b = tf.constant([[1.0, 0.0], [0.0, 1.0]])

# Multiply the matrices
result = tf.matmul(a, b)

# Print the result
print("Result of matrix multiplication:\\\\n", result)
```

Estos ejercicios prácticos consolidan tu comprensión de los conceptos clave discutidos en el Capítulo 2. Desde trabajar con **arrays de NumPy** y **DataFrames de Pandas** hasta visualizar datos utilizando **Matplotlib** y **Seaborn**, y finalmente entrenar un modelo de machine learning con **Scikit-learn**—has adquirido experiencia práctica con herramientas esenciales en ciencia de datos. Además, has aprendido a aprovechar **Google Colab** para utilizar recursos en la nube en experimentos de machine learning.

Resumen del Capítulo 2

En este capítulo, exploramos las herramientas y bibliotecas críticas que hacen de Python un lenguaje esencial para el machine learning y la ciencia de datos. Comenzamos revisando las funcionalidades fundamentales de Python, centrándonos en conceptos básicos como variables, estructuras de datos y flujo de control. Estos conceptos fundamentales son cruciales para trabajar de manera eficiente con bibliotecas más avanzadas en análisis de datos y machine learning.

Luego pasamos a **NumPy**, una biblioteca fundamental para cálculos numéricos de alto rendimiento. Discutimos cómo los **ndarrays** de NumPy son más eficientes que las listas de Python y demostramos operaciones clave como aritmética de arrays, redimensionamiento de arrays y broadcasting. Además, cubrimos operaciones matemáticas y de álgebra lineal esenciales utilizando NumPy, como la multiplicación de matrices y funciones estadísticas, que forman la base de muchos algoritmos de machine learning.

A continuación, introdujimos **Pandas**, una biblioteca diseñada para la manipulación y análisis de datos. Exploramos cómo los **DataFrames** de Pandas facilitan la carga, filtrado y manipulación de conjuntos de datos estructurados. Se cubrieron tareas como el manejo de datos faltantes, filtrado de filas y aplicación de transformaciones en detalle, demostrando cómo Pandas simplifica el proceso de limpieza de datos. También analizamos la agrupación y agregación de datos, que son esenciales para la ingeniería de características y la preparación de datos para modelos de machine learning.

Desde allí, nos adentramos en la **visualización de datos** utilizando tres potentes bibliotecas: **Matplotlib**, **Seaborn** y **Plotly**. Aprendimos a crear gráficos básicos como gráficos de líneas, gráficos de barras e histogramas usando Matplotlib. Seaborn simplificó la creación de gráficos estadísticos como gráficos de caja, gráficos de violín y gráficos de pares, ayudándonos a visualizar relaciones complejas en conjuntos de datos. Finalmente, introdujimos Plotly, una herramienta para gráficos interactivos, que permite la exploración de datos en tiempo real—una característica valiosa al trabajar con grandes conjuntos de datos.

El capítulo concluyó con una introducción a **Scikit-learn**, la biblioteca de referencia para machine learning en Python. Cubrimos flujos de trabajo esenciales como preprocesamiento de datos, entrenamiento de modelos y evaluación. A través de ejemplos prácticos, demostramos cómo utilizar Scikit-learn para entrenar modelos como **Regresión Logística** y **Árboles de Decisión**, y cómo evaluar el rendimiento del modelo utilizando validación cruzada y métricas de precisión. La consistencia y facilidad de uso de Scikit-learn la convierten en una herramienta indispensable para científicos de datos novatos y experimentados.

Por último, discutimos la importancia de **Jupyter Notebooks** y **Google Colab**—dos plataformas que permiten la codificación y experimentación interactivas. Estas herramientas son particularmente valiosas para el machine learning, ya que proporcionan retroalimentación en tiempo real y permiten documentar tu código junto con tus resultados. El acceso de Google Colab a GPUs y TPUs basadas en la nube lo convierte en una excelente opción para entrenar modelos complejos sin necesidad de recursos computacionales locales.

Este capítulo ha sentado una base sólida para utilizar el extenso ecosistema de bibliotecas de Python en machine learning. Al dominar estas herramientas, estarás bien preparado para manejar una amplia gama de tareas de ciencia de datos, desde el preprocesamiento de datos hasta el despliegue de modelos.

Quiz Parte 1: Fundamentos de Machine Learning y Python

Capítulo 1: Introducción al Machine Learning

Pregunta 1:

¿Cuál es la principal diferencia entre la programación tradicional y el machine learning?

a) La programación tradicional se basa en reglas explícitas, mientras que los modelos de machine learning aprenden patrones a partir de datos.

b) La programación tradicional utiliza datos para predecir resultados, mientras que el machine learning crea reglas a partir de predicciones.

c) El machine learning solo puede manejar conjuntos de datos pequeños, mientras que la programación tradicional es mejor para conjuntos de datos grandes.

d) La programación tradicional es más rápida que el machine learning para todas las tareas.

Pregunta 2:

¿Cuál de los siguientes es un ejemplo de **aprendizaje supervisado**?

a) Agrupar clientes según su comportamiento de compra.

b) Predecir precios de casas en función de características como ubicación y tamaño.

c) Un robot aprendiendo a caminar al recibir retroalimentación.

d) Reducir las dimensiones de un conjunto de datos utilizando PCA.

Pregunta 3:

En 2024, ¿qué tendencia de machine learning se centra en entrenar modelos sin requerir grandes cantidades de datos etiquetados?

a) Aprendizaje federado.

b) Inteligencia artificial explicable.

c) Aprendizaje auto-supervisado.

d) Aprendizaje por refuerzo.

Pregunta 4:

¿Cuál de las siguientes herramientas permite el entrenamiento distribuido de modelos sin compartir datos en bruto entre dispositivos?

a) Transformadores.

b) Aprendizaje federado.

c) Vision Transformers.

d) Aprendizaje por transferencia.

Capítulo 2: Python y Bibliotecas Esenciales para la Ciencia de Datos

Pregunta 5:

¿Cuál es la principal ventaja de usar **arrays de NumPy** sobre listas de Python en machine learning?

a) Los arrays de NumPy pueden almacenar tipos de datos mixtos, mientras que las listas no pueden.

b) Los arrays de NumPy son más eficientes en memoria y soportan cálculos numéricos más rápidos.

c) Las listas de Python son más rápidas que los arrays de NumPy para operaciones matemáticas.

d) Los arrays de NumPy están limitados a dos dimensiones, mientras que las listas pueden almacenar datos multidimensionales.

Pregunta 6:

¿Cómo puedes cambiar la forma de un array unidimensional de NumPy a un array bidimensional con 3 filas y 2 columnas?

a) array.reshape((2, 3))

b) array.reshape((3, 2))

c) array.reshape((3))

d) array.reshape((2, 1, 3))

Pregunta 7:

¿Qué función de Pandas se utiliza para detectar valores faltantes en un DataFrame?

a) fillna()

b) dropna()

c) isnull()

d) apply()

Pregunta 8:

En Matplotlib, ¿qué función se utiliza para crear un gráfico de dispersión?

a) plt.plot()

b) plt.bar()

c) plt.scatter()

d) plt.hist()

Pregunta 9:

¿Cuál es el propósito de **OneHotEncoder** en Scikit-learn?

a) Escala características numéricas para tener una media de 0 y una desviación estándar de 1.

b) Codifica características categóricas como vectores binarios.

c) Imputa datos faltantes.

d) Reduce las dimensiones de un conjunto de datos.

Pregunta 10:

¿Qué biblioteca en Python es más adecuada para crear **visualizaciones interactivas**?

a) Matplotlib

b) Seaborn

c) Plotly

d) NumPy

Pregunta 11:

¿Qué función en Scikit-learn se utiliza para dividir un conjunto de datos en conjuntos de entrenamiento y prueba?

a) train_test_split()

b) fit()

c) StandardScaler()

d) GridSearchCV()

Pregunta 12:

¿Qué plataforma basada en la nube te permite usar GPUs y TPUs gratuitos para machine learning?

a) Jupyter Notebooks

b) Anaconda

c) Google Colab

d) PyCharm

Pregunta Bonificación:

Pregunta 13:

¿Qué es un **pair plot** en Seaborn, y cuándo es útil en machine learning?

a) Un pair plot visualiza las relaciones entre todos los pares de características en un conjunto de datos y es útil para identificar patrones, correlaciones e interacciones potenciales entre características.

b) Un pair plot muestra la distribución de una sola característica y se utiliza para detectar outliers.

c) Un pair plot solo compara dos características en un conjunto de datos.

d) Un pair plot se utiliza para visualizar datos de series temporales.

Respuestas:

1. a) La programación tradicional se basa en reglas explícitas, mientras que los modelos de machine learning aprenden patrones a partir de datos.

2. b) Predecir precios de casas en función de características como ubicación y tamaño.

3. c) Aprendizaje auto-supervisado.

4. b) Aprendizaje federado.

5. b) Los arrays de NumPy son más eficientes en memoria y soportan cálculos numéricos más rápidos.

6. b) array.reshape((3, 2)).

7. c) isnull().

8. c) plt.scatter().

9. b) Codifica características categóricas como vectores binarios.

10. c) Plotly.

11. a) train_test_split().

12. c) Google Colab.

13. a) Un pair plot visualiza las relaciones entre todos los pares de características en un conjunto de datos y es útil para identificar patrones, correlaciones e interacciones potenciales entre características.

Parte 2: Preprocesamiento de Datos y Machine Learning Clásico

Capítulo 3: Preprocesamiento de Datos e Ingeniería de Características

El preprocesamiento de datos se erige como la piedra angular de cualquier pipeline robusto de machine learning, siendo el paso inicial crítico que puede determinar el éxito o fracaso de tu modelo. En el complejo panorama de la ciencia de datos aplicada al mundo real, los profesionales a menudo se enfrentan a datos en bruto que distan mucho de ser ideales: pueden estar llenos de inconsistencias, afectados por valores faltantes o carecer de la estructura necesaria para su análisis inmediato.

Intentar alimentar estos datos sin refinar directamente a un algoritmo de machine learning es una receta para un rendimiento subóptimo y resultados poco fiables. Aquí es donde entran en juego los pilares gemelos del **preprocesamiento de datos** y la **ingeniería de características**, ofreciendo un enfoque sistemático para el refinamiento de los datos.

Estos procesos esenciales abarcan una amplia gama de técnicas destinadas a limpiar, transformar y optimizar tu conjunto de datos. Al preparar meticulosamente los datos, creas una base sólida que permite a los algoritmos de machine learning descubrir patrones significativos y generar predicciones precisas. El objetivo es presentar a tu modelo un conjunto de datos que no solo esté limpio y completo, sino que también esté estructurado de manera que resalte las características y relaciones más relevantes dentro de los datos.

A lo largo de este capítulo, profundizaremos en los pasos cruciales que componen un preprocesamiento de datos eficaz. Exploraremos las complejidades de la **limpieza de datos**, un proceso fundamental que implica identificar y corregir errores, inconsistencias y anomalías en tu conjunto de datos. Abordaremos el desafío de **manejar datos faltantes**, discutiendo diversas estrategias para enfrentar las lagunas en la información sin comprometer la integridad de tu análisis. El capítulo también cubrirá técnicas de **escalado y normalización**, esenciales para asegurar que todas las características contribuyan de manera proporcional al proceso de toma de decisiones del modelo.

Además, examinaremos métodos para la **codificación de variables categóricas**, transformando datos no numéricos en un formato que los algoritmos de machine learning puedan interpretar y utilizar eficazmente. Finalmente, profundizaremos en el arte y la ciencia de la **ingeniería de características**, donde el conocimiento del dominio y la creatividad convergen para crear nuevas características informativas que pueden mejorar significativamente el poder predictivo de tu modelo.

Al dominar estos pasos de preprocesamiento, estarás equipado para sentar una base sólida para tus proyectos de machine learning. Esta preparación meticulosa de tus datos es lo que diferencia a los modelos mediocres de aquellos que realmente sobresalen, maximizando el rendimiento y asegurando que tus algoritmos puedan extraer los insights más valiosos de la información disponible.

Comenzaremos nuestro recorrido por el preprocesamiento de datos con una mirada profunda a la **limpieza de datos**. Este proceso crítico es la primera línea de defensa contra los innumerables problemas que pueden afectar a los conjuntos de datos en bruto. Al asegurar que tus datos sean precisos, completos y listos para el análisis, la limpieza de datos sienta las bases para todos los pasos de preprocesamiento subsiguientes y, en última instancia, contribuye al éxito general de tus proyectos de machine learning.

3.1 Limpieza de Datos y Manejo de Datos Faltantes

La limpieza de datos es un paso crucial en el pipeline de preprocesamiento, que implica la identificación y corrección sistemática de problemas dentro de los conjuntos de datos. Este proceso abarca una amplia gama de actividades, incluyendo:

Detección de datos corruptos

Este paso crucial implica un examen exhaustivo y meticuloso del conjunto de datos para identificar cualquier punto de datos que haya sido comprometido o alterado durante varias etapas del ciclo de vida de los datos. Esto incluye, entre otros, la fase de recolección, donde pueden ocurrir errores debido a sensores defectuosos o errores humanos en la entrada; la fase de transmisión, donde la corrupción de datos puede ocurrir por problemas de red o interferencias; y la fase de almacenamiento, donde los datos podrían corromperse debido a fallos en el hardware o errores de software.

El proceso de detección de datos corruptos a menudo implica múltiples técnicas:

- Análisis estadístico: Uso de métodos estadísticos para identificar valores atípicos o que se desvíen significativamente de los patrones esperados.
- Reglas de validación de datos: Implementación de reglas específicas basadas en el conocimiento del dominio para señalar entradas potencialmente corruptas.
- Verificación de consistencia: Comparar datos en diferentes campos o periodos de tiempo para garantizar la consistencia lógica.
- Verificación de formato: Asegurar que los datos cumplan con los formatos esperados, como estructuras de fecha o rangos numéricos.

Al identificar estos elementos corruptos mediante métodos tan rigurosos, los científicos de datos pueden tomar acciones apropiadas, como eliminar, corregir o marcar los datos corruptos. Este proceso es fundamental para garantizar la integridad y fiabilidad del conjunto de datos, lo cual es crucial para cualquier análisis posterior o desarrollo de modelos de machine learning. Sin este paso, los datos corruptos podrían llevar a resultados distorsionados, conclusiones incorrectas o modelos de bajo rendimiento, lo que podría poner en riesgo todo el proyecto de ciencia de datos.

Ejemplo: Detección de Datos Corruptos

```
import pandas as pd
import numpy as np

# Create a sample DataFrame with potentially corrupt data
data = {
    'ID': [1, 2, 3, 4, 5],
    'Value': [10, 20, 'error', 40, 50],
    'Date': ['2023-01-01', '2023-02-30', '2023-03-15', '2023-04-01', '2023-05-01']
}
df = pd.DataFrame(data)

# Function to detect corrupt data
def detect_corrupt_data(df):
    corrupt_rows = []

    # Check for non-numeric values in 'Value' column
    numeric_errors = pd.to_numeric(df['Value'], errors='coerce').isna()
    corrupt_rows.extend(df[numeric_errors].index.tolist())

    # Check for invalid dates
    df['Date'] = pd.to_datetime(df['Date'], errors='coerce')
    date_errors = df['Date'].isna()
    corrupt_rows.extend(df[date_errors].index.tolist())

    return list(set(corrupt_rows))  # Remove duplicates

# Detect corrupt data
corrupt_indices = detect_corrupt_data(df)

print("Corrupt data found at indices:", corrupt_indices)
print("\\nCorrupt rows:")
print(df.iloc[corrupt_indices])
```

Este código demuestra cómo detectar datos corruptos en un DataFrame de pandas. A continuación se presenta un desglose de su funcionalidad:

- Crea un DataFrame de muestra con datos potencialmente corruptos, incluyendo valores no numéricos en la columna 'Value' y fechas inválidas en la columna 'Date'.

- Se define la función detect_corrupt_data() para identificar filas corruptas. La función verifica:
  - Valores no numéricos en la columna 'Value' utilizando pd.to_numeric() con errors='coerce'.
  - Fechas inválidas en la columna 'Date' utilizando pd.to_datetime() con errors='coerce'.
- La función devuelve una lista de índices únicos donde se encontró información corrupta.
- Finalmente, se imprimen los índices de las filas corruptas y se muestran los datos corruptos.

Este código es un ejemplo de cómo implementar técnicas de limpieza de datos, específicamente para detectar datos corruptos, lo cual es un paso crucial en el pipeline de preprocesamiento de datos.

Corregir datos incompletos

Este proceso implica un examen exhaustivo y meticuloso del conjunto de datos para identificar y abordar cualquier instancia de información incompleta o faltante. El enfoque para manejar tales vacíos depende de varios factores, incluyendo la naturaleza de los datos, el grado de incompletitud y el impacto potencial en análisis posteriores.

Al tratar con datos faltantes, los científicos de datos emplean una gama de técnicas sofisticadas:

- Métodos de imputación: Estos implican estimar y completar valores faltantes basados en patrones observados en los datos existentes. Las técnicas pueden variar desde imputaciones simples de la media o mediana hasta métodos más avanzados como la imputación por regresión o la imputación múltiple.
- Enfoques basados en machine learning: Algoritmos como K-Nearest Neighbors (KNN) o Random Forest pueden usarse para predecir valores faltantes en función de las relaciones entre variables en el conjunto de datos.
- Métodos específicos para series temporales: Para datos temporales, técnicas como la interpolación o los modelos de pronóstico pueden emplearse para estimar valores faltantes basados en tendencias y estacionalidad.

Sin embargo, en casos donde los vacíos en los datos son demasiado significativos o la información faltante es crucial, se debe considerar cuidadosamente la eliminación de los registros incompletos. Esta decisión no se toma a la ligera, ya que implica equilibrar la necesidad de calidad de los datos con la posible pérdida de información valiosa.

Factores que influyen en la decisión de eliminar registros incompletos incluyen:

- La proporción de datos faltantes: Si un alto porcentaje de un registro o variable está ausente, la eliminación podría ser más apropiada que la imputación.
- El mecanismo de la falta de datos: Comprender si los datos faltan completamente al azar (MCAR), faltan al azar (MAR) o no faltan al azar (MNAR) puede ayudar en el proceso de toma de decisiones.
- La importancia de la información faltante: Si los datos faltantes son críticos para el análisis o el modelo, la eliminación podría ser necesaria para mantener la integridad de los resultados.

En última instancia, el objetivo es encontrar un equilibrio entre preservar tanta información valiosa como sea posible y garantizar la calidad y confiabilidad general del conjunto de datos para las tareas de análisis y modelado posteriores.

Ejemplo: Corregir Datos Incompletos

```
import pandas as pd
import numpy as np
from sklearn.impute import SimpleImputer
from sklearn.experimental import enable_iterative_imputer
from sklearn.impute import IterativeImputer

# Create a sample DataFrame with incomplete data
data = {
    'Age': [25, np.nan, 30, np.nan, 40],
    'Income': [50000, 60000, np.nan, 75000, 80000],
    'Education': ['Bachelor', 'Master', np.nan, 'PhD', 'Bachelor']
}
df = pd.DataFrame(data)

print("Original DataFrame:")
print(df)

# Method 1: Simple Imputation (Mean for numerical, Most frequent for categorical)
imputer_mean = SimpleImputer(strategy='mean')
imputer_most_frequent = SimpleImputer(strategy='most_frequent')

df_imputed_simple = df.copy()
df_imputed_simple[['Age',    'Income']]    =    imputer_mean.fit_transform(df[['Age',
'Income']])
df_imputed_simple[['Education']]                                                     =
imputer_most_frequent.fit_transform(df[['Education']])

print("\\nDataFrame after Simple Imputation:")
print(df_imputed_simple)

# Method 2: Iterative Imputation (uses the IterativeImputer, aka MICE)
imputer_iterative = IterativeImputer(random_state=0)
df_imputed_iterative = df.copy()
df_imputed_iterative.iloc[:, :] = imputer_iterative.fit_transform(df)
```

```
print("\\nDataFrame after Iterative Imputation:")
print(df_imputed_iterative)

# Method 3: Custom logic (e.g., filling Age based on median of similar Education levels)
df_custom = df.copy()
df_custom['Age'] = df_custom.groupby('Education')['Age'].transform(lambda x: x.fillna(x.median()))
df_custom['Income'].fillna(df_custom['Income'].mean(), inplace=True)
df_custom['Education'].fillna(df_custom['Education'].mode()[0], inplace=True)

print("\\nDataFrame after Custom Imputation:")
print(df_custom)
```

Este ejemplo demuestra tres métodos diferentes para corregir datos incompletos:

1. Imputación Simple: Utiliza SimpleImputer de Scikit-learn para llenar los valores faltantes con la media en las columnas numéricas (Edad e Ingresos) y con el valor más frecuente en las columnas categóricas (Educación).
2. Imputación Iterativa: Emplea IterativeImputer de Scikit-learn (también conocido como MICE - Imputación Multivariada por Ecuaciones Enlazadas) para estimar los valores faltantes basándose en las relaciones entre las variables.
3. Lógica Personalizada: Implementa un enfoque adaptado en el que la Edad se imputa basándose en la mediana de la edad dentro de los niveles educativos similares, los Ingresos se llenan con la media y la Educación usa la moda (valor más frecuente).

Desglose del código:

1. Comenzamos importando las bibliotecas necesarias y creando un DataFrame de muestra con valores faltantes.
2. Para la Imputación Simple, utilizamos SimpleImputer con diferentes estrategias para datos numéricos y categóricos.
3. La Imputación Iterativa utiliza el IterativeImputer, que estima cada característica a partir de todas las demás de manera iterativa.
4. La lógica personalizada muestra cómo se puede aplicar el conocimiento del dominio para imputar datos de manera más precisa, como utilizar el nivel educativo para estimar la edad.

Este ejemplo destaca la flexibilidad y el poder de las diferentes técnicas de imputación. La elección del método depende de la naturaleza de tus datos y los requisitos específicos de tu análisis. La imputación simple es rápida y fácil, pero puede no capturar relaciones complejas en los datos. La imputación iterativa puede ser más precisa, pero es intensiva en cuanto a cálculos.

La lógica personalizada permite incorporar conocimientos del dominio, pero requiere más esfuerzo manual y un entendimiento profundo de los datos.

Corregir datos inexactos

Este paso crucial en el proceso de limpieza de datos implica un enfoque exhaustivo y meticuloso para identificar y rectificar errores que pueden haberse infiltrado en el conjunto de datos durante varias etapas de la recolección y gestión de datos. Estos errores pueden surgir de diversas fuentes:

- Errores de Entrada de Datos: Errores humanos durante la entrada manual de datos, como errores tipográficos, dígitos transpuestos o categorizaciones incorrectas.
- Errores de Medición: Inexactitudes que provienen de equipos defectuosos, instrumentos mal calibrados o técnicas de medición inconsistentes.
- Errores de Registro: Problemas que ocurren durante el proceso de registro de datos, incluyendo fallos del sistema, errores de software o fallos en la transmisión de datos.

Para abordar estos desafíos, los científicos de datos emplean una gama de técnicas sofisticadas de validación:

- Detección Estadística de Valores Atípicos: Utilización de métodos estadísticos para identificar puntos de datos que se desvían significativamente de los patrones o distribuciones esperadas.
- Validación Basada en Reglas Específicas del Dominio: Implementación de comprobaciones basadas en el conocimiento experto del campo para señalar valores lógicamente inconsistentes o imposibles.
- Comparación Cruzada: Comparación de datos con fuentes externas confiables o bases de datos internas para verificar la precisión y consistencia.
- Detección de Anomalías Basada en Machine Learning: Uso de algoritmos avanzados para detectar patrones sutiles de inexactitud que podrían escapar a los métodos tradicionales de validación.

Al aplicar rigurosamente estas técnicas de validación y verificar minuciosamente con fuentes confiables, los científicos de datos pueden mejorar sustancialmente la precisión y fiabilidad de sus conjuntos de datos. Este proceso meticuloso no solo mejora la calidad de los datos, sino que también refuerza la credibilidad de los análisis posteriores y de los modelos de machine learning construidos sobre esta base. En última instancia, corregir datos inexactos es una inversión crítica para garantizar la integridad y fiabilidad de los insights y procesos de toma de decisiones basados en datos.

Ejemplo: Corregir Datos Inexactos

```
import pandas as pd
import numpy as np
from scipy import stats
# Create a sample DataFrame with potentially inaccurate data
data = {
    'ID': range(1, 11),
    'Age': [25, 30, 35, 40, 45, 50, 55, 60, 65, 1000],
    'Income': [50000, 60000, 70000, 80000, 90000, 100000, 110000, 120000, 130000,
10000000],
    'Height': [170, 175, 180, 185, 190, 195, 200, 205, 210, 150]
}
df = pd.DataFrame(data)

print("Original DataFrame:")
print(df)

def detect_and_correct_outliers(df, column, method='zscore', threshold=3):
    if method == 'zscore':
        z_scores = np.abs(stats.zscore(df[column]))
        outliers = df[z_scores > threshold]
        df.loc[z_scores > threshold, column] = df[column].median()
    elif method == 'iqr':
        Q1 = df[column].quantile(0.25)
        Q3 = df[column].quantile(0.75)
        IQR = Q3 - Q1
        lower_bound = Q1 - 1.5 * IQR
        upper_bound = Q3 + 1.5 * IQR
        outliers = df[(df[column] < lower_bound) | (df[column] > upper_bound)]
        df.loc[(df[column] < lower_bound) | (df[column] > upper_bound), column] =
df[column].median()
    return outliers

# Detect and correct outliers in 'Age' column using Z-score method
age_outliers = detect_and_correct_outliers(df, 'Age', method='zscore')

# Detect and correct outliers in 'Income' column using IQR method
income_outliers = detect_and_correct_outliers(df, 'Income', method='iqr')

# Custom logic for 'Height' column
height_outliers = df[(df['Height'] < 150) | (df['Height'] > 220)]
df.loc[(df['Height'] < 150) | (df['Height'] > 220), 'Height'] = df['Height'].median()

print("\\nOutliers detected:")
print("Age outliers:", age_outliers['Age'].tolist())
print("Income outliers:", income_outliers['Income'].tolist())
print("Height outliers:", height_outliers['Height'].tolist())

print("\\nCorrected DataFrame:")
print(df)
```

Este ejemplo demuestra un enfoque integral para abordar datos inexactos, específicamente centrado en la detección y corrección de valores atípicos.

Desglose del código y su funcionalidad:

1. **Creación de Datos**: Comenzamos creando un DataFrame de muestra con datos potencialmente inexactos, incluyendo valores extremos en las columnas 'Edad', 'Ingresos' y 'Altura'.
2. **Función para la Detección y Corrección de Valores Atípicos**: Se define la función detect_and_correct_outliers() para manejar valores atípicos utilizando dos métodos comunes:
    - **Método del Z-score**: Identifica valores atípicos basándose en el número de desviaciones estándar respecto a la media.
    - **Método del IQR (Rango Intercuartílico)**: Detecta valores atípicos utilizando el concepto de cuartiles.
3. **Aplicación de la Detección de Valores Atípicos**:
    - Para la columna 'Edad', utilizamos el método del Z-score con un umbral de 3 desviaciones estándar.
    - Para la columna 'Ingresos', aplicamos el método IQR para tener en cuenta la posible asimetría en la distribución de los ingresos.
    - Para la columna 'Altura', implementamos una lógica personalizada para marcar valores por debajo de 150 cm o por encima de 220 cm como valores atípicos.
4. **Corrección de Valores Atípicos**: Una vez detectados los valores atípicos, se reemplazan con el valor de la mediana de la columna respectiva. Este enfoque ayuda a mantener la integridad de los datos mientras se reduce el impacto de los valores extremos.
5. **Informe**: El código imprime los valores atípicos detectados para cada columna y muestra el DataFrame corregido.

Este ejemplo resalta diferentes estrategias para abordar datos inexactos:

- Métodos estadísticos (Z-score e IQR) para la detección automática de valores atípicos.
- Lógica personalizada para la identificación de valores atípicos basada en el conocimiento del dominio.
- Imputación por mediana para corregir valores atípicos, lo cual es más robusto frente a valores extremos que la imputación por media.

Al emplear estas técnicas, los científicos de datos pueden mejorar significativamente la calidad de sus conjuntos de datos, lo que lleva a análisis y modelos de machine learning más fiables. Es importante notar que, aunque este ejemplo utiliza la imputación por mediana para simplificar, en la práctica, la elección del método de corrección debe considerarse cuidadosamente según las características específicas de los datos y los requisitos del análisis.

Eliminación de datos irrelevantes

Este último paso en el proceso de limpieza de datos, conocido como evaluación de relevancia de los datos, implica una evaluación meticulosa de cada punto de datos para determinar su importancia y aplicabilidad al análisis específico o problema en cuestión. Esta fase crucial requiere que los científicos de datos examinen críticamente el conjunto de datos desde múltiples perspectivas:

1. **Relevancia Contextual**: Evaluar si cada variable o característica contribuye directamente a responder las preguntas de investigación o alcanzar los objetivos del proyecto.
2. **Relevancia Temporal**: Determinar si los datos son lo suficientemente actuales como para ser significativos en el análisis, especialmente en dominios que cambian rápidamente.
3. **Granularidad**: Evaluar si el nivel de detalle en los datos es apropiado para el análisis previsto, sin ser ni demasiado amplio ni demasiado específico.
4. **Redundancia**: Identificar y eliminar variables duplicadas o altamente correlacionadas que no aportan valor adicional informativo.
5. **Relación Señal-Ruido**: Distinguir entre los datos que llevan información significativa (señal) y los que introducen complejidad o variabilidad innecesaria (ruido).

Al eliminar meticulosamente información extraña o irrelevante a través de este proceso, los científicos de datos pueden mejorar significativamente la calidad y el enfoque del conjunto de datos. Esta refinación produce varios beneficios críticos:

- **Mejora del Rendimiento del Modelo**: Un conjunto de datos simplificado con solo características relevantes a menudo lleva a modelos de machine learning más precisos y robustos.
- **Eficiencia Computacional Mejorada**: Reducir la dimensionalidad del conjunto de datos puede disminuir drásticamente el tiempo de procesamiento y los requisitos de recursos, algo crucial al manejar datos a gran escala.
- **Insights Más Claros**: Al eliminar el ruido y enfocarse en datos pertinentes, los analistas pueden derivar insights más significativos y accionables.

- **Reducción del Riesgo de Overfitting**: Eliminar características irrelevantes ayuda a evitar que los modelos aprendan patrones espurios, mejorando así la generalización a nuevos datos no vistos.
- **Interpretabilidad Simplificada**: Un conjunto de datos más enfocado a menudo resulta en modelos y análisis que son más fáciles de interpretar y explicar a los interesados.

En esencia, esta cuidadosa curación de los datos relevantes sirve como una base crítica, mejorando significativamente la eficiencia, efectividad y fiabilidad de los análisis y modelos de machine learning posteriores. Asegura que los insights y decisiones finales se basen en la información más pertinente y de mayor calidad disponible.

Ejemplo: Eliminación de Datos Irrelevantes

```
import pandas as pd
import numpy as np
from sklearn.feature_selection import VarianceThreshold
from sklearn.feature_selection import mutual_info_regression

# Create a sample DataFrame with potentially irrelevant features
np.random.seed(42)
data = {
    'ID': range(1, 101),
    'Age': np.random.randint(18, 80, 100),
    'Income': np.random.randint(20000, 150000, 100),
    'Education': np.random.choice(['High School', 'Bachelor', 'Master', 'PhD'], 100),
    'Constant_Feature': [5] * 100,
    'Random_Feature': np.random.random(100),
    'Target': np.random.randint(0, 2, 100)
}
df = pd.DataFrame(data)

print("Original DataFrame shape:", df.shape)

# Step 1: Remove constant features
constant_filter = VarianceThreshold(threshold=0)
constant_filter.fit(df.select_dtypes(include=[np.number]))
constant_columns = df.columns[~constant_filter.get_support()]
df = df.drop(columns=constant_columns)
print("After removing constant features:", df.shape)

# Step 2: Remove features with low variance
variance_filter = VarianceThreshold(threshold=0.1)
variance_filter.fit(df.select_dtypes(include=[np.number]))
low_variance_columns =
df.select_dtypes(include=[np.number]).columns[~variance_filter.get_support()]
df = df.drop(columns=low_variance_columns)
print("After removing low variance features:", df.shape)
```

```
# Step 3: Feature importance based on mutual information
numerical_features = df.select_dtypes(include=[np.number]).columns.drop('Target')
mi_scores = mutual_info_regression(df[numerical_features], df['Target'])
mi_scores = pd.Series(mi_scores, index=numerical_features)
important_features = mi_scores[mi_scores > 0.01].index
df = df[important_features.tolist() + ['Education', 'Target']]
print("After removing less important features:", df.shape)

print("\\nFinal DataFrame columns:", df.columns.tolist())
```

Este ejemplo de código demuestra varias técnicas para eliminar datos irrelevantes de un conjunto de datos.

Desglosamos el código y explicamos cada paso:

1. **Creación de datos**: Comenzamos creando un DataFrame de muestra con características potencialmente irrelevantes, incluyendo una característica constante y una característica aleatoria.
2. **Eliminación de características constantes**:
   - Utilizamos VarianceThreshold con un umbral de 0 para identificar y eliminar características que tienen el mismo valor en todas las muestras.
   - Este paso elimina características que no aportan información discriminativa para el modelo.
3. **Eliminación de características con baja varianza**:
   - Aplicamos VarianceThreshold de nuevo, esta vez con un umbral de 0.1, para eliminar características con muy baja varianza.
   - Las características con baja varianza a menudo contienen poca información y pueden no contribuir de manera significativa al poder predictivo del modelo.
4. **Importancia de las características basada en la información mutua**:
   - Utilizamos mutual_info_regression para calcular la información mutua entre cada característica y la variable objetivo.
   - Las características con puntajes de información mutua por debajo de un cierto umbral (0.01 en este ejemplo) se consideran menos importantes y se eliminan.
   - Este paso ayuda a identificar las características que tienen una relación sólida con la variable objetivo.
5. **Retención de características categóricas**: Incluimos manualmente la columna 'Educación' para demostrar cómo se pueden conservar características categóricas importantes que no fueron parte del análisis numérico.

Este ejemplo muestra un enfoque multifacético para eliminar datos irrelevantes:

- Se abordan las características constantes que no aportan información discriminativa.
- Se eliminan las características con muy baja varianza, que a menudo contribuyen poco al rendimiento del modelo.
- Se utiliza una medida estadística (información mutua) para identificar las características más relevantes para la variable objetivo.

Al aplicar estas técnicas, reducimos significativamente la dimensionalidad del conjunto de datos, enfocándonos en las características más relevantes. Esto puede mejorar el rendimiento del modelo, reducir el sobreajuste y aumentar la eficiencia computacional. Sin embargo, es crucial validar el impacto de la eliminación de características en tu problema específico y ajustar los umbrales según sea necesario.

La importancia de la limpieza de datos no debe subestimarse, ya que afecta directamente la calidad y la fiabilidad de los modelos de machine learning. Los datos limpios y de alta calidad son esenciales para obtener predicciones precisas e insights significativos.

Los valores faltantes son un desafío común en los conjuntos de datos del mundo real, a menudo derivados de diversas fuentes como fallas de equipos, errores humanos o respuestas intencionalmente no dadas. Manejar estos valores faltantes de manera adecuada es fundamental, ya que pueden afectar significativamente el rendimiento del modelo y conducir a conclusiones sesgadas o incorrectas si no se abordan correctamente.

El enfoque para tratar los datos faltantes no es universal y depende de varios factores:

1. **La naturaleza y las características de tu conjunto de datos**: El tipo específico de datos con los que estás trabajando (como datos numéricos, categóricos o series de tiempo) y sus patrones de distribución subyacentes desempeñan un papel crucial en la determinación de la técnica más adecuada para manejar los datos faltantes. Por ejemplo, ciertos métodos de imputación pueden ser más adecuados para datos numéricos continuos, mientras que otros podrían ser mejores para variables categóricas o información dependiente del tiempo.
2. **La cantidad y el patrón de distribución de los datos faltantes**: La magnitud de la información faltante y el mecanismo subyacente que causa las brechas de datos influyen significativamente en la elección de la estrategia de manejo. Es esencial distinguir entre datos que faltan completamente al azar (MCAR), datos que faltan al azar (MAR) o datos que no faltan al azar (MNAR), ya que cada escenario puede requerir un enfoque diferente para mantener la integridad y representatividad de tu conjunto de datos.
3. **El algoritmo de machine learning seleccionado y sus propiedades inherentes**: Los distintos modelos de machine learning muestran diversos grados de sensibilidad a los datos faltantes, lo que puede afectar sustancialmente su rendimiento y la fiabilidad de

sus predicciones. Algunos algoritmos, como los árboles de decisión, pueden manejar valores faltantes de manera intrínseca, mientras que otros, como las máquinas de soporte vectorial, pueden requerir un preprocesamiento más extenso para abordar de manera efectiva las brechas de datos. Comprender estas características específicas del modelo es crucial para seleccionar una técnica de manejo de datos faltantes adecuada que se alinee con el algoritmo elegido.

Al comprender estos conceptos y técnicas, los científicos de datos pueden tomar decisiones informadas sobre cómo preprocesar sus datos de manera efectiva, asegurando el desarrollo de modelos de machine learning robustos y precisos.

3.1.1 Tipos de datos faltantes

Antes de profundizar en las complejidades de manejar datos faltantes, es fundamental comprender las tres categorías principales de datos faltantes, cada una con sus propias características e implicaciones para el análisis de datos:

1. Datos completamente faltantes al azar (MCAR)

Este tipo de datos faltantes representa un escenario en el que la ausencia de información no sigue un patrón discernible ni tiene relación con ninguna variable en el conjunto de datos, ya sea observada o no observada. El MCAR se caracteriza por una probabilidad igual de que los datos falten en todos los casos, lo que efectivamente crea un subconjunto no sesgado del conjunto de datos completo.

Las características clave del MCAR incluyen:

- **Aleatoriedad**: La falta de datos es completamente aleatoria y no está influenciada por ningún factor dentro o fuera del conjunto de datos.
- **Representación no sesgada**: Los datos restantes pueden considerarse una muestra aleatoria del conjunto completo de datos, manteniendo sus propiedades estadísticas.
- **Implicaciones estadísticas**: Los análisis realizados con los casos completos (después de eliminar los datos faltantes) permanecen no sesgados, aunque puede haber una pérdida en el poder estadístico debido a la reducción del tamaño de la muestra.

Para ilustrar el MCAR, consideremos un escenario de encuesta integral:

Imagina una encuesta de salud a gran escala en la que los participantes deben completar un cuestionario extenso. Algunos encuestados podrían omitir inadvertidamente ciertas preguntas debido a factores completamente no relacionados con el contenido de la encuesta o sus características personales. Por ejemplo:

- Un encuestado podría distraerse momentáneamente por un ruido externo y saltarse accidentalmente una pregunta.

- Fallos técnicos en la plataforma de encuestas podrían no registrar algunas respuestas de forma aleatoria.
- Un participante podría pasar dos páginas a la vez sin darse cuenta, omitiendo un conjunto de preguntas.

En estos casos, los datos faltantes se considerarían MCAR, ya que la probabilidad de que falte una respuesta no está relacionada con la propia pregunta, las características del encuestado ni con ninguna otra variable del estudio. Esta aleatoriedad asegura que los datos restantes aún proporcionan una representación no sesgada, aunque más pequeña, de la población bajo estudio.

Aunque el MCAR se considera a menudo el "mejor escenario" para los datos faltantes, es importante señalar que es relativamente raro en conjuntos de datos del mundo real. Los investigadores y científicos de datos deben examinar cuidadosamente sus datos y el proceso de recopilación de los mismos para determinar si la suposición de MCAR realmente se sostiene antes de proceder con análisis o métodos de imputación basados en esta suposición.

2. Datos faltantes al azar (MAR)

En este escenario, conocido como Missing at Random (MAR), los datos faltantes muestran una relación sistemática con los datos observados, pero, lo que es crucial, no con los propios datos faltantes. Esto significa que la probabilidad de que falten los datos puede explicarse por otras variables observadas en el conjunto de datos, pero no está directamente relacionada con los valores no observados.

Para comprender mejor el MAR, desglosémoslo más:

- **Relación sistemática**: El patrón de falta de datos no es completamente aleatorio, pero sigue un patrón discernible basado en otras variables observadas.
- **Dependencia de los datos observados**: La probabilidad de que falte un valor depende de otras variables que podemos observar y medir en el conjunto de datos.
- **Independencia de los valores no observados**: Es importante destacar que la probabilidad de falta de datos no está relacionada con el valor que se habría observado de no faltar.

Consideremos una ilustración ampliada para aclarar este concepto:

Imagina una encuesta de salud en la que se les pregunta a los participantes sobre su edad, hábitos de ejercicio y satisfacción general con su salud. En este escenario:

- Los participantes más jóvenes (de 18 a 30 años) podrían ser menos propensos a responder preguntas sobre sus hábitos de ejercicio, independientemente de cuánto ejerciten realmente.

- Esta menor tasa de respuesta entre los participantes más jóvenes es observable y puede tenerse en cuenta en el análisis.
- Lo importante es que su tendencia a no responder no está directamente relacionada con sus hábitos de ejercicio reales (que serían los datos faltantes), sino con su grupo de edad (que es observado).

En este escenario MAR, podemos usar los datos observados (edad) para tomar decisiones informadas sobre cómo manejar los datos faltantes (hábitos de ejercicio). Esta característica del MAR permite métodos de imputación más sofisticados que pueden aprovechar las relaciones entre variables para estimar los valores faltantes de manera más precisa.

Entender que los datos son MAR es vital para elegir técnicas apropiadas de manejo de datos faltantes. A diferencia del MCAR, donde técnicas simples como la eliminación de casos podrían ser suficientes, el MAR a menudo requiere métodos más avanzados, como la imputación múltiple o la estimación de máxima verosimilitud para evitar sesgos en los análisis.

3. Datos faltantes no al azar (MNAR)

Esta categoría representa el tipo más complejo de datos faltantes, donde la falta de datos está directamente relacionada con los propios valores no observados. En situaciones MNAR, la misma razón por la cual faltan los datos está intrínsecamente vinculada a la información que se habría recopilado. Esto crea un desafío significativo para el análisis de datos y los métodos de imputación, ya que no se puede ignorar el mecanismo de falta de datos sin introducir potencialmente sesgos.

Para comprender mejor el MNAR, desglosémoslo más:

- **Relación directa**: La probabilidad de que falte un valor depende del propio valor, que no es observado.
- **Sesgo sistemático**: La falta de datos crea un sesgo sistemático en el conjunto de datos que no puede corregirse completamente utilizando solo los datos observados.
- **Complejidad en el análisis**: Las situaciones MNAR a menudo requieren técnicas estadísticas especializadas para manejarse adecuadamente, ya que los métodos simples de imputación pueden llevar a conclusiones incorrectas.

Un ejemplo claro de MNAR es cuando los pacientes con condiciones de salud graves son menos propensos a divulgar su estado de salud. Esto genera brechas sistemáticas en los datos relacionados con la salud que están directamente correlacionadas con la gravedad de sus condiciones. Examinemos este ejemplo con más detalle:

- **Sesgo de autoselección**: Los pacientes con condiciones más graves podrían evitar participar en encuestas de salud o estudios médicos debido a limitaciones físicas o factores psicológicos.

- **Preocupaciones de privacidad**: Aquellos con problemas de salud graves podrían ser más reacios a compartir su información médica, temiendo el estigma o la discriminación.
- **Registros médicos incompletos**: Los pacientes con condiciones de salud complejas podrían tener registros médicos incompletos si cambian de proveedor de atención médica con frecuencia o evitan ciertos tipos de atención.

Las implicaciones de los datos MNAR en este escenario de salud son significativas:

- **Subestimación de la prevalencia de la enfermedad**: Si aquellos con condiciones graves están sistemáticamente ausentes de los datos, la verdadera prevalencia de la enfermedad podría subestimarse.
- **Evaluaciones sesgadas de la eficacia del tratamiento**: En los ensayos clínicos, si los pacientes con efectos secundarios graves son más propensos a abandonar, los datos restantes podrían sobreestimar la efectividad del tratamiento.
- **Decisiones de políticas de salud sesgadas**: Los responsables de políticas que se basan en estos datos podrían asignar recursos basándose en una imagen incompleta de las necesidades de salud pública.

Manejar datos MNAR requiere una consideración cuidadosa y a menudo implica métodos estadísticos avanzados, como modelos de selección o modelos de mezcla de patrones. Estos enfoques intentan modelar explícitamente el mecanismo de los datos faltantes, permitiendo inferencias más precisas a partir de conjuntos de datos incompletos. Sin embargo, a menudo dependen de suposiciones no comprobables sobre la naturaleza de la falta de datos, lo que resalta la complejidad y los desafíos asociados con los escenarios MNAR en el análisis de datos.

Comprender estos distintos tipos de datos faltantes es crucial, ya que cada categoría requiere un enfoque único en el manejo y análisis de datos. La elección del método para abordar los datos faltantes, ya sea que implique imputación, eliminación u otras técnicas más avanzadas, debe adaptarse cuidadosamente al tipo específico de falta de datos que se encuentre en el conjunto de datos.

Este entendimiento detallado garantiza que los esfuerzos posteriores de análisis y modelado de datos se construyan sobre una base que refleje con precisión la estructura subyacente de los datos y minimice los posibles sesgos introducidos por la falta de información.

3.1.2 Detección y visualización de datos faltantes

El primer paso para manejar datos faltantes es detectar dónde están los valores ausentes dentro de tu conjunto de datos. Esta fase inicial es crucial, ya que establece la base para todas las tareas posteriores de preprocesamiento y análisis de datos. Pandas, una poderosa biblioteca de manipulación de datos en Python, ofrece una forma eficiente y fácil de usar para verificar los valores faltantes en un conjunto de datos.

Para comenzar este proceso, normalmente cargas tus datos en un DataFrame de Pandas, que es una estructura de datos bidimensional etiquetada. Una vez que tus datos están en este formato, Pandas ofrece varias funciones integradas para identificar los valores faltantes:

- Los métodos isnull() o isna(): Estas funciones devuelven una máscara booleana con la misma forma que tu DataFrame, donde True indica un valor faltante y False indica un valor no faltante.
- El método notnull(): Este es el inverso de isnull(), devolviendo True para los valores no faltantes.
- El método info(): Proporciona un resumen conciso de tu DataFrame, incluyendo el número de valores no nulos en cada columna.

Al combinar estas funciones con otras operaciones de Pandas, puedes obtener una comprensión completa de los datos faltantes en tu conjunto de datos. Por ejemplo, puedes usar df.isnull().sum() para contar el número de valores faltantes en cada columna, o df.isnull().any() para verificar si alguna columna contiene valores faltantes.

Comprender el patrón y la extensión de los datos faltantes es fundamental, ya que informa tu estrategia para manejar estos vacíos. Te ayuda a decidir si eliminar filas o columnas con datos faltantes, imputar los valores faltantes o emplear técnicas más avanzadas, como la imputación múltiple o modelos de machine learning diseñados para manejar datos faltantes.

Ejemplo: Detección de datos faltantes con Pandas

```
import pandas as pd
import numpy as np
import seaborn as sns
import matplotlib.pyplot as plt
from sklearn.impute import SimpleImputer, KNNImputer
from sklearn.experimental import enable_iterative_imputer
from sklearn.impute import IterativeImputer

# Create a sample DataFrame with missing data
data = {
    'Name': ['Alice', 'Bob', 'Charlie', 'David', 'Eve', 'Frank'],
    'Age': [25, None, 35, 40, None, 50],
    'Salary': [50000, 60000, None, 80000, 55000, None],
    'Department': ['HR', 'IT', 'Finance', 'IT', None, 'HR']
}
df = pd.DataFrame(data)

# Display the original DataFrame
print("Original DataFrame:")
print(df)
print("\\n")

# Check for missing data
print("Missing Data in Each Column:")
```

```
print(df.isnull().sum())
print("\\n")

# Calculate percentage of missing data
print("Percentage of Missing Data in Each Column:")
print(df.isnull().sum() / len(df) * 100)
print("\\n")

# Visualize missing data with a heatmap
plt.figure(figsize=(10, 6))
sns.heatmap(df.isnull(), cbar=False, cmap='viridis', yticklabels=False)
plt.title("Missing Data Heatmap")
plt.show()

# Handling missing data

# 1. Removing rows with missing data
df_dropna = df.dropna()
print("DataFrame after dropping rows with missing data:")
print(df_dropna)
print("\\n")

# 2. Simple imputation methods
# Mean imputation for numerical columns
df_mean_imputed = df.copy()
df_mean_imputed['Age'].fillna(df_mean_imputed['Age'].mean(), inplace=True)
df_mean_imputed['Salary'].fillna(df_mean_imputed['Salary'].mean(), inplace=True)

# Mode imputation for categorical column
df_mean_imputed['Department'].fillna(df_mean_imputed['Department'].mode()[0],
inplace=True)

print("DataFrame after mean/mode imputation:")
print(df_mean_imputed)
print("\\n")

# 3. KNN Imputation
# Exclude non-numeric columns for KNN
numeric_df = df.drop(['Name', 'Department'], axis=1)

imputer_knn = KNNImputer(n_neighbors=2)
numeric_knn_imputed = pd.DataFrame(imputer_knn.fit_transform(numeric_df),
                                   columns=numeric_df.columns)

# Add back the non-numeric columns
numeric_knn_imputed.insert(0, 'Name', df['Name'])
numeric_knn_imputed['Department'] = df['Department']

print("Corrected DataFrame after KNN imputation:")
print(numeric_knn_imputed)
print("\\n")
```

```
# 4. Multiple Imputation by Chained Equations (MICE)
# Exclude non-numeric columns for MICE
imputer_mice = IterativeImputer(random_state=0)
numeric_mice_imputed = pd.DataFrame(imputer_mice.fit_transform(numeric_df),
                                    columns=numeric_df.columns)

# Add back the non-numeric columns
numeric_mice_imputed.insert(0, 'Name', df['Name'])
numeric_mice_imputed['Department'] = df['Department']

print("DataFrame after MICE imputation:")
print(numeric_mice_imputed)
```

Este ejemplo de código proporciona una demostración integral de la detección, visualización y manejo de datos faltantes en Python utilizando pandas, numpy, seaborn, matplotlib y scikit-learn.

Analicemos el código y expliquemos cada sección:

1. **Crear el DataFrame**:

- Se crea un DataFrame con valores faltantes en Age, Salary y Department.

2. **Analizar los Datos Faltantes**:
    1. Mostrar el recuento y porcentaje de valores faltantes para cada columna.
    2. Visualizar los datos faltantes usando un mapa de calor.
3. **Manejar los Datos Faltantes**:
    - **Método 1: Eliminar Filas**:
        - Las filas con valores faltantes se eliminan usando dropna().
    - **Método 2: Imputación Simple**:
        - Usar la **media** para rellenar valores faltantes en Age y Salary.
        - Usar la **moda** para rellenar valores faltantes en Department.
    - **Método 3: Imputación KNN**:
        - Usar el KNNImputer para rellenar valores faltantes en columnas numéricas (Age y Salary).
        - Excluir columnas no numéricas durante la imputación y agregarlas nuevamente después.
    - **Método 4: Imputación MICE**:

- Usar el IterativeImputer (MICE) para la imputación avanzada de columnas numéricas.
- Excluir columnas no numéricas durante la imputación y agregarlas nuevamente después.

4. **Mostrar Resultados**:
   - Los DataFrames actualizados después de cada método se muestran para su comparación.

Este ejemplo muestra múltiples técnicas de imputación, proporciona un desglose paso a paso y ofrece una visión integral del manejo de datos faltantes en Python. Demuestra la progresión desde técnicas simples (como eliminación e imputación por media) hasta métodos más avanzados (KNN y MICE). Este enfoque permite a los usuarios entender y comparar diferentes estrategias para la imputación de datos faltantes.

La función isnull() en Pandas detecta valores faltantes (representados como NaN), y usando .sum(), puedes obtener el número total de valores faltantes en cada columna. Además, el mapa de calor de Seaborn proporciona una representación visual rápida de dónde se encuentran los datos faltantes.

3.1.3 Técnicas para el manejo de datos faltantes

Después de identificar los valores faltantes en tu conjunto de datos, el siguiente paso crucial es determinar la estrategia más adecuada para abordar estas lagunas. El enfoque que elijas puede afectar significativamente tu análisis y el rendimiento del modelo. Existen múltiples técnicas disponibles para manejar los datos faltantes, cada una con sus propias fortalezas y limitaciones.

La selección del método más adecuado depende de varios factores, incluidos el volumen de datos faltantes, el patrón de ausencia de datos (si los datos faltan completamente al azar, faltan al azar o no faltan al azar) y la importancia relativa de las características que contienen los valores faltantes. Es fundamental considerar cuidadosamente estos aspectos para asegurarte de que el método elegido se alinee con las características de tus datos y tus objetivos analíticos.

1. Eliminación de datos faltantes

Si la cantidad de datos faltantes es pequeña (generalmente menos del 5% del conjunto total de datos) y el patrón de falta de datos es aleatorio (MCAR - Datos Completamente Faltantes al Azar), puedes considerar eliminar las filas o columnas con valores faltantes. Este método, conocido como eliminación de casos o análisis de casos completos, es sencillo y fácil de implementar.

Sin embargo, este enfoque debe usarse con precaución por varias razones:

- **Pérdida de información**: Eliminar filas o columnas enteras puede llevar a una pérdida significativa de información potencialmente valiosa, especialmente si los datos faltantes están en diferentes filas a lo largo de varias columnas.

- **Reducción del poder estadístico**: Un tamaño de muestra más pequeño debido a la eliminación de datos puede disminuir el poder estadístico de tus análisis, lo que podría dificultar la detección de efectos significativos.
- **Introducción de sesgos**: Si los datos no son MCAR, eliminar filas con valores faltantes puede introducir sesgos en tu conjunto de datos, lo que podría sesgar tus resultados y llevar a conclusiones incorrectas.
- **Ineficiencia**: En los casos en que varias variables tienen valores faltantes, podrías terminar descartando una gran parte de tu conjunto de datos, lo que es ineficiente y puede llevar a estimaciones inestables.

Antes de optar por este método, es crucial analizar detenidamente el patrón y la extensión de los datos faltantes en tu conjunto de datos. Considera enfoques alternativos como diversas técnicas de imputación si la proporción de datos faltantes es sustancial o si el patrón de ausencia sugiere que los datos no son MCAR.

Ejemplo: Eliminación de filas con datos faltantes

```
import pandas as pd
import numpy as np
import matplotlib.pyplot as plt

# Create a sample DataFrame with missing values
data = {
    'Name': ['Alice', 'Bob', 'Charlie', 'David', 'Eve'],
    'Age': [25, np.nan, 35, 40, np.nan],
    'Salary': [50000, 60000, np.nan, 80000, 55000],
    'Department': ['HR', 'IT', 'Finance', 'IT', np.nan]
}
df = pd.DataFrame(data)

# Display the original DataFrame
print("Original DataFrame:")
print(df)
print("\\n")

# Check for missing values
print("Missing values in each column:")
print(df.isnull().sum())
print("\\n")

# Remove rows with any missing values
df_clean = df.dropna()
print("DataFrame after removing rows with missing data:")
print(df_clean)
print("\\n")

# Remove rows with missing values in specific columns
df_clean_specific = df.dropna(subset=['Age', 'Salary'])
```

```
print("DataFrame after removing rows with missing data in 'Age' and 'Salary':")
print(df_clean_specific)
print("\\n")

# Remove columns with missing values
df_clean_columns = df.dropna(axis=1)
print("DataFrame after removing columns with missing data:")
print(df_clean_columns)
print("\\n")

# Visualize the impact of removing missing data
plt.figure(figsize=(10, 6))
plt.bar(['Original', 'After row removal', 'After column removal'],
        [len(df), len(df_clean), len(df_clean_columns)],
        color=['blue', 'green', 'red'])
plt.title('Impact of Removing Missing Data')
plt.ylabel('Number of rows')
plt.show()
```

Este ejemplo de código demuestra varios aspectos del manejo de datos faltantes utilizando el método dropna() en pandas.

A continuación, un desglose detallado del código:

1. **Creación de datos**:
    - Comenzamos creando un DataFrame de muestra con valores faltantes (representados como np.nan) en diferentes columnas.
    - Esto simula un escenario del mundo real donde los datos pueden estar incompletos.
2. **Visualización de los datos originales**:
    - Se imprime el DataFrame original para mostrar el estado inicial de los datos, incluidos los valores faltantes.
3. **Verificación de valores faltantes**:
    - Usamos df.isnull().sum() para contar el número de valores faltantes en cada columna.
    - Este paso es crucial para entender la extensión de los datos faltantes antes de decidir una estrategia de eliminación.
4. **Eliminación de filas con cualquier valor faltante**:
    - df.dropna() se usa sin parámetros para eliminar todas las filas que contienen algún valor faltante.

- Este es el enfoque más estricto y puede llevar a una pérdida significativa de datos si muchas filas tienen valores faltantes.

5. **Eliminación de filas con valores faltantes en columnas específicas**:
   - df.dropna(subset=['Age', 'Salary']) elimina filas solo si hay valores faltantes en las columnas 'Age' o 'Salary'.
   - Este enfoque es más específico y conserva más datos en comparación con eliminar todas las filas con algún valor faltante.

6. **Eliminación de columnas con valores faltantes**:
   - df.dropna(axis=1) elimina cualquier columna que contenga valores faltantes.
   - Este enfoque es útil cuando ciertas características se consideran poco confiables debido a los datos faltantes.

7. **Visualización del impacto**:
   - Se crea un gráfico de barras para comparar visualmente el número de filas en el DataFrame original frente a los DataFrames después de la eliminación de filas y columnas.
   - Esta visualización ayuda a comprender la relación entre la integridad de los datos y la pérdida de los mismos.

Este ejemplo integral ilustra diferentes estrategias para manejar los datos faltantes mediante la eliminación, lo que permite comparar sus impactos en el conjunto de datos. Es importante elegir el método apropiado según los requisitos específicos de tu análisis y la naturaleza de los datos.

En este ejemplo, la función dropna() elimina las filas que contienen valores faltantes. También puedes especificar si deseas eliminar filas o columnas dependiendo de tu caso de uso.

2. Imputación de datos faltantes

Si tienes una cantidad significativa de datos faltantes, eliminar filas puede no ser una opción viable, ya que podría llevar a una pérdida sustancial de información. En tales casos, la **imputación** se convierte en una técnica crucial. La imputación implica rellenar los valores faltantes con datos estimados, lo que te permite preservar la estructura y el tamaño general de tu conjunto de datos.

Existen varios métodos comunes de imputación, cada uno con sus propias fortalezas y casos de uso:

a. Imputación por la media

La imputación por la media es un método ampliamente utilizado para manejar datos numéricos faltantes. Esta técnica implica reemplazar los valores faltantes en una columna con la media aritmética (promedio) de todos los valores no faltantes en esa misma columna. Por ejemplo, si un conjunto de datos tiene valores de edad faltantes, se calcularía la edad promedio de todas las personas con edades registradas y se usaría para llenar los vacíos.

La popularidad de la imputación por la media radica en su simplicidad y facilidad de implementación. Requiere recursos computacionales mínimos y puede aplicarse rápidamente a conjuntos de datos grandes. Esto la convierte en una opción atractiva para científicos de datos y analistas que trabajan con limitaciones de tiempo o poder de procesamiento.

Sin embargo, aunque la imputación por la media es sencilla, conlleva varias advertencias importantes:

1. **Distorsión de la distribución**: Al reemplazar los valores faltantes con la media, este método puede alterar la distribución general de los datos. Aumenta artificialmente la frecuencia del valor medio, lo que puede crear un pico en la distribución alrededor de este punto. Esto puede llevar a una reducción de la varianza y desviación estándar de los datos, lo que podría impactar en los análisis estadísticos que dependen de estas medidas.
2. **Alteración de relaciones**: La imputación por la media no tiene en cuenta las relaciones entre variables. En realidad, los valores faltantes podrían estar correlacionados con otras características en el conjunto de datos. Al usar la media general, estas posibles relaciones se ignoran, lo que podría generar sesgos en los análisis posteriores.
3. **Representación inadecuada de la incertidumbre**: Este método no captura la incertidumbre asociada con los datos faltantes. Trata los valores imputados con la misma confianza que los valores observados, lo cual puede no ser apropiado, especialmente si la proporción de datos faltantes es considerable.
4. **Impacto en las pruebas estadísticas**: La variabilidad artificialmente reducida puede llevar a intervalos de confianza más estrechos y estadísticas t infladas, lo que podría resultar en falsos positivos en las pruebas de hipótesis.
5. **Sesgo en análisis multivariados**: En análisis que involucran múltiples variables, como regresión o agrupamiento, la imputación por la media puede introducir sesgo al debilitar las relaciones entre variables.

Dadas estas limitaciones, aunque la imputación por la media sigue siendo una herramienta útil en ciertos escenarios, es crucial que los científicos de datos consideren cuidadosamente su idoneidad para su conjunto de datos y objetivos de análisis específicos. En muchos casos, métodos de imputación más sofisticados que preserven las propiedades estadísticas y las relaciones de los datos podrían ser preferibles, especialmente para análisis complejos o cuando se trata de una cantidad significativa de datos faltantes.

Ejemplo: Imputación de datos faltantes con la media

```
import pandas as pd
```

```
import numpy as np
import matplotlib.pyplot as plt
from sklearn.impute import SimpleImputer

# Create a sample DataFrame with missing values
data = {
    'Name': ['Alice', 'Bob', 'Charlie', 'David', 'Eve'],
    'Age': [25, np.nan, 35, 40, np.nan],
    'Salary': [50000, 60000, np.nan, 80000, 55000],
    'Department': ['HR', 'IT', 'Finance', 'IT', np.nan]
}
df = pd.DataFrame(data)

# Display the original DataFrame
print("Original DataFrame:")
print(df)
print("\\nMissing values in each column:")
print(df.isnull().sum())

# Impute missing values in the 'Age' and 'Salary' columns with the mean
df['Age'] = df['Age'].fillna(df['Age'].mean())
df['Salary'] = df['Salary'].fillna(df['Salary'].mean())

print("\\nDataFrame After Mean Imputation:")
print(df)

# Using SimpleImputer for comparison
imputer = SimpleImputer(strategy='mean')
df_imputed = pd.DataFrame(imputer.fit_transform(df), columns=df.columns)

print("\\nDataFrame After SimpleImputer Mean Imputation:")
print(df_imputed)

# Visualize the impact of imputation
fig, (ax1, ax2) = plt.subplots(1, 2, figsize=(12, 5))

ax1.bar(df['Name'], df['Age'], color='blue', alpha=0.7)
ax1.set_title('Age Distribution After Imputation')
ax1.set_ylabel('Age')
ax1.tick_params(axis='x', rotation=45)

ax2.bar(df['Name'], df['Salary'], color='green', alpha=0.7)
ax2.set_title('Salary Distribution After Imputation')
ax2.set_ylabel('Salary')
ax2.tick_params(axis='x', rotation=45)

plt.tight_layout()
plt.show()

# Calculate and print statistics
print("\\nStatistics After Imputation:")
print(df[['Age', 'Salary']].describe())
```

Este ejemplo de código proporciona un enfoque más completo para la imputación por la media, que incluye visualización y análisis estadístico.

A continuación, un desglose del código:

- **Creación e inspección de datos**:
  - Creamos un DataFrame de muestra con valores faltantes en diferentes columnas.
  - Se muestra el DataFrame original junto con un recuento de los valores faltantes en cada columna.
- **Imputación por la media**:
  - Utilizamos el método fillna() con df['column'].mean() para imputar valores faltantes en las columnas 'Age' y 'Salary'.
  - Se muestra el DataFrame después de la imputación para observar los cambios.
- **Comparación con SimpleImputer**:
  - Usamos SimpleImputer de sklearn con la estrategia de la 'media' para realizar la imputación.
  - Esto demuestra un método alternativo para la imputación por la media, útil para conjuntos de datos más grandes o cuando se trabaja con pipelines de scikit-learn.
- **Visualización**:
  - Se crean dos gráficos de barras para visualizar las distribuciones de Age y Salary después de la imputación.
  - Esto ayuda a comprender el impacto de la imputación en la distribución de los datos.
- **Análisis estadístico**:
  - Calculamos y mostramos estadísticas descriptivas para las columnas 'Age' y 'Salary' después de la imputación.
  - Esto proporciona información sobre cómo la imputación ha afectado las medidas de tendencia central y la dispersión de los datos.

Este ejemplo de código no solo demuestra cómo realizar imputación por la media, sino que también muestra cómo evaluar su impacto a través de la visualización y el análisis estadístico. Es importante tener en cuenta que, aunque la imputación por la media es simple y, a menudo, efectiva, puede reducir la varianza en tus datos y puede no ser adecuada para todas las situaciones, especialmente cuando los datos no están faltantes al azar.

b. Imputación por la mediana

La imputación por la mediana es una alternativa robusta a la imputación por la media para manejar datos faltantes. Este método utiliza el valor mediano de los datos no faltantes para rellenar los vacíos. La mediana es el valor central cuando un conjunto de datos se ordena de menor a mayor, separando efectivamente la mitad superior de la inferior de una muestra de datos.

La imputación por la mediana es particularmente valiosa cuando se trata de distribuciones sesgadas o conjuntos de datos que contienen valores atípicos. En estos escenarios, la mediana resulta ser más resistente y representativa que la media. Esto se debe a que los valores atípicos pueden influir significativamente en la media hacia valores extremos, mientras que la mediana permanece estable.

Por ejemplo, considera un conjunto de datos de salarios donde la mayoría de los empleados ganan entre $40,000 y $60,000, pero hay algunos ejecutivos con salarios superiores a $1,000,000. La media salarial estaría muy influenciada por estos altos ingresos, lo que podría llevar a una sobreestimación al imputar valores faltantes. La mediana, sin embargo, proporcionaría una representación más precisa del salario típico.

Además, la imputación por la mediana ayuda a mantener mejor la forma general de la distribución de los datos en comparación con la imputación por la media en casos de datos sesgados. Esto es crucial para preservar las características importantes del conjunto de datos, lo que puede ser esencial para análisis o tareas de modelado posteriores.

Es importante destacar que, aunque la imputación por la mediana es a menudo superior a la imputación por la media para datos sesgados, aún tiene limitaciones. Al igual que la imputación por la media, no tiene en cuenta las relaciones entre variables y puede no ser adecuada para conjuntos de datos donde los valores faltantes no se distribuyen de manera aleatoria. En tales casos, podrían ser necesarias técnicas de imputación más avanzadas.

Ejemplo: Imputación por la mediana

```
import pandas as pd
import numpy as np
import matplotlib.pyplot as plt
from sklearn.impute import SimpleImputer

# Create a sample DataFrame with missing values and outliers
np.random.seed(42)
data = {
    'Name': ['Alice', 'Bob', 'Charlie', 'David', 'Eve', 'Frank', 'Grace', 'Henry',
'Ivy', 'Jack'],
    'Age': [25, np.nan, 35, 40, np.nan, 55, 30, np.nan, 45, 50],
```

```
    'Salary': [50000, 60000, np.nan, 80000, 55000, 75000, np.nan, 70000, 1000000,
np.nan]
}
df = pd.DataFrame(data)

# Display the original DataFrame
print("Original DataFrame:")
print(df)
print("\\nMissing values in each column:")
print(df.isnull().sum())

# Perform median imputation
df_median_imputed = df.copy()
df_median_imputed['Age']                                                          =
df_median_imputed['Age'].fillna(df_median_imputed['Age'].median())
df_median_imputed['Salary']                                                       =
df_median_imputed['Salary'].fillna(df_median_imputed['Salary'].median())

print("\\nDataFrame After Median Imputation:")
print(df_median_imputed)

# Using SimpleImputer for comparison
imputer = SimpleImputer(strategy='median')
df_imputed = pd.DataFrame(imputer.fit_transform(df), columns=df.columns)

print("\\nDataFrame After SimpleImputer Median Imputation:")
print(df_imputed)

# Visualize the impact of imputation
fig, (ax1, ax2) = plt.subplots(1, 2, figsize=(15, 6))

ax1.boxplot([df['Salary'].dropna(), df_median_imputed['Salary']], labels=['Original',
'Imputed'])
ax1.set_title('Salary Distribution: Original vs Imputed')
ax1.set_ylabel('Salary')

ax2.scatter(df['Age'], df['Salary'], label='Original', alpha=0.7)
ax2.scatter(df_median_imputed['Age'], df_median_imputed['Salary'], label='Imputed',
alpha=0.7)
ax2.set_xlabel('Age')
ax2.set_ylabel('Salary')
ax2.set_title('Age vs Salary: Original and Imputed Data')
ax2.legend()

plt.tight_layout()
plt.show()

# Calculate and print statistics
print("\\nStatistics After Imputation:")
print(df_median_imputed[['Age', 'Salary']].describe())
```

Este ejemplo integral demuestra la imputación por mediana e incluye visualización y análisis estadístico. A continuación, se presenta un desglose del código:

1. **Creación e inspección de datos**:
    - Creamos un DataFrame de ejemplo con valores faltantes en las columnas 'Edad' y 'Salario', incluyendo un valor atípico en la columna 'Salario'.
    - Se muestra el DataFrame original junto con un conteo de los valores faltantes en cada columna.
2. **Imputación por mediana**:
    - Utilizamos el método fillna() con df['columna'].median() para imputar los valores faltantes en las columnas 'Edad' y 'Salario'.
    - Se muestra el DataFrame después de la imputación para evidenciar los cambios.
3. **Comparación con SimpleImputer**:
    - Utilizamos SimpleImputer de sklearn con la estrategia de 'mediana' para realizar la imputación.
    - Esto demuestra un método alternativo para la imputación por mediana, útil para conjuntos de datos más grandes o cuando se trabaja con pipelines de scikit-learn.
4. **Visualización**:
    - Se crea un diagrama de caja para comparar las distribuciones de salario original e imputado, destacando el impacto de la imputación por mediana en el valor atípico.
    - Un diagrama de dispersión muestra la relación entre la Edad y el Salario, comparando los datos originales e imputados.
5. **Análisis estadístico**:
    - Calculamos y mostramos las estadísticas descriptivas para las columnas 'Edad' y 'Salario' después de la imputación.
    - Esto proporciona información sobre cómo la imputación ha afectado las tendencias centrales y la dispersión de los datos.

Este ejemplo ilustra cómo la imputación por mediana maneja mejor los valores atípicos en comparación con la imputación por media. El valor atípico del salario de 1,000,000 no afecta significativamente los valores imputados, como sucedería con la imputación por media. La visualización ayuda a comprender el impacto de la imputación en la distribución de los datos y en las relaciones entre variables.

La imputación por mediana es particularmente útil cuando se trabaja con datos sesgados o conjuntos de datos con valores atípicos, ya que proporciona una medida más robusta de tendencia central en comparación con la media. Sin embargo, al igual que otros métodos simples de imputación, no tiene en cuenta las relaciones entre variables y puede no ser adecuado para todos los tipos de mecanismos de datos faltantes.

c. Imputación por moda

La imputación por moda es una técnica utilizada para manejar datos faltantes reemplazando los valores faltantes con el valor que más se repite (moda) en la columna. Este método es especialmente útil para datos categóricos donde conceptos numéricos como la media o la mediana no son aplicables.

A continuación, se presenta una explicación más detallada:

Aplicación en datos categóricos: La imputación por moda se utiliza principalmente para variables categóricas, como 'color', 'género' o 'tipo de producto'. Por ejemplo, si en una columna 'color favorito' la mayoría de las respuestas son 'azul', los valores faltantes se llenarían con 'azul'.

Eficacia para variables nominales: La imputación por moda puede ser bastante eficaz para variables categóricas nominales, donde las categorías no tienen un orden inherente. Ejemplos incluyen variables como 'tipo de sangre' o 'país de origen'. En estos casos, utilizar la categoría más frecuente como reemplazo suele ser una suposición razonable.

Limitaciones con datos ordinales: Sin embargo, la imputación por moda puede no ser adecuada para datos ordinales, donde el orden de las categorías es importante. Por ejemplo, en una variable como 'nivel educativo' (secundaria, licenciatura, maestría, doctorado), simplemente usar la categoría más frecuente podría alterar el orden inherente y potencialmente introducir sesgo en análisis posteriores.

Preservación de la distribución de datos: Una ventaja de la imputación por moda es que preserva más fielmente la distribución original de los datos en comparación con métodos como la imputación por media, especialmente para variables categóricas con una categoría mayoritaria clara.

Inconvenientes potenciales: Es importante señalar que la imputación por moda puede simplificar en exceso los datos, especialmente si no hay una moda clara o si la variable tiene múltiples modas. Tampoco tiene en cuenta las relaciones entre variables, lo que podría conducir a la pérdida de información importante o la introducción de sesgo.

Enfoques alternativos: Para escenarios más complejos, especialmente con datos ordinales o cuando es crucial preservar las relaciones entre variables, métodos más sofisticados como la imputación múltiple o técnicas de imputación basadas en machine learning podrían ser más adecuados.

Ejemplo: Imputación por moda

```
import pandas as pd
```

```
import numpy as np
import matplotlib.pyplot as plt
from sklearn.impute import SimpleImputer

# Create a sample DataFrame with missing values
np.random.seed(42)
data = {
    'Name': ['Alice', 'Bob', 'Charlie', 'David', 'Eve', 'Frank', 'Grace', 'Henry',
'Ivy', 'Jack'],
    'Age': [25, np.nan, 35, 40, np.nan, 55, 30, np.nan, 45, 50],
    'Category': ['A', 'B', np.nan, 'A', 'C', 'B', np.nan, 'A', 'C', np.nan]
}
df = pd.DataFrame(data)

# Display the original DataFrame
print("Original DataFrame:")
print(df)
print("\\nMissing values in each column:")
print(df.isnull().sum())

# Perform mode imputation
df_mode_imputed = df.copy()
df_mode_imputed['Category']                                                          =
df_mode_imputed['Category'].fillna(df_mode_imputed['Category'].mode()[0])

print("\\nDataFrame After Mode Imputation:")
print(df_mode_imputed)

# Using SimpleImputer for comparison
imputer = SimpleImputer(strategy='most_frequent')
df_imputed = pd.DataFrame(imputer.fit_transform(df), columns=df.columns)

print("\\nDataFrame After SimpleImputer Mode Imputation:")
print(df_imputed)

# Visualize the impact of imputation
fig, ax = plt.subplots(figsize=(10, 6))
category_counts = df_mode_imputed['Category'].value_counts()
ax.bar(category_counts.index, category_counts.values)
ax.set_title('Category Distribution After Mode Imputation')
ax.set_xlabel('Category')
ax.set_ylabel('Count')

plt.tight_layout()
plt.show()

# Calculate and print statistics
print("\\nCategory Distribution After Imputation:")
print(df_mode_imputed['Category'].value_counts(normalize=True))
```

Este ejemplo integral demuestra la imputación por moda e incluye visualización y análisis estadístico. A continuación, se presenta un desglose del código:

1. **Creación e inspección de datos**:
    - Creamos un DataFrame de ejemplo con valores faltantes en las columnas 'Edad' y 'Categoría'.
    - Se muestra el DataFrame original junto con un conteo de los valores faltantes en cada columna.
2. **Imputación por moda**:
    - Utilizamos el método fillna() con df['columna'].mode()[0] para imputar los valores faltantes en la columna 'Categoría'.
    - Se muestra el DataFrame después de la imputación para evidenciar los cambios.
3. **Comparación con SimpleImputer**:
    - Utilizamos SimpleImputer de sklearn con la estrategia 'most_frequent' para realizar la imputación.
    - Esto demuestra un método alternativo para la imputación por moda, útil para conjuntos de datos más grandes o cuando se trabaja con pipelines de scikit-learn.
4. **Visualización**:
    - Se crea un gráfico de barras para mostrar la distribución de las categorías después de la imputación.
    - Esto ayuda a entender el impacto de la imputación por moda en la distribución de los datos categóricos.
5. **Análisis estadístico**:
    - Calculamos y mostramos la proporción de cada categoría después de la imputación.
    - Esto proporciona información sobre cómo la imputación ha afectado la distribución de la variable categórica.

Este ejemplo ilustra cómo funciona la imputación por moda para datos categóricos. Llena los valores faltantes con la categoría más frecuente, que en este caso es 'A'. La visualización ayuda a entender el impacto de la imputación en la distribución de categorías.

La imputación por moda es particularmente útil para datos categóricos nominales donde conceptos como la media o la mediana no son aplicables. Sin embargo, es importante señalar que este método puede amplificar el sesgo hacia la categoría más común, especialmente si hay un desequilibrio significativo en los datos originales.

Aunque la imputación por moda es simple y a menudo eficaz para datos categóricos, no tiene en cuenta las relaciones entre variables y puede no ser adecuada para datos categóricos ordinales o cuando el mecanismo de los datos faltantes no es completamente aleatorio. En tales casos, técnicas más avanzadas como la imputación múltiple o enfoques basados en machine learning podrían ser más apropiados.

Aunque estos métodos se utilizan comúnmente debido a su simplicidad y facilidad de implementación, es crucial considerar sus limitaciones. No tienen en cuenta las relaciones entre variables y pueden introducir sesgo si los datos no están completamente ausentes de manera aleatoria. Para conjuntos de datos más complejos o cuando el mecanismo de los datos faltantes no es aleatorio, podrían ser necesarias técnicas más avanzadas como la imputación múltiple o métodos de imputación basados en machine learning.

d. Métodos avanzados de imputación

En algunos casos, la imputación simple por media o mediana puede no ser suficiente para manejar los datos faltantes de manera efectiva. Métodos más sofisticados como la **imputación por K vecinos más cercanos (KNN)** o la **imputación por regresión** pueden aplicarse para lograr mejores resultados. Estas técnicas avanzadas van más allá de las medidas estadísticas simples y tienen en cuenta las relaciones complejas entre variables para predecir los valores faltantes con mayor precisión.

La **imputación por K vecinos más cercanos (KNN)** funciona identificando los K puntos de datos más similares (vecinos) al que tiene valores faltantes, basándose en otras características disponibles. Luego utiliza los valores de estos vecinos para estimar el valor faltante, a menudo tomando su promedio. Este método es particularmente útil cuando hay fuertes correlaciones entre las características en el conjunto de datos.

Por otro lado, la **imputación por regresión** implica construir un modelo de regresión utilizando los datos disponibles para predecir los valores faltantes. Este método puede capturar relaciones más complejas entre variables y puede ser especialmente efectivo cuando hay patrones o tendencias claras en los datos que se pueden aprovechar para la predicción.

Estos métodos avanzados de imputación ofrecen varias ventajas sobre la imputación simple:

- Preservan las relaciones entre variables, lo cual es crucial para mantener la integridad del conjunto de datos.
- Pueden manejar tanto datos numéricos como categóricos de manera más efectiva.
- A menudo proporcionan estimaciones más precisas de los valores faltantes, lo que mejora el rendimiento del modelo.

Afortunadamente, bibliotecas populares de machine learning como Scikit-learn proporcionan implementaciones fáciles de usar de estas técnicas avanzadas de imputación. Esta accesibilidad permite a los científicos de datos y analistas experimentar rápidamente y aplicar estos métodos sofisticados en sus pipelines de preprocesamiento, lo que potencialmente mejora la calidad general de sus datos y el rendimiento de sus modelos.

Ejemplo: Imputación por K vecinos más cercanos (KNN).

```
import pandas as pd
import numpy as np
import matplotlib.pyplot as plt
from sklearn.impute import KNNImputer
from sklearn.model_selection import train_test_split
from sklearn.linear_model import LinearRegression
from sklearn.metrics import mean_squared_error

# Create a sample DataFrame with missing values
np.random.seed(42)
data = {
    'Age': [25, np.nan, 35, 40, np.nan, 55, 30, np.nan, 45, 50],
    'Salary': [50000, 60000, np.nan, 75000, 65000, np.nan, 70000, 80000, np.nan,
90000],
    'Experience': [2, 3, 5, np.nan, 4, 8, np.nan, 7, 6, 10]
}
df = pd.DataFrame(data)

print("Original DataFrame:")
print(df)
print("\\nMissing values in each column:")
print(df.isnull().sum())

# Initialize the KNN Imputer
imputer = KNNImputer(n_neighbors=2)

# Fit and transform the data
df_imputed = pd.DataFrame(imputer.fit_transform(df), columns=df.columns)

print("\\nDataFrame After KNN Imputation:")
print(df_imputed)

# Visualize the imputation results
fig, axes = plt.subplots(1, 3, figsize=(15, 5))
for i, column in enumerate(df.columns):
    axes[i].scatter(df.index, df[column], label='Original', alpha=0.5)
    axes[i].scatter(df_imputed.index, df_imputed[column], label='Imputed', alpha=0.5)
    axes[i].set_title(f'{column} - Before and After Imputation')
    axes[i].set_xlabel('Index')
    axes[i].set_ylabel('Value')
    axes[i].legend()
plt.tight_layout()
plt.show()
```

```
# Evaluate the impact of imputation on a simple model
X = df_imputed[['Age', 'Experience']]
y = df_imputed['Salary']

X_train,   X_test,   y_train,   y_test   =   train_test_split(X,   y,   test_size=0.2,
random_state=42)

model = LinearRegression()
model.fit(X_train, y_train)

y_pred = model.predict(X_test)
mse = mean_squared_error(y_test, y_pred)

print(f"\\nMean Squared Error after imputation: {mse:.2f}")
```

Este ejemplo de código demuestra un enfoque más integral para la imputación por KNN y su evaluación.

A continuación, se presenta un desglose del código:

- **Preparación de datos**:
    - Creamos un DataFrame de ejemplo con valores faltantes en las columnas 'Edad', 'Salario' y 'Experiencia'.
    - Se muestran el DataFrame original y el conteo de los valores faltantes.
- **Imputación por KNN**:
    - Inicializamos un KNNImputer con 2 vecinos.
    - El imputador se aplica al DataFrame, rellenando los valores faltantes basándose en los K vecinos más cercanos.
- **Visualización**:
    - Creamos diagramas de dispersión para cada columna, comparando los datos originales con valores faltantes y los datos imputados.
    - Esta representación visual ayuda a comprender cómo la imputación por KNN afecta la distribución de los datos.
- **Evaluación del modelo**:
    - Utilizamos los datos imputados para entrenar un modelo de regresión lineal simple.
    - El modelo predice el 'Salario' basándose en 'Edad' y 'Experiencia'.

- Calculamos el Error Cuadrático Medio para evaluar el rendimiento del modelo después de la imputación.

Este ejemplo integral no solo muestra cómo realizar la imputación por KNN, sino también cómo visualizar sus efectos y evaluar su impacto en una tarea posterior de machine learning. Ofrece una visión más holística del proceso de imputación y sus consecuencias en un flujo de trabajo de ciencia de datos.

En este ejemplo, el **KNN Imputer** rellena los valores faltantes encontrando los vecinos más cercanos en el conjunto de datos y utilizando sus valores para estimar los faltantes. Este método suele ser más preciso que la imputación por media simple cuando existen fuertes relaciones entre las características del conjunto de datos.

3.1.4 Evaluar el Impacto de los Datos Faltantes

Manejar datos faltantes no es solo una cuestión de rellenar los vacíos, es crucial evaluar de manera exhaustiva cómo los datos faltantes impactan en el rendimiento de tu modelo. Este proceso de evaluación es multifacético y requiere una consideración cuidadosa. Cuando ciertas características de tu conjunto de datos contienen un número excesivo de valores faltantes, estas pueden resultar ser predictores poco confiables. En tales casos, podría ser más beneficioso eliminar dichas características completamente en lugar de intentar imputar los valores faltantes.

Además, es esencial probar rigurosamente los datos imputados para garantizar su validez y fiabilidad. Este proceso de prueba debe centrarse en dos aspectos clave: primero, verificar que el método de imputación no haya distorsionado inadvertidamente las relaciones subyacentes dentro de los datos, y segundo, confirmar que no haya introducido sesgo en el modelo. Ambos factores pueden afectar significativamente la precisión y la capacidad de generalización de tu modelo de machine learning.

Para obtener una comprensión integral de cómo tu método elegido para manejar los datos faltantes afecta el rendimiento de tu modelo, es recomendable evaluar el rendimiento del modelo tanto antes como después de implementar tu estrategia de datos faltantes. Este análisis comparativo puede llevarse a cabo utilizando técnicas de validación robustas como la validación cruzada o la validación holdout.

Estos métodos proporcionan información valiosa sobre cómo se han visto influidas las capacidades predictivas de tu modelo por tu enfoque para los datos faltantes, lo que te permite tomar decisiones informadas sobre las estrategias de preprocesamiento más efectivas para tu conjunto de datos específico y tus objetivos de modelado.

Ejemplo: Evaluación del Modelo Antes y Después del Tratamiento de Datos Faltantes

```
import pandas as pd
import numpy as np
from sklearn.model_selection import train_test_split
from sklearn.linear_model import LinearRegression
```

```
from sklearn.metrics import mean_squared_error, r2_score
from sklearn.impute import SimpleImputer
from sklearn.ensemble import RandomForestRegressor
from sklearn.svm import SVR

# Create a DataFrame with missing values
np.random.seed(42)
data = {
    'Age': [25, np.nan, 35, 40, np.nan, 55, 30, np.nan, 45, 50],
    'Salary': [50000, 60000, np.nan, 75000, 65000, np.nan, 70000, 80000, np.nan,
90000],
    'Experience': [2, 3, 5, np.nan, 4, 8, np.nan, 7, 6, 10]
}
df = pd.DataFrame(data)

print("Original DataFrame:")
print(df)
print("\\nMissing values in each column:")
print(df.isnull().sum())

# Function to evaluate model performance
def evaluate_model(X, y, model_name):
    X_train, X_test, y_train, y_test = train_test_split(X, y, test_size=0.2,
random_state=42)
    if len(y_test) > 1:  # Validate sufficient data in the test set
        model = LinearRegression()
        model.fit(X_train, y_train)
        y_pred = model.predict(X_test)
        mse = mean_squared_error(y_test, y_pred)
        r2 = r2_score(y_test, y_pred)
        print(f"\\n{model_name} - Mean Squared Error: {mse:.2f}")
        print(f"{model_name} - R-squared Score: {r2:.2f}")
    else:
        print(f"\\n{model_name} - Insufficient test data for evaluation (less than 2
samples).")

# Evaluate the model by dropping rows with missing values
df_missing_dropped = df.dropna()
X_missing = df_missing_dropped[['Age', 'Experience']]
y_missing = df_missing_dropped['Salary']
evaluate_model(X_missing, y_missing, "Model with Missing Data")

# Impute missing values with the mean
imputer = SimpleImputer(strategy='mean')
df_imputed = pd.DataFrame(imputer.fit_transform(df), columns=df.columns)

print("\\nDataFrame After Mean Imputation:")
print(df_imputed)

# Evaluate the model after imputation
X_imputed = df_imputed[['Age', 'Experience']]
y_imputed = df_imputed['Salary']
```

```
evaluate_model(X_imputed, y_imputed, "Model After Imputation")

# Compare multiple models
models = {
    'Linear Regression': LinearRegression(),
    'Random Forest': RandomForestRegressor(n_estimators=100, random_state=42),
    'Support Vector Regression': SVR()
}

for name, model in models.items():
    X_train,  X_test,  y_train,  y_test  =  train_test_split(X_imputed,  y_imputed,
test_size=0.2, random_state=42)
    if len(y_test) > 1:  # Validate sufficient data in the test set
        model.fit(X_train, y_train)
        y_pred = model.predict(X_test)
        mse = mean_squared_error(y_test, y_pred)
        r2 = r2_score(y_test, y_pred)
        print(f"\\n{name} - Mean Squared Error: {mse:.2f}")
        print(f"{name} - R-squared Score: {r2:.2f}")
    else:
        print(f"\\n{name}  -  Insufficient  test  data  for  evaluation  (less  than  2
samples).")
```

Este ejemplo de código proporciona un enfoque integral para evaluar el impacto de los datos faltantes y la imputación en el rendimiento del modelo.

Aquí se presenta un desglose detallado del código:

- **Importar Bibliotecas**: El código utiliza bibliotecas de Python como pandas y numpy para el manejo de datos, y sklearn para rellenar valores faltantes, entrenar modelos y evaluar el rendimiento.
- **Crear Datos**: Se crea un conjunto de datos pequeño con columnas Age, Salary y Experience. Algunos valores están ausentes para simular datos del mundo real.
- **Verificar Datos Faltantes**: El código cuenta cuántos valores faltan en cada columna para entender la magnitud del problema.
- **Manejar Datos Faltantes**:
    - Primero, se eliminan las filas con valores faltantes para ver cómo funciona el modelo con datos incompletos.
    - Luego, los valores faltantes se rellenan con el promedio (media) de cada columna para mantener todas las filas.
- **Entrenar Modelos**: Después de manejar los datos faltantes:
    - Se entrenan modelos de Regresión Lineal, Bosques Aleatorios y Regresión de Vectores de Soporte (SVR) en el conjunto de datos limpio.

- Cada modelo realiza predicciones, y el rendimiento se mide utilizando métricas como error y precisión.

- **Comparar Resultados**: El código muestra qué método (eliminar o rellenar valores faltantes) y qué modelo funciona mejor para este conjunto de datos. Esto ayuda a comprender el impacto del manejo de datos faltantes en el rendimiento del modelo.

Este ejemplo demuestra cómo manejar datos faltantes, realizar imputación y evaluar su impacto en diferentes modelos. Proporciona información sobre:

- El efecto de los datos faltantes en el rendimiento del modelo
- El impacto de la imputación por media en la distribución de datos y la precisión del modelo
- Cómo funcionan diferentes modelos con los datos imputados

Al comparar los resultados, los científicos de datos pueden tomar decisiones informadas sobre el método de imputación más apropiado y la selección del modelo para su conjunto de datos específico y sus objetivos.

El manejo de datos faltantes es uno de los pasos más críticos en el preprocesamiento de datos. Ya sea que elijas eliminar o imputar valores faltantes, comprender la naturaleza de los datos faltantes y seleccionar el método apropiado es esencial para construir un modelo de machine learning confiable. En esta sección, cubrimos varias estrategias, desde la imputación simple por media hasta técnicas más avanzadas como la imputación por KNN, y demostramos cómo evaluar su impacto en el rendimiento de tu modelo.

3.2 Ingeniería Avanzada de Características

La **ingeniería de características** es un proceso crucial en machine learning que implica transformar datos en bruto en características significativas para mejorar el rendimiento del modelo. Esta etapa es de suma importancia en cualquier proyecto de machine learning, ya que la calidad de las características creadas puede tener un impacto más significativo que la elección del propio algoritmo. Incluso los modelos más sofisticados pueden tener dificultades con características mal diseñadas, mientras que características bien elaboradas pueden mejorar considerablemente métricas de rendimiento como la precisión y el recall.

El arte de la ingeniería de características radica en su capacidad para descubrir patrones ocultos y relaciones dentro de los datos, facilitando que los algoritmos de machine learning aprendan y hagan predicciones precisas. Al crear, combinar o transformar características existentes, los científicos de datos pueden proporcionar al modelo entradas más informativas, lo que conduce a mejores generalizaciones y predicciones más robustas.

En esta sección exhaustiva, profundizaremos en técnicas avanzadas para crear y refinar características. Exploraremos una amplia gama de metodologías, incluyendo:

- **Términos de interacción**: Capturar relaciones entre múltiples características.
- **Características polinómicas**: Modelar relaciones no lineales en los datos.
- **Transformaciones logarítmicas**: Manejar distribuciones sesgadas y reducir el impacto de los valores atípicos.
- **Agrupación (binning)**: Discretizar variables continuas para capturar tendencias más amplias.
- **Codificación de datos categóricos**: Convertir variables categóricas en representaciones numéricas.
- **Métodos de selección de características**: Identificar las características más relevantes para tu modelo.

Al finalizar esta sección, habrás adquirido un entendimiento profundo de cómo crear, manipular y seleccionar características de manera efectiva. Este conocimiento te permitirá desbloquear el potencial predictivo completo de tus datos, conduciendo a modelos de machine learning más precisos y confiables en una amplia variedad de aplicaciones.

3.2.1 Términos de Interacción

Los términos de interacción son una técnica poderosa de ingeniería de características que captura la relación entre dos o más características en un conjunto de datos. Estos términos van más allá de las relaciones lineales simples y exploran cómo diferentes variables interactúan entre sí para influir en la variable objetivo. En muchos escenarios del mundo real, el efecto combinado de múltiples características puede proporcionar un poder predictivo significativamente mayor que considerar cada característica individualmente.

El concepto de términos de interacción se basa en la comprensión de que las variables no operan de forma aislada. En cambio, su impacto en el resultado puede ser modulado o amplificado por otras variables. Al crear términos de interacción, permitimos que nuestros modelos capturen estas relaciones complejas y no lineales que de otro modo podrían pasar desapercibidas.

Por ejemplo, considera un conjunto de datos que contiene las variables "Edad" y "Salario" en un estudio sobre el comportamiento del consumidor. Mientras que cada una de estas características por sí sola podría tener cierto poder predictivo, su interacción podría revelar percepciones mucho más matizadas:

- Las personas jóvenes con salarios altos podrían tener patrones de compra diferentes en comparación con personas mayores con salarios similares, quizás mostrando una preferencia por productos o experiencias de lujo.
- Las personas mayores con salarios bajos podrían priorizar diferentes tipos de compras en comparación con personas más jóvenes en el mismo rango salarial, posiblemente enfocándose más en salud o ahorros para la jubilación.

- El efecto de un aumento de salario en el comportamiento de compra podría ser más pronunciado en individuos jóvenes en comparación con los mayores, o viceversa.

Al incorporar un término de interacción entre "Edad" y "Salario", permitimos que nuestro modelo capture estas relaciones matizadas. Esto puede conducir a predicciones más precisas y una mayor comprensión de los factores que impulsan el comportamiento del consumidor.

Es importante tener en cuenta que, si bien los términos de interacción pueden ser poderosos, deben usarse con moderación. Incluir demasiados términos de interacción puede llevar al sobreajuste, especialmente en conjuntos de datos pequeños. Por lo tanto, es crucial equilibrar los beneficios potenciales de los términos de interacción con el principio de simplicidad e interpretabilidad del modelo.

Creación de Términos de Interacción

Puedes crear términos de interacción utilizando dos métodos principales: creación manual o generación automatizada a través de bibliotecas como Scikit-learn. La creación manual implica definir y calcular explícitamente los términos de interacción en función del conocimiento del dominio y las hipótesis sobre las relaciones entre las características. Este enfoque permite un control preciso sobre qué interacciones incluir, pero puede ser laborioso para conjuntos de datos grandes con muchas características.

Alternativamente, bibliotecas como Scikit-learn proporcionan herramientas eficientes para automatizar este proceso. La clase PolynomialFeatures de Scikit-learn, por ejemplo, puede generar términos de interacción de manera sistemática para todas o algunas características seleccionadas. Este enfoque automatizado es particularmente útil cuando se trabaja con datos de alta dimensionalidad o cuando se desea explorar una amplia gama de interacciones potenciales.

Ambos métodos tienen sus méritos, y la elección entre la creación manual y automatizada a menudo depende de los requisitos específicos de tu proyecto, el tamaño de tu conjunto de datos y tu comprensión de las relaciones subyacentes entre las características. En la práctica, una combinación de ambos enfoques puede ser eficaz, utilizando métodos automatizados para una exploración inicial y la creación manual para ajustar detalles basados en la experiencia del dominio.

Ejemplo: Creación de Términos de Interacción con Scikit-learn.

```
import pandas as pd
import numpy as np
from sklearn.preprocessing import PolynomialFeatures
from sklearn.model_selection import train_test_split
from sklearn.linear_model import LinearRegression
from sklearn.metrics import mean_squared_error, r2_score

# Sample data
np.random.seed(42)
data = {
```

```
    'Age': np.random.randint(25, 65, 100),
    'Experience': np.random.randint(0, 40, 100),
    'Salary': np.random.randint(30000, 150000, 100)
}
df = pd.DataFrame(data)

# Function to evaluate model performance
def evaluate_model(X, y, model_name):
    X_train, X_test, y_train, y_test = train_test_split(X, y, test_size=0.2, 
random_state=42)
    model = LinearRegression()
    model.fit(X_train, y_train)
    y_pred = model.predict(X_test)
    mse = mean_squared_error(y_test, y_pred)
    r2 = r2_score(y_test, y_pred)
    print(f"\\n{model_name} - Mean Squared Error: {mse:.2f}")
    print(f"{model_name} - R-squared Score: {r2:.2f}")

# Evaluate model without interaction terms
X = df[['Age', 'Experience']]
y = df['Salary']
evaluate_model(X, y, "Model without Interaction Terms")

# Initialize the PolynomialFeatures object with degree 2 for interaction terms
poly = PolynomialFeatures(degree=2, interaction_only=True, include_bias=False)

# Fit and transform the data
interaction_features = poly.fit_transform(df[['Age', 'Experience']])

# Convert back to a DataFrame for readability
feature_names = ['Age', 'Experience', 'Age*Experience']
interaction_df = pd.DataFrame(interaction_features, columns=feature_names)

# Combine with original target variable
interaction_df['Salary'] = df['Salary']

print("\\nDataFrame with Interaction Terms:")
print(interaction_df.head())

# Evaluate model with interaction terms
X_interaction = interaction_df[['Age', 'Experience', 'Age*Experience']]
y_interaction = interaction_df['Salary']
evaluate_model(X_interaction, y_interaction, "Model with Interaction Terms")

# Visualize the impact of interaction terms
import matplotlib.pyplot as plt
from mpl_toolkits.mplot3d import Axes3D

fig = plt.figure(figsize=(12, 5))

# Plot without interaction terms
ax1 = fig.add_subplot(121, projection='3d')
```

```
ax1.scatter(df['Age'], df['Experience'], df['Salary'])
ax1.set_xlabel('Age')
ax1.set_ylabel('Experience')
ax1.set_zlabel('Salary')
ax1.set_title('Without Interaction Terms')

# Plot with interaction terms
ax2 = fig.add_subplot(122, projection='3d')
ax2.scatter(df['Age'],                    df['Experience'],                    df['Salary'],
c=interaction_df['Age*Experience'], cmap='viridis')
ax2.set_xlabel('Age')
ax2.set_ylabel('Experience')
ax2.set_zlabel('Salary')
ax2.set_title('With Interaction Terms (Color: Age*Experience)')

plt.tight_layout()
plt.show()
```

Este ejemplo de código proporciona una demostración integral de cómo crear y utilizar términos de interacción en un contexto de machine learning.

A continuación, se presenta un desglose detallado del código y su funcionalidad:

1. **Preparación de datos**:
    - Creamos un conjunto de datos más grande y realista con 100 muestras.
    - Los datos incluyen características como 'Edad', 'Experiencia' y 'Salario', simulando un escenario del mundo real.
2. **Función de evaluación del modelo**:
    - Definimos una función evaluate_model() para evaluar el rendimiento del modelo.
    - Utiliza el Error Cuadrático Medio (MSE) y el puntaje R-cuadrado como métricas de evaluación.
    - Esta función nos permite comparar el rendimiento de los modelos con y sin términos de interacción.
3. **Modelo de referencia**:
    - Primero evaluamos un modelo sin términos de interacción, utilizando solo las características 'Edad' y 'Experiencia'.
    - Esto sirve como una línea base para la comparación.
4. **Creación de términos de interacción**:
    - Utilizamos PolynomialFeatures para crear términos de interacción.

- El parámetro interaction_only=True garantiza que solo obtengamos términos de interacción, no términos polinomiales.
- Creamos un término de interacción 'Edad*Experiencia'.

5. **Modelo con términos de interacción**:
   - Evaluamos un nuevo modelo que incluye el término de interacción 'Edad*Experiencia'.
   - Esto nos permite comparar el rendimiento con el modelo de referencia.
6. **Visualización**:
   - Creamos gráficos de dispersión en 3D para visualizar los datos y el impacto de los términos de interacción.
   - El primer gráfico muestra los datos originales.
   - El segundo gráfico utiliza el color para representar el término de interacción, proporcionando una comprensión visual de su efecto.

Este ejemplo integral demuestra cómo crear términos de interacción, incorporarlos en un modelo y evaluar su impacto en el rendimiento del modelo. También proporciona una representación visual para ayudar a entender el efecto de los términos de interacción en los datos.

Al comparar las métricas de evaluación de los modelos con y sin términos de interacción, puedes evaluar si la inclusión de estos términos mejora el poder predictivo del modelo para este conjunto de datos en particular.

3.2.2 Características Polinomiales

En ocasiones, las relaciones lineales entre las características pueden no ser suficientes para capturar la complejidad de los datos. En muchos escenarios del mundo real, las relaciones entre las variables suelen ser no lineales, lo que significa que el efecto de una variable sobre otra no es constante ni proporcional. Aquí es donde entran en juego las **características polinomiales**, que ofrecen una herramienta poderosa para modelar estas relaciones complejas y no lineales.

Las características polinomiales te permiten ampliar tu conjunto de características agregando potencias de características existentes, como términos cuadrados o cúbicos. Por ejemplo, si tienes una característica 'x', las características polinomiales incluirían 'x^2', 'x^3', y así sucesivamente. Esta expansión del espacio de características permite que tu modelo capture patrones más intrincados en los datos.

El concepto detrás de las características polinomiales está basado en el principio matemático de la regresión polinomial. Al incluir estos términos de orden superior, esencialmente estás ajustando una curva a tus datos en lugar de una línea recta. Esta curva puede representar con mayor precisión las relaciones subyacentes en tu conjunto de datos.

Aquí algunos puntos clave sobre las características polinomiales:

- **Flexibilidad**: Las características polinomiales proporcionan mayor flexibilidad en la modelización. Pueden capturar varios patrones no lineales como relaciones cuadráticas (x^2), cúbicas (x^3) o de mayor orden.
- **Riesgo de sobreajuste**: Aunque las características polinomiales pueden mejorar el rendimiento del modelo, también aumentan el riesgo de sobreajuste, especialmente con polinomios de mayor grado. Es crucial usar técnicas como la regularización o validación cruzada para mitigar este riesgo.
- **Interacción de características**: Las características polinomiales también pueden capturar interacciones entre diferentes características. Por ejemplo, si tienes las características 'x' e 'y', las características polinomiales podrían incluir 'xy', lo que representa la interacción entre estas variables.
- **Interpretabilidad**: Las características polinomiales de menor grado (como términos cuadráticos) pueden ser interpretables, pero los términos de mayor grado pueden hacer que el modelo sea más complejo y difícil de interpretar.

Las características polinomiales son particularmente útiles en modelos de regresión donde se sospecha una relación no lineal entre el objetivo y las características. Por ejemplo, en economía, la relación entre el precio y la demanda suele ser no lineal. En física, muchos fenómenos siguen relaciones cuadráticas o de mayor orden. Al incorporar características polinomiales, tu modelo puede adaptarse a estas relaciones complejas, lo que potencialmente lleva a predicciones más precisas y conocimientos más profundos.

Sin embargo, es importante usar las características polinomiales con precaución. Comienza con polinomios de menor grado y aumenta gradualmente la complejidad si es necesario, validando siempre el rendimiento del modelo en datos no vistos para asegurarte de que no estás sobreajustando. El objetivo es encontrar el equilibrio adecuado entre la complejidad del modelo y su capacidad de generalización.

Generación de Características Polinomiales

La clase PolynomialFeatures de Scikit-learn es una herramienta poderosa para generar términos polinomiales, que pueden mejorar significativamente la complejidad y expresividad de tu conjunto de características. Esta clase te permite crear nuevas características que son combinaciones polinomiales de las características originales, hasta un grado especificado.

Así es como funciona:

- La clase toma un parámetro de entrada 'degree', que determina el grado máximo de las características polinomiales que se generarán.
- Crea todas las combinaciones posibles de características hasta ese grado. Por ejemplo, si tienes las características 'x' e 'y' y configuras degree=2, generará 'x', 'y', 'x^2', 'xy', y 'y^2'.

- También puedes controlar si incluir un término de sesgo (característica constante) y si incluir solo términos de interacción.

Usar PolynomialFeatures puede ayudar a capturar relaciones no lineales en tus datos, lo que potencialmente mejora el rendimiento de los modelos lineales en conjuntos de datos complejos. Sin embargo, es importante usar esta técnica con prudencia, ya que puede aumentar significativamente el número de características y, potencialmente, llevar al sobreajuste si no se regula adecuadamente.

Ejemplo: Características Polinomiales con Scikit-learn

```
import pandas as pd
import numpy as np
from sklearn.preprocessing import PolynomialFeatures
from sklearn.model_selection import train_test_split
from sklearn.linear_model import LinearRegression
from sklearn.metrics import mean_squared_error, r2_score
import matplotlib.pyplot as plt

# Create sample data
np.random.seed(42)
data = {
    'Age': np.random.randint(20, 60, 100),
    'Salary': np.random.randint(30000, 120000, 100)
}
df = pd.DataFrame(data)

# Function to evaluate model performance
def evaluate_model(X, y, model_name):
    X_train, X_test, y_train, y_test = train_test_split(X, y, test_size=0.2,
random_state=42)
    model = LinearRegression()
    model.fit(X_train, y_train)
    y_pred = model.predict(X_test)
    mse = mean_squared_error(y_test, y_pred)
    r2 = r2_score(y_test, y_pred)
    print(f"\\n{model_name} - Mean Squared Error: {mse:.2f}")
    print(f"{model_name} - R-squared Score: {r2:.2f}")
    return model, X_test, y_test, y_pred

# Evaluate model without polynomial features
X = df[['Age']]
y = df['Salary']
model_linear, X_test_linear, y_test_linear, y_pred_linear = evaluate_model(X, y,
"Linear Model")

# Generate polynomial features of degree 2
poly = PolynomialFeatures(degree=2, include_bias=False)
polynomial_features = poly.fit_transform(df[['Age']])

# Convert back to DataFrame
```

```
feature_names = ['Age', 'Age^2']
polynomial_df = pd.DataFrame(polynomial_features, columns=feature_names)
polynomial_df['Salary'] = df['Salary']

print("\\nFirst few rows of DataFrame with Polynomial Features:")
print(polynomial_df.head())

# Evaluate model with polynomial features
X_poly = polynomial_df[['Age', 'Age^2']]
y_poly = polynomial_df['Salary']
model_poly, X_test_poly, y_test_poly, y_pred_poly = evaluate_model(X_poly, y_poly,
"Polynomial Model")
# Visualize the results
plt.figure(figsize=(12, 6))
plt.scatter(df['Age'], df['Salary'], color='blue', alpha=0.5, label='Data points')
plt.plot(X_test_linear, y_pred_linear, color='red', label='Linear Model')

# Sort X_test_poly for smooth curve plotting
X_test_poly_sorted = np.sort(X_test_poly, axis=0)
y_pred_poly_sorted = model_poly.predict(X_test_poly_sorted)
plt.plot(X_test_poly_sorted[:,      0],      y_pred_poly_sorted,       color='green',
label='Polynomial Model')

plt.xlabel('Age')
plt.ylabel('Salary')
plt.title('Comparison of Linear and Polynomial Models')
plt.legend()
plt.show()
```

Este ejemplo de código demuestra el uso de características polinomiales de manera más completa.

A continuación, se presenta un desglose del código y su funcionalidad:

1. **Preparación de datos**:
    - Creamos un conjunto de datos de ejemplo con las características 'Edad' y 'Salario'.
    - Esto simula un escenario realista en el que podríamos querer predecir el salario en función de la edad.
2. **Función de evaluación del modelo**:
    - Se define la función evaluate_model() para evaluar el rendimiento del modelo.
    - Utiliza el Error Cuadrático Medio (MSE) y el puntaje R-cuadrado como métricas de evaluación.
    - Esta función nos permite comparar modelos con y sin características polinomiales.

3. **Modelo lineal**:
   - Primero evaluamos un modelo lineal simple utilizando solo la característica 'Edad'.
   - Esto sirve como una línea base para la comparación.
4. **Generación de características polinomiales**:
   - Utilizamos PolynomialFeatures para crear términos polinomiales de grado 2.
   - Esto añade la característica 'Edad²' a nuestro conjunto de datos.
5. **Modelo polinomial**:
   - Evaluamos un nuevo modelo que incluye tanto 'Edad' como 'Edad²' como características.
   - Esto nos permite capturar relaciones no lineales entre la edad y el salario.
6. **Visualización**:
   - Creamos un gráfico de dispersión con los puntos de datos originales.
   - Superponemos las predicciones de los modelos lineal y polinomial.
   - Esta comparación visual ayuda a entender cómo el modelo polinomial puede capturar patrones no lineales en los datos.
7. **Interpretación**:
   - Al comparar las métricas de evaluación y visualizar los resultados, podemos evaluar si la inclusión de características polinomiales mejora el poder predictivo del modelo para este conjunto de datos en particular.
   - El modelo polinomial puede mostrar un mejor ajuste a los datos si hay una relación no lineal entre la edad y el salario.

Este ejemplo demuestra cómo generar características polinomiales, incorporarlas en un modelo y evaluar su impacto en el rendimiento del modelo. También proporciona una representación visual que ayuda a comprender el efecto de las características polinomiales en los datos y las predicciones del modelo.

3.2.3 Transformaciones Logarítmicas

En muchos conjuntos de datos del mundo real, ciertas características presentan distribuciones sesgadas, lo que puede plantear desafíos significativos para los modelos de machine learning. Este sesgo es particularmente problemático para los modelos lineales y los algoritmos basados en distancias como **K-nearest neighbors**, ya que estos modelos a menudo suponen una distribución más equilibrada de los datos.

Las distribuciones sesgadas se caracterizan por la falta de simetría, donde la mayoría de los puntos de datos se agrupan en un lado de la media, con una cola larga que se extiende hacia el otro lado. Esta asimetría puede provocar varios problemas en el rendimiento del modelo:

- **Predicciones sesgadas**: Los modelos pueden sobreestimar la importancia de los valores extremos, lo que lleva a predicciones inexactas.
- **Violación de suposiciones**: Muchas técnicas estadísticas suponen que los datos están distribuidos normalmente, lo que las características sesgadas violan.
- **Dificultad en la interpretación**: Los datos sesgados pueden hacer que sea difícil interpretar con precisión los coeficientes y las importancias de las características.

Para abordar estos desafíos, los científicos de datos a menudo emplean **transformaciones logarítmicas**. Esta técnica consiste en aplicar la función logarítmica a la característica sesgada, lo que tiene el efecto de comprimir el rango de los valores grandes mientras se expanden los valores más pequeños. El resultado es una distribución más normalizada que es más fácil de manejar para los modelos.

Las transformaciones logarítmicas son particularmente efectivas cuando se trata con variables que abarcan varios órdenes de magnitud, como:

- **Datos de ingresos**: Que varían desde miles hasta millones de dólares.
- **Precios de viviendas**: Que varían ampliamente según la ubicación y el tamaño.
- **Estadísticas de población**: Desde pequeñas ciudades hasta grandes metrópolis.
- **Mediciones biológicas**: Como concentraciones enzimáticas o niveles de expresión génica.

Al aplicar transformaciones logarítmicas a este tipo de variables, se pueden obtener varios beneficios:

- **Mejora del rendimiento del modelo**: Muchos algoritmos funcionan mejor con características distribuidas más normalmente.
- **Reducción del impacto de los valores atípicos**: Los valores extremos se acercan más al resto de los datos.
- **Mejora de la interpretabilidad**: Las relaciones entre variables a menudo se vuelven más lineales después de una transformación logarítmica.

Es importante señalar que, aunque las transformaciones logarítmicas son poderosas, deben usarse con cautela. No todas las distribuciones sesgadas requieren necesariamente una transformación, y en algunos casos, la escala original de los datos puede ser significativa para la interpretación. Como ocurre con todas las técnicas de ingeniería de características, la decisión de aplicar una transformación logarítmica debe basarse en una comprensión exhaustiva de los datos y los requisitos específicos de la tarea de modelado.

Aplicando Transformaciones Logarítmicas

Una transformación logarítmica es una técnica poderosa que se aplica a características que presentan un rango de valores amplio o una distribución sesgada hacia la derecha. Esta operación matemática consiste en tomar el logaritmo de los valores de la característica, lo que tiene varios efectos beneficiosos en los datos:

- **Reducir el impacto de valores atípicos extremos**: Al comprimir la escala de los valores grandes, las transformaciones logarítmicas hacen que los valores atípicos tengan menos influencia, evitando que afecten desproporcionadamente el rendimiento del modelo.
- **Estabilizar la varianza**: En muchos casos, la variabilidad de una característica aumenta con su magnitud. Las transformaciones logarítmicas pueden ayudar a crear una varianza más consistente a lo largo del rango de la característica, lo que es una suposición de muchos métodos estadísticos.
- **Normalizar distribuciones**: Las distribuciones sesgadas hacia la derecha a menudo se vuelven más simétricas después de una transformación logarítmica, aproximándose a una distribución normal. Esto puede ser particularmente útil para modelos que suponen normalidad en los datos.
- **Linealizar relaciones**: En algunos casos, las transformaciones logarítmicas pueden convertir relaciones exponenciales entre variables en relaciones lineales, lo que las hace más fáciles de capturar por modelos lineales.

Es importante tener en cuenta que, aunque las transformaciones logarítmicas son muy efectivas para muchos tipos de datos, deben aplicarse con cuidado. Las características con valores cero o negativos requieren una consideración especial, y la interpretabilidad de los datos transformados siempre debe tenerse en cuenta en el contexto del problema específico.

Ejemplo: Transformación Logarítmica en Pandas

```
import numpy as np
import pandas as pd
import matplotlib.pyplot as plt
import seaborn as sns

# Create a sample dataset with skewed income distribution
np.random.seed(42)
df = pd.DataFrame({
    'Income': np.random.lognormal(mean=10.5, sigma=0.5, size=1000)
})

# Apply log transformation
df['Log_Income'] = np.log(df['Income'])

# Print summary statistics
print("Original Income Summary:")
```

```
print(df['Income'].describe())
print("\\nLog-transformed Income Summary:")
print(df['Log_Income'].describe())

# Visualize the distributions
fig, (ax1, ax2) = plt.subplots(1, 2, figsize=(12, 5))

# Original distribution
sns.histplot(df['Income'], kde=True, ax=ax1)
ax1.set_title('Original Income Distribution')
ax1.set_xlabel('Income')

# Log-transformed distribution
sns.histplot(df['Log_Income'], kde=True, ax=ax2)
ax2.set_title('Log-transformed Income Distribution')
ax2.set_xlabel('Log(Income)')

plt.tight_layout()
plt.show()

# Demonstrate effect on correlation
df['Age'] = np.random.randint(18, 65, size=1000)
df['Experience'] = df['Age'] - 18 + np.random.randint(0, 5, size=1000)

print("\\nCorrelation with Age:")
print("Original Income:", df['Income'].corr(df['Age']))
print("Log Income:", df['Log_Income'].corr(df['Age']))

print("\\nCorrelation with Experience:")
print("Original Income:", df['Income'].corr(df['Experience']))
print("Log Income:", df['Log_Income'].corr(df['Experience']))
```

Explicación del desglose del código:

1. **Generación de datos**:
   - Usamos la distribución lognormal de numpy para crear una distribución de ingresos realista y sesgada a la derecha.
   - La distribución lognormal se utiliza a menudo para modelar datos de ingresos, ya que captura la naturaleza típicamente sesgada a la derecha de las distribuciones de ingresos.
2. **Transformación logarítmica**:
   - Aplicamos el logaritmo natural (base e) a la columna 'Income' (Ingresos).
   - Esta transformación ayuda a comprimir el rango de los valores grandes y a extender el rango de los valores más pequeños.
3. **Estadísticas resumidas**:

- Imprimimos estadísticas resumidas tanto para los ingresos originales como para los transformados mediante logaritmos.
- Esto nos permite comparar cómo cambian las características de la distribución después de la transformación.

4. **Visualización**:
   - Creamos histogramas lado a lado con estimaciones de densidad de núcleo para ambas distribuciones.
   - Esta comparación visual muestra claramente cómo la transformación logarítmica afecta la forma de la distribución.
5. **Efecto en las correlaciones**:
   - Generamos las variables 'Edad' y 'Experiencia' para demostrar cómo la transformación logarítmica puede afectar las correlaciones.
   - Calculamos y comparamos las correlaciones entre estas variables y los ingresos tanto originales como transformados.
   - Esto muestra cómo la transformación logarítmica a veces puede revelar o fortalecer relaciones que pueden estar ocultas en los datos originales.
6. **Conclusiones clave**:
   - La transformación logarítmica a menudo resulta en una distribución más simétrica y aproximadamente normal.
   - Puede ayudar a cumplir con los supuestos de muchos métodos estadísticos que asumen normalidad.
   - La transformación a veces puede revelar relaciones que no son aparentes en la escala original.
   - Sin embargo, es importante tener en cuenta que, aunque la transformación logarítmica puede ser beneficiosa, también cambia la interpretación de los datos. Siempre se debe considerar si esta transformación es apropiada para tu análisis específico y dominio.

Este ejemplo proporciona una visión integral de las transformaciones logarítmicas, incluidos sus efectos en la forma de la distribución, las estadísticas resumidas y las correlaciones con otras variables. También incluye visualizaciones para ayudar a comprender el impacto de la transformación.

3.2.4 Agrupación en intervalos (Discretización)

A veces es beneficioso **agrupar** variables continuas en categorías discretas. Esta técnica, conocida como **agrupación en intervalos** o **discretización**, implica agrupar datos continuos en un conjunto de intervalos o "bins". Por ejemplo, en lugar de usar edades crudas como una variable continua, podrías agruparlas en rangos de edad: "20-30", "31-40", etc.

La agrupación en intervalos puede ofrecer varias ventajas en el análisis de datos y en el aprendizaje automático:

- **Reducción de ruido**: Al agrupar valores similares, la agrupación puede ayudar a suavizar fluctuaciones menores o errores de medición en los datos, lo que potencialmente revela patrones más claros.
- **Captura de relaciones no lineales**: A veces, la relación entre una variable continua y la variable objetivo no es lineal. La agrupación puede ayudar a capturar estos efectos no lineales sin requerir arquitecturas de modelo más complejas.
- **Manejo de valores atípicos**: Los valores extremos pueden agruparse en los intervalos más altos o más bajos, reduciendo su impacto en el análisis sin eliminarlos completamente del conjunto de datos.
- **Mejora de la interpretabilidad**: Las variables agrupadas pueden ser más fáciles de interpretar y explicar, especialmente cuando se comunican resultados a partes interesadas no técnicas.

Sin embargo, es importante tener en cuenta que la agrupación en intervalos también conlleva posibles desventajas:

- **Pérdida de información**: Al agrupar valores continuos en categorías, inevitablemente se pierde parte de la granularidad en los datos.
- **Límites arbitrarios**: La elección de los límites de los intervalos puede afectar significativamente los resultados, y a menudo no existe una forma universalmente "correcta" de definir estos límites.
- **Aumento de la complejidad del modelo**: La agrupación puede aumentar el número de características en tu conjunto de datos, lo que puede llevar a tiempos de entrenamiento más largos y a un mayor riesgo de sobreajuste.

Al implementar la agrupación en intervalos, se debe considerar cuidadosamente el número de intervalos y el método para definir los límites de los intervalos (por ejemplo, igual ancho, igual frecuencia o intervalos personalizados basados en el conocimiento del dominio). La elección a menudo depende de las características específicas de tus datos y los objetivos de tu análisis.

Agrupación en intervalos con Pandas

Puedes usar la función cut() en Pandas para agrupar datos continuos en categorías discretas. Esta poderosa función te permite dividir una variable continua en intervalos o "bins", transformándola efectivamente en una variable categórica. Así es como funciona:

1. La función cut() toma varios parámetros clave:

   - La serie de datos que deseas agrupar
   - Los bordes de los intervalos (ya sea como un número de intervalos o como puntos de corte específicos)
   - Etiquetas opcionales para las categorías resultantes
2. Luego asigna cada valor de tus datos a uno de estos intervalos, creando una nueva variable categórica.
3. Este proceso es particularmente útil para:
   - Simplificar datos continuos complejos
   - Reducir el impacto de pequeños errores de medición
   - Crear grupos significativos para el análisis (por ejemplo, grupos de edad, tramos de ingresos)
   - Revelar potencialmente relaciones no lineales en tus datos

Al usar cut(), es importante considerar cómo defines tus intervalos. Puedes usar intervalos de ancho igual, intervalos basados en cuantiles o bordes de intervalos personalizados basados en el conocimiento del dominio. La elección puede afectar significativamente tu análisis, por lo que a menudo vale la pena experimentar con diferentes estrategias de agrupación.

Ejemplo: Agrupación de datos en grupos de edad

```
import pandas as pd
import matplotlib.pyplot as plt
import seaborn as sns

# Create a sample dataset
data = {
    'Age': [22, 25, 28, 32, 35, 38, 42, 45, 48, 52, 55, 58, 62, 65, 68],
    'Income': [30000, 35000, 40000, 45000, 50000, 55000, 60000, 65000,
               70000, 75000, 80000, 85000, 90000, 95000, 100000]
}
df = pd.DataFrame(data)

# Define the bins and corresponding labels for Age
age_bins = [20, 30, 40, 50, 60, 70]
age_labels = ['20-29', '30-39', '40-49', '50-59', '60-69']

# Apply binning to Age
df['Age_Group'] = pd.cut(df['Age'], bins=age_bins, labels=age_labels, right=False)

# Define the bins and corresponding labels for Income
income_bins = [0, 40000, 60000, 80000, 100000, float('inf')]
income_labels = ['Low', 'Medium-Low', 'Medium', 'Medium-High', 'High']

# Apply binning to Income
```

```
df['Income_Group'] = pd.cut(df['Income'], bins=income_bins, labels=income_labels)

# Print the resulting DataFrame
print(df)

# Visualize the distribution of Age Groups
plt.figure(figsize=(10, 5))
sns.countplot(x='Age_Group', data=df)
plt.title('Distribution of Age Groups')
plt.show()

# Visualize the relationship between Age Groups and Income
plt.figure(figsize=(10, 5))
sns.boxplot(x='Age_Group', y='Income', data=df)
plt.title('Income Distribution by Age Group')
plt.show()

# Calculate and print average income by age group
avg_income_by_age = df.groupby('Age_Group')['Income'].mean().round(2)
print("\\nAverage Income by Age Group:")
print(avg_income_by_age)
```

Explicación del desglose del código:

1. **Preparación de los datos**:
    - Creamos un conjunto de datos de muestra con las columnas 'Edad' e 'Ingresos' usando un diccionario y lo convertimos en un DataFrame de pandas.
    - Esto simula un escenario realista donde tenemos datos continuos para la edad y los ingresos.
2. **Agrupación de edades**:
    - Definimos intervalos de edad (20-29, 30-39, etc.) y etiquetas correspondientes.
    - Usando pd.cut(), creamos una nueva columna 'Grupo_Edad', que clasifica cada edad en su respectivo grupo.
    - El parámetro right=False asegura que el límite derecho de cada intervalo sea exclusivo.
3. **Agrupación de ingresos**:
    - Definimos intervalos y etiquetas de ingresos para categorizar los niveles de ingresos.
    - Usamos pd.cut() nuevamente para crear una columna 'Grupo_Ingresos' basada en estos intervalos.
4. **Visualización de datos**:

- Utilizamos seaborn (sns) para crear dos visualizaciones:
- Un gráfico de conteo que muestra la distribución de los grupos de edad.
- Un gráfico de caja que muestra la relación entre los grupos de edad y los ingresos.
- Estas visualizaciones ayudan a comprender la distribución de los datos y las posibles relaciones entre las variables.

5. **Análisis de datos**:
   - Calculamos e imprimimos el ingreso promedio para cada grupo de edad usando groupby() y mean().
   - Esto proporciona información sobre cómo varían los ingresos en las diferentes categorías de edad.

Este ejemplo no solo demuestra el proceso básico de agrupación en intervalos, sino también cómo aplicarlo a múltiples variables, visualizar los resultados y realizar análisis simples en los datos agrupados. Proporciona una visión más completa de cómo la agrupación en intervalos puede ser utilizada en un flujo de trabajo de análisis de datos.

En este ejemplo, los valores continuos de edad se agrupan en rangos de edad más amplios, lo que puede ser útil cuando la edad exacta no es tan importante como el grupo etario.

3.2.5 Codificación de variables categóricas

Los algoritmos de Machine Learning están diseñados para trabajar con datos numéricos, lo que presenta un desafío cuando se trata de características categóricas. Los datos categóricos, como colores, tipos o nombres, deben convertirse en un formato numérico que los algoritmos puedan procesar. Esta transformación es crucial para permitir que los modelos de Machine Learning utilicen de manera efectiva la información categórica en sus predicciones o clasificaciones.

Existen varios métodos para codificar los datos categóricos, cada uno con sus propias fortalezas y casos de uso. Dos de las técnicas más comúnmente utilizadas son **one-hot encoding** y **label encoding**:

- **One-hot encoding**: Este método crea una nueva columna binaria para cada categoría única en la característica original. Cada fila tendrá un 1 en la columna que corresponde a su categoría y 0 en todas las demás columnas. Este enfoque es particularmente útil cuando no hay un orden o jerarquía inherente entre las categorías.
- **Label encoding**: En esta técnica, a cada categoría única se le asigna un valor entero único. Este método es más adecuado para variables categóricas ordinales, donde hay un orden o clasificación claro entre las categorías.

La elección entre estos métodos de codificación depende de la naturaleza de la variable categórica y de los requisitos específicos del algoritmo de Machine Learning que se esté utilizando. Es importante tener en cuenta que una codificación incorrecta puede llevar a una interpretación errónea de los datos por parte del modelo, lo que podría afectar su rendimiento y precisión.

a. One-Hot Encoding

One-hot encoding es una técnica poderosa utilizada para transformar variables categóricas en un formato adecuado para los algoritmos de Machine Learning. Este método crea columnas binarias para cada categoría única dentro de una característica categórica. Así es como funciona:

1. Para cada categoría única en la característica original, se crea una nueva columna.
2. En cada fila, se coloca un '1' en la columna que corresponde a la categoría presente en esa fila.
3. Todas las demás columnas de categoría para esa fila se rellenan con '0's.

Este enfoque es particularmente útil cuando se trabaja con datos categóricos nominales, donde no hay un orden o jerarquía inherente entre las categorías. Por ejemplo, al codificar 'color' (rojo, azul, verde), one-hot encoding asegura que el modelo no interprete erróneamente ninguna relación numérica entre las categorías.

One-hot encoding es preferido en escenarios donde:

- La variable categórica no tiene relación ordinal.
- Se desea preservar la independencia de cada categoría.
- El número de categorías únicas es manejable (para evitar la "maldición de la dimensionalidad").

Sin embargo, es importante tener en cuenta que para variables categóricas con muchos valores únicos, one-hot encoding puede llevar a un aumento significativo en el número de características, lo que podría causar desafíos computacionales o sobreajuste en algunos modelos.

Ejemplo: One-Hot Encoding con Pandas

```
import pandas as pd
import matplotlib.pyplot as plt
import seaborn as sns

# Sample categorical data
data = {
    'City': ['New York', 'Paris', 'London', 'Paris', 'Tokyo', 'London', 'New York',
'Tokyo'],
```

```
    'Population': [8419000, 2161000, 8982000, 2161000, 13960000, 8982000, 8419000, 13960000],
    'Is_Capital': [False, True, True, True, True, True, False, True]
}
df = pd.DataFrame(data)

print("Original DataFrame:")
print(df)
print("\\n")

# One-hot encode the 'City' column
one_hot_encoded = pd.get_dummies(df['City'], prefix='City')

# Combine the one-hot encoded columns with the original DataFrame
df_encoded = pd.concat([df, one_hot_encoded], axis=1)

print("DataFrame with One-Hot Encoded 'City':")
print(df_encoded)
print("\\n")

# Visualize the distribution of cities
plt.figure(figsize=(10, 5))
sns.countplot(x='City', data=df)
plt.title('Distribution of Cities')
plt.show()

# Analyze the relationship between city and population
plt.figure(figsize=(10, 5))
sns.boxplot(x='City', y='Population', data=df)
plt.title('Population Distribution by City')
plt.show()

# Calculate and print average population by city
avg_population = df.groupby('City')['Population'].mean().sort_values(descending=True)
print("Average Population by City:")
print(avg_population)
```

Explicación del desglose del código:

Preparación de los datos:

- Creamos un conjunto de datos de muestra con las columnas 'Edad' e 'Ingresos' utilizando un diccionario y lo convertimos en un DataFrame de pandas.
- Esto simula un escenario realista en el que disponemos de datos continuos para la edad y los ingresos.

Agrupación de edades:

- Definimos intervalos de edad (20-29, 30-39, etc.) y etiquetas correspondientes.

- Usando pd.cut(), creamos una nueva columna llamada 'Grupo_Edad', que clasifica cada edad en su respectivo grupo.
- El parámetro right=False asegura que el límite derecho de cada intervalo sea exclusivo.

Agrupación de ingresos:

- Definimos intervalos y etiquetas de ingresos para categorizar los niveles de ingresos.
- Usamos pd.cut() nuevamente para crear una columna 'Grupo_Ingresos' basada en estos intervalos.

Visualización de datos:

- Utilizamos seaborn (sns) para crear dos visualizaciones:
    - Un gráfico de conteo que muestra la distribución de los grupos de edad.
    - Un gráfico de caja que muestra la relación entre los grupos de edad y los ingresos.
- Estas visualizaciones ayudan a entender la distribución de los datos y las posibles relaciones entre las variables.

Análisis de datos:

- Calculamos e imprimimos el ingreso promedio para cada grupo de edad utilizando groupby() y mean().
- Esto proporciona información sobre cómo varían los ingresos en las diferentes categorías de edad.

Este ejemplo no solo demuestra el proceso básico de agrupación en intervalos, sino también cómo aplicarlo a múltiples variables, visualizar los resultados y realizar análisis simples en los datos agrupados. Ofrece una visión más amplia de cómo la agrupación en intervalos puede ser útil en un flujo de trabajo de análisis de datos.

En este caso, los valores continuos de edad se agrupan en rangos de edad más amplios, lo cual puede ser útil cuando la edad exacta no es tan importante como el grupo etario.

3.2.5 Codificación de variables categóricas

Los algoritmos de Machine Learning están diseñados para trabajar con datos numéricos, lo que presenta un desafío cuando se trata de características categóricas. Los datos categóricos, como colores, tipos o nombres, deben ser convertidos en un formato numérico que los algoritmos puedan procesar. Esta transformación es crucial para permitir que los modelos de Machine Learning utilicen efectivamente la información categórica en sus predicciones o clasificaciones.

Existen varios métodos para codificar los datos categóricos, cada uno con sus fortalezas y casos de uso. Dos de las técnicas más comúnmente utilizadas son **one-hot encoding** y **label encoding**:

- **One-hot encoding**: Este método crea una nueva columna binaria para cada categoría única en la característica original. Cada fila tendrá un '1' en la columna que corresponde a su categoría y '0' en todas las demás columnas. Este enfoque es particularmente útil cuando no existe un orden o jerarquía inherente entre las categorías.
- **Label encoding**: En esta técnica, a cada categoría única se le asigna un valor entero único. Este método es más adecuado para variables categóricas ordinales, donde hay un orden o clasificación clara entre las categorías.

La elección entre estos métodos de codificación depende de la naturaleza de la variable categórica y de los requisitos específicos del algoritmo de Machine Learning que se esté utilizando. Es importante tener en cuenta que una codificación incorrecta puede llevar a una interpretación errónea de los datos por parte del modelo, lo que podría afectar su rendimiento y precisión.

a. One-Hot Encoding

One-hot encoding es una técnica poderosa utilizada para transformar variables categóricas en un formato adecuado para los algoritmos de Machine Learning. Este método crea columnas binarias para cada categoría única dentro de una característica categórica. Así es como funciona:

1. Para cada categoría única en la característica original, se crea una nueva columna.
2. En cada fila, se coloca un '1' en la columna que corresponde a la categoría presente en esa fila.
3. Todas las demás columnas de categoría para esa fila se rellenan con '0's.

Este enfoque es particularmente útil cuando se trabaja con datos categóricos nominales, donde no hay un orden o jerarquía inherente entre las categorías. Por ejemplo, al codificar 'color' (rojo, azul, verde), one-hot encoding asegura que el modelo no interprete erróneamente ninguna relación numérica entre las categorías.

One-hot encoding es preferido en escenarios donde:

- La variable categórica no tiene relación ordinal.
- Se desea preservar la independencia de cada categoría.
- El número de categorías únicas es manejable (para evitar la "maldición de la dimensionalidad").

Sin embargo, es importante tener en cuenta que para variables categóricas con muchos valores únicos, one-hot encoding puede llevar a un aumento significativo en el número de características, lo que podría causar desafíos computacionales o sobreajuste en algunos modelos.

Ejemplo: One-Hot Encoding con Pandas

```
import pandas as pd
import matplotlib.pyplot as plt
import seaborn as sns
from sklearn.preprocessing import LabelEncoder

# Create a sample dataset
data = {
    'Name': ['Alice', 'Bob', 'Charlie', 'David', 'Eve'],
    'Age': [28, 35, 42, 31, 39],
    'Education': ['Bachelor', 'Master', 'High School', 'PhD', 'Bachelor'],
    'Salary': [50000, 75000, 40000, 90000, 55000]
}
df = pd.DataFrame(data)

print("Original DataFrame:")
print(df)
print("\\n")

# Initialize the LabelEncoder
encoder = LabelEncoder()

# Apply label encoding to the 'Education' column
df['Education_Encoded'] = encoder.fit_transform(df['Education'])

print("DataFrame with Encoded 'Education':")
print(df)
print("\\n")

# Display the encoding mapping
print("Education Encoding Mapping:")
for i, category in enumerate(encoder.classes_):
    print(f"{category}: {i}")
print("\\n")

# Visualize the distribution of education levels
plt.figure(figsize=(10, 5))
sns.countplot(x='Education', data=df, order=encoder.classes_)
plt.title('Distribution of Education Levels')
plt.show()

# Analyze the relationship between education and salary
plt.figure(figsize=(10, 5))
sns.boxplot(x='Education', y='Salary', data=df, order=encoder.classes_)
plt.title('Salary Distribution by Education Level')
```

```
plt.show()

# Calculate and print average salary by education level
avg_salary = df.groupby('Education')['Salary'].mean().sort_values(descending=True)
print("Average Salary by Education Level:")
print(avg_salary)
```

Este ejemplo demuestra un enfoque más integral para la codificación de etiquetas y el análisis de datos subsecuente.

Aquí tienes un desglose detallado del código y su funcionalidad:

1. **Preparación de los datos**:
    - Creamos un conjunto de datos de muestra con las columnas 'Nombre', 'Edad', 'Educación' y 'Salario'.
    - Los datos se convierten en un DataFrame de pandas para una manipulación fácil.
2. **Codificación de etiquetas**:
    - Importamos LabelEncoder de sklearn.preprocessing.
    - Se crea una instancia de LabelEncoder y se aplica a la columna 'Educación'.
    - El método fit_transform() se utiliza para ajustar el codificador a los datos y transformarlos en un solo paso.
3. **Visualización de datos**:
    - Se crea un gráfico de conteo para mostrar la distribución de los niveles educativos en el conjunto de datos.
    - Se utiliza un gráfico de caja para visualizar la relación entre los niveles educativos y los salarios.
    - El parámetro order en ambos gráficos asegura que las categorías se muestren en el orden de sus valores codificados.
4. **Análisis de datos**:
    - Calculamos y mostramos el salario promedio para cada nivel educativo usando groupby() y mean().
    - Los resultados se ordenan en orden descendente para facilitar la interpretación.

Este ejemplo no solo demuestra la codificación de etiquetas, sino que también muestra cómo integrarla con técnicas de visualización y análisis de datos. Proporciona información sobre la distribución de datos, las relaciones entre variables y estadísticas resumidas, ofreciendo un enfoque más holístico para trabajar con datos categóricos ordinales.

Puntos clave a destacar:

- El LabelEncoder asigna automáticamente valores enteros a las categorías en función de su orden alfabético.
- Se muestra el mapeo de codificación, indicando qué entero corresponde a cada nivel educativo.
- Las visualizaciones ayudan a entender la distribución de los niveles educativos y su relación con el salario.
- El cálculo del salario promedio proporciona una visión rápida de cómo los niveles educativos pueden influir en los ingresos en este conjunto de datos.

Este ejemplo integral muestra no solo los mecanismos de la codificación de etiquetas, sino también cómo aprovechar los datos codificados para realizar análisis y visualizaciones significativos.

En este ejemplo, cada nivel educativo se convierte en un entero correspondiente, preservando la naturaleza ordinal de la característica.

3.2.6. Métodos de Selección de Características

La ingeniería de características es un paso crucial en el proceso de machine learning que a menudo resulta en la creación de numerosas características. Sin embargo, es importante reconocer que no todas estas características creadas contribuyen de igual manera al poder predictivo de un modelo. Aquí es donde entra en juego la **selección de características**.

La selección de características es un proceso que ayuda a identificar las características más relevantes e informativas dentro del conjunto más amplio de características disponibles.

Este paso es crítico por varias razones:

- **Mejora del rendimiento del modelo**: Al enfocarse en las características más importantes, los modelos a menudo logran una mayor precisión predictiva.
- **Reducción del sobreajuste**: Menos características pueden llevar a modelos más simples que son menos propensos a sobreajustarse a los datos de entrenamiento, lo que resulta en una mejor generalización a datos nuevos y no vistos.
- **Mejora en la interpretabilidad**: Los modelos con menos características suelen ser más fáciles de interpretar y explicar, lo cual es crucial en muchas aplicaciones del mundo real.

- **Eficiencia computacional**: Reducir el número de características puede disminuir significativamente los recursos computacionales necesarios para el entrenamiento y la predicción del modelo.

Existen varias técnicas para la selección de características, que van desde métodos estadísticos simples hasta enfoques algorítmicos más complejos. Estos métodos se pueden agrupar en métodos de filtro (que usan medidas estadísticas para puntuar características), métodos envolventes (que usan el rendimiento del modelo para evaluar subconjuntos de características), y métodos integrados (que realizan la selección de características como parte del proceso de entrenamiento del modelo).

Al aplicar cuidadosamente técnicas de selección de características, los científicos de datos pueden crear modelos más robustos y eficientes que no solo se desempeñan bien en los datos de entrenamiento, sino que también se generalizan de manera efectiva a datos nuevos y no vistos. Este proceso es una parte esencial para crear soluciones de machine learning de alta calidad que se puedan implementar de manera confiable en escenarios del mundo real.

a. Selección de características univariadas

Scikit-learn proporciona una poderosa herramienta de selección de características llamada **SelectKBest**. Este método selecciona las K mejores características basadas en pruebas estadísticas, ofreciendo un enfoque sencillo para la reducción dimensional. A continuación, una explicación más detallada:

Cómo funciona SelectKBest:

1. Aplica una prueba estadística especificada a cada característica de forma independiente.
2. Luego, las características se clasifican según los puntajes de las pruebas.
3. Se seleccionan las K características superiores con los puntajes más altos.

Este método es versátil y se puede utilizar tanto para problemas de regresión como de clasificación eligiendo una función de puntuación adecuada:

- Para clasificación: f_classif (valor F de ANOVA) o chi2 (estadísticas de chi-cuadrado)
- Para regresión: f_regression o mutual_info_regression

La flexibilidad de SelectKBest le permite adaptarse a varios tipos de datos y objetivos de modelado. Al seleccionar solo las características más estadísticamente significativas, puede ayudar a mejorar el rendimiento del modelo, reducir el sobreajuste y aumentar la eficiencia computacional.

Sin embargo, es importante tener en cuenta que aunque SelectKBest es poderoso, evalúa cada característica de manera independiente. Esto significa que puede no captar interacciones complejas entre características, que podrían ser importantes en algunos escenarios. En tales casos, a menudo es beneficioso combinar SelectKBest con otras técnicas de selección o ingeniería de características para obtener resultados óptimos.

Ejemplo: Selección univariada de características con Scikit-learn

```
import numpy as np
import pandas as pd
import matplotlib.pyplot as plt
from sklearn.feature_selection import SelectKBest, f_classif
from sklearn.datasets import load_iris
from sklearn.model_selection import train_test_split
from sklearn.linear_model import LogisticRegression
from sklearn.metrics import accuracy_score

# Load the Iris dataset
iris = load_iris()
X, y = iris.data, iris.target

# Create a DataFrame for better visualization
df = pd.DataFrame(X, columns=iris.feature_names)
df['target'] = y

# Display the first few rows of the dataset
print("First few rows of the Iris dataset:")
print(df.head())
print("\\nDataset shape:", df.shape)

# Perform feature selection
selector = SelectKBest(score_func=f_classif, k=2)
X_selected = selector.fit_transform(X, y)

# Get the indices of selected features
selected_feature_indices = selector.get_support(indices=True)
selected_feature_names = [iris.feature_names[i] for i in selected_feature_indices]

print("\\nSelected features:", selected_feature_names)
print("Selected features shape:", X_selected.shape)

# Display feature scores
feature_scores = pd.DataFrame({
    'Feature': iris.feature_names,
    'Score': selector.scores_
})
print("\\nFeature scores:")
print(feature_scores.sort_values('Score', ascending=False))

# Visualize feature importance
plt.figure(figsize=(10, 6))
plt.bar(feature_scores['Feature'], feature_scores['Score'])
plt.title('Feature Importance Scores')
plt.xlabel('Features')
plt.ylabel('Score')
```

```
plt.xticks(rotation=45)
plt.tight_layout()
plt.show()

# Split the data into training and testing sets
X_train, X_test, y_train, y_test = train_test_split(X_selected, y, test_size=0.3,
random_state=42)

# Train a logistic regression model
model = LogisticRegression(max_iter=200)
model.fit(X_train, y_train)

# Make predictions
y_pred = model.predict(X_test)

# Calculate accuracy
accuracy = accuracy_score(y_test, y_pred)
print(f"\\nModel accuracy with selected features: {accuracy:.2f}")
```

Este ejemplo de código demuestra un enfoque más integral para la selección de características univariadas utilizando SelectKBest.

Aquí tienes un desglose detallado del código y su funcionalidad:

1. **Carga y preparación de datos**:
    - Importamos las bibliotecas necesarias, incluidas numpy, pandas, matplotlib y varios módulos de scikit-learn.
    - El conjunto de datos Iris se carga utilizando load_iris() de scikit-learn.
    - Creamos un DataFrame de pandas para visualizar mejor los datos.
2. **Selección de características**:
    - Se inicializa SelectKBest con f_classif (valor F de ANOVA) como función de puntuación y k=2 para seleccionar las dos mejores características.
    - Se aplica el método fit_transform() para seleccionar las mejores características.
    - Extraemos los nombres de las características seleccionadas para mejorar la interpretación.
3. **Visualización de la importancia de las características**:
    - Se crea un DataFrame para almacenar los nombres de las características y sus puntajes correspondientes.
    - Utilizamos matplotlib para crear un gráfico de barras con los puntajes de importancia de las características.

4. **Entrenamiento y evaluación del modelo**:
   - Los datos se dividen en conjuntos de entrenamiento y prueba usando train_test_split().
   - Se entrena un modelo de regresión logística en las características seleccionadas.
   - Se hacen predicciones en el conjunto de prueba y se calcula la precisión del modelo.

Este ejemplo integral no solo demuestra cómo realizar la selección de características, sino que también incluye pasos de visualización de datos, entrenamiento de modelos y evaluación. Proporciona información sobre la importancia relativa de las características y muestra cómo las características seleccionadas se desempeñan en una tarea de clasificación simple.

Puntos clave a destacar:

- El método SelectKBest nos permite reducir la dimensionalidad del conjunto de datos mientras retenemos las características más informativas.
- Visualizar los puntajes de importancia de las características ayuda a entender qué características contribuyen más a la tarea de clasificación.
- Al entrenar un modelo con las características seleccionadas, podemos evaluar la efectividad de nuestro proceso de selección de características.

Este ejemplo ofrece una visión más holística del proceso de selección de características y su integración en una tubería de machine learning.

b. Eliminación Recursiva de Características (RFE)

RFE es una técnica sofisticada de selección de características que identifica y elimina iterativamente las características menos importantes de un conjunto de datos. Este método funciona entrenando repetidamente un modelo de machine learning y eliminando la(s) característica(s) más débil(es) hasta que quede un número especificado de características. Así es como opera:

1. Inicialmente, RFE entrena un modelo utilizando todas las características disponibles.
2. Luego, clasifica las características en función de su importancia para el rendimiento del modelo. Esta importancia se determina típicamente mediante métricas de importancia interna del modelo (por ejemplo, coeficientes en modelos lineales o importancia de características en modelos basados en árboles).
3. Las características menos importantes se eliminan del conjunto de datos.
4. Los pasos 1-3 se repiten con el conjunto de características reducido hasta que se alcance el número deseado de características.

Este proceso recursivo permite que RFE capture interacciones complejas entre características que los métodos más simples podrían pasar por alto. Es particularmente útil cuando se trabaja con conjuntos de datos que tienen una gran cantidad de características potencialmente relevantes, ya que puede identificar de manera efectiva un subconjunto de características que contribuyen de manera más significativa al poder predictivo del modelo.

La efectividad de RFE radica en su capacidad para considerar el impacto colectivo de las características en el rendimiento del modelo, en lugar de evaluar cada característica de forma aislada. Esto lo convierte en una herramienta poderosa para crear modelos más eficientes e interpretables en diversas aplicaciones de machine learning.

Ejemplo: Eliminación Recursiva de Características con Scikit-learn

```
import numpy as np
import pandas as pd
import matplotlib.pyplot as plt
from sklearn.feature_selection import RFE
from sklearn.linear_model import LogisticRegression
from sklearn.datasets import load_iris
from sklearn.model_selection import train_test_split
from sklearn.metrics import accuracy_score

# Load the Iris dataset
iris = load_iris()
X, y = iris.data, iris.target

# Create a DataFrame for better visualization
df = pd.DataFrame(X, columns=iris.feature_names)
df['target'] = y

# Display the first few rows of the dataset
print("First few rows of the Iris dataset:")
print(df.head())
print("\\nDataset shape:", df.shape)

# Initialize the model and RFE
model = LogisticRegression(max_iter=200)
rfe = RFE(estimator=model, n_features_to_select=2)

# Fit RFE to the data
rfe.fit(X, y)

# Get the selected features
selected_features = np.array(iris.feature_names)[rfe.support_]
print("\\nSelected Features:", selected_features)

# Display feature ranking
feature_ranking = pd.DataFrame({
    'Feature': iris.feature_names,
    'Ranking': rfe.ranking_
```

```
})
print("\\nFeature Ranking:")
print(feature_ranking.sort_values('Ranking'))

# Visualize feature importance
plt.figure(figsize=(10, 6))
plt.bar(feature_ranking['Feature'], feature_ranking['Ranking'])
plt.title('Feature Importance Ranking')
plt.xlabel('Features')
plt.ylabel('Ranking (lower is better)')
plt.xticks(rotation=45)
plt.tight_layout()
plt.show()

# Use selected features for modeling
X_selected = X[:, rfe.support_]

# Split the data into training and testing sets
X_train, X_test, y_train, y_test = train_test_split(X_selected, y, test_size=0.3,
random_state=42)

# Train a logistic regression model
model.fit(X_train, y_train)

# Make predictions
y_pred = model.predict(X_test)

# Calculate accuracy
accuracy = accuracy_score(y_test, y_pred)
print(f"\\nModel accuracy with selected features: {accuracy:.2f}")
```

Este ejemplo demuestra un enfoque integral de la Eliminación Recursiva de Características (RFE) utilizando scikit-learn.

A continuación, se desglosa detalladamente el código y su funcionalidad:

1. Carga y Preparación de Datos:
    - Se importan las bibliotecas necesarias, incluidas numpy, pandas, matplotlib y varios módulos de scikit-learn.
    - El conjunto de datos Iris se carga utilizando load_iris() de scikit-learn.
    - Se crea un DataFrame de pandas para mejorar la visualización de los datos.
2. Eliminación Recursiva de Características:
    - Se inicializa LogisticRegression como el estimador base para RFE.
    - RFE se configura para seleccionar las 2 mejores características (n_features_to_select=2).

   - Se aplica el método fit() para realizar la selección de características.

3. Visualización de la Importancia de las Características:
   - Se crea un DataFrame para almacenar los nombres de las características y sus respectivos rankings.
   - Se genera un gráfico de barras para visualizar los rankings de importancia de las características.

4. Entrenamiento y Evaluación del Modelo:
   - Los datos se dividen en conjuntos de entrenamiento y prueba utilizando train_test_split().
   - Se entrena un modelo de regresión logística con las características seleccionadas.
   - Se hacen predicciones en el conjunto de prueba y se calcula la precisión del modelo.

Puntos clave a destacar:

- RFE nos permite seleccionar las características más importantes basadas en el rendimiento del modelo.
- El ranking de las características proporciona información sobre la importancia relativa de cada una.
- Visualizar los rankings de las características ayuda a entender cuáles contribuyen más a la tarea de clasificación.
- Al entrenar un modelo con las características seleccionadas, podemos evaluar la efectividad de nuestro proceso de selección de características.

Este ejemplo integral muestra todo el proceso de selección de características utilizando RFE, desde la preparación de los datos hasta la evaluación del modelo, brindando una visión holística de cómo se puede integrar RFE en un pipeline de aprendizaje automático.

3.3 Codificación y Manejo de Datos Categóricos

En el ámbito de los conjuntos de datos del mundo real, los datos categóricos son una ocurrencia común. Estas características representan categorías o etiquetas distintas, a diferencia de los valores numéricos continuos. El manejo adecuado de los datos categóricos es de suma importancia, ya que la gran mayoría de los algoritmos de aprendizaje automático están diseñados para trabajar con entradas numéricas. Una codificación incorrecta de las variables categóricas puede tener consecuencias graves, potencialmente conduciendo a un rendimiento subóptimo del modelo o incluso a errores durante el proceso de entrenamiento.

Esta sección explora una variedad de técnicas para codificar y gestionar datos categóricos. Exploraremos métodos fundamentales como la codificación one-hot y la codificación por etiquetas, así como enfoques más matizados como la codificación ordinal.

Además, nos adentraremos en técnicas avanzadas, como la codificación por objetivo, que puede ser particularmente útil en ciertos escenarios. También abordaremos los desafíos que plantean las variables categóricas de alta cardinalidad y discutiremos estrategias efectivas para gestionarlas. Al dominar estas técnicas, estarás bien preparado para manejar una amplia gama de escenarios de datos categóricos en tus proyectos de aprendizaje automático.

3.3.1 Entendiendo los Datos Categóricos

Las características categóricas son un concepto fundamental en ciencia de datos y aprendizaje automático, que representan variables que pueden tomar un número limitado de valores o categorías distintas. A diferencia de las variables continuas que pueden tomar cualquier valor numérico dentro de un rango, las variables categóricas son discretas y, a menudo, cualitativas por naturaleza. Comprender estas características es crucial para una preprocesamiento eficaz de los datos y el desarrollo de modelos.

Las características categóricas se pueden clasificar en dos tipos principales:

- **Nominales (Sin Orden)**: Estas categorías no tienen un orden o clasificación inherente. Cada categoría es distinta e independiente de las demás. Por ejemplo:
  - Colores: "Rojo", "Verde", "Azul"
  - Tipos de sangre: "A", "B", "AB", "O"
  - Géneros musicales: "Rock", "Jazz", "Clásico", "Hip-hop"

En estos casos, no hay una manera significativa de decir que una categoría es "mayor" o "menor" que otra.

- **Ordinales (Con Orden)**: Estas categorías tienen un orden o clasificación claro y significativo, aunque los intervalos entre las categorías pueden no ser consistentes o medibles. Algunos ejemplos incluyen:
  - Niveles educativos: "Secundaria", "Licenciatura", "Maestría", "Doctorado"
  - Satisfacción del cliente: "Muy Insatisfecho", "Insatisfecho", "Neutral", "Satisfecho", "Muy Satisfecho"
  - Tallas de camiseta: "XS", "S", "M", "L", "XL"

Aquí, hay una progresión clara de una categoría a otra, incluso si la "distancia" entre categorías no es cuantificable.

La distinción entre categorías nominales y ordinales es crucial porque determina cómo debemos manejar y codificar estas características para los algoritmos de aprendizaje automático. La mayoría de los algoritmos esperan entradas numéricas, por lo que necesitamos convertir los datos categóricos en un formato numérico. Sin embargo, el método de codificación que elijamos puede afectar significativamente el rendimiento y la interpretación del modelo.

Para las categorías nominales, se suelen utilizar técnicas como la codificación one-hot o la codificación por etiquetas. La codificación one-hot crea columnas binarias para cada categoría, mientras que la codificación por etiquetas asigna un entero único a cada categoría. Para las categorías ordinales, podríamos usar la codificación ordinal para preservar la información del orden, o emplear técnicas más avanzadas como la codificación por objetivo.

En las siguientes secciones, profundizaremos en estos métodos de codificación, explorando sus fortalezas, debilidades y casos de uso apropiados. Comprender estas técnicas es esencial para preprocesar eficazmente los datos categóricos y construir modelos de aprendizaje automático robustos.

3.3.2 Codificación One-Hot

La **codificación one-hot** es un método fundamental y ampliamente utilizado para transformar variables categóricas nominales en un formato numérico que pueda ser utilizado fácilmente por los algoritmos de aprendizaje automático. Esta técnica es particularmente valiosa porque la mayoría de los modelos de aprendizaje automático están diseñados para trabajar con entradas numéricas en lugar de datos categóricos.

Así es como funciona la codificación one-hot:

- Para cada categoría única en la característica original, se crea una nueva columna binaria.
- En estas nuevas columnas, un valor de 1 indica la presencia de la categoría correspondiente para un dato, mientras que un valor de 0 indica su ausencia.
- Este proceso crea un conjunto de características binarias que, en conjunto, representan la variable categórica original.

Por ejemplo, si tenemos una característica "Color" con categorías "Rojo", "Azul" y "Verde", la codificación one-hot crearía tres nuevas columnas: "Color_Rojo", "Color_Azul" y "Color_Verde". Cada fila en el conjunto de datos tendría un 1 en una de estas columnas y 0 en las otras, dependiendo del valor de color original.

La codificación one-hot es particularmente adecuada para variables nominales, que son variables categóricas en las que no existe un orden o clasificación inherente entre las categorías. Ejemplos de tales variables incluyen:

- Nombres de ciudades (p. ej., Nueva York, Londres, Tokio)
- Tipos de productos (p. ej., Electrónica, Ropa, Libros)
- Especies de animales (p. ej., Perro, Gato, Pájaro)

La principal ventaja de la codificación one-hot es que no impone ningún orden artificial a las categorías, lo cual es crucial para las variables nominales. Cada categoría se trata como una característica separada e independiente, lo que permite que los modelos de aprendizaje automático aprendan la importancia de cada categoría por separado.

Sin embargo, es importante tener en cuenta que la codificación one-hot puede generar datos de alta dimensionalidad cuando se trabaja con variables categóricas que tienen muchas categorías únicas. Esto puede resultar en la "maldición de la dimensionalidad" y puede requerir técnicas adicionales de selección de características o reducción de dimensionalidad en algunos casos.

a. Codificación One-Hot con Pandas

Pandas, una biblioteca poderosa para la manipulación de datos en Python, proporciona un método simple y eficiente para aplicar la codificación one-hot utilizando la función get_dummies(). Esta función es particularmente útil para convertir variables categóricas en un formato adecuado para los algoritmos de aprendizaje automático.

Así es como funciona get_dummies():

- Detecta automáticamente las columnas categóricas en tu DataFrame.
- Para cada categoría única en una columna, crea una nueva columna binaria.
- En estas nuevas columnas, asigna un 1 donde la categoría está presente y 0 donde está ausente.
- La columna categórica original se elimina y se reemplaza por estas nuevas columnas binarias.

La función get_dummies() ofrece varias ventajas:

- Simplicidad: Requiere un código mínimo, lo que facilita su uso incluso para principiantes.
- Flexibilidad: Puede manejar múltiples columnas categóricas simultáneamente.
- Personalización: Ofrece opciones para personalizar el proceso de codificación, como especificar prefijos de columna o manejar categorías desconocidas.

Al utilizar get_dummies(), puedes transformar rápidamente los datos categóricos en un formato numérico listo para ser utilizado en diversos modelos de aprendizaje automático, agilizando tu flujo de trabajo de preprocesamiento de datos.

Ejemplo: Codificación One-Hot con Pandas

```
import pandas as pd
import numpy as np

# Create a more comprehensive sample dataset
```

```
data = {
    'City': ['New York', 'London', 'Paris', 'Tokyo', 'Berlin', 'New York', 'London',
'Paris'],
    'Population': [8419000, 8982000, 2141000, 13960000, 3645000, 8419000, 8982000,
2141000],
    'Continent': ['North America', 'Europe', 'Europe', 'Asia', 'Europe', 'North
America', 'Europe', 'Europe']
}
df = pd.DataFrame(data)

print("Original DataFrame:")
print(df)
print("\\n")

# Apply one-hot encoding to the 'City' column
city_encoded = pd.get_dummies(df['City'], prefix='City')

# Apply one-hot encoding to the 'Continent' column
continent_encoded = pd.get_dummies(df['Continent'], prefix='Continent')

# Concatenate the encoded columns with the original DataFrame
df_encoded = pd.concat([df, city_encoded, continent_encoded], axis=1)

print("DataFrame after one-hot encoding:")
print(df_encoded)
print("\\n")

# Demonstrate handling of high-cardinality columns
df['UniqueID'] = np.arange(len(df))
high_cardinality_encoded = pd.get_dummies(df['UniqueID'], prefix='ID')
df_high_cardinality = pd.concat([df, high_cardinality_encoded], axis=1)

print("DataFrame with high-cardinality column encoded:")
print(df_high_cardinality.head())
print("\\n")

# Demonstrate handling of missing values
df_missing = df.copy()
df_missing.loc[1, 'City'] = np.nan
df_missing.loc[3, 'Continent'] = np.nan

print("DataFrame with missing values:")
print(df_missing)
print("\\n")

# Handle missing values before encoding
df_missing['City'] = df_missing['City'].fillna('Unknown')
df_missing['Continent'] = df_missing['Continent'].fillna('Unknown')

# Apply one-hot encoding to the DataFrame with handled missing values
df_missing_encoded  =  pd.get_dummies(df_missing,  columns=['City',  'Continent'],
prefix=['City', 'Continent'])
```

```
print("DataFrame with missing values handled and encoded:")
print(df_missing_encoded)
```

Este ejemplo de código demuestra un enfoque integral de la codificación one-hot utilizando pandas.

A continuación, se desglosa detalladamente el código y su funcionalidad:

1. Preparación de Datos:
    - Creamos un conjunto de datos más completo con varias columnas: 'City', 'Population' y 'Continent'.
    - Esto nos permite demostrar la codificación para diferentes tipos de variables categóricas.
2. Codificación Básica One-Hot:
    - Utilizamos pd.get_dummies() para codificar las columnas 'City' y 'Continent' por separado.
    - Se usa el parámetro prefix para distinguir las columnas codificadas (por ejemplo, 'City_New York', 'Continent_Europe').
    - Luego concatenamos estas columnas codificadas con el DataFrame original.
3. Manejo de Columnas con Alta Cardinalidad:
    - Creamos una columna 'UniqueID' para simular una característica con alta cardinalidad.
    - Demostramos cómo la codificación one-hot puede generar un gran número de columnas para características con alta cardinalidad.
    - Esto resalta los posibles problemas de uso de memoria y eficiencia computacional en estos casos.
4. Manejo de Valores Faltantes:
    - Introducimos valores faltantes en las columnas 'City' y 'Continent'.
    - Antes de codificar, rellenamos los valores faltantes con 'Unknown' utilizando el método fillna().
    - Esto asegura que los valores faltantes se traten como una categoría separada durante la codificación.
    - Luego aplicamos la codificación one-hot al DataFrame con los valores faltantes gestionados.

5. Visualización de Resultados:
   - En cada paso, imprimimos el DataFrame para mostrar cómo cambia después de cada operación.
   - Esto ayuda a comprender el efecto de cada paso de codificación en la estructura de los datos.

Este ejemplo integral cubre varios aspectos de la codificación one-hot, incluidos el manejo de múltiples columnas categóricas, el tratamiento de características con alta cardinalidad y la gestión de valores faltantes. Proporciona una demostración práctica de cómo utilizar pandas para estas tareas en un escenario del mundo real.

La función get_dummies() convierte la columna "City" en columnas binarias separadas: City_New York, City_London y City_Paris, que representan cada ciudad. Esto permite que el modelo de aprendizaje automático interprete la característica categórica numéricamente.

b. Codificación One-Hot con Scikit-learn

Scikit-learn ofrece una implementación robusta de la codificación one-hot a través de la clase OneHotEncoder. Esta clase proporciona un enfoque más flexible y poderoso para codificar variables categóricas, particularmente útil en pipelines complejos de aprendizaje automático o cuando se requiere un control más detallado sobre el proceso de codificación.

La clase OneHotEncoder destaca por varias razones:

- Flexibilidad: Puede manejar múltiples columnas categóricas simultáneamente, lo que la hace eficiente para conjuntos de datos con numerosas características categóricas.
- Salida en Matriz Dispersa: De forma predeterminada, devuelve una matriz dispersa, lo que es eficiente en términos de memoria para conjuntos de datos con muchas categorías.
- Manejo de Categorías Desconocidas: Ofrece opciones para manejar categorías que no estaban presentes durante el proceso de ajuste, crucial para aplicaciones del mundo real donde pueden aparecer nuevas categorías en los datos de prueba.
- Integración con Pipelines de Scikit-learn: Se integra perfectamente con la clase Pipeline de Scikit-learn, lo que permite una fácil combinación con otros pasos de preprocesamiento y modelos.

Cuando se trabaja con pipelines de aprendizaje automático, el OneHotEncoder puede ser especialmente valioso. Permite definir un esquema de codificación consistente que se puede aplicar de manera uniforme a los conjuntos de datos de entrenamiento y prueba, asegurando que el modelo reciba datos de entrada con un formato consistente.

Para escenarios que requieren más control, el OneHotEncoder ofrece varios parámetros para personalizar su comportamiento. Por ejemplo, se puede especificar cómo manejar las categorías desconocidas, si usar un formato de salida disperso o denso, e incluso definir una codificación personalizada para características específicas.

Ejemplo: Codificación One-Hot con Scikit-learn

```
from sklearn.preprocessing import OneHotEncoder
from sklearn.compose import ColumnTransformer
from sklearn.pipeline import Pipeline
from sklearn.impute import SimpleImputer
import pandas as pd
import numpy as np

# Sample data
data = {
    'City': ['New York', 'London', 'Paris', 'Tokyo', 'Berlin', np.nan],
    'Country': ['USA', 'UK', 'France', 'Japan', 'Germany', 'USA'],
    'Population': [8419000, 8982000, 2141000, 13960000, 3645000, np.nan]
}
df = pd.DataFrame(data)

print("Original DataFrame:")
print(df)
print("\\n")

# Define transformers for categorical and numerical data
categorical_transformer = Pipeline(steps=[
    ('imputer', SimpleImputer(strategy='most_frequent')),
    ('onehot', OneHotEncoder(sparse=False, handle_unknown='ignore'))
])

numerical_transformer = Pipeline(steps=[
    ('imputer', SimpleImputer(strategy='mean'))
])

# Combine transformers into a ColumnTransformer
preprocessor = ColumnTransformer(
    transformers=[
        ('cat', categorical_transformer, ['City', 'Country']),
        ('num', numerical_transformer, ['Population'])
    ]
)

# Apply the preprocessing pipeline
transformed_data = preprocessor.fit_transform(df)

# Get feature names
onehot_features_city                                                          =
preprocessor.named_transformers_['cat'].named_steps['onehot'].get_feature_names_out(
['City', 'Country'])
numerical_features = ['Population']
feature_names = np.concatenate([onehot_features_city, numerical_features])
```

```
# Create a new DataFrame with transformed data
df_encoded = pd.DataFrame(transformed_data, columns=feature_names)

print("Transformed DataFrame:")
print(df_encoded)
```

Explicación del Desglose del Código:

- **Manejo de Valores Faltantes**:
  - Las columnas categóricas (City y Country) se rellenan con el valor más frecuente.
  - La columna numérica (Population) se rellena con el valor medio.
- **Codificación One-Hot**:
  - Las columnas categóricas (City, Country) se codifican mediante one-hot, convirtiéndolas en columnas binarias.
- **Pipeline con ColumnTransformer**:
  - Combina los pasos de preprocesamiento categórico y numérico en un único pipeline.
- **Nombres de Características**:
  - Recupera automáticamente nombres significativos para las características codificadas.
- **Resultado Final**:
  - Se crea un DataFrame limpio y completamente preprocesado (df_encoded), listo para análisis o modelado.

Este ejemplo muestra varias características clave de las capacidades de preprocesamiento de Scikit-learn:

- Manejo de datos faltantes con SimpleImputer
- Codificación one-hot de categorías nominales ('City')
- Codificación de etiquetas de categorías ordinales ('Country')
- Uso de ColumnTransformer para aplicar diferentes transformaciones a diferentes columnas
- Pipeline para encadenar múltiples pasos de preprocesamiento
- Extracción de nombres de características después de la transformación

- Transformación inversa para recuperar las categorías originales de los datos codificados

Este enfoque proporciona un método robusto y escalable para preprocesar tipos de datos mixtos, manejar valores faltantes y preparar datos para modelos de aprendizaje automático.

En este caso, OneHotEncoder convierte los datos categóricos en una matriz densa de valores binarios, que pueden pasarse directamente a los modelos de aprendizaje automático.

3.3.3 Codificación de Etiquetas (Label Encoding)

La codificación de etiquetas es una técnica que asigna un número entero único a cada categoría en una característica categórica. Este método es particularmente útil para variables categóricas ordinales, donde existe un orden o jerarquía significativa entre las categorías. Al convertir las categorías en valores numéricos, la codificación de etiquetas permite que los algoritmos de aprendizaje automático interpreten y procesen los datos categóricos de manera más efectiva.

La principal ventaja de la codificación de etiquetas radica en su capacidad para preservar la relación ordinal entre las categorías. Por ejemplo, en un conjunto de datos que contiene niveles educativos como "Secundaria", "Licenciatura", "Maestría" y "Doctorado", al codificar estos niveles con números como 0, 1, 2 y 3, respectivamente, mantenemos el orden inherente de los niveles educativos. Esta representación numérica permite a los algoritmos comprender que un Doctorado (3) representa un nivel de educación más alto que una Licenciatura (1).

A continuación, un desglose más detallado de cómo funciona la codificación de etiquetas:

- **Identificación:** El algoritmo identifica todas las categorías únicas dentro de la característica.
- **Ordenación:** Para los datos ordinales, las categorías se ordenan normalmente en función de su orden natural. Para los datos nominales sin un orden claro, la ordenación puede ser alfabética o basada en el orden de aparición en el conjunto de datos.
- **Asignación:** A cada categoría se le asigna un número entero único, generalmente comenzando desde 0 e incrementándose en 1 para cada categoría subsecuente.
- **Transformación:** Los valores categóricos originales en el conjunto de datos son reemplazados por sus correspondientes codificaciones numéricas.

Es importante destacar que, si bien la codificación de etiquetas es excelente para los datos ordinales, debe usarse con precaución en las variables categóricas nominales (donde no existe un orden inherente). En tales casos, los números asignados podrían implicar inadvertidamente un orden o magnitud inexistente, lo que podría inducir a error al modelo de aprendizaje automático.

Además, la codificación de etiquetas puede ser particularmente beneficiosa en ciertos algoritmos, como los árboles de decisión y los bosques aleatorios, que pueden manejar bien las relaciones ordinales. Sin embargo, para los algoritmos sensibles a la magnitud de las características de entrada (como la regresión lineal o las redes neuronales), podrían ser necesarias técnicas adicionales de preprocesamiento, como la normalización, después de la codificación de etiquetas.

Codificación de Etiquetas con Scikit-learn

El LabelEncoder de Scikit-learn es una herramienta poderosa utilizada para transformar datos categóricos ordinales en números enteros. Este proceso, conocido como codificación de etiquetas, asigna un valor numérico único a cada categoría en una variable categórica. Aquí tienes una explicación más detallada:

1. **Funcionalidad:** El LabelEncoder detecta automáticamente todas las categorías únicas en una característica dada y asigna a cada una un número entero único, típicamente comenzando desde 0.
2. **Datos Ordinales:** Es particularmente útil para los datos ordinales donde hay un orden claro o jerarquía entre las categorías. Por ejemplo, niveles educativos como 'Secundaria', 'Licenciatura', 'Maestría', 'Doctorado' podrían codificarse como 0, 1, 2, 3 respectivamente.
3. **Preservación del Orden:** El codificador mantiene la relación ordinal entre las categorías, lo cual es crucial para que muchos algoritmos de aprendizaje automático interpreten correctamente los datos.
4. **Representación Numérica:** Al convertir las categorías en enteros, permite que los modelos de aprendizaje automático que requieren entradas numéricas procesen datos categóricos de manera efectiva.
5. **Reversibilidad:** El LabelEncoder también proporciona un método inverse_transform, que te permite convertir los números codificados de vuelta a sus etiquetas categóricas originales cuando sea necesario.
6. **Precaución con los Datos Nominales:** Aunque es poderoso para datos ordinales, debe usarse con cautela en las variables categóricas nominales (donde no existe un orden inherente), ya que los números asignados podrían implicar un orden o magnitud inexistente.

Comprender estos aspectos del LabelEncoder es esencial para preprocesar de manera efectiva datos categóricos ordinales en pipelines de aprendizaje automático. Una aplicación adecuada de esta herramienta puede mejorar significativamente la calidad y la interpretabilidad de tus características codificadas.

Ejemplo: Codificación de Etiquetas con Scikit-learn

```
from sklearn.preprocessing import LabelEncoder
import numpy as np
import pandas as pd
```

```
# Sample data
education_levels = ['High School', 'Bachelor', 'Master', 'PhD', 'Bachelor', 'High
School', 'PhD']

# Initialize the LabelEncoder
label_encoder = LabelEncoder()

# Fit and transform the data
education_encoded = label_encoder.fit_transform(education_levels)

# Display the encoded labels
print(f"Original labels: {education_levels}")
print(f"Encoded labels: {education_encoded}")

# Create a dictionary mapping original labels to encoded values
label_mapping                    =                    dict(zip(label_encoder.classes_,
label_encoder.transform(label_encoder.classes_)))
print(f"\\nLabel mapping: {label_mapping}")

# Demonstrate inverse transform
decoded_labels = label_encoder.inverse_transform(education_encoded)
print(f"\\nDecoded labels: {decoded_labels}")

# Create a DataFrame for better visualization
df = pd.DataFrame({'Original': education_levels, 'Encoded': education_encoded})
print("\\nDataFrame representation:")
print(df)

# Handling unseen categories
new_education_levels = ['High School', 'Bachelor', 'Master', 'PhD', 'Associate']
try:
    new_encoded = label_encoder.transform(new_education_levels)
except ValueError as e:
    print(f"\\nError: {e}")
    print("Note: LabelEncoder cannot handle unseen categories directly.")
```

Explicación del desglose del código:

1. **Importación de las bibliotecas necesarias:**
    - Importamos LabelEncoder de scikit-learn, que es la principal herramienta que utilizaremos para la codificación.
    - También importamos numpy y pandas para manipulación y visualización adicional de datos.
2. **Creación de datos de ejemplo:**
    - Creamos una lista de niveles de educación, incluyendo algunas repeticiones para demostrar cómo el codificador maneja valores duplicados.

3. **Inicialización de LabelEncoder:**
   - Creamos una instancia de LabelEncoder llamada label_encoder.
4. **Ajuste y transformación de los datos:**
   - Utilizamos el método fit_transform() para ajustar el codificador a nuestros datos y transformarlos en un solo paso.
   - Este método aprende las categorías únicas y asigna a cada una un número entero único.
5. **Mostrando los resultados:**
   - Imprimimos tanto las etiquetas originales como las etiquetas codificadas para mostrar la transformación.
6. **Creación de un mapeo de etiquetas:**
   - Creamos un diccionario que mapea cada categoría original a su valor codificado.
   - Esto es útil para entender cómo el codificador ha asignado valores a cada categoría.
7. **Demostración de la transformación inversa:**
   - Utilizamos el método inverse_transform() para convertir los valores codificados de nuevo a sus categorías originales.
   - Esto demuestra que la codificación es reversible, lo cual es importante para interpretar los resultados más adelante.
8. **Creación de un DataFrame:**
   - Usamos pandas para crear un DataFrame que muestra tanto los valores originales como los codificados lado a lado.
   - Esto proporciona una visualización clara de cómo se ha codificado cada categoría.
9. **Manejo de categorías no vistas:**
   - Intentamos codificar una lista que incluye una nueva categoría ('Associate') que no estaba en los datos originales.
   - Esto demuestra que LabelEncoder no puede manejar directamente categorías no vistas, lo cual es una limitación importante a tener en cuenta.
   - Utilizamos un bloque try-except para capturar y mostrar el error que ocurre al intentar codificar una categoría no vista.

Este ejemplo muestra varias características clave y consideraciones al utilizar LabelEncoder:

- Cómo maneja valores duplicados (reciben la misma codificación)
- La capacidad de mapear entre valores originales y codificados en ambas direcciones
- La creación de un mapeo claro entre las categorías y sus valores codificados
- La limitación de no poder manejar categorías no vistas, lo cual es crucial al trabajar con nuevos datos

3.3.4 Codificación Ordinal

Cuando se trabaja con **variables categóricas ordinales**, que son variables con categorías que tienen un orden o jerarquía natural, se puede utilizar el **OrdinalEncoder** de scikit-learn. Esta herramienta es ideal para manejar datos ordinales de manera efectiva.

El OrdinalEncoder asigna un número entero único a cada categoría mientras conserva el orden inherente de las mismas. Esto es crucial porque permite a los algoritmos de aprendizaje automático entender y aprovechar las relaciones significativas entre las diferentes categorías.

Por ejemplo, considera una variable que representa niveles de educación: 'Secundaria', 'Licenciatura', 'Maestría' y 'Doctorado'. El OrdinalEncoder podría asignar estos valores como 0, 1, 2 y 3 respectivamente. Esta codificación mantiene la progresión natural de los niveles de educación, lo cual puede ser información valiosa para muchos modelos de aprendizaje automático.

A diferencia de la codificación one-hot, que crea columnas binarias para cada categoría, la codificación ordinal da como resultado una sola columna de enteros. Esto puede ser especialmente útil cuando se trabaja con conjuntos de datos que tienen un gran número de variables ordinales, ya que ayuda a mantener el espacio de características más compacto.

Sin embargo, es importante tener en cuenta que aunque OrdinalEncoder es excelente para datos verdaderamente ordinales, debe usarse con precaución con variables categóricas nominales (donde no hay un orden inherente). En tales casos, los números asignados podrían implicar inadvertidamente un orden que no existe, lo cual podría confundir al modelo de aprendizaje automático.

Codificación Ordinal con Scikit-learn

El OrdinalEncoder de Scikit-learn es una herramienta poderosa diseñada específicamente para codificar variables categóricas ordinales, preservando su orden inherente. Este codificador es particularmente útil cuando se trabaja con variables que tienen una jerarquía o clasificación natural.

El OrdinalEncoder funciona asignando valores enteros a cada categoría en la variable ordinal, asegurando que el orden de estos enteros corresponda al orden natural de las categorías. A diferencia de otros métodos de codificación, el OrdinalEncoder mantiene las relaciones relativas entre las categorías. Por ejemplo, al codificar niveles educativos ('Secundaria', 'Licenciatura', 'Maestría', 'Doctorado'), podría asignar los valores 0, 1, 2 y 3 respectivamente, reflejando la progresión en educación.

Al convertir las categorías en números enteros, el OrdinalEncoder permite que los algoritmos de aprendizaje automático que requieren entrada numérica procesen datos ordinales de manera efectiva, conservando la información ordinal. Además, ofrece flexibilidad al permitir a los usuarios especificar un orden personalizado de las categorías, brindando control sobre cómo se representa la relación ordinal.

El codificador también es escalable, capaz de manejar múltiples características ordinales simultáneamente, lo que lo hace eficiente para conjuntos de datos con varias variables ordinales. Además, como otros codificadores de scikit-learn, el OrdinalEncoder proporciona un método inverse_transform, que permite convertir los valores codificados de nuevo a sus categorías originales cuando sea necesario.

Ejemplo: Codificación Ordinal con Scikit-learn

```
from sklearn.preprocessing import OrdinalEncoder
import numpy as np
import pandas as pd

# Sample data with ordinal values
education_levels = [['High School'], ['Bachelor'], ['Master'], ['PhD'], ['High School'], ['Bachelor'], ['Master']]

# Initialize the OrdinalEncoder
ordinal_encoder = OrdinalEncoder(categories=[['High School', 'Bachelor', 'Master', 'PhD']])

# Fit and transform the data
education_encoded = ordinal_encoder.fit_transform(education_levels)

# Print the encoded values
print("Encoded education levels:")
print(education_encoded)

# Create a DataFrame for better visualization
df = pd.DataFrame({'Original': [level[0] for level in education_levels], 'Encoded': education_encoded.flatten()})
print("\\nDataFrame representation:")
print(df)

# Demonstrate inverse transform
decoded_levels = ordinal_encoder.inverse_transform(education_encoded)
print("\\nDecoded education levels:")
print(decoded_levels)

# Get the category order
category_order = ordinal_encoder.categories_[0]
```

```
print("\\nCategory order:")
print(category_order)

# Handling unseen categories
new_education_levels = [['High School'], ['Bachelor'], ['Associate']]
try:
    new_encoded = ordinal_encoder.transform(new_education_levels)
    print("\\nEncoded new education levels:")
    print(new_encoded)
except ValueError as e:
    print(f"\\nError: {e}")
    print("Note: OrdinalEncoder cannot handle unseen categories directly.")
```

Aquí tienes la traducción al español del texto proporcionado:

Explicación del desglose del código:

1. **Importación de las bibliotecas necesarias:**
   - Importamos OrdinalEncoder de scikit-learn, que es la herramienta principal que utilizaremos para la codificación.
   - También importamos numpy y pandas para manipulación y visualización adicional de datos.
2. **Creación de datos de ejemplo:**
   - Creamos una lista de niveles de educación, incluyendo algunas repeticiones para demostrar cómo el codificador maneja valores duplicados.
3. **Inicialización de OrdinalEncoder:**
   - Creamos una instancia de OrdinalEncoder llamada ordinal_encoder.
   - Especificamos explícitamente el orden de las categorías usando el parámetro categories. Esto asegura que la codificación refleje el orden natural de los niveles de educación.
4. **Ajuste y transformación de los datos:**
   - Utilizamos el método fit_transform() para ajustar el codificador a nuestros datos y transformarlos en un solo paso.
   - Este método aprende las categorías únicas y asigna a cada una un número entero basado en el orden especificado.
5. **Mostrando los resultados:**
   - Imprimimos los valores codificados para mostrar la transformación.
6. **Creación de un DataFrame:**

- Usamos pandas para crear un DataFrame que muestra tanto los valores originales como los codificados lado a lado.
- Esto proporciona una visualización clara de cómo se ha codificado cada categoría.

7. **Demostración de la transformación inversa:**
   - Utilizamos el método inverse_transform() para convertir los valores codificados de nuevo a sus categorías originales.
   - Esto muestra que la codificación es reversible, lo cual es importante para interpretar los resultados más adelante.
8. **Obteniendo el orden de las categorías:**
   - Accedemos al atributo categories_ del codificador para ver el orden de las categorías utilizado para la codificación.
9. **Manejo de categorías no vistas:**
   - Intentamos codificar una lista que incluye una nueva categoría ('Associate') que no estaba en los datos originales.
   - Esto demuestra que OrdinalEncoder no puede manejar directamente categorías no vistas, lo cual es una limitación importante a tener en cuenta.
   - Utilizamos un bloque try-except para capturar y mostrar el error que ocurre al intentar codificar una categoría no vista.

Este ejemplo ampliado muestra varias características clave y consideraciones al utilizar OrdinalEncoder:

- Cómo maneja valores duplicados (reciben la misma codificación)
- La capacidad de especificar un orden personalizado para las categorías
- La creación de un mapeo claro entre las categorías y sus valores codificados
- La capacidad de realizar una transformación inversa de los valores codificados a las categorías originales
- La limitación de no poder manejar categorías no vistas, lo cual es crucial al trabajar con nuevos datos

Al utilizar solo OrdinalEncoder de Scikit-learn, hemos demostrado un enfoque completo para la codificación ordinal, incluyendo el manejo de varios escenarios y posibles problemas.

3.3.5 Manejo de Variables Categóricas con Alta Cardinalidad

Las características de alta cardinalidad son aquellas que tienen un gran número de categorías o valores únicos. Este concepto es particularmente importante en el contexto del aprendizaje automático y la preprocesamiento de datos. Vamos a desglosarlo más:

Definición: Alta cardinalidad se refiere a columnas o características en un conjunto de datos que tienen un número muy alto de valores únicos en relación con el número de filas del conjunto de datos.

Ejemplo: Un ejemplo típico de una característica de alta cardinalidad es la columna "Ciudad" en un conjunto de datos global. Tal característica podría contener cientos o miles de nombres de ciudades únicas, cada una representando una categoría distinta.

Desafíos con la Codificación One-Hot: Al trabajar con características de alta cardinalidad, los métodos tradicionales de codificación como la codificación one-hot pueden generar problemas importantes:

- **Matrices dispersas:** La codificación one-hot crea una nueva columna para cada categoría única. Para características de alta cardinalidad, esto resulta en una matriz **dispersa**, es decir, una matriz con muchos valores cero.
- **Explosión de la dimensionalidad:** El número de columnas en el conjunto de datos aumenta dramáticamente, lo que puede llevar a la "maldición de la dimensionalidad".
- **Ineficiencia computacional:** Procesar y almacenar matrices dispersas requiere más recursos computacionales, lo que puede ralentizar significativamente el entrenamiento del modelo.
- **Riesgo de sobreajuste:** Con tantas características, los modelos pueden empezar a ajustar el ruido en los datos en lugar de los patrones verdaderos, aumentando el riesgo de sobreajuste.

Impacto en el rendimiento del modelo: Estos desafíos pueden afectar negativamente el rendimiento del modelo, su interpretabilidad y su capacidad de generalización.

Dado estos problemas, al trabajar con características de alta cardinalidad, a menudo es necesario utilizar técnicas alternativas de codificación o métodos de ingeniería de características para reducir la dimensionalidad al tiempo que se preserva la información importante.

a. Codificación por Frecuencia

La codificación por frecuencia es una técnica poderosa para manejar características categóricas de alta cardinalidad en el aprendizaje automático. Para cada categoría única en una característica, calcula cuántas veces aparece esa categoría en el conjunto de datos y luego reemplaza el nombre de la categoría por este valor de frecuencia. A diferencia de la codificación one-hot, que crea una nueva columna para cada categoría, la codificación por frecuencia mantiene una sola columna, lo que reduce significativamente la dimensionalidad del conjunto de datos, especialmente para características con muchas categorías únicas.

Aunque reduce la dimensionalidad, la codificación por frecuencia aún retiene información importante sobre las categorías. Las categorías más comunes obtienen valores más altos, lo que puede ser informativo para muchos algoritmos de aprendizaje automático. También maneja naturalmente las categorías raras al asignarles valores muy bajos, lo que puede ayudar a prevenir el sobreajuste a categorías raras que podrían no ser representativas de la distribución general de los datos.

Al convertir las categorías en valores numéricos, la codificación por frecuencia permite a los modelos que requieren entradas numéricas (como muchas redes neuronales) trabajar más fácilmente con datos categóricos. Sin embargo, es importante tener en cuenta que este método asume que la frecuencia de una categoría está directamente relacionada con su importancia o impacto en la variable objetivo, lo cual no siempre puede ser el caso. Este posible inconveniente debe considerarse al decidir si usar la codificación por frecuencia para un conjunto de datos o problema en particular.

En general, la codificación por frecuencia es una técnica simple pero efectiva para reducir la dimensionalidad de características categóricas de alta cardinalidad, ofreciendo un buen equilibrio entre la preservación de la información y la reducción de la dimensionalidad.

Ejemplo: Codificación por Frecuencia en Pandas

```
# Import necessary libraries
import pandas as pd
import matplotlib.pyplot as plt

# Sample data with high-cardinality categorical feature
df = pd.DataFrame({
    'City': ['New York', 'London', 'Paris', 'New York', 'Paris', 'London', 'Paris',
'Tokyo', 'Berlin', 'Madrid'],
    'Population': [8419000, 8982000, 2141000, 8419000, 2141000, 8982000, 2141000,
13960000, 3645000, 3223000]
})

# Calculate frequency of each category
city_frequency = df['City'].value_counts(normalize=True)

# Map the frequencies to the original data
df['City_Frequency'] = df['City'].map(city_frequency)

# Calculate mean population for each city
city_population = df.groupby('City')['Population'].mean()

# Map the mean population to the original data
df['City_Mean_Population'] = df['City'].map(city_population)

# Print the resulting DataFrame
```

```
print("Resulting DataFrame:")
print(df)

# Print frequency distribution
print("\\nFrequency Distribution:")
print(city_frequency)

# Visualize frequency distribution
plt.figure(figsize=(10, 6))
city_frequency.plot(kind='bar')
plt.title('Frequency Distribution of Cities')
plt.xlabel('City')
plt.ylabel('Frequency')
plt.xticks(rotation=45)
plt.tight_layout()
plt.show()

# Visualize mean population by city
plt.figure(figsize=(10, 6))
city_population.plot(kind='bar')
plt.title('Mean Population by City')
plt.xlabel('City')
plt.ylabel('Mean Population')
plt.xticks(rotation=45)
plt.tight_layout()
plt.show()

# Demonstrate handling of new categories
new_df = pd.DataFrame({'City': ['New York', 'London', 'Sydney']})
new_df['City_Frequency'] = new_df['City'].map(city_frequency).fillna(0)
print("\\nHandling new categories:")
print(new_df)
```

Explicación del desglose del código:

1. **Importación de bibliotecas:**
    - Importamos pandas para la manipulación de datos y matplotlib para la visualización.
2. **Creación de datos de ejemplo:**
    - Creamos un DataFrame con una columna 'Ciudad' (una característica de alta cardinalidad) y una columna 'Población' para análisis adicional.
3. **Codificación por frecuencia:**
    - Calculamos la frecuencia de cada ciudad usando value_counts(normalize=True).

   - Luego, mapeamos estas frecuencias de vuelta al DataFrame original usando map().

4. **Ingeniería adicional de características:**
   - Calculamos la población media para cada ciudad usando groupby() y mean().
   - Mapeamos estas poblaciones medias de vuelta al DataFrame original.
5. **Mostrando resultados:**
   - Imprimimos el DataFrame resultante para mostrar los datos originales junto con las nuevas características codificadas.
   - También imprimimos la distribución de frecuencia de las ciudades.
6. **Visualización:**
   - Creamos dos gráficos de barras usando matplotlib: a. Un gráfico que muestra la distribución de frecuencia de las ciudades. b. Un gráfico que muestra la población media por ciudad.
   - Estas visualizaciones ayudan a entender la distribución de los datos categóricos y su relación con otras variables.
7. **Manejo de nuevas categorías:**
   - Demostramos cómo manejar nuevas categorías que no estaban en el conjunto de datos original.
   - Creamos un nuevo DataFrame con una ciudad ('Sídney') que no estaba en los datos originales.
   - Usamos map() con fillna(0) para asignar frecuencias, dando un valor de 0 a la nueva categoría.

Este ejemplo muestra varios aspectos importantes del trabajo con datos categóricos de alta cardinalidad utilizando pandas:

- Codificación por frecuencia
- Ingeniería adicional de características (población media por categoría)
- Visualización de datos categóricos
- Manejo de nuevas categorías

Estas técnicas proporcionan un enfoque integral para manejar características de alta cardinalidad, ofreciendo tanto una reducción de la dimensionalidad como la creación de características significativas.

b. Codificación basada en el objetivo

La codificación basada en el objetivo es una técnica sofisticada utilizada en la ingeniería de características para variables categóricas. Implica reemplazar cada categoría con un valor numérico derivado de la media de la variable objetivo para esa categoría específica. Este método es especialmente valioso en tareas de aprendizaje supervisado por varias razones:

1. **Captura de relaciones:** Captura eficazmente la relación entre la característica categórica y la variable objetivo, proporcionando al modelo una entrada más informativa.
2. **Reducción de la dimensionalidad:** A diferencia de la codificación one-hot, la codificación basada en el objetivo no aumenta el número de características, lo que la hace adecuada para variables categóricas de alta cardinalidad.
3. **Poder predictivo:** Los valores codificados reflejan directamente cómo se relaciona cada categoría con la variable objetivo, lo que potencialmente mejora las capacidades predictivas del modelo.
4. **Manejo de categorías raras:** Puede manejar eficazmente categorías raras asignándoles valores basados en la variable objetivo, en lugar de crear características dispersas.
5. **Salida continua:** La característica codificada resultante es continua, lo cual puede ser beneficioso para ciertos algoritmos que funcionan mejor con entradas numéricas.

Sin embargo, es importante tener en cuenta que la codificación basada en el objetivo debe usarse con precaución:

1. **Potencial de sobreajuste:** Puede conducir al sobreajuste si no se valida adecuadamente, ya que utiliza información del objetivo en el paso de preprocesamiento.
2. **Fugas de datos:** Se debe tener cuidado para evitar fugas de datos asegurando que la codificación se realice dentro de los pliegues de la validación cruzada.
3. **Interpretabilidad:** Los valores codificados pueden ser menos interpretables que las categorías originales, lo que podría ser una desventaja en algunas aplicaciones donde la explicabilidad del modelo es crucial.

En general, la codificación basada en el objetivo es una herramienta poderosa que, cuando se usa adecuadamente, puede mejorar significativamente el rendimiento de los modelos de aprendizaje automático en datos categóricos.

Ejemplo: Codificación basada en el objetivo con Category Encoders

```
import category_encoders as ce
import pandas as pd
import numpy as np
from sklearn.model_selection import train_test_split
from sklearn.linear_model import LogisticRegression
```

```
from sklearn.metrics import accuracy_score
import matplotlib.pyplot as plt

# Create a larger sample dataset
np.random.seed(42)
cities = ['New York', 'London', 'Paris', 'Tokyo', 'Berlin']
n_samples = 1000
df = pd.DataFrame({
    'City': np.random.choice(cities, n_samples),
    'Target': np.random.randint(0, 2, n_samples)
})

# Split the data into training and testing sets
X_train, X_test, y_train, y_test = train_test_split(df['City'], df['Target'],
test_size=0.2, random_state=42)

# Initialize the TargetEncoder
target_encoder = ce.TargetEncoder()

# Fit and transform the training data
X_train_encoded = target_encoder.fit_transform(X_train, y_train)

# Transform the test data
X_test_encoded = target_encoder.transform(X_test)

# Train a logistic regression model
model = LogisticRegression(random_state=42)
model.fit(X_train_encoded, y_train)

# Make predictions on the test set
y_pred = model.predict(X_test_encoded)

# Calculate accuracy
accuracy = accuracy_score(y_test, y_pred)
print(f"Model Accuracy: {accuracy:.2f}")

# Display the encoding for each city
encoding_map = target_encoder.mapping[0]['mapping']
print("\\nTarget Encoding Map:")
for city, encoded_value in encoding_map.items():
    print(f"{city}: {encoded_value:.4f}")

# Visualize the target encoding
plt.figure(figsize=(10, 6))
plt.bar(encoding_map.keys(), encoding_map.values())
plt.title('Target Encoding of Cities')
plt.xlabel('City')
plt.ylabel('Encoded Value')
plt.xticks(rotation=45)
plt.tight_layout()
plt.show()
```

```
# Demonstrate handling of unseen categories
new_cities = pd.Series(['New York', 'London', 'San Francisco'])
encoded_new_cities = target_encoder.transform(new_cities)
print("\\nEncoding of New Cities (including unseen):")
print(encoded_new_cities)
```

Explicación del desglose del código:

- **Importación de bibliotecas:**
  - Importamos bibliotecas adicionales, incluyendo numpy para la generación de números aleatorios, sklearn para el entrenamiento y evaluación del modelo, y matplotlib para la visualización.
- **Creación de un conjunto de datos más grande:**
  - Generamos un conjunto de datos de muestra más grande con 1000 entradas y 5 ciudades diferentes para demostrar mejor el proceso de codificación basada en el objetivo.
  - La variable 'Objetivo' es generada aleatoriamente como 0 o 1 para simular un problema de clasificación binaria.
- **División de los datos:**
  - Dividimos los datos en conjuntos de entrenamiento y prueba utilizando train_test_split para evaluar correctamente nuestra codificación y el modelo.
- **Codificación basada en el objetivo:**
  - Usamos TargetEncoder de la biblioteca category_encoders para realizar la codificación basada en el objetivo.
  - El codificador se ajusta a los datos de entrenamiento y luego se usa para transformar tanto los datos de entrenamiento como los de prueba.
- **Entrenamiento y evaluación del modelo:**
  - Entrenamos un modelo de regresión logística con los datos codificados.
  - El modelo se usa luego para hacer predicciones en el conjunto de prueba, y calculamos su precisión.
- **Visualización de la codificación:**
  - Extraemos el mapa de codificación del TargetEncoder para ver cómo se codificó cada ciudad.
  - Se crea un gráfico de barras para visualizar los valores codificados de cada ciudad.

- **Manejo de categorías no vistas:**
  - Demostramos cómo TargetEncoder maneja nuevas categorías que no estaban presentes en los datos de entrenamiento.

Este ejemplo ofrece una visión más completa de la codificación basada en el objetivo, incluyendo:

- Trabajar con un conjunto de datos más grande y realista
- División adecuada en entrenamiento y prueba para evitar fugas de datos
- Entrenamiento y evaluación reales de un modelo utilizando las características codificadas
- Visualización de los resultados de la codificación
- Manejo de categorías no vistas

Este enfoque proporciona una imagen más completa de cómo se puede aplicar la codificación basada en el objetivo en una canalización de aprendizaje automático y sus efectos en el rendimiento del modelo.

3.3.6 Manejo de Datos Categóricos Faltantes

Los valores faltantes en los datos categóricos suponen un desafío importante en la fase de preprocesamiento de proyectos de aprendizaje automático. Estas lagunas en el conjunto de datos pueden afectar significativamente la precisión y fiabilidad del modelo si no se abordan adecuadamente. La presencia de valores faltantes puede llevar a resultados sesgados, reducción de la potencia estadística y conclusiones incorrectas. Por lo tanto, es crucial manejarlos con cuidado y consideración.

Existen varias estrategias para tratar los datos categóricos faltantes, cada una con sus ventajas y posibles inconvenientes:

- **Eliminación:** Implica eliminar filas o columnas con valores faltantes. Aunque es simple, puede llevar a la pérdida de información valiosa.
- **Imputación:** Este método implica llenar los valores faltantes con estimaciones. Algunas técnicas comunes incluyen imputación por moda, imputación mediante un modelo de predicción, o el uso de una categoría dedicada como "Faltante".
- **Métodos avanzados:** Incluyen el uso de algoritmos que pueden manejar directamente los valores faltantes o técnicas de imputación múltiple que tienen en cuenta la incertidumbre en los datos faltantes.

La elección de la estrategia depende de factores como la cantidad de datos faltantes, el mecanismo de la falta de datos (si es completamente al azar, al azar, o no al azar), y los requisitos específicos de tu tarea de aprendizaje automático. A menudo es beneficioso experimentar con múltiples enfoques y evaluar su impacto en el rendimiento de tu modelo.

a. Imputación de valores faltantes con la moda

Para datos categóricos nominales, un enfoque común es reemplazar los valores faltantes con la categoría más frecuente (moda).

Ejemplo: Imputación de valores categóricos faltantes

```
import pandas as pd
import matplotlib.pyplot as plt
from sklearn.impute import SimpleImputer

# Sample data with missing values
df = pd.DataFrame({
    'City': ['New York', 'London', None, 'Paris', 'Paris', 'London', None, 'Tokyo',
'Berlin', None],
    'Population': [8400000, 8900000, None, 2100000, 2100000, 8900000, None, 13900000,
3700000, None],
    'IsCapital': [False, True, None, True, True, True, None, True, True, None]
})

print("Original DataFrame:")
print(df)
print("\\nMissing values count:")
print(df.isnull().sum())

# Method 1: Fill missing values with the mode (most frequent value)
df['City_Mode'] = df['City'].fillna(df['City'].mode()[0])

# Method 2: Fill missing values with a new category 'Unknown'
df['City_Unknown'] = df['City'].fillna('Unknown')

# Method 3: Use SimpleImputer for numerical data (Population)
imputer = SimpleImputer(strategy='mean')
df['Population_Imputed'] = imputer.fit_transform(df[['Population']])

# Method 4: Forward fill for IsCapital (assuming temporal order)
df['IsCapital_Ffill'] = df['IsCapital'].ffill()

print("\\nDataFrame after handling missing values:")
print(df)

# Visualize missing data
plt.figure(figsize=(10, 6))
plt.imshow(df.isnull(), cmap='viridis', aspect='auto')
plt.title('Missing Value Heatmap')
plt.xlabel('Columns')
plt.ylabel('Rows')
plt.colorbar(label='Missing (Yellow)')
plt.tight_layout()
```

```
plt.show()

# Compare original and imputed data distributions
fig, (ax1, ax2) = plt.subplots(1, 2, figsize=(12, 5))

df['Population'].hist(ax=ax1, bins=10)
ax1.set_title('Original Population Distribution')
ax1.set_xlabel('Population')
ax1.set_ylabel('Frequency')

df['Population_Imputed'].hist(ax=ax2, bins=10)
ax2.set_title('Imputed Population Distribution')
ax2.set_xlabel('Population')
ax2.set_ylabel('Frequency')

plt.tight_layout()
plt.show()
```

Explicación del desglose del código:

1. **Importación de bibliotecas:**
   - Importamos pandas para la manipulación de datos, matplotlib para la visualización y SimpleImputer de sklearn para la imputación de valores numéricos.
2. **Creación de datos de ejemplo:**
   - Creamos un DataFrame con tres columnas: 'Ciudad' (categórica), 'Población' (numérica) y 'EsCapital' (booleana), incluyendo valores faltantes (None).
3. **Mostrando los datos originales:**
   - Imprimimos el DataFrame original y la cantidad de valores faltantes en cada columna.
4. **Manejo de valores faltantes:**
   - **Método 1 (Imputación por moda):** Rellenamos los valores faltantes en la columna 'Ciudad' con la ciudad más frecuente.
   - **Método 2 (Nueva categoría):** Creamos una nueva columna donde las ciudades faltantes se reemplazan por 'Desconocido'.
   - **Método 3 (Imputación por media):** Utilizamos SimpleImputer para rellenar los valores faltantes en la columna 'Población' con la media de la población.
   - **Método 4 (Relleno hacia adelante):** Utilizamos el método de relleno hacia adelante para la columna 'EsCapital', asumiendo un orden temporal en los datos.

5. **Visualización de datos faltantes:**
   - Creamos un mapa de calor para visualizar el patrón de valores faltantes en todo el DataFrame.
6. **Comparación de distribuciones:**
   - Creamos histogramas para comparar la distribución de los datos originales de 'Población' con los datos imputados.

Este ejemplo demuestra múltiples técnicas para manejar datos faltantes tanto categóricos como numéricos, incluyendo:

- Imputación por moda para datos categóricos
- Creación de una nueva categoría para valores faltantes
- Imputación por media para datos numéricos usando SimpleImputer
- Relleno hacia adelante para datos potencialmente ordenados
- Visualización de patrones de datos faltantes
- Comparación de las distribuciones de los datos originales e imputados

Estas técnicas proporcionan un enfoque integral para tratar los datos faltantes, mostrando tanto los métodos de manejo como formas de analizar el impacto de estos métodos en tu conjunto de datos.

b. Usando una categoría separada para datos faltantes

Otra estrategia para manejar valores faltantes en datos categóricos es crear una categoría separada, comúnmente etiquetada como "Desconocido" o "Faltante". Este método implica introducir una nueva categoría específicamente para representar los puntos de datos faltantes. Al hacerlo, se reconoce explícitamente la ausencia de información y se trata como una categoría distinta en sí misma.

Este enfoque ofrece varias ventajas:

- **Preservación de información:** Retiene el hecho de que los datos estaban faltantes, lo cual podría ser significativo en ciertos análisis.
- **Interpretabilidad del modelo:** Permite que los modelos aprendan patrones asociados con los datos faltantes.
- **Simplicidad:** Es fácil de implementar y comprender.
- **Consistencia:** Proporciona una manera uniforme de manejar valores faltantes en diferentes variables categóricas.

Sin embargo, es importante considerar posibles desventajas:

- **Aumento de la dimensionalidad:** Para datos codificados con one-hot encoding, agrega una dimensión adicional.
- **Posible sesgo:** Si los datos faltantes no son aleatorios, este método podría introducir sesgo.
- **Pérdida de potencia estadística:** En algunos análisis, tratar los datos faltantes como una categoría separada podría reducir la potencia estadística.

Al decidir si usar este enfoque, considera la naturaleza de tus datos, la razón de la falta de datos y los requisitos específicos de tu análisis o tarea de aprendizaje automático.

Ejemplo: Reemplazo de valores faltantes con una nueva categoría

```
import pandas as pd
import matplotlib.pyplot as plt

# Create a sample dataset with missing values
data = {
    'City': ['New York', 'London', None, 'Paris', 'Tokyo', None, 'Berlin', 'Madrid',
None, 'Rome'],
    'Population': [8.4, 9.0, None, 2.2, 13.9, None, 3.7, 3.2, None, 4.3],
    'IsCapital': [False, True, None, True, True, None, True, True, None, True]
}

df = pd.DataFrame(data)

print("Original DataFrame:")
print(df)
print("\\nMissing values count:")
print(df.isnull().sum())

# Replace missing values with a new category 'Unknown'
df['City_Unknown'] = df['City'].fillna('Unknown')

# For numerical data, we can use mean imputation
df['Population_Imputed'] = df['Population'].fillna(df['Population'].mean())

# For boolean data, we can use mode imputation
df['IsCapital_Imputed'] = df['IsCapital'].fillna(df['IsCapital'].mode()[0])

print("\\nDataFrame after handling missing values:")
print(df)

# Visualize the distribution of cities before and after imputation
fig, (ax1, ax2) = plt.subplots(1, 2, figsize=(12, 5))

df['City'].value_counts().plot(kind='bar',    ax=ax1,    title='City    Distribution
(Before)')
ax1.set_ylabel('Count')
```

```
df['City_Unknown'].value_counts().plot(kind='bar', ax=ax2, title='City Distribution (After)')
ax2.set_ylabel('Count')

plt.tight_layout()
plt.show()

# Analyze the impact of imputation on Population
print("\\nPopulation statistics before imputation:")
print(df['Population'].describe())

print("\\nPopulation statistics after imputation:")
print(df['Population_Imputed'].describe())
```

Explicación del desglose del código:

1. **Importación de bibliotecas:**
   - Importamos pandas para la manipulación de datos y matplotlib para la visualización.
2. **Creación de datos de ejemplo:**
   - Creamos un DataFrame con tres columnas: 'Ciudad' (categórica), 'Población' (numérica) y 'EsCapital' (booleana).
   - El conjunto de datos incluye valores faltantes (None) para demostrar diferentes técnicas de imputación.
3. **Mostrando los datos originales:**
   - Imprimimos el DataFrame original y contamos los valores faltantes en cada columna.
4. **Manejo de valores faltantes:**
   - Para la columna 'Ciudad', creamos una nueva columna 'Ciudad_Desconocida', donde los valores faltantes se reemplazan por 'Desconocido'.
   - Para la columna 'Población', usamos imputación por media para rellenar los valores faltantes.
   - Para la columna 'EsCapital', utilizamos imputación por moda para completar los valores faltantes.
5. **Visualización de los datos:**
   - Creamos gráficos de barras para comparar la distribución de las ciudades antes y después de la imputación.
   - Esto ayuda a visualizar el impacto de agregar la categoría 'Desconocido'.

6. **Análisis del impacto de la imputación:**
   - Imprimimos estadísticas descriptivas de la columna 'Población' antes y después de la imputación.
   - Esto nos permite ver cómo la imputación por media afecta la distribución general de los datos.

Este ejemplo ampliado demuestra un enfoque más integral para manejar datos faltantes, incluyendo:

- Uso de una nueva categoría ('Desconocido') para datos faltantes categóricos
- Aplicación de imputación por media para datos numéricos
- Uso de imputación por moda para datos booleanos
- Visualización del impacto de la imputación en los datos categóricos
- Análisis del impacto estadístico de la imputación en los datos numéricos

Este enfoque proporciona una visión completa de cómo aplicar diferentes técnicas de imputación y sus efectos en el conjunto de datos, lo cual es crucial para comprender los impactos potenciales en los análisis o modelos de aprendizaje automático posteriores.

Este enfoque marca explícitamente los datos faltantes, lo que a veces puede ayudar a los modelos a aprender que la falta de datos es significativa.

3.4 Técnicas de escalado, normalización y transformación de datos

La escala y distribución de tu conjunto de datos puede influir profundamente en la efectividad de muchos modelos, especialmente aquellos que dependen en gran medida de cálculos de distancia o que emplean técnicas de optimización basadas en gradientes.

Muchos algoritmos de aprendizaje automático operan bajo la suposición de que todas las características tienen una escala uniforme. Si no se aborda esta suposición, las características con rangos más amplios pueden dominar el proceso de entrenamiento, mientras que las características con rangos más estrechos pueden perderse. Para mitigar estos desafíos y garantizar un rendimiento óptimo del modelo, se emplean diversas técnicas de **preprocesamiento de datos**, como el **escalado**, la **normalización** y otros **métodos transformativos**.

3.4.1 Por qué el escalado y la normalización de datos son importantes

Los modelos de aprendizaje automático, especialmente aquellos que dependen de cálculos de distancia o de optimización basada en gradientes, son muy sensibles a la escala y el rango de las características de entrada. Esta sensibilidad puede conducir a problemas significativos en el rendimiento del modelo si no se abordan correctamente.

1. K-Nearest Neighbors (KNN)

KNN es un algoritmo de aprendizaje automático que se basa en gran medida en cálculos de distancia entre puntos de datos para hacer predicciones o clasificaciones. Sin embargo, la efectividad de KNN puede verse significativamente afectada por la escala de las diferentes características en el conjunto de datos.

Cuando las características en un conjunto de datos tienen escalas muy diferentes, esto puede conducir a resultados sesgados e inexactos en los algoritmos KNN. Las características con rangos numéricos más grandes influirán de manera desproporcionada en los cálculos de distancia, eclipsando el impacto de las características con rangos más pequeños.

Ejemplo concreto:

Considera un conjunto de datos con dos características: ingresos anuales y edad. Los ingresos anuales pueden variar de miles a millones (por ejemplo, $30,000 a $1,000,000), mientras que la edad típicamente varía de 0 a 100. En este escenario:

- La característica de ingresos, debido a su escala mucho más grande, dominará los cálculos de distancia. Incluso una pequeña diferencia en ingresos (por ejemplo, $10,000) crearía una distancia mucho mayor que una diferencia significativa en la edad (por ejemplo, 20 años).
- Esto significa que el algoritmo ignoraría prácticamente la característica de la edad, basando sus decisiones casi exclusivamente en las diferencias de ingresos.
- Como resultado, dos personas con ingresos similares pero edades muy diferentes podrían ser consideradas "vecinos cercanos" por el algoritmo, incluso si la diferencia de edad es crucial para el análisis.

Esto puede conducir a problemas como:

- **Clasificación incorrecta:** El algoritmo puede clasificar incorrectamente los puntos de datos basándose en la característica que domina.
- **Pérdida de información:** Se pierden perspectivas valiosas de características con escalas más pequeñas, como la edad.
- **Reducción del rendimiento del modelo:** La precisión y fiabilidad del modelo KNN pueden verse comprometidas.

Para mitigar estos problemas, es crucial aplicar técnicas adecuadas de escalado (como la estandarización o normalización) para garantizar que todas las características contribuyan proporcionalmente a los cálculos de distancia. Este paso de preprocesamiento ayuda a crear un campo de juego equilibrado para todas las características, lo que permite que el algoritmo KNN haga predicciones más precisas basadas en similitudes relevantes entre puntos de datos.

2. Máquinas de Vectores de Soporte (SVM)

Las Máquinas de Vectores de Soporte (SVM) son algoritmos poderosos utilizados para tareas de clasificación y regresión. Funcionan encontrando el hiperplano óptimo que mejor separa las diferentes clases en el espacio de características. Sin embargo, cuando las características están en diferentes escalas, las SVM pueden enfrentar desafíos significativos:

- **Determinación del hiperplano:** El principio central de las SVM es maximizar el margen entre las clases. Cuando las características tienen escalas muy diferentes, el algoritmo puede tener dificultades para encontrar este hiperplano óptimo de manera eficiente. Esto se debe a que la característica con la escala más grande dominará los cálculos de distancia utilizados para determinar el margen.
- **Sesgo en la importancia de las características:** Las características con magnitudes mayores podrían recibir una importancia indebida al determinar la frontera de decisión. Por ejemplo, si una característica varía de 0 a 1 y otra de 0 a 1000, la segunda tendrá una influencia mucho mayor en el proceso de toma de decisiones de la SVM, incluso si no es inherentemente más importante para la tarea de clasificación.
- **Impacto en la función kernel:** Muchas SVM utilizan funciones kernel (como el kernel RBF) para mapear los datos a espacios de mayor dimensión. Estas funciones suelen depender de los cálculos de distancia entre puntos de datos. Cuando las características están en diferentes escalas, estos cálculos de distancia pueden distorsionarse, lo que lleva a un rendimiento subóptimo de la función kernel.
- **Problemas de convergencia:** El proceso de optimización en las SVM puede volverse más lento y menos estable cuando las características no están escaladas de manera uniforme. Esto se debe a que el paisaje de optimización se vuelve más complejo y potencialmente más difícil de navegar cuando las características tienen rangos muy diferentes.
- **Dificultades de interpretación:** En las SVM lineales, los coeficientes de la función de decisión pueden interpretarse como la importancia de las características. Sin embargo, cuando las características están en diferentes escalas, estos coeficientes se vuelven difíciles de comparar e interpretar con precisión.

Para mitigar estos problemas, es crucial aplicar técnicas de escalado adecuadas (como la estandarización o normalización) antes de entrenar una SVM. Esto asegura que todas las características contribuyan proporcionalmente al proceso de toma de decisiones del modelo, lo que lleva a resultados más precisos y confiables.

3. Algoritmos basados en gradiente

Las redes neuronales y otros métodos basados en gradiente emplean con frecuencia técnicas de optimización como el descenso de gradiente. Estos algoritmos son particularmente sensibles a la escala de las características de entrada, y cuando las características tienen escalas muy diferentes, pueden surgir varios problemas:

- **Paisaje de optimización alargado:** Cuando las características tienen escalas diferentes, el paisaje de optimización se alarga y distorsiona. Esto significa que los contornos de la función de pérdida se estiran en la dirección de la característica con la mayor escala. Como resultado, el algoritmo de descenso de gradiente puede zigzaguear de un lado a otro a lo largo del valle estrecho de la superficie de error alargada, lo que dificulta la convergencia eficiente hacia la solución óptima.
- **Sensibilidad a la tasa de aprendizaje:** La tasa de aprendizaje, un hiperparámetro crucial en el descenso de gradiente, se vuelve más difícil de ajustar correctamente cuando las características tienen escalas diferentes. Una tasa de aprendizaje que funcione bien para una característica podría ser demasiado grande o pequeña para otra, lo que provocaría que se sobrepase el mínimo o que la convergencia sea lenta.
- **Dominancia de características:** Las características con escalas más grandes pueden dominar el proceso de aprendizaje, lo que hace que el modelo sea demasiado sensible a los cambios en estas características mientras subvalora el impacto de las características con escalas más pequeñas. Esto puede llevar a un modelo sesgado que no capture con precisión las relaciones verdaderas en los datos.
- **Convergencia más lenta:** Debido a los desafíos mencionados, el proceso de optimización a menudo requiere más iteraciones para converger. Esto resulta en tiempos de entrenamiento más largos, lo que puede ser problemático al trabajar con conjuntos de datos grandes o modelos complejos.
- **Soluciones subóptimas:** En algunos casos, las dificultades para navegar por el paisaje de optimización pueden causar que el algoritmo se atasque en mínimos locales o puntos de silla, lo que lleva a soluciones subóptimas. Esto significa que el modelo final podría no rendir tan bien como lo haría si las características estuvieran adecuadamente escaladas.
- **Inestabilidad numérica:** Las grandes diferencias en las escalas de las características a veces pueden llevar a inestabilidad numérica durante el cálculo de gradientes, especialmente cuando se utiliza aritmética de punto flotante. Esto puede resultar en problemas como gradientes que explotan o desaparecen, lo que es particularmente problemático en redes neuronales profundas.

Para mitigar estos problemas, es crucial aplicar técnicas de escalado adecuadas, como la estandarización o normalización, antes de entrenar modelos basados en gradiente. Esto asegura que todas las características contribuyan proporcionalmente al proceso de optimización, lo que lleva a una convergencia más rápida, un entrenamiento más estable y un rendimiento potencialmente mejor del modelo.

4. Modelos lineales

En la regresión lineal o regresión logística, los coeficientes del modelo representan directamente el impacto o la importancia de cada característica sobre el resultado predicho. Esta interpretabilidad es una de las ventajas clave de los modelos lineales. Sin embargo, cuando las características están en escalas muy diferentes, comparar estos coeficientes se vuelve problemático y puede llevar a una mala interpretación de la importancia de las características.

Por ejemplo, considera un modelo de regresión lineal que predice precios de casas basado en dos características: el número de habitaciones (que típicamente varía de 1 a 10) y el área en pies cuadrados (que podría variar de 500 a 5000). Sin un escalado adecuado:

- El coeficiente para el área en pies cuadrados probablemente sería mucho menor que el coeficiente para el número de habitaciones, simplemente debido a la diferencia en la escala de los datos.
- Esto podría sugerir erróneamente que el número de habitaciones tiene un impacto más significativo en el precio de la casa que el área en pies cuadrados, cuando en realidad ambas características podrían ser igualmente importantes o el área en pies cuadrados podría ser más influyente.

Además, cuando las características están en diferentes escalas:

- El proceso de optimización durante el entrenamiento del modelo puede verse afectado negativamente, lo que lleva a una convergencia más lenta o soluciones subóptimas.
- Algunas características podrían dominar a otras únicamente debido a su escala más grande, en lugar de su verdadero poder predictivo.
- El modelo se vuelve más sensible a pequeños cambios en las características con escalas más grandes, lo que puede provocar inestabilidad en las predicciones.

Al aplicar técnicas de escalado adecuadas, nos aseguramos de que todas las características contribuyan proporcionalmente al modelo, en función de su verdadera importancia y no de su escala numérica. Esto no solo mejora el rendimiento del modelo, sino que también mejora su interpretabilidad, permitiendo comparaciones más precisas y significativas de la importancia de las características a través de sus respectivos coeficientes.

Para ilustrar, considera un conjunto de datos donde una característica representa ingresos (que varía de miles a millones) y otra representa la edad (que varía de 0 a 100). Sin un escalado adecuado:

- La característica de ingresos dominaría los cálculos de distancia en KNN.
- Las SVM podrían tener dificultades para encontrar una frontera de decisión óptima.

- Las redes neuronales podrían enfrentar dificultades en la optimización de los pesos.
- Los modelos lineales producirían coeficientes que no son directamente comparables.

Para abordar estos problemas, empleamos técnicas de **escalado** y **normalización**. Estos métodos transforman todas las características a una escala común, asegurando que cada característica contribuya de manera proporcional al proceso de toma de decisiones del modelo. Las técnicas comunes incluyen:

- **Escalado Min-Max:** Escala las características a un rango fijo, típicamente [0, 1].
- **Estandarización:** Transforma las características para que tengan una media de cero y una varianza unitaria.
- **Escalado robusto:** Utiliza estadísticas que son robustas a valores atípicos, como la mediana y el rango intercuartílico.

Al aplicar estas técnicas, creamos un campo de juego equilibrado para todas las características, permitiendo que los modelos aprendan de cada característica de manera equitativa. Esto no solo mejora el rendimiento del modelo, sino que también mejora la interpretabilidad y la capacidad de generalización a nuevos datos no vistos.

3.4.2 Escalado Min-Max

El **escalado min-max**, también conocido como **normalización**, es una técnica fundamental de preprocesamiento de datos que transforma las características a un rango específico, típicamente entre 0 y 1. Este método es esencial en el aprendizaje automático por varias razones:

1. **Escalado de características**: Esta técnica asegura que todas las características estén en una escala comparable, evitando que aquellas con magnitudes mayores eclipsen a las que tienen magnitudes menores. Por ejemplo, si una característica varía entre 0 y 100 y otra entre 0 y 1, el escalado min-max normalizaría ambas al rango 0-1, permitiendo que contribuyan de manera equitativa al proceso de toma de decisiones del modelo.
2. **Mejora de la eficiencia de los algoritmos**: Muchos algoritmos de aprendizaje automático, especialmente aquellos que dependen de cálculos de distancia o de optimización mediante descenso de gradiente, muestran un mejor rendimiento cuando las características están escaladas de manera similar. Esto incluye algoritmos populares como K-Nearest Neighbors (KNN), Máquinas de Vectores de Soporte (SVM) y varias arquitecturas de redes neuronales. Al igualar las escalas de las características, creamos un espacio de características más equilibrado para que estos algoritmos funcionen de manera óptima.
3. **Retención de valores cero**: A diferencia de otros métodos de escalado como la estandarización, el escalado min-max mantiene los valores cero en conjuntos de datos

dispersos. Esta característica es particularmente crucial para ciertos tipos de datos o algoritmos donde los valores cero tienen un significado importante, como en el análisis de texto o los sistemas de recomendación.

4. **Manejo de valores atípicos**: Aunque el escalado min-max es sensible a los valores atípicos, puede ser ventajoso en escenarios donde se desea preservar la distribución relativa de los valores de las características, al tiempo que se comprime el rango general. Este enfoque puede ayudar a mitigar el impacto de los valores extremos sin eliminar por completo su influencia en el modelo.
5. **Facilidad de interpretación**: Los valores escalados resultantes de la normalización min-max son fáciles de interpretar, ya que representan la posición relativa del valor original dentro de su rango. Esta propiedad facilita la comprensión de la importancia de las características y las comparaciones relativas entre diferentes puntos de datos.

Sin embargo, es importante tener en cuenta que el escalado min-max tiene limitaciones. No centra los datos alrededor de cero, lo que puede ser problemático para algunos algoritmos. Además, no maneja bien los valores atípicos, ya que los valores extremos pueden comprimir el rango escalado de la mayoría de los puntos de datos. Por lo tanto, la decisión de utilizar el escalado min-max debe tomarse en función de los requisitos específicos de los datos y los algoritmos que se planea utilizar.

La fórmula para el escalado min-max es:

$$X' = \backslash fracX - X_{min}X_{max} - X_{min}$$

Donde:

- X es el valor original de la característica,
- X' es el valor escalado,
- X_{min} y X_{max} son los valores mínimos y máximos de la característica, respectivamente.

Aplicación del Escalado Min-Max con Scikit-learn

Scikit-learn ofrece una clase poderosa y fácil de usar llamada MinMaxScaler para implementar el escalado min-max. Esta herramienta versátil simplifica el proceso de transformar las características a un rango específico, típicamente entre 0 y 1, asegurando que todas las variables contribuyan de manera equitativa al proceso de toma de decisiones del modelo.

Al aprovechar este escalador, los científicos de datos pueden normalizar eficientemente sus conjuntos de datos, lo que facilita la creación de modelos de aprendizaje automático más precisos y robustos.

Ejemplo: Escalado Min-Max con Scikit-learn

```
from sklearn.preprocessing import MinMaxScaler
import pandas as pd
```

```
# Sample data
data = {'Age': [25, 30, 35, 40],
        'Income': [50000, 60000, 70000, 80000]}
df = pd.DataFrame(data)

# Initialize the MinMaxScaler
scaler = MinMaxScaler()

# Fit and transform the data
scaled_data = scaler.fit_transform(df)

# Convert the scaled data back to a DataFrame
df_scaled = pd.DataFrame(scaled_data, columns=['Age', 'Income'])
print(df_scaled)
```

3.4.3 Estandarización (Normalización Z-Score)

La **estandarización** (también conocida como **normalización Z-score**) transforma los datos para que tengan una media de 0 y una desviación estándar de 1. Esta técnica es particularmente útil para modelos que asumen que los datos están distribuidos normalmente, como la **regresión lineal** y la **regresión logística**. La estandarización es menos afectada por valores atípicos que el escalado min-max porque se centra en la distribución de los datos en lugar de su rango.

La fórmula para la estandarización es:

$$Z = \frac{(X - \mu)}{\sigma}$$

Donde:

- X es el valor original de la característica,
- μ es la media de la característica,
- σ es la desviación estándar de la característica.

Aplicación de la estandarización con Scikit-learn

Scikit-learn proporciona un StandardScaler para estandarizar características.

Ejemplo: Estandarización con Scikit-learn

```
from sklearn.preprocessing import StandardScaler

# Initialize the StandardScaler
scaler = StandardScaler()

# Fit and transform the data
standardized_data = scaler.fit_transform(df)
```

```
# Convert the standardized data back to a DataFrame
df_standardized = pd.DataFrame(standardized_data, columns=['Age', 'Income'])
print(df_standardized)
```

Aquí, "Edad" e "Ingreso" se transforman para tener una media de 0 y una desviación estándar de 1. Esto asegura que las características contribuyan equitativamente al modelo, especialmente en algoritmos como la regresión logística o redes neuronales.

3.4.4 Escalado Robusto

El **escalado robusto** es otra técnica de escalado que es particularmente efectiva cuando se trata con datos que contienen valores atípicos. A diferencia de la estandarización y el escalado min-max, que pueden verse fuertemente influenciados por valores extremos, el escalado robusto utiliza la **mediana** y el **rango intercuartílico (IQR)** para escalar los datos, haciéndolo más resistente a los valores atípicos.

La fórmula para el escalado robusto es:

$$X' = \frac{(X - Q^2)}{IQR}$$

Donde:

- Q_2 es la mediana de los datos,
- IQR es el rango intercuartílico, es decir, la diferencia entre los percentiles 75 y 25.

Aplicación del Escalado Robusto con Scikit-learn

Scikit-learn ofrece una clase potente y versátil llamada RobustScaler, que aplica eficientemente el escalado robusto a las características. Este escalador es particularmente útil cuando se trabaja con conjuntos de datos que contienen valores atípicos o cuando se desea que el método de escalado sea menos sensible a valores extremos.

Al aprovechar la mediana y el rango intercuartílico (IQR) en lugar de la media y la desviación estándar, el RobustScaler ofrece un enfoque más robusto para el escalado de características, manteniendo la integridad de la distribución de los datos incluso en presencia de valores atípicos.

Ejemplo: Escalado Robusto con Scikit-learn

```
import numpy as np
import pandas as pd
from sklearn.preprocessing import RobustScaler
from sklearn.datasets import make_regression

# Generate sample data
X, y = make_regression(n_samples=100, n_features=2, noise=0.1, random_state=42)
df = pd.DataFrame(X, columns=['Feature1', 'Feature2'])
```

```
# Add some outliers
df.loc[0, 'Feature1'] = 1000
df.loc[1, 'Feature2'] = -1000

print("Original data:")
print(df.describe())

# Initialize the RobustScaler
scaler = RobustScaler()

# Fit and transform the data
robust_scaled_data = scaler.fit_transform(df)

# Convert the robust scaled data back to a DataFrame
df_robust_scaled = pd.DataFrame(robust_scaled_data, columns=['Feature1', 'Feature2'])

print("\\nRobust scaled data:")
print(df_robust_scaled.describe())

# Compare original and scaled data for a few samples
print("\\nComparison of original and scaled data:")
print(pd.concat([df.head(), df_robust_scaled.head()], axis=1))

# Inverse transform to get back original scale
df_inverse          =          pd.DataFrame(scaler.inverse_transform(robust_scaled_data),
columns=['Feature1', 'Feature2'])

print("\\nInverse transformed data:")
print(df_inverse.head())
```

Desglose del Código:

1. **Generación de datos:**
    - Usamos make_regression de Scikit-learn para crear un conjunto de datos de muestra con 100 muestras y 2 características.
    - Se agregan valores atípicos artificiales para demostrar la robustez del escalado.
2. **Inicialización de RobustScaler:**
    - Creamos una instancia de RobustScaler de Scikit-learn.
    - Por defecto, utiliza el rango intercuartílico (IQR) y la mediana para el escalado.
3. **Ajuste y Transformación:**
    - Usamos el método fit_transform() para ajustar el escalador a los datos y transformarlos.

   - Este método calcula la mediana y el IQR para cada característica y luego aplica la transformación.
4. **Creación de un DataFrame:**
   - Los datos escalados se convierten de nuevo en un DataFrame de pandas para facilitar la visualización y comparación.
5. **Análisis de Resultados:**
   - Imprimimos estadísticas descriptivas tanto de los datos originales como de los escalados.
   - Los datos escalados deberían tener una mediana cercana a 0 y un IQR cercano a 1 para cada característica.
6. **Comparación:**
   - Mostramos algunas muestras de los datos originales y escalados lado a lado.
   - Esto ayuda a visualizar cómo afecta el escalado a puntos de datos individuales.
7. **Transformación Inversa:**
   - Demostramos cómo revertir el escalado usando inverse_transform().
   - Esto es útil cuando se necesita convertir las predicciones o los datos transformados de nuevo a la escala original.

Este ejemplo de código muestra el flujo completo de uso de RobustScaler, desde la preparación de los datos hasta el escalado y la retrotransformación. Resalta la capacidad del escalador para manejar valores atípicos y proporciona una clara comparación entre los datos originales y los escalados.

En este ejemplo, el escalado robusto garantiza que los valores extremos (valores atípicos) tengan una influencia menor en el proceso de escalado. Esto es particularmente útil en conjuntos de datos donde los valores atípicos están presentes, pero no deben dominar el entrenamiento del modelo.

3.4.5. Transformaciones Logarítmicas

En casos donde las características exhiben una distribución muy sesgada, una **transformación logarítmica** puede ser una herramienta invaluable para comprimir el rango de valores y reducir la asimetría. Esta técnica es particularmente útil para características como **ingresos**, **población** o **precios de acciones**, donde los valores pueden abarcar varios órdenes de magnitud.

La transformación logarítmica funciona aplicando la función logaritmo a cada valor en el conjunto de datos. Esto tiene varios efectos beneficiosos:

- **Compresión de valores grandes:** Los valores extremadamente grandes se acercan más al resto de los datos, reduciendo el impacto de los valores atípicos.
- **Expansión de valores pequeños:** Los valores pequeños se expanden, permitiendo una mejor diferenciación entre ellos.
- **Normalización de la distribución:** La transformación a menudo da como resultado una distribución más parecida a la normal, lo que es beneficioso para muchos métodos estadísticos y algoritmos de aprendizaje automático.

Por ejemplo, considera una distribución de ingresos donde los valores varían entre $10,000 y $1,000,000. Después de aplicar una transformación logarítmica:

- $10,000 se convierte en log(10,000) ≈ 9.21
- $100,000 se convierte en log(100,000) ≈ 11.51
- $1,000,000 se convierte en log(1,000,000) ≈ 13.82

Como puedes ver, la gran diferencia entre los valores más altos y más bajos se ha reducido significativamente, haciendo que los datos sean más fáciles de interpretar y procesar para los modelos. Esto puede mejorar el rendimiento del modelo, especialmente en algoritmos que son sensibles a la escala de las características de entrada.

Sin embargo, es importante tener en cuenta que las transformaciones logarítmicas deben usarse con precaución. Son más efectivas cuando los datos están sesgados positivamente y abarcan varios órdenes de magnitud. Además, las transformaciones logarítmicas solo pueden aplicarse a valores positivos, ya que el logaritmo de cero o números negativos no está definido en los sistemas de números reales.

Aplicación de Transformaciones Logarítmicas

Las transformaciones logarítmicas se usan comúnmente para características con una distribución sesgada a la derecha, como ingresos o precios de propiedades.

Ejemplo: Transformación Logarítmica con NumPy

```
import numpy as np
import pandas as pd
import matplotlib.pyplot as plt

# Create a sample dataset
np.random.seed(42)
income = np.random.lognormal(mean=10, sigma=1, size=1000)
df = pd.DataFrame({'Income': income})

# Apply log transformation
df['Log_Income'] = np.log(df['Income'])

# Print summary statistics
```

```
print("Original Income:")
print(df['Income'].describe())
print("\\nLog-transformed Income:")
print(df['Log_Income'].describe())

# Visualize the distributions
fig, (ax1, ax2) = plt.subplots(1, 2, figsize=(12, 5))

ax1.hist(df['Income'], bins=50, edgecolor='black')
ax1.set_title('Original Income Distribution')
ax1.set_xlabel('Income')
ax1.set_ylabel('Frequency')

ax2.hist(df['Log_Income'], bins=50, edgecolor='black')
ax2.set_title('Log-transformed Income Distribution')
ax2.set_xlabel('Log(Income)')
ax2.set_ylabel('Frequency')

plt.tight_layout()
plt.show()

# Calculate skewness
original_skewness = np.mean(((df['Income'] - df['Income'].mean()) / df['Income'].std())**3)
log_skewness = np.mean(((df['Log_Income'] - df['Log_Income'].mean()) / df['Log_Income'].std())**3)

print(f"\\nOriginal Income Skewness: {original_skewness:.2f}")
print(f"Log-transformed Income Skewness: {log_skewness:.2f}")

# Demonstrate inverse transformation
inverse_income = np.exp(df['Log_Income'])
print("\\nInverse Transformation (first 5 rows):")
print(pd.DataFrame({'Original': df['Income'][:5], 'Log': df['Log_Income'][:5], 'Inverse': inverse_income[:5]}))
```

Desglose del Código:

1. **Generación de Datos:**
    - Usamos random.lognormal() de NumPy para generar un conjunto de datos de muestra de 1000 valores de ingresos.
    - La distribución lognormal se utiliza a menudo para modelar ingresos, ya que naturalmente produce una distribución sesgada a la derecha.
    - Establecemos una semilla aleatoria para garantizar la reproducibilidad.
2. **Transformación Logarítmica:**

  - Aplicamos el logaritmo natural (base e) a la columna 'Income' utilizando la función log() de NumPy.
  - Esto crea una nueva columna 'Log_Income' en nuestro DataFrame.

3. **Estadísticas Resumidas:**
   - Imprimimos estadísticas descriptivas tanto de los ingresos originales como de los transformados mediante logaritmo utilizando el método describe() de Pandas.
   - Esto nos permite comparar las características de la distribución antes y después de la transformación.
4. **Visualización:**
   - Creamos histogramas de las distribuciones de ingresos originales y transformados logarítmicamente.
   - Esta representación visual ayuda a ver claramente el efecto de la transformación logarítmica en la distribución de los datos.
5. **Cálculo de la Asimetría:**
   - Calculamos la asimetría de ambas distribuciones utilizando operaciones de NumPy.
   - La asimetría cuantifica la falta de simetría en la distribución. Un valor cercano a 0 indica una distribución más simétrica.
6. **Transformación Inversa:**
   - Demostramos cómo revertir la transformación logarítmica utilizando la función exp() de NumPy.
   - Esto es crucial cuando se necesita interpretar los resultados en la escala original después de realizar análisis sobre datos transformados.

Este ejemplo muestra todo el proceso de transformación logarítmica, desde la generación de datos hasta el análisis y la visualización, utilizando principalmente operaciones de NumPy. Demuestra cómo la transformación logarítmica puede hacer que una distribución sesgada a la derecha sea más simétrica, lo que a menudo es beneficioso para el análisis estadístico y los algoritmos de aprendizaje automático.

En este ejemplo, la transformación logarítmica reduce el amplio rango de valores de ingresos, haciendo que la distribución sea más manejable para los algoritmos de aprendizaje automático. Es importante destacar que las transformaciones logarítmicas solo deben aplicarse a **valores positivos**, ya que el logaritmo de un número negativo no está definido.

3.4.6 Transformaciones de Potencia

Las transformaciones de potencia son técnicas estadísticas avanzadas utilizadas para modificar la distribución de los datos. Dos ejemplos prominentes son las transformaciones **Box-Cox** y **Yeo-Johnson**. Estos métodos tienen dos propósitos principales:

1. **Estabilización de la varianza**: Estas transformaciones ayudan a asegurar que la variabilidad de los datos se mantenga constante en todo su rango, lo cual es una suposición crucial en muchos análisis estadísticos. Al aplicar transformaciones de potencia, los investigadores pueden mitigar problemas relacionados con la heterocedasticidad, donde la dispersión de los residuos varía a lo largo del rango de una variable predictora. Esta estabilización de la varianza puede conducir a inferencias estadísticas más confiables y un mejor rendimiento del modelo.
2. **Normalización de distribuciones**: Las transformaciones de potencia buscan hacer que los datos se asemejen más a una distribución normal (gaussiana), lo que es beneficioso para muchas pruebas estadísticas y algoritmos de aprendizaje automático. Al cambiar la forma de la distribución de los datos, estas transformaciones pueden ayudar a cumplir con la suposición de normalidad requerida por muchos métodos estadísticos paramétricos. Este proceso de normalización puede revelar patrones ocultos en los datos, mejorar la interpretabilidad de los resultados y potencialmente mejorar el poder predictivo de varios modelos de aprendizaje automático, especialmente aquellos que asumen entradas distribuidas normalmente.

Las transformaciones de potencia son especialmente valiosas cuando se trabaja con características que exhiben distribuciones no normales, como aquellas con una asimetría o curtosis significativa. Al aplicar estas transformaciones, los científicos de datos pueden mejorar el rendimiento y la confiabilidad de sus modelos, especialmente aquellos que asumen entradas distribuidas normalmente.

La transformación de Box-Cox, introducida por los estadísticos George Box y David Cox en 1964, es aplicable solo a datos positivos. Involucra encontrar un parámetro óptimo λ (lambda) que determina la transformación de potencia específica a aplicar. Por otro lado, la transformación de Yeo-Johnson, desarrollada por In-Kwon Yeo y Richard Johnson en el año 2000, extiende el concepto para manejar tanto valores positivos como negativos, haciéndola más versátil en la práctica.

Al emplear estas transformaciones, los analistas pueden descubrir relaciones en los datos que de otro modo podrían estar ocultas, lo que conduce a predicciones más precisas y mejores conocimientos en diversos campos como finanzas, biología y ciencias sociales.

a. Transformación de Box-Cox

La transformación de Box-Cox es una poderosa técnica estadística que solo se puede aplicar a datos positivos. Este método es particularmente útil para abordar la no normalidad en las distribuciones de datos y estabilizar la varianza. Aquí tienes una explicación más detallada:

1. **Selección del parámetro óptimo**: La transformación de Box-Cox encuentra un parámetro de transformación óptimo, denotado como λ (lambda). Este parámetro determina la transformación de potencia específica que se aplicará a los datos.
2. **Estabilización de la varianza**: Uno de los principales objetivos de la transformación de Box-Cox es estabilizar la varianza a lo largo del rango de los datos. Esto es crucial para muchos análisis estadísticos que asumen homocedasticidad (varianza constante).
3. **Normalización**: La transformación busca hacer que los datos se asemejen más a una distribución normal. Esto es beneficioso para muchas pruebas estadísticas y algoritmos de aprendizaje automático que asumen normalidad.
4. **Fórmula matemática**: La transformación de Box-Cox se define como:
   - y(λ) = (x^λ - 1) / λ, if λ ≠ 0
   - y(λ) = log(x), if λ = 0 Donde x son los datos originales y y(λ) son los datos transformados.
5. **Interpretación**: Diferentes valores de λ resultan en diferentes transformaciones. Por ejemplo, λ = 1 significa que no hay transformación, λ = 0 es equivalente a una transformación logarítmica, y λ = 0.5 es equivalente a una transformación por raíz cuadrada.

Al aplicar esta transformación, los analistas pueden descubrir relaciones en los datos que de otro modo podrían estar ocultas, lo que lleva a predicciones más precisas y mejores conocimientos en campos como finanzas, biología y ciencias sociales.

Ejemplo: Transformación de Box-Cox con Scikit-learn

```
import numpy as np
import pandas as pd
import matplotlib.pyplot as plt
from sklearn.preprocessing import PowerTransformer
from sklearn.model_selection import train_test_split
from sklearn.linear_model import LinearRegression
from sklearn.metrics import mean_squared_error, r2_score

# Create a sample dataset
np.random.seed(42)
income = np.random.lognormal(mean=10, sigma=1, size=1000)
age = np.random.normal(loc=40, scale=10, size=1000)
df = pd.DataFrame({'Income': income, 'Age': age})

# Split the data into training and testing sets
X_train, X_test, y_train, y_test = train_test_split(
    df[['Income', 'Age']], df['Income'], test_size=0.2, random_state=42)

# Initialize the PowerTransformer for Box-Cox (only for positive data)
boxcox_transformer = PowerTransformer(method='box-cox', standardize=True)
```

```
# Fit and transform the training data
X_train_transformed = boxcox_transformer.fit_transform(X_train)

# Transform the test data
X_test_transformed = boxcox_transformer.transform(X_test)

# Train a linear regression model on the original data
model_original = LinearRegression()
model_original.fit(X_train, y_train)

# Train a linear regression model on the transformed data
model_transformed = LinearRegression()
model_transformed.fit(X_train_transformed, y_train)

# Make predictions
y_pred_original = model_original.predict(X_test)
y_pred_transformed = model_transformed.predict(X_test_transformed)

# Calculate performance metrics
mse_original = mean_squared_error(y_test, y_pred_original)
r2_original = r2_score(y_test, y_pred_original)
mse_transformed = mean_squared_error(y_test, y_pred_transformed)
r2_transformed = r2_score(y_test, y_pred_transformed)

# Print results
print("Original Data Performance:")
print(f"Mean Squared Error: {mse_original:.2f}")
print(f"R-squared Score: {r2_original:.2f}")
print("\\nTransformed Data Performance:")
print(f"Mean Squared Error: {mse_transformed:.2f}")
print(f"R-squared Score: {r2_transformed:.2f}")

# Visualize the distributions
fig, (ax1, ax2) = plt.subplots(1, 2, figsize=(12, 5))

ax1.hist(X_train['Income'], bins=50, edgecolor='black')
ax1.set_title('Original Income Distribution')
ax1.set_xlabel('Income')
ax1.set_ylabel('Frequency')

ax2.hist(X_train_transformed[:, 0], bins=50, edgecolor='black')
ax2.set_title('Box-Cox Transformed Income Distribution')
ax2.set_xlabel('Transformed Income')
ax2.set_ylabel('Frequency')

plt.tight_layout()
plt.show()
```

Desglose del Código:

1. **Importar bibliotecas necesarias:** Importamos NumPy, Pandas, Matplotlib y varios módulos de Scikit-learn para la manipulación de datos, visualización y tareas de aprendizaje automático.
2. **Crear un conjunto de datos de muestra:** Generamos un conjunto de datos sintético con características de 'Ingresos' (distribuidos lognormalmente) y 'Edad' (distribuida normalmente).
3. **Dividir los datos:** Usamos train_test_split de Scikit-learn para dividir los datos en conjuntos de entrenamiento y prueba.
4. **Inicializar PowerTransformer:** Creamos un objeto PowerTransformer para la transformación de Box-Cox, estableciendo standardize=True para asegurar que la salida tenga una media de cero y una varianza unitaria.
5. **Aplicar la transformación de Box-Cox:** Ajustamos el transformador con los datos de entrenamiento y transformamos tanto los datos de entrenamiento como los de prueba.
6. **Entrenar modelos de regresión lineal:** Creamos dos modelos de LinearRegression: uno para los datos originales y otro para los datos transformados.
7. **Hacer predicciones y evaluar:** Usamos ambos modelos para hacer predicciones en el conjunto de prueba y calculamos el error cuadrático medio (MSE) y los puntajes de R-cuadrado utilizando las métricas de Scikit-learn.
8. **Visualizar distribuciones:** Creamos histogramas para comparar las distribuciones de ingresos originales y transformados.

Este ejemplo integral muestra todo el proceso de aplicar una transformación de Box-Cox usando Scikit-learn, desde la preparación de los datos hasta la evaluación del modelo. Demuestra cómo la transformación puede afectar el rendimiento del modelo y la distribución de los datos, proporcionando un contexto práctico para entender el impacto de las transformaciones de potencia en los flujos de trabajo de aprendizaje automático.

b. Transformación de Yeo-Johnson

La transformación de Yeo-Johnson es una extensión de la transformación de Box-Cox que ofrece una mayor flexibilidad en el preprocesamiento de datos. Mientras que Box-Cox está limitado a datos estrictamente positivos, Yeo-Johnson puede manejar tanto valores positivos como negativos, lo que la hace más versátil para conjuntos de datos del mundo real. Esta transformación fue desarrollada por In-Kwon Yeo y Richard A. Johnson en el año 2000 para abordar las limitaciones de Box-Cox.

Las características clave de la transformación de Yeo-Johnson incluyen:

- **Aplicabilidad a todos los números reales:** A diferencia de Box-Cox, Yeo-Johnson puede aplicarse a valores cero y negativos, eliminando la necesidad de ajustar los datos.
- **Continuidad en cero:** La transformación es continua en $\lambda = 0$, lo que asegura transiciones suaves entre diferentes transformaciones de potencia.
- **Efecto de normalización:** Similar a Box-Cox, ayuda a normalizar datos sesgados, lo que potencialmente mejora el rendimiento de los algoritmos de aprendizaje automático que asumen entradas distribuidas normalmente.
- **Estabilización de la varianza:** Puede ayudar a estabilizar la varianza en todo el rango de los datos, abordando problemas de heterocedasticidad en los análisis estadísticos.

La formulación matemática de la transformación de Yeo-Johnson es un poco más compleja que la de Box-Cox, ya que acomoda tanto valores positivos como negativos a través de diferentes ecuaciones basadas en el signo del valor de entrada. Esta complejidad adicional permite una mayor adaptabilidad a diversos conjuntos de datos, lo que la convierte en una herramienta poderosa en el conjunto de herramientas de preprocesamiento de un científico de datos.

Ejemplo: Transformación de Yeo-Johnson con Scikit-learn

```
import numpy as np
import pandas as pd
import matplotlib.pyplot as plt
from sklearn.preprocessing import PowerTransformer
from sklearn.model_selection import train_test_split
from sklearn.linear_model import LinearRegression
from sklearn.metrics import mean_squared_error, r2_score

# Create a sample dataset with both positive and negative values
np.random.seed(42)
income = np.random.lognormal(mean=10, sigma=1, size=1000)
expenses = np.random.normal(loc=50000, scale=10000, size=1000)
net_income = income - expenses
df = pd.DataFrame({'Income': income, 'Expenses': expenses, 'NetIncome': net_income})

# Split the data into training and testing sets
X_train, X_test, y_train, y_test = train_test_split(
    df[['Income', 'Expenses']], df['NetIncome'], test_size=0.2, random_state=42)

# Initialize the PowerTransformer for Yeo-Johnson
yeojohnson_transformer = PowerTransformer(method='yeo-johnson', standardize=True)

# Fit and transform the training data
X_train_transformed = yeojohnson_transformer.fit_transform(X_train)

# Transform the test data
X_test_transformed = yeojohnson_transformer.transform(X_test)
```

```
# Train linear regression models on original and transformed data
model_original = LinearRegression().fit(X_train, y_train)
model_transformed = LinearRegression().fit(X_train_transformed, y_train)

# Make predictions
y_pred_original = model_original.predict(X_test)
y_pred_transformed = model_transformed.predict(X_test_transformed)

# Calculate performance metrics
mse_original = mean_squared_error(y_test, y_pred_original)
r2_original = r2_score(y_test, y_pred_original)
mse_transformed = mean_squared_error(y_test, y_pred_transformed)
r2_transformed = r2_score(y_test, y_pred_transformed)

# Print results
print("Original Data Performance:")
print(f"Mean Squared Error: {mse_original:.2f}")
print(f"R-squared Score: {r2_original:.2f}")
print("\\nTransformed Data Performance:")
print(f"Mean Squared Error: {mse_transformed:.2f}")
print(f"R-squared Score: {r2_transformed:.2f}")

# Visualize the distributions
fig, axs = plt.subplots(2, 2, figsize=(15, 15))

axs[0, 0].hist(X_train['Income'], bins=50, edgecolor='black')
axs[0, 0].set_title('Original Income Distribution')
axs[0, 0].set_xlabel('Income')
axs[0, 0].set_ylabel('Frequency')

axs[0, 1].hist(X_train_transformed[:, 0], bins=50, edgecolor='black')
axs[0, 1].set_title('Yeo-Johnson Transformed Income Distribution')
axs[0, 1].set_xlabel('Transformed Income')
axs[0, 1].set_ylabel('Frequency')

axs[1, 0].hist(X_train['Expenses'], bins=50, edgecolor='black')
axs[1, 0].set_title('Original Expenses Distribution')
axs[1, 0].set_xlabel('Expenses')
axs[1, 0].set_ylabel('Frequency')

axs[1, 1].hist(X_train_transformed[:, 1], bins=50, edgecolor='black')
axs[1, 1].set_title('Yeo-Johnson Transformed Expenses Distribution')
axs[1, 1].set_xlabel('Transformed Expenses')
axs[1, 1].set_ylabel('Frequency')

plt.tight_layout()
plt.show()

# Print the lambda values used for transformation
print("\\nLambda values used for Yeo-Johnson transformation:")
print(yeojohnson_transformer.lambdas_)
```

Desglose del Código:

1. **Generación de datos:** Creamos un conjunto de datos sintético con 'Ingresos' (distribuidos lognormalmente), 'Gastos' (distribuidos normalmente) y 'IngresoNeto' (diferencia entre Ingresos y Gastos). Este conjunto de datos incluye valores tanto positivos como negativos, lo que muestra la capacidad de Yeo-Johnson para manejar tales datos.
2. **División de datos:** Usamos train_test_split de Scikit-learn para dividir nuestros datos en conjuntos de entrenamiento y prueba. Esto es crucial para evaluar el rendimiento del modelo con datos no vistos.
3. **Transformación de Yeo-Johnson:** Inicializamos un PowerTransformer con method='yeo-johnson'. El parámetro standardize=True asegura que la salida transformada tenga media cero y varianza unitaria.
4. **Entrenamiento del modelo:** Entrenamos dos modelos de regresión lineal (LinearRegression): uno con los datos originales y otro con los datos transformados por Yeo-Johnson. Esto nos permite comparar el rendimiento de los modelos con y sin la transformación.
5. **Predicción y evaluación:** Usamos ambos modelos para hacer predicciones en el conjunto de prueba y calculamos el error cuadrático medio (MSE) y los puntajes de R-cuadrado utilizando las métricas de Scikit-learn. Esto nos ayuda a cuantificar el impacto de la transformación Yeo-Johnson en el rendimiento del modelo.
6. **Visualización:** Creamos histogramas para comparar las distribuciones originales y transformadas tanto de Ingresos como de Gastos. Esta representación visual ayuda a entender cómo la transformación Yeo-Johnson afecta la distribución de los datos.
7. **Valores de Lambda:** Imprimimos los valores de lambda utilizados para la transformación de Yeo-Johnson. Estos valores indican la transformación de potencia específica aplicada a cada característica.

Este ejemplo demuestra todo el proceso de aplicar una transformación Yeo-Johnson usando Scikit-learn, desde la preparación de los datos hasta la evaluación y visualización del modelo. Muestra cómo la transformación puede afectar el rendimiento del modelo y la distribución de los datos, proporcionando un contexto práctico para entender el impacto de las transformaciones de potencia en los flujos de trabajo de aprendizaje automático, especialmente cuando se trabaja con conjuntos de datos que incluyen tanto valores positivos como negativos.

3.4.7 Normalización (L1 y L2)

La normalización es una técnica crucial en el preprocesamiento de datos que se utiliza para volver a escalar las características de modo que la **norma** del vector de características sea 1. Este proceso asegura que todas las características contribuyan de manera equitativa al análisis, evitando que aquellas con magnitudes mayores dominen el modelo. La normalización es particularmente valiosa en algoritmos de aprendizaje automático que dependen de cálculos de distancia, como K-Nearest Neighbors (KNN) o la agrupación K-means.

En KNN, por ejemplo, la normalización ayuda a evitar que las características con escalas más grandes tengan una influencia desproporcionada en los cálculos de distancia. De manera similar, en K-means, las características normalizadas aseguran que la agrupación se base en la importancia relativa de las características en lugar de sus escalas absolutas.

Hay dos tipos principales de normalización:

a. Normalización L1 (norma Manhattan)

La normalización L1, también conocida como norma Manhattan, es un método que asegura que la suma de los valores absolutos de un vector de características sea igual a 1. Esta técnica es particularmente útil en el preprocesamiento de datos para algoritmos de aprendizaje automático. Para entender la normalización L1, desglosémosla matemáticamente:

Para un vector de características $x = (x_1, ..., x_n)$, la norma L1 se calcula como:

$||x||_1 = |x_1| + |x_2| + ... + |x_n|$

donde $|x_i|$ representa el valor absoluto de cada característica.

Para lograr la normalización L1, dividimos cada característica por la norma L1:

$x\_normalizado = x / ||x||_1$

Este proceso resulta en un vector de características normalizado donde la suma de los valores absolutos es igual a 1.

Una ventaja notable de la normalización L1 es su menor sensibilidad a los valores atípicos en comparación con la normalización L2. Esta característica la hace particularmente útil en escenarios donde los valores extremos podrían influir desproporcionadamente en el rendimiento del modelo. Además, la normalización L1 puede llevar a vectores de características dispersos, lo que puede ser beneficioso en ciertas aplicaciones de aprendizaje automático, como la selección de características o técnicas de regularización como la regresión Lasso.

Ejemplo de código de normalización L1:

```
import numpy as np
import pandas as pd
from sklearn.preprocessing import Normalizer
from sklearn.model_selection import train_test_split
from sklearn.neighbors import KNeighborsClassifier
```

```
from sklearn.metrics import accuracy_score

# Create a sample dataset
np.random.seed(42)
X = np.random.rand(100, 3) * 100  # 100 samples, 3 features
y = np.random.randint(0, 2, 100)  # Binary classification

# Split the data
X_train,   X_test,   y_train,   y_test   =   train_test_split(X,   y,   test_size=0.2,
random_state=42)

# Initialize L1 normalizer
l1_normalizer = Normalizer(norm='l1')

# Fit and transform the training data
X_train_normalized = l1_normalizer.fit_transform(X_train)

# Transform the test data
X_test_normalized = l1_normalizer.transform(X_test)

# Train KNN classifier on original data
knn_original = KNeighborsClassifier(n_neighbors=3)
knn_original.fit(X_train, y_train)
y_pred_original = knn_original.predict(X_test)

# Train KNN classifier on normalized data
knn_normalized = KNeighborsClassifier(n_neighbors=3)
knn_normalized.fit(X_train_normalized, y_train)
y_pred_normalized = knn_normalized.predict(X_test_normalized)

# Calculate accuracies
accuracy_original = accuracy_score(y_test, y_pred_original)
accuracy_normalized = accuracy_score(y_test, y_pred_normalized)

print("Original Data Accuracy:", accuracy_original)
print("L1 Normalized Data Accuracy:", accuracy_normalized)

# Display a sample of original and normalized data
sample_original = X_train[:5]
sample_normalized = X_train_normalized[:5]

print("\\nOriginal Data Sample:")
print(pd.DataFrame(sample_original, columns=['Feature 1', 'Feature 2', 'Feature 3']))

print("\\nL1 Normalized Data Sample:")
print(pd.DataFrame(sample_normalized,  columns=['Feature  1',  'Feature  2',  'Feature
3']))

# Verify L1 norm
print("\\nL1 Norm of normalized samples:")
print(np.sum(np.abs(sample_normalized), axis=1))
```

Desglose del Código:

1. **Generación de datos:** Creamos un conjunto de datos sintético con 100 muestras y 3 características, junto con etiquetas de clasificación binaria. Esto simula un escenario del mundo real donde las características pueden tener diferentes escalas.
2. **División de datos:** Usamos train_test_split para dividir nuestros datos en conjuntos de entrenamiento y prueba. Esto es crucial para evaluar el rendimiento del modelo con datos no vistos.
3. **Normalización L1:** Inicializamos un Normalizer con norm='l1'. Este normalizador se ajusta a los datos de entrenamiento y luego se usa para transformar tanto los datos de entrenamiento como los de prueba.
4. **Entrenamiento del modelo:** Entrenamos dos clasificadores KNN: uno con los datos originales y otro con los datos normalizados con L1. Esto nos permite comparar el rendimiento de los modelos con y sin normalización.
5. **Predicción y evaluación:** Ambos modelos hacen predicciones en sus respectivos conjuntos de prueba (original y normalizado). Luego, calculamos y comparamos las puntuaciones de precisión para ver el impacto de la normalización L1.
6. **Visualización de datos:** Mostramos muestras de los datos originales y normalizados para ilustrar cómo la normalización L1 afecta los valores de las características.
7. **Verificación de la norma L1:** Calculamos la suma de los valores absolutos de cada muestra normalizada para verificar que la norma L1 sea igual a 1 después de la normalización.

Este ejemplo muestra todo el proceso de aplicar la normalización L1 utilizando Scikit-learn, desde la preparación de los datos hasta la evaluación del modelo. Demuestra cómo la normalización puede afectar el rendimiento del modelo y la representación de los datos, proporcionando un contexto práctico para comprender el impacto de la normalización L1 en los flujos de trabajo de aprendizaje automático.

b. Normalización L2 (norma euclidiana):

La normalización L2, también conocida como norma euclidiana, es una técnica poderosa que asegura que la suma de los valores cuadrados dentro de un vector de características sea igual a 1. Este método es particularmente efectivo para estandarizar datos en diferentes escalas y dimensiones. Para ilustrarlo, consideremos un vector de características $x = (x_1, ..., x_n)$. La norma L2 para este vector se calcula utilizando la siguiente fórmula:

$||x||_2 = \sqrt{(x_1^2 + x_2^2 + ... + x_n^2)}$

Una vez que hemos calculado la norma L2, podemos proceder con el proceso de normalización. Esto se logra dividiendo cada característica individual por la norma L2 calculada:

x_normalizado = x / $||x||_2$

El vector normalizado resultante mantiene las mismas propiedades direccionales que el original, pero con una longitud unitaria. Esta transformación tiene varias ventajas en las aplicaciones de aprendizaje automático. Por ejemplo, ayuda a mitigar el impacto de los valores atípicos y asegura que todas las características contribuyan de manera equitativa al modelo, independientemente de su escala original.

La normalización L2 se adopta ampliamente en varios algoritmos de aprendizaje automático y es especialmente beneficiosa cuando se trabaja con vectores dispersos. Su popularidad se debe a su capacidad para preservar la importancia relativa de las características mientras se estandarizan sus magnitudes. Esta característica la hace particularmente útil en escenarios como la clasificación de texto, el reconocimiento de imágenes y los sistemas de recomendación, donde el escalado de características puede afectar significativamente el rendimiento del modelo.

Ejemplo de código de normalización L2:

```
import numpy as np
import pandas as pd
from sklearn.preprocessing import Normalizer
from sklearn.model_selection import train_test_split
from sklearn.neighbors import KNeighborsClassifier
from sklearn.metrics import accuracy_score

# Create a sample dataset
np.random.seed(42)
X = np.random.rand(100, 3) * 100  # 100 samples, 3 features
y = np.random.randint(0, 2, 100)  # Binary classification

# Split the data
X_train, X_test, y_train, y_test = train_test_split(X, y, test_size=0.2, random_state=42)

# Initialize L2 normalizer
l2_normalizer = Normalizer(norm='l2')

# Fit and transform the training data
X_train_normalized = l2_normalizer.fit_transform(X_train)

# Transform the test data
X_test_normalized = l2_normalizer.transform(X_test)

# Train KNN classifier on original data
knn_original = KNeighborsClassifier(n_neighbors=3)
knn_original.fit(X_train, y_train)
y_pred_original = knn_original.predict(X_test)

# Train KNN classifier on normalized data
knn_normalized = KNeighborsClassifier(n_neighbors=3)
```

```
knn_normalized.fit(X_train_normalized, y_train)
y_pred_normalized = knn_normalized.predict(X_test_normalized)

# Calculate accuracies
accuracy_original = accuracy_score(y_test, y_pred_original)
accuracy_normalized = accuracy_score(y_test, y_pred_normalized)

print("Original Data Accuracy:", accuracy_original)
print("L2 Normalized Data Accuracy:", accuracy_normalized)

# Display a sample of original and normalized data
sample_original = X_train[:5]
sample_normalized = X_train_normalized[:5]

print("\\nOriginal Data Sample:")
print(pd.DataFrame(sample_original, columns=['Feature 1', 'Feature 2', 'Feature 3']))

print("\\nL2 Normalized Data Sample:")
print(pd.DataFrame(sample_normalized,  columns=['Feature  1',  'Feature  2',  'Feature
3']))

# Verify L2 norm
print("\\nL2 Norm of normalized samples:")
print(np.sqrt(np.sum(np.square(sample_normalized), axis=1)))
```

Desglose del Código:

1. **Generación de datos:** Creamos un conjunto de datos sintético con 100 muestras y 3 características, junto con etiquetas de clasificación binaria. Esto simula un escenario del mundo real donde las características pueden tener diferentes escalas.
2. **División de datos:** Usamos train_test_split para dividir nuestros datos en conjuntos de entrenamiento y prueba. Esto es crucial para evaluar el rendimiento del modelo con datos no vistos.
3. **Normalización L2:** Inicializamos un Normalizer con norm='l2'. Este normalizador se ajusta a los datos de entrenamiento y luego se usa para transformar tanto los datos de entrenamiento como los de prueba.
4. **Entrenamiento del modelo:** Entrenamos dos clasificadores KNN: uno con los datos originales y otro con los datos normalizados con L2. Esto nos permite comparar el rendimiento de los modelos con y sin normalización.
5. **Predicción y evaluación:** Ambos modelos hacen predicciones en sus respectivos conjuntos de prueba (original y normalizado). Luego calculamos y comparamos las puntuaciones de precisión para ver el impacto de la normalización L2.
6. **Visualización de datos:** Mostramos muestras de los datos originales y normalizados para ilustrar cómo la normalización L2 afecta los valores de las características.

7. **Verificación de la norma L2:** Calculamos la norma L2 para cada muestra normalizada para verificar que sea igual a 1 después de la normalización.

Este ejemplo demuestra todo el proceso de aplicar la normalización L2 utilizando Scikit-learn, desde la preparación de los datos hasta la evaluación del modelo. Demuestra cómo la normalización puede afectar el rendimiento del modelo y la representación de los datos, proporcionando un contexto práctico para entender el impacto de la normalización L2 en los flujos de trabajo de aprendizaje automático. La comparación entre las precisiones de los datos originales y normalizados ayuda a ilustrar los posibles beneficios de la normalización L2 para mejorar el rendimiento del modelo, especialmente para algoritmos basados en distancia como KNN.

La elección entre la normalización L1 y L2 depende de los requisitos específicos de tu tarea de aprendizaje automático y la naturaleza de tus datos. Ambos métodos tienen sus fortalezas y son herramientas valiosas en el conjunto de herramientas del científico de datos para preparar características para análisis y entrenamiento de modelos.

3.5 División Entrenamiento-Prueba y Validación Cruzada

En el ámbito del aprendizaje automático, es crucial evaluar con precisión la capacidad de un modelo para generalizar a datos nuevos y no vistos. Este proceso de evaluación ayuda a identificar y mitigar uno de los desafíos más prevalentes en el campo: **sobreajuste**. El sobreajuste ocurre cuando un modelo se ajusta en exceso a los datos de entrenamiento, funcionando excepcionalmente bien en ejemplos conocidos pero teniendo dificultades para mantener ese rendimiento en instancias nuevas. Para combatir este problema y asegurar un rendimiento robusto del modelo, los científicos de datos emplean dos técnicas principales: **división de entrenamiento-prueba** y **validación cruzada**.

Estas metodologías son pilares en la evaluación del rendimiento del modelo, proporcionando información valiosa sobre la capacidad de un modelo para generalizar más allá de sus datos de entrenamiento. Al aplicar sistemáticamente estas técnicas, los practicantes pueden obtener una comprensión más completa y confiable de cómo es probable que sus modelos se desempeñen en escenarios del mundo real.

En esta sección, profundizaremos en las complejidades de:

- **División entrenamiento-prueba**: Este enfoque fundamental implica particionar el conjunto de datos en subconjuntos separados de entrenamiento y prueba. Sirve como un método simple pero efectivo para evaluar el rendimiento del modelo en datos no vistos.
- **Validación cruzada**: Una técnica más sofisticada que implica múltiples iteraciones de entrenamiento y prueba en diferentes subconjuntos de los datos. Este método

proporciona una evaluación más robusta del rendimiento del modelo al reducir el impacto de los sesgos en la partición de los datos.

Al explorar exhaustivamente estas técnicas de evaluación, nuestro objetivo es equiparte con el conocimiento y las herramientas necesarias para obtener estimaciones más precisas y confiables del rendimiento de tu modelo en el mundo real. Estos métodos no solo ayudan a evaluar las capacidades actuales del modelo, sino que también juegan un papel crucial en el proceso iterativo de refinamiento y optimización del modelo.

3.5.1 División Entrenamiento-Prueba

La **división entrenamiento-prueba** es una técnica fundamental en el aprendizaje automático para evaluar el rendimiento del modelo. Este método implica dividir el conjunto de datos en dos subconjuntos distintos, cada uno desempeñando un papel crucial en el proceso de desarrollo del modelo:

- **Conjunto de entrenamiento:** Esta porción sustancial del conjunto de datos sirve como la base para el aprendizaje del modelo. Abarca una amplia gama de ejemplos que permiten al algoritmo discernir patrones intrincados, establecer correlaciones entre características y construir una comprensión robusta de la estructura de datos subyacente. Al exponer al modelo a un conjunto integral de instancias de entrenamiento, buscamos cultivar su capacidad para generalizar de manera efectiva a datos no vistos.
- **Conjunto de prueba:** Este subconjunto cuidadosamente seleccionado de los datos juega un papel crucial en la evaluación de las capacidades de generalización del modelo. Al retener estos ejemplos durante la fase de entrenamiento, creamos la oportunidad de evaluar el rendimiento del modelo en instancias completamente nuevas. Este proceso simula escenarios del mundo real donde el modelo debe hacer predicciones sobre datos frescos, proporcionando información valiosa sobre su aplicabilidad práctica y posibles limitaciones.

El conjunto de entrenamiento es donde el modelo construye su comprensión de las relaciones subyacentes entre las características y la variable objetivo. Mientras tanto, el conjunto de prueba actúa como un sustituto de los datos nuevos y no vistos, proporcionando una estimación imparcial de la capacidad del modelo para generalizar más allá de sus ejemplos de entrenamiento. Esta separación es crucial para detectar posibles sobreajustes, donde un modelo funciona bien en los datos de entrenamiento pero no logra generalizar a nuevas instancias.

Si bien la proporción de división más común es 80% para entrenamiento y 20% para prueba, esto puede variar según el tamaño del conjunto de datos y los requisitos específicos. Los conjuntos de datos más grandes pueden usar una división 90-10 para maximizar los datos de entrenamiento, mientras que los conjuntos de datos más pequeños pueden optar por una división 70-30 para asegurar un conjunto de prueba robusto. La clave es encontrar un equilibrio entre proporcionar suficientes datos para que el modelo aprenda de manera efectiva y reservar suficientes datos para una evaluación confiable del rendimiento.

a. Aplicación de la División Entrenamiento-Prueba con Scikit-learn

La función train_test_split() de Scikit-learn proporciona una forma conveniente y eficiente de dividir tu conjunto de datos en subconjuntos de entrenamiento y prueba separados. Esta herramienta esencial simplifica el proceso de preparación de datos para el desarrollo y evaluación de modelos de aprendizaje automático. Aquí tienes una explicación más detallada de su funcionalidad y beneficios:

1. **División automática:** La función maneja automáticamente la división de tus datos, eliminando la necesidad de una separación manual. Esto ahorra tiempo y reduce el riesgo de errores humanos en la preparación de datos.
2. **Proporciones de división personalizables:** Puedes especificar fácilmente la proporción de datos que se asignará al conjunto de prueba utilizando el parámetro test_size. Esta flexibilidad te permite ajustar la división según tus necesidades específicas y el tamaño del conjunto de datos.
3. **Muestreo aleatorio:** De manera predeterminada, train_test_split() utiliza muestreo aleatorio para crear los subconjuntos, asegurando una representación justa de los datos en ambos conjuntos. Esto ayuda a mitigar posibles sesgos que podrían surgir de datos ordenados o agrupados.
4. **División estratificada:** Para tareas de clasificación, la función ofrece una opción estratificada que mantiene la misma proporción de muestras para cada clase en los conjuntos de entrenamiento y prueba. Esto es particularmente útil para conjuntos de datos desequilibrados.
5. **Reproducibilidad:** Al establecer un estado aleatorio, puedes asegurarte de que se genere la misma división cada vez que ejecutes tu código, lo cual es crucial para una investigación reproducible y un desarrollo de modelos consistente.

Al aprovechar estas características, train_test_split() permite a los científicos de datos y practicantes de aprendizaje automático preparar rápidamente y de manera confiable sus datos para el entrenamiento y evaluación del modelo, optimizando el flujo de trabajo general de los proyectos de aprendizaje automático.

Ejemplo: División Entrenamiento-Prueba con Scikit-learn

```
# Importing necessary libraries
from sklearn.model_selection import train_test_split, cross_val_score
from sklearn.preprocessing import StandardScaler
from sklearn.linear_model import LogisticRegression
from sklearn.metrics import accuracy_score, classification_report, confusion_matrix
import pandas as pd
import numpy as np
```

```
import matplotlib.pyplot as plt
import seaborn as sns

# Create a more comprehensive sample dataset
np.random.seed(42)
data = {
    'Age': np.random.randint(20, 60, 100),
    'Salary': np.random.randint(30000, 120000, 100),
    'Experience': np.random.randint(0, 20, 100),
    'Purchased': np.random.randint(0, 2, 100)
}
df = pd.DataFrame(data)

# Features (X) and target (y)
X = df[['Age', 'Salary', 'Experience']]
y = df['Purchased']

# Split the data into training and test sets (80-20 split)
X_train,  X_test,  y_train,  y_test  =  train_test_split(X,  y,  test_size=0.2,
random_state=42, stratify=y)

# Feature scaling
scaler = StandardScaler()
X_train_scaled = scaler.fit_transform(X_train)
X_test_scaled = scaler.transform(X_test)

# Initialize and train the model
model = LogisticRegression(random_state=42)
model.fit(X_train_scaled, y_train)

# Make predictions
y_pred = model.predict(X_test_scaled)

# Evaluate the model
accuracy = accuracy_score(y_test, y_pred)
conf_matrix = confusion_matrix(y_test, y_pred)
class_report = classification_report(y_test, y_pred)

# Cross-validation
cv_scores = cross_val_score(model, X_train_scaled, y_train, cv=5)

# Print results
print("Model Accuracy:", accuracy)
print("\\nConfusion Matrix:\\n", conf_matrix)
print("\\nClassification Report:\\n", class_report)
print("\\nCross-validation Scores:", cv_scores)
print("Mean CV Score:", cv_scores.mean())

# Visualize confusion matrix
plt.figure(figsize=(8, 6))
sns.heatmap(conf_matrix, annot=True, fmt='d', cmap='Blues')
plt.title('Confusion Matrix')
```

```
plt.xlabel('Predicted')
plt.ylabel('Actual')
plt.show()

# Feature importance
feature_importance = pd.DataFrame({'Feature': X.columns, 'Importance':
abs(model.coef_[0])})
feature_importance = feature_importance.sort_values('Importance', ascending=False)
print("\\nFeature Importance:\\n", feature_importance)

# Visualize feature importance
plt.figure(figsize=(10, 6))
sns.barplot(x='Importance', y='Feature', data=feature_importance)
plt.title('Feature Importance')
plt.show()
```

Desglose del Código:

1. **Importación de bibliotecas:** Importamos los módulos necesarios de Scikit-learn para la selección de modelos, preprocesamiento y evaluación. También importamos pandas para la manipulación de datos, numpy para operaciones numéricas y matplotlib y seaborn para visualización.
2. **Creación del conjunto de datos:** Generamos un conjunto de datos más completo con 100 muestras y 4 características (Edad, Salario, Experiencia y Comprado) utilizando las funciones aleatorias de numpy.
3. **División de datos:** Usamos train_test_split para dividir nuestros datos en conjuntos de entrenamiento (80%) y prueba (20%). El parámetro stratify=y asegura que la proporción de clases en la variable objetivo se mantenga en ambos conjuntos.
4. **Escalado de características:** Usamos StandardScaler para normalizar nuestras características. Esto es importante para muchos algoritmos de aprendizaje automático, incluida la regresión logística, ya que asegura que todas las características estén en una escala similar.
5. **Entrenamiento del modelo:** Inicializamos un modelo de LogisticRegression y lo ajustamos a nuestros datos de entrenamiento escalados.
6. **Predicción:** Usamos el modelo entrenado para hacer predicciones en los datos de prueba escalados.
7. **Evaluación del modelo:** Evaluamos el modelo utilizando varias métricas:
    - **Puntuación de precisión:** Proporciona la precisión general del modelo.
    - **Matriz de confusión:** Muestra las predicciones de verdaderos positivos, verdaderos negativos, falsos positivos y falsos negativos.

   - **Informe de clasificación:** Proporciona precisión, recall y la puntuación F1 para cada clase.

8. **Validación cruzada:** Realizamos una validación cruzada de 5 pliegues usando cross_val_score para obtener una estimación más robusta del rendimiento del modelo.
9. **Visualización:** Usamos seaborn para crear un mapa de calor de la matriz de confusión, proporcionando una representación visual del rendimiento del modelo.
10. **Importancia de características:** Extraemos y visualizamos la importancia de las características desde el modelo de regresión logística. Esto ayuda a entender qué características tienen más impacto en las predicciones.

Este ejemplo de código demuestra un enfoque más completo para el entrenamiento, la evaluación y la interpretación de modelos utilizando Scikit-learn. Incluye pasos adicionales como el escalado de características, la validación cruzada y la visualización de resultados, que son cruciales en los flujos de trabajo de aprendizaje automático en el mundo real.

b. Evaluación del rendimiento del modelo en el conjunto de prueba

Una vez que se ha completado la división de entrenamiento-prueba, puedes proceder con los pasos cruciales de entrenamiento y evaluación del modelo. Este proceso implica varias etapas clave:

- **Entrenamiento del modelo:** Usando el conjunto de entrenamiento, alimentas los datos en el algoritmo de aprendizaje automático elegido. Durante esta fase, el modelo aprende patrones y relaciones dentro de los datos, ajustando sus parámetros internos para minimizar errores.
- **Hacer predicciones:** Después del entrenamiento, utilizas el modelo para hacer predicciones en el conjunto de prueba. Este paso es crítico ya que simula cómo se desempeñaría el modelo con datos nuevos y no vistos.
- **Evaluar el rendimiento:** Al comparar las predicciones del modelo en el conjunto de prueba con los valores reales, puedes evaluar su rendimiento. Esta evaluación generalmente implica calcular varias métricas como precisión, precisión, recall o error cuadrático medio, dependiendo del tipo de problema (clasificación o regresión).
- **Interpretar los resultados:** El rendimiento en el conjunto de prueba proporciona una estimación de qué tan bien es probable que el modelo generalice a datos nuevos y no vistos. Este conocimiento es crucial para determinar si el modelo está listo para su implementación o si necesita refinamiento adicional.

Este enfoque sistemático de entrenar en un subconjunto de datos y evaluar en otro ayuda a detectar y prevenir el sobreajuste, asegurando que tu modelo funcione bien no solo con datos conocidos, sino también con nuevas instancias.

Ejemplo: Entrenamiento y prueba de un modelo de regresión logística

```
# Importing necessary libraries
from sklearn.model_selection import train_test_split
from sklearn.linear_model import LogisticRegression
from sklearn.metrics import accuracy_score, classification_report, confusion_matrix
from sklearn.preprocessing import StandardScaler
import numpy as np
import matplotlib.pyplot as plt
import seaborn as sns

# Generate sample data
np.random.seed(42)
X = np.random.rand(1000, 2)
y = (X[:, 0] + X[:, 1] > 1).astype(int)

# Split the data into training and testing sets
X_train,   X_test,   y_train,   y_test   =   train_test_split(X,   y,   test_size=0.2,
random_state=42)

# Scale the features
scaler = StandardScaler()
X_train_scaled = scaler.fit_transform(X_train)
X_test_scaled = scaler.transform(X_test)

# Initialize and train the model
model = LogisticRegression(random_state=42)
model.fit(X_train_scaled, y_train)

# Make predictions on the test data
y_pred = model.predict(X_test_scaled)

# Evaluate the model's performance
accuracy = accuracy_score(y_test, y_pred)
conf_matrix = confusion_matrix(y_test, y_pred)
class_report = classification_report(y_test, y_pred)

print(f"Test Accuracy: {accuracy:.2f}")
print("\\nConfusion Matrix:")
print(conf_matrix)
print("\\nClassification Report:")
print(class_report)

# Visualize the decision boundary
plt.figure(figsize=(10, 8))
x_min, x_max = X[:, 0].min() - .5, X[:, 0].max() + .5
y_min, y_max = X[:, 1].min() - .5, X[:, 1].max() + .5
xx, yy = np.meshgrid(np.arange(x_min, x_max, .02),
                     np.arange(y_min, y_max, .02))
Z = model.predict(scaler.transform(np.c_[xx.ravel(), yy.ravel()]))
Z = Z.reshape(xx.shape)
plt.contourf(xx, yy, Z, alpha=0.4)
plt.scatter(X[:, 0], X[:, 1], c=y, alpha=0.8)
```

```
plt.xlabel("Feature 1")
plt.ylabel("Feature 2")
plt.title("Logistic Regression Decision Boundary")
plt.show()
```

Desglose del Código:

1. **Importación de bibliotecas:** Importamos los módulos necesarios de Scikit-learn para el entrenamiento del modelo, evaluación y preprocesamiento. También importamos numpy para operaciones numéricas y matplotlib y seaborn para visualización.
2. **Generación de datos de muestra:** Creamos un conjunto de datos sintético con 1000 muestras y 2 características. La variable objetivo es binaria, determinada por si la suma de las dos características es mayor que 1.
3. **División de datos:** Usamos train_test_split para dividir los datos en conjuntos de entrenamiento (80%) y prueba (20%). Esto nos permite evaluar cómo el modelo se generaliza a datos no vistos.
4. **Escalado de características:** Aplicamos StandardScaler para normalizar nuestras características. Este paso es crucial para la regresión logística, ya que asegura que todas las características contribuyan de manera equitativa al modelo y mejora la convergencia del algoritmo de optimización.
5. **Entrenamiento del modelo:** Inicializamos un modelo de LogisticRegression con un estado aleatorio fijo para la reproducibilidad, y lo ajustamos a nuestros datos de entrenamiento escalados.
6. **Predicción:** Utilizamos el modelo entrenado para hacer predicciones en los datos de prueba escalados.
7. **Evaluación del modelo:** Evaluamos el modelo utilizando varias métricas:
    - **Puntuación de precisión:** Proporciona la precisión general del modelo.
    - **Matriz de confusión:** Muestra las predicciones de verdaderos positivos, verdaderos negativos, falsos positivos y falsos negativos.
    - **Informe de clasificación:** Proporciona precisión, recall y la puntuación F1 para cada clase.
8. **Visualización:** Creamos una gráfica para visualizar la frontera de decisión de nuestro modelo de regresión logística. Esto ayuda a entender cómo el modelo está separando las dos clases en el espacio de características.

Este ejemplo ofrece un enfoque más completo para el entrenamiento, evaluación e interpretación del modelo. Incluye pasos adicionales como la generación de datos, el escalado de características y la visualización de la frontera de decisión, los cuales son cruciales en los flujos de trabajo de aprendizaje automático del mundo real. La visualización, en particular, proporciona información valiosa sobre cómo el modelo está realizando sus clasificaciones en función de las características de entrada.

3.5.2 Validación Cruzada

Si bien la división de entrenamiento-prueba proporciona una buena estimación inicial del rendimiento del modelo, tiene limitaciones, particularmente cuando se trabaja con conjuntos de datos más pequeños. El principal problema radica en la alta varianza en las métricas de rendimiento dependiendo de cómo se dividan los datos. Esta variabilidad puede llevar a resultados poco fiables o engañosos, ya que el rendimiento del modelo podría ser excesivamente optimista o pesimista según una única división que podría no ser representativa.

Para abordar estas limitaciones y obtener una evaluación más robusta del rendimiento del modelo, los científicos de datos recurren a la **validación cruzada**. Esta técnica ofrece varias ventajas:

- **Reducción de la varianza:** Al usar múltiples divisiones de los datos, la validación cruzada proporciona una estimación más estable y confiable del rendimiento del modelo.
- **Uso eficiente de los datos:** Permite utilizar todo el conjunto de datos tanto para el entrenamiento como para la prueba, lo cual es particularmente beneficioso cuando se trabaja con datos limitados.
- **Detección de sobreajuste:** La validación cruzada ayuda a identificar si un modelo está sobreajustando los datos de entrenamiento al evaluar su rendimiento en múltiples conjuntos de prueba.

La **validación cruzada** logra estos beneficios al rotar sistemáticamente los roles de los conjuntos de entrenamiento y prueba en todo el conjunto de datos. Este enfoque asegura que cada observación tenga la oportunidad de ser parte tanto del conjunto de entrenamiento como del conjunto de prueba, proporcionando una visión integral de las capacidades de generalización del modelo.

Entre las diversas técnicas de validación cruzada, la **validación cruzada k-fold** es la más utilizada. Este enfoque implica:

- Dividir el conjunto de datos en k subconjuntos o pliegues de tamaño igual.
- Usar iterativamente k-1 pliegues para el entrenamiento y el pliegue restante para la prueba.
- Repetir este proceso k veces, asegurando que cada pliegue sirva como el conjunto de prueba exactamente una vez.
- Promediar las métricas de rendimiento a lo largo de las k iteraciones para obtener una estimación final del rendimiento del modelo.

Al emplear la validación cruzada k-fold, los investigadores y practicantes pueden obtener una comprensión más confiable y completa del rendimiento de su modelo, lo que les permite tomar decisiones más informadas en el proceso de desarrollo del modelo.

a. Validación Cruzada k-fold

En la técnica de **validación cruzada k-fold**, el conjunto de datos se somete a un proceso sistemático de partición, resultando en k subconjuntos de tamaño igual, comúnmente conocidos como pliegues. Este método emplea un enfoque iterativo en el que el modelo se entrena en k-1 pliegues mientras se evalúa simultáneamente en el pliegue restante.

Este procedimiento completo se repite k veces, asegurando que cada pliegue asuma el rol de conjunto de prueba exactamente una vez a lo largo del proceso. Al final de este riguroso proceso de evaluación, se calcula el promedio del rendimiento a lo largo de todas las k iteraciones, lo que sirve como una estimación robusta y sin sesgo del rendimiento global del modelo.

Para ilustrar este concepto, consideremos el caso de la validación cruzada de 5 pliegues. En este escenario, el conjunto de datos se divide estratégicamente en cinco pliegues distintos. El modelo luego pasa por una serie de cinco ciclos de entrenamiento y prueba, utilizando en cada iteración un pliegue diferente como el conjunto de prueba designado.

Este enfoque asegura una evaluación exhaustiva del rendimiento del modelo a lo largo de varios subconjuntos de datos, proporcionando una indicación más confiable de sus capacidades de generalización. Al rotar el conjunto de prueba a través de todos los pliegues disponibles, la validación cruzada de 5 pliegues mitiga el posible sesgo que podría surgir de una única división de entrenamiento-prueba arbitraria, ofreciendo una evaluación más completa del poder predictivo del modelo.

Aplicación de la Validación Cruzada k-fold con Scikit-learn

Scikit-learn ofrece una herramienta poderosa y conveniente para implementar la validación cruzada k-fold en forma de la función cross_val_score(). Esta función versátil simplifica el proceso de partición de tu conjunto de datos, entrenamiento de tu modelo en múltiples subconjuntos y evaluación de su rendimiento en diferentes pliegues.

Al aprovechar esta función, los científicos de datos pueden evaluar de manera eficiente las capacidades de generalización de su modelo y obtener una estimación más robusta de su poder predictivo.

Ejemplo: Validación Cruzada k-fold con Scikit-learn

```
import numpy as np
import pandas as pd
from sklearn.model_selection import cross_val_score, KFold
from sklearn.linear_model import LogisticRegression
```

```
from sklearn.preprocessing import StandardScaler
from sklearn.pipeline import make_pipeline
from sklearn.metrics import accuracy_score, precision_score, recall_score, f1_score
import matplotlib.pyplot as plt

# Generate sample data
np.random.seed(42)
X = np.random.rand(1000, 2)
y = (X[:, 0] + X[:, 1] > 1).astype(int)

# Convert to DataFrame for better handling
df = pd.DataFrame(X, columns=['Feature1', 'Feature2'])
df['Target'] = y

# Initialize the pipeline with scaling and model
pipeline = make_pipeline(StandardScaler(), LogisticRegression())

# Set up k-fold cross-validation
k_folds = 5
kf = KFold(n_splits=k_folds, shuffle=True, random_state=42)

# Perform k-fold cross-validation
cv_scores = cross_val_score(pipeline, df[['Feature1', 'Feature2']], df['Target'],
cv=kf, scoring='accuracy')

# Calculate additional metrics
precision_scores = cross_val_score(pipeline, df[['Feature1', 'Feature2']],
df['Target'], cv=kf, scoring='precision')
recall_scores = cross_val_score(pipeline, df[['Feature1', 'Feature2']], df['Target'],
cv=kf, scoring='recall')
f1_scores = cross_val_score(pipeline, df[['Feature1', 'Feature2']], df['Target'],
cv=kf, scoring='f1')

# Print the scores for each fold and the average
print("Cross-Validation Scores:")
for fold, (accuracy, precision, recall, f1) in enumerate(zip(cv_scores,
precision_scores, recall_scores, f1_scores), 1):
    print(f"Fold {fold}:")
    print(f"  Accuracy: {accuracy:.4f}")
    print(f"  Precision: {precision:.4f}")
    print(f"  Recall: {recall:.4f}")
    print(f"  F1-Score: {f1:.4f}")
    print()

print(f"Average Cross-Validation Metrics:")
print(f"  Accuracy: {cv_scores.mean():.4f} (+/- {cv_scores.std() * 2:.4f})")
print(f"  Precision: {precision_scores.mean():.4f} (+/- {precision_scores.std() *
2:.4f})")
print(f"  Recall: {recall_scores.mean():.4f} (+/- {recall_scores.std() * 2:.4f})")
print(f"  F1-Score: {f1_scores.mean():.4f} (+/- {f1_scores.std() * 2:.4f})")

# Visualize the cross-validation results
```

```
plt.figure(figsize=(10, 6))
plt.boxplot([cv_scores, precision_scores, recall_scores, f1_scores],
            labels=['Accuracy', 'Precision', 'Recall', 'F1-Score'])
plt.title('Cross-Validation Metrics')
plt.ylabel('Score')
plt.show()
```

Desglose del Código:

1. **Importación de bibliotecas:** Importamos las bibliotecas necesarias, incluyendo numpy para operaciones numéricas, pandas para la manipulación de datos, varios módulos de Scikit-learn para tareas de aprendizaje automático y matplotlib para la visualización.
2. **Generación de datos:** Creamos un conjunto de datos sintético con 1000 muestras, 2 características y una variable objetivo binaria. Los datos se convierten en un DataFrame de pandas para facilitar la manipulación.
3. **Configuración de la canalización:** Creamos una canalización que incluye StandardScaler para el escalado de características y LogisticRegression como modelo. Esto asegura que el escalado se aplique de manera consistente en todos los pliegues durante la validación cruzada.
4. **Configuración de la validación cruzada:** Usamos KFold para configurar la validación cruzada de 5 pliegues con aleatorización (shuffling) para garantizar la variabilidad en las particiones.
5. **Realización de la validación cruzada:** Utilizamos cross_val_score para realizar la validación cruzada para múltiples métricas: precisión, precisión (precision), recall y F1-score. Esto nos da una visión más completa del rendimiento del modelo.
6. **Impresión de resultados:** Imprimimos los resultados detallados de cada pliegue, incluyendo las cuatro métricas. Esto nos permite observar cómo varía el rendimiento del modelo en diferentes subconjuntos de los datos.
7. **Promedio de métricas:** Calculamos e imprimimos la media y la desviación estándar de cada métrica en todos los pliegues. La desviación estándar nos da una idea de la estabilidad del modelo en diferentes particiones de datos.
8. **Visualización:** Creamos un gráfico de caja para visualizar la distribución de cada métrica a lo largo de los pliegues. Esto proporciona una forma visual rápida de comparar las métricas y observar su variabilidad.

Este ejemplo de código proporciona un enfoque completo para la validación cruzada mediante:

- El uso de una canalización para garantizar un preprocesamiento consistente en todos los pliegues.

- El cálculo de múltiples métricas de rendimiento para una evaluación más completa.
- La provisión de resultados detallados para cada pliegue.
- La inclusión de desviaciones estándar para evaluar la estabilidad del rendimiento.
- La visualización de los resultados para facilitar la interpretación.

Este enfoque da una comprensión mucho más profunda del rendimiento y la estabilidad del modelo en diferentes subconjuntos de los datos, lo cual es crucial para una evaluación confiable del modelo.

3.5.3 Validación Cruzada Estratificada

En los problemas de clasificación, especialmente al trabajar con **conjuntos de datos desequilibrados** (donde una clase es mucho más frecuente que la otra), es crucial asegurar que cada pliegue en la validación cruzada tenga una distribución similar de clases. Esto es particularmente importante porque la validación cruzada estándar k-fold puede conducir a resultados sesgados en estos casos.

Por ejemplo, considera un problema de clasificación binaria donde solo el 10% de las muestras pertenecen a la clase positiva. Si usamos validación cruzada k-fold normal, podríamos terminar con pliegues que tienen distribuciones de clases significativamente diferentes. Algunos pliegues podrían tener el 15% de muestras positivas, mientras que otros podrían tener solo el 5%. Esta discrepancia puede llevar a estimaciones poco fiables del rendimiento del modelo.

La **validación cruzada estratificada k-fold** aborda este problema asegurando que la proporción de cada clase se mantenga en todos los pliegues. Este método funciona de la siguiente manera:

- Primero, calcula la distribución de clases en todo el conjunto de datos.
- Luego, crea pliegues de manera que cada pliegue tenga aproximadamente la misma proporción de muestras de cada clase que el conjunto de datos completo.
- Este proceso asegura que cada pliegue sea representativo del conjunto de datos completo en términos de la distribución de clases.

Al mantener proporciones de clases consistentes en todos los pliegues, la validación cruzada estratificada k-fold proporciona varios beneficios:

- **Reducción del sesgo:** Mejora la evaluación del modelo, especialmente en conjuntos de datos desequilibrados.
- **Estimaciones más confiables:** Proporciona una estimación más precisa y confiable del rendimiento del modelo en diferentes subconjuntos de los datos.
- **Detección de sobreajuste:** Ayuda a detectar el sobreajuste, ya que el modelo se prueba en varios subconjuntos representativos de los datos.

Este enfoque es particularmente valioso en escenarios del mundo real donde el desequilibrio de clases es común, como en la detección de fraudes, diagnóstico de enfermedades raras o detección de anomalías en procesos industriales. Al usar la validación cruzada estratificada k-fold, los científicos de datos pueden obtener evaluaciones más robustas y confiables de sus modelos de clasificación, lo que lleva a una mejor toma de decisiones en la selección y despliegue de modelos.

Aplicación de la Validación Cruzada Estratificada k-fold con Scikit-learn

Scikit-learn proporciona una herramienta poderosa para implementar la validación cruzada estratificada a través de su clase StratifiedKFold. Este método asegura que la proporción de muestras de cada clase sea aproximadamente la misma en todos los pliegues, lo que lo hace particularmente útil para conjuntos de datos desequilibrados.

Al mantener distribuciones de clases consistentes, StratifiedKFold ayuda a producir estimaciones de rendimiento más confiables y representativas para los modelos de clasificación.

Ejemplo: Validación Cruzada Estratificada k-fold con Scikit-learn

```
import numpy as np
import pandas as pd
from sklearn.model_selection import StratifiedKFold
from sklearn.linear_model import LogisticRegression
from sklearn.preprocessing import StandardScaler
from sklearn.pipeline import make_pipeline
from sklearn.metrics import accuracy_score, precision_score, recall_score, f1_score
import matplotlib.pyplot as plt

# Generate sample data
np.random.seed(42)
X = np.random.rand(1000, 2)
y = (X[:, 0] + X[:, 1] > 1).astype(int)

# Convert to DataFrame for better handling
df = pd.DataFrame(X, columns=['Feature1', 'Feature2'])
df['Target'] = y

# Initialize StratifiedKFold with 5 folds
strat_kfold = StratifiedKFold(n_splits=5, shuffle=True, random_state=42)

# Initialize the pipeline with scaling and model
pipeline = make_pipeline(StandardScaler(), LogisticRegression())

# Lists to store performance metrics
accuracies = []
precisions = []
recalls = []
f1_scores = []
# Perform stratified cross-validation manually
```

```
for fold, (train_index, test_index) in enumerate(strat_kfold.split(df[['Feature1', 'Feature2']], df['Target']), 1):
    X_train, X_test = df.iloc[train_index][['Feature1', 'Feature2']], df.iloc[test_index][['Feature1', 'Feature2']]
    y_train, y_test = df.iloc[train_index]['Target'], df.iloc[test_index]['Target']

    # Train the model
    pipeline.fit(X_train, y_train)

    # Predict on the test set
    y_pred = pipeline.predict(X_test)

    # Calculate performance metrics
    accuracy = accuracy_score(y_test, y_pred)
    precision = precision_score(y_test, y_pred)
    recall = recall_score(y_test, y_pred)
    f1 = f1_score(y_test, y_pred)

    # Store metrics
    accuracies.append(accuracy)
    precisions.append(precision)
    recalls.append(recall)
    f1_scores.append(f1)

    print(f"Fold {fold}:")
    print(f"  Accuracy: {accuracy:.4f}")
    print(f"  Precision: {precision:.4f}")
    print(f"  Recall: {recall:.4f}")
    print(f"  F1-Score: {f1:.4f}")
    print()

# Calculate and print average metrics
print("Average Performance:")
print(f"  Accuracy: {np.mean(accuracies):.4f} (+/- {np.std(accuracies) * 2:.4f})")
print(f"  Precision: {np.mean(precisions):.4f} (+/- {np.std(precisions) * 2:.4f})")
print(f"  Recall: {np.mean(recalls):.4f} (+/- {np.std(recalls) * 2:.4f})")
print(f"  F1-Score: {np.mean(f1_scores):.4f} (+/- {np.std(f1_scores) * 2:.4f})")

# Visualize the cross-validation results
plt.figure(figsize=(10, 6))
plt.boxplot([accuracies, precisions, recalls, f1_scores],
            labels=['Accuracy', 'Precision', 'Recall', 'F1-Score'])
plt.title('Stratified Cross-Validation Metrics')
plt.ylabel('Score')
plt.show()
```

Desglose del Código:

1. **Importación de bibliotecas:** Importamos los módulos necesarios de Scikit-learn, junto con NumPy, Pandas y Matplotlib para la manipulación de datos y visualización.

2. **Generación de datos:** Creamos un conjunto de datos sintético con 1000 muestras, 2 características y una variable objetivo binaria. Los datos se convierten a un DataFrame de Pandas para facilitar su manipulación.
3. **Configuración de StratifiedKFold:** Inicializamos StratifiedKFold con 5 pliegues, asegurando que la proporción de muestras de cada clase sea aproximadamente la misma en todos los pliegues. El parámetro shuffle=True asegura que los datos se aleatoricen antes de la división.
4. **Configuración de la canalización:** Creamos una canalización que incluye StandardScaler para el escalado de características y LogisticRegression como modelo. Esto asegura un preprocesamiento consistente en todos los pliegues.
5. **Bucle de validación cruzada:** Implementamos manualmente el proceso de validación cruzada estratificada. Para cada pliegue:
    - Dividimos los datos en conjuntos de entrenamiento y prueba utilizando los índices proporcionados por StratifiedKFold.
    - Ajustamos la canalización en los datos de entrenamiento y hacemos predicciones en los datos de prueba.
    - Calculamos y almacenamos múltiples métricas de rendimiento: precisión (accuracy), precisión (precision), recall y F1-score.
6. **Cálculo de métricas de rendimiento:** Usamos las funciones de métricas de Scikit-learn (accuracy_score, precision_score, recall_score, f1_score) para evaluar el rendimiento del modelo en cada pliegue.
7. **Informe de resultados:** Imprimimos los resultados detallados para cada pliegue, incluyendo todas las métricas. Esto nos permite ver cómo varía el rendimiento del modelo en diferentes subconjuntos de datos.
8. **Promedio de métricas:** Calculamos e imprimimos la media y la desviación estándar de cada métrica en todos los pliegues. La desviación estándar nos proporciona una idea de la estabilidad del modelo en diferentes particiones de datos.
9. **Visualización:** Creamos un gráfico de caja utilizando Matplotlib para visualizar la distribución de cada métrica en los pliegues. Esto proporciona una forma visual rápida de comparar las métricas y observar su variabilidad.

Este ejemplo completo demuestra cómo usar StratifiedKFold de Scikit-learn para realizar una validación cruzada robusta, especialmente útil para conjuntos de datos desequilibrados. Muestra:

- Cómo dividir correctamente los datos utilizando la estratificación.
- Uso de una canalización para garantizar un preprocesamiento consistente.

- Cálculo de múltiples métricas de rendimiento.
- Informes detallados del rendimiento por pliegue y métricas promedio.
- Visualización de los resultados para facilitar su interpretación.

Al usar este enfoque, los científicos de datos pueden obtener una evaluación más completa y confiable del rendimiento del modelo en diferentes subconjuntos de datos, lo que lleva a decisiones más informadas en la selección y refinamiento del modelo.

3.5.4 Validación Cruzada Anidada para la Optimización de Hiperparámetros

Al ajustar hiperparámetros utilizando técnicas como la **búsqueda en cuadrícula** o **búsqueda aleatoria**, es posible sobreajustar el conjunto de validación utilizado en la validación cruzada. Esto sucede porque los hiperparámetros del modelo se optimizan en función del rendimiento en este conjunto de validación, lo que puede llevar a un modelo que funcione bien en estos datos, pero mal en datos no vistos. Para mitigar este problema y obtener una estimación más robusta del rendimiento del modelo, podemos emplear la **validación cruzada anidada**.

La validación cruzada anidada es un enfoque más completo que implica dos niveles de validación cruzada:

- El bucle exterior realiza la validación cruzada para evaluar el rendimiento general del modelo. Este bucle divide los datos en conjuntos de entrenamiento y prueba varias veces, proporcionando una estimación imparcial de la capacidad de generalización del modelo.
- El bucle interior realiza la optimización de hiperparámetros utilizando técnicas como la búsqueda en cuadrícula o búsqueda aleatoria. Este bucle opera en los datos de entrenamiento del bucle exterior, dividiéndolos aún más en conjuntos de entrenamiento y validación para optimizar los hiperparámetros del modelo.

Al usar la validación cruzada anidada, podemos:

- Obtener una estimación más confiable del rendimiento del modelo en datos no vistos.
- Reducir el riesgo de sobreajuste al conjunto de validación.
- Evaluar la estabilidad del proceso de ajuste de hiperparámetros en diferentes particiones de datos.
- Obtener información sobre qué tan bien generaliza el método de ajuste de hiperparámetros a diferentes subconjuntos de datos.

Este enfoque es particularmente valioso cuando se trabaja con conjuntos de datos pequeños o medianos, o cuando la elección de los hiperparámetros impacta significativamente el rendimiento del modelo. Sin embargo, es importante señalar que la validación cruzada anidada puede ser computacionalmente costosa, especialmente en conjuntos de datos grandes o modelos complejos con muchos hiperparámetros para ajustar.

Aplicación de la Validación Cruzada Anidada con Scikit-learn

Scikit-learn proporciona herramientas poderosas para implementar la validación cruzada anidada, que combina la robustez de la validación cruzada con la flexibilidad del ajuste de hiperparámetros. Al utilizar la clase GridSearchCV junto con la función cross_val_score, los científicos de datos pueden realizar una evaluación exhaustiva de sus modelos mientras optimizan simultáneamente los hiperparámetros.

Este enfoque asegura que el rendimiento del modelo se evalúe en datos realmente no vistos, proporcionando una estimación más confiable de sus capacidades de generalización.

Ejemplo: Validación Cruzada Anidada con Scikit-learn

```
import numpy as np
import pandas as pd
from sklearn.model_selection import GridSearchCV, cross_val_score, train_test_split
from sklearn.linear_model import LogisticRegression
from sklearn.preprocessing import StandardScaler
from sklearn.pipeline import make_pipeline
from sklearn.metrics import accuracy_score, precision_score, recall_score, f1_score
import matplotlib.pyplot as plt

# Generate sample data
np.random.seed(42)
X = np.random.rand(1000, 2)
y = (X[:, 0] + X[:, 1] > 1).astype(int)

# Split data into training and testing sets
X_train,  X_test,  y_train,  y_test  =  train_test_split(X,  y,  test_size=0.2,
random_state=42)

# Define the pipeline
pipeline = make_pipeline(StandardScaler(), LogisticRegression())

# Define the parameter grid for grid search
param_grid = {
    'logisticregression__C': [0.1, 1, 10],
    'logisticregression__solver': ['liblinear', 'lbfgs']
}

# Initialize GridSearchCV with 5-fold cross-validation
grid_search = GridSearchCV(pipeline, param_grid, cv=5, scoring='accuracy', n_jobs=-1)

# Perform nested cross-validation with 5 outer folds
nested_scores  =  cross_val_score(grid_search,  X_train,  y_train,  cv=5,
scoring='accuracy')

# Fit the GridSearchCV on the entire training data
grid_search.fit(X_train, y_train)

# Make predictions on the test set
```

```
y_pred = grid_search.predict(X_test)

# Calculate performance metrics
accuracy = accuracy_score(y_test, y_pred)
precision = precision_score(y_test, y_pred)
recall = recall_score(y_test, y_pred)
f1 = f1_score(y_test, y_pred)

# Print results
print("Nested Cross-Validation Scores:", nested_scores)
print(f"Average    Nested    CV    Accuracy:    {nested_scores.mean():.4f}    (+/-
{nested_scores.std() * 2:.4f})")
print(f"\\nBest parameters: {grid_search.best_params_}")
print(f"Best cross-validation score: {grid_search.best_score_:.4f}")
print(f"\\nTest set performance:")
print(f"Accuracy: {accuracy:.4f}")
print(f"Precision: {precision:.4f}")
print(f"Recall: {recall:.4f}")
print(f"F1-score: {f1:.4f}")

# Visualize nested cross-validation results
plt.figure(figsize=(10, 6))
plt.boxplot(nested_scores)
plt.title('Nested Cross-Validation Accuracy Scores')
plt.ylabel('Accuracy')
plt.show()
```

Explicación del desglose del código:

1. **Importación de bibliotecas**: Importamos los módulos necesarios de Scikit-learn, NumPy, Pandas y Matplotlib para la manipulación de datos, creación de modelos, evaluación y visualización.
2. **Generación de datos**: Creamos un conjunto de datos sintético con 1000 muestras y 2 características. La variable objetivo es binaria, determinada por si la suma de las dos características es mayor que 1.
3. **División de datos**: Dividimos los datos en conjuntos de entrenamiento y prueba utilizando train_test_split, reservando el 20 % para pruebas.
4. **Configuración del pipeline**: Creamos un pipeline que incluye StandardScaler para la normalización de características y LogisticRegression como modelo. Esto asegura un preprocesamiento coherente en todos los pliegues y durante la evaluación final.
5. **Parámetros del grid**: Definimos un grid de parámetros para la búsqueda en grid, incluyendo diferentes valores para el parámetro de regularización C y tipos de solvers para LogisticRegression.

6. **Inicialización de GridSearchCV**: Configuramos GridSearchCV con validación cruzada de 5 pliegues, utilizando la precisión como métrica de puntuación. El parámetro n_jobs=-1 permite el uso de todos los núcleos de CPU disponibles para un cálculo más rápido.
7. **Validación cruzada anidada**: Realizamos una validación cruzada anidada utilizando cross_val_score con 5 pliegues externos. Esto nos proporciona una estimación imparcial del rendimiento del modelo.
8. **Ajuste del modelo**: Ajustamos el objeto GridSearchCV en todos los datos de entrenamiento, lo que realiza la optimización de hiperparámetros y selecciona el mejor modelo.
9. **Predicción y evaluación**: Utilizamos el mejor modelo para hacer predicciones en el conjunto de prueba y calculamos varias métricas de rendimiento (precisión, precisión, recall, F1-score).
10. **Informe de resultados**: Imprimimos resultados detallados, incluyendo:
    - Puntuaciones de validación cruzada anidada, su media y desviación estándar
    - Los mejores hiperparámetros encontrados por el grid search
    - La mejor puntuación de validación cruzada lograda durante el grid search
    - Métricas de rendimiento en el conjunto de prueba
11. **Visualización**: Creamos un diagrama de caja para visualizar la distribución de las puntuaciones de precisión de la validación cruzada anidada, proporcionando una representación gráfica de la estabilidad del rendimiento del modelo.

Este ejemplo de código demuestra cómo implementar validación cruzada anidada con ajuste de hiperparámetros utilizando Scikit-learn. Muestra:

- División y preprocesamiento adecuados de los datos
- Uso de un pipeline para la transformación coherente de datos
- Validación cruzada anidada para una estimación imparcial del rendimiento
- Búsqueda en grid para el ajuste de hiperparámetros
- Evaluación en un conjunto de prueba reservado
- Cálculo de múltiples métricas de rendimiento
- Visualización de los resultados de la validación cruzada

Mediante este enfoque, los científicos de datos pueden obtener una evaluación más completa y confiable del rendimiento de su modelo, teniendo en cuenta tanto la variabilidad en las divisiones de datos como el impacto del ajuste de hiperparámetros. Esto conduce a una selección de modelos más sólida y a una mejor comprensión de las capacidades de generalización del modelo.

3.6 Aumento de datos para imágenes y texto

El **aumento de datos** es una técnica poderosa que consiste en crear nuevos ejemplos de entrenamiento a partir de datos existentes aplicando varias transformaciones. Este método se utiliza ampliamente en el deep learning, particularmente para tareas que involucran **imágenes** y **texto**, para expandir artificialmente el tamaño del conjunto de entrenamiento. Al hacerlo, el aumento de datos ayuda a mejorar la generalización del modelo, reducir el sobreajuste y mejorar el rendimiento general en datos no vistos.

En esta sección, profundizaremos en la aplicación de técnicas de aumento de datos tanto para **datos de imágenes** como para **datos de texto**, dos dominios fundamentales en el machine learning. Para los datos de imágenes, exploraremos una variedad de métodos de aumento como la rotación, volteo, escalado y modificación de colores. Estas técnicas permiten a los modelos aprender desde diversas perspectivas visuales, haciéndolos más robustos a variaciones en escenarios del mundo real.

En el campo de los datos de texto, examinaremos estrategias de aumento como el reemplazo de sinónimos, inserción aleatoria, eliminación y la sofisticada técnica de la retrotraducción. Estos métodos sirven para expandir el vocabulario, introducir diversidad sintáctica y aumentar la variación general en el conjunto de datos, lo que en última instancia conduce a modelos de procesamiento de lenguaje natural más versátiles y capaces.

3.6.1 Aumento de datos para imágenes

En tareas de machine learning basadas en imágenes, como clasificación, detección de objetos o segmentación, los modelos de deep learning a menudo requieren grandes cantidades de datos de entrenamiento diversos para lograr un alto rendimiento. Este requerimiento surge de la necesidad de que los modelos aprendan características robustas que se generalicen bien a imágenes no vistas. Sin embargo, recolectar y etiquetar manualmente grandes conjuntos de datos puede ser un proceso extremadamente costoso y que consume mucho tiempo, a menudo requiriendo recursos humanos significativos y experiencia.

El **aumento de datos de imágenes** ofrece una solución poderosa a este desafío al expandir artificialmente el tamaño y la diversidad del conjunto de entrenamiento. Esta técnica implica aplicar varias transformaciones a las imágenes existentes para crear nuevas versiones ligeramente modificadas. Estas transformaciones simulan variaciones del mundo real que el modelo podría encontrar durante la inferencia, como:

- Diferentes orientaciones: Rotar o voltear imágenes para imitar varios ángulos de visualización.

- Niveles de zoom variados: Escalar imágenes para simular objetos a diferentes distancias.
- Condiciones de iluminación alteradas: Ajustar brillo, contraste o balance de color para representar diferentes escenarios de iluminación.
- Transformaciones geométricas: Aplicar cizalladura, cambios de perspectiva o deformaciones elásticas para introducir variaciones en la forma.
- Inyección de ruido: Añadir ruido aleatorio a las imágenes para mejorar la robustez del modelo.

Al aplicar estas técnicas de aumento, una sola imagen original puede generar múltiples ejemplos de entrenamiento únicos. Esto no solo aumenta el tamaño efectivo del conjunto de datos, sino que también expone al modelo a una mayor variedad de posibles variaciones que podría encontrar en aplicaciones del mundo real. Como resultado, el aumento de datos para imágenes ayuda a mejorar la generalización del modelo, reduce el sobreajuste y mejora el rendimiento general en datos no vistos, todo mientras minimiza la necesidad de recolección y etiquetado adicional de datos.

a. Técnicas comunes de aumento de imágenes

El aumento de datos para imágenes abarca una variedad de técnicas diseñadas para expandir y diversificar artificialmente un conjunto de datos. Estos métodos son cruciales para mejorar la robustez y generalización del modelo. A continuación, se presenta una visión detallada de algunas técnicas comunes de aumento:

- **Rotación**: Esto implica rotar la imagen en un ángulo aleatorio. La rotación ayuda al modelo a aprender a reconocer objetos independientemente de su orientación. Por ejemplo, un modelo entrenado con imágenes rotadas de autos podría identificar un auto ya sea que esté derecho o inclinado.
- **Volteo**: Las imágenes pueden voltearse horizontal o verticalmente. El volteo horizontal es particularmente útil para escenas naturales u objetos que pueden aparecer en cualquiera de las orientaciones, como animales o vehículos. El volteo vertical es menos común, pero puede ser útil para ciertos conjuntos de datos, como imágenes médicas.
- **Escalado**: Esta técnica implica acercar o alejar la imagen. El escalado ayuda al modelo a aprender a identificar objetos de diferentes tamaños o distancias. Por ejemplo, un modelo entrenado con imágenes escaladas de aves podría reconocer un ave ya sea que esté cerca o lejos en una imagen.
- **Traducción**: Esto significa desplazar la imagen a lo largo del eje x o y. La traducción ayuda al modelo a aprender que la posición de un objeto en el marco no afecta su identidad. Esto es particularmente útil para tareas de detección de objetos, donde los objetos pueden aparecer en cualquier lugar de la imagen.

- **Cizallamiento**: Aplicar una transformación de cizallamiento a la imagen crea un efecto de inclinación. Esto puede ayudar a los modelos a aprender a reconocer objetos desde perspectivas o ángulos ligeramente diferentes, mejorando su capacidad para manejar variaciones del mundo real en la apariencia de los objetos.
- **Ajuste de brillo**: Esto implica aumentar o disminuir el brillo general de la imagen. Ayuda a que los modelos sean más robustos a las variaciones en las condiciones de iluminación, lo cual es crucial para aplicaciones en el mundo real donde la iluminación puede variar significativamente.

Estas transformaciones, cuando se aplican con cuidado, exponen al modelo a una amplia gama de posibles variaciones del mismo objeto o escena. Esta exposición es clave para mejorar la capacidad de generalización del modelo. Por ejemplo, un modelo entrenado con datos aumentados es más probable que clasifique correctamente un gato en una imagen, independientemente de si el gato está al revés, parcialmente oculto o fotografiado en condiciones de poca luz.

Es importante tener en cuenta que la elección y el grado de las aumentaciones deben ajustarse al problema específico y al conjunto de datos. Por ejemplo, las rotaciones extremas pueden no ser adecuadas para tareas de reconocimiento de texto, mientras que podrían ser muy beneficiosas para el análisis de imágenes satelitales. El objetivo es crear variaciones realistas que el modelo podría encontrar en escenarios del mundo real, mejorando así su rendimiento y fiabilidad en diversas condiciones de entrada.

b. Aplicación de aumento de imágenes con Keras

Keras ofrece la potente clase ImageDataGenerator para la creación dinámica de aumentación de imágenes durante el proceso de entrenamiento. Esta herramienta versátil permite la creación en tiempo real de variaciones diversas de las imágenes de entrada, asegurando que cada lote presentado al modelo contenga datos aumentados de manera única. Al aprovechar esta funcionalidad, los científicos de datos pueden mejorar significativamente la capacidad del modelo para generalizar y adaptarse a diversas transformaciones de imágenes sin expandir manualmente su conjunto de datos.

El ImageDataGenerator aplica una gama de técnicas de aumentación predefinidas o personalizadas en tiempo real, como rotación, volteo, escalado y ajustes de color. Este enfoque no solo ahorra espacio de almacenamiento al eliminar la necesidad de almacenar imágenes aumentadas por separado, sino que también introduce un elemento de aleatoriedad que puede ayudar a prevenir el sobreajuste. Como resultado, los modelos entrenados con este método a menudo muestran una mayor robustez y rendimiento en una gama más amplia de escenarios del mundo real.

Ejemplo: Aumento de imágenes con Keras

```
import numpy as np
from keras.preprocessing.image import ImageDataGenerator
```

```
import matplotlib.pyplot as plt
from keras.preprocessing import image
from keras.applications.vgg16 import VGG16, preprocess_input
from keras.models import Model

# Initialize the ImageDataGenerator with augmentation techniques
datagen = ImageDataGenerator(
    rotation_range=40,
    width_shift_range=0.2,
    height_shift_range=0.2,
    shear_range=0.2,
    zoom_range=0.2,
    horizontal_flip=True,
    vertical_flip=False,
    brightness_range=[0.8,1.2],
    channel_shift_range=50,
    fill_mode='nearest'
)

# Load and preprocess an example image
img_path = 'path_to_image.jpg'
img = image.load_img(img_path, target_size=(224, 224))
x = image.img_to_array(img)
x = np.expand_dims(x, axis=0)
x = preprocess_input(x)

# Load pre-trained VGG16 model
base_model = VGG16(weights='imagenet', include_top=False)
model                          =                          Model(inputs=base_model.input,
outputs=base_model.get_layer('block4_pool').output)

# Generate and visualize augmented images
plt.figure(figsize=(10,10))
for i, batch in enumerate(datagen.flow(x, batch_size=1)):
    ax = plt.subplot(3, 3, i + 1)
    plt.imshow(image.array_to_img(batch[0]))

    # Extract features from augmented image
    features = model.predict(batch)
    plt.title(f"Max activation: {np.max(features):.2f}")

    plt.axis('off')
    if i == 8:  # Display 9 augmented images
        break
plt.tight_layout()
plt.show()

# Demonstrate batch augmentation
x_batch = np.repeat(x, 32, axis=0)
augmented_batch = next(datagen.flow(x_batch, batch_size=32))

plt.figure(figsize=(10,10))
```

```
for i in range(9):
    ax = plt.subplot(3, 3, i + 1)
    plt.imshow(image.array_to_img(augmented_batch[i]))
    plt.axis('off')
plt.tight_layout()
plt.show()
```

Este ejemplo de código demuestra técnicas integrales de aumento de imágenes utilizando ImageDataGenerator de Keras.

A continuación, se presenta un desglose detallado del código y su funcionalidad:

1. **Importar las bibliotecas necesarias**:
    - numpy para operaciones numéricas
    - Módulos de Keras para el preprocesamiento y aumento de imágenes
    - matplotlib para la visualización
    - Modelo VGG16 para la extracción de características
2. **Inicializar ImageDataGenerator**:
    - rotation_range: Rotaciones aleatorias de hasta 40 grados
    - width_shift_range y height_shift_range: Desplazamientos horizontales y verticales aleatorios
    - shear_range: Transformaciones de cizalladura aleatoria
    - zoom_range: Zoom aleatorio
    - horizontal_flip: Volteo horizontal aleatorio
    - brightness_range: Ajustes de brillo aleatorios
    - channel_shift_range: Desplazamientos aleatorios de canales para alteración de colores
    - fill_mode: Estrategia para llenar los píxeles recién creados
3. **Cargar y preprocesar una imagen de ejemplo**:
    - Cargar la imagen y redimensionar a 224x224 (tamaño de entrada estándar para VGG16)
    - Convertir a un array y agregar la dimensión de lote
    - Preprocesar la entrada para el modelo VGG16
4. **Cargar el modelo preentrenado VGG16**:

   - Usar los pesos de ImageNet
   - Eliminar las capas superiores (capas completamente conectadas)
   - Crear un nuevo modelo que emita características desde una capa intermedia
5. **Generar y visualizar imágenes aumentadas**:
   - Crear una cuadrícula de 3x3 de subgráficos
   - Para cada imagen aumentada:
   - Mostrar la imagen
   - Extraer características utilizando el modelo VGG16
   - Mostrar la activación máxima como el título del subgráfico
6. **Demostrar el aumento por lotes**:
   - Crear un lote de 32 copias de la imagen original
   - Aplicar aumento a todo el lote a la vez
   - Mostrar 9 imágenes del lote aumentado

Este ejemplo integral muestra varios aspectos del aumento de imágenes:

- Múltiples técnicas de aumento aplicadas simultáneamente
- Visualización de imágenes aumentadas
- Integración con un modelo preentrenado para la extracción de características
- Demostración de aumento por lotes para un procesamiento eficiente

Al aplicar estas técnicas de aumento, los modelos de machine learning pueden aprender a ser más robustos frente a las variaciones en los datos de entrada, lo que potencialmente mejora sus capacidades de generalización y el rendimiento general en conjuntos de datos de imágenes diversos.

c. Importancia del aumento de datos en tareas de imágenes

El aumento de imágenes desempeña un papel crucial en la mejora del rendimiento de los modelos de machine learning, especialmente en tareas como el reconocimiento y la clasificación de objetos. Esta técnica consiste en crear versiones modificadas de las imágenes existentes en el conjunto de entrenamiento, lo que sirve para varios propósitos importantes:

1. **Mejora de la invariancia**: Al aplicar diversas transformaciones a las imágenes, como rotaciones, volteos y escalado, el modelo aprende a volverse más invariante a los

cambios de orientación, tamaño y otras variaciones visuales. Esta invariancia es fundamental para aplicaciones del mundo real, donde los objetos pueden aparecer en diferentes posiciones o bajo diferentes condiciones.

2. **Mejora de la generalización**: El aumento ayuda a prevenir el sobreajuste al exponer al modelo a una gama más amplia de posibles variaciones de las imágenes. Esta mejora en la generalización permite que el modelo tenga un mejor desempeño en datos no vistos, ya que ha aprendido a enfocarse en las características esenciales del objeto en lugar de memorizar ejemplos específicos de entrenamiento.

3. **Ampliación del conjunto de datos**: En muchos casos, recolectar un conjunto de datos grande y diverso puede ser costoso y llevar mucho tiempo. El aumento amplía efectivamente el tamaño del conjunto de entrenamiento sin requerir una recolección de datos adicional, lo que lo convierte en una forma eficiente de mejorar el rendimiento del modelo, especialmente cuando se trabaja con datos limitados.

4. **Robustez frente a variaciones del mundo real**: Al simular diversas condiciones del mundo real mediante el aumento (por ejemplo, cambios en la iluminación, la perspectiva o el fondo), el modelo se vuelve más robusto y capaz de manejar los diversos escenarios que podría encontrar en aplicaciones prácticas.

Por ejemplo, considera un conjunto de datos de imágenes de perros utilizado para entrenar un modelo de clasificación de razas caninas. Al aumentar este conjunto de datos con rotaciones y volteos aleatorios, el modelo aprende a reconocer perros desde diferentes ángulos y perspectivas. Esto significa que, cuando se le presenta una nueva imagen de un perro en una pose inusual o desde un punto de vista poco común, el modelo tendrá más probabilidades de identificar correctamente la raza. Además, aumentos como la alteración del color pueden ayudar a que el modelo sea menos sensible a las variaciones en las condiciones de iluminación, mientras que el recorte aleatorio puede mejorar su capacidad para identificar perros en vistas parciales o cuando no están centrados en el encuadre.

Además, el aumento puede ayudar a abordar problemas de desequilibrio de clases en los conjuntos de datos. Para las razas raras con menos ejemplos, se puede aplicar un aumento más agresivo para crear ejemplos sintéticos adicionales, ayudando a equilibrar la representación de diferentes clases en los datos de entrenamiento.

En esencia, el aumento de imágenes es una técnica poderosa que mejora significativamente la capacidad de un modelo para generalizar desde los datos de entrenamiento a escenarios del mundo real, lo que conduce a un rendimiento más robusto y confiable en las tareas de visión por computadora.

3.6.2 Aumento de datos para texto

En el procesamiento de lenguaje natural (NLP), el aumento de datos para texto presenta desafíos únicos en comparación con el aumento de imágenes debido a la naturaleza intrincada del lenguaje. El objetivo principal es preservar la estructura, el contexto y el significado semántico de las oraciones mientras se introducen variaciones. Este proceso implica generar nuevas oraciones o documentos a partir de los existentes aplicando alteraciones sutiles que mantengan la intención original.

Las técnicas de aumento de texto deben aplicarse con cuidado para garantizar que los datos aumentados sigan siendo coherentes y significativos. Por ejemplo, simplemente reemplazar palabras con sinónimos o alterar la estructura de las oraciones a veces puede resultar en resultados sin sentido o gramaticalmente incorrectos. Por lo tanto, a menudo se emplean métodos más sofisticados, como el uso de modelos de lenguaje para generar variaciones contextualmente apropiadas o el aprovechamiento del conocimiento lingüístico para garantizar la corrección sintáctica.

Los beneficios del aumento de texto son especialmente notables cuando se trabaja con conjuntos de datos pequeños, lo que es un desafío común en muchas tareas de NLP. Al expandir artificialmente el conjunto de datos, los modelos pueden estar expuestos a una gama más amplia de variaciones lingüísticas, lo que les ayuda a:

- **Mejorar la generalización del modelo**: Al exponer a los modelos a una gama más amplia de variaciones lingüísticas, aprenden a enfocarse en las características lingüísticas esenciales en lugar de memorizar frases o estructuras de oraciones específicas.
- **Aumentar la robustez frente a variaciones lingüísticas**: Los datos aumentados ayudan a los modelos a manejar mejor las ligeras diferencias en la elección de palabras, la estructura de las oraciones o las expresiones idiomáticas, lo que los hace más adaptables al uso real del lenguaje.
- **Combatir el sobreajuste**: La mayor variedad en los datos de entrenamiento reduce la probabilidad de que los modelos se especialicen demasiado en un conjunto limitado de ejemplos, lo que conduce a un mejor rendimiento en textos no vistos.
- **Superar las limitaciones de datos**: En dominios especializados o en lenguas con pocos recursos, donde obtener grandes cantidades de datos textuales etiquetados es difícil o costoso, las técnicas de aumento pueden expandir artificialmente el conjunto de datos, proporcionando una solución práctica a los problemas de escasez de datos.
- **Mejorar la adaptación al dominio**: Al introducir variaciones controladas en la terminología o redacción específica de un dominio, los modelos pueden volverse más hábiles para manejar sutiles diferencias entre dominios o subcampos relacionados.

Sin embargo, es crucial encontrar un equilibrio entre el aumento y la calidad de los datos. Un exceso de aumento o un aumento mal ejecutado puede introducir ruido o sesgo en el conjunto de datos, lo que podría degradar el rendimiento del modelo. Por lo tanto, es esencial la validación cuidadosa y el monitoreo de las técnicas de aumento para garantizar que contribuyan positivamente al proceso de aprendizaje del modelo.

A continuación, se presentan algunas técnicas de aumento de texto comúnmente utilizadas, junto con explicaciones detalladas de cómo funcionan y sus beneficios:

- **Reemplazo de sinónimos**: Esta técnica consiste en sustituir palabras en una oración por sus sinónimos. Por ejemplo, "El gato se sentó en la alfombra" podría convertirse en "El felino descansó en la estera". Este método ayuda al modelo a aprender diferentes formas de expresar el mismo concepto, mejorando su capacidad para entender vocabulario y frases variadas.
- **Inserción aleatoria**: Este enfoque implica agregar palabras aleatorias en una oración en posiciones aleatorias. Por ejemplo, "Me encanta la pizza" podría convertirse en "Realmente me encanta la deliciosa pizza". Esta técnica ayuda al modelo a ser más robusto frente a palabras o frases adicionales que no alteran significativamente el significado principal de una oración.
- **Eliminación aleatoria**: En este método, se eliminan palabras aleatoriamente de una oración. Por ejemplo, "El rápido zorro marrón salta sobre el perro perezoso" podría convertirse en "El rápido zorro salta sobre el perro perezoso". Esto simula escenarios donde la información puede estar ausente o ser implícita, entrenando al modelo para inferir el significado a partir del contexto.
- **Retrotraducción**: Esto implica traducir una oración a otro idioma y luego volver a traducirla al idioma original. Por ejemplo, "Hola, ¿cómo estás?" podría convertirse en "Hola, ¿cómo te va?" después de ser traducida al francés y de regreso al inglés. Esta técnica introduce variaciones naturales en la estructura de las oraciones y en la elección de palabras que un traductor humano podría usar.
- **Desorden de oraciones**: Esta técnica consiste en reorganizar el orden de las palabras o frases dentro de una oración manteniendo la corrección gramatical. Por ejemplo, "Ayer fui a la tienda" podría convertirse en "Fui a la tienda ayer". Esto ayuda al modelo a entender que el significado se puede preservar incluso cuando el orden de las palabras cambia, lo cual es particularmente útil para lenguajes con orden flexible de palabras.

Estas técnicas generan diversas variaciones de los datos textuales originales, mejorando la robustez del modelo frente a ligeros cambios en la redacción o estructura de las oraciones. Al exponer al modelo a estas variaciones durante el entrenamiento, se vuelve más capaz de manejar la diversidad natural del lenguaje que puede encontrar en aplicaciones del mundo real. Esta mejora en la generalización puede llevar a un mejor desempeño en tareas como la clasificación de texto, el análisis de sentimientos y la traducción automática.

Aplicación de aumento de texto con la biblioteca NLTK

La **Natural Language Toolkit (NLTK)** ofrece un conjunto completo de herramientas para trabajar con datos textuales e implementar diversas técnicas de aumento de texto. Esta potente biblioteca no solo facilita operaciones básicas como la tokenización y el etiquetado de partes del discurso, sino que también proporciona funcionalidades avanzadas para el reemplazo de sinónimos, la lematización y el análisis semántico.

Al aprovechar el extenso corpus y los algoritmos integrados de NLTK, los desarrolladores pueden implementar fácilmente estrategias sofisticadas de aumento de texto para mejorar sus modelos de procesamiento de lenguaje natural.

Ejemplo: Reemplazo de sinónimos con NLTK

```
import random
import nltk
from nltk.corpus import wordnet
from nltk.tokenize import word_tokenize
from nltk.tag import pos_tag

# Download necessary NLTK data
nltk.download('punkt')
nltk.download('averaged_perceptron_tagger')
nltk.download('wordnet')

def get_synonyms(word, pos=None):
    synonyms = []
    for syn in wordnet.synsets(word, pos=pos):
        for lemma in syn.lemmas():
            if lemma.name() != word:
                synonyms.append(lemma.name())
    return list(set(synonyms))

def get_wordnet_pos(treebank_tag):
    if treebank_tag.startswith('J'):
        return wordnet.ADJ
    elif treebank_tag.startswith('V'):
        return wordnet.VERB
    elif treebank_tag.startswith('N'):
        return wordnet.NOUN
    elif treebank_tag.startswith('R'):
        return wordnet.ADV
    else:
        return None

def augment_sentence(sentence, replacement_prob=0.5):
    words = word_tokenize(sentence)
    tagged_words = pos_tag(words)

    augmented_words = []
    for word, tag in tagged_words:
        pos = get_wordnet_pos(tag)
        synonyms = get_synonyms(word, pos) if pos else []

        if synonyms and random.random() < replacement_prob:
            augmented_words.append(random.choice(synonyms))
```

```
        else:
            augmented_words.append(word)

    return ' '.join(augmented_words)

# Sample sentences
sentences = [
    "The quick brown fox jumps over the lazy dog",
    "I love to eat pizza and pasta for dinner",
    "The sun rises in the east and sets in the west"
]

# Augment sentences
for i, sentence in enumerate(sentences, 1):
    print(f"\\nSentence {i}:")
    print("Original:", sentence)
    print("Augmented:", augment_sentence(sentence))

# Demonstrate multiple augmentations
print("\\nMultiple augmentations of the same sentence:")
sentence = "The quick brown fox jumps over the lazy dog"
for i in range(3):
    print(f"Augmentation {i+1}:", augment_sentence(sentence))
```

Este ejemplo de código demuestra un enfoque más completo para el aumento de texto utilizando el reemplazo de sinónimos.

Aquí tienes un desglose de los componentes clave y las mejoras:

1. **Instrucciones de importación**: Importamos módulos adicionales de NLTK para la tokenización y el etiquetado de partes del discurso (POS).
2. **Descarga de datos de NLTK**: Aseguramos que los datos necesarios de NLTK estén descargados para la tokenización, el etiquetado POS y el acceso a WordNet.
3. **Función mejorada get_synonyms**:
    - Ahora acepta un parámetro POS opcional para filtrar sinónimos por parte del discurso.
    - Usa set() para eliminar duplicados de la lista de sinónimos.
4. **Función get_wordnet_pos**: Mapea las etiquetas POS de NLTK a las categorías de POS de WordNet, permitiendo una recuperación más precisa de los sinónimos.
5. **Función augment_sentence**:
    - Tokeniza la oración de entrada y realiza el etiquetado POS.
    - Utiliza la información POS al recuperar sinónimos.

   - Permite una probabilidad de reemplazo personalizable.

6. **Múltiples oraciones de ejemplo**: Demuestra el aumento en varias oraciones para mostrar su versatilidad.
7. **Múltiples aumentos**: Muestra cómo la misma oración puede ser aumentada de manera diferente en cada ejecución.

Esta versión mejorada ofrece varias ventajas:

- **Conciencia de las partes del discurso**: Al considerar la POS de cada palabra, aseguramos que los sinónimos sean más apropiados contextualmente (por ejemplo, los verbos se reemplazan por verbos, los sustantivos por sustantivos).
- **Flexibilidad**: La probabilidad de reemplazo puede ajustarse para controlar el grado de aumento.
- **Robustez**: El código maneja varias estructuras de oraciones y demuestra consistencia en múltiples ejecuciones.
- **Valor educativo**: El ejemplo muestra múltiples características de NLTK y conceptos de NLP, lo que lo convierte en una herramienta de aprendizaje integral.

Este ejemplo proporciona un enfoque realista y aplicable para el aumento de texto, adecuado para su uso en varias tareas de NLP y flujos de trabajo de machine learning.

Aplicación de retrotraducción para el aumento de texto

La retrotraducción es una técnica de aumento poderosa y versátil que mejora la diversidad de los datos textuales al aprovechar los matices de diferentes idiomas. Este método implica un proceso de traducción en dos pasos: primero, traducir una oración de su idioma original (por ejemplo, inglés) a un idioma objetivo (por ejemplo, francés), y luego traducirla nuevamente al idioma original. Esta traducción de ida y vuelta introduce variaciones sutiles en la estructura de las oraciones, la elección de palabras y las frases, mientras se preserva el significado central del texto.

La belleza de la retrotraducción radica en su capacidad para generar versiones lingüísticamente diversas del mismo contenido. Al pasar por el prisma de otro idioma, el texto sufre transformaciones que pueden incluir:

- Alteraciones en el orden de las palabras
- Sustituciones con sinónimos o términos relacionados
- Cambios en las estructuras gramaticales
- Variaciones en las expresiones idiomáticas

Estos cambios crean un conjunto de datos más rico y variado que puede mejorar significativamente la capacidad de un modelo para generalizar y comprender el lenguaje en sus múltiples formas.

Para implementar la retrotraducción de manera eficiente, los desarrolladores suelen recurrir a bibliotecas de traducción robustas. Una herramienta popular es **Googletrans**, una biblioteca de Python gratuita y fácil de usar que proporciona acceso a la API de Google Translate. Esta biblioteca ofrece una forma sencilla de realizar la retrotraducción, permitiendo una integración fluida en los flujos de trabajo existentes de NLP y aumento de datos.

Ejemplo: Retrotraducción con Googletrans

```
import random
from googletrans import Translator

def backtranslate(sentence, src='en', intermediate_langs=['fr', 'de', 'es', 'it']):
    translator = Translator()

    # Randomly choose an intermediate language
    dest = random.choice(intermediate_langs)

    try:
        # Translate to intermediate language
        intermediate = translator.translate(sentence, src=src, dest=dest).text

        # Translate back to source language
        result = translator.translate(intermediate, src=dest, dest=src).text

        return result
    except Exception as e:
        print(f"Translation error: {e}")
        return sentence  # Return original sentence if translation fails

# Original sentences
sentences = [
    "The quick brown fox jumps over the lazy dog.",
    "I love to eat pizza and pasta for dinner.",
    "The sun rises in the east and sets in the west."
]

# Perform backtranslation on multiple sentences
for i, sentence in enumerate(sentences, 1):
    print(f"\\nSentence {i}:")
    print("Original:", sentence)
    print("Backtranslated:", backtranslate(sentence))

# Demonstrate multiple backtranslations of the same sentence
print("\\nMultiple backtranslations of the same sentence:")
sentence = "The quick brown fox jumps over the lazy dog."
for i in range(3):
```

```
    print(f"Backtranslation {i+1}:", backtranslate(sentence))
```

Este ejemplo de código demuestra un enfoque más completo para la retrotraducción como técnica de aumento de datos textuales.

Aquí tienes un desglose detallado de las mejoras y sus propósitos:

- **Instrucciones de importación**: Importamos el módulo 'random' además de 'Translator' de googletrans. Esto nos permite introducir aleatoriedad en nuestro proceso de retrotraducción.
- **Función backtranslate**:
    - Esta función encapsula la lógica de la retrotraducción, haciendo el código más modular y reutilizable.
    - Acepta parámetros para el idioma de origen y una lista de idiomas intermedios, lo que permite flexibilidad en el proceso de traducción.
    - La función selecciona aleatoriamente un idioma intermedio para cada traducción, aumentando la diversidad de los datos aumentados.
    - Se implementa un manejo de errores para manejar de manera elegante cualquier error de traducción, devolviendo la oración original si falla una traducción.
- **Múltiples oraciones de ejemplo**: En lugar de usar una sola oración, ahora tenemos un arreglo de oraciones. Esto demuestra cómo se puede aplicar la retrotraducción a varios tipos de oraciones.
- **Bucle sobre las oraciones**: Iteramos a través de cada oración en nuestro arreglo, aplicando retrotraducción a cada una. Esto muestra cómo la técnica puede aplicarse a un conjunto de datos de múltiples oraciones.
- **Múltiples retrotraducciones**: Demostramos cómo una misma oración puede ser retrotraducida varias veces, potencialmente generando diferentes resultados cada vez debido a la selección aleatoria del idioma intermedio.

Esta versión expandida ofrece varias ventajas:

- **Versatilidad**: Al permitir múltiples idiomas intermedios, el código puede generar aumentos más diversos.
- **Robustez**: El manejo de errores asegura que el programa siga funcionando incluso si falla una traducción en una oración particular.
- **Escalabilidad**: El diseño modular de la función backtranslate facilita su integración en tuberías de procesamiento de datos más grandes.

- **Demostración de variabilidad**: Al mostrar múltiples retrotraducciones de la misma oración, ilustramos cómo esta técnica puede generar diferentes variaciones, lo cual es crucial para un aumento de datos efectivo.

3.6.3 Combinando aumento de datos para texto e imágenes

En ciertas aplicaciones, como el **aprendizaje multimodal** (donde se utilizan texto e imágenes juntos), se pueden aplicar simultáneamente técnicas de aumento de datos tanto para imágenes como para texto para crear un conjunto de datos más robusto y diverso. Este enfoque es particularmente valioso en tareas que implican procesar información visual y textual de manera concurrente.

Por ejemplo, considera una tarea que implique analizar tanto subtítulos como imágenes, como el subtitulado de imágenes o la respuesta a preguntas visuales. En estos escenarios, puedes emplear una combinación de técnicas de aumento de imágenes y texto para mejorar la capacidad del modelo de generalizar en diferentes variaciones de los datos:

- **Aumentaciones de imágenes**: Aplica transformaciones como volteos, rotación, escalado o modificación del color a las imágenes. Estas modificaciones ayudan al modelo a volverse más invariante a cambios en la perspectiva, orientación y condiciones de iluminación.
- **Aumentaciones de texto**: Simultáneamente, aplica técnicas como el reemplazo de sinónimos, la inserción/eliminación aleatoria o la retrotraducción a los subtítulos o textos asociados. Esto ayuda al modelo a comprender diferentes formas de expresar el mismo concepto.

Al combinar estas estrategias de aumento, creas un conjunto de datos mucho más rico que expone al modelo a una amplia gama de variaciones tanto en el dominio visual como en el textual. Este enfoque ofrece varios beneficios:

- **Mayor versatilidad del modelo**: Al exponer al modelo a una diversidad de representaciones visuales y textuales, desarrolla una comprensión más completa de las relaciones entre las imágenes y sus descripciones. Esta perspectiva más amplia permite que el modelo funcione de manera más efectiva en datos no vistos, adaptándose a nuevos escenarios con mayor flexibilidad.
- **Mitigación de tendencias de sobreajuste**: La introducción de variabilidad en el conjunto de entrenamiento sirve como una salvaguarda poderosa contra la tendencia del modelo a memorizar asociaciones específicas entre imágenes y textos. En cambio, se fomenta que el modelo aprenda patrones y conceptos generalizables, lo que lleva a un mejor rendimiento en una gama más amplia de entradas.
- **Mayor resiliencia ante variaciones de entrada**: Al estar expuesto a diversas aumentaciones, el modelo desarrolla una tolerancia robusta al ruido y las variaciones tanto en entradas visuales como textuales. Esta mayor adaptabilidad asegura un

rendimiento más estable y confiable en aplicaciones del mundo real donde la calidad y las características de la entrada pueden fluctuar.

- **Fortalecimiento de la alineación multimodal**: El enfoque de aumento combinado facilita la capacidad del modelo para establecer conexiones más matizadas y precisas entre los elementos visuales y sus descripciones textuales. Esta capacidad de alineación refinada da como resultado salidas más coherentes y contextualmente apropiadas en tareas que involucren tanto el procesamiento de imágenes como de texto.

Por ejemplo, en una tarea de subtitulado de imágenes, podrías rotar una imagen de un "gato sentado en un sofá" y simultáneamente modificar su subtítulo de "Un gato está sentado en un sofá" a "Un felino está descansando en un sillón". Este aumento combinado ayuda al modelo a comprender que el concepto central sigue siendo el mismo a pesar de los cambios en la orientación visual y la expresión textual.

Al aprovechar estas técnicas de aumento multimodal, los investigadores y profesionales pueden mejorar significativamente el rendimiento y la fiabilidad de los modelos que operan en la intersección de la visión por computadora y el procesamiento del lenguaje natural.

Aquí tienes un ejemplo que demuestra cómo combinar el aumento de datos para texto e imágenes:

```
import numpy as np
import tensorflow as tf
from tensorflow.keras.preprocessing.image import ImageDataGenerator
from tensorflow.keras.preprocessing.text import Tokenizer
from tensorflow.keras.preprocessing.sequence import pad_sequences
from nltk.corpus import wordnet
import random
import nltk
nltk.download('wordnet')

# Image augmentation function
def augment_image(image):
    image_generator = ImageDataGenerator(
        rotation_range=20,
        width_shift_range=0.2,
        height_shift_range=0.2,
        shear_range=0.2,
        zoom_range=0.2,
        horizontal_flip=True,
        fill_mode='nearest'
    )
    image = image.reshape((1,) + image.shape)
    aug_iter = image_generator.flow(image, batch_size=1)
    aug_image = next(aug_iter)[0].astype('uint8')
    return aug_image
```

```
# Text augmentation function
def augment_text(text, aug_percent=0.2):
    words = text.split()
    n_to_augment = max(1, int(len(words) * aug_percent))
    augmented_words = words.copy()

    for _ in range(n_to_augment):
        idx = random.randint(0, len(words) - 1)
        word = words[idx]
        synonyms = []
        for syn in wordnet.synsets(word):
            for lemma in syn.lemmas():
                synonyms.append(lemma.name())
        if synonyms:
            augmented_words[idx] = random.choice(synonyms)

    return ' '.join(augmented_words)

# Sample data
images = np.random.randint(0, 256, (100, 224, 224, 3), dtype=np.uint8)
captions = [
    "A cat sitting on a couch",
    "A dog playing in the park",
    "A bird flying in the sky",
    # ... more captions ...
]

# Augment images
augmented_images = [augment_image(img) for img in images]

# Augment text
augmented_captions = [augment_text(caption) for caption in captions]

# Tokenize and pad text
tokenizer = Tokenizer()
tokenizer.fit_on_texts(captions + augmented_captions)
sequences = tokenizer.texts_to_sequences(captions + augmented_captions)
padded_sequences = pad_sequences(sequences, maxlen=20, padding='post',
truncating='post')

# Combine original and augmented data
combined_images = np.concatenate([images, np.array(augmented_images)])
combined_sequences = padded_sequences

print("Original data shape:", images.shape, len(captions))
print("Augmented data shape:", combined_images.shape, len(combined_sequences))
print("Sample original caption:", captions[0])
print("Sample augmented caption:", augmented_captions[0])
```

Desglosemos este ejemplo completo:

1. **Importaciones y configuración**:
   - Importamos las bibliotecas necesarias: NumPy para operaciones con arrays, TensorFlow para procesamiento de imágenes, y NLTK para el aumento de datos textuales.
   - Descargamos el corpus de WordNet desde NLTK, que utilizaremos para el reemplazo de sinónimos en el aumento de texto.
2. **Función de aumento de imágenes (augment_image)**:
   - Utilizamos ImageDataGenerator de Keras para aplicar varias transformaciones a las imágenes.
   - Las transformaciones incluyen rotación, desplazamiento, cizallamiento, zoom y volteo horizontal.
   - La función toma una imagen, aplica aumentaciones aleatorias y devuelve la imagen aumentada.
3. **Función de aumento de texto (augment_text)**:
   - Esta función realiza el reemplazo de sinónimos en un porcentaje dado de palabras del texto.
   - Utiliza WordNet para encontrar sinónimos de palabras seleccionadas aleatoriamente.
   - El texto aumentado mantiene la misma estructura, pero con algunas palabras reemplazadas por sus sinónimos.
4. **Datos de ejemplo**:
   - Creamos un conjunto de datos de muestra de 100 imágenes aleatorias (224x224 píxeles, 3 canales de color).
   - También tenemos una lista de subtítulos correspondientes para estas imágenes.
5. **Aumentación de imágenes**:
   - Aplicamos nuestra función de aumento de imágenes a cada imagen del conjunto de datos.
   - Esto efectivamente duplica nuestro conjunto de imágenes, con las nuevas imágenes siendo versiones aumentadas de las originales.
6. **Aumentación de texto**:
   - Aplicamos nuestra función de aumento de texto a cada subtítulo.

- Esto crea un nuevo conjunto de subtítulos con algunas palabras reemplazadas por sinónimos.

7. **Preprocesamiento de texto**:
   - Utilizamos el Tokenizer de Keras para convertir nuestros datos textuales (tanto originales como aumentados) en secuencias de enteros.
   - Luego, rellenamos estas secuencias para asegurarnos de que todas tengan la misma longitud (20 palabras en este caso).
8. **Combinación de datos**:
   - Concatenamos las imágenes originales y aumentadas en un solo array.
   - Las secuencias rellenadas ya contienen tanto los datos textuales originales como los aumentados.
9. **Salida**:
   - Imprimimos las dimensiones de nuestros conjuntos de datos originales y aumentados para mostrar cómo ha crecido el volumen de los datos.
   - También imprimimos un subtítulo original y su versión aumentada para demostrar el aumento de texto.

Este ejemplo demuestra un enfoque poderoso para el aumento de datos multimodales, adecuado para tareas como subtitulado de imágenes o respuestas a preguntas visuales. Al aumentar tanto los datos de imagen como de texto, creamos un conjunto de datos más diverso y robusto, lo que puede ayudar a mejorar el rendimiento y la capacidad de generalización de los modelos de machine learning entrenados con estos datos.

En conclusión, el aumento de datos es una técnica invaluable para mejorar el rendimiento del modelo al aumentar artificialmente el tamaño y la diversidad de los datos de entrenamiento. En tareas basadas en imágenes, transformaciones como rotación, volteo y escalado crean variaciones que ayudan a los modelos a volverse más robustos ante cambios de perspectiva, escala e iluminación.

En las tareas de procesamiento de lenguaje natural (NLP), técnicas como el reemplazo de sinónimos y la retrotraducción permiten estructuras de oraciones diversas sin cambiar el significado subyacente, asegurando que los modelos se generalicen bien a diferentes formas de expresión.

Al aumentar tanto los datos de imagen como de texto, puedes mejorar significativamente las capacidades de generalización de tus modelos de machine learning, especialmente en casos donde los datos de entrenamiento disponibles son limitados.

Ejercicios Prácticos Capítulo 3

Ejercicio 1: Manejo de Datos Faltantes

Tarea: Tienes el siguiente conjunto de datos:

Nombre	Edad	Salario
Alice	25	50000
Bob	None	60000
Charlie	35	None
David	40	80000

Tu tarea es:

- Detectar los datos faltantes.
- Imputar los valores faltantes en las columnas "Edad" y "Salario" utilizando la **media** de las respectivas columnas.

Solución:

```
import pandas as pd

# Create the DataFrame
data = {'Name': ['Alice', 'Bob', 'Charlie', 'David'],
        'Age': [25, None, 35, 40],
        'Salary': [50000, 60000, None, 80000]}
df = pd.DataFrame(data)

# Detect missing data
print("Missing data:\\\\n", df.isnull().sum())

# Impute missing values with the mean of each column
df['Age'] = df['Age'].fillna(df['Age'].mean())
df['Salary'] = df['Salary'].fillna(df['Salary'].mean())

print("\\\\nDataFrame after imputation:\\\\n", df)
```

Ejercicio 2: Codificación de Variables Categóricas

Tarea: Tienes el siguiente conjunto de datos:

Ciudad	Temperatura
Nueva York	30
Londres	25
París	28
Londres	26

Aplica **one-hot encoding** a la columna "Ciudad".

Solución:

```
# Sample DataFrame
data = {'City': ['New York', 'London', 'Paris', 'London'],
        'Temperature': [30, 25, 28, 26]}
df = pd.DataFrame(data)

# One-hot encode the "City" column
df_encoded = pd.get_dummies(df, columns=['City'])

print(df_encoded)
```

Ejercicio 3: Ingeniería de Características - Términos de Interacción

Tarea: Se te da un conjunto de datos con dos características: "Edad" y "Salario". Crea un término de interacción entre estas dos características.

Solución:

```
from sklearn.preprocessing import PolynomialFeatures
import pandas as pd

# Sample DataFrame
data = {'Age': [25, 30, 35, 40],
        'Salary': [50000, 60000, 70000, 80000]}
df = pd.DataFrame(data)

# Initialize PolynomialFeatures with interaction only
poly = PolynomialFeatures(degree=2, interaction_only=True, include_bias=False)

# Create interaction terms
interaction_features = poly.fit_transform(df)

# Convert back to DataFrame
df_interaction = pd.DataFrame(interaction_features, columns=['Age', 'Salary',
'Age*Salary'])
```

```
print(df_interaction)
```

Ejercicio 4: Escalado de Datos

Tarea: Se te proporciona un conjunto de datos con las siguientes características: "Edad" e "Ingresos". Aplica **Min-Max Scaling** a ambas características para escalarlas entre 0 y 1.

Solución:

```
from sklearn.preprocessing import MinMaxScaler
import pandas as pd

# Sample DataFrame
data = {'Age': [25, 30, 35, 40],
        'Income': [50000, 60000, 70000, 80000]}
df = pd.DataFrame(data)

# Initialize MinMaxScaler
scaler = MinMaxScaler()

# Fit and transform the data
df_scaled = pd.DataFrame(scaler.fit_transform(df), columns=['Age', 'Income'])
print(df_scaled)
```

Ejercicio 5: División de Entrenamiento-Prueba

Tarea: Dado el siguiente conjunto de datos:

Edad	Salario	Comprado
25	50000	0
30	60000	1
35	70000	0
40	80000	1
45	90000	1

Divide los datos en **80% datos de entrenamiento** y **20% datos de prueba**.

Solución:

```
from sklearn.model_selection import train_test_split
import pandas as pd
```

```
# Sample DataFrame
data = {'Age': [25, 30, 35, 40, 45],
        'Salary': [50000, 60000, 70000, 80000, 90000],
        'Purchased': [0, 1, 0, 1, 1]}
df = pd.DataFrame(data)

# Features (X) and target (y)
X = df[['Age', 'Salary']]
y = df['Purchased']

# Split into training and test sets (80% train, 20% test)
X_train, X_test, y_train, y_test = train_test_split(X, y, test_size=0.2,
random_state=42)

print("Training Features:\\\\n", X_train)
print("Test Features:\\\\n", X_test)
```

Ejercicio 6: Validación Cruzada

Tarea: Utiliza **validación cruzada de 5 pliegues (5-fold cross-validation)** para evaluar el rendimiento de un modelo de regresión logística en el siguiente conjunto de datos:

Edad	Salario	Comprado
25	50000	0
30	60000	1
35	70000	0
40	80000	1
45	90000	1

Solución:

```
from sklearn.model_selection import cross_val_score
from sklearn.linear_model import LogisticRegression
import pandas as pd

# Sample DataFrame
data = {'Age': [25, 30, 35, 40, 45],
        'Salary': [50000, 60000, 70000, 80000, 90000],
        'Purchased': [0, 1, 0, 1, 1]}
df = pd.DataFrame(data)

# Features (X) and target (y)
X = df[['Age', 'Salary']]
```

```
y = df['Purchased']

# Initialize the model
model = LogisticRegression()

# Perform 5-fold cross-validation
scores = cross_val_score(model, X, y, cv=5)

print("Cross-Validation Scores:", scores)
print("Average Cross-Validation Accuracy:", scores.mean())
```

Ejercicio 7: Aumento de Datos para Imágenes

Tarea: Aplica técnicas de aumento de imagen como rotación, zoom y volteo a una imagen utilizando **ImageDataGenerator** de Keras.

Solución:

```
from keras.preprocessing.image import ImageDataGenerator
from keras.preprocessing import image
import matplotlib.pyplot as plt

# Initialize the ImageDataGenerator
datagen = ImageDataGenerator(
    rotation_range=40,
    width_shift_range=0.2,
    height_shift_range=0.2,
    shear_range=0.2,
    zoom_range=0.2,
    horizontal_flip=True,
    fill_mode='nearest'
)

# Load an example image
img_path = 'path_to_image.jpg'
img = image.load_img(img_path, target_size=(150, 150))
x = image.img_to_array(img)
x = x.reshape((1,) + x.shape)

# Generate augmented images
i = 0
for batch in datagen.flow(x, batch_size=1):
    plt.figure(i)
    imgplot = plt.imshow(image.array_to_img(batch[0]))
    i += 1
    if i % 4 == 0:  # Display 4 augmented images
        break
plt.show()
```

Ejercicio 8: Aumento de Datos para Texto

Tarea: Utiliza **reemplazo de sinónimos** para aumentar la siguiente oración: "El rápido zorro marrón salta sobre el perro perezoso."

Solución:

```
import random
from nltk.corpus import wordnet

# Function to get synonyms of a word
def get_synonyms(word):
    synonyms = []
    for syn in wordnet.synsets(word):
        for lemma in syn.lemmas():
            synonyms.append(lemma.name())
    return synonyms

# Sample sentence
sentence = "The quick brown fox jumps over the lazy dog"
words = sentence.split()

# Randomly replace some words with their synonyms
augmented_sentence = []
for word in words:
    synonyms = get_synonyms(word)
    if synonyms and random.random() > 0.5:  # Replace with a synonym 50% of the time
        augmented_sentence.append(random.choice(synonyms))
    else:
        augmented_sentence.append(word)

augmented_sentence = ' '.join(augmented_sentence)
print("Original sentence:", sentence)
print("Augmented sentence:", augmented_sentence)
```

Estos ejercicios prácticos proporcionan una base sólida para construir y mejorar modelos de aprendizaje automático.

Resumen del Capítulo 3

En el **Capítulo 3**, profundizamos en los aspectos fundamentales de la **preparación de datos** y la **ingeniería de características**, que son esenciales para construir modelos efectivos de aprendizaje automático. Este capítulo sentó las bases para transformar datos sin procesar en entradas significativas que mejoran el rendimiento del modelo. Resumamos los puntos clave cubiertos.

Comenzamos con el concepto de **limpieza de datos** y la importancia de manejar los datos faltantes. Los conjuntos de datos del mundo real a menudo contienen valores faltantes que, si no se tratan, pueden afectar negativamente el rendimiento del modelo. Exploramos varias técnicas para abordar los datos faltantes, como eliminar filas con valores faltantes o imputar datos faltantes mediante métodos estadísticos como la imputación por media o mediana. También cubrimos técnicas avanzadas como la **imputación por K-nearest neighbors (KNN)**, que utiliza los vecinos más cercanos para estimar los valores faltantes en función de los datos circundantes.

Luego, nos adentramos en la **ingeniería de características**, que implica crear nuevas características o transformar las existentes para mejorar el poder predictivo del conjunto de datos. Una de las técnicas clave que cubrimos fue la creación de **términos de interacción**, que capturan las relaciones entre diferentes características. También discutimos la generación de **características polinómicas** para modelar relaciones no lineales y el uso de **transformaciones logarítmicas** para manejar distribuciones sesgadas de datos, especialmente en características como ingresos o ventas, donde los valores pueden abarcar varios órdenes de magnitud.

Otra parte esencial de la preparación de datos es la **codificación de datos categóricos**. Los algoritmos de aprendizaje automático requieren entradas numéricas, por lo que las características categóricas deben transformarse. Cubrimos la **codificación one-hot** para datos nominales y la **codificación ordinal** para datos categóricos, asegurando que las categorías se representen adecuadamente. También analizamos el manejo de **características categóricas de alta cardinalidad** con técnicas como la **codificación por frecuencia** y la **codificación por objetivo**.

Se discutió en profundidad el **escalado** y la **normalización** de datos, enfocándonos en la necesidad de llevar las características a una escala común. Se introdujeron técnicas como el **escalado min-max**, la **estandarización** y el **escalado robusto**, cada una de las cuales tiene propósitos específicos según los datos y el modelo de aprendizaje automático en uso. También exploramos las **transformaciones de potencia**, como **Box-Cox** y **Yeo-Johnson**, que estabilizan la varianza y hacen que las características tengan una distribución más normal.

El capítulo también cubrió la importancia de dividir los datos en conjuntos de entrenamiento y prueba para evaluar el rendimiento del modelo. Introdujimos el concepto de **división de entrenamiento y prueba** y profundizamos en la **validación cruzada**, particularmente en la **validación cruzada k-fold**, para garantizar que los modelos se generalicen bien en diferentes subconjuntos de los datos. Exploramos la **validación cruzada estratificada** para manejar conjuntos de datos desbalanceados y discutimos la **validación cruzada anidada** para la optimización de hiperparámetros.

Finalmente, exploramos técnicas de **aumento de datos** tanto para **imágenes** como para **texto**. Para los datos de imagen, se introdujeron técnicas como rotación, volteo y escalado para aumentar artificialmente el tamaño del conjunto de datos y mejorar la generalización del modelo. Para los datos textuales, se discutieron técnicas de aumento como el **reemplazo de**

sinónimos y la **retrotraducción**, lo que permite que los modelos manejen diferentes estructuras de oraciones y variaciones en el vocabulario.

En conclusión, la **preparación de datos** y la **ingeniería de características** son fundamentales para mejorar el rendimiento de los modelos. Al garantizar que los datos estén limpios, escalados, codificados y aumentados correctamente, puedes mejorar significativamente la precisión y la robustez de tus modelos de aprendizaje automático.

Capítulo 4: Técnicas de Aprendizaje Supervisado

El aprendizaje supervisado se destaca como una de las ramas más prominentes y ampliamente aplicadas dentro del vasto campo del aprendizaje automático. Este enfoque implica entrenar algoritmos en conjuntos de datos etiquetados, donde cada ejemplo de entrada se empareja meticulosamente con su etiqueta de salida correspondiente.

El objetivo principal del aprendizaje supervisado es permitir que el modelo discierna y comprenda las complejas relaciones entre las características de entrada y las variables objetivo. De este modo, el modelo se vuelve capaz de realizar predicciones precisas para nuevos datos que no ha visto antes.

El ámbito del aprendizaje supervisado abarca dos categorías principales, cada una de las cuales se adapta a tipos específicos de tareas de predicción:

- **Regresión**: Esta categoría se ocupa de variables objetivo continuas, lo que permite realizar predicciones numéricas precisas. Algunos ejemplos incluyen la predicción de precios de casas en función de diversas características, la estimación de cambios de temperatura a lo largo del tiempo o la predicción de precios futuros de acciones de una empresa basándose en datos históricos y en indicadores del mercado.
- **Clasificación**: A diferencia de la regresión, la clasificación se enfoca en variables objetivo categóricas. Implica asignar datos de entrada a clases o categorías predefinidas. Las aplicaciones comunes incluyen determinar si un correo electrónico es spam o legítimo, diagnosticar enfermedades basándose en los resultados de pruebas médicas, o identificar la especie de una planta basándose en sus características físicas.

Este capítulo explora las técnicas de aprendizaje supervisado más importantes y ampliamente utilizadas. Comenzamos examinando los fundamentos de la **regresión lineal y polinómica**, que sirven como base para comprender modelos de regresión más complejos.

Posteriormente, nos adentramos en el ámbito de los **algoritmos de clasificación**, donde elucidaremos métodos clave como la regresión logística, árboles de decisión y máquinas de soporte vectorial (SVM). Cada una de estas técnicas ofrece fortalezas únicas y se adapta a diferentes tipos de problemas de clasificación, proporcionando un conjunto de herramientas completas para abordar una amplia gama de desafíos del aprendizaje automático en el mundo real.

4.1 Regresión Lineal y Polinómica

La regresión lineal es la forma más simple y fundamental de análisis de regresión en el aprendizaje automático. Esta técnica modela la relación entre una o más características de entrada (variables independientes) y una variable objetivo continua (variable dependiente) ajustando una línea recta a través de los puntos de datos. El objetivo principal de la regresión lineal es encontrar la línea que mejor se ajusta, minimizando el error de predicción general.

En su forma más simple, la regresión lineal asume una relación lineal entre las variables de entrada y salida. Esto significa que los cambios en las variables de entrada resultan en cambios proporcionales en la variable de salida. El modelo aprende a partir de datos etiquetados de entrenamiento para determinar los parámetros óptimos (pendiente e intercepto) de la línea, que luego pueden usarse para hacer predicciones sobre datos nuevos y no vistos.

Las principales características de la regresión lineal incluyen:

- **Simplicidad**: La regresión lineal ofrece un enfoque sencillo y fácil de implementar, lo que la convierte en un excelente punto de partida para muchos problemas de regresión. Su naturaleza simple permite que incluso los principiantes en aprendizaje automático comprendan rápidamente sus conceptos y los apliquen de manera efectiva.
- **Interpretabilidad**: Una de las principales fortalezas de la regresión lineal radica en su alto grado de interpretabilidad. Los coeficientes del modelo representan directamente el impacto de cada característica sobre la variable objetivo, lo que permite obtener información clara sobre las relaciones entre las variables. Esta transparencia es particularmente valiosa en campos donde comprender los factores subyacentes es tan importante como hacer predicciones precisas.
- **Eficiencia**: La regresión lineal demuestra un rendimiento impresionante con recursos computacionales limitados, especialmente al trabajar con conjuntos de datos pequeños. Esta eficiencia la convierte en una opción ideal para análisis rápidos o en entornos donde el poder computacional está limitado, sin sacrificar la calidad de los resultados.
- **Versatilidad**: A pesar de su aparente simplicidad, la regresión lineal posee una notable versatilidad. Se puede extender para manejar múltiples características de entrada a través de la regresión lineal múltiple, lo que permite análisis más complejos. Además, puede transformarse para modelar relaciones no lineales mediante técnicas como la regresión polinómica, ampliando su aplicabilidad a una gama más amplia de escenarios del mundo real.

Si bien la regresión lineal es poderosa en su simplicidad, es importante tener en cuenta que asume una relación lineal entre las variables y puede no capturar patrones no lineales complejos en los datos. En tales casos, es posible que se necesiten técnicas de regresión más avanzadas o modelos de aprendizaje automático más complejos.

La línea en la regresión lineal está definida por una ecuación lineal, que forma la base de las predicciones del modelo:

$y = \beta_0 + \beta_1 x_1 + \beta_2 x_2 + ... + \beta_n x_n + \varepsilon$

Esta ecuación representa cómo el modelo calcula sus predicciones y se desglosa de la siguiente manera:

- **y** es el valor predicho (variable objetivo)
- $\boldsymbol{\beta_0}$ es la intersección con el eje y (término de sesgo), que representa el valor predicho cuando todas las características son cero
- $\boldsymbol{\beta_1, \beta_2, ..., \beta_n}$ son los coeficientes (pesos) que determinan el impacto de cada característica en la predicción
- $\mathbf{x_1, x_2, ..., x_n}$ son las características de entrada (variables independientes)
- $\boldsymbol{\varepsilon}$ es el término de error, que representa la diferencia entre los valores predichos y los reales

Comprender esta ecuación es crucial, ya que forma la base de la regresión lineal y ayuda a interpretar el comportamiento y los resultados del modelo.

4.1.1 Regresión Lineal

En la regresión lineal, el objetivo principal es determinar los coeficientes (pesos) óptimos que minimicen la discrepancia entre los valores predichos y los valores reales. Este proceso es crucial para crear un modelo que represente con precisión la relación entre las características de entrada y la variable objetivo.

Para lograr este objetivo, la regresión lineal generalmente emplea una técnica llamada "minimización del **error cuadrático medio (MSE)**". El MSE es una medida de la diferencia promedio al cuadrado entre los valores predichos y los valores reales. Aquí tienes una explicación más detallada de este proceso:

1. **Predicción**: El modelo hace predicciones basadas en los coeficientes actuales.
2. **Cálculo del error**: Para cada punto de datos, se calcula la diferencia entre el valor predicho y el valor real. Esta diferencia se denomina error o residuo.
3. **Elevar al cuadrado**: Cada error se eleva al cuadrado. Este paso tiene dos propósitos:
    - Asegura que todos los errores sean positivos, evitando que los errores negativos cancelen los positivos.

   - Penaliza más fuertemente los errores grandes, fomentando que el modelo minimice los valores atípicos.

4. **Cálculo del promedio**: Se calcula el promedio de todos estos errores cuadrados, lo que da como resultado el MSE.
5. **Optimización**: El modelo ajusta sus coeficientes para minimizar este MSE, generalmente utilizando técnicas como el descenso de gradiente.

Al ajustar iterativamente los coeficientes para minimizar el MSE, el modelo de regresión lineal mejora gradualmente sus predicciones, encontrando finalmente la línea que mejor se ajusta a los datos. Este proceso garantiza que las predicciones del modelo sean lo más cercanas posible a los valores reales en todo el conjunto de datos.

a. Regresión Lineal Simple

En la **regresión lineal simple**, el modelo se enfoca en la relación entre una sola característica de entrada (variable independiente) y una variable objetivo (variable dependiente). Este enfoque sencillo permite un análisis directo de cómo los cambios en la característica de entrada afectan directamente a la variable objetivo.

La simplicidad de este método lo convierte en un excelente punto de partida para comprender el análisis de regresión y proporciona una base para técnicas de regresión más complejas.

La ecuación para la regresión lineal simple puede expresarse como:

$y = \beta_0 + \beta_1 x + \varepsilon$

Donde:

- **y** es la variable objetivo (variable dependiente)
- **x** es la característica de entrada (variable independiente)
- $\boldsymbol{\beta_0}$ es la intersección con el eje y (el valor de y cuando x es 0)
- $\boldsymbol{\beta_1}$ es la pendiente (el cambio en y por un cambio unitario en x)
- $\boldsymbol{\varepsilon}$ es el término de error (representa la variabilidad no explicada por la relación lineal)

Ejemplo: Regresión Lineal Simple con Scikit-learn

```
import numpy as np
import matplotlib.pyplot as plt
from sklearn.linear_model import LinearRegression
from sklearn.metrics import mean_squared_error, r2_score
from sklearn.model_selection import train_test_split

# Generate sample data (Hours studied vs. Exam score)
np.random.seed(42)
X = np.random.rand(100, 1) * 10  # 100 random values between 0 and 10
y = 2 * X + 1 + np.random.randn(100, 1) * 2  # Linear relationship with some noise
```

```
# Split the data into training and testing sets
X_train, X_test, y_train, y_test = train_test_split(X, y, test_size=0.2,
random_state=42)

# Initialize and train the linear regression model
model = LinearRegression()
model.fit(X_train, y_train)

# Make predictions on the test set
y_pred = model.predict(X_test)

# Calculate performance metrics
mse = mean_squared_error(y_test, y_pred)
r2 = r2_score(y_test, y_pred)

# Predict for new values
X_new = np.array([[6], [7], [8]])
y_new_pred = model.predict(X_new)

# Plotting the data and the regression line
plt.figure(figsize=(10, 6))
plt.scatter(X_train, y_train, color='blue', label='Training data')
plt.scatter(X_test, y_test, color='green', label='Testing data')
plt.plot(X, model.predict(X), color='red', label='Regression line')
plt.xlabel("Hours Studied")
plt.ylabel("Exam Score")
plt.title("Linear Regression: Hours Studied vs. Exam Score")
plt.legend()
plt.grid(True)
plt.show()

# Print results
print(f"Model coefficients: {model.coef_[0][0]:.2f}")
print(f"Model intercept: {model.intercept_[0]:.2f}")
print(f"Mean squared error: {mse:.2f}")
print(f"R-squared score: {r2:.2f}")
print(f"Predicted exam scores for new values (6, 7, 8 hours):")
for hours, score in zip(X_new, y_new_pred):
    print(f"  {hours[0]} hours: {score[0]:.2f}")
```

Explicación del Desglose del Código:

1. **Importación de Bibliotecas**:
    - Importamos numpy para operaciones numéricas, matplotlib para graficar y varias funciones de sklearn para tareas de machine learning.
2. **Generación de Datos**:

- En lugar de usar un conjunto de datos pequeño predefinido, generamos un conjunto de datos más realista con 100 muestras.
- Usamos las funciones aleatorias de numpy para crear horas de estudio (X) entre 0 y 10, y calificaciones de exámenes (y) con una relación lineal más algo de ruido aleatorio.

3. **División de Datos**:
   - Dividimos los datos en conjuntos de entrenamiento (80%) y prueba (20%) usando train_test_split.
   - Esto nos permite evaluar el rendimiento del modelo con datos no vistos previamente.
4. **Entrenamiento del Modelo**:
   - Creamos un modelo de Regresión Lineal (LinearRegression) y lo ajustamos con los datos de entrenamiento.
5. **Evaluación del Modelo**:
   - Hacemos predicciones sobre el conjunto de prueba y calculamos dos métricas comunes de rendimiento:
     - Error Cuadrático Medio (MSE): Mide la diferencia cuadrada promedio entre los valores predichos y los valores reales.
     - Coeficiente de Determinación (R^2): Indica la proporción de la varianza en la variable dependiente que es predecible a partir de la variable independiente.
6. **Nuevas Predicciones**:
   - Predecimos las calificaciones de exámenes para nuevos valores (6, 7 y 8 horas de estudio).
7. **Visualización**:
   - Creamos un gráfico más informativo que muestra:
     - Puntos de datos de entrenamiento (azul)
     - Puntos de datos de prueba (verde)
     - La línea de regresión (roja)
   - El gráfico incluye un título, leyenda y cuadrícula para mayor legibilidad.
8. **Resultados**:

- Imprimimos los coeficientes del modelo (pendiente) y la intersección, que definen la línea de regresión.
- Mostramos el MSE y el coeficiente R^2 para cuantificar el rendimiento del modelo.
- Finalmente, mostramos las calificaciones predichas para los nuevos valores.

Este ejemplo de código ofrece una visión más completa del proceso de regresión lineal, incluyendo la generación de datos, evaluación del modelo e interpretación de resultados. Demuestra las mejores prácticas como la división de datos y el uso de múltiples métricas de evaluación, que son cruciales en aplicaciones reales de machine learning.

b. Regresión Lineal Múltiple

La regresión lineal múltiple es una técnica avanzada que extiende el concepto de regresión lineal simple para incluir dos o más características de entrada (variables independientes). Este método permite un análisis más completo de las relaciones complejas en los datos.

Aquí tienes una visión más profunda de la regresión lineal múltiple:

1. **Estructura del Modelo**: En la regresión lineal múltiple, el modelo intenta establecer una relación lineal entre varias variables independientes y una única variable dependiente (objetivo). La forma general de la ecuación es:

$y = \beta_0 + \beta_1 x_1 + \beta_2 x_2 + ... + \beta_n x_n + \varepsilon$

Donde y es la variable objetivo, x_1, x_2, ..., x_n son las características de entrada, β_0 es la intersección, β_1, β_2, ..., β_n son los coeficientes para cada característica y ε es el término de error.

2. **Interacción de Características**: A diferencia de la regresión lineal simple, la regresión lineal múltiple puede capturar cómo diferentes características interactúan para influir en la variable objetivo. Esto permite una comprensión más matizada de los datos.
3. **Interpretación de Coeficientes**: Cada coeficiente (β) representa el cambio en la variable objetivo por un cambio de una unidad en la característica correspondiente, suponiendo que todas las demás características permanezcan constantes. Esto permite una evaluación individual del impacto de cada característica.
4. **Complejidad Aumentada**: Aunque ofrece más poder explicativo, la regresión lineal múltiple también introduce una mayor complejidad. Problemas como la multicolinealidad (alta correlación entre características) deben gestionarse cuidadosamente.
5. **Aplicaciones**: Esta técnica se utiliza ampliamente en diversos campos como la economía, las finanzas y las ciencias sociales, donde múltiples factores a menudo influyen en un resultado.

Al incorporar múltiples características, este modelo proporciona un enfoque más completo para comprender y predecir relaciones complejas en los datos, lo que lo convierte en una herramienta poderosa en el ámbito del aprendizaje supervisado.

Ejemplo: Regresión Lineal Múltiple con Scikit-learn

```
import numpy as np
import pandas as pd
import matplotlib.pyplot as plt
from sklearn.linear_model import LinearRegression
from sklearn.model_selection import train_test_split
from sklearn.metrics import mean_squared_error, r2_score

# Sample data (Features: hours studied, number of practice tests, Target: exam score)
data = {
    'Hours_Studied': [1, 2, 3, 4, 5, 6, 7, 8, 9, 10],
    'Practice_Tests': [1, 2, 2, 3, 3, 4, 4, 5, 5, 6],
    'Exam_Score': [50, 60, 65, 70, 75, 80, 85, 90, 92, 95]
}
df = pd.DataFrame(data)

# Features (X) and target (y)
X = df[['Hours_Studied', 'Practice_Tests']]
y = df['Exam_Score']

# Split the data into training and testing sets
X_train, X_test, y_train, y_test = train_test_split(X, y, test_size=0.2,
random_state=42)

# Initialize and train the linear regression model
model = LinearRegression()
model.fit(X_train, y_train)

# Make predictions on the test set
y_pred = model.predict(X_test)

# Calculate performance metrics
mse = mean_squared_error(y_test, y_pred)
r2 = r2_score(y_test, y_pred)

# Print model coefficients and intercept
print("Model Coefficients:")
print(f"Hours Studied: {model.coef_[0]:.2f}")
print(f"Practice Tests: {model.coef_[1]:.2f}")
print(f"Intercept: {model.intercept_:.2f}")

# Print performance metrics
print(f"\\nMean Squared Error: {mse:.2f}")
print(f"R-squared Score: {r2:.2f}")

# Predict exam scores for new data
```

```
X_new = np.array([[6, 2], [7, 3], [8, 3]])
y_new_pred = model.predict(X_new)

print("\\nPredicted exam scores for new values:")
for i, (hours, tests) in enumerate(X_new):
    print(f"Hours Studied: {hours}, Practice Tests: {tests}, Predicted Score: {y_new_pred[i]:.2f}")

# Visualize the results
fig = plt.figure(figsize=(12, 5))

# Plot for Hours Studied
ax1 = fig.add_subplot(121, projection='3d')
ax1.scatter(X['Hours_Studied'], X['Practice_Tests'], y, c='b', marker='o')
ax1.set_xlabel('Hours Studied')
ax1.set_ylabel('Practice Tests')
ax1.set_zlabel('Exam Score')
ax1.set_title('3D Scatter Plot of Data')

# Create a mesh grid for the prediction surface
xx, yy = np.meshgrid(np.linspace(X['Hours_Studied'].min(), X['Hours_Studied'].max(), 10),
                     np.linspace(X['Practice_Tests'].min(), X['Practice_Tests'].max(), 10))
Z = model.predict(np.c_[xx.ravel(), yy.ravel()]).reshape(xx.shape)

# Plot the prediction surface
ax1.plot_surface(xx, yy, Z, alpha=0.5)

# Plot residuals
ax2 = fig.add_subplot(122)
ax2.scatter(y_pred, y_test - y_pred, c='r', marker='o')
ax2.set_xlabel('Predicted Values')
ax2.set_ylabel('Residuals')
ax2.set_title('Residual Plot')
ax2.axhline(y=0, color='k', linestyle='--')

plt.tight_layout()
plt.show()
```

Explicación del Desglose del Código:

1. **Importación de Bibliotecas**:
    - Importamos numpy para operaciones numéricas, pandas para la manipulación de datos, matplotlib para graficar y varias funciones de sklearn para tareas de machine learning.

2. **Preparación de Datos**:
   - Creamos un conjunto de datos más grande con 10 muestras, que incluyen horas de estudio, número de pruebas de práctica y calificaciones de exámenes.
   - Los datos se almacenan en un DataFrame de pandas para facilitar su manipulación.
3. **División de Datos**:
   - Dividimos los datos en características (X) y la variable objetivo (y).
   - Los datos se dividen aún más en conjuntos de entrenamiento (80%) y prueba (20%) utilizando train_test_split.
4. **Entrenamiento del Modelo**:
   - Creamos un modelo de Regresión Lineal (LinearRegression) y lo ajustamos con los datos de entrenamiento.
5. **Evaluación del Modelo**:
   - Realizamos predicciones sobre el conjunto de prueba y calculamos dos métricas comunes de rendimiento:
   - Error Cuadrático Medio (MSE): Mide la diferencia cuadrada promedio entre los valores predichos y los valores reales.
   - Coeficiente de Determinación (R^2): Indica la proporción de la varianza en la variable dependiente que es predecible a partir de las variables independientes.
6. **Interpretación del Modelo**:
   - Imprimimos los coeficientes para cada característica y la intersección, lo que ayuda a interpretar el comportamiento del modelo.
7. **Nuevas Predicciones**:
   - Predecimos las calificaciones de los exámenes para nuevos valores (combinaciones de horas de estudio y pruebas de práctica).
8. **Visualización**:
   - Creamos dos gráficos para visualizar los resultados:
     - Un gráfico de dispersión 3D que muestra la relación entre horas de estudio, pruebas de práctica y calificaciones de exámenes, junto con la superficie de predicción.

- Un gráfico de residuos para verificar si hay patrones en los errores del modelo.

Este ejemplo proporciona una visión más completa del proceso de regresión lineal múltiple, que incluye la preparación de datos, evaluación del modelo, interpretación y visualización. Demuestra mejores prácticas como la división de datos, el uso de múltiples métricas de evaluación y la visualización de resultados, que son cruciales en aplicaciones de machine learning en el mundo real.

4.1.2 Regresión Polinómica

La regresión polinómica es una extensión avanzada de la regresión lineal que nos permite modelar relaciones complejas y no lineales entre las características de entrada y la variable objetivo. Esto se logra incorporando términos polinómicos en la ecuación de regresión, lo que permite una representación más flexible y matizada de los datos.

En esencia, la regresión polinómica transforma las características originales elevándolas a diferentes potencias, creando nuevas características que capturan patrones no lineales. Por ejemplo, una relación cuadrática se puede modelar como:

$y = \beta_0 + \beta_1 x + \beta_2 x^2 + \varepsilon$

Donde:

- y es la variable objetivo
- x es la característica de entrada
- β_0 es la intersección
- β_1 y β_2 son los coeficientes
- ε es el término de error

Esta ecuación permite relaciones curvas entre x e y, a diferencia de la línea recta de la regresión lineal simple.

Es importante notar que, a pesar de su nombre, la regresión polinómica sigue utilizando un modelo lineal en su núcleo. El aspecto 'polinómico' proviene de la transformación aplicada a las características de entrada. Al agregar estas características transformadas (por ejemplo, x^2, x^3, etc.), creamos un modelo que puede ajustar patrones no lineales en los datos.

La belleza de este enfoque radica en su capacidad para capturar relaciones complejas mientras conserva la simplicidad y la interpretabilidad de la regresión lineal. El modelo sigue siendo lineal en sus parámetros (los coeficientes β), lo que significa que aún podemos usar mínimos cuadrados ordinarios para la estimación y beneficiarnos de las propiedades estadísticas de los modelos lineales.

Sin embargo, es crucial usar la regresión polinómica con precaución. Aunque puede capturar patrones no lineales, usar un polinomio de grado demasiado alto puede llevar a sobreajuste, donde el modelo funciona bien con los datos de entrenamiento, pero mal con datos nuevos no vistos. Por lo tanto, seleccionar el grado adecuado del polinomio es una consideración clave en esta técnica.

Aplicación de la Regresión Polinómica con Scikit-learn

Scikit-learn ofrece una herramienta poderosa llamada PolynomialFeatures que simplifica el proceso de incorporar términos polinómicos en nuestras características de entrada. Esta clase automatiza la creación de características polinómicas de mayor grado, lo que nos permite transformar sin esfuerzo nuestro modelo de regresión lineal en uno polinómico.

Al utilizar PolynomialFeatures, podemos explorar y capturar relaciones no lineales en nuestros datos sin tener que calcular manualmente términos polinómicos complejos. Esta funcionalidad resulta particularmente útil cuando trabajamos con conjuntos de datos donde la relación entre las variables no es estrictamente lineal, lo que nos permite modelar patrones más intrincados y, potencialmente, mejorar nuestra precisión predictiva.

Ejemplo: Regresión Polinómica con Scikit-learn

```
import numpy as np
import pandas as pd
import matplotlib.pyplot as plt
from sklearn.preprocessing import PolynomialFeatures
from sklearn.linear_model import LinearRegression
from sklearn.model_selection import train_test_split
from sklearn.metrics import mean_squared_error, r2_score

# Generate sample data (Hours studied vs. Exam score with a non-linear relationship)
np.random.seed(42)
X = np.random.rand(100, 1) * 10
y = 3 * X**2 + 2 * X + 5 + np.random.randn(100, 1) * 5

# Split the data into training and testing sets
X_train, X_test, y_train, y_test = train_test_split(X, y, test_size=0.2,
random_state=42)

# Create polynomial features (degree 2)
poly = PolynomialFeatures(degree=2)
X_train_poly = poly.fit_transform(X_train)
X_test_poly = poly.transform(X_test)

# Train the polynomial regression model
model = LinearRegression()
model.fit(X_train_poly, y_train)

# Make predictions on the test set
y_pred = model.predict(X_test_poly)
```

```
# Calculate performance metrics
mse = mean_squared_error(y_test, y_pred)
r2 = r2_score(y_test, y_pred)

# Print model coefficients and performance metrics
print("Model Coefficients:")
for i, coef in enumerate(model.coef_[0]):
    print(f"Degree {i}: {coef:.4f}")
print(f"Intercept: {model.intercept_[0]:.4f}")
print(f"\\nMean Squared Error: {mse:.4f}")
print(f"R-squared Score: {r2:.4f}")

# Predict for new values
X_new = np.array([[6], [7], [8]])
X_new_poly = poly.transform(X_new)
y_new_pred = model.predict(X_new_poly)

print("\\nPredicted exam scores for new values:")
for hours, score in zip(X_new, y_new_pred):
    print(f"Hours Studied: {hours[0]:.1f}, Predicted Score: {score[0]:.2f}")

# Plot the data and the polynomial regression curve
plt.figure(figsize=(12, 6))

# Scatter plot of original data
plt.scatter(X, y, color='blue', alpha=0.5, label='Original data')

# Polynomial regression curve
X_plot = np.linspace(0, 10, 100).reshape(-1, 1)
X_plot_poly = poly.transform(X_plot)
y_plot = model.predict(X_plot_poly)
plt.plot(X_plot, y_plot, color='red', label='Polynomial regression curve')

# Scatter plot of test data
plt.scatter(X_test, y_test, color='green', alpha=0.7, label='Test data')

# Scatter plot of predictions on test data
plt.scatter(X_test, y_pred, color='orange', alpha=0.7, label='Predictions')

plt.xlabel("Hours Studied")
plt.ylabel("Exam Score")
plt.title("Polynomial Regression: Hours Studied vs. Exam Score")
plt.legend()
plt.grid(True, alpha=0.3)
plt.show()

# Residual plot
plt.figure(figsize=(10, 6))
residuals = y_test - y_pred
plt.scatter(y_pred, residuals, color='purple', alpha=0.7)
plt.xlabel("Predicted Values")
plt.ylabel("Residuals")
```

```
plt.title("Residual Plot")
plt.axhline(y=0, color='r', linestyle='--')
plt.grid(True, alpha=0.3)
plt.show()
```

Explicación del Desglose del Código:

1. **Importación de Bibliotecas**:
   - Importamos numpy para operaciones numéricas, pandas para manipulación de datos, matplotlib para graficar y varias funciones de sklearn para tareas de machine learning.
2. **Generación de Datos**:
   - Creamos un conjunto de datos sintéticos con 100 muestras, representando horas de estudio (X) y calificaciones de exámenes (y).
   - La relación entre X e y es no lineal, siguiendo una función cuadrática con algo de ruido añadido.
3. **División de Datos**:
   - Dividimos los datos en conjuntos de entrenamiento (80%) y prueba (20%) utilizando train_test_split.
   - Esto nos permite evaluar el rendimiento del modelo con datos no vistos previamente.
4. **Ingeniería de Características**:
   - Usamos PolynomialFeatures para crear términos polinómicos de hasta grado 2.
   - Esto transforma nuestras características de entrada para incluir términos x^2, lo que permite que el modelo capture relaciones no lineales.
5. **Entrenamiento del Modelo**:
   - Creamos un modelo de Regresión Lineal (LinearRegression) y lo ajustamos con los datos transformados polinómicamente del conjunto de entrenamiento.
6. **Evaluación del Modelo**:
   - Realizamos predicciones sobre el conjunto de prueba y calculamos dos métricas comunes de rendimiento:
     - Error Cuadrático Medio (MSE): Mide la diferencia cuadrada promedio entre los valores predichos y los valores reales.

    - Coeficiente de Determinación (R^2): Indica la proporción de la varianza en la variable dependiente que es predecible a partir de las variables independientes.

7. **Interpretación del Modelo**:
    - Imprimimos los coeficientes para cada término polinómico y la intersección, lo que ayuda a interpretar el comportamiento del modelo.
8. **Nuevas Predicciones**:
    - Predecimos calificaciones de exámenes para nuevos valores de horas de estudio (6, 7 y 8 horas).
9. **Visualización**:
    - Creamos dos gráficos para visualizar los resultados:
        - Un gráfico de dispersión que muestra los datos originales, los datos de prueba, las predicciones y la curva de regresión polinómica.
        - Un gráfico de residuos para verificar si hay patrones en los errores del modelo.

Este ejemplo proporciona una visión más completa del proceso de regresión polinómica, que incluye la generación de datos, división, evaluación del modelo, interpretación y visualización. Demuestra mejores prácticas como el uso de conjuntos de entrenamiento y prueba por separado, la evaluación con múltiples métricas y la visualización tanto del ajuste del modelo como de los residuos.

Estas prácticas son cruciales en aplicaciones de machine learning en el mundo real para garantizar la fiabilidad del modelo y obtener información sobre su rendimiento.

En conclusión, la regresión lineal y la polinómica son técnicas fundamentales en el aprendizaje supervisado para modelar relaciones entre las características de entrada y las variables objetivo continuas. La regresión lineal es útil cuando la relación es aproximadamente lineal, mientras que la regresión polinómica nos permite capturar relaciones no lineales transformando las características. Estas técnicas forman la base para métodos de regresión más avanzados y son fundamentales para resolver una amplia gama de tareas de modelado predictivo.

4.2 Algoritmos de Clasificación

La clasificación es un tipo fundamental de aprendizaje supervisado donde la variable objetivo es categórica, lo que significa que pertenece a un conjunto predefinido de clases o categorías. En los problemas de clasificación, el objetivo principal es desarrollar un modelo que pueda predecir con precisión la clase o categoría correcta para cada muestra de entrada en función de sus características. Este proceso implica entrenar el modelo con un conjunto de datos etiquetado, donde cada ejemplo está asociado con su etiqueta de clase correspondiente.

Para ilustrarlo, consideremos un sistema de clasificación de correos electrónicos. Dado un conjunto de características sobre un correo electrónico (como la línea de asunto, el contenido del cuerpo, la información del remitente y los metadatos), el objetivo sería clasificarlo como **spam** o **no spam**. Esta tarea de clasificación binaria es solo un ejemplo de las muchas aplicaciones de los algoritmos de clasificación en escenarios del mundo real.

Los algoritmos de clasificación pueden manejar varios tipos de tareas de clasificación, incluyendo:

- **Clasificación Binaria**: Este tipo implica distinguir entre dos categorías distintas. Por ejemplo, un sistema de filtrado de correos electrónicos que clasifica los mensajes como spam o legítimos.
- **Clasificación Multiclase**: En este escenario, el algoritmo debe categorizar los datos en una de varias clases posibles. Un ejemplo claro es un sistema de reconocimiento de imágenes que puede identificar diversas especies animales a partir de fotografías.
- **Clasificación Multietiqueta**: Esta forma avanzada permite que cada instancia esté asociada simultáneamente con múltiples categorías. Por ejemplo, un sistema de etiquetado de artículos de noticias podría etiquetar un solo artículo con varios temas relevantes como "política", "economía" y "asuntos internacionales".

En esta sección, profundizaremos en cuatro de los algoritmos de clasificación más utilizados y poderosos:

- **Máquinas de Vectores de Soporte (SVM)**: Un algoritmo que encuentra el hiperplano óptimo para separar clases en un espacio de alta dimensión.
- **k-Vecinos más Cercanos (KNN)**: Un algoritmo simple e intuitivo que clasifica en función de la clase mayoritaria de los puntos de datos cercanos.
- **Árboles de Decisión**: Un modelo en forma de árbol basado en valores de características que lleva a predicciones de clases.
- **Bosques Aleatorios**: Un método de conjunto que combina múltiples árboles de decisión para mejorar la precisión y reducir el sobreajuste.

Cada uno de estos algoritmos posee fortalezas y características únicas, lo que los hace adecuados para diferentes tipos de problemas de clasificación. Su versatilidad y efectividad han llevado a su adopción generalizada en diversos dominios, incluidos:

- **Finanzas**: Estos algoritmos desempeñan un papel crucial en la evaluación de la solvencia, la identificación de transacciones potencialmente fraudulentas y la previsión de tendencias del mercado. Por ejemplo, las SVM y los Bosques Aleatorios se emplean a menudo en modelos de puntuación de crédito para evaluar a los solicitantes de préstamos, mientras que las técnicas de detección de anomalías utilizando KNN pueden detectar actividades financieras sospechosas.

- **Salud**: En el campo médico, los algoritmos de clasificación son fundamentales para mejorar la precisión diagnóstica, estratificar a los pacientes según factores de riesgo y analizar datos de imágenes médicas. Por ejemplo, los Árboles de Decisión pueden utilizarse para crear diagramas de flujo de diagnóstico, mientras que los modelos de aprendizaje profundo pueden ayudar a interpretar imágenes médicas complejas como resonancias magnéticas o tomografías.
- **Procesamiento de Lenguaje Natural**: Estas técnicas son fundamentales para comprender y categorizar el lenguaje humano. Las SVM y los clasificadores de Naive Bayes se utilizan con frecuencia para el análisis de sentimientos en el monitoreo de redes sociales, mientras que modelos más avanzados como los Transformers destacan en tareas como la categorización de textos y la identificación de idiomas, lo que permite aplicaciones como la moderación automatizada de contenido y los sistemas de soporte multilingües.
- **Visión por Computadora**: Los algoritmos de clasificación desempeñan un papel crucial en varias tareas de visión por computadora, incluida la detección facial para sistemas de seguridad, la detección de objetos en vehículos autónomos y la segmentación de imágenes para el análisis de imágenes médicas. Por ejemplo, las Redes Neuronales Convolucionales (CNN) han revolucionado la clasificación de imágenes, mientras que las CNN basadas en regiones (R-CNN) sobresalen en la detección y localización de objetos.
- **Marketing y Análisis de Clientes**: En el mundo empresarial, los algoritmos de clasificación son fundamentales para la segmentación de clientes, lo que permite a las empresas adaptar sus estrategias de marketing a grupos específicos. También se utilizan en modelos de predicción de abandono para identificar a los clientes con riesgo de irse, lo que permite esfuerzos proactivos de retención. Además, estos algoritmos impulsan los sistemas de recomendación, analizando el comportamiento y las preferencias de los usuarios para sugerir productos o contenido, mejorando así el compromiso del cliente y aumentando las ventas.

A medida que exploramos cada uno de estos algoritmos en detalle, discutiremos sus principios subyacentes, fortalezas, limitaciones y aplicaciones prácticas, brindándote una comprensión completa de estas poderosas herramientas en el conjunto de herramientas de machine learning.

4.2.1 Máquinas de Vectores de Soporte (SVM)

Máquinas de Vectores de Soporte (SVM) es un algoritmo de clasificación sofisticado y poderoso que opera identificando un hiperplano óptimo para separar los puntos de datos que pertenecen a diferentes clases. El principio fundamental detrás de SVM es encontrar el hiperplano que maximice el **margen**, que se define como la distancia entre el hiperplano y los puntos de datos más cercanos de cada clase. Estos puntos más cercanos, que juegan un papel crucial en la determinación de la posición del hiperplano, se llaman **vectores de soporte**.

El concepto de maximización del margen es clave para la efectividad de SVM. Al maximizar este margen, SVM busca crear un límite de decisión que no solo separe las clases, sino que lo haga con el mayor margen posible. Este enfoque mejora la capacidad de generalización del modelo, permitiendo que tenga un buen desempeño en datos no vistos.

Una de las fortalezas de SVM radica en su versatilidad. Sobresale tanto en tareas de clasificación lineal como no lineal. Para datos linealmente separables, SVM puede encontrar un hiperplano recto para dividir las clases. Sin embargo, los datos del mundo real a menudo son más complejos y no son linealmente separables. Para abordar esto, SVM emplea una técnica conocida como el **truco del kernel**.

El truco del kernel es un método poderoso que permite a SVM manejar datos no linealmente separables de manera eficiente. Funciona al mapear implícitamente el espacio de características original a un espacio de mayor dimensión donde los datos se vuelven linealmente separables. Este mapeo se logra mediante funciones kernel, como el kernel polinómico o el kernel de base radial (RBF). Lo sorprendente del truco del kernel es su capacidad para realizar este mapeo de alta dimensión sin calcular explícitamente las coordenadas en el nuevo espacio, lo que sería computacionalmente costoso.

Al aprovechar el truco del kernel, SVM puede crear límites de decisión complejos y no lineales en el espacio de características original, lo que lo hace altamente adaptable a una amplia gama de problemas de clasificación. Esta flexibilidad, combinada con sus fuertes fundamentos teóricos y excelente rendimiento en espacios de alta dimensión, hace que SVM sea una opción popular en muchas aplicaciones de machine learning, desde la clasificación de textos hasta el reconocimiento de imágenes.

a. SVM Lineal

Cuando se trabaja con datos linealmente separables, las Máquinas de Vectores de Soporte (SVM) se esfuerzan por identificar el límite de decisión óptimo que distingue eficazmente entre las diferentes clases de puntos de datos. En un espacio bidimensional, este límite se manifiesta como una línea recta, mientras que en espacios de mayor dimensión, toma la forma de un hiperplano. El principio fundamental que sustenta SVM es la maximización del margen, que se define como la distancia entre el límite de decisión y los puntos de datos más cercanos de cada clase, conocidos como vectores de soporte.

Para ilustrar este concepto, consideremos un espacio bidimensional que contiene dos clases distintas de puntos de datos:

- El límite de decisión estaría representado por una línea recta que divide el plano, creando dos regiones distintas.

- El margen se caracteriza por la distancia perpendicular desde esta línea hasta los puntos de datos más cercanos a ambos lados, que son los vectores de soporte.
- El algoritmo SVM posiciona meticulosamente esta línea para garantizar que el margen sea lo más amplio posible, optimizando así la separación entre las clases.

A medida que pasamos a dimensiones más altas, el concepto central permanece sin cambios, pero el límite de decisión evoluciona hacia un hiperplano. El objetivo principal del algoritmo SVM es identificar el hiperplano que maximice el margen entre las clases, asegurando así la separación más efectiva de los puntos de datos. Este enfoque es fundamental para construir un clasificador robusto que demuestre excelentes capacidades de generalización cuando se enfrenta a nuevos datos no vistos.

El proceso de maximización del margen es crucial, ya que mejora la capacidad del modelo para manejar ligeras variaciones en los puntos de datos sin comprometer su precisión de clasificación. Al establecer una zona de amortiguamiento sustancial entre las clases, SVM reduce el riesgo de clasificaciones incorrectas y mejora el rendimiento general del modelo en conjuntos de datos diversos.

Ejemplo: SVM Lineal con Scikit-learn

```
import numpy as np
import matplotlib.pyplot as plt
from sklearn import datasets
from sklearn.model_selection import train_test_split
from sklearn.svm import SVC
from sklearn.metrics import accuracy_score, classification_report
from sklearn.preprocessing import StandardScaler

# Load the Iris dataset
iris = datasets.load_iris()
X = iris.data[:, :2]  # Using only the first two features for visualization
y = iris.target

# Split the data into training and test sets
X_train, X_test, y_train, y_test = train_test_split(X, y, test_size=0.3,
random_state=42)

# Scale the features
scaler = StandardScaler()
X_train_scaled = scaler.fit_transform(X_train)
X_test_scaled = scaler.transform(X_test)

# Initialize and train the SVM model (linear kernel)
model = SVC(kernel='linear', C=1.0)
model.fit(X_train_scaled, y_train)

# Make predictions
y_pred = model.predict(X_test_scaled)
```

```
# Calculate accuracy
accuracy = accuracy_score(y_test, y_pred)
classification_rep = classification_report(y_test, y_pred,
target_names=iris.target_names)

# Print results
print(f"SVM Test Accuracy: {accuracy:.2f}")
print("\\nClassification Report:")
print(classification_rep)

# Function to plot the decision boundary
def plot_decision_boundary(X, y, model, scaler, class_labels):
    h = 0.02
    x_min, x_max = X[:, 0].min() - 1, X[:, 0].max() + 1
    y_min, y_max = X[:, 1].min() - 1, X[:, 1].max() + 1
    xx, yy = np.meshgrid(np.arange(x_min, x_max, h),
                         np.arange(y_min, y_max, h))

    # Scale the mesh grid
    mesh_scaled = scaler.transform(np.c_[xx.ravel(), yy.ravel()])

    Z = model.predict(mesh_scaled)
    Z = Z.reshape(xx.shape)

    plt.figure(figsize=(10, 8))
    plt.contourf(xx, yy, Z, alpha=0.8, cmap=plt.cm.RdYlBu)

    # Plot the training points
    scatter = plt.scatter(X[:, 0], X[:, 1], c=y, cmap=plt.cm.RdYlBu, edgecolor='k')

    plt.xlabel('Sepal Length')
    plt.ylabel('Sepal Width')
    plt.title('SVM Decision Boundary (Linear Kernel)')

    # Adjust legend mapping
    class_legend = {i: label for i, label in enumerate(class_labels)}
    handles, _ = scatter.legend_elements()
    plt.legend(handles, [class_legend[i] for i in range(len(class_labels))],
title="Classes")

    plt.show()

# Plot the decision boundary
plot_decision_boundary(X, y, model, scaler, iris.target_names)

# Visualize the support vectors
plt.figure(figsize=(10, 8))
plt.scatter(X[:, 0], X[:, 1], c=y, cmap=plt.cm.RdYlBu, edgecolor='k', label='Data
Points')
plt.scatter(model.support_vectors_[:, 0], model.support_vectors_[:, 1],
            s=100, linewidth=1, facecolors='none', edgecolors='r', label='Support
Vectors')
```

```
plt.xlabel('Sepal Length')
plt.ylabel('Sepal Width')
plt.title('Support Vectors Visualization')
plt.legend()
plt.show()
```

Este ejemplo de código proporciona una demostración más completa del uso de Máquinas de Vectores de Soporte (SVM) para clasificación utilizando el conjunto de datos Iris.

Analicemos el código y expliquemos sus componentes:

1. Importación de Bibliotecas

El código comienza importando las bibliotecas esenciales:

NumPy para operaciones numéricas.

Matplotlib para visualización de datos.

Scikit-learn para cargar el conjunto de datos, preprocesamiento, entrenamiento del modelo SVM y evaluación de su rendimiento.

2. Carga y Preparación de Datos

El **conjunto de datos Iris** se carga usando datasets.load_iris().

Se seleccionan las **dos primeras características** (longitud y ancho del sépalo) para hacer posible la visualización.

El conjunto de datos se divide en **conjuntos de entrenamiento (70%) y prueba (30%)** usando train_test_split(). Esto nos permite entrenar el modelo en una parte de los datos y evaluarlo con datos no vistos.

3. Escalado de Características

Se utiliza **StandardScaler** para normalizar los valores de las características.

El **escalador se ajusta** a los datos de entrenamiento y se usa para transformar tanto el conjunto de entrenamiento como el de prueba.

El escalado asegura que todas las características contribuyan equitativamente al límite de decisión del SVM.

4. Entrenamiento del Modelo SVM

El clasificador SVM se inicializa con un **kernel lineal** usando SVC(kernel='linear', C=1.0).

El modelo se **entrena** usando model.fit(X_train_scaled, y_train), donde:

- X_train_scaled son los datos de entrenamiento escalados.

- y_train son las etiquetas objetivo correspondientes.

5. Evaluación del Modelo

El modelo entrenado realiza **predicciones** sobre el **conjunto de prueba**.

La **precisión** se calcula usando accuracy_score(y_test, y_pred).

Se imprime un **informe de clasificación** que muestra:

- **Precisión** (cuántos positivos predichos son realmente correctos).
- **Exhaustividad** (cuántos positivos reales fueron correctamente predichos).
- **Puntuación F1** (media armónica entre precisión y exhaustividad).

6. Visualización del Límite de Decisión

La función plot_decision_boundary() se define para **visualizar el límite de decisión**.

Pasos involucrados:

1. Se crea una **cuadrícula** sobre el espacio de características.
2. La **cuadrícula se transforma** usando el mismo escalador que los datos de entrenamiento.
3. El **modelo entrenado predice** la clase para cada punto en la cuadrícula.
4. El **límite de decisión se grafica** usando diferentes colores para cada región.
5. Los **puntos de datos originales** se dispersan encima como referencia.

Ajuste de Leyenda:

- La función mapea correctamente los **índices de clase a las etiquetas de clase** (Iris setosa, versicolor, virginica).
- El **mapa de colores (RdYlBu)** hace que el límite sea **amigable para daltónicos**.

7. Visualización de Vectores de Soporte

Los vectores de soporte son los **puntos de datos más influyentes** que definen el límite de decisión.

Se accede a los vectores de soporte del modelo usando model.support_vectors_.

Se crea un gráfico de dispersión donde:

- Se grafican **todos los puntos de datos**.
- Los **vectores de soporte** se resaltan como **círculos grandes y huecos**.

Este ejemplo completo no solo demuestra cómo implementar SVM para clasificación, sino que también muestra cómo evaluar su rendimiento y visualizar su límite de decisión y vectores de soporte. Estas visualizaciones son cruciales para entender cómo funciona SVM y cómo separa las diferentes clases en el espacio de características.

b. SVM no lineal con kernels

Cuando se trata de datos que no son linealmente separables, las Máquinas de Vectores de Soporte (SVM) emplean una técnica poderosa conocida como el **truco del kernel**. Este método implica el uso de **funciones kernel** para mapear implícitamente los datos de entrada a un espacio de características de mayor dimensión, donde la separación lineal se vuelve posible. La ventaja clave del truco del kernel es que permite a las SVM operar en este espacio de alta dimensión sin calcular explícitamente las coordenadas de los datos en ese espacio, lo que sería computacionalmente costoso.

La función kernel más comúnmente utilizada es la **Función Base Radial (RBF)**, también conocida como el kernel Gaussiano. El kernel RBF es particularmente eficaz porque puede modelar fronteras de decisión complejas y no lineales. Funciona midiendo la similitud entre dos puntos según la distancia euclidiana entre ellos en el espacio de características original. A medida que los puntos se alejan, su similitud disminuye exponencialmente.

Otras funciones kernel populares incluyen:

- **Kernel lineal**: Este kernel es equivalente a no aplicar ninguna transformación a los datos de entrada. Es particularmente eficaz cuando se trata de conjuntos de datos que ya son linealmente separables en su espacio de características original. El kernel lineal calcula el producto interno entre dos puntos de datos en el espacio de entrada, lo que lo hace computacionalmente eficiente para problemas a gran escala con numerosas características.
- **Kernel polinómico**: Este kernel versátil puede modelar fronteras de decisión complejas y curvas al mapear implícitamente las características de entrada a un espacio de mayor dimensión. El grado del polinomio sirve como un hiperparámetro crucial, determinando la flexibilidad y complejidad de la frontera de decisión resultante. Los grados más bajos producen fronteras más suaves, mientras que los grados más altos pueden capturar patrones más complejos, pero pueden ser propensos al sobreajuste.
- **Kernel sigmoide**: Inspirado en las funciones de activación de las redes neuronales, el kernel sigmoide es particularmente útil para ciertos tipos de problemas de clasificación no lineal. Mapea el espacio de entrada a un espacio de características de dimensiones infinitas, lo que permite fronteras de decisión complejas. El comportamiento del kernel sigmoide está influenciado por dos parámetros: la pendiente y la intersección, que pueden ajustarse para optimizar el rendimiento en conjuntos de datos específicos.

La elección de la función kernel impacta significativamente en el rendimiento de la SVM y debe seleccionarse según la naturaleza de los datos y el problema en cuestión. Una selección adecuada del kernel, combinada con un ajuste apropiado de los hiperparámetros, permite que las SVM clasifiquen eficazmente datos en diversos escenarios complejos.

Ejemplo: SVM no lineal con kernel RBF

```
import numpy as np
import matplotlib.pyplot as plt
from sklearn import datasets
from sklearn.model_selection import train_test_split
from sklearn.svm import SVC
from sklearn.metrics import accuracy_score, classification_report
from sklearn.preprocessing import StandardScaler

# Load the Iris dataset
iris = datasets.load_iris()
X = iris.data[:, :2]  # We'll use only the first two features for visualization
y = iris.target

# Split the data into training and test sets
X_train, X_test, y_train, y_test = train_test_split(X, y, test_size=0.3, random_state=42)

# Scale the features
scaler = StandardScaler()
X_train_scaled = scaler.fit_transform(X_train)
X_test_scaled = scaler.transform(X_test)

# Initialize and train the SVM model with RBF kernel
model = SVC(kernel='rbf', gamma='auto', C=1.0)
model.fit(X_train_scaled, y_train)

# Make predictions
y_pred = model.predict(X_test_scaled)

# Calculate accuracy
accuracy = accuracy_score(y_test, y_pred)
print(f"SVM Test Accuracy: {accuracy:.2f}")

# Print classification report
print("\\nClassification Report:")
print(classification_report(y_test, y_pred, target_names=iris.target_names))

# Function to plot decision boundary
def plot_decision_boundary(X, y, model, scaler):
    h = 0.02
    x_min, x_max = X[:, 0].min() - 1, X[:, 0].max() + 1
    y_min, y_max = X[:, 1].min() - 1, X[:, 1].max() + 1
    xx, yy = np.meshgrid(np.arange(x_min, x_max, h),
                         np.arange(y_min, y_max, h))
```

```
    # Scale the mesh
    mesh_scaled = scaler.transform(np.c_[xx.ravel(), yy.ravel()])

    Z = model.predict(mesh_scaled)
    Z = Z.reshape(xx.shape)

    plt.figure(figsize=(10, 8))
    plt.contourf(xx, yy, Z, alpha=0.8, cmap=plt.cm.RdYlBu)

    # Plot the training points
    scatter = plt.scatter(X[:, 0], X[:, 1], c=y, cmap=plt.cm.RdYlBu,
edgecolor='black')

    plt.xlabel('Sepal length')
    plt.ylabel('Sepal width')
    plt.title('SVM Decision Boundary (RBF Kernel)')

    # Add a legend
    plt.legend(handles=scatter.legend_elements()[0], labels=iris.target_names,
title="Classes")

    plt.show()

# Plot the decision boundary for non-linear SVM
plot_decision_boundary(X, y, model, scaler)
```

Este ejemplo de código demuestra la implementación de un clasificador de Máquinas de Vectores de Soporte (SVM) no lineal utilizando el kernel de Función Base Radial (RBF).

Desglosemos el código y expliquemos sus componentes:

1. **Importación de bibliotecas:** Se importan las bibliotecas necesarias, incluyendo NumPy para operaciones numéricas, Matplotlib para gráficos, y varios módulos de Scikit-learn para tareas de aprendizaje automático.
2. **Carga y preparación de los datos:**
    - Se carga el conjunto de datos Iris utilizando datasets.load_iris().
    - Se seleccionan solo las dos primeras características (longitud y ancho del sépalo) para facilitar la visualización.
    - Los datos se dividen en conjuntos de entrenamiento y prueba utilizando train_test_split().
3. **Escalado de características:**
    - Se utiliza StandardScaler para normalizar las características. Esto es crucial para las SVM, ya que son sensibles a la escala de las características de entrada.

   - El escalador se ajusta a los datos de entrenamiento y luego se utiliza para transformar tanto los datos de entrenamiento como los de prueba.

4. **Modelo SVM:**
   - Se inicializa un clasificador SVM con un kernel RBF utilizando SVC(kernel='rbf', gamma='auto', C=1.0).
   - El parámetro 'gamma' se establece en 'auto', lo que significa 1 / (n_features * X.var()).
   - El parámetro 'C' es el parámetro de regularización. Un valor más pequeño de C creará una superficie de decisión más suave.
   - El modelo se entrena con los datos de entrenamiento escalados.
5. **Evaluación del modelo:**
   - Se realizan predicciones sobre el conjunto de prueba y se calcula la precisión.
   - Se imprime un informe de clasificación detallado, que muestra la precisión, el recall y el puntaje F1 para cada clase.
6. **Visualización de la frontera de decisión:**
   - Se define la función plot_decision_boundary() para visualizar la frontera de decisión no lineal.
   - Crea una cuadrícula de puntos sobre el espacio de características y utiliza el modelo entrenado para predecir la clase de cada punto en la cuadrícula.
   - Se grafican las regiones de decisión con diferentes colores, y los puntos de entrenamiento se dispersan encima.
   - El gráfico incluye etiquetas adecuadas, un título y una leyenda para una mejor interpretación.
7. **Kernel RBF:** El kernel RBF permite que la SVM cree fronteras de decisión no lineales. Funciona midiendo la similitud entre dos puntos en función de la distancia euclidiana entre ellos en el espacio de características original. A medida que los puntos se alejan, su similitud disminuye exponencialmente.

Este ejemplo de código demuestra cómo implementar un clasificador SVM no lineal con un kernel RBF, evaluar su rendimiento y visualizar su compleja frontera de decisión. La visualización ayuda a entender cómo la SVM con kernel RBF puede crear fronteras de decisión flexibles y no lineales para separar diferentes clases en el espacio de características.

4.2.2 k-Nearest Neighbors (KNN)

k-Nearest Neighbors (KNN) es un algoritmo de clasificación simple pero poderoso que ha ganado popularidad debido a su enfoque intuitivo y su efectividad en varias tareas de aprendizaje automático. En su núcleo, KNN opera bajo un principio fundamental: clasifica un nuevo punto de datos en función de la clase mayoritaria de sus **k vecinos más cercanos** en los datos de entrenamiento.

Aquí tienes una explicación más detallada de cómo funciona KNN:

Cálculo de distancias

La base del proceso de clasificación de KNN radica en su capacidad para medir la similitud o disimilitud entre puntos de datos. Cuando se introduce un nuevo punto de datos no clasificado, KNN calcula la distancia entre este punto y cada punto en el conjunto de datos de entrenamiento. Esta comparación exhaustiva permite al algoritmo identificar las instancias más similares en los datos de entrenamiento.

La elección de la métrica de distancia es crucial y puede impactar significativamente en el rendimiento del algoritmo. Las métricas de distancia comunes incluyen:

- **Distancia euclidiana**: Esta es la métrica más comúnmente utilizada, que calcula la distancia en línea recta entre dos puntos en el espacio euclidiano. Es particularmente efectiva para variables continuas y cuando la relación entre las características es aproximadamente lineal.
- **Distancia de Manhattan**: También conocida como distancia de bloque de la ciudad, esta métrica calcula la suma de las diferencias absolutas de las coordenadas. A menudo se utiliza cuando se trata de problemas de rutas en cuadrícula o cuando las características están en diferentes escalas.
- **Distancia de Minkowski**: Esta es una generalización de las distancias euclidiana y de Manhattan. Permite flexibilidad en cómo se calcula la distancia mediante la introducción de un parámetro p. Cuando p=1, es equivalente a la distancia de Manhattan; cuando p=2, es equivalente a la distancia euclidiana.

La selección de una métrica de distancia adecuada depende de la naturaleza de los datos y del problema específico en cuestión. Por ejemplo, la distancia euclidiana puede ser preferida para datos numéricos continuos, mientras que la distancia de Manhattan podría ser más adecuada para datos categóricos o binarios. Comprender estas métricas de distancia y sus implicaciones es crucial para optimizar el rendimiento del algoritmo KNN en varios escenarios.

Selección de vecinos

Después de calcular las distancias, el algoritmo selecciona los k puntos de entrenamiento más cercanos al nuevo punto de datos. Este paso es crucial ya que determina qué instancias influirán en la decisión de clasificación. El valor de k es un hiperparámetro que debe elegirse con cuidado, ya que puede impactar significativamente el rendimiento del algoritmo.

La elección de k implica una compensación entre sesgo y varianza:

- Un k pequeño (por ejemplo, k=1 o k=3) hace que el modelo sea más sensible a los puntos de datos individuales, lo que puede llevar al sobreajuste. Puede capturar detalles finos en la frontera de decisión, pero puede ser susceptible al ruido en los datos de entrenamiento.
- Un k grande suaviza la frontera de decisión, haciéndola menos sensible a los puntos individuales, pero podría perder patrones importantes en los datos. Esto puede llevar al subajuste si k es demasiado grande en relación con el tamaño del conjunto de datos.

Típicamente, k se elige mediante validación cruzada, donde se prueban diferentes valores para encontrar el que proporcione el mejor rendimiento en un conjunto de validación. Algunas prácticas comunes incluyen:

- Usar valores impares de k para clasificación binaria, para evitar empates.
- Establecer k como la raíz cuadrada del número de muestras de entrenamiento como punto de partida.
- Considerar la dimensionalidad del espacio de características y la densidad de los puntos de datos.

Es importante señalar que el impacto de k puede variar según la naturaleza de los datos y el problema en cuestión. En algunos casos, un k pequeño podría funcionar mejor, mientras que en otros, un k más grande podría proporcionar predicciones más robustas. Por lo tanto, es esencial ajustar cuidadosamente este hiperparámetro para optimizar el rendimiento del algoritmo KNN.

Votación mayoritaria

El paso final en el proceso de clasificación de KNN implica una votación mayoritaria entre los k vecinos más cercanos. Este enfoque democrático es el núcleo del proceso de toma de decisiones de KNN. A continuación, se explica en detalle cómo funciona:

1. **Clases de los vecinos**: Una vez identificados los k vecinos más cercanos, el algoritmo examina las etiquetas de clase de estos vecinos.
2. **Conteo de frecuencia**: El algoritmo cuenta la frecuencia de cada clase entre los k vecinos. Este paso esencialmente crea un recuento de cuántas veces aparece cada clase dentro de los vecinos seleccionados.
3. **Determinación de la mayoría**: La clase con la frecuencia más alta (es decir, la que tiene más votos) se considera la clase mayoritaria. Esta clase se asigna al nuevo punto de datos que se está clasificando.

4. **Manejo de empates**: En los casos en que hay un empate entre dos o más clases (lo cual puede suceder especialmente cuando k es un número par), se pueden emplear varias estrategias:
   - Selección aleatoria: Elegir una de las clases empatadas de manera aleatoria.
   - Votación ponderada por distancia: Dar más peso a los votos de los vecinos más cercanos.
   - Elegir la clase del vecino más cercano: Asignar la clase del vecino más cercano.
5. **Medida de confianza**: La proporción de votos para la clase ganadora puede servir como una medida de la confianza del algoritmo en su clasificación. Por ejemplo, si 4 de 5 vecinos votan por la clase A, el algoritmo podría considerarse más confiado que si solo 3 de 5 vecinos votan por la clase A.

Este mecanismo de votación mayoritaria permite que KNN tome decisiones basadas en patrones locales en los datos, lo que contribuye a su efectividad para capturar fronteras de decisión complejas y no lineales.

KNN se caracteriza como un algoritmo no paramétrico y basado en instancias. Vamos a desglosar lo que significan estos términos:

No paramétrico

Esta característica de KNN es fundamental para su flexibilidad y adaptabilidad. A diferencia de los modelos paramétricos que asumen una forma fija de la distribución subyacente de los datos (como una distribución lineal o gaussiana), KNN no hace tales suposiciones sobre la estructura de los datos. Esto significa:

- **Flexibilidad**: KNN puede adaptarse a cualquier distribución de datos, ya sea lineal, no lineal o multimodal. No intenta ajustar los datos a un modelo predeterminado.
- **Toma de decisiones local**: KNN hace predicciones basadas en el vecindario local de un punto de datos, lo que le permite capturar patrones complejos que podrían pasar desapercibidos para los modelos globales.
- **Manejo de fronteras complejas**: Puede modelar eficazmente fronteras de decisión de cualquier forma, lo que lo hace adecuado para conjuntos de datos donde la separación entre clases es irregular o compleja.
- **Enfoque impulsado por los datos**: El algoritmo deja que los datos hablen por sí mismos, basando sus decisiones completamente en los patrones observados en el conjunto de entrenamiento en lugar de suposiciones preconcebidas sobre la estructura de los datos.

Esta naturaleza no paramétrica hace que KNN sea particularmente útil en análisis exploratorio de datos y en escenarios donde la distribución subyacente de los datos es desconocida o difícil de modelar paramétricamente. Sin embargo, también significa que KNN requiere un conjunto de datos lo suficientemente grande y representativo para funcionar bien, ya que depende completamente de los datos disponibles para hacer predicciones.

Basado en instancias

También conocido como basado en memoria, esta característica es un aspecto fundamental de KNN que lo diferencia de muchos otros algoritmos de aprendizaje automático. Aquí tienes una explicación más detallada:

1. **Sin aprendizaje explícito del modelo**: A diferencia de algoritmos como la regresión lineal o las redes neuronales, KNN no pasa por una fase de entrenamiento distinta en la que aprende un conjunto de parámetros o pesos. En cambio, simplemente almacena todo el conjunto de datos de entrenamiento en memoria.
2. **Aprendizaje perezoso**: KNN a menudo se denomina un "aprendiz perezoso" porque aplaza la mayor parte de su computación hasta la fase de predicción. Esto contrasta con los "aprendices ansiosos" que invierten esfuerzo computacional durante el entrenamiento para construir un modelo.
3. **Uso directo de los datos de entrenamiento**: Cuando es necesario clasificar un nuevo punto de datos, KNN utiliza directamente las instancias de entrenamiento almacenadas. Calcula la distancia entre el nuevo punto y todos los puntos de entrenamiento, selecciona los k vecinos más cercanos y hace una predicción basada en estos vecinos.
4. **Flexibilidad para capturar patrones**: Este enfoque permite que KNN capture patrones complejos y no lineales en los datos sin asumir ninguna forma particular para la frontera de decisión. Puede adaptarse a patrones locales en diferentes regiones del espacio de características.
5. **Compensaciones**: Si bien esta naturaleza basada en instancias permite que KNN sea flexible y capture patrones intrincados, tiene sus compensaciones:
    - **Requisitos de memoria**: Dado que se necesita almacenar todo el conjunto de entrenamiento, KNN puede ser intensivo en memoria para conjuntos de datos grandes.
    - **Velocidad de predicción**: Hacer predicciones puede ser computacionalmente costoso, especialmente para conjuntos de datos grandes, ya que se deben calcular las distancias con todos los puntos de entrenamiento.
    - **Sensibilidad a características irrelevantes**: Sin selección de características o ponderación, KNN trata todas las características por igual, lo que puede conducir a un rendimiento deficiente si hay muchas características irrelevantes.

6. **Ventajas en ciertos escenarios**: La naturaleza basada en instancias de KNN puede ser particularmente ventajosa en escenarios donde la frontera de decisión es muy irregular o cuando se trata de clases multimodales (clases con múltiples agrupaciones).

Comprender esta característica basada en instancias es crucial para implementar y optimizar eficazmente los algoritmos KNN, ya que influye en aspectos como la preprocesamiento de datos, la selección de características y los recursos computacionales necesarios para su despliegue.

Una de las ventajas clave de KNN es que toma decisiones basadas en todo el conjunto de entrenamiento sin hacer suposiciones sobre la distribución subyacente de los datos. Esta propiedad hace que KNN sea particularmente útil en escenarios donde la frontera de decisión es irregular o cuando se trata de clases multimodales (clases con múltiples agrupaciones).

Sin embargo, es importante señalar que, aunque KNN es conceptualmente simple y a menudo efectivo, puede volverse computacionalmente costoso para conjuntos de datos grandes, ya que necesita calcular distancias para todos los puntos de entrenamiento en cada predicción. Además, su rendimiento puede ser sensible a características irrelevantes y a la escala de los datos, lo que hace que la selección de características y la normalización sean pasos de preprocesamiento importantes cuando se utiliza este algoritmo.

a. Cómo funciona KNN

1. **Elegir el número de vecinos (k)**: Este es un paso crucial en el algoritmo KNN. El valor de k determina cuántos puntos de datos cercanos influirán en la decisión de clasificación. La selección de un k adecuado implica equilibrar entre sobreajuste (k pequeño) y subajuste (k grande). A menudo se determina mediante validación cruzada o utilizando conocimiento del dominio.

2. **Para cada nuevo punto de datos, encontrar los k puntos más cercanos** en los datos de entrenamiento: Este paso implica calcular la distancia entre el nuevo punto de datos y todos los puntos en el conjunto de entrenamiento. Las métricas de distancia comunes incluyen la distancia euclidiana para variables continuas y la distancia de Hamming para variables categóricas. Los k puntos con las distancias más pequeñas se seleccionan como los vecinos más cercanos.

3. **Asignar la etiqueta de clase más común entre estos k vecinos**: Este es el paso final de clasificación. El algoritmo cuenta la ocurrencia de cada clase entre los k vecinos más cercanos y asigna la clase más frecuente al nuevo punto de datos. En caso de empate, se puede resolver reduciendo k o ponderando los votos en función de la distancia.

Este proceso permite que KNN haga predicciones basadas en patrones locales en los datos, lo que lo hace efectivo para fronteras de decisión complejas y no lineales. Sin embargo, es importante señalar que KNN puede ser computacionalmente costoso para conjuntos de datos grandes y sensible a características irrelevantes.

Ejemplo: k-Nearest Neighbors con Scikit-learn

```
import numpy as np
from sklearn.datasets import load_iris
from sklearn.model_selection import train_test_split
from sklearn.neighbors import KNeighborsClassifier
from sklearn.metrics import accuracy_score, classification_report
from sklearn.preprocessing import StandardScaler

# Load the Iris dataset
iris = load_iris()
X, y = iris.data, iris.target

# Split the data into training and testing sets
X_train, X_test, y_train, y_test = train_test_split(X, y, test_size=0.3,
random_state=42)

# Scale the features
scaler = StandardScaler()
X_train_scaled = scaler.fit_transform(X_train)
X_test_scaled = scaler.transform(X_test)

# Initialize the KNN model
model = KNeighborsClassifier(n_neighbors=5)

# Train the model
model.fit(X_train_scaled, y_train)

# Predict on the test set
y_pred = model.predict(X_test_scaled)

# Calculate accuracy
accuracy = accuracy_score(y_test, y_pred)
print(f"KNN Test Accuracy: {accuracy:.2f}")

# Print detailed classification report
print("\\nClassification Report:")
print(classification_report(y_test, y_pred, target_names=iris.target_names))

# Demonstrate prediction on new data
new_data = np.array([[5.1, 3.5, 1.4, 0.2]])  # Example: features of a new flower
new_data_scaled = scaler.transform(new_data)
prediction = model.predict(new_data_scaled)
print(f"\\nPredicted class for new data: {iris.target_names[prediction[0]]}")
```

Explicación del Desglose del Código:

1. Importación de Librerías:
   - Importamos las librerías necesarias, incluyendo NumPy para operaciones numéricas y varios módulos de Scikit-learn para cargar conjuntos de datos, crear modelos, evaluarlos y preprocesar los datos.

2. Carga del Conjunto de Datos:
   - Utilizamos el conjunto de datos Iris, un conjunto clásico en machine learning, cargado utilizando la función load_iris() de Scikit-learn.
   - X contiene los datos de las características, y y contiene las etiquetas objetivo.
3. División de los Datos:
   - El conjunto de datos se divide en conjuntos de entrenamiento (70%) y prueba (30%) utilizando train_test_split().
   - random_state=42 asegura la reproducibilidad de la división.
4. Escalado de Características:
   - Utilizamos StandardScaler() para estandarizar las características, lo cual es importante para KNN, ya que se basa en las distancias entre los puntos de datos.
   - El escalador se ajusta a los datos de entrenamiento y luego se aplica tanto a los datos de entrenamiento como a los de prueba.
5. Inicialización del Modelo:
   - Creamos un clasificador KNN con n_neighbors=5, lo que significa que considerará los 5 vecinos más cercanos para la clasificación.
6. Entrenamiento del Modelo:
   - El modelo se entrena con los datos escalados de entrenamiento utilizando el método fit().
7. Predicción:
   - Utilizamos el modelo entrenado para hacer predicciones en los datos escalados de prueba.
8. Evaluación del Modelo:
   - Calculamos e imprimimos la puntuación de precisión, que nos da la proporción de predicciones correctas.
   - Se imprime un informe de clasificación más detallado, mostrando precisión, recall y F1-score para cada clase.
9. Predicción en Nuevos Datos:
   - Demostramos cómo usar el modelo para predecir la clase de un nuevo punto de datos no visto.

- Los nuevos datos se escalan utilizando el mismo escalador antes de hacer la predicción.
- Se imprime el nombre de la clase predicha.

Este ejemplo de código proporciona una visión más completa del proceso de clasificación KNN, incluyendo preprocesamiento de datos, evaluación detallada y uso práctico para nuevas predicciones. Muestra las mejores prácticas, como el escalado de características, y ofrece una vista integral del rendimiento del modelo a través de diferentes métricas.

4.2.3 Árboles de Decisión

Los Árboles de Decisión son un tipo poderoso e intuitivo de algoritmo de clasificación que organiza los datos en una estructura jerárquica similar a un árbol. Esta estructura se crea dividiendo recursivamente los datos en subconjuntos basados en los valores de las características. A continuación se explica con más detalle cómo funcionan los árboles de decisión:

1. Nodo Raíz

El proceso comienza en la parte superior del árbol, conocido como el nodo raíz. Este es el punto de partida del proceso de toma de decisiones y contiene todo el conjunto de datos. El nodo raíz representa el estado inicial donde aún no se han tomado decisiones. Es crucial porque:

- Sirve como punto de entrada para todas las muestras de datos tanto durante las fases de entrenamiento como de predicción.
- Contiene el conjunto completo de características y muestras, proporcionando una vista integral de los datos antes de que ocurra cualquier división.
- La primera decisión tomada en este nodo suele ser la más importante, ya que establece la base para todas las divisiones subsiguientes en el árbol.

2. Selección de Características

En cada nodo interno, el algoritmo evalúa todas las características disponibles y selecciona la que mejor separa los datos en diferentes clases. Este paso crítico determina la efectividad del proceso de toma de decisiones del árbol. Aquí se explica con más detalle el proceso de selección de características:

Evaluación de Todas las Características: El algoritmo considera cada característica en el conjunto de datos en cada nodo. Este enfoque exhaustivo asegura que se elija la característica más informativa para la división.

Criterio de Separación: El objetivo es encontrar la característica que cree subconjuntos más homogéneos después de la división. En otras palabras, queremos que los grupos resultantes contengan tantas muestras de la misma clase como sea posible.

Métricas para la Selección: Varias métricas pueden usarse para cuantificar la calidad de una división:

- Impureza de Gini: Mide la probabilidad de clasificar incorrectamente un elemento elegido al azar si se etiquetara al azar de acuerdo con la distribución de etiquetas en el subconjunto. Una impureza de Gini más baja indica una mejor separación de clases.
- Ganancia de Información: Basada en el concepto de entropía de la teoría de la información, mide la reducción de la incertidumbre sobre la etiqueta de la clase después de una división. Una mayor ganancia de información indica una división más informativa.
- Prueba de Chi-cuadrado: Utilizada para características categóricas, mide la independencia entre la característica y la etiqueta de clase. Un valor chi-cuadrado más alto sugiere una relación más fuerte entre la característica y la variable objetivo.

Proceso Iterativo: El algoritmo calcula estas métricas para cada posible división en cada característica. Luego selecciona la característica y el punto de división que optimiza la métrica elegida.

Impacto en la Estructura del Árbol: El proceso de selección de características influye directamente en la estructura del árbol de decisión. Las características más informativas aparecerán más cerca de la raíz, mientras que las características menos informativas pueden aparecer más profundamente en el árbol o no aparecer en absoluto.

Este proceso de selección de características es crucial, ya que determina la capacidad del árbol para hacer predicciones precisas y su interpretabilidad general. Al elegir las características más informativas en cada paso, los árboles de decisión pueden capturar efectivamente los patrones subyacentes en los datos.

3. División

Una vez que se selecciona una característica, los datos se dividen en dos o más subconjuntos, creando nuevas ramas en el árbol. Este proceso es crucial para la estructura y la capacidad de toma de decisiones del árbol. Aquí se explica con más detalle:

Divisiones Binarias vs. Múltiples: Mientras que las divisiones binarias (dos ramas) son las más comunes, algunos algoritmos permiten divisiones múltiples. Las divisiones binarias son preferidas por simplicidad y eficiencia computacional.

Criterios de División: El punto de división se elige para maximizar la separación entre las clases. Para características numéricas, esto a menudo implica encontrar un valor umbral. Para características categóricas, podría implicar agrupar categorías.

Ejemplo: Si la característica seleccionada es "edad", la división podría ser "edad <= 30" y "edad > 30". Esto crea dos ramas:

- Rama izquierda: Contiene todos los puntos de datos donde la edad es 30 o menos.
- Rama derecha: Contiene todos los puntos de datos donde la edad es mayor de 30.

Impacto en la Distribución de Datos: Cada división tiene como objetivo crear subconjuntos que sean más homogéneos en términos de la variable objetivo que el nodo padre. Este proceso continúa recursivamente, refinando gradualmente la clasificación a medida que se avanza hacia abajo en el árbol.

Manejo de Valores Faltantes: Algunos algoritmos de árboles de decisión tienen métodos integrados para manejar valores faltantes durante el proceso de división, como divisiones sustitutas en los árboles CART (Árboles de Clasificación y Regresión).

4. Proceso Recursivo

El proceso de selección de características y división continúa de manera recursiva para cada nuevo subconjunto, creando niveles más profundos en el árbol. Esta naturaleza recursiva es un aspecto fundamental de los algoritmos de árboles de decisión y es crucial para construir un modelo completo. Aquí se explica con más detalle:

Enfoque de Búsqueda en Profundidad: El algoritmo sigue típicamente un enfoque de búsqueda en profundidad, lo que significa que continúa dividiendo una rama del árbol hasta el final antes de pasar a otra rama. Esto permite que el árbol capture patrones detallados en los datos.

Refinamiento de Subconjuntos: Con cada división, los subconjuntos se vuelven más pequeños y potencialmente más homogéneos en términos de la variable objetivo. Este refinamiento progresivo permite que el árbol capture patrones cada vez más específicos en los datos.

Reevaluación de Características: En cada nuevo nodo, se vuelven a evaluar todas las características por su capacidad para dividir el subconjunto de manera efectiva. Esto significa que diferentes características pueden seleccionarse en diferentes niveles del árbol, permitiendo al modelo capturar relaciones complejas y no lineales en los datos.

Criterios de Detención: El proceso recursivo continúa hasta que se cumplen uno o más criterios de detención. Estos pueden incluir:

- Profundidad máxima: Un límite predefinido sobre cuán profundo puede crecer el árbol.
- Muestras mínimas: Un umbral para el número mínimo de muestras requeridas para dividir un nodo interno.
- Homogeneidad: Cuando un nodo se vuelve puro (todas las muestras pertenecen a la misma clase).

- Ganancia de información: Cuando una división adicional no proporciona una mejora significativa en la clasificación.

Este proceso recursivo permite que los árboles de decisión identifiquen automáticamente las características más relevantes y sus interacciones, creando una estructura jerárquica que puede modelar límites de decisión complejos en el espacio de características.

5. Nodos Hoja

El proceso de división en un árbol de decisión eventualmente llega a un punto donde una división adicional ya no es beneficiosa o posible. Estos nodos terminales se llaman nodos hoja, y juegan un papel crucial en el proceso de clasificación. A continuación, se explica con más detalle los nodos hoja:

Condiciones de Terminación: Varios factores pueden desencadenar la creación de un nodo hoja:

- Profundidad máxima del árbol: Un límite predefinido sobre cuántos niveles puede crecer el árbol. Esto ayuda a evitar el sobreajuste al limitar la complejidad del árbol.
- Muestras mínimas: Un umbral para el número más pequeño de muestras requeridas en un nodo para que se divida más. Esto asegura que las decisiones se basen en un número estadísticamente significativo de muestras.
- Pureza de la clase: Cuando todas las muestras en un nodo pertenecen a la misma clase, no es necesario dividir más, ya que se ha logrado una clasificación perfecta para ese subconjunto.
- Mejoría insuficiente: Si una división adicional no mejoraría significativamente la precisión de la clasificación, el algoritmo puede decidir crear un nodo hoja en su lugar.

Asignación de Etiquetas de Clase: A cada nodo hoja se le asigna una etiqueta de clase basada en la clase mayoritaria de las muestras que contiene. Esta etiqueta se utilizará para clasificar nuevos puntos de datos no vistos que lleguen a este nodo.

Importancia en la Clasificación: Los nodos hoja son donde se toman las decisiones de clasificación reales. Cuando un nuevo punto de datos se clasifica, atraviesa el árbol según sus valores de características hasta que llega a un nodo hoja. La etiqueta de clase de ese nodo hoja se convierte en la clase predicha para el nuevo punto de datos.

Manejo de la Incertidumbre: En algunas implementaciones, los nodos hoja también pueden almacenar información sobre la distribución de clases dentro del nodo. Esto puede ser útil para proporcionar estimaciones de probabilidad junto con las clasificaciones.

Consideraciones de Poda: En técnicas de post-poda, algunos nodos hoja podrían fusionarse nuevamente con sus nodos padres si se determina que esta simplificación mejora la capacidad de generalización del árbol.

Entender los nodos hoja es crucial para interpretar los árboles de decisión y ajustar el rendimiento del modelo mediante la modificación de los criterios de terminación y las estrategias de poda.

6. Proceso de Predicción

La fase de predicción en un árbol de decisión es un paso crucial en el que el modelo aplica las reglas que ha aprendido para clasificar nuevos puntos de datos no vistos. Aquí se explica en detalle cómo funciona este proceso:

Recorrido del Árbol: Cuando un nuevo punto de datos necesita ser clasificado, comienza en el nodo raíz del árbol. A partir de ahí, sigue un camino hacia abajo en el árbol, tomando decisiones en cada nodo interno basadas en los valores de las características del punto de datos.

Toma de Decisiones en los Nodos: En cada nodo interno, el árbol evalúa la característica relevante del punto de datos frente a la condición de división de ese nodo. Por ejemplo, si un nodo se divide en "edad <= 30", el árbol verificará si la edad del punto de datos es menor o igual a 30.

Selección de Rama: Basado en la evaluación en cada nodo, el punto de datos se dirigirá al hijo izquierdo o derecho (en un árbol binario). Este proceso continúa, con el punto de datos moviéndose más profundamente en la estructura del árbol.

Llegada a un Nodo Hoja: El recorrido continúa hasta que el punto de datos llega a un nodo hoja. Los nodos hoja representan las categorías de clasificación finales y no tienen nodos hijos.

Asignación de Clasificación: Una vez que el punto de datos llega a un nodo hoja, se le asigna la etiqueta de clase asociada con ese nodo hoja. Esta etiqueta representa la predicción del modelo para el nuevo punto de datos.

Manejo de la Incertidumbre: En algunas implementaciones, los nodos hoja pueden contener información sobre la distribución de clases dentro de ese nodo. Esto se puede usar para proporcionar una estimación de probabilidad junto con la clasificación, lo que indica la confianza del modelo en su predicción.

Eficiencia: Este proceso de predicción suele ser muy rápido, ya que solo requiere una serie de comparaciones simples para recorrer el árbol, en lugar de cálculos complejos.

Interpretabilidad: Una de las principales ventajas de los árboles de decisión es que este proceso de predicción se puede entender y explicar fácilmente, lo que lo hace valioso en aplicaciones donde la transparencia en la toma de decisiones es importante.

Al seguir este enfoque estructurado, los árboles de decisión pueden clasificar eficientemente nuevos puntos de datos basándose en los patrones y reglas aprendidos durante el proceso de entrenamiento.

Los árboles de decisión son valorados por su interpretabilidad, ya que el proceso de toma de decisiones puede visualizarse y explicarse fácilmente. Pueden manejar tanto datos numéricos como categóricos y capturar relaciones complejas y no lineales entre las características. Sin embargo, pueden ser propensos al sobreajuste si no se podan o regularizan adecuadamente.

a. Cómo Funcionan los Árboles de Decisión

1. Comienza con todo el conjunto de datos en el nodo raíz. Este nodo inicial representa el punto de partida del proceso de toma de decisiones y contiene todos los datos de entrenamiento.
2. Elige la característica que mejor divide los datos en diferentes clases utilizando criterios como **impureza de Gini** o **ganancia de información**.
    - La impureza de Gini mide la probabilidad de clasificar incorrectamente un elemento elegido al azar si se etiquetara aleatoriamente de acuerdo con la distribución de etiquetas en el subconjunto.
    - La ganancia de información calcula la reducción en la entropía (o incertidumbre) después de dividir un conjunto de datos en un atributo particular.

El algoritmo evalúa todas las características y selecciona la que proporciona la división más efectiva, creando subconjuntos más homogéneos.

3. Repite el proceso de forma recursiva para cada subconjunto de datos. Esto significa que para cada nuevo nodo creado por la división, el algoritmo nuevamente busca la mejor característica para dividir, considerando solo los puntos de datos que llegaron a ese nodo.
4. Detente cuando un nodo hoja sea puro (contiene solo una clase) o cuando una división adicional no mejore la clasificación. Otros criterios de parada pueden incluir:
    - Alcanzar una profundidad máxima del árbol.
    - Tener menos de un número mínimo de muestras para dividir.
    - Alcanzar un umbral mínimo de mejora para la división.

Estas condiciones de parada ayudan a prevenir el sobreajuste y aseguran que el árbol siga siendo interpretable.

Ejemplo: Árboles de Decisión con Scikit-learn

```
import numpy as np
import matplotlib.pyplot as plt
from sklearn.datasets import load_iris
from sklearn.model_selection import train_test_split
from sklearn.tree import DecisionTreeClassifier
from sklearn import tree
from sklearn.metrics import accuracy_score, classification_report

# Load the Iris dataset
```

```
iris = load_iris()
X, y = iris.data, iris.target

# Split the data into training and testing sets
X_train, X_test, y_train, y_test = train_test_split(X, y, test_size=0.3,
random_state=42)

# Initialize the decision tree model
model = DecisionTreeClassifier(max_depth=3, random_state=42)

# Train the model
model.fit(X_train, y_train)

# Make predictions on the test set
y_pred = model.predict(X_test)

# Calculate accuracy
accuracy = accuracy_score(y_test, y_pred)
print(f"Model Accuracy: {accuracy:.2f}")

# Print classification report
print("\\nClassification Report:")
print(classification_report(y_test, y_pred, target_names=iris.target_names))

# Plot the decision tree
plt.figure(figsize=(20, 10))
tree.plot_tree(model, filled=True, feature_names=iris.feature_names,
class_names=iris.target_names)
plt.title("Decision Tree for Iris Dataset")
plt.show()

# Feature importance
feature_importance = model.feature_importances_
for i, importance in enumerate(feature_importance):
    print(f"Feature '{iris.feature_names[i]}': {importance:.4f}")

# Visualize feature importance
plt.figure(figsize=(10, 6))
plt.bar(iris.feature_names, feature_importance)
plt.title("Feature Importance in Iris Dataset")
plt.xlabel("Features")
plt.ylabel("Importance")
plt.show()
```

Explicación del Desglose del Código:

1. Importación de Librerías:
    - Importamos las librerías necesarias, incluyendo NumPy para operaciones numéricas, Matplotlib para gráficos, y varios módulos de Scikit-learn para tareas de machine learning.

2. Carga y Preparación de Datos:
    - Cargamos el conjunto de datos Iris utilizando la función load_iris() de Scikit-learn.
    - El conjunto de datos se divide en conjuntos de entrenamiento y prueba usando train_test_split(), con un 70% para entrenamiento y un 30% para prueba.
3. Inicialización y Entrenamiento del Modelo:
    - Creamos un clasificador DecisionTreeClassifier con una profundidad máxima de 3 para prevenir el sobreajuste.
    - El modelo se entrena con los datos de entrenamiento usando el método fit().
4. Realización de Predicciones y Evaluación del Rendimiento:
    - Usamos el modelo entrenado para hacer predicciones en el conjunto de prueba.
    - Se calcula y se imprime la precisión del modelo.
    - Se genera un informe de clasificación detallado, mostrando la precisión, el recall y el F1-score para cada clase.
5. Visualización del Árbol de Decisión:
    - Usamos tree.plot_tree() para visualizar la estructura del árbol de decisión.
    - El árbol se grafica con colores, nombres de las características y nombres de las clases para una mejor interpretación.
6. Análisis de la Importancia de las Características:
    - Extraemos e imprimimos la importancia de cada característica en el proceso de toma de decisiones.
    - Se crea un gráfico de barras para representar visualmente la importancia de cada característica.

Este ejemplo proporciona un enfoque más completo para la clasificación con árboles de decisión. Incluye la preparación de datos, el entrenamiento del modelo, la evaluación, la visualización de la estructura del árbol y el análisis de la importancia de las características. Esto permite una comprensión más profunda de cómo el árbol de decisión realiza sus clasificaciones y qué características son más influyentes en el proceso.

b. Ventajas y Desventajas de los Árboles de Decisión

Ventajas:

- Altamente intuitivos y fáciles de interpretar, lo que los hace valiosos para explicar procesos complejos de toma de decisiones a las partes interesadas.
- Versátiles para manejar tanto datos numéricos como categóricos sin necesidad de mucho preprocesamiento o normalización.
- Capaces de capturar relaciones no lineales intrincadas entre características, permitiendo modelar patrones complejos en los datos con precisión.
- Requieren una preparación mínima de los datos, ya que pueden manejar valores faltantes y valores atípicos de manera efectiva.

Desventajas:

- Son susceptibles al sobreajuste, especialmente cuando los árboles crecen demasiado, lo que puede llevar a una mala generalización en datos no vistos.
- Exhiben inestabilidad y sensibilidad a pequeñas variaciones en los datos de entrenamiento, lo que puede resultar en estructuras de árbol significativamente diferentes.
- Pueden tener dificultades con conjuntos de datos muy desbalanceados, sesgándose hacia la clase mayoritaria.
- Pueden volverse computacionalmente costosos y consumir mucho tiempo en conjuntos de datos muy grandes, especialmente cuando se generan árboles profundos.

4.2.4. Random Forests

Random Forests es un poderoso método de aprendizaje en conjunto que aprovecha la fortaleza de múltiples árboles de decisión para crear un modelo predictivo robusto y preciso. Este algoritmo aborda algunas de las limitaciones de los árboles de decisión individuales combinando sus predicciones, lo que resulta en una mayor precisión y una reducción del sobreajuste.

A continuación, se explica con más detalle cómo funcionan los Random Forests:

1. Creación de Múltiples Árboles

Random Forests genera numerosos árboles de decisión, típicamente cientos o miles, cada uno entrenado en un subconjunto diferente de los datos. Este proceso, conocido como bagging (agregación por bootstrap), implica la toma de muestras aleatorias del conjunto de datos original con reemplazo para crear conjuntos de entrenamiento diversos para cada árbol. Para cada árbol, se crea un nuevo conjunto de datos seleccionando aleatoriamente muestras del conjunto de datos original. Esta toma de muestras se hace con reemplazo, lo que significa que algunas muestras pueden seleccionarse varias veces, mientras que otras pueden no seleccionarse en absoluto. Este proceso se llama muestreo bootstrap.

El tamaño de cada conjunto de datos bootstrap es típicamente el mismo que el del conjunto de datos original, pero debido al aspecto de reemplazo, aproximadamente el 63.2% de las muestras originales están representadas en cada nuevo conjunto de datos, con algunas duplicadas. Esta técnica de muestreo asegura que cada árbol de decisión en el bosque se entrene en un conjunto de datos ligeramente diferente. Esta diversidad es crucial para el rendimiento del conjunto, ya que ayuda a reducir el sobreajuste y mejora la generalización.

Las muestras no seleccionadas para un árbol en particular (aproximadamente el 36.8% del conjunto de datos original) se llaman muestras out-of-bag (OOB). Estas pueden utilizarse para validación interna y para estimar el rendimiento del modelo sin necesidad de un conjunto de prueba separado. Dado que cada árbol se entrena de manera independiente en su propio conjunto de datos bootstrap, el proceso puede paralelizarse fácilmente, lo que hace que Random Forests sea eficiente incluso para grandes conjuntos de datos.

Al crear múltiples árboles con conjuntos de entrenamiento diversos, los Random Forests aprovechan el poder del aprendizaje en conjunto, donde la sabiduría colectiva de muchos modelos ligeramente diferentes a menudo supera a cualquier modelo individual.

2. Aleatorización de Características

Random Forests introduce una capa adicional de aleatoriedad al considerar solo un subconjunto de características en cada división en los árboles de decisión. Esta aleatorización de características, también conocida como bagging de atributos o selección aleatoria de características, es un componente clave del algoritmo de Random Forest. Aquí se explica con más detalle:

- Selección de Subconjuntos: En cada nodo de un árbol de decisión, en lugar de considerar todas las características disponibles para la mejor división, solo se evalúa un subconjunto aleatorio de características. El tamaño de este subconjunto suele ser la raíz cuadrada del número total de características para tareas de clasificación, o un tercio de las características totales para tareas de regresión.
- Efecto de Decorrelación: Al limitar las características disponibles en cada división, el algoritmo reduce la correlación entre los árboles en el bosque. Esto es crucial porque, si todos los árboles pudieran considerar todas las características, podrían terminar siendo muy similares, especialmente si hay algunos predictores muy fuertes en el conjunto de datos.
- Mayor Diversidad: La selección aleatoria de características obliga a cada árbol a aprender diferentes aspectos de los datos, lo que lleva a un conjunto de árboles más diverso. Esta diversidad es esencial para el rendimiento general del conjunto y su capacidad de generalización.
- Mejora en la Robustez: La aleatorización de características ayuda a que el bosque sea menos sensible a predictores individuales fuertes. Permite que otras características, potencialmente importantes pero menos dominantes, jueguen un papel en el proceso

de toma de decisiones, lo que puede llevar a una mejor captura de patrones complejos en los datos.

- Mitigación del Sobreajuste: Al no depender siempre de los predictores más fuertes, la aleatorización de características ayuda a reducir el sobreajuste. Evita que el modelo se especialice demasiado en los datos de entrenamiento, mejorando así su rendimiento en datos no vistos.

Esta aleatorización de características, combinada con el muestreo bootstrap de los datos, contribuye significativamente a que los árboles sean más independientes y diversos en sus predicciones. Como resultado, cuando se agregan las predicciones de todos los árboles, los Random Forests pueden lograr una mayor precisión y una mejor generalización que los árboles de decisión individuales o los conjuntos sin este paso de aleatorización.

3. Proceso de Entrenamiento

Cada árbol de decisión en el Random Forest se entrena de manera independiente en su propio subconjunto de datos y características. Este proceso es un componente clave de la fortaleza y eficiencia del algoritmo:

- Subconjuntos de Datos Únicos: Cada árbol se entrena en una muestra bootstrap diferente del conjunto de datos original, asegurando diversidad en los datos de entrenamiento.
- Aleatorización de Características: En cada división de nodo, solo se considera un subconjunto aleatorio de características, lo que aumenta aún más la diversidad entre los árboles.
- Entrenamiento Independiente: Los árboles se entrenan de manera aislada unos de otros, lo que permite un procesamiento en paralelo.
- Cálculo Eficiente: La naturaleza paralela del proceso de entrenamiento lo hace altamente escalable y eficiente, especialmente para grandes conjuntos de datos.
- Computación Distribuida: El entrenamiento independiente de los árboles puede distribuirse fácilmente entre múltiples procesadores o máquinas, reduciendo significativamente el tiempo de cálculo para grandes bosques.

Este proceso de entrenamiento paralelo y aleatorizado es crucial para crear un conjunto diverso de árboles de decisión, que colectivamente forman un modelo Random Forest robusto y preciso. La independencia del entrenamiento de cada árbol contribuye a la capacidad del algoritmo para reducir el sobreajuste y mejorar la generalización en nuevos datos.

4. Agregación de Predicciones

La fase de agregación de predicciones es un paso crucial en el algoritmo de Random Forest, donde se combinan las predicciones individuales de todos los árboles para producir un resultado final. Este proceso aprovecha la sabiduría colectiva del conjunto para generar predicciones más robustas y precisas. A continuación, se explica en detalle cómo funciona la agregación de predicciones:

Para Tareas de Clasificación:

- Cada árbol en el bosque clasifica de manera independiente el nuevo punto de datos en una de las categorías predefinidas.
- La predicción final se determina mediante una votación por mayoría entre todos los árboles. Esto significa que la clase que recibe más votos de los árboles individuales se convierte en la clase predicha final.
- En caso de empate, el algoritmo puede usar varias estrategias de desempate, como seleccionar la clase con la mayor probabilidad promedio entre todos los árboles.
- Este mecanismo de votación ayuda a suavizar los errores y sesgos individuales de los árboles, lo que lleva a predicciones más confiables.

Para Tareas de Regresión:

- Cada árbol en el bosque proporciona su propia predicción numérica para la variable objetivo.
- La predicción final se calcula como el promedio (media) de todas las predicciones individuales de los árboles.
- Este proceso de promediado ayuda a reducir el impacto de predicciones atípicas de árboles individuales y proporciona una estimación más estable y precisa.
- Algunas implementaciones pueden usar un promedio ponderado, dando más importancia a los árboles con mejor rendimiento en las muestras out-of-bag.

Beneficios de la Agregación:

- Reducción de la Varianza: Al combinar múltiples predicciones, los Random Forests reducen significativamente la varianza del modelo, lo que mejora la generalización.
- Robustez ante Atípicos: El proceso de agregación ayuda a mitigar el impacto de árboles individuales que podrían haber sobreajustado a ruido en los datos.
- Medidas de Confianza: La proporción de árboles que votan por cada clase (en clasificación) o la dispersión de las predicciones (en regresión) pueden proporcionar una medida de confianza en la predicción.

Este paso de agregación es lo que transforma una colección de modelos potencialmente débiles (árboles de decisión individuales) en un modelo de conjunto poderoso capaz de manejar patrones complejos en los datos.

5. Mejora en la Precisión

Los Random Forests a menudo logran una mayor precisión que los árboles de decisión individuales al combinar múltiples árboles diversos. Esta mejora en la precisión se debe a varios factores clave:

- Aprendizaje en Conjunto: Al agregar predicciones de numerosos árboles, los Random Forests aprovechan el poder del aprendizaje en conjunto. Este enfoque ayuda a suavizar los errores y sesgos inherentes a los árboles individuales, lo que resulta en predicciones más confiables y estables.
- Diversidad en el Entrenamiento: Cada árbol en el bosque se entrena en un subconjunto diferente de los datos y considera un subconjunto aleatorio de características en cada división. Esta diversidad permite que el bosque capture una gama más amplia de patrones y relaciones dentro de los datos, lo que lleva a un modelo más completo.
- Reducción del Sobreajuste: La aleatoriedad introducida tanto en la selección de datos como de características ayuda a reducir el sobreajuste. Mientras que los árboles individuales pueden sobreajustarse a sus subconjuntos de entrenamiento específicos, la agregación de muchos de estos árboles tiende a promediar estos patrones sobreajustados, lo que resulta en una mejor generalización a datos no vistos.
- Manejo de Relaciones No Lineales: Los Random Forests pueden capturar efectivamente relaciones complejas y no lineales en los datos que podrían ser ignoradas por modelos más simples. La combinación de múltiples caminos de decisión permite modelar patrones e interacciones intrincadas entre características.
- Robustez ante Atípicos y Ruido: Al agregar predicciones, los Random Forests son menos sensibles a los valores atípicos y al ruido en los datos en comparación con los árboles de decisión individuales. Los puntos de datos anómalos o las características ruidosas tienen menos probabilidades de sesgar significativamente la predicción general del bosque.

Estos factores contribuyen colectivamente a la mejora en la precisión de los Random Forests, lo que los convierte en una opción poderosa y confiable para muchas tareas de clasificación y regresión en machine learning.

6. Reducción del Sobreajuste

Los Random Forests son significativamente menos susceptibles al sobreajuste en comparación con los árboles de decisión individuales. Esta mejor capacidad de generalización se debe a varios factores clave:

- Enfoque en Conjunto: Al agregar predicciones de múltiples árboles, los Random Forests promedian los sesgos y errores individuales, lo que resulta en un modelo más robusto.

- Aleatorización de Datos: Cada árbol se entrena en una muestra bootstrap diferente del conjunto de datos original. Esta variación en los datos de entrenamiento ayuda a reducir la sensibilidad del modelo a puntos de datos específicos.
- Aleatorización de Características: En cada división de nodo, solo se considera un subconjunto de características. Esto evita que el modelo dependa demasiado de una característica en particular, fomentando un conjunto de caminos de decisión más diverso.
- Promedio de Predicciones: La predicción final es un agregado de todas las predicciones individuales de los árboles. Este proceso de promediado suaviza las predicciones extremas que podrían resultar del sobreajuste en árboles individuales.
- Muestras Out-of-Bag (OOB): Las muestras que no se usan en el entrenamiento de un árbol particular (alrededor del 37% de los datos) sirven como un conjunto de validación interno, proporcionando una estimación imparcial del error de generalización.

Estos mecanismos permiten que los Random Forests capturen patrones complejos en los datos de entrenamiento mientras mantienen un buen rendimiento en datos no vistos. La capacidad del modelo para generalizar bien lo hace particularmente valioso en escenarios donde es crucial prevenir el sobreajuste.

7. Importancia de las Características

Los Random Forests proporcionan una medida valiosa de la importancia de las características, lo que ofrece información sobre qué variables son más influyentes en las predicciones. Esta capacidad es una ventaja significativa del algoritmo de Random Forest, ya que ayuda a comprender los patrones subyacentes en los datos y puede guiar los procesos de selección de características. Aquí se explica en más detalle la importancia de las características en los Random Forests:

- Método de Cálculo: La importancia de las características se calcula generalmente midiendo la disminución en el rendimiento del modelo cuando una característica en particular se baraja o se elimina. Las características que causan una mayor disminución en el rendimiento se consideran más importantes.
- Disminución Promedio en la Impureza (MDI): Este método calcula la importancia de las características en función de la disminución total en la impureza del nodo (generalmente medida por la impureza de Gini o la entropía) promediada en todos los árboles del bosque. Las características que resultan en mayores disminuciones de impureza se clasifican como más importantes.
- Disminución Promedio en la Precisión (MDA): También conocida como importancia por permutación, este método mide la disminución en la precisión del modelo cuando los valores de una característica se permutan aleatoriamente. Una mayor disminución en la precisión indica una mayor importancia de la característica.

- Aplicaciones:
  - Selección de Características: Identificar las características más importantes puede ayudar a reducir la complejidad del modelo al centrarse en las variables más influyentes.
  - Comprensión de los Datos: La importancia de las características proporciona información sobre qué factores están impulsando las predicciones, mejorando la interpretabilidad del modelo.
  - Conocimiento del Dominio: Las clasificaciones de importancia pueden compararse con la experiencia del dominio para validar el aprendizaje del modelo o descubrir patrones inesperados.
- Consideraciones para la Interpretación:
  - Correlación: Las características altamente correlacionadas pueden tener su importancia dividida, lo que puede subestimar su verdadero impacto.
  - Escala: La importancia de las características no tiene en cuenta la escala de las características, por lo que el preprocesamiento (como la estandarización) puede afectar las clasificaciones.
  - Estabilidad: Las clasificaciones de importancia pueden variar entre diferentes ejecuciones del algoritmo, especialmente con conjuntos de datos pequeños.

Al aprovechar la importancia de las características, los científicos de datos y los analistas pueden obtener conocimientos más profundos sobre sus conjuntos de datos, optimizar sus modelos y tomar decisiones más informadas en diversas aplicaciones de machine learning.

Al aplicar estas técnicas, los Random Forests crean un algoritmo poderoso y versátil que ofrece un buen rendimiento en una amplia gama de tareas de clasificación y regresión, lo que lo convierte en una opción popular en muchas aplicaciones de machine learning.

Cómo Funcionan los Random Forests

1. Generar múltiples subconjuntos del conjunto de datos de entrenamiento mediante muestreo aleatorio con reemplazo (**muestreo bootstrap**).

Este paso, conocido como bagging (agregación por bootstrap), crea subconjuntos diversos de los datos originales. Cada subconjunto contiene típicamente alrededor del 63% de las muestras originales, con algunas muestras repetidas y otras omitidas. Este proceso introduce variabilidad entre los árboles y ayuda a reducir el sobreajuste.

2. Entrenar un árbol de decisión en cada subconjunto, usando un subconjunto aleatorio de características en cada división.

Para cada muestra bootstrap, se genera un árbol de decisión. Sin embargo, a diferencia de los árboles de decisión estándar, los Random Forests introducen una capa adicional de aleatoriedad. En cada nodo del árbol, en lugar de considerar todas las características para la mejor división, solo se evalúa un subconjunto aleatorio de características. Esta aleatorización de características aumenta aún más la diversidad entre los árboles y ayuda a decorrelacionarlos, lo que conduce a un conjunto más robusto.

3. Agregar las predicciones de todos los árboles para tomar la decisión final.

Una vez que se entrenan todos los árboles, el Random Forest hace predicciones agregando las salidas de los árboles individuales. Para tareas de clasificación, esto se hace típicamente mediante votación por mayoría, donde la clase predicha por la mayoría de los árboles se convierte en la predicción final. Para tareas de regresión, se utiliza el promedio de todas las predicciones de los árboles. Este proceso de agregación aprovecha la sabiduría del grupo, lo que a menudo resulta en predicciones más precisas y estables en comparación con árboles individuales.

Ejemplo: Random Forests con Scikit-learn

```
import numpy as np
from sklearn.ensemble import RandomForestClassifier
from sklearn.model_selection import train_test_split
from sklearn.metrics import accuracy_score, classification_report
from sklearn.datasets import make_classification

# Generate a synthetic dataset
X, y = make_classification(n_samples=1000, n_features=20, n_classes=2,
random_state=42)

# Split the data into training and testing sets
X_train, X_test, y_train, y_test = train_test_split(X, y, test_size=0.2,
random_state=42)

# Initialize the Random Forest model
model = RandomForestClassifier(n_estimators=100, max_depth=10, min_samples_split=5,
random_state=42)

# Train the model
model.fit(X_train, y_train)

# Predict on the test set
y_pred = model.predict(X_test)

# Calculate accuracy
accuracy = accuracy_score(y_test, y_pred)
print(f"Random Forest Test Accuracy: {accuracy:.2f}")

# Print detailed classification report
print("\\nClassification Report:")
print(classification_report(y_test, y_pred))

# Feature importance
```

```
feature_importance = model.feature_importances_
sorted_idx = np.argsort(feature_importance)
print("\\nTop 5 important features:")
for idx in sorted_idx[-5:]:
    print(f"Feature {idx}: {feature_importance[idx]:.4f}")
```

Desglose del Código:

1. Importaciones:
   - Importamos los módulos necesarios de scikit-learn y numpy.
2. Generación de Datos:
   - Utilizamos make_classification para crear un conjunto de datos sintético con fines demostrativos.
   - Esto genera 1000 muestras con 20 características para un problema de clasificación binaria.
3. División de Datos:
   - El conjunto de datos se divide en conjuntos de entrenamiento (80%) y prueba (20%) usando train_test_split.
4. Inicialización del Modelo:
   - Creamos un RandomForestClassifier con 100 árboles (n_estimators).
   - Parámetros adicionales como max_depth y min_samples_split se establecen para controlar el crecimiento de los árboles.
5. Entrenamiento del Modelo:
   - Usamos el método fit para entrenar el modelo con los datos de entrenamiento.
6. Predicción:
   - Usamos el modelo entrenado para hacer predicciones en el conjunto de prueba.
7. Evaluación:
   - accuracy_score calcula la precisión general del modelo.
   - classification_report proporciona un desglose detallado de la precisión, el recall y el F1-score para cada clase.
8. Importancia de las Características:
   - Extraemos y ordenamos la importancia de las características del modelo.

- Se imprimen las 5 características más importantes, mostrando qué variables de entrada tienen la mayor influencia en las decisiones del modelo.

Este ejemplo completo no solo demuestra el uso básico de Random Forests, sino que también incluye la preparación de datos, métricas de evaluación detalladas y un análisis de la importancia de las características, proporcionando una visión más completa del rendimiento y las características del modelo.

4.3 Métricas Avanzadas de Evaluación (Precisión, Recall, AUC-ROC)

En el ámbito del machine learning, la evaluación de modelos va mucho más allá de la medida simplista de la **precisión**. Aunque la precisión es valiosa en conjuntos de datos equilibrados, puede ofrecer una imagen engañosa cuando se trata de distribuciones desbalanceadas de clases.

Considera un escenario donde el 95% de las muestras pertenecen a una sola clase; un modelo que prediga consistentemente esta clase mayoritaria podría ostentar una alta precisión a pesar de su incapacidad para identificar efectivamente la clase minoritaria. Para superar esta limitación y obtener una comprensión más completa del rendimiento del modelo, los científicos de datos emplean métricas sofisticadas como la **precisión** (precision), el **recall** y el **AUC-ROC**.

Estas técnicas avanzadas de evaluación proporcionan una visión más matizada de las capacidades de un modelo, ofreciendo información sobre su capacidad para identificar correctamente instancias positivas, minimizar falsos positivos y negativos, y discriminar entre clases a lo largo de varios umbrales de decisión. Al utilizar estas métricas, los investigadores y profesionales pueden tomar decisiones informadas sobre la selección y optimización de modelos, asegurando que el algoritmo elegido no solo funcione bien en entornos controlados, sino que también se traduzca de manera efectiva en aplicaciones del mundo real, donde los desequilibrios de clases y los costos variables de clasificación incorrecta son comunes.

En las siguientes secciones, profundizaremos en cada una de estas métricas, elucubrando sus fundamentos matemáticos, aplicaciones prácticas e interpretaciones. A través de explicaciones detalladas y ejemplos ilustrativos, nuestro objetivo es proporcionarte el conocimiento y las herramientas necesarias para realizar evaluaciones exhaustivas y significativas de tus modelos de machine learning, lo que te permitirá tomar decisiones basadas en datos y desarrollar soluciones robustas para problemas complejos de clasificación.

4.3.1 Precisión y Recall

Precisión y **recall** son métricas fundamentales en machine learning que proporcionan información crucial sobre el rendimiento de los modelos de clasificación, particularmente cuando se trata de identificar la clase positiva. Estas métricas son especialmente valiosas cuando se trabaja con **conjuntos de datos desbalanceados**, donde la distribución de clases está significativamente sesgada.

La precisión se centra en la exactitud de las predicciones positivas. Mide la proporción de instancias positivas correctamente identificadas entre todas las instancias predichas como positivas. En otras palabras, la precisión responde a la pregunta: "De todas las muestras que nuestro modelo etiquetó como positivas, ¿cuántas eran realmente positivas?" Una alta precisión indica que cuando el modelo predice una instancia positiva, es probable que sea correcta.

Por otro lado, el recall enfatiza la capacidad del modelo para encontrar todas las instancias positivas. Mide la proporción de instancias positivas correctamente identificadas entre todas las instancias realmente positivas en el conjunto de datos. El recall responde a la pregunta: "De todas las muestras realmente positivas en nuestro conjunto de datos, ¿cuántas identificó correctamente nuestro modelo?" Un alto recall sugiere que el modelo es eficaz para capturar una gran parte de las instancias positivas.

Estas métricas son particularmente cruciales al tratar con **conjuntos de datos desbalanceados**, donde una clase (generalmente la minoritaria) está significativamente subrepresentada en comparación con la otra. En tales escenarios, la precisión por sí sola puede ser engañosa. Por ejemplo, en un conjunto de datos donde solo el 5% de las muestras pertenecen a la clase positiva, un modelo que siempre prediga la clase negativa lograría un 95% de precisión, pero sería completamente inútil para identificar instancias positivas.

Al usar precisión y recall, podemos obtener una comprensión más matizada de cómo funciona nuestro modelo en la clase minoritaria, que a menudo es la clase de interés en muchos problemas del mundo real, como la detección de fraudes, el diagnóstico de enfermedades o la predicción de eventos raros. Estas métricas ayudan a los científicos de datos y profesionales de machine learning a ajustar sus modelos y tomar decisiones informadas sobre la selección y optimización de modelos, asegurando que el algoritmo elegido funcione de manera efectiva incluso cuando se enfrenta a desequilibrios de clases.

a. Precisión

La precisión es una métrica crucial en la evaluación del rendimiento de los modelos de clasificación, particularmente en escenarios donde el costo de los **falsos positivos** es alto. Mide la proporción de predicciones positivas correctas entre todas las predicciones positivas realizadas por el modelo.

En otras palabras, la precisión responde a la pregunta: *De todas las muestras que el modelo predijo como positivas, ¿cuántas realmente lo son?*

Para entender mejor la precisión, desglosamos sus componentes y examinamos cómo contribuyen a esta métrica:

- **Verdaderos Positivos (TP)**: Representan las instancias en las que el modelo identifica correctamente muestras positivas. Estos son los "aciertos", donde la predicción positiva del modelo coincide con la realidad.
- **Falsos Positivos (FP)**: Ocurren cuando el modelo etiqueta incorrectamente muestras negativas como positivas. Son las "falsas alarmas", instancias en las que el modelo identifica erróneamente algo como positivo cuando en realidad es negativo.

Con estos componentes en mente, podemos expresar la precisión matemáticamente como:

Precisión = TP / (TP + FP)

Esta fórmula captura la capacidad del modelo para evitar falsos positivos mientras identifica correctamente verdaderos positivos. Un puntaje de precisión alto indica que, cuando el modelo predice un resultado positivo, es probable que sea correcto, minimizando falsas alarmas y mejorando la confiabilidad de las predicciones positivas.

La precisión es crucial en escenarios donde las consecuencias de los falsos positivos son significativas. Esta métrica es particularmente valiosa en aplicaciones del mundo real, como:

- **Detección de Spam en Emails**: Alta precisión asegura que los correos legítimos no se marquen erróneamente como spam, evitando que comunicaciones importantes se pierdan o se retrasen.
- **Diagnóstico Médico**: En pruebas de detección, una alta precisión ayuda a minimizar la ansiedad innecesaria y procedimientos invasivos para personas sanas.
- **Detección de Fraude**: Lograr alta precisión en sistemas de detección de fraude es crucial para evitar acusaciones falsas.
- **Moderación de Contenidos**: Una alta precisión en algoritmos de moderación evita la eliminación incorrecta de publicaciones legítimas.
- **Control de Calidad en Manufactura**: La alta precisión en sistemas de detección de defectos asegura que solo productos defectuosos sean rechazados.

Sin embargo, es importante tener en cuenta que centrarse únicamente en la precisión puede llevar a una compensación con el **recall**. Un modelo con muy alta precisión podría lograrlo siendo muy conservador en sus predicciones positivas, lo que podría hacer que se pierdan algunos verdaderos positivos. Por lo tanto, la precisión suele considerarse junto con otras métricas como el recall y el **F1 score** para una evaluación integral del rendimiento del modelo.

$$Precision = \frac{True\ Positives(TP)}{\left(True\ Positives\ (TP) + \ False\ Positives\ (FP)\right)}$$

Un puntaje alto de precisión significa que el modelo tiene una baja tasa de falsos positivos, lo que significa que es bueno para evitar falsas alarmas.

b. Recall

El **recall** (también conocido como sensibilidad o tasa de verdaderos positivos) es una métrica fundamental en la evaluación del rendimiento de los modelos de clasificación, particularmente en escenarios donde es crucial identificar todas las instancias positivas. Mide la proporción de predicciones positivas correctas sobre el total de instancias realmente positivas en el conjunto de datos.

Matemáticamente, el recall se define como:

Recall = Verdaderos Positivos / (Verdaderos Positivos + Falsos Negativos)

Esta fórmula cuantifica la capacidad del modelo para encontrar todas las instancias positivas dentro del conjunto de datos. Un alto recall indica que el modelo es hábil para identificar una gran porción de los casos positivos reales.

El recall responde a la pregunta crítica: *De todas las instancias positivas reales en nuestro conjunto de datos, ¿qué proporción identificó correctamente nuestro modelo?*

Esta métrica tiene gran relevancia en aplicaciones como:

- **Diagnósticos Médicos**: En la detección de enfermedades, una alta tasa de recall es crucial para asegurar que la mayoría de los pacientes con una condición sean identificados correctamente.
- **Seguridad Financiera**: En la identificación de transacciones fraudulentas, una alta tasa de recall es indispensable para capturar una proporción significativa de los casos de fraude reales.
- **Sistemas de Recuperación de Información**: En motores de búsqueda o sistemas de recomendación, mantener un alto recall asegura que el sistema recupere la mayoría de los elementos relevantes para el usuario.

En estos escenarios, el énfasis en el recall refleja una priorización de la exhaustividad en la identificación de instancias positivas, incluso si esto conlleva un aumento en los falsos positivos.

Es importante señalar que, aunque un alto recall es deseable en muchos escenarios, a menudo viene con el costo de la precisión. Un modelo con un recall muy alto podría lograrlo siendo demasiado liberal en sus predicciones positivas, aumentando potencialmente los falsos positivos. Por lo tanto, el recall generalmente se considera en conjunto con otras métricas como la precisión y el **F1 score** para una evaluación completa del rendimiento del modelo.

Ejemplo: Precisión y Recall con Scikit-learn

Este nivel de jerarquía es adecuado dentro de la explicación sobre la precisión y el recall, ya que se trata de un ejemplo que se encuentra bajo el desarrollo de esos conceptos.

```
import numpy as np
import matplotlib.pyplot as plt
from sklearn.metrics import precision_score, recall_score, f1_score, confusion_matrix,
roc_curve, roc_auc_score
```

```
from sklearn.model_selection import train_test_split
from sklearn.linear_model import LogisticRegression
from sklearn.datasets import make_classification

# Generate a sample imbalanced dataset
X, y = make_classification(n_samples=1000, n_features=20, n_classes=2, weights=[0.9,
0.1], random_state=42)

# Split the data into training and test sets
X_train, X_test, y_train, y_test = train_test_split(X, y, test_size=0.2,
random_state=42)

# Initialize and train a logistic regression model
model = LogisticRegression()
model.fit(X_train, y_train)

# Predict on the test set
y_pred = model.predict(X_test)
y_pred_proba = model.predict_proba(X_test)[:, 1]

# Calculate precision, recall, and F1 score
precision = precision_score(y_test, y_pred)
recall = recall_score(y_test, y_pred)
f1 = f1_score(y_test, y_pred)

print(f"Precision: {precision:.2f}")
print(f"Recall: {recall:.2f}")
print(f"F1 Score: {f1:.2f}")

# Generate confusion matrix
cm = confusion_matrix(y_test, y_pred)
print("\\nConfusion Matrix:")
print(cm)

# Calculate and plot ROC curve
fpr, tpr, _ = roc_curve(y_test, y_pred_proba)
roc_auc = roc_auc_score(y_test, y_pred_proba)

plt.figure()
plt.plot(fpr, tpr, color='darkorange', lw=2, label=f'ROC curve (AUC = {roc_auc:.2f})')
plt.plot([0, 1], [0, 1], color='navy', lw=2, linestyle='--')
plt.xlim([0.0, 1.0])
plt.ylim([0.0, 1.05])
plt.xlabel('False Positive Rate')
plt.ylabel('True Positive Rate')
plt.title('Receiver Operating Characteristic (ROC) Curve')
plt.legend(loc="lower right")
plt.show()

# Feature importance
feature_importance = abs(model.coef_[0])
feature_importance = 100.0 * (feature_importance / feature_importance.max())
```

```
sorted_idx = np.argsort(feature_importance)
pos = np.arange(sorted_idx.shape[0]) + .5

plt.figure(figsize=(12, 6))
plt.barh(pos, feature_importance[sorted_idx], align='center')
plt.yticks(pos, np.array(range(X.shape[1]))[sorted_idx])
plt.xlabel('Relative Importance')
plt.title('Feature Importance')
plt.show()
```

Este ejemplo de código proporciona un enfoque integral para evaluar un modelo de regresión logística en un conjunto de datos desbalanceado.

Desglosemos los componentes clave y su importancia:

1. **Generación y Preparación de Datos**

- Usamos make_classification para crear un conjunto de datos desbalanceado con una distribución de clases de 90:10.
- Los datos se dividen en conjuntos de entrenamiento y prueba usando train_test_split.

2. **Entrenamiento del Modelo y Predicción**

- Se inicializa un modelo de regresión logística y se entrena con los datos de entrenamiento.
- Se realizan predicciones sobre el conjunto de prueba, incluyendo tanto predicciones de clase como estimaciones de probabilidad.

3. **Cálculo de Métricas de Rendimiento**

- Se calculan la Precisión, el Recall y el Puntaje F1 utilizando las funciones integradas de scikit-learn.
- Estas métricas proporcionan una visión equilibrada del rendimiento del modelo, lo que es especialmente importante en conjuntos de datos desbalanceados.

4. **Matriz de Confusión**

- Se genera una matriz de confusión para visualizar el rendimiento del modelo en todas las clases.
- Esto ayuda a entender la distribución de predicciones correctas e incorrectas para cada clase.

5. **Curva ROC y Puntaje AUC**

- Se traza la curva ROC, que muestra el equilibrio entre la tasa de verdaderos positivos y la tasa de falsos positivos en varios umbrales de clasificación.

- Se calcula el puntaje del Área Bajo la Curva (AUC), proporcionando una métrica única de la capacidad del modelo para distinguir entre clases.

6. **Importancia de las Características**

- Se visualiza la importancia de cada característica en el modelo de regresión logística.
- Esto ayuda a entender qué características tienen el impacto más significativo en las decisiones del modelo.

Este enfoque integral es particularmente valioso cuando se trata de conjuntos de datos desbalanceados, ya que proporciona información más allá de las métricas simples de precisión y ayuda a identificar posibles áreas de mejora del modelo.

4.3.2 Puntaje F1

El puntaje F1 es una métrica poderosa que combina la precisión y el recall en un solo valor. Se calcula como la media armónica de la precisión y el recall, lo que da el mismo peso a ambas métricas. La fórmula para el puntaje F1 es:

F1 = 2 *(Precision* Recall) / (Precision + Recall)

Esta métrica proporciona una medida equilibrada del rendimiento de un modelo, siendo especialmente útil en escenarios donde hay una distribución desigual de clases. A continuación, se explica por qué el puntaje F1 es particularmente valioso:

- **Penaliza valores extremos**: A diferencia de un promedio simple, el puntaje F1 es bajo si la precisión o el recall son bajos. Esto asegura que el modelo rinda bien en ambas métricas.
- **Es adecuado para conjuntos de datos desbalanceados**: En casos donde una clase es mucho más frecuente que la otra, el puntaje F1 proporciona una medida más informativa que la precisión.
- **Captura tanto falsos positivos como falsos negativos**: Al combinar la precisión y el recall, el puntaje F1 tiene en cuenta ambos tipos de errores.

El puntaje F1 varía de 0 a 1, siendo 1 el mejor puntaje posible. Un puntaje F1 perfecto de 1 indica que el modelo tiene tanto precisión como recall perfectos. Por otro lado, un puntaje de 0 sugiere que el modelo está rindiendo mal en al menos una de estas métricas.

Es particularmente útil en escenarios donde se necesita encontrar un equilibrio óptimo entre la precisión y el recall. Por ejemplo, en el diagnóstico médico, se podría querer minimizar tanto los falsos positivos (para evitar tratamientos innecesarios) como los falsos negativos (para evitar pasar por alto casos reales de enfermedad). El puntaje F1 proporciona una métrica única y fácil de interpretar para estas situaciones.

Sin embargo, es importante tener en cuenta que, si bien el puntaje F1 es muy útil, no debe usarse de manera aislada. Dependiendo de tu problema específico, es posible que necesites considerar la precisión y el recall por separado, o utilizar otras métricas como la precisión o el AUC-ROC para una evaluación completa del rendimiento de tu modelo.

Ejemplo: Puntaje F1 con Scikit-learn

```
import numpy as np
from sklearn.datasets import make_classification
from sklearn.model_selection import train_test_split
from sklearn.linear_model import LogisticRegression
from sklearn.metrics import f1_score, precision_score, recall_score, confusion_matrix
import matplotlib.pyplot as plt
import seaborn as sns

# Generate a sample dataset
X, y = make_classification(n_samples=1000, n_classes=2, n_features=20,
                           n_informative=2, n_redundant=10,
                           n_clusters_per_class=1, random_state=42)

# Split the data into training and testing sets
X_train,  X_test,  y_train,  y_test  =  train_test_split(X,  y,  test_size=0.3,
random_state=42)

# Train a logistic regression model
model = LogisticRegression(random_state=42)
model.fit(X_train, y_train)

# Make predictions
y_pred = model.predict(X_test)

# Calculate precision, recall, and F1 score
precision = precision_score(y_test, y_pred)
recall = recall_score(y_test, y_pred)
f1 = f1_score(y_test, y_pred)

print(f"Precision: {precision:.2f}")
print(f"Recall: {recall:.2f}")
print(f"F1 Score: {f1:.2f}")

# Generate and plot confusion matrix
cm = confusion_matrix(y_test, y_pred)
plt.figure(figsize=(8, 6))
sns.heatmap(cm, annot=True, fmt='d', cmap='Blues')
plt.title('Confusion Matrix')
plt.xlabel('Predicted')
plt.ylabel('Actual')
plt.show()
```

Este ejemplo de código proporciona un enfoque más completo para calcular y visualizar la puntuación F1, junto con otras métricas relacionadas.

A continuación, se desglosa el código:

1. **Importación de las bibliotecas necesarias:**
   - Importamos NumPy para operaciones numéricas, Scikit-learn para herramientas de *machine learning*, Matplotlib para realizar gráficos y Seaborn para mejorar las visualizaciones.
2. **Generación de un conjunto de datos de muestra:**
   - Utilizamos make_classification de Scikit-learn para crear un conjunto de datos sintético con 1000 muestras, 2 clases y 20 características.
3. **División de los datos:**
   - El conjunto de datos se divide en conjuntos de entrenamiento (70%) y de prueba (30%) utilizando train_test_split.
4. **Entrenamiento del modelo:**
   - Se inicializa un modelo de regresión logística y se entrena con los datos de entrenamiento.
5. **Realización de predicciones:**
   - Se utiliza el modelo entrenado para hacer predicciones sobre el conjunto de prueba.
6. **Cálculo de métricas:**
   - Calculamos precisión, recall y puntuación F1 utilizando las funciones integradas de Scikit-learn.
   - Estas métricas proporcionan una visión completa del rendimiento del modelo:
     - **Precisión:** La proporción de observaciones positivas correctamente predichas respecto al total de predicciones positivas.
     - **Recall:** La proporción de observaciones positivas correctamente predichas respecto a todas las observaciones positivas reales.
     - **Puntuación F1:** La media armónica entre precisión y recall, proporcionando una única puntuación que equilibra ambas métricas.
7. **Generación y gráfico de la matriz de confusión:**
   - Creamos una matriz de confusión utilizando Scikit-learn y la visualizamos con el *heatmap* de Seaborn.

- La matriz de confusión proporciona un resumen tabular del rendimiento del modelo, mostrando verdaderos positivos, verdaderos negativos, falsos positivos y falsos negativos.

Este enfoque completo no solo calcula la puntuación F1, sino que también proporciona un contexto al incluir métricas relacionadas y una representación visual del rendimiento del modelo. Esto permite una evaluación más exhaustiva de la efectividad del modelo de clasificación.

4.3.3 Curva AUC-ROC

La **curva ROC (Característica Operativa del Receptor)** es una herramienta gráfica poderosa utilizada para evaluar el rendimiento de un modelo de clasificación a lo largo de varios umbrales de decisión. Esta curva proporciona una visión completa de qué tan bien el modelo puede distinguir entre clases, independientemente del umbral específico elegido para hacer predicciones.

Para construir la curva ROC, trazamos dos métricas fundamentales que ofrecen información sobre el rendimiento del modelo en diferentes umbrales de clasificación:

- El **tasa de verdaderos positivos (TPR)**, también conocida como sensibilidad o recall, cuantifica la capacidad del modelo para identificar correctamente las instancias positivas. Se calcula como la proporción de casos positivos reales que el modelo clasifica correctamente como positivos. Un TPR alto indica que el modelo es efectivo en capturar resultados positivos verdaderos.
- La **tasa de falsos positivos (FPR)**, por otro lado, mide la tendencia del modelo a clasificar erróneamente instancias negativas como positivas. Se calcula como el cociente entre los casos negativos que son incorrectamente etiquetados como positivos y el total de casos negativos reales. Un FPR bajo es deseable, ya que sugiere que el modelo es menos propenso a producir alarmas falsas o clasificaciones incorrectas de instancias negativas.

Al trazar estas dos métricas una contra la otra para varios valores de umbral, generamos la curva ROC, que proporciona una representación visual completa del poder discriminativo del modelo en diferentes puntos operativos.

Al variar el umbral de clasificación de 0 a 1, obtenemos diferentes pares de valores de TPR y FPR, los cuales forman los puntos en la curva ROC. Esto nos permite visualizar el equilibrio entre sensibilidad y especificidad en diferentes niveles de umbral.

El **AUC (Área Bajo la Curva)** de la curva ROC sirve como una medida numérica única que encapsula el rendimiento general del clasificador a lo largo de varios ajustes de umbral. Esta métrica, que varía de 0 a 1, proporciona información valiosa sobre el poder discriminativo del modelo y posee varias propiedades destacables:

- Un AUC de 1.0 significa un clasificador perfecto, demostrando una capacidad excepcional para distinguir completamente entre clases positivas y negativas sin errores de clasificación.
- Un AUC de 0.5 indica un clasificador que funciona de manera equivalente a una suposición aleatoria, representado visualmente como una línea diagonal en la gráfica ROC. Este punto de referencia sirve como un punto crucial para evaluar el rendimiento del modelo.
- Cualquier valor de AUC superior a 0.5 sugiere un rendimiento mejor que el azar, y los valores incrementales más altos corresponden a capacidades de clasificación cada vez más superiores. Esta mejora gradual refleja la capacidad mejorada del modelo para discriminar entre clases a medida que el AUC se acerca a 1.0.
- La métrica AUC ofrece robustez frente al desbalance de clases, lo que la hace particularmente valiosa cuando se trabaja con conjuntos de datos en los que una clase supera significativamente en número a la otra.
- Al proporcionar una medida única e interpretable del rendimiento del modelo, el AUC facilita comparaciones directas entre diferentes modelos de clasificación o iteraciones del mismo modelo.

La métrica AUC-ROC es particularmente útil porque es insensible al desbalance de clases y proporciona una medida a nivel de modelo del rendimiento, independiente de cualquier elección de umbral específico. Esto la convierte en una excelente herramienta para comparar diferentes modelos o para evaluar el poder discriminativo general de un modelo.

Curva ROC y Cálculo del AUC

La curva ROC proporciona una representación visual del equilibrio entre verdaderos positivos y falsos positivos a lo largo de varios ajustes de umbral. Esta curva ofrece información valiosa sobre el rendimiento del modelo en diferentes puntos operativos.

La puntuación **AUC-ROC**, una medida numérica única derivada de la curva, cuantifica el poder discriminativo general del modelo. Específicamente, representa la probabilidad de que el modelo asigne una puntuación más alta a una instancia positiva seleccionada aleatoriamente en comparación con una instancia negativa seleccionada aleatoriamente.

Esta interpretación hace que la puntuación AUC-ROC sea particularmente útil para evaluar la capacidad del modelo para distinguir entre clases, independientemente del umbral específico elegido.

Ejemplo: Curva AUC-ROC con Scikit-learn

```
import numpy as np
from sklearn.datasets import make_classification
```

```
from sklearn.model_selection import train_test_split
from sklearn.linear_model import LogisticRegression
from sklearn.metrics import roc_curve, roc_auc_score, precision_recall_curve,
average_precision_score
import matplotlib.pyplot as plt

# Generate a sample dataset
X, y = make_classification(n_samples=1000, n_classes=2, n_features=20,
                           n_informative=2, n_redundant=10,
                           n_clusters_per_class=1, random_state=42)

# Split the data into training and testing sets
X_train, X_test, y_train, y_test = train_test_split(X, y, test_size=0.3,
random_state=42)

# Train a logistic regression model
model = LogisticRegression(random_state=42)
model.fit(X_train, y_train)

# Predict probabilities for the positive class
y_probs = model.predict_proba(X_test)[:, 1]

# Calculate the ROC curve
fpr, tpr, thresholds = roc_curve(y_test, y_probs)

# Calculate the AUC score
auc_score = roc_auc_score(y_test, y_probs)

# Calculate Precision-Recall curve
precision, recall, _ = precision_recall_curve(y_test, y_probs)

# Calculate average precision score
ap_score = average_precision_score(y_test, y_probs)

# Plot ROC curve
plt.figure(figsize=(10, 5))
plt.subplot(1, 2, 1)
plt.plot(fpr, tpr, label=f'ROC curve (AUC = {auc_score:.2f})')
plt.plot([0, 1], [0, 1], 'k--')  # Diagonal line (random classifier)
plt.xlabel('False Positive Rate')
plt.ylabel('True Positive Rate (Recall)')
plt.title('Receiver Operating Characteristic (ROC) Curve')
plt.legend(loc='lower right')

# Plot Precision-Recall curve
plt.subplot(1, 2, 2)
plt.plot(recall, precision, label=f'PR curve (AP = {ap_score:.2f})')
plt.xlabel('Recall')
plt.ylabel('Precision')
plt.title('Precision-Recall Curve')
plt.legend(loc='lower left')
```

```
plt.tight_layout()
plt.show()

print(f"AUC Score: {auc_score:.2f}")
print(f"Average Precision Score: {ap_score:.2f}")
```

Explicación del Desglose del Código:

1. **Importación de bibliotecas:**
   - Importamos las bibliotecas necesarias, incluyendo NumPy para operaciones numéricas, Scikit-learn para herramientas de *machine learning* y Matplotlib para gráficos.
2. **Generación del conjunto de datos de muestra:**
   - Usamos make_classification de Scikit-learn para crear un conjunto de datos sintético con 1000 muestras, 2 clases y 20 características. Esto nos permite contar con un conjunto de datos controlado para fines de demostración.
3. **División de los datos:**
   - El conjunto de datos se divide en un conjunto de entrenamiento (70%) y uno de prueba (30%) utilizando train_test_split. Esta separación es crucial para evaluar el rendimiento del modelo en datos no vistos.
4. **Entrenamiento del modelo:**
   - Se inicializa un modelo de regresión logística y se entrena con los datos de entrenamiento. La regresión logística es una opción común para tareas de clasificación binaria.
5. **Realización de predicciones:**
   - En lugar de predecir las clases directamente, usamos predict_proba para obtener estimaciones de probabilidad para la clase positiva. Esto es necesario para crear las curvas ROC y de Precisión-Recall.
6. **Cálculo de la curva ROC:**
   - La curva ROC se calcula utilizando roc_curve, que devuelve la tasa de falsos positivos, la tasa de verdaderos positivos y los umbrales.
7. **Cálculo de la puntuación AUC:**

- El Área Bajo la Curva ROC (AUC) se calcula utilizando roc_auc_score. Este único número resume el rendimiento del clasificador a través de todos los umbrales posibles.

8. **Cálculo de la curva Precisión-Recall:**
   - La curva de Precisión-Recall se calcula usando precision_recall_curve. Esta curva es particularmente útil para conjuntos de datos desequilibrados.

9. **Cálculo de la puntuación de Precisión Promedio:**
   - La puntuación de Precisión Promedio se calcula utilizando average_precision_score. Esta puntuación resume la curva de Precisión-Recall como la media ponderada de las precisiones logradas en cada umbral.

10. **Gráfico de la curva ROC:**
    - Creamos un gráfico para la curva ROC, donde se traza la tasa de falsos positivos frente a la tasa de verdaderos positivos. La línea diagonal representa un clasificador aleatorio para comparación.

11. **Gráfico de la curva Precisión-Recall:**
    - Creamos un gráfico para la curva de Precisión-Recall, trazando la precisión frente al *recall*. Esta curva ayuda a visualizar el equilibrio entre precisión y *recall* en varios ajustes de umbral.

12. **Mostrar resultados:**
    - Imprimimos tanto la puntuación AUC como la puntuación de Precisión Promedio. Estas métricas proporcionan una evaluación completa del rendimiento del modelo.

Este ejemplo proporciona una evaluación más completa del modelo de clasificación al incluir tanto las curvas ROC como Precisión-Recall, junto con sus respectivas métricas resumen (AUC y Precisión Promedio). Este enfoque ofrece una visión más completa del rendimiento del modelo, especialmente útil cuando se trabaja con conjuntos de datos desequilibrados o cuando los costos de los falsos positivos y los falsos negativos son diferentes.

4.3.4 Cuándo usar Precisión, Recall y AUC-ROC

- **Precisión** es crucial cuando el costo de los falsos positivos es alto. En la detección de spam, por ejemplo, se busca minimizar que correos legítimos sean marcados incorrectamente como spam. Una alta precisión garantiza que cuando el modelo identifica algo como positivo (spam en este caso), es muy probable que sea correcto. Esto es particularmente importante en escenarios donde las falsas alarmas pueden tener consecuencias significativas, como en la pérdida de comunicaciones importantes o insatisfacción de los clientes.

- **Recall** se vuelve primordial cuando los falsos negativos tienen un alto costo. En un diagnóstico médico, por ejemplo, buscamos minimizar los casos donde una enfermedad está presente pero no es detectada. Un alto *recall* asegura que el modelo identifica una gran proporción de casos positivos reales. Esto es crítico en situaciones donde la omisión de un caso positivo podría tener consecuencias graves, como el retraso en el tratamiento en contextos médicos o brechas de seguridad en los sistemas de detección de fraudes.
- **Puntuación F1** es valiosa cuando necesitas equilibrar precisión y *recall*. Proporciona una métrica única que combina ambos, ofreciendo una visión armonizada del rendimiento del modelo. Esto es particularmente útil en escenarios donde tanto los falsos positivos como los falsos negativos son importantes, pero no necesariamente con el mismo peso. Por ejemplo, en los sistemas de recomendación de contenido, se desea sugerir elementos relevantes (alta precisión) sin dejar de recomendar demasiados buenos (alto *recall*).
- **AUC-ROC** (Área Bajo la Curva Característica Operativa del Receptor) es útil para evaluar el poder discriminativo general del modelo a través de varios umbrales de decisión. Esta métrica es especialmente útil cuando necesitas entender qué tan bien tu modelo separa las clases, independientemente del umbral específico elegido. Es particularmente valiosa en escenarios donde:
    - El umbral de decisión óptimo no se conoce de antemano
    - Quieres comparar el rendimiento general de diferentes modelos
    - La distribución de clases podría cambiar con el tiempo
    - Estás lidiando con conjuntos de datos desequilibrados

Por ejemplo, en los modelos de puntaje de crédito o predicción de riesgo de enfermedades, el AUC-ROC ayuda a evaluar qué tan bien el modelo clasifica las instancias positivas en comparación con las negativas, proporcionando una visión completa de su rendimiento a lo largo de todos los posibles umbrales de clasificación.

Precisión, **recall**, **puntuación F1** y **AUC-ROC** son métricas críticas para evaluar modelos de clasificación, especialmente al tratar con conjuntos de datos desequilibrados. Estas métricas proporcionan información más allá de la simple precisión y ayudan a entender qué tan bien el modelo puede distinguir entre clases, manejar falsos positivos y negativos, y tomar decisiones informadas.

El uso efectivo de estas métricas te permite elegir los compromisos correctos para tu problema específico, garantizando que tu modelo funcione bien en escenarios del mundo real.

4.4 Ajuste de Hiperparámetros y Optimización del Modelo

Los modelos de *machine learning* utilizan dos tipos distintos de parámetros: **parámetros entrenables** e **hiperparámetros**. Los parámetros entrenables, como los pesos en redes neuronales o los coeficientes en la regresión lineal, se aprenden directamente de los datos durante el proceso de entrenamiento.

En contraste, los hiperparámetros son configuraciones predeterminadas que rigen diversos aspectos del proceso de aprendizaje, como la complejidad del modelo, la tasa de aprendizaje y la fuerza de regularización. Estos hiperparámetros no se aprenden de los datos, sino que se establecen antes del entrenamiento y pueden influir significativamente en el rendimiento y la capacidad de generalización del modelo.

El proceso de ajuste fino de estos hiperparámetros es crucial para optimizar el rendimiento del modelo. Consiste en ajustar sistemáticamente estas configuraciones para encontrar la que produzca los mejores resultados en un conjunto de validación. Un ajuste adecuado de los hiperparámetros puede llevar a mejoras sustanciales en la precisión, eficiencia y robustez del modelo.

Esta sección profundizará en varias técnicas ampliamente utilizadas para el ajuste de hiperparámetros, explorando sus metodologías, ventajas y posibles desventajas. Cubriremos los siguientes enfoques:

- **Búsqueda en rejilla**: Un método exhaustivo que evalúa todas las combinaciones posibles de valores predefinidos de hiperparámetros.
- **Búsqueda aleatoria**: Una alternativa más eficiente a la búsqueda en rejilla que toma muestras aleatorias del espacio de hiperparámetros.
- **Optimización bayesiana**: Una técnica avanzada que utiliza modelos probabilísticos para guiar la búsqueda de hiperparámetros óptimos.
- **Implementación práctica**: Proporcionaremos ejemplos prácticos de ajuste de hiperparámetros usando la popular biblioteca de *machine learning* Scikit-learn, demostrando cómo estas técnicas pueden aplicarse en escenarios del mundo real.

4.4.1 La Importancia del Ajuste de Hiperparámetros

Los hiperparámetros juegan un papel crucial en la efectividad con la que un modelo aprende de los datos. Estos parámetros no se aprenden de los datos en sí, sino que se configuran antes del proceso de entrenamiento. El impacto de los hiperparámetros puede ser profundo y varía según los diferentes tipos de modelos. Exploremos este concepto con algunos ejemplos específicos:

Máquinas de Soporte Vectorial (SVM)

En las SVM, el parámetro **C** (parámetro de regularización) es un hiperparámetro crítico. Controla el equilibrio entre lograr un error bajo en el entrenamiento y un error bajo en la prueba, es decir, la capacidad de generalizar a datos no vistos. Comprender el impacto del parámetro C es crucial para optimizar el rendimiento de la SVM:

- Un valor bajo de C crea una superficie de decisión más suave, lo que potencialmente subestima la complejidad de los datos. Esto significa:
  - El modelo se vuelve más tolerante a los errores durante el entrenamiento.
  - Puede simplificar demasiado el límite de decisión, lo que lleva a un subajuste.
  - Esto puede ser beneficioso cuando se trabaja con datos ruidosos o cuando se sospecha que los datos de entrenamiento no representan completamente el patrón subyacente real.
- Un valor alto de C intenta clasificar todos los ejemplos de entrenamiento correctamente, lo que podría llevar al sobreajuste en conjuntos de datos ruidosos. Esto implica:
  - El modelo intenta ajustarse a los datos de entrenamiento lo más cerca posible, lo que potencialmente crea un límite de decisión más complejo.
  - Puede captar el ruido o los valores atípicos en los datos de entrenamiento, reduciendo su capacidad para generalizar.
  - Esto puede ser útil cuando se tiene alta confianza en los datos de entrenamiento y se desea que el modelo capture patrones detallados.
- El valor óptimo de C ayuda a crear un límite de decisión que generaliza bien a datos no vistos. Encontrar este valor óptimo a menudo implica:
  - Usar técnicas como la validación cruzada para evaluar el rendimiento del modelo en diferentes valores de C.
  - Equilibrar el compromiso entre sesgo (subajuste) y varianza (sobreajuste).
  - Considerar las características específicas de tu conjunto de datos, como el nivel de ruido, el tamaño de la muestra y la dimensionalidad de las características.

Es importante notar que el impacto del parámetro C puede variar dependiendo del *kernel* utilizado en la SVM. Por ejemplo, con un *kernel* lineal, un valor bajo de C puede resultar en un límite de decisión lineal, mientras que un valor alto de C podría permitir un límite más flexible y no lineal.

Al usar *kernels* no lineales como RBF (*Radial Basis Function*), la interacción entre C y otros parámetros específicos del *kernel* (por ejemplo, gamma en RBF) se vuelve aún más crucial para determinar el comportamiento y el rendimiento del modelo.

Bosques Aleatorios

Este método de aprendizaje por conjuntos combina múltiples árboles de decisión para crear un modelo robusto y preciso. Tiene varios hiperparámetros importantes que influyen significativamente en su rendimiento:

- n_estimators: Este determina el número de árboles en el bosque.
    - Más árboles generalmente conducen a un mejor rendimiento al reducir la varianza y aumentar la capacidad del modelo para captar patrones complejos.
    - Sin embargo, aumentar el número de árboles también incrementa el costo computacional y el tiempo de entrenamiento.
    - A menudo hay un punto de rendimientos decrecientes, donde agregar más árboles no mejora significativamente el rendimiento.
    - Los valores típicos varían entre 100 y 1000, pero esto puede variar según el tamaño y la complejidad del conjunto de datos.
- max_depth: Establece la profundidad máxima de cada árbol en el bosque.
    - Los árboles más profundos pueden captar patrones más complejos en los datos, lo que puede mejorar la precisión en el conjunto de entrenamiento.
    - Sin embargo, los árboles muy profundos pueden llevar al sobreajuste, donde el modelo aprende el ruido en los datos de entrenamiento y no generaliza bien a nuevos datos.
    - Los árboles más superficiales pueden ayudar a prevenir el sobreajuste, pero pueden subajustar si los datos tienen relaciones complejas.
    - La práctica común es usar valores entre 10 y 100, o dejarlo en None y controlar el crecimiento del árbol utilizando otros parámetros.
- Otros parámetros importantes incluyen:
    - min_samples_split: El número mínimo de muestras requerido para dividir un nodo interno. Valores mayores evitan la creación de demasiados nodos, lo que puede ayudar a controlar el sobreajuste.
    - min_samples_leaf: El número mínimo de muestras requerido para estar en un nodo hoja. Esto asegura que cada hoja represente una cantidad significativa de datos, ayudando a suavizar las predicciones del modelo.
    - max_features: El número de características a considerar al buscar la mejor división. Esto introduce aleatoriedad que puede ayudar a crear un conjunto diverso de árboles.

- bootstrap: Indica si se utilizan muestras de arranque al construir los árboles. Configurarlo en False a veces puede mejorar el rendimiento en conjuntos de datos pequeños.

Estos parámetros afectan colectivamente el compromiso entre sesgo y varianza, la eficiencia computacional y la capacidad de generalización. Un ajuste adecuado de estos hiperparámetros es crucial para optimizar el rendimiento del Bosque Aleatorio en conjuntos de datos y dominios de problemas específicos.

Redes Neuronales

Aunque no se mencionaron en el texto original, las redes neuronales son otro ejemplo donde los hiperparámetros son cruciales:

- Tasa de aprendizaje: Este hiperparámetro fundamental regula el ritmo al que el modelo actualiza sus parámetros durante el entrenamiento. Una tasa de aprendizaje cuidadosamente elegida es esencial para una convergencia óptima:
  - Si se establece demasiado alta, el modelo puede oscilar o superar la solución óptima, lo que podría conducir a un entrenamiento inestable o resultados subóptimos.
  - Si se establece demasiado baja, el proceso de entrenamiento se vuelve excesivamente lento, requiriendo más iteraciones para converger y potencialmente quedándose atascado en mínimos locales.
  - Técnicas de tasa de aprendizaje adaptativa, como Adam o RMSprop, pueden ayudar a mitigar estos problemas ajustando dinámicamente la tasa de aprendizaje durante el entrenamiento.
- Arquitectura de la red: La estructura de la red neuronal impacta significativamente en su capacidad de aprendizaje y eficiencia:
  - Número de capas ocultas: Las redes más profundas pueden captar patrones más complejos, pero también son más propensas al sobreajuste y son más difíciles de entrenar.
  - Número de neuronas por capa: Más neuronas aumentan la capacidad del modelo, pero también el riesgo de sobreajuste y el costo computacional.
  - Tipos de capas: Diferentes tipos de capas (por ejemplo, convolucionales, recurrentes) son adecuados para diferentes tipos de datos y problemas.
- Técnicas de regularización: Estos métodos ayudan a prevenir el sobreajuste y mejoran la generalización:

- Tasa de *dropout*: Al "desactivar" aleatoriamente un porcentaje de neuronas durante el entrenamiento, el *dropout* ayuda a evitar que la red dependa demasiado de un conjunto particular de neuronas.
- Regularización L1/L2: Estas técnicas añaden penalizaciones a la función de pérdida basadas en la magnitud de los pesos, fomentando modelos más simples.
- Parada temprana: Esta técnica detiene el entrenamiento cuando el rendimiento en un conjunto de validación deja de mejorar, previniendo el sobreajuste.

Las consecuencias de un ajuste inadecuado de los hiperparámetros pueden ser graves:

- **Subajuste**: Este fenómeno ocurre cuando un modelo carece de la complejidad necesaria para captar los patrones intrincados dentro de los datos. Como resultado, tiene dificultades para desempeñarse adecuadamente tanto en el conjunto de entrenamiento como en nuevos ejemplos no vistos. El subajuste a menudo se manifiesta como predicciones demasiado simplificadas que no tienen en cuenta los matices importantes de los datos.
- **Sobreajuste**: En contraste, el sobreajuste ocurre cuando un modelo se adapta en exceso a los datos de entrenamiento, aprendiendo no solo los patrones subyacentes, sino también el ruido y las fluctuaciones aleatorias presentes en la muestra. Si bien un modelo así puede lograr una precisión notable en el conjunto de entrenamiento, generalmente se desempeña mal cuando enfrenta nuevos datos no vistos. Esto ocurre porque el modelo ha memorizado esencialmente los ejemplos de entrenamiento en lugar de aprender patrones generalizables.

El ajuste de hiperparámetros es el proceso de encontrar el equilibrio óptimo entre estos extremos. Implica ajustar sistemáticamente los hiperparámetros y evaluar el rendimiento del modelo, típicamente usando técnicas de validación cruzada. Este proceso ayuda a:

- Mejorar el rendimiento del modelo
- Mejorar las capacidades de generalización
- Reducir el riesgo de sobreajuste o subajuste
- Optimizar el modelo para requisitos específicos del problema (por ejemplo, favorecer la precisión sobre el *recall* o viceversa)

En la práctica, el ajuste de hiperparámetros a menudo requiere una combinación de conocimiento del dominio, experimentación y, a veces, técnicas automatizadas como búsqueda en rejilla, búsqueda aleatoria u optimización bayesiana. El objetivo es encontrar el conjunto de hiperparámetros que ofrezca el mejor rendimiento en un conjunto de validación, que sirve como un proxy para la capacidad del modelo de generalizar a datos no vistos.

4.4.2 Búsqueda en Rejilla

La **búsqueda en rejilla** es un enfoque exhaustivo y sistemático para el ajuste de hiperparámetros en *machine learning*. Este método implica varios pasos clave:

1. Definir el espacio de hiperparámetros

El primer paso crucial en el proceso de ajuste de hiperparámetros es identificar los hiperparámetros específicos que queremos optimizar y definir un conjunto de valores discretos para cada uno. Este paso requiere una cuidadosa consideración y conocimiento del dominio sobre el modelo y el problema en cuestión. Desglosemos esto más:

Identificación de los hiperparámetros: Debemos determinar cuáles hiperparámetros tienen el mayor impacto en el rendimiento del modelo. Para diferentes modelos, estos pueden variar. Por ejemplo:

- Para Máquinas de Soporte Vectorial (SVM), los hiperparámetros clave suelen incluir el parámetro de regularización C y el tipo de *kernel*.
- Para Bosques Aleatorios, podríamos centrarnos en el número de árboles, la profundidad máxima y el número mínimo de muestras por hoja.
- Para Redes Neuronales, la tasa de aprendizaje, el número de capas ocultas y las neuronas por capa son objetivos comunes de ajuste.

Especificación de rangos de valores: Para cada hiperparámetro elegido, necesitamos definir un conjunto de valores a explorar. Esto requiere equilibrar la cobertura y la viabilidad computacional. Por ejemplo:

- Para parámetros continuos como C en SVM, a menudo usamos una escala logarítmica para cubrir un rango amplio de manera eficiente: [0.1, 1, 10, 100].
- Para parámetros categóricos como el tipo de *kernel* en SVM, enumeramos todas las opciones relevantes: ['lineal', 'rbf', 'poli'].
- Para parámetros enteros como *max_depth* en árboles de decisión, podríamos elegir un rango: [5, 10, 15, 20, None].

Consideración de interdependencias: Algunos hiperparámetros pueden tener interdependencias. Por ejemplo, en SVM, el parámetro 'gamma' solo es relevante para ciertos tipos de *kernel*. Debemos tener en cuenta estas relaciones al definir nuestro espacio de búsqueda.

Al definir cuidadosamente este espacio de hiperparámetros, establecemos la base para un proceso de ajuste eficaz. La elección de valores puede influir significativamente tanto en la calidad de los resultados como en el tiempo computacional requerido para el ajuste.

2. Crear la rejilla

La búsqueda en rejilla forma sistemáticamente todas las combinaciones posibles de los valores de hiperparámetros especificados. Este paso es crucial ya que define el espacio de búsqueda que se explorará. Desglosemos este proceso:

- Formación de combinaciones: El algoritmo toma cada valor de cada hiperparámetro y los combina de todas las maneras posibles. Esto crea una rejilla multidimensional donde cada punto representa una combinación única de hiperparámetros.
- Enfoque exhaustivo: La búsqueda en rejilla es exhaustiva, lo que significa que evaluará cada punto en esta rejilla. Esto asegura que no se pase por alto ninguna combinación potencial.
- Cálculo de ejemplo: En nuestro ejemplo de SVM, tenemos dos hiperparámetros:
    - C con 4 valores: [0.1, 1, 10, 100]
    - tipo de *kernel* con 3 opciones: ['lineal', 'rbf', 'poli'] Esto resulta en 4 × 3 = 12 combinaciones diferentes. Cada una de estas será evaluada por separado.
- Consideraciones de escalabilidad: A medida que aumenta el número de hiperparámetros o la cantidad de valores para cada hiperparámetro, el número total de combinaciones crece exponencialmente. Esto se conoce como la "maldición de la dimensionalidad" y puede hacer que la búsqueda en rejilla sea computacionalmente costosa para modelos complejos.

Al crear esta rejilla exhaustiva, aseguramos que exploramos todo el espacio de hiperparámetros definido, aumentando nuestras posibilidades de encontrar la configuración óptima para nuestro modelo.

3. Evaluar todas las combinaciones

Este paso es el núcleo del proceso de búsqueda en rejilla. Para cada combinación única de hiperparámetros en la rejilla, el algoritmo realiza las siguientes acciones:

- Entrenamiento del modelo: Entrena una nueva instancia del modelo utilizando el conjunto actual de hiperparámetros.
- Evaluación del rendimiento: Luego, se evalúa el rendimiento del modelo entrenado. Esto generalmente se realiza utilizando validación cruzada para garantizar la robustez y la capacidad de generalización de los resultados.
- Proceso de validación cruzada:
    - Los datos de entrenamiento se dividen en varios subconjuntos (usualmente 5 o 10) o "pliegues".
    - El modelo se entrena en todos menos uno de los pliegues y se prueba en el pliegue reservado.

  - Este proceso se repite para cada pliegue y los resultados se promedian.
  - La validación cruzada ayuda a mitigar el sobreajuste y proporciona una estimación más confiable del rendimiento del modelo.
- Métrica de rendimiento: La evaluación se basa en una métrica de rendimiento predefinida (por ejemplo, precisión para tareas de clasificación, error cuadrático medio para tareas de regresión).
- Registro de resultados: Se registra la puntuación de rendimiento para cada combinación de hiperparámetros, junto con los valores correspondientes de los hiperparámetros.

Este proceso de evaluación exhaustivo asegura que cada posible configuración del modelo sea probada minuciosamente, proporcionando una comparación robusta en todo el espacio de hiperparámetros definido en la rejilla.

4. Selección del mejor modelo

Después de evaluar todas las combinaciones, la búsqueda en rejilla identifica el conjunto de hiperparámetros que proporcionó el mejor rendimiento según una métrica predefinida (por ejemplo, precisión, F1-score). Este paso crucial implica:

- **Comparación de resultados**: El algoritmo compara las puntuaciones de rendimiento de todas las combinaciones de hiperparámetros evaluadas.
- **Identificación de la configuración óptima**: Selecciona la combinación que produjo la puntuación más alta en la métrica elegida.
- **Manejo de empates**: En caso de que varias configuraciones logren la misma puntuación superior, la búsqueda en rejilla generalmente selecciona la primera que se encuentra.

El modelo "mejor" seleccionado representa el equilibrio óptimo de hiperparámetros dentro del espacio de búsqueda definido. Sin embargo, es importante tener en cuenta que:

- Esta optimización está limitada a los valores discretos especificados en la rejilla.
- El verdadero óptimo global podría estar entre los valores probados, especialmente para parámetros continuos.
- El mejor modelo en el conjunto de validación puede no siempre generalizar perfectamente a datos no vistos.

Por lo tanto, aunque la búsqueda en rejilla proporciona una forma sistemática de encontrar buenos hiperparámetros, debe complementarse con conocimiento del dominio y, potencialmente, afinarse más si es necesario.

Si bien la búsqueda en rejilla es fácil de implementar y garantiza encontrar la mejor combinación dentro del espacio de búsqueda definido, tiene ciertas limitaciones:

- **Intensidad computacional**: A medida que aumenta el número de hiperparámetros y sus posibles valores, el número de combinaciones crece exponencialmente. Esta "maldición de la dimensionalidad" puede hacer que la búsqueda en rejilla sea prohibitivamente lenta para modelos complejos o conjuntos de datos grandes.
- **Discretización de parámetros continuos**: La búsqueda en rejilla requiere discretizar los parámetros continuos, lo que puede hacer que se pasen por alto valores óptimos entre los puntos seleccionados.
- **Ineficiencia con parámetros irrelevantes**: La búsqueda en rejilla evalúa todas las combinaciones por igual, lo que potencialmente puede desperdiciar tiempo en hiperparámetros sin importancia o en regiones claramente subóptimas del espacio de parámetros.

A pesar de estos inconvenientes, la búsqueda en rejilla sigue siendo una opción popular por su simplicidad y exhaustividad, especialmente cuando se trabaja con un pequeño número de hiperparámetros o cuando los recursos computacionales no son un factor limitante.

Ejemplo: Búsqueda en rejilla con Scikit-learn

Consideremos un ejemplo de ajuste de hiperparámetros para un modelo de **Máquina de Soporte Vectorial (SVM)**. Utilizaremos la búsqueda en rejilla para encontrar los mejores valores para el parámetro de regularización C y el tipo de *kernel*.

```
import numpy as np
import matplotlib.pyplot as plt
from sklearn.model_selection import GridSearchCV, train_test_split
from sklearn.svm import SVC
from sklearn.datasets import load_iris
from sklearn.metrics import accuracy_score, confusion_matrix, classification_report

# Load the Iris dataset
iris = load_iris()
X, y = iris.data, iris.target

# Split the data into training and testing sets
X_train, X_test, y_train, y_test = train_test_split(X, y, test_size=0.2,
random_state=42)

# Define the hyperparameter grid
param_grid = {
    'C': [0.1, 1, 10, 100],
    'kernel': ['linear', 'rbf', 'poly'],
    'gamma': ['scale', 'auto', 0.1, 1],
    'degree': [2, 3, 4]  # Only used by poly kernel
}
```

```
# Initialize the SVM model
svm = SVC(random_state=42)

# Perform grid search
grid_search = GridSearchCV(svm, param_grid, cv=5, scoring='accuracy', n_jobs=-1,
verbose=1)
grid_search.fit(X_train, y_train)

# Print the best parameters and the corresponding score
print("Best parameters found:", grid_search.best_params_)
print("Best cross-validation accuracy:", grid_search.best_score_)

# Use the best model to make predictions on the test set
best_model = grid_search.best_estimator_
y_pred = best_model.predict(X_test)

# Evaluate the model's performance
print("\\nTest set accuracy:", accuracy_score(y_test, y_pred))
print("\\nConfusion Matrix:")
print(confusion_matrix(y_test, y_pred))
print("\\nClassification Report:")
print(classification_report(y_test, y_pred, target_names=iris.target_names))

# Visualize the decision boundaries (for 2D projection)
def plot_decision_boundaries(X, y, model, ax=None):
    h = .02  # step size in the mesh
    x_min, x_max = X[:, 0].min() - 1, X[:, 0].max() + 1
    y_min, y_max = X[:, 1].min() - 1, X[:, 1].max() + 1
    xx, yy = np.meshgrid(np.arange(x_min, x_max, h), np.arange(y_min, y_max, h))
    Z = model.predict(np.c_[xx.ravel(), yy.ravel()])
    Z = Z.reshape(xx.shape)

    if ax is None:
        ax = plt.gca()
    ax.contourf(xx, yy, Z, alpha=0.8, cmap=plt.cm.RdYlBu)
    ax.scatter(X[:, 0], X[:, 1], c=y, cmap=plt.cm.RdYlBu, edgecolor='black')
    ax.set_xlabel('Sepal length')
    ax.set_ylabel('Sepal width')

# Plot decision boundaries for the best model
plt.figure(figsize=(12, 4))
plt.subplot(121)
plot_decision_boundaries(X[:, [0, 1]], y, best_model)
plt.title('Decision Boundaries (Sepal)')
plt.subplot(122)
plot_decision_boundaries(X[:, [2, 3]], y, best_model)
plt.title('Decision Boundaries (Petal)')
plt.tight_layout()
plt.show()
```

Explicación del Código:

1. **Importación de Librerías:**
   - Importamos las librerías necesarias, incluyendo NumPy para operaciones numéricas, Matplotlib para visualización y varios módulos de Scikit-learn para tareas de Machine Learning.
2. **Cargando y Dividiendo el Conjunto de Datos:**
   - Cargamos el conjunto de datos de Iris utilizando load_iris() y lo dividimos en conjuntos de entrenamiento y prueba usando train_test_split(). Esto garantiza que tengamos un conjunto separado para evaluar nuestro modelo final.
3. **Definiendo la Cuadrícula de Hiperparámetros:**
   - Ampliamos la cuadrícula de hiperparámetros para incluir más opciones:
     - C: El parámetro de regularización.
     - kernel: El tipo de kernel utilizado en el algoritmo.
     - gamma: Coeficiente del kernel para 'rbf' y 'poly'.
     - degree: Grado de la función del kernel polinomial.
4. **Realizando Búsqueda en Cuadrícula:**
   - Utilizamos GridSearchCV para trabajar sistemáticamente a través de múltiples combinaciones de parámetros, validando de manera cruzada en el proceso.
   - n_jobs=-1 utiliza todos los núcleos disponibles para el procesamiento en paralelo.
   - verbose=1 proporciona actualizaciones de progreso durante la búsqueda.
5. **Evaluando el Mejor Modelo:**
   - Imprimimos los mejores parámetros y la puntuación de validación cruzada.
   - Luego utilizamos el mejor modelo para hacer predicciones en el conjunto de prueba.
   - Calculamos e imprimimos varias métricas de evaluación:
     - Puntuación de precisión
     - Matriz de confusión
     - Informe de clasificación detallado
6. **Visualizando Fronteras de Decisión:**
   - Definimos una función plot_decision_boundaries para visualizar cómo el modelo separa las diferentes clases.

- Creamos dos gráficos:
  - Uno para la longitud del sépalo vs el ancho del sépalo
  - Otro para la longitud del pétalo vs el ancho del pétalo
- Esto ayuda a comprender visualmente qué tan bien el modelo está separando las diferentes especies de iris.

7. **Mejoras Adicionales:**
   - El uso de n_jobs=-1 en GridSearchCV para el procesamiento en paralelo.
   - Visualización de las fronteras de decisión para una mejor comprensión del rendimiento del modelo.
   - Evaluación completa de métricas, incluyendo la matriz de confusión y el informe de clasificación.
   - Uso de las cuatro características del conjunto de datos de Iris en el modelo, pero visualizando en proyecciones 2D.

Este ejemplo proporciona un enfoque más completo para la sintonización de hiperparámetros con SVM, incluyendo una evaluación y visualización exhaustiva de los resultados. Demuestra no solo cómo encontrar los mejores parámetros, sino también cómo evaluar e interpretar el rendimiento del modelo.

Ventajas y Desventajas de Grid Search

Grid search es una técnica ampliamente utilizada para la sintonización de hiperparámetros en machine learning. Vamos a profundizar en sus ventajas y desventajas:

Ventajas:

- **Simplicidad:** Grid search es fácil de implementar y entender, lo que lo hace accesible tanto para principiantes como para expertos.
- **Búsqueda exhaustiva:** Garantiza encontrar la mejor combinación de hiperparámetros dentro del espacio de búsqueda definido, asegurando que no se pierda ninguna configuración potencialmente óptima.
- **Reproducibilidad:** La naturaleza sistemática de grid search hace que los resultados sean fácilmente reproducibles, lo cual es crucial para la investigación científica y el desarrollo de modelos.
- **Paralelización:** Grid search puede ser paralelizado fácilmente, lo que permite un uso eficiente de los recursos computacionales cuando están disponibles.

Desventajas:

- **Costo computacional:** Grid search puede ser extremadamente lento, especialmente para conjuntos de datos grandes y modelos complejos con muchos hiperparámetros.
- **Maldición de la dimensionalidad:** A medida que aumenta el número de hiperparámetros, el número de combinaciones crece exponencialmente, lo que lo hace impráctico para espacios de hiperparámetros de alta dimensión.
- **Ineficiencia:** Grid search evalúa cada combinación, incluidas aquellas que probablemente sean subóptimas, lo que puede desperdiciar recursos computacionales.
- **Discretización de parámetros continuos:** Para los hiperparámetros continuos, grid search requiere discretización, lo que potencialmente puede perder valores óptimos entre los puntos seleccionados.
- **Falta de adaptabilidad:** A diferencia de métodos más avanzados, grid search no aprende de evaluaciones previas para enfocarse en áreas prometedoras del espacio de hiperparámetros.

A pesar de sus limitaciones, grid search sigue siendo una opción popular por su simplicidad y exhaustividad, especialmente cuando se trata de un número reducido de hiperparámetros o cuando los recursos computacionales no son un factor limitante. Para escenarios más complejos, métodos alternativos como la búsqueda aleatoria o la optimización bayesiana pueden ser más adecuados.

4.4.3 Búsqueda Aleatoria

La búsqueda aleatoria es una alternativa más eficiente al grid search para la sintonización de hiperparámetros. A diferencia de grid search, que evalúa exhaustivamente todas las combinaciones posibles de hiperparámetros, la búsqueda aleatoria emplea un enfoque más estratégico.

Aquí te explico cómo funciona:

1. Muestreo Aleatorio

La búsqueda aleatoria emplea una estrategia de selección aleatoria de un número especificado de combinaciones del espacio de hiperparámetros, en lugar de probar exhaustivamente todas las combinaciones posibles. Este enfoque ofrece varias ventajas:

- **Exploración más amplia:** Al muestrear aleatoriamente desde todo el espacio de parámetros, puede descubrir regiones óptimas que podrían pasarse por alto con una cuadrícula fija.

- **Eficiencia computacional:** Reduce significativamente la carga computacional en comparación con las búsquedas exhaustivas, especialmente en espacios de parámetros de alta dimensión.
- **Flexibilidad:** El número de iteraciones se puede ajustar según el tiempo y los recursos disponibles, permitiendo un equilibrio entre exploración y limitaciones computacionales.
- **Manejo de parámetros continuos:** A diferencia de grid search, la búsqueda aleatoria puede manejar efectivamente parámetros continuos al muestrear de distribuciones probabilísticas.

Este método permite a los científicos de datos explorar una amplia gama de combinaciones de hiperparámetros de manera eficiente, lo que a menudo conduce a resultados comparables o incluso superiores en comparación con métodos más exhaustivos, particularmente al tratar con espacios de hiperparámetros grandes y complejos.

2. Flexibilidad en el Espacio de Parámetros

La búsqueda aleatoria ofrece una flexibilidad superior en el manejo tanto de hiperparámetros discretos como continuos en comparación con grid search. Esta flexibilidad es particularmente ventajosa cuando se trata de modelos complejos que tienen una mezcla de tipos de parámetros:

- **Parámetros discretos:** Para parámetros categóricos o con valores enteros (por ejemplo, el número de capas en una red neuronal), la búsqueda aleatoria puede muestrear de un conjunto predefinido de valores, de manera similar a grid search, pero con la capacidad de explorar una gama más amplia de combinaciones.
- **Parámetros continuos:** El verdadero potencial de la búsqueda aleatoria se hace evidente cuando se trata de parámetros continuos. En lugar de estar limitado a un conjunto fijo de valores, puede muestrear de varias distribuciones de probabilidad:
    - **Distribución uniforme:** Útil cuando todos los valores dentro de un rango tienen la misma probabilidad de ser óptimos.
    - **Distribución logarítmica:** Particularmente efectiva para parámetros de escala (por ejemplo, tasas de aprendizaje), permitiendo la exploración a través de múltiples órdenes de magnitud.
    - **Distribución normal:** Puede usarse cuando se tiene conocimiento previo que sugiere que ciertos valores tienen más probabilidades de ser óptimos.

Este enfoque para los parámetros continuos aumenta significativamente las posibilidades de encontrar valores óptimos o casi óptimos que podrían estar entre los puntos fijos de un grid search. Por ejemplo, al ajustar una tasa de aprendizaje, la búsqueda aleatoria podría encontrar que 0.0178 funciona mejor que 0.01 o 0.1 en un grid search.

Además, la flexibilidad de la búsqueda aleatoria permite la incorporación fácil de conocimientos previos. Los investigadores pueden definir distribuciones personalizadas o restricciones para parámetros específicos basados en su experiencia o experimentos anteriores, guiando la búsqueda hacia áreas más prometedoras del espacio de parámetros.

3. Eficiencia en Espacios de Alta Dimensionalidad

A medida que aumenta el número de hiperparámetros, la eficiencia de la búsqueda aleatoria se vuelve más evidente. Puede explorar un espacio de hiperparámetros más amplio en menos tiempo en comparación con la búsqueda en cuadrícula. Esta ventaja es particularmente significativa cuando se trata de modelos complejos que tienen numerosos hiperparámetros para ajustar.

En espacios de alta dimensionalidad, la búsqueda en cuadrícula sufre de la "maldición de la dimensionalidad". A medida que crece el número de hiperparámetros, el número de combinaciones a evaluar aumenta exponencialmente. Por ejemplo, si tienes 5 hiperparámetros y quieres probar 4 valores para cada uno, la búsqueda en cuadrícula requeriría 4^5 = 1024 evaluaciones. En contraste, la búsqueda aleatoria puede muestrear un subconjunto de este espacio, encontrando potencialmente buenas soluciones con muchas menos evaluaciones.

La eficiencia de la búsqueda aleatoria proviene de su capacidad para:

- Muestrear de manera esparcida en dimensiones menos importantes, mientras explora exhaustivamente los hiperparámetros críticos.
- Asignar más pruebas a los parámetros influyentes que impactan significativamente el rendimiento del modelo.
- Descubrir combinaciones inesperadas que podrían pasarse por alto en una cuadrícula rígida.

Por ejemplo, en una red neuronal con hiperparámetros como la tasa de aprendizaje, el tamaño del lote, el número de capas y las neuronas por capa, la búsqueda aleatoria puede explorar eficientemente este espacio complejo. Podría identificar rápidamente que la tasa de aprendizaje es crucial, mientras que el número exacto de neuronas en cada capa tiene menos impacto, enfocando las pruebas subsecuentes en consecuencia.

Esta eficiencia no solo ahorra recursos computacionales, sino que también permite a los científicos de datos explorar una gama más amplia de arquitecturas de modelos y combinaciones de hiperparámetros, lo que potencialmente lleva a un mejor rendimiento general del modelo.

4. Adaptabilidad

La búsqueda aleatoria ofrece una flexibilidad significativa en cuanto a los recursos computacionales y la asignación de tiempo. Esta adaptabilidad es una ventaja clave en varios escenarios:

- **Conteo de iteraciones ajustable:** El número de iteraciones puede modificarse fácilmente según la capacidad computacional disponible y las limitaciones de tiempo. Esto permite a los investigadores equilibrar la profundidad de la exploración con las limitaciones prácticas.
- **Escalabilidad:** Para modelos más simples o conjuntos de datos más pequeños, un número menor de iteraciones puede ser suficiente. Por el contrario, para modelos complejos o conjuntos de datos más grandes, el conteo de iteraciones puede aumentarse para asegurar una exploración más exhaustiva del espacio de hiperparámetros.
- **Búsquedas con límite de tiempo:** En situaciones sensibles al tiempo, la búsqueda aleatoria puede configurarse para ejecutarse durante una duración específica, asegurando que se obtengan resultados dentro de un marco de tiempo dado.
- **Optimización de recursos:** Ajustando el número de iteraciones, los equipos pueden asignar eficientemente recursos computacionales entre múltiples proyectos o experimentos.

Esta adaptabilidad hace que la búsqueda aleatoria sea particularmente útil en entornos diversos, desde prototipos rápidos hasta la optimización exhaustiva de modelos, acomodando diferentes niveles de recursos computacionales y cronogramas de proyectos.

5. Cobertura Probabilística

La búsqueda aleatoria emplea un enfoque probabilístico para explorar el espacio de hiperparámetros, lo que ofrece varias ventajas:

- **Exploración eficiente:** Aunque no es exhaustiva como la búsqueda en cuadrícula, la búsqueda aleatoria puede cubrir efectivamente una gran parte del espacio de hiperparámetros con menos iteraciones.
- **Alta probabilidad de encontrar buenas soluciones:** Tiene una alta probabilidad de encontrar combinaciones de hiperparámetros de alto rendimiento, especialmente en escenarios donde múltiples configuraciones producen resultados similares.
- **Adaptabilidad a los paisajes de rendimiento:** En espacios de hiperparámetros donde el rendimiento varía de manera suave, la búsqueda aleatoria puede identificar rápidamente regiones de buen rendimiento.

Este enfoque es particularmente efectivo cuando:

- **El espacio de hiperparámetros es grande:** La búsqueda aleatoria puede muestrear eficientemente en espacios expansivos donde la búsqueda en cuadrícula sería computacionalmente prohibitiva.
- **Existen mesetas de rendimiento:** En casos donde muchas combinaciones de hiperparámetros producen rendimientos similares, la búsqueda aleatoria puede

encontrar rápidamente una buena solución sin probar exhaustivamente todas las posibilidades.

- **Existen limitaciones de tiempo y recursos:** Permite una compensación flexible entre el tiempo de búsqueda y la calidad de la solución, lo que la hace adecuada para escenarios con recursos computacionales limitados.

Si bien la búsqueda aleatoria no garantiza encontrar la combinación absolutamente óptima, su capacidad para descubrir soluciones de alta calidad de manera eficiente la convierte en una herramienta valiosa en el conjunto de herramientas de los practicantes de machine learning.

Este enfoque puede reducir significativamente el tiempo de computación, especialmente cuando el espacio de hiperparámetros es grande o cuando se trata de modelos que requieren muchos recursos computacionales. Al enfocarse en un subconjunto aleatorio del espacio de parámetros, la búsqueda aleatoria a menudo logra resultados comparables o incluso mejores que la búsqueda en cuadrícula, con una fracción del costo computacional.

Ejemplo: Búsqueda Aleatoria con Scikit-learn

La búsqueda aleatoria funciona de manera similar a la búsqueda en cuadrícula, pero explora un subconjunto aleatorio del espacio de hiperparámetros.

```
import numpy as np
import pandas as pd
from sklearn.model_selection import RandomizedSearchCV, train_test_split
from sklearn.ensemble import RandomForestClassifier
from sklearn.datasets import load_iris
from sklearn.metrics import accuracy_score, classification_report, confusion_matrix
import matplotlib.pyplot as plt
import seaborn as sns

# Load the Iris dataset
iris = load_iris()
X, y = iris.data, iris.target

# Split the data into training and testing sets
X_train, X_test, y_train, y_test = train_test_split(X, y, test_size=0.2,
random_state=42)

# Define the hyperparameter grid
param_dist = {
    'n_estimators': np.arange(10, 200, 10),
    'max_depth': [None] + list(range(5, 31, 5)),
    'min_samples_split': [2, 5, 10],
    'min_samples_leaf': [1, 2, 4],
    'max_features': ['auto', 'sqrt', 'log2']
}

# Initialize the Random Forest model
rf = RandomForestClassifier(random_state=42)
```

```
# Perform randomized search
random_search = RandomizedSearchCV(
    rf,
    param_distributions=param_dist,
    n_iter=100,
    cv=5,
    random_state=42,
    scoring='accuracy',
    n_jobs=-1
)
random_search.fit(X_train, y_train)

# Print the best parameters and the corresponding score
print("Best parameters found:", random_search.best_params_)
print("Best cross-validation accuracy:", random_search.best_score_)

# Evaluate the best model on the test set
best_rf = random_search.best_estimator_
y_pred = best_rf.predict(X_test)
test_accuracy = accuracy_score(y_test, y_pred)
print("Test accuracy:", test_accuracy)

# Print classification report
print("\\nClassification Report:")
print(classification_report(y_test, y_pred, target_names=iris.target_names))

# Plot confusion matrix
cm = confusion_matrix(y_test, y_pred)
plt.figure(figsize=(10,7))
sns.heatmap(cm, annot=True, fmt='d', cmap='Blues', xticklabels=iris.target_names,
yticklabels=iris.target_names)
plt.title('Confusion Matrix')
plt.xlabel('Predicted')
plt.ylabel('Actual')
plt.show()

# Plot feature importances
feature_importance = best_rf.feature_importances_
feature_names = iris.feature_names
sorted_idx = np.argsort(feature_importance)
pos = np.arange(sorted_idx.shape[0]) + .5

plt.figure(figsize=(10, 6))
plt.barh(pos, feature_importance[sorted_idx], align='center')
plt.yticks(pos, np.array(feature_names)[sorted_idx])
plt.title('Feature Importance')
plt.show()
```

Explicación del Código:

1. **Preparación de los Datos:**
   - Comenzamos importando las bibliotecas necesarias y cargando el conjunto de datos Iris.
   - El conjunto de datos se divide en conjuntos de entrenamiento y prueba utilizando train_test_split() con una proporción de 80-20.
2. **Cuadrícula de Hiperparámetros:**
   - Definimos una cuadrícula de hiperparámetros más completa (param_dist) para el clasificador Random Forest.
   - Esto incluye varios rangos para n_estimators, max_depth, min_samples_split, min_samples_leaf, y max_features.
3. **Búsqueda Aleatoria:**
   - Utilizamos RandomizedSearchCV para realizar la sintonización de hiperparámetros.
   - El número de iteraciones se establece en 100 (n_iter=100) para una búsqueda más exhaustiva.
   - Usamos validación cruzada con 5 pliegues (cv=5) y establecemos n_jobs=-1 para utilizar todos los núcleos de CPU disponibles y acelerar el cálculo.
4. **Evaluación del Modelo:**
   - Después de ajustar el modelo, imprimimos los mejores parámetros encontrados y la precisión de la validación cruzada correspondiente.
   - Luego evaluamos el mejor modelo en el conjunto de prueba e imprimimos la precisión de prueba.
5. **Informe de Clasificación:**
   - Generamos e imprimimos un informe de clasificación utilizando classification_report() de scikit-learn.
   - Esto proporciona un desglose detallado de la precisión, la exhaustividad y el puntaje F1 para cada clase.
6. **Matriz de Confusión:**
   - Creamos y mostramos una matriz de confusión utilizando el heatmap de seaborn.
   - Esto visualiza el rendimiento del modelo en las diferentes clases.
7. **Importancia de las Características:**

- Extraemos y mostramos las importancias de las características del mejor modelo de Random Forest.
- Esto ayuda a identificar qué características son más influyentes en las decisiones del modelo.

Este ejemplo de código proporciona un enfoque integral para la sintonización de hiperparámetros con Random Forest, incluyendo una evaluación exhaustiva y la visualización de los resultados. Demuestra no solo cómo encontrar los mejores parámetros, sino también cómo evaluar e interpretar el rendimiento del modelo a través de diversas métricas y visualizaciones.

Ventajas y Desventajas de la Búsqueda Aleatoria

La búsqueda aleatoria es una técnica poderosa para la sintonización de hiperparámetros que ofrece varias ventajas y algunas limitaciones:

Ventajas:

- Eficiencia: La búsqueda aleatoria es significativamente más eficiente que la búsqueda en cuadrícula, especialmente cuando se trata de espacios de hiperparámetros grandes. Puede explorar una mayor gama de combinaciones en menos tiempo.
- Optimización de recursos: Al probar combinaciones aleatorias, permite una exploración más diversa del espacio de parámetros con menos recursos computacionales.
- Flexibilidad: Es fácil agregar o eliminar parámetros del espacio de búsqueda sin afectar significativamente la estrategia de búsqueda.
- Escalabilidad: El número de iteraciones puede ajustarse fácilmente según el tiempo disponible y los recursos, lo que la hace adecuada tanto para la creación rápida de prototipos como para una sintonización más exhaustiva.

Desventajas:

- Falta de exhaustividad: A diferencia de la búsqueda en cuadrícula, la búsqueda aleatoria no garantiza que se prueben todas las combinaciones posibles, lo que significa que existe la posibilidad de pasar por alto la configuración óptima.
- Posibilidad de resultados subóptimos: Aunque a menudo conduce a soluciones casi óptimas, siempre existe la posibilidad de que la mejor combinación de hiperparámetros no sea detectada debido a la naturaleza aleatoria de la búsqueda.
- Desafíos en la reproducibilidad: La aleatoriedad en el proceso de búsqueda puede dificultar la reproducción exacta de los resultados en diferentes ejecuciones, aunque esto puede mitigarse estableciendo una semilla aleatoria.

A pesar de estas limitaciones, la búsqueda aleatoria es preferida en la práctica debido a su equilibrio entre eficiencia y efectividad, especialmente en escenarios con tiempo o recursos computacionales limitados.

Optimización Bayesiana

La optimización bayesiana es un enfoque avanzado y sofisticado para la sintonización de hiperparámetros que aprovecha el modelado probabilístico para buscar de manera eficiente en el espacio de hiperparámetros. Este método se distingue de la búsqueda en cuadrícula y la búsqueda aleatoria por su estrategia inteligente y adaptativa. A diferencia de la búsqueda en cuadrícula y la búsqueda aleatoria, que tratan cada evaluación como independiente y no aprenden de ensayos anteriores, la optimización bayesiana construye un modelo probabilístico de la función objetivo (por ejemplo, la precisión del modelo). Este modelo, a menudo referido como un modelo sustituto o superficie de respuesta, captura la relación entre las configuraciones de hiperparámetros y el rendimiento del modelo.

Los pasos clave en la optimización bayesiana son:

Muestreo inicial

El proceso comienza seleccionando algunas configuraciones de hiperparámetros aleatorios para evaluar. Este paso inicial es crucial, ya que proporciona la base para construir el modelo sustituto. Al probar estas configuraciones aleatorias, recopilamos puntos de datos iniciales que representan diferentes áreas del espacio de hiperparámetros. Este conjunto diverso de muestras iniciales ayuda a establecer una comprensión básica del panorama de hiperparámetros, identificar regiones potencialmente prometedoras para una mayor exploración, evitar el sesgo hacia cualquier área particular del espacio de hiperparámetros.

El número de muestras iniciales puede variar dependiendo de la complejidad del problema y los recursos computacionales disponibles, pero típicamente es un subconjunto pequeño del número total de evaluaciones que se realizarán.

Actualización del modelo sustituto

Después de cada evaluación, el modelo probabilístico se actualiza con el nuevo punto de datos. Este paso es crucial para la efectividad de la optimización bayesiana. Aquí tienes una explicación más detallada:

- Refinamiento del modelo: El modelo sustituto se refina en función del rendimiento observado de la última configuración de hiperparámetros. Esto permite que el modelo se aproxime mejor a la verdadera relación entre los hiperparámetros y el rendimiento del modelo.
- Reducción de la incertidumbre: A medida que se agregan más puntos de datos, la incertidumbre del modelo en diferentes regiones del espacio de hiperparámetros se

reduce. Esto ayuda a tomar decisiones más informadas sobre dónde muestrear a continuación.

- Aprendizaje adaptativo: La actualización continua del modelo sustituto permite que el proceso de optimización se adapte y aprenda de cada evaluación, haciéndolo más eficiente que los métodos no adaptativos como la búsqueda en cuadrícula o aleatoria.
- Proceso Gaussiano: A menudo, el modelo sustituto se implementa como un Proceso Gaussiano, que proporciona tanto una predicción del rendimiento esperado como una estimación de la incertidumbre para cualquier configuración de hiperparámetros dada.

Este proceso iterativo de actualización es lo que permite a la optimización bayesiana tomar decisiones inteligentes sobre qué configuraciones de hiperparámetros probar a continuación, equilibrando la exploración de áreas inciertas con la explotación de regiones que ya se sabe que son buenas.

3. Optimización de la función de adquisición

Este paso crucial implica utilizar una función de adquisición para determinar la siguiente configuración prometedora de hiperparámetros a evaluar. La función de adquisición juega un papel vital en equilibrar la exploración y la explotación dentro del espacio de hiperparámetros. Aquí tienes una explicación más detallada:

Propósito: La función de adquisición guía el proceso de búsqueda sugiriendo qué configuración de hiperparámetros debería evaluarse a continuación. Su objetivo es maximizar el potencial de mejora en el rendimiento del modelo, al tiempo que considera las incertidumbres en el modelo sustituto.

Equilibrio: La función de adquisición debe lograr un delicado equilibrio entre dos objetivos que compiten:

- Exploración: Investigar áreas del espacio de hiperparámetros con alta incertidumbre. Esto ayuda a descubrir configuraciones potencialmente buenas que aún no se han probado.
- Explotación: Centrarse en las regiones que se sabe que tienen buen rendimiento según evaluaciones previas. Esto ayuda a refinar y mejorar las configuraciones prometedoras ya descubiertas.

Funciones de adquisición comunes: En la práctica se utilizan varias funciones de adquisición, cada una con sus propias características:

- Mejora Esperada (Expected Improvement, EI): Calcula la cantidad esperada de mejora con respecto al mejor valor observado hasta el momento.
- Probabilidad de Mejora (Probability of Improvement, PI): Estima la probabilidad de que un nuevo punto mejore el valor actual más alto.

- Límite Superior de Confianza (Upper Confidence Bound, UCB): Equilibra la predicción media y su incertidumbre, controlado por un parámetro de compensación.

Proceso de optimización: Una vez que se define la función de adquisición, se utiliza un algoritmo de optimización (a menudo diferente del algoritmo principal de optimización bayesiana) para encontrar la configuración de hiperparámetros que maximice la función de adquisición. Esta configuración se convierte en el siguiente punto a evaluar en el bucle de optimización principal.

Al aprovechar la función de adquisición, la optimización bayesiana puede tomar decisiones inteligentes sobre qué áreas del espacio de hiperparámetros explorar o explotar, lo que lleva a una sintonización de hiperparámetros más eficiente y efectiva en comparación con los métodos de búsqueda aleatoria o en cuadrícula.

4. Evaluación

Este paso implica probar la configuración de hiperparámetros seleccionada por la función de adquisición en el modelo de machine learning y la función objetivo reales. Aquí tienes una explicación más detallada:

- Entrenamiento del modelo: El modelo de machine learning se entrena utilizando la configuración de hiperparámetros seleccionada. Esto podría implicar ajustar un nuevo modelo desde cero o actualizar un modelo existente con los nuevos parámetros.
- Evaluación del rendimiento: Una vez entrenado, el rendimiento del modelo se evalúa utilizando la función objetivo predefinida. Esta función típicamente mide una métrica relevante como precisión, F1-score o error cuadrático medio, dependiendo del problema específico.
- Comparación: El rendimiento logrado con la nueva configuración se compara con el mejor rendimiento observado hasta ahora. Si es mejor, este se convierte en el nuevo punto de referencia para futuras iteraciones.
- Recopilación de datos: Se registra la configuración de hiperparámetros y su rendimiento correspondiente. Este punto de datos es crucial para actualizar el modelo sustituto en la siguiente iteración.
- Gestión de recursos: Es importante tener en cuenta que este paso puede ser computacionalmente costoso, especialmente para modelos complejos o conjuntos de datos grandes. La gestión eficiente de recursos es crucial para garantizar que el proceso de optimización sea viable.

Al evaluar cuidadosamente cada configuración sugerida, la optimización bayesiana puede refinar progresivamente su comprensión del espacio de hiperparámetros y guiar la búsqueda hacia áreas más prometedoras.

5. Repetir

El proceso continúa iterando a través de los pasos 2-4 hasta que se cumple un criterio de detención predefinido. Este enfoque iterativo es crucial para el proceso de optimización:

- **Mejora continua**: Cada iteración refina el modelo sustituto y explora nuevas áreas del espacio de hiperparámetros, descubriendo potencialmente mejores configuraciones.
- **Criterios de detención**: Las condiciones de detención comunes incluyen:
  - Número máximo de iteraciones: Un límite predeterminado en el número de evaluaciones a realizar.
  - Rendimiento satisfactorio: Alcanzar un umbral de rendimiento objetivo.
  - Convergencia: Cuando las mejoras entre iteraciones se vuelven insignificantes.
  - Límite de tiempo: Un tiempo máximo permitido para el proceso de optimización.
- **Búsqueda adaptativa**: A medida que el proceso se repite, el algoritmo se vuelve cada vez más eficiente en identificar áreas prometedoras del espacio de hiperparámetros.
- **Consideración del compromiso**: El número de iteraciones a menudo implica un compromiso entre la calidad de la optimización y los recursos computacionales. Más iteraciones generalmente conducen a mejores resultados, pero requieren más tiempo y recursos.

Al repetir este proceso, la optimización bayesiana refina progresivamente su comprensión del espacio de hiperparámetros, lo que lleva a configuraciones cada vez más óptimas con el tiempo.

La optimización bayesiana sobresale en mantener un delicado equilibrio entre dos aspectos fundamentales del ajuste de hiperparámetros:

- **Exploración**: Este aspecto implica aventurarse en territorios inexplorados del espacio de hiperparámetros, buscando configuraciones potencialmente superiores que aún no se han examinado. Al hacerlo, el algoritmo asegura una búsqueda integral que no pasa por alto áreas prometedoras.
- **Explotación**: Simultáneamente, el método capitaliza regiones que han demostrado un rendimiento favorable en iteraciones anteriores. Este enfoque dirigido permite la refinación y optimización de configuraciones que ya han mostrado promesa.

Este sofisticado equilibrio permite que la optimización bayesiana navegue hábilmente por paisajes complejos de hiperparámetros. Su capacidad para asignar recursos de manera juiciosa entre la exploración de nuevas posibilidades y la focalización en áreas de alto rendimiento conocidas a menudo resulta en el descubrimiento de configuraciones óptimas o casi óptimas. Notablemente, esto se puede lograr con sustancialmente menos evaluaciones en comparación con métodos más tradicionales como la búsqueda en cuadrícula o la búsqueda aleatoria, lo que lo hace particularmente valioso en escenarios donde los recursos computacionales son limitados o al tratar con espacios de hiperparámetros complejos y de alta dimensión.

Si bien existen varias bibliotecas y marcos que implementan la optimización bayesiana, una de las herramientas más populares y ampliamente utilizadas es **HyperOpt**. HyperOpt proporciona una implementación flexible y poderosa de la optimización bayesiana, facilitando a los profesionales aplicar esta técnica avanzada a sus flujos de trabajo de aprendizaje automático.

a. Ejemplo: Optimización Bayesiana con HyperOpt

```
import numpy as np
import pandas as pd
from sklearn.model_selection import train_test_split, cross_val_score
from sklearn.ensemble import RandomForestClassifier
from sklearn.preprocessing import StandardScaler
from sklearn.metrics import accuracy_score, classification_report
from hyperopt import fmin, tpe, hp, STATUS_OK, Trials

# Load and preprocess data (assuming we have a dataset)
data = pd.read_csv('your_dataset.csv')
X = data.drop('target', axis=1)
y = data['target']

# Split the data
X_train, X_test, y_train, y_test = train_test_split(X, y, test_size=0.2,
random_state=42)

# Scale the features
scaler = StandardScaler()
X_train_scaled = scaler.fit_transform(X_train)
X_test_scaled = scaler.transform(X_test)

# Define the objective function for Bayesian optimization
def objective(params):
    clf = RandomForestClassifier(**params)

    # Use cross-validation to get a more robust estimate of model performance
    cv_scores = cross_val_score(clf, X_train_scaled, y_train, cv=5,
scoring='accuracy')

    # We want to maximize accuracy, so we return the negative mean CV score
    return {'loss': -cv_scores.mean(), 'status': STATUS_OK}

# Define the hyperparameter space
space = {
    'n_estimators': hp.choice('n_estimators', [50, 100, 200, 300]),
    'max_depth': hp.choice('max_depth', [10, 20, 30, None]),
    'min_samples_split': hp.uniform('min_samples_split', 2, 10),
    'min_samples_leaf': hp.choice('min_samples_leaf', [1, 2, 4]),
    'max_features': hp.choice('max_features', ['auto', 'sqrt', 'log2'])
}
```

```
# Run Bayesian optimization
trials = Trials()
best = fmin(fn=objective,
            space=space,
            algo=tpe.suggest,
            max_evals=100,  # Increased number of evaluations
            trials=trials)

print("Best hyperparameters found:", best)

# Get the best hyperparameters
best_params = {
    'n_estimators': [50, 100, 200, 300][best['n_estimators']],
    'max_depth': [10, 20, 30, None][best['max_depth']],
    'min_samples_split': best['min_samples_split'],
    'min_samples_leaf': [1, 2, 4][best['min_samples_leaf']],
    'max_features': ['auto', 'sqrt', 'log2'][best['max_features']]
}

# Train the final model with the best hyperparameters
best_model = RandomForestClassifier(**best_params, random_state=42)
best_model.fit(X_train_scaled, y_train)

# Make predictions on the test set
y_pred = best_model.predict(X_test_scaled)

# Evaluate the model
accuracy = accuracy_score(y_test, y_pred)
print(f"Test Accuracy: {accuracy:.4f}")
print("\\nClassification Report:")
print(classification_report(y_test, y_pred))
```

Explicación del Desglose del Código:

1. Preparación de Datos:
    - Comenzamos cargando un conjunto de datos (se asume que está en formato CSV) usando pandas.
    - Los datos se dividen en características (X) y objetivo (y).
    - Utilizamos train_test_split para crear conjuntos de entrenamiento y prueba.
    - Las características se escalan usando StandardScaler para asegurar que todas estén en la misma escala, lo cual es importante para muchos algoritmos de aprendizaje automático.
2. Función Objetivo:

   - La función objetivo (objective) toma hiperparámetros como entrada y devuelve un diccionario con la pérdida y el estado.
   - Crea un RandomForestClassifier con los hiperparámetros dados.
   - Se utiliza validación cruzada para obtener una estimación más robusta del rendimiento del modelo.
   - Se devuelve la media negativa de las puntuaciones de validación cruzada como pérdida (la negamos porque hyperopt minimiza el objetivo, pero queremos maximizar la precisión).

3. Espacio de Hiperparámetros:
   - Definimos un diccionario (space) que especifica el espacio de búsqueda de hiperparámetros.
   - hp.choice se usa para parámetros categóricos (n_estimators, max_depth, min_samples_leaf, max_features).
   - hp.uniform se usa para min_samples_split para permitir valores continuos entre 2 y 10.
   - Este espacio ampliado permite una búsqueda más exhaustiva en comparación con el ejemplo original.
4. Optimización Bayesiana:
   - Utilizamos la función fmin de hyperopt para realizar la optimización bayesiana.
   - El número de evaluaciones (max_evals) se incrementa a 100 para una búsqueda más exhaustiva.
   - Se utiliza el algoritmo de Estimadores de Parzen en Árbol (TPE) (tpe.suggest).
   - Se usa un objeto Trials para hacer seguimiento de todas las evaluaciones.
5. Mejores Hiperparámetros:
   - Después de la optimización, imprimimos los mejores hiperparámetros encontrados.
   - Luego creamos un diccionario best_params que mapea los resultados de la optimización a valores reales de parámetros.
6. Entrenamiento y Evaluación del Modelo Final:
   - Creamos un nuevo RandomForestClassifier con los mejores hiperparámetros.
   - Este modelo se entrena con todo el conjunto de entrenamiento.

   - Realizamos predicciones en el conjunto de prueba y evaluamos el rendimiento del modelo.
   - Se imprime la precisión de prueba y un informe detallado de clasificación.

Este ejemplo proporciona un enfoque integral para el ajuste de hiperparámetros utilizando optimización bayesiana. Incluye pasos de preprocesamiento de datos, un espacio de búsqueda de hiperparámetros más extenso y una evaluación final en un conjunto de prueba separado. Este enfoque ayuda a asegurar que no solo encontremos buenos hiperparámetros sino también validemos el rendimiento del modelo en datos no vistos.

b. Pros y Contras de la Optimización Bayesiana

La optimización bayesiana es una técnica poderosa para el ajuste de hiperparámetros, pero como cualquier método, tiene sus propias ventajas y desventajas. Exploremos esto en más detalle:

- **Pros:**
  - **Eficiencia:** La optimización bayesiana es significativamente más eficiente que la búsqueda en cuadrícula o aleatoria, especialmente al tratar con grandes espacios de hiperparámetros. Esta eficiencia proviene de su capacidad para aprender de evaluaciones previas y centrarse en áreas prometedoras del espacio de búsqueda.
  - **Mejores Resultados:** A menudo puede encontrar hiperparámetros superiores con menos evaluaciones. Esto es particularmente valioso al trabajar con modelos computacionalmente costosos o recursos limitados.
  - **Adaptabilidad:** El método adapta su estrategia de búsqueda según los resultados previos, lo que aumenta la probabilidad de encontrar óptimos globales en lugar de quedar atrapado en óptimos locales.
  - **Manejo de Espacios Complejos:** Puede manejar eficazmente hiperparámetros continuos, discretos y condicionales, lo que lo hace versátil para varios tipos de modelos de aprendizaje automático.
- **Contras:**
  - **Complejidad:** La optimización bayesiana es más compleja de implementar en comparación con métodos más simples como la búsqueda en cuadrícula o aleatoria. Requiere una comprensión más profunda de los modelos probabilísticos y técnicas de optimización.
  - **Desafíos de Configuración:** Puede requerir una configuración más sofisticada, incluida la definición de distribuciones previas y funciones de adquisición apropiadas.

- **Sobrecarga Computacional:** Aunque requiere menos evaluaciones del modelo, el proceso de optimización en sí puede ser intensivo computacionalmente, especialmente en espacios de alta dimensión.
- **Menos Intuitivo:** La naturaleza de caja negra de la optimización bayesiana puede hacer que sea menos intuitivo entender e interpretar en comparación con métodos más directos.

A pesar de estos desafíos, los beneficios de la optimización bayesiana a menudo superan sus desventajas, especialmente para modelos complejos con muchos hiperparámetros o al tratar con evaluaciones computacionalmente costosas. Su capacidad para navegar eficientemente por grandes espacios de hiperparámetros la convierte en una herramienta valiosa en el kit de herramientas de los practicantes de aprendizaje automático.

4.4.5 Consideraciones Prácticas para la Sintonización de Hiperparámetros

Al embarcarse en el proceso de sintonización de hiperparámetros, es crucial considerar varios factores clave que pueden impactar significativamente la eficiencia y efectividad de tu proceso de optimización:

- **Recursos computacionales y limitaciones de tiempo**: La complejidad de ciertos modelos, especialmente las arquitecturas de deep learning, puede llevar a períodos de entrenamiento prolongados. En escenarios donde los recursos computacionales son limitados o el tiempo es esencial, técnicas como la búsqueda aleatoria o la optimización bayesiana a menudo resultan más eficientes que métodos exhaustivos como la búsqueda en cuadrícula. Estos enfoques pueden identificar rápidamente configuraciones prometedoras de hiperparámetros sin la necesidad de explorar todas las combinaciones posibles.
- **Validación cruzada para una estimación robusta del rendimiento**: Implementar la validación cruzada durante el proceso de sintonización de hiperparámetros es esencial para obtener una estimación más confiable y generalizable del rendimiento del modelo. Esta técnica implica dividir los datos en múltiples subconjuntos, entrenar y evaluar el modelo en diferentes combinaciones de estos subconjuntos. Al hacerlo, reduces el riesgo de sobreajuste a una única división de entrenamiento-prueba y obtienes una comprensión más completa de cómo se comporta tu modelo en diversas distribuciones de datos.
- **Evaluación final en un conjunto de prueba independiente**: Una vez que hayas identificado los hiperparámetros óptimos mediante el método de sintonización elegido, es imperativo evaluar el rendimiento final del modelo en un conjunto de prueba completamente separado y no visto anteriormente. Este paso proporciona una estimación imparcial de la capacidad de generalización real del modelo, ofreciendo una idea de cómo podría desempeñarse con datos del mundo real que no ha encontrado durante las fases de entrenamiento o sintonización.

- **Definición del espacio de búsqueda de hiperparámetros**: Definir cuidadosamente el rango y la distribución de los hiperparámetros a explorar es crucial. Esto implica aprovechar el conocimiento del dominio y la comprensión del comportamiento del modelo para establecer límites y tamaños de paso apropiados para cada hiperparámetro. Un espacio de búsqueda bien definido puede mejorar significativamente la eficiencia del proceso de sintonización y la calidad de los resultados finales.
- **Equilibrar la exploración y la explotación**: Al usar técnicas avanzadas como la optimización bayesiana, es importante equilibrar la exploración de nuevas áreas del espacio de hiperparámetros con la explotación de las regiones conocidas con buen rendimiento. Este equilibrio asegura una búsqueda exhaustiva mientras se concentran los recursos computacionales en configuraciones prometedoras.

En conclusión, la sintonización de hiperparámetros es una parte esencial del flujo de trabajo de machine learning, permitiéndote optimizar modelos y lograr un mejor rendimiento. Técnicas como **búsqueda en cuadrícula**, **búsqueda aleatoria** y **optimización bayesiana** tienen cada una sus ventajas, y la elección del método depende de la complejidad del modelo y los recursos computacionales disponibles. Al ajustar los hiperparámetros, puedes mejorar significativamente el rendimiento y la capacidad de generalización de tus modelos de machine learning.

Ejercicios Prácticos Capítulo 4

Ejercicio 1: Regresión Lineal

Tarea: Tienes el siguiente conjunto de datos que contiene información sobre los precios de las casas. Utiliza **regresión lineal simple** para predecir el precio de la casa basado en el tamaño de la casa.

Tamaño (pies cuadrados)	Precio ($)
800	150,000
1000	180,000
1200	210,000
1500	250,000
1800	300,000

Solución:

```
import numpy as np
import matplotlib.pyplot as plt
from sklearn.linear_model import LinearRegression

# Data: House size (X) and price (y)
X = np.array([800, 1000, 1200, 1500, 1800]).reshape(-1, 1)
y = np.array([150000, 180000, 210000, 250000, 300000])

# Initialize and train the linear regression model
model = LinearRegression()
model.fit(X, y)

# Predict for new house sizes
X_new = np.array([2000, 2200]).reshape(-1, 1)
y_pred = model.predict(X_new)

# Plotting the data and the regression line
plt.scatter(X, y, color='blue', label='Data points')
plt.plot(X, model.predict(X), color='red', label='Regression line')
plt.xlabel("House Size (sq ft)")
plt.ylabel("Price ($)")
plt.legend()
plt.show()

print("Predicted prices for new house sizes:", y_pred)
```

Ejercicio 2: Regresión Polinómica

Tarea: Se te proporciona un conjunto de datos con una relación no lineal entre los **años de experiencia** y el **salario**. Utiliza **regresión polinómica** para modelar esta relación.

Años de Experiencia	Salario ($)
1	40,000
2	45,000
3	50,000
5	70,000
7	85,000

Solución:

```
import numpy as np
import matplotlib.pyplot as plt
from sklearn.preprocessing import PolynomialFeatures
from sklearn.linear_model import LinearRegression

# Data: Years of experience (X) and salary (y)
X = np.array([1, 2, 3, 5, 7]).reshape(-1, 1)
y = np.array([40000, 45000, 50000, 70000, 85000])

# Create polynomial features (degree 2)
poly = PolynomialFeatures(degree=2)
X_poly = poly.fit_transform(X)

# Train the polynomial regression model
model = LinearRegression()
model.fit(X_poly, y)

# Predict for new years of experience
X_new = np.array([4, 6]).reshape(-1, 1)
X_new_poly = poly.transform(X_new)
y_pred = model.predict(X_new_poly)

# Plot the data and the polynomial regression curve
plt.scatter(X, y, color='blue', label='Data points')
plt.plot(X, model.predict(X_poly), color='red', label='Polynomial regression curve')
plt.xlabel("Years of Experience")
plt.ylabel("Salary ($)")
plt.legend()
plt.show()

print("Predicted salaries for new years of experience:", y_pred)
```

Ejercicio 3: Clasificación con SVM

Tarea: Utiliza un **clasificador SVM** para predecir si un paciente tiene enfermedad cardíaca basándote en dos características: **edad** y **nivel de colesterol**. Entrena el modelo utilizando el siguiente conjunto de datos:

Edad	Colesterol	Enfermedad Cardíaca (0 = No, 1 = Sí)
45	200	0
50	220	1
55	240	1
60	210	0

65	280	1

Solución:

```
import numpy as np
from sklearn.svm import SVC
from sklearn.model_selection import train_test_split

# Data: Age, cholesterol, and heart disease label
X = np.array([[45, 200], [50, 220], [55, 240], [60, 210], [65, 280]])
y = np.array([0, 1, 1, 0, 1])

# Split the data into training and test sets
X_train, X_test, y_train, y_test = train_test_split(X, y, test_size=0.2,
random_state=42)

# Initialize and train the SVM classifier
model = SVC(kernel='linear')
model.fit(X_train, y_train)

# Predict on the test set
y_pred = model.predict(X_test)

print("Predicted heart disease labels for test set:", y_pred)
```

Ejercicio 4: Cálculo de Precisión y Exhaustividad

Tarea: Estás trabajando en un problema de clasificación con las siguientes etiquetas verdaderas y etiquetas predichas:

Etiquetas Verdaderas: [1, 0, 1, 1, 0, 1, 0, 0]

Etiquetas Predichas: [1, 0, 1, 0, 0, 1, 0, 1]

Calcula la **precisión** y la **exhaustividad** (recall) para la clase positiva (1).

Solución:

```
from sklearn.metrics import precision_score, recall_score

# True and predicted labels
y_true = [1, 0, 1, 1, 0, 1, 0, 0]
y_pred = [1, 0, 1, 0, 0, 1, 0, 1]

# Calculate precision and recall
precision = precision_score(y_true, y_pred)
recall = recall_score(y_true, y_pred)

print(f"Precision: {precision:.2f}")
print(f"Recall: {recall:.2f}")
```

Ejercicio 5: Cálculo de AUC-ROC

Tarea: Se te proporcionan las probabilidades predichas de un modelo para la clase positiva (enfermedad cardíaca) de la siguiente manera:

Probabilidades Predichas: [0.1, 0.4, 0.8, 0.6, 0.3]

Etiquetas Verdaderas: [0, 0, 1, 1, 0]

Calcula el **AUC-ROC score** y traza la **curva ROC**.

Solución:

```
from sklearn.metrics import roc_auc_score, roc_curve
import matplotlib.pyplot as plt

# Predicted probabilities and true labels
y_probs = [0.1, 0.4, 0.8, 0.6, 0.3]
y_true = [0, 0, 1, 1, 0]

# Calculate AUC-ROC score
auc_score = roc_auc_score(y_true, y_probs)
print(f"AUC-ROC Score: {auc_score:.2f}")

# Calculate ROC curve
fpr, tpr, thresholds = roc_curve(y_true, y_probs)

# Plot ROC curve
plt.plot(fpr, tpr, label='ROC Curve')
plt.plot([0, 1], [0, 1], 'k--')  # Random classifier
plt.xlabel('False Positive Rate')
plt.ylabel('True Positive Rate (Recall)')
plt.title('ROC Curve')
plt.legend(loc='best')
plt.show()
```

Ejercicio 6: Sintonización de Hiperparámetros con Random Forest

Tarea: Estás utilizando un **clasificador Random Forest** para clasificar casos de cáncer de mama. Realiza una **búsqueda aleatoria** para sintonizar los hiperparámetros, como el número de estimadores (n_estimators) y la profundidad máxima (max_depth), utilizando los siguientes rangos:

- n_estimators: 50, 100, 150
- max_depth: 10, 20, 30, None

Solución:

```
from sklearn.model_selection import RandomizedSearchCV
```

```
from sklearn.ensemble import RandomForestClassifier
from sklearn.datasets import load_breast_cancer
from sklearn.model_selection import train_test_split

# Load the breast cancer dataset
data = load_breast_cancer()
X_train, X_test, y_train, y_test = train_test_split(data.data, data.target, test_size=0.2, random_state=42)

# Define the hyperparameter grid
param_dist = {
    'n_estimators': [50, 100, 150],
    'max_depth': [10, 20, 30, None]
}

# Initialize the Random Forest model
rf = RandomForestClassifier()

# Perform randomized search
random_search = RandomizedSearchCV(rf, param_distributions=param_dist, n_iter=5, cv=5, random_state=42)
random_search.fit(X_train, y_train)

# Print the best parameters and corresponding score
print("Best parameters found:", random_search.best_params_)
print("Best cross-validation accuracy:", random_search.best_score_)
```

Estos ejercicios prácticos ayudan a reforzar los conceptos clave en **aprendizaje supervisado**, incluyendo regresión, clasificación, métricas de evaluación y sintonización de hiperparámetros.

Resumen Capítulo 4

En el **Capítulo 4**, exploramos conceptos y técnicas clave en el **aprendizaje supervisado**, un enfoque central en el machine learning donde los modelos aprenden a partir de datos etiquetados para hacer predicciones. El aprendizaje supervisado abarca dos tipos principales de problemas: **regresión** (predicción de valores continuos) y **clasificación** (predicción de valores categóricos). Este capítulo ofreció una cobertura profunda de técnicas fundamentales tanto para la regresión como para la clasificación, junto con métodos para evaluar y mejorar el rendimiento del modelo.

Comenzamos con la **regresión lineal y polinómica**, que se utilizan para modelar relaciones entre las características de entrada y una variable objetivo continua. La regresión lineal asume una relación lineal entre las características y el objetivo, mientras que la regresión polinómica permite modelar relaciones no lineales agregando términos polinómicos. Ambas técnicas forman la base para modelos de regresión más complejos, y proporcionamos ejemplos para demostrar cómo implementarlas utilizando Scikit-learn.

A continuación, profundizamos en los **algoritmos de clasificación**, cubriendo cuatro modelos ampliamente utilizados: **Máquinas de Vectores de Soporte (SVM)**, **k-Vecinos Más Cercanos (KNN)**, **Árboles de Decisión** y **Bosques Aleatorios**. Las SVM encuentran el hiperplano óptimo que separa las clases y funcionan bien tanto para problemas lineales como no lineales. KNN es un algoritmo basado en instancias que clasifica los datos según la clase mayoritaria de sus vecinos más cercanos. Los árboles de decisión proporcionan un modelo interpretable dividiendo los datos en función de los valores de las características, mientras que los bosques aleatorios, un método de conjunto, combinan múltiples árboles de decisión para mejorar la precisión y la robustez. Se proporcionaron ejemplos e implementaciones de código para cada algoritmo para ilustrar cómo funcionan en la práctica.

En la sección sobre **métricas avanzadas de evaluación**, introdujimos **precisión**, **exhaustividad (recall)**, **puntaje F1** y la **curva AUC-ROC**. Estas métricas son particularmente útiles para tareas de clasificación, especialmente cuando se trata de conjuntos de datos desbalanceados. Si bien la precisión mide la exactitud general, la precisión y la exhaustividad se enfocan en el rendimiento del modelo para identificar clases específicas (por ejemplo, casos positivos), lo que las hace más apropiadas en muchos escenarios del mundo real. La curva AUC-ROC ayuda a evaluar qué tan bien un modelo distingue entre clases a través de diferentes umbrales.

Finalmente, cubrimos la **sintonización de hiperparámetros y la optimización de modelos**, que son esenciales para mejorar el rendimiento del modelo. Discutimos tres técnicas principales: **búsqueda en cuadrícula**, **búsqueda aleatoria** y **optimización bayesiana**. La búsqueda en cuadrícula evalúa exhaustivamente todas las combinaciones posibles de hiperparámetros, mientras que la búsqueda aleatoria explora un subconjunto aleatorio del espacio de hiperparámetros, produciendo a menudo buenos resultados de manera más eficiente. La optimización bayesiana utiliza un modelo probabilístico para explorar inteligentemente el espacio de hiperparámetros, logrando un equilibrio entre exploración y explotación.

En conclusión, este capítulo proporcionó una comprensión integral de las técnicas de aprendizaje supervisado, que van desde la regresión hasta la clasificación, e introdujo métodos avanzados para la evaluación y optimización de modelos. Estas herramientas y técnicas forman la base para construir modelos de machine learning robustos y de alto rendimiento que se generalizan bien a datos nuevos y no vistos.

Capítulo 5: Técnicas de Aprendizaje No Supervisado

En el campo del **aprendizaje no supervisado**, nos adentramos en un territorio distinto al del aprendizaje supervisado, donde los datos etiquetados están ausentes en el proceso de entrenamiento del modelo. En su lugar, nuestro objetivo principal es descubrir patrones ocultos o agrupaciones inherentes dentro de los datos. Estas técnicas sofisticadas resultan invaluables en escenarios donde nuestra comprensión de la estructura subyacente de los datos es limitada o cuando la tarea de etiquetar manualmente se vuelve impráctica o inviable. El aprendizaje no supervisado se aplica en una amplia gama de tareas, destacándose **agrupamiento**, **reducción de dimensionalidad** y **detección de anomalías**.

El poder del aprendizaje no supervisado radica en su capacidad para extraer ideas significativas a partir de datos sin etiquetar. Aprovechando algoritmos complejos, puede identificar similitudes, diferencias y relaciones que podrían no ser evidentes para los observadores humanos. Esto lo convierte en una herramienta indispensable en campos como la minería de datos, el reconocimiento de patrones y el análisis exploratorio de datos.

En este capítulo, profundizaremos en las principales técnicas de aprendizaje no supervisado, comenzando con una exploración detallada del **agrupamiento (clustering)**, un método robusto y versátil utilizado para agrupar puntos de datos similares. El agrupamiento sirve como un pilar fundamental en el aprendizaje no supervisado, ofreciendo un medio para organizar y estructurar los datos en función de similitudes inherentes. Emprenderemos un recorrido integral por varios algoritmos de agrupamiento, cada uno con su enfoque y fortalezas únicos. Nuestra exploración abarcará tres técnicas principales de agrupamiento:

- **K-Means Clustering**: Un algoritmo basado en particiones que divide los datos en K grupos predefinidos, refinando iterativamente los centros de los clusters para minimizar la varianza dentro del grupo.
- **Agrupamiento Jerárquico (Hierarchical Clustering)**: Un método que construye una estructura en forma de árbol de los clusters, lo que permite una vista multinivel de la organización de los datos, desde puntos de datos individuales hasta un solo cluster que lo abarca todo.

- **DBSCAN (Clustering Basado en Densidad para Aplicaciones Espaciales con Ruido)**: Un algoritmo basado en densidad que es capaz de descubrir clusters de formas arbitrarias e identificar puntos atípicos en el conjunto de datos.

A través de un examen detallado de estos algoritmos, obtendremos conocimientos sobre sus principios subyacentes, fortalezas, limitaciones y aplicaciones prácticas en escenarios del mundo real. Esta comprensión integral te equipará con el conocimiento necesario para seleccionar y aplicar la técnica de agrupamiento más adecuada a tus necesidades específicas de análisis de datos.

5.1 Agrupamiento (K-Means, Jerárquico, DBSCAN)

El **agrupamiento (clustering)** es una técnica fundamental y ampliamente utilizada en el aprendizaje no supervisado. En su núcleo, el agrupamiento tiene como objetivo dividir un conjunto de datos en grupos distintos, o **clusters**, basándose en similitudes inherentes entre los puntos de datos. El principio clave es que los puntos de datos dentro de un mismo cluster deben mostrar un mayor grado de similitud entre ellos en comparación con los puntos en otros clusters. Esta similitud se mide típicamente utilizando métricas de distancia como la distancia euclidiana, la distancia de Manhattan o la similitud de coseno, dependiendo de la naturaleza de los datos y el algoritmo de agrupamiento específico empleado.

El poder del agrupamiento radica en su capacidad para descubrir patrones ocultos y estructuras dentro de conjuntos de datos complejos y de alta dimensionalidad sin necesidad de etiquetas predefinidas. Esto lo convierte en una herramienta invaluable en una amplia gama de aplicaciones del mundo real, incluyendo:

- **Segmentación de Clientes**: Las empresas pueden aprovechar los algoritmos de agrupamiento para categorizar su base de clientes en grupos distintos basándose en diversos factores como comportamiento de compra, información demográfica y patrones de interacción. Esta segmentación granular permite a las empresas desarrollar e implementar estrategias de marketing altamente dirigidas y ofrecer servicios personalizados adaptados a las necesidades y preferencias específicas de cada grupo, mejorando así la satisfacción y lealtad de los clientes.
- **Investigación de Mercado**: En el ámbito del análisis de mercado, las técnicas de agrupamiento juegan un papel crucial en la identificación y definición de segmentos de mercado distintos. Al aplicar estos algoritmos a grandes conjuntos de datos que abarcan comportamientos, preferencias y características de los consumidores, las empresas pueden descubrir patrones ocultos y agrupar a consumidores similares. Esta segmentación permite a las empresas ajustar sus ofertas de productos, mensajes de marketing y entrega de servicios para satisfacer las demandas y expectativas únicas de cada segmento identificado, mejorando así la penetración en el mercado y la ventaja competitiva.

- **Compresión de Imágenes**: Los algoritmos de agrupamiento encuentran aplicaciones innovadoras en el campo del procesamiento digital de imágenes, especialmente en la compresión de imágenes. Al agrupar píxeles con propiedades de color similares, estas técnicas pueden reducir efectivamente la paleta de colores de una imagen sin comprometer significativamente su calidad visual. Este proceso de compresión resulta en archivos más pequeños, lo que facilita un almacenamiento más eficiente y una transmisión más rápida de imágenes a través de varias plataformas y redes digitales, lo cual es especialmente beneficioso en entornos con limitaciones de ancho de banda o para bases de datos de imágenes a gran escala.
- **Detección de Anomalías**: Una de las aplicaciones más poderosas del agrupamiento radica en su capacidad para identificar puntos atípicos o datos inusuales que se desvían significativamente de los patrones establecidos. Esta capacidad es instrumental en diversos dominios críticos como la detección de fraudes en transacciones financieras, el monitoreo de seguridad de redes para identificar posibles ciberamenazas y el control de calidad en procesos de manufactura. Al establecer clusters "normales" de puntos de datos, cualquier dato que no encaje bien en estos clusters puede ser marcado para una investigación adicional, lo que permite una gestión de riesgos proactiva y el mantenimiento de la integridad del sistema.
- **Sistemas de Recomendación**: En la era de las experiencias digitales personalizadas, los algoritmos de agrupamiento forman la columna vertebral de los sofisticados sistemas de recomendación. Al agrupar usuarios con preferencias, comportamientos o perfiles demográficos similares, y de manera similar, agrupar artículos con características comparables, las empresas pueden generar recomendaciones altamente precisas y personalizadas. Este enfoque mejora la experiencia del usuario en diversas plataformas, desde sitios de comercio electrónico que sugieren productos hasta servicios de streaming que recomiendan contenido, lo que en última instancia impulsa el compromiso, la satisfacción y la tasa de retención de los usuarios.

En esta sección exhaustiva, profundizaremos en tres algoritmos de agrupamiento populares y poderosos: **K-Means**, **Agrupamiento Jerárquico** y **DBSCAN** (Clustering Basado en Densidad para Aplicaciones Espaciales con Ruido). Cada uno de estos algoritmos aborda el problema del agrupamiento desde una perspectiva única y ofrece ventajas distintas:

- **K-Means**: Un algoritmo basado en centroides que particiona los datos en un número predeterminado de clusters. Es computacionalmente eficiente y funciona bien con conjuntos de datos grandes, pero requiere especificar el número de clusters de antemano.
- **Agrupamiento Jerárquico**: Este método crea una estructura en forma de árbol de los clusters, lo que permite una vista multinivel de la organización de los datos. No requiere especificar el número de clusters de antemano y proporciona información sobre las relaciones entre los clusters a diferentes niveles de granularidad.

- **DBSCAN**: Un algoritmo basado en densidad que puede descubrir clusters de formas arbitrarias y es robusto ante el ruido y los puntos atípicos. Es particularmente útil cuando se trata de clusters no globulares o cuando el número de clusters es desconocido.

Al explorar estos diversos algoritmos, obtendremos una comprensión integral de los diferentes enfoques de agrupamiento, sus fortalezas, limitaciones y casos de uso óptimos. Este conocimiento te equipará con la capacidad de seleccionar la técnica de agrupamiento más adecuada para tus necesidades específicas de análisis de datos, mejorando tu capacidad para extraer información significativa de conjuntos de datos complejos.

5.1.1 Agrupamiento K-Means

K-Means es un algoritmo de agrupamiento ampliamente utilizado e intuitivo que forma la base de muchas aplicaciones de aprendizaje no supervisado. En su esencia, K-Means tiene como objetivo dividir un conjunto de datos en **K clusters distintos y no superpuestos**, donde K es un número predefinido. El principio fundamental de K-Means es minimizar la varianza dentro de los clusters, asegurando que cada punto de datos pertenezca al cluster con la media más cercana (también conocida como el centroide).

1. Inicialización

K-Means comienza seleccionando aleatoriamente K puntos del conjunto de datos que actúan como centroides iniciales de los clusters. Estos puntos sirven como semillas a partir de las cuales crecerán los clusters. Este paso de inicialización es crucial, ya que establece el punto de partida para el proceso iterativo del algoritmo. La elección de estos centroides iniciales puede impactar significativamente los resultados finales de la agrupación, ya que el algoritmo convergerá en diferentes óptimos locales dependiendo de las posiciones iniciales.

Para mitigar el impacto de la inicialización aleatoria, es una práctica común ejecutar el algoritmo K-Means varias veces con diferentes semillas aleatorias y seleccionar el mejor resultado según un criterio elegido, como la suma de cuadrados dentro del cluster más baja. Además, existen métodos de inicialización más avanzados, como K-Means++, que tienen como objetivo elegir centroides iniciales mejor distribuidos en todo el conjunto de datos, lo que potencialmente lleva a resultados más consistentes.

2. Asignación

En este paso crucial, se asigna cada punto de datos en el conjunto al centroide más cercano. Esta asignación generalmente se realiza utilizando la distancia euclidiana como medida de proximidad, aunque se pueden usar otras métricas de distancia según la naturaleza de los datos. La distancia euclidiana se calcula entre cada punto de datos y todos los K centroides, y el punto se asigna al cluster cuyo centroide esté más cercano.

Matemáticamente, para un punto de datos x y centroides μ_1, μ_2, ..., μ_k, la asignación se realiza al cluster j donde:

$j = \text{argmin}(||x - \mu_i||^2)$ para i = 1 a K

Aquí, $||x - \mu_i||^2$ representa la distancia euclidiana al cuadrado entre x y μ_i. Este proceso crea K clusters iniciales, cada uno conteniendo los puntos de datos que están más cerca de su centroide. El paso de asignación es fundamental, ya que forma la base para los siguientes pasos del algoritmo K-Means, particularmente el paso de actualización donde se recalculan los centroides.

Es importante señalar que esta asignación inicial se basa en los centroides elegidos aleatoriamente en el paso de inicialización. A medida que el algoritmo progresa a través de múltiples iteraciones, estas asignaciones se refinan, lo que potencialmente resulta en cambios de puntos de datos entre clusters a medida que los centroides se actualizan y optimizan.

3. Actualización

Los centroides de cada cluster se recalculan tomando el promedio de todos los puntos asignados a ese cluster. Este paso crucial mueve los centroides hacia el centro de sus respectivos clusters, refinando las definiciones de los clusters. Aquí hay una explicación más detallada de este proceso:

a) Para cada cluster, se identifican todos los puntos de datos actualmente asignados a él.

b) Se promedian las coordenadas de estos puntos en cada dimensión. Por ejemplo, en un espacio 2D, se promedian por separado las coordenadas x e y de todos los puntos del cluster.

c) Las coordenadas promedio resultantes se convierten en la nueva posición del centroide de ese cluster. Matemáticamente, para un cluster C_i con n_i puntos, el nuevo centroide μ_i se calcula como:

μ_i = (1/n_i) * Σ(x_j), para todos los x_j en C_i

d) Este proceso mueve efectivamente el centroide a la posición promedio aritmética de todos los puntos en su cluster, minimizando así la varianza total dentro del cluster.

e) El paso de actualización es crítico, ya que permite que el algoritmo refine iterativamente las definiciones de los clusters, lo que potencialmente lleva a una solución de agrupamiento más óptima con cada iteración.

Al realizar repetidamente esta actualización junto con el paso de asignación, K-Means converge hacia una solución en la que los centroides representan con precisión el centro de sus respectivos clusters, logrando así el objetivo de minimizar la varianza dentro del cluster.

4. Iteración

El algoritmo K-Means entra en una fase iterativa en la que los Pasos 2 (Asignación) y 3 (Actualización) se repiten varias veces. Este proceso iterativo es crucial para refinar las asignaciones de clusters y mejorar la calidad general de la solución de agrupamiento. Aquí hay una explicación más detallada de lo que sucede durante esta fase iterativa:

a) **Reasignación continua**: A medida que los centroides se actualizan en el Paso 3, la asignación óptima de clusters para cada punto de datos puede cambiar. En cada iteración, se vuelven a evaluar los puntos de datos y pueden cambiar de cluster si se vuelven más cercanos a un centroide diferente al asignado previamente. Esta reasignación dinámica permite que el algoritmo se adapte a la estructura cambiante de los clusters.

b) **Refinamiento de centroides**: Después de cada fase de reasignación, los centroides se recalculan en función del nuevo conjunto de puntos asignados a cada cluster. Este refinamiento continuo de las posiciones de los centroides ayuda a encontrar el verdadero centro de cada cluster, lo que lleva a una representación más precisa de la estructura subyacente de los datos.

c) **Comportamiento de convergencia**: Con cada iteración, los cambios en las posiciones de los centroides y las asignaciones de clusters generalmente se vuelven más pequeños. Se dice que el algoritmo ha convergido cuando estos cambios se vuelven insignificantes o caen por debajo de un umbral predefinido.

d) **Verificación de estabilidad**: Algunas implementaciones de K-Means incluyen una verificación de estabilidad, donde el algoritmo termina si ningún punto cambia de cluster entre iteraciones, lo que indica que se ha alcanzado una solución estable.

e) **Iteraciones máximas**: Para evitar que el algoritmo se ejecute indefinidamente en casos donde es difícil lograr una convergencia perfecta, generalmente se establece un número máximo de iteraciones. Si se alcanza este límite antes de la convergencia, el algoritmo termina con la mejor solución encontrada hasta ese momento.

Este proceso iterativo es el núcleo del agrupamiento K-Means, lo que le permite mejorar progresivamente la solución de agrupamiento y adaptarse a la estructura inherente de los datos. El número de iteraciones necesarias puede variar según la complejidad del conjunto de datos y la colocación inicial de los centroides, lo que resalta la importancia de una inicialización adecuada y el ajuste de parámetros en el agrupamiento K-Means.

5. Convergencia

El algoritmo K-Means llega a su conclusión a través de un proceso de convergencia, que es un paso crítico para garantizar la estabilidad y la óptima calidad de la solución de agrupamiento. Esta fase de convergencia se caracteriza por dos criterios principales de detención:

a) **Estabilización de centroides**: El indicador principal de la convergencia es cuando los centroides de los clusters dejan de moverse significativamente entre iteraciones. En términos prácticos, esto significa que las coordenadas de cada centroide permanecen relativamente constantes, con solo cambios mínimos. Esta estabilidad sugiere que el algoritmo ha encontrado un óptimo local en la solución de agrupamiento, donde más iteraciones no producirían mejoras sustanciales en las asignaciones de clusters.

b) **Número máximo de iteraciones alcanzado**: Como medida de seguridad contra posibles bucles infinitos o tiempos de cálculo excesivamente largos, generalmente se establece un número máximo de iteraciones predefinido. Esto asegura que el algoritmo termine dentro de un marco de tiempo razonable, incluso si no se ha logrado una convergencia perfecta. El límite de iteraciones máximas es particularmente útil en casos donde la estructura de los datos es compleja o cuando se trata con conjuntos de datos muy grandes.

El proceso de convergencia es crucial por varias razones:

- Asegura que el algoritmo no se ejecute indefinidamente, lo cual es especialmente importante en aplicaciones del mundo real donde los recursos computacionales y el tiempo son limitados.
- Proporciona un equilibrio entre encontrar una solución óptima y la eficiencia computacional. Aunque más iteraciones podrían conducir a mejoras marginales, las mejoras a menudo se vuelven insignificantes después de cierto punto.
- Ayuda a detectar situaciones donde el algoritmo podría estar atascado en óptimos locales, lo que permite a los científicos de datos considerar ejecutar nuevamente el algoritmo con diferentes condiciones iniciales o explorar técnicas alternativas de agrupamiento.

En la práctica, los criterios de convergencia suelen combinar tanto la verificación de la estabilidad del centroide como el límite máximo de iteraciones. Por ejemplo, el algoritmo podría detenerse cuando las posiciones de los centroides cambien menos de una pequeña distancia de umbral (por ejemplo, 0.0001 unidades) o cuando se alcancen 300 iteraciones, lo que ocurra primero. Este enfoque asegura tanto la calidad de la solución de agrupamiento como la finalización oportuna del algoritmo.

El poder de K-Means radica en su simplicidad y eficiencia, especialmente para grandes conjuntos de datos. Sin embargo, es importante tener en cuenta que el algoritmo tiene algunas limitaciones. Asume que los clusters son esféricos y de tamaño similar, lo que puede no ser siempre el caso en datos del mundo real. Además, el resultado final de la agrupación puede ser sensible a la colocación inicial de los centroides, lo que a veces conduce a soluciones subóptimas.

A pesar de estos desafíos, K-Means sigue siendo una opción popular en diversas aplicaciones, desde la segmentación de clientes en marketing hasta la compresión de imágenes en visión por computadora, debido a su naturaleza intuitiva y eficiencia computacional.

Cómo Funciona K-Means

1. **Elegir el número de clusters (K)**: Este es el primer y crucial paso en el agrupamiento K-Means. El valor de K determina cuántos grupos distintos intentará identificar el algoritmo en los datos. Seleccionar un K apropiado es esencial para obtener resultados significativos y, a menudo, requiere conocimiento del dominio o técnicas adicionales como el método del codo.
2. **Inicializar K centroides aleatorios (centros de clusters)**: Una vez elegido K, el algoritmo selecciona aleatoriamente K puntos del conjunto de datos para servir como

centroides iniciales. Estos centroides actúan como los puntos de partida para cada cluster. La colocación inicial de los centroides puede impactar significativamente el resultado final de la agrupación, por lo que a menudo se realizan múltiples ejecuciones con diferentes inicializaciones.

3. **Asignar cada punto de datos al centroide más cercano**: En este paso, el algoritmo calcula la distancia (típicamente la distancia euclidiana) entre cada punto de datos y todos los centroides K. Luego, cada punto se asigna al cluster representado por el centroide más cercano. Este paso efectivamente crea K clusters iniciales basados en la proximidad a los centroides elegidos al azar.
4. **Recalcular los centroides en función de los puntos asignados a cada cluster**: Después de que todos los puntos están asignados, el algoritmo calcula la posición media de todos los puntos en cada cluster. Estas posiciones medias se convierten en los nuevos centroides de sus respectivos clusters. Este paso ajusta los centroides para representar mejor el centro real de sus puntos de datos asignados.
5. **Repetir los pasos 3-4 hasta la convergencia o el número máximo de iteraciones**: El algoritmo repite de manera iterativa los pasos de asignación y recalculación. Con cada iteración, los centroides se refinan y los puntos de datos pueden cambiar entre clusters. Este proceso continúa hasta que ocurra uno de los siguientes:
    - **Convergencia**: Los centroides ya no se mueven significativamente entre iteraciones, lo que indica que se ha encontrado una solución estable de agrupamiento.
    - **Número máximo de iteraciones alcanzado**: Se cumple un límite predefinido en el número de iteraciones para asegurar que el algoritmo termine en un tiempo razonable, incluso si no se ha logrado una convergencia perfecta.

Este proceso iterativo permite que K-Means mejore progresivamente su solución de agrupamiento, adaptándose a la estructura inherente de los datos.

Ejemplo: K-Means con Scikit-learn (Agrupamiento)

Apliquemos el agrupamiento K-Means a un conjunto de datos de muestra.

```
import numpy as np
import matplotlib.pyplot as plt
from sklearn.cluster import KMeans
from sklearn.datasets import make_blobs

# Generate synthetic data for clustering
X, y = make_blobs(n_samples=300, centers=4, cluster_std=0.60, random_state=0)

# Initialize K-Means with 4 clusters
kmeans = KMeans(n_clusters=4, random_state=42, n_init=10)  # Added n_init to avoid
warning
```

```
# Fit the model to the data
kmeans.fit(X)

# Get the cluster centroids and labels
centroids = kmeans.cluster_centers_
labels = kmeans.labels_

# Plot the clusters and centroids
plt.figure(figsize=(10, 8))
scatter = plt.scatter(X[:, 0], X[:, 1], c=labels, s=50, cmap='viridis')
plt.scatter(centroids[:,  0],  centroids[:,  1],  s=200,  c='red',  marker='x',
label="Centroids")
plt.title("K-Means Clustering")
plt.xlabel("Feature 1")
plt.ylabel("Feature 2")
plt.colorbar(scatter)
plt.legend()
plt.show()

# Print cluster information
for i in range(4):
    cluster_indices = np.where(labels == i)[0]
    cluster_points = X[cluster_indices]
    print(f"Cluster {i}:")
    print(f"  Number of points: {len(cluster_points)}")
    print(f"  Centroid: {centroids[i]}")
    print(f"  Variance: {np.var(cluster_points, axis=0)}\\n")

# Calculate and print inertia
inertia = kmeans.inertia_
print(f"Inertia: {inertia:.2f}")
```

Analicemos este ejemplo integral de agrupamiento K-Means:

1. Generación de Datos:
    - Utilizamos make_blobs de sklearn para crear datos sintéticos con 300 muestras y 4 grupos distintos.
    - Esto simula un escenario real donde podríamos tener puntos de datos multidimensionales.
2. Inicialización de K-Means:
    - Creamos un objeto KMeans con 4 grupos (coincidiendo con nuestros datos sintéticos).
    - El parámetro random_state garantiza la reproducibilidad de los resultados.
3. Ajuste del Modelo:

- El método fit aplica el algoritmo K-Means a nuestros datos.
- Asigna iterativamente puntos a grupos y actualiza los centroides hasta la convergencia.

4. Extracción de Resultados:
    - Extraemos los centroides de los grupos y las etiquetas para cada punto de datos.
    - Los centroides representan la posición media de todos los puntos en un grupo.
    - Las etiquetas indican a qué grupo pertenece cada punto de datos.
5. Visualización:
    - Creamos un gráfico de dispersión de nuestros puntos de datos, coloreados por asignación de grupo.
    - Los centroides de los grupos están marcados con símbolos 'x' rojos.
    - Se añade una barra de colores para ayudar a interpretar las asignaciones de grupos.
    - Los ejes están etiquetados para indicar las características, mejorando la interpretabilidad.
6. Análisis de Grupos:
    - Iteramos a través de cada grupo para imprimir información detallada:
        - Número de puntos en el grupo
        - Coordenadas del centroide
        - Varianza de los puntos en el grupo (indica la dispersión del grupo)
7. Evaluación del Modelo:
    - Imprimimos la inercia (suma de cuadrados dentro del grupo), que mide qué tan internamente coherentes son los grupos.
    - Una inercia más baja indica grupos más compactos y bien separados.

Este ejemplo proporciona una visión completa del agrupamiento K-Means, incluyendo la generación de datos, el ajuste del modelo, la visualización y las métricas de evaluación. Demuestra cómo interpretar y analizar los resultados del agrupamiento K-Means en un contexto práctico.

Elegir el Valor de K

Uno de los desafíos clave en el agrupamiento K-Means es determinar el número óptimo de clusters, denotado como **K**. Esta decisión es crucial ya que impacta significativamente la calidad e interpretabilidad de los resultados del agrupamiento. Un método popular y efectivo para abordar este desafío es el **Método del Codo**.

El Método del Codo funciona trazando la suma de distancias al cuadrado entre los puntos de datos y sus centroides asignados (también conocido como suma de cuadrados dentro del cluster o **inercia**) como una función de K. Este enfoque ayuda a visualizar el equilibrio entre el número de clusters y la compacidad de esos clusters.

Aquí tienes una explicación más detallada de cómo funciona el Método del Codo:

1. **Proceso Iterativo**: El método implica ejecutar el algoritmo K-Means para un rango de valores de K (por ejemplo, de 1 a 10).
2. **Cálculo de la Inercia**: Para cada valor de K, el algoritmo calcula la inercia, que representa qué tan bien los puntos de datos encajan en sus respectivos clusters.
3. **Graficar los Resultados**: Los valores de inercia se trazan contra los valores correspondientes de K, creando una curva con forma de codo.
4. **Identificación del "Codo"**: El valor óptimo de K generalmente se encuentra en el "codo" de esta curva, el punto donde aumentar K ya no produce reducciones significativas en la inercia.

La lógica detrás de este método es que, a medida que aumenta el número de clusters, la inercia disminuirá naturalmente (ya que los puntos estarán más cerca de sus centroides). Sin embargo, generalmente hay un punto donde esta disminución se ralentiza dramáticamente, formando una forma de codo en la gráfica. Este punto sugiere un buen equilibrio entre tener suficientes clusters para explicar la varianza de los datos sin sobreajustar.

Aunque el Método del Codo se usa ampliamente debido a su simplicidad y efectividad, es importante tener en cuenta que no siempre proporcionará una respuesta clara. En algunos casos, el codo puede no ser claramente visible, lo que requiere métodos adicionales o conocimiento del dominio para determinar el valor óptimo de K.

Ejemplo: Método del Codo para Determinar K

```
import numpy as np
import matplotlib.pyplot as plt
from sklearn.cluster import KMeans
from sklearn.metrics import silhouette_score

# Generate sample data
np.random.seed(42)
X = np.random.rand(100, 2) * 10

# Function to calculate and plot inertia for different K values
def plot_elbow_method(X, max_k):
```

```
    inertias = []
    K = range(1, max_k+1)
    for k in K:
        kmeans = KMeans(n_clusters=k, random_state=42, n_init=10)  # Fixed Warning
        kmeans.fit(X)
        inertias.append(kmeans.inertia_)

    plt.figure(figsize=(10, 6))
    plt.plot(K, inertias, 'bo-')
    plt.xlabel('Number of clusters (K)')
    plt.ylabel('Inertia')
    plt.title('Elbow Method for Optimal K')
    plt.xticks(K)
    plt.grid(True)
    plt.show()

# Function to perform K-means clustering and visualize results
def perform_kmeans(X, n_clusters):
    kmeans = KMeans(n_clusters=n_clusters, random_state=42, n_init=10)  # Fixed
Warning
    labels = kmeans.fit_predict(X)
    centroids = kmeans.cluster_centers_

    plt.figure(figsize=(10, 6))
    scatter = plt.scatter(X[:, 0], X[:, 1], c=labels, cmap='viridis', edgecolors='k')
    plt.scatter(centroids[:, 0], centroids[:, 1], c='red', marker='x', s=200,
linewidths=3, label="Centroids")
    plt.colorbar(scatter)
    plt.title(f'K-means Clustering (K={n_clusters})')
    plt.xlabel('Feature 1')
    plt.ylabel('Feature 2')
    plt.legend()
    plt.grid(True)
    plt.show()

    silhouette_avg = silhouette_score(X, labels)
    print(f"The average silhouette score is: {silhouette_avg:.3f}")

# Plot Elbow Method
plot_elbow_method(X, 10)

# Perform K-means clustering with optimal K
optimal_k = 3  # Chosen based on the elbow method
perform_kmeans(X, optimal_k)
```

Este ejemplo de código demuestra un enfoque más completo del agrupamiento K-means, incluyendo el Método del Codo para determinar el número óptimo de clusters y la visualización de los resultados.

Desglosemos el código y expliquemos sus componentes:

1. Generación de Datos: Utilizamos NumPy para generar un conjunto de datos aleatorio con 100 puntos en el espacio 2D. La semilla aleatoria se establece para garantizar la reproducibilidad.
2. Función del Método del Codo: La función plot_elbow_method calcula la inercia (suma de distancias al cuadrado de las muestras a su centro de cluster más cercano) para diferentes valores de K (número de clusters). Luego grafica estos valores para ayudar a identificar el "punto de codo", que sugiere el número óptimo de clusters.
3. Función de Agrupamiento K-means: La función perform_kmeans aplica el algoritmo K-means a los datos, visualiza los resultados y calcula la puntuación de silueta. La puntuación de silueta es una medida de qué tan similar es un objeto a su propio cluster en comparación con otros clusters, con valores que van de -1 a 1 (cuanto más alto, mejor).
4. Ejecución: Primero llamamos a plot_elbow_method para visualizar los resultados del Método del Codo. Basándonos en esto, elegimos un valor K óptimo (en este caso, 3) y realizamos el agrupamiento K-means con este valor.
5. Visualización: El código produce dos gráficos:
   - Un gráfico del Método del Codo para ayudar a determinar el número óptimo de clusters
   - Un gráfico de dispersión de los datos agrupados, con centroides marcados en rojo
6. Evaluación: Se calcula e imprime la puntuación de silueta, proporcionando una medida cuantitativa de la calidad del agrupamiento.

Este ejemplo demuestra no solo cómo realizar el agrupamiento K-means, sino también cómo determinar el número óptimo de clusters y evaluar los resultados. Combina múltiples aspectos del proceso de agrupamiento, lo que lo convierte en un enfoque más robusto e informativo para el aprendizaje no supervisado.

5.1.2 Agrupamiento Jerárquico

El **agrupamiento jerárquico** es un método versátil de aprendizaje no supervisado que construye una jerarquía de clusters. Este enfoque se puede implementar de dos maneras principales:

1. Agrupamiento Aglomerativo (de abajo hacia arriba)

Este método es un enfoque de agrupamiento jerárquico que comienza tratando cada punto de datos como su propio cluster único. Luego, sigue un proceso iterativo para fusionar los clusters más cercanos hasta que todos los puntos de datos estén contenidos en un único cluster que los abarque a todos. Aquí tienes una explicación más detallada de cómo funciona:

1. **Inicialización**: Comienza con N clusters, donde N es el número de puntos de datos en el conjunto. Cada punto de datos se considera su propio cluster.
2. **Cálculo de Distancias**: Calcula las distancias entre todos los pares de clusters utilizando una métrica de distancia elegida (por ejemplo, distancia euclidiana, distancia de Manhattan o similitud de coseno).
3. **Fusión**: Identifica los dos clusters más cercanos basándose en las distancias calculadas y fusiónalos en un solo cluster. Esto reduce el número total de clusters en uno.
4. **Actualización**: Recalcula las distancias entre el nuevo cluster formado y todos los demás clusters existentes.
5. **Iteración**: Repite los pasos 3 y 4 hasta que todos los puntos de datos estén agrupados en un único cluster o hasta que se cumpla un criterio de detención predefinido (por ejemplo, se alcanza un número específico de clusters).

Este proceso crea una estructura jerárquica en forma de árbol de clusters conocida como **dendrograma**. El dendrograma representa visualmente el proceso de agrupamiento, mostrando cómo los clusters se forman y se fusionan en cada paso. Esto permite un análisis a varios niveles de granularidad, proporcionando información sobre la estructura de los datos a diferentes escalas.

Ventajas clave del agrupamiento aglomerativo:

- **Flexibilidad en la determinación de clusters**: A diferencia de K-means, el agrupamiento aglomerativo no requiere predefinir el número de clusters, lo que permite un enfoque más exploratorio del análisis de datos. Esta flexibilidad permite a los investigadores examinar la estructura de los datos a varios niveles de granularidad y tomar decisiones informadas sobre el número óptimo de clusters basándose en el dendrograma.
- **Mejor interpretabilidad a través de la representación visual**: El dendrograma, un diagrama en forma de árbol producido por el agrupamiento aglomerativo, ofrece una visualización clara e intuitiva del proceso de agrupamiento. Esta ayuda visual permite a los analistas observar cómo se forman y se fusionan los clusters en cada paso, proporcionando información valiosa sobre la estructura jerárquica de los datos y facilitando la identificación de agrupaciones naturales.
- **Adaptabilidad a diversos tipos de datos**: El agrupamiento aglomerativo muestra una notable versatilidad en su capacidad para manejar varios tipos de métricas de distancia y criterios de enlace. Esta adaptabilidad lo hace adecuado para una amplia gama de tipos y estructuras de datos, desde datos numéricos hasta categóricos, e incluso datos mixtos. Los investigadores pueden elegir la medida de distancia y el método de enlace más apropiados según las características específicas de su conjunto de datos, asegurando resultados óptimos en el agrupamiento.

Sin embargo, es importante tener en cuenta que el agrupamiento aglomerativo puede ser computacionalmente costoso para conjuntos de datos grandes y puede no ser siempre adecuado cuando se trabaja con datos de alta dimensionalidad.

2. Agrupamiento Divisivo (de arriba hacia abajo)

Este enfoque ofrece un método contrastante al del agrupamiento aglomerativo dentro de las técnicas de agrupamiento jerárquico. En el **agrupamiento divisivo**, el algoritmo comienza con todos los puntos de datos consolidados en un único cluster general. Desde este punto de partida, emplea una estrategia recursiva para dividir sistemáticamente este cluster inicial en subclusters cada vez más pequeños. Este proceso de división continúa hasta que cada punto de datos se aísla en su propio cluster único.

El enfoque divisivo es particularmente valioso cuando los investigadores o analistas están interesados en obtener una comprensión amplia de las principales divisiones o agrupaciones dentro de un conjunto de datos antes de profundizar en los detalles más granulares. Al comenzar con todo el conjunto de datos y dividirlo progresivamente, el agrupamiento divisivo puede revelar estructuras de alto nivel y relaciones que podrían no ser inmediatamente aparentes cuando se construyen clusters de abajo hacia arriba.

Características clave y ventajas del agrupamiento divisivo:

- **Perspectiva de arriba hacia abajo**: Este enfoque ofrece una visión general y comprensiva de la estructura de los datos, proporcionando a los investigadores una perspectiva desde lo más alto del conjunto completo de datos. Al comenzar con todos los puntos de datos en un solo cluster y dividirlos progresivamente, permite una comprensión más holística de los patrones generales y las relaciones dentro de los datos.
- **Representación jerárquica**: Al igual que el agrupamiento aglomerativo, el agrupamiento divisivo genera un **dendrograma** que representa visualmente el proceso de agrupamiento. Este diagrama en forma de árbol ilustra cómo se forman y dividen los clusters en cada paso del algoritmo, ofreciendo una visualización clara e intuitiva de la estructura jerárquica de los datos.
- **Flexibilidad en los criterios de detención**: Una de las principales ventajas del agrupamiento divisivo es la capacidad de detener el proceso de división en cualquier momento durante la ejecución del algoritmo. Esta flexibilidad permite a los investigadores adaptar los resultados del agrupamiento a sus necesidades específicas.
- **Captura de la estructura global**: La naturaleza de arriba hacia abajo del agrupamiento divisivo lo hace particularmente adecuado para identificar clusters grandes y significativos desde el principio del proceso.

Sin embargo, es importante tener en cuenta que el agrupamiento divisivo puede ser computacionalmente intensivo, especialmente en conjuntos de datos grandes, ya que necesita considerar todas las posibles divisiones en cada paso. Además, la elección del criterio de división puede tener un impacto significativo en la jerarquía resultante de clusters.

Cómo Funciona el Agrupamiento Aglomerativo

1. **Tratar cada punto de datos como su propio cluster**: Al principio, cada punto de datos se considera un cluster separado. Si tienes *n* puntos de datos, comienzas con *n* clusters.
2. **Encontrar los dos clusters más cercanos y fusionarlos**: El algoritmo calcula la distancia entre todos los pares de clusters utilizando una métrica de distancia elegida (por ejemplo, la distancia euclidiana). Luego, identifica los dos clusters que están más cerca el uno del otro y los combina en un solo cluster, reduciendo así el número total de clusters.
3. **Repetir hasta que todos los puntos se fusionen en un solo cluster**: Este proceso de encontrar y fusionar los clusters más cercanos se repite iterativamente, reduciendo el número de clusters hasta que finalmente todos los puntos de datos se agrupen en un solo cluster.
4. **Cortar el dendrograma a una cierta altura para obtener el número deseado de clusters**: El proceso de fusión crea una estructura jerárquica llamada dendrograma. Al "cortar" este dendrograma a una altura específica, puedes obtener cualquier número de clusters entre 1 y *n*. La altura en la que cortes determina cuántos clusters tendrás.

Ejemplo: Agrupamiento Jerárquico con Scikit-learn (Aglomerativo)

```
import numpy as np
import matplotlib.pyplot as plt
from sklearn.cluster import AgglomerativeClustering
from scipy.cluster.hierarchy import dendrogram, linkage

# Generate sample data
np.random.seed(42)
X = np.random.rand(50, 2)

# Perform hierarchical clustering (agglomerative)
n_clusters = 4
hc = AgglomerativeClustering(n_clusters=n_clusters)
hc.fit(X)  # Fit the model
y_hc = hc.labels_  # Get cluster labels

# Plot the clusters
plt.figure(figsize=(12, 5))

# Cluster visualization
plt.subplot(121)
scatter = plt.scatter(X[:, 0], X[:, 1], c=y_hc, s=50, cmap='viridis', edgecolors='k')
plt.title("Agglomerative Clustering")
plt.xlabel("Feature 1")
```

```
plt.ylabel("Feature 2")
plt.colorbar(scatter, label='Cluster')

# Generate linkage matrix for the dendrogram
linked = linkage(X, method='ward')

# Plot the dendrogram
plt.subplot(122)
dendrogram(linked, truncate_mode='level', p=4)
plt.title("Dendrogram")
plt.xlabel("Sample Index")
plt.ylabel("Distance")

plt.tight_layout()
plt.show()

# Print cluster labels
print("Cluster labels:", y_hc)

# Calculate and print the number of samples in each cluster
unique, counts = np.unique(y_hc, return_counts=True)
for cluster, count in zip(unique, counts):
    print(f"Cluster {cluster}: {count} samples")
```

Analicemos este ejemplo completo de agrupamiento jerárquico:

1. Importación de Bibliotecas

Importamos las bibliotecas necesarias: numpy para operaciones numéricas, matplotlib para graficación, y sklearn y scipy para algoritmos de agrupamiento y herramientas de visualización.

2. Generación de Datos de Muestra

Creamos un conjunto de datos aleatorio de 50 muestras con 2 características usando numpy. La semilla aleatoria se establece para garantizar la reproducibilidad.

3. Realización del Agrupamiento Aglomerativo

Utilizamos AgglomerativeClustering de sklearn para realizar el agrupamiento jerárquico. Establecemos n_clusters=4 para dividir nuestros datos en 4 grupos.

4. Visualización de Grupos

Creamos un gráfico de dispersión de nuestros puntos de datos, con cada punto coloreado según su asignación de grupo. Esto nos proporciona una representación visual de cómo el algoritmo ha agrupado nuestros datos.

5. Generación y Graficación del Dendrograma

Utilizamos la función linkage para calcular la matriz de enlace, que luego se usa para crear un dendrograma. El dendrograma representa visualmente la relación jerárquica entre los grupos.

6. Visualización de Resultados

Utilizamos plt.show() para mostrar tanto el gráfico de dispersión como el dendrograma uno al lado del otro.

7. Impresión de Información de Grupos

Imprimimos las etiquetas de grupo para cada punto de datos y calculamos el número de muestras en cada grupo. Esto nos proporciona un resumen numérico de los resultados del agrupamiento.

Este ejemplo proporciona una vista del agrupamiento jerárquico. No solo realiza el agrupamiento sino que también visualiza los resultados de dos maneras diferentes (gráfico de dispersión y dendrograma) y proporciona resúmenes numéricos del resultado del agrupamiento. Este enfoque permite una comprensión más profunda de cómo el algoritmo ha agrupado los datos y las relaciones entre diferentes grupos.

Ventajas y Desventajas del Agrupamiento Jerárquico

- El agrupamiento jerárquico ofrece varias ventajas clave:
- Flexibilidad en la determinación de grupos: A diferencia de K-means, el agrupamiento aglomerativo no requiere especificar previamente el número de grupos. Esto permite un enfoque más exploratorio, permitiendo a los investigadores examinar la estructura de los datos en varios niveles de granularidad y tomar decisiones informadas sobre el número óptimo de grupos basándose en el dendrograma.
- Mayor interpretabilidad a través de la representación visual: El dendrograma, un diagrama en forma de árbol producido por el agrupamiento jerárquico, proporciona una visualización clara e intuitiva del proceso de agrupamiento. Esta ayuda visual permite a los analistas observar cómo se forman y fusionan los grupos en cada paso, ofreciendo información valiosa sobre la estructura jerárquica de los datos y facilitando la identificación de agrupaciones naturales.
- Adaptabilidad a diversos tipos de datos: El agrupamiento jerárquico demuestra una notable versatilidad en el manejo de varios tipos de métricas de distancia y criterios de enlace. Esta adaptabilidad lo hace adecuado para una amplia gama de tipos y estructuras de datos, desde datos numéricos hasta categóricos, e incluso tipos de datos mixtos. Los investigadores pueden elegir la medida de distancia y el método de enlace más apropiados según las características específicas de su conjunto de datos, asegurando resultados óptimos de agrupamiento.

Sin embargo, es importante tener en cuenta que el agrupamiento jerárquico puede ser computacionalmente costoso para conjuntos de datos grandes y puede no ser siempre adecuado cuando se trabaja con datos de alta dimensionalidad.

5.1.3 DBSCAN (Clustering Basado en Densidad de Aplicaciones con Ruido)

DBSCAN (Clustering Basado en Densidad de Aplicaciones con Ruido) es un sofisticado algoritmo de agrupamiento basado en densidad que sobresale al agrupar puntos de datos que están estrechamente agrupados en el espacio. A diferencia de métodos tradicionales de agrupamiento como K-Means y el Clustering Jerárquico, DBSCAN ofrece varias ventajas únicas:

1. Formas arbitrarias de los clústeres: DBSCAN demuestra una notable versatilidad al identificar clústeres de varias formas y tamaños, sin limitarse a formaciones esféricas. Esta capacidad lo convierte en una herramienta invaluable para analizar conjuntos de datos con estructuras de clústeres intrincadas y no globulares, permitiendo a los investigadores descubrir patrones complejos que podrían pasar desapercibidos con algoritmos de agrupamiento más tradicionales. Al adaptarse a los contornos naturales de los datos, DBSCAN puede revelar conocimientos en conjuntos de datos con formas de clústeres irregulares o alargados, lo que es particularmente útil en campos como el análisis espacial, la segmentación de imágenes y el reconocimiento de patrones en conjuntos de datos multidimensionales.
2. Sin número de clústeres predefinido: A diferencia de ciertos algoritmos de agrupamiento como K-Means, DBSCAN ofrece la ventaja significativa de no requerir que los usuarios especifiquen el número de clústeres a priori. Esta característica es especialmente beneficiosa en escenarios de análisis exploratorio de datos donde el número óptimo de clústeres no se conoce o es difícil de determinar por adelantado. Al permitir que el algoritmo descubra naturalmente los clústeres basados en la densidad de los datos, DBSCAN proporciona un enfoque más orgánico y basado en los datos para el agrupamiento. Esta flexibilidad puede llevar al descubrimiento de patrones o agrupaciones inesperadas dentro de los datos, revelando potencialmente ideas que podrían haber pasado desapercibidas si se hubiera impuesto un número fijo de clústeres desde el principio.
3. Detección de valores atípicos: Una de las características destacadas de DBSCAN es su capacidad inherente para identificar y etiquetar valores atípicos o puntos de ruido que no pertenecen a ningún clúster. Este mecanismo de detección de valores atípicos incorporado es particularmente valioso cuando se trabaja con conjuntos de datos que contienen ruido significativo, anomalías o regiones dispersas. Al distinguir entre puntos centrales, puntos fronterizos y puntos de ruido, DBSCAN puede aislar efectivamente puntos de datos inusuales que podrían representar errores, eventos raros o posibles áreas de interés. Esta capacidad es especialmente útil en diversas aplicaciones como la detección de fraude en transacciones financieras, la identificación de patrones inusuales en datos científicos o la detección de anomalías en lecturas de sensores, donde la identificación de valores atípicos puede ser tan importante como el agrupamiento de puntos de datos regulares.

El algoritmo funciona explorando la distribución de densidad de los puntos de datos:

- Puntos centrales: Estos son elementos fundamentales en el agrupamiento DBSCAN, caracterizados por tener un número mínimo de puntos vecinos (especificado por el parámetro min_samples) dentro de un radio definido (determinado por el parámetro eps). Los puntos centrales sirven como la base para la formación de clústeres, actuando como centros de densidad alrededor de los cuales se construyen los clústeres.
- Puntos fronterizos: Estos puntos juegan un papel de apoyo en el proceso de agrupamiento. Están situados dentro del vecindario de un punto central, pero no tienen el número requerido de vecinos para calificar como puntos centrales. Los puntos fronterizos se incluyen en los clústeres debido a su proximidad a los puntos centrales, ayudando a definir los límites externos de los clústeres.
- Puntos de ruido: También conocidos como valores atípicos, son puntos de datos que no cumplen con los criterios ni para puntos centrales ni para puntos fronterizos. Los puntos de ruido no se asignan a ningún clúster, siendo identificados como puntos de datos aislados o anómalos. La capacidad de distinguir los puntos de ruido es una característica clave de DBSCAN, lo que le permite manejar de manera efectiva conjuntos de datos con valores atípicos o regiones dispersas.

DBSCAN forma clústeres conectando puntos centrales que están cerca unos de otros, y luego asociando puntos fronterizos con estos clústeres. Este enfoque basado en la densidad permite a DBSCAN manejar de manera efectiva conjuntos de datos con densidades y formas complejas, lo que lo convierte en una herramienta poderosa para el análisis exploratorio de datos y el reconocimiento de patrones en campos diversos como el análisis de datos espaciales, el procesamiento de imágenes y la detección de anomalías en la seguridad de redes.

Cómo Funciona DBSCAN

1. DBSCAN (Clustering Basado en Densidad de Aplicaciones con Ruido) es un sofisticado algoritmo de agrupamiento que opera identificando regiones densas de puntos de datos. Aquí tienes una explicación detallada de cómo funciona DBSCAN:
2. Inicialización: DBSCAN comienza seleccionando un punto de datos arbitrario del conjunto de datos que aún no ha sido visitado.
3. Identificación de Puntos Centrales: El algoritmo examina el vecindario de este punto, definido por un radio epsilon (eps). Si hay al menos 'min_samples' puntos dentro de este radio eps, incluido el propio punto, se clasifica como un punto central. Este punto central se convierte en la semilla de un nuevo clúster.
4. Expansión del Clúster: Desde este punto central, DBSCAN expande el clúster examinando todos los puntos directamente alcanzables por densidad. Estos son puntos que están dentro del radio eps del punto central. Si alguno de estos puntos también es un punto central (es decir, tiene al menos min_samples puntos dentro de su radio eps), sus vecindarios también se agregan al clúster. Este proceso continúa

recursivamente, permitiendo que el algoritmo descubra clústeres de formas arbitrarias.

5. Clasificación de Puntos Fronterizos: Los puntos que están dentro del radio eps de un punto central, pero que no tienen min_samples puntos en su propio vecindario, se clasifican como puntos fronterizos. Estos puntos son parte del clúster, pero no lo expanden más.
6. Identificación de Puntos de Ruido: Cualquier punto que no sea un punto central y que no esté dentro del radio eps de ningún punto central se clasifica como punto de ruido o valor atípico.
7. Finalización del Clúster: Una vez que un clúster ya no puede expandirse (es decir, se han encontrado todos los puntos conectados por densidad), DBSCAN pasa a un punto no visitado y repite el proceso, comenzando potencialmente un nuevo clúster.

Este proceso continúa hasta que todos los puntos han sido visitados y clasificados como parte de un clúster o como ruido. La ventaja clave de DBSCAN es su capacidad para formar clústeres de forma y tamaño arbitrarios, así como su capacidad inherente para detectar y aislar valores atípicos. Sin embargo, el rendimiento de DBSCAN depende en gran medida de la elección de los parámetros eps y min_samples, lo cual puede ser un desafío para optimizar en conjuntos de datos complejos.

Ejemplo: DBSCAN con Scikit-learn (Clustering)

```
import numpy as np
import matplotlib.pyplot as plt
from sklearn.cluster import DBSCAN
from sklearn.preprocessing import StandardScaler
from sklearn.datasets import make_moons

# Generate sample data
n_samples = 300
X, _ = make_moons(n_samples=n_samples, noise=0.05, random_state=42)

# Standardize the data
scaler = StandardScaler()
X_scaled = scaler.fit_transform(X)

# Create a DBSCAN instance
dbscan = DBSCAN(eps=0.3, min_samples=5)

# Fit the model to the data
dbscan.fit(X_scaled)

# Get the cluster assignments for each data point
labels = dbscan.labels_
```

```
# Number of clusters in labels, ignoring noise if present
n_clusters = len(set(labels)) - (1 if -1 in labels else 0)
n_noise = list(labels).count(-1)

# Plot the clusters
plt.figure(figsize=(10, 8))
unique_labels = set(labels)
colors = plt.cm.Spectral(np.linspace(0, 1, len(unique_labels)))

for k, col in zip(unique_labels, colors):
    if k == -1:
        # Black used for noise
        col = 'k'

    class_member_mask = (labels == k)
    xy = X_scaled[class_member_mask]
    plt.plot(xy[:, 0], xy[:, 1], 'o', markerfacecolor=col, markeredgecolor='k',
markersize=6)

plt.title(f'DBSCAN Clustering\\nClusters: {n_clusters}, Noise Points: {n_noise}')
plt.xlabel('Feature 1')
plt.ylabel('Feature 2')
plt.show()

print(f"Number of clusters: {n_clusters}")
print(f"Number of noise points: {n_noise}")
```

Desglosemos este ejemplo de código de agrupamiento con DBSCAN:

1. **Importación de Librerías:** Importamos numpy para operaciones numéricas, matplotlib para graficar, DBSCAN de sklearn.cluster para el algoritmo de agrupamiento, StandardScaler para la preprocesamiento de datos y make_moons para generar datos de muestra.
2. **Generación de Datos de Muestra:** Utilizamos make_moons para crear un conjunto de datos con 300 muestras. Esta función genera dos semicírculos entrelazados, lo cual es una buena prueba para DBSCAN, ya que puede manejar clústeres no globulares.
3. **Preprocesamiento de Datos:** Estandarizamos los datos usando StandardScaler. Este paso es importante porque DBSCAN usa mediciones basadas en distancia, y las características en diferentes escalas pueden sesgar los resultados.
4. **Creación y Ajuste de DBSCAN:** Inicializamos DBSCAN con eps=0.3 y min_samples=5. Estos son parámetros cruciales:
    - **eps:** La distancia máxima entre dos muestras para que se consideren dentro del mismo vecindario.

- **min_samples:** El número de muestras en un vecindario para que un punto se considere un punto central. Luego ajustamos el modelo a nuestros datos escalados.

5. **Análisis de Resultados:** Extraemos las etiquetas asignadas por DBSCAN. Los puntos etiquetados como -1 se consideran ruido. Calculamos el número de clústeres y puntos de ruido.
6. **Visualización de Clústeres:** Creamos un gráfico de dispersión donde cada punto está coloreado según su asignación de clúster. Los puntos de ruido están coloreados de negro. Esta visualización ayuda a entender cómo DBSCAN ha agrupado los datos.
7. **Visualización de Resultados:** Imprimimos el número de clústeres y puntos de ruido, proporcionando un resumen numérico del resultado del agrupamiento.

Este ejemplo demuestra la capacidad de DBSCAN para identificar clústeres de forma arbitraria y su detección de ruido incorporada. Al ajustar eps y min_samples, puedes controlar la sensibilidad del algoritmo al ruido y el tamaño mínimo de los clústeres.

Ventajas y Desventajas de DBSCAN

- **Ventajas:**
  - No requiere un número de clústeres predefinido: A diferencia de algoritmos como K-Means, DBSCAN no requiere que los usuarios especifiquen el número de clústeres de antemano. Esto es particularmente útil para el análisis exploratorio de datos donde el número óptimo de clústeres es desconocido.
  - Formas arbitrarias de clústeres: DBSCAN puede identificar clústeres de varias formas y tamaños, sin estar limitado a formaciones esféricas. Esto lo hace valioso para analizar conjuntos de datos con estructuras de clústeres complejas y no globulares.
  - Detección de valores atípicos: El algoritmo tiene la capacidad inherente de identificar y etiquetar valores atípicos o puntos de ruido que no pertenecen a ningún clúster. Esto es útil en aplicaciones como la detección de fraudes o la identificación de anomalías en datos científicos.
  - Enfoque basado en densidad: Al centrarse en áreas de alta densidad, DBSCAN puede manejar de manera efectiva conjuntos de datos con densidades variables y tamaños de clúster desiguales.
- **Desventajas:**
  - Sensibilidad a los parámetros: El rendimiento de DBSCAN depende en gran medida de la elección de dos parámetros clave: eps (epsilon, que define el radio del vecindario) y min_samples (número mínimo de puntos para formar

una región densa). Seleccionar valores óptimos para estos parámetros puede ser un desafío y puede requerir experimentación.

- Densidades variables: Aunque DBSCAN maneja mejor las densidades variables que algunos algoritmos, aún puede tener dificultades con conjuntos de datos donde los clústeres tienen densidades significativamente diferentes. En estos casos, puede no identificar todos los clústeres significativos.
- Datos de alta dimensionalidad: El rendimiento del algoritmo puede degradarse en espacios de alta dimensionalidad debido a la "maldición de la dimensionalidad", donde las medidas de distancia se vuelven menos significativas.
- Escalabilidad: Para conjuntos de datos muy grandes, DBSCAN puede volverse computacionalmente costoso, especialmente si el valor de epsilon no se elige cuidadosamente.

En esta sección, cubrimos tres importantes algoritmos de agrupamiento: **K-Means**, **Clustering Jerárquico** y **DBSCAN**. Cada algoritmo tiene sus fortalezas y es adecuado para diferentes tipos de datos y tareas de agrupamiento. K-Means es rápido y fácil de implementar, pero requiere conocer el número de clústeres de antemano. El Clustering Jerárquico proporciona una estructura jerárquica de clústeres, que puede visualizarse con un dendrograma, mientras que DBSCAN es excelente para descubrir clústeres de formas arbitrarias y para tratar con valores atípicos.

5.2 Análisis de Componentes Principales (PCA) y Reducción de Dimensionalidad

En machine learning, los conjuntos de datos a menudo abarcan una multitud de características, lo que da lugar a espacios de datos de alta dimensionalidad. Estos conjuntos de datos presentan varios desafíos: pueden ser difíciles de visualizar de manera efectiva, demandantes desde el punto de vista computacional y, potencialmente, pueden deteriorar el rendimiento del modelo.

Este último fenómeno se conoce comúnmente como la **maldición de la dimensionalidad**, un término que engloba las diversas dificultades que surgen al trabajar con datos en espacios de alta dimensionalidad. Para abordar estos desafíos, los científicos de datos y los practicantes de machine learning emplean técnicas de **reducción de dimensionalidad**. Estos métodos están diseñados para mitigar los problemas mencionados al reducir estratégicamente el número de características, preservando al mismo tiempo los aspectos más importantes e informativos del conjunto de datos original.

Entre el conjunto de técnicas de reducción de dimensionalidad, el **Análisis de Componentes Principales (PCA)** destaca como uno de los métodos más adoptados y versátiles. PCA opera transformando el conjunto de datos original en un nuevo sistema de coordenadas, donde los ejes (conocidos como componentes principales) están ordenados en función de la cantidad de varianza que capturan del conjunto de datos original.

Esta transformación es especialmente poderosa porque los primeros componentes principales suelen encapsular una parte significativa de la varianza total del conjunto de datos. En consecuencia, al retener solo estos principales componentes, podemos lograr una reducción sustancial en la dimensionalidad de los datos al mismo tiempo que preservamos la mayor parte de la información y la estructura inherentes del conjunto de datos.

Este equilibrio entre la reducción de dimensionalidad y la retención de información convierte a PCA en una herramienta invaluable para los científicos de datos, lo que permite un procesamiento de datos más eficiente y, a menudo, mejora el rendimiento de los modelos de machine learning.

5.2.1 Análisis de Componentes Principales (PCA)

El **Análisis de Componentes Principales (PCA)** es una potente técnica lineal de reducción de dimensionalidad utilizada en el análisis de datos y machine learning. Transforma datos de alta dimensionalidad en un espacio de menor dimensionalidad, preservando la mayor cantidad posible de la información original. PCA funciona identificando las direcciones (componentes principales) en el conjunto de datos donde la varianza es máxima.

El proceso de PCA se puede desglosar en varios pasos:

1. Estandarización

PCA es sensible a la escala de las características, por lo que a menudo es necesario estandarizar los datos primero. Este proceso implica transformar los datos para que cada característica tenga una media de 0 y una desviación estándar de 1. La estandarización es crucial para PCA porque:

- Garantiza que todas las características contribuyan por igual al análisis, evitando que las características con escalas más grandes dominen los resultados.
- Hace que los datos sean más comparables entre diferentes unidades de medida.
- Ayuda en el cálculo preciso de los componentes principales, ya que PCA se basa en la varianza de los datos.

La estandarización se puede realizar utilizando técnicas como la normalización Z-score, que resta la media y divide por la desviación estándar para cada característica. Este paso se suele realizar antes de aplicar PCA para garantizar resultados óptimos e interpretabilidad de los componentes principales.

2. Cálculo de la Matriz de Covarianza

PCA calcula la matriz de covarianza de los datos estandarizados para comprender las relaciones entre las variables. Este paso es crucial, ya que cuantifica cuánto varían las dimensiones desde la media con respecto entre sí. La matriz de covarianza es una matriz cuadrada donde cada elemento representa la covarianza entre dos variables. Para un conjunto de datos con n características, la matriz de covarianza será una matriz de n x n.

La fórmula para la covarianza entre dos variables X y Y es:

cov(X,Y) = Σ[(X_i - X_media)(Y_i - Y_media)] / (n-1)

Donde X_i y Y_i son puntos de datos individuales, X_media y Y_media son las medias de X y Y respectivamente, y n es el número de puntos de datos.

Los elementos diagonales de esta matriz representan la varianza de cada variable, mientras que los elementos fuera de la diagonal representan la covarianza entre diferentes variables. Una covarianza positiva indica que las variables tienden a aumentar o disminuir juntas, mientras que una covarianza negativa indica que, a medida que una variable aumenta, la otra tiende a disminuir.

Esta matriz de covarianza forma la base para los siguientes pasos en PCA, incluidos el cálculo de vectores propios y valores propios, que determinarán los componentes principales.

3. Descomposición en Valores Propios

Este paso crucial en PCA implica calcular los vectores propios y los valores propios de la matriz de covarianza. Los vectores propios representan los componentes principales o direcciones de máxima varianza en los datos, mientras que los valores propios cuantifican la cantidad de varianza explicada por cada vector propio correspondiente. A continuación, se ofrece una explicación más detallada:

- **Matriz de Covarianza:** Primero, calculamos la matriz de covarianza de los datos estandarizados. Esta matriz captura las relaciones entre las diferentes características del conjunto de datos.
- **Vectores Propios:** Estos son vectores especiales que, cuando se les aplica una transformación lineal (en este caso, la matriz de covarianza), solo cambian en magnitud, no en dirección. En PCA, los vectores propios representan los componentes principales.
- **Valores Propios:** Cada vector propio tiene un valor propio correspondiente. El valor propio representa la cantidad de varianza en los datos que es capturada por su vector propio correspondiente (componente principal).
- **Clasificación:** Los vectores propios se clasifican en función de sus valores propios correspondientes. El vector propio con el valor propio más alto se convierte en el primer componente principal, el segundo valor más alto se convierte en el segundo componente principal, y así sucesivamente.
- **Reducción de Dimensionalidad:** Al seleccionar solo los primeros vectores propios (aquellos con los valores propios más altos), podemos reducir efectivamente la

dimensionalidad de los datos mientras retenemos la mayor parte de su varianza y características importantes.

Este paso de descomposición en valores propios es fundamental para PCA, ya que determina las direcciones (componentes principales) a lo largo de las cuales los datos varían más, lo que nos permite capturar los patrones más importantes en los datos con menos dimensiones.

4. Selección de Componentes Principales

Este paso implica clasificar los vectores propios según sus correspondientes valores propios y seleccionar los principales vectores propios para que se conviertan en los componentes principales. Aquí tienes una explicación más detallada:

- **Clasificación:** Después de calcular los vectores y valores propios, los ordenamos en orden descendente según los valores propios. Esta clasificación refleja la cantidad de varianza que cada vector propio (posible componente principal) explica en los datos.
- **Criterios de selección:** El número de componentes principales que se retienen generalmente se determina mediante uno de estos métodos:
  - **Umbral de varianza explicada:** Selecciona los componentes que explican acumulativamente un porcentaje determinado (por ejemplo, 95%) de la varianza total.
  - **Análisis de gráfico de codo:** Visualiza la varianza explicada de cada componente y busca un "punto de codo" donde la curva se nivela.
  - **Criterio de Kaiser:** Retiene componentes con valores propios mayores a 1.
- **Reducción de dimensionalidad:** Al seleccionar solo los principales k vectores propios (donde k es menor que el número original de características), reducimos efectivamente la dimensionalidad del conjunto de datos mientras retenemos la información más importante.

Los vectores propios seleccionados se convierten en los componentes principales, formando un nuevo sistema de coordenadas que captura los patrones más significativos en los datos. Esta transformación permite una representación y análisis más eficientes de los datos.

5. Proyección de Datos

El paso final en PCA consiste en proyectar los datos originales en el espacio definido por los componentes principales seleccionados. Este proceso transforma los datos desde su espacio original de alta dimensionalidad a un espacio de menor dimensionalidad, lo que da como resultado una representación reducida en dimensiones. Aquí tienes una explicación más detallada de este paso:

1. **Matriz de transformación:** Los componentes principales seleccionados forman una matriz de transformación. Cada columna de esta matriz representa un vector de componente principal.
2. **Multiplicación de matrices:** Los datos originales se multiplican por esta matriz de transformación. Esta operación esencialmente proyecta cada punto de datos en el nuevo sistema de coordenadas definido por los componentes principales.
3. **Reducción de dimensionalidad:** Si se seleccionan menos componentes principales que el número original de dimensiones, este paso reduce inherentemente la dimensionalidad de los datos. Por ejemplo, si seleccionamos solo los dos principales componentes para un conjunto de datos con 10 características originales, estamos reduciendo la dimensionalidad de 10 a 2.
4. **Preservación de la información:** A pesar de la reducción en dimensiones, esta proyección tiene como objetivo preservar la mayor cantidad posible de la varianza original en los datos. El primer componente principal captura la mayor varianza, el segundo captura la segunda mayor, y así sucesivamente.
5. **Nuevo sistema de coordenadas:** En el espacio resultante de menor dimensionalidad, cada punto de datos ahora está representado por sus coordenadas a lo largo de los ejes de los componentes principales, en lugar de los ejes de las características originales.
6. **Interpretación:** Los datos proyectados a menudo revelan patrones o estructuras que no eran aparentes en el espacio original de alta dimensionalidad, lo que lo hace útil para la visualización y el análisis adicional.

Este paso de proyección de datos es crucial ya que completa el proceso de PCA, proporcionando una nueva representación de los datos que suele ser más manejable e interpretable, mientras conserva los aspectos más importantes de la información original.

PCA encuentra estos componentes en orden descendente de la varianza que explican. Esto significa que el primer componente principal representa la mayor parte de la variabilidad en los datos, el segundo componente representa la segunda mayor porción, y así sucesivamente. Al retener solo los primeros componentes que explican la mayor parte de la varianza, podemos reducir efectivamente la dimensionalidad del conjunto de datos mientras preservamos sus características más importantes.

El número de componentes a retener es una decisión crucial en PCA. Esta elección depende de la aplicación específica y del equilibrio deseado entre la reducción de dimensionalidad y la preservación de información. Los enfoques comunes incluyen establecer un umbral para la varianza acumulada explicada o utilizar técnicas como el método del codo para identificar el número óptimo de componentes.

PCA tiene numerosas aplicaciones en diversos campos, incluyendo la compresión de imágenes, selección de características, reducción de ruido y visualización de datos. Sin embargo, es importante tener en cuenta que PCA asume relaciones lineales entre variables y puede no ser adecuado para conjuntos de datos con estructuras complejas no lineales.

Resumen de cómo funciona PCA

El Análisis de Componentes Principales (PCA) es una potente técnica de reducción de dimensionalidad que opera a través de una serie de pasos bien definidos. Veamos cada etapa de este proceso para obtener una comprensión completa:

1. **Estandarización de datos:** El paso inicial implica estandarizar el conjunto de datos. Este crucial preprocesamiento garantiza que todas las características tengan la misma importancia, evitando que una sola característica domine el análisis debido a su escala. El proceso de estandarización generalmente implica centrar los datos en el origen (restando la media) y escalándolos (dividiendo por la desviación estándar) de modo que cada característica tenga una media de 0 y una desviación estándar de 1.
2. **Cálculo de la matriz de covarianza:** Después de la estandarización, PCA calcula la matriz de covarianza del conjunto de datos. Esta matriz cuadrada cuantifica las relaciones entre todos los pares de características, proporcionando información sobre cómo varían juntas. La matriz de covarianza sirve como base para identificar los componentes principales.
3. **Descomposición en valores propios:** En este paso clave, PCA realiza una descomposición en valores propios sobre la matriz de covarianza. Este proceso genera dos elementos clave:
   - **Vectores propios:** Estos representan los componentes principales o las direcciones de máxima varianza en los datos.
   - **Valores propios:** Cada vector propio tiene un valor propio correspondiente, que cuantifica la cantidad de varianza capturada por ese componente en particular.

Los vectores propios y valores propios son fundamentales para comprender la estructura subyacente de los datos.

4. **Clasificación de vectores propios:** Los vectores propios (componentes principales) se ordenan en función de sus valores propios correspondientes en orden descendente. Esta clasificación refleja la importancia relativa de cada componente en términos de la cantidad de varianza que explica. El primer componente principal representa la mayor porción de variabilidad en los datos, el segundo componente la siguiente mayor porción, y así sucesivamente.
5. **Proyección de datos y reducción de dimensionalidad:** En el paso final, PCA proyecta los datos originales en el espacio definido por los principales componentes k. Al seleccionar solo los componentes más significativos (aquellos con los valores propios más altos), reducimos efectivamente la dimensionalidad del conjunto de datos

mientras retenemos la mayor parte de su información importante. Esta transformación da como resultado una representación de los datos de menor dimensionalidad que captura sus características y patrones más destacados.

A través de este proceso sistemático, PCA logra su objetivo de reducción de dimensionalidad mientras preserva los aspectos más críticos de la estructura y la variabilidad del conjunto de datos. Esta técnica no solo simplifica conjuntos de datos complejos, sino que también suele revelar patrones y relaciones ocultos que pueden no ser evidentes en el espacio original de alta dimensionalidad.

Ejemplo: PCA con Scikit-learn

Recorramos un ejemplo donde aplicamos PCA a un conjunto de datos con múltiples características y lo reducimos a dos dimensiones para su visualización.

```
import numpy as np
import matplotlib.pyplot as plt
from sklearn.decomposition import PCA
from sklearn.datasets import load_iris
from sklearn.preprocessing import StandardScaler

# Load the Iris dataset
data = load_iris()
X = data.data  # Features
y = data.target  # Labels

# Standardize the data
scaler = StandardScaler()
X_scaled = scaler.fit_transform(X)

# Apply PCA
pca = PCA()
X_pca = pca.fit_transform(X_scaled)

# Plot the cumulative explained variance ratio
plt.figure(figsize=(10, 6))
cumulative_variance_ratio = np.cumsum(pca.explained_variance_ratio_)
plt.plot(range(1, len(cumulative_variance_ratio) + 1), cumulative_variance_ratio,
'bo-')
plt.xlabel('Number of Components')
plt.ylabel('Cumulative Explained Variance Ratio')
plt.title('Explained Variance Ratio vs. Number of Components')
plt.grid(True)
plt.show()

# Select the number of components that explain 95% of the variance
n_components = np.argmax(cumulative_variance_ratio >= 0.95) + 1
print(f"Number of components explaining 95% of variance: {n_components}")

# Apply PCA with the selected number of components
pca = PCA(n_components=n_components)
```

```
X_pca = pca.fit_transform(X_scaled)

# Plot the 2D projection of the data
plt.figure(figsize=(10, 8))
scatter = plt.scatter(X_pca[:, 0], X_pca[:, 1], c=y, cmap='viridis')
plt.xlabel("Principal Component 1")
plt.ylabel("Principal Component 2")
plt.title("PCA Projection of the Iris Dataset")
plt.colorbar(scatter)
plt.show()

# Print explained variance by each component
explained_variance = pca.explained_variance_ratio_
for i, variance in enumerate(explained_variance):
    print(f"Explained variance by PC{i+1}: {variance:.4f}")

# Print total explained variance
print(f"Total explained variance: {sum(explained_variance):.4f}")
```

Desglosemos este ejemplo integral de PCA:

1. Preparación de los datos:
    - Importamos las bibliotecas necesarias y cargamos el conjunto de datos Iris utilizando Scikit-learn.
    - Los datos se estandarizan con StandardScaler para asegurar que todas las características estén en la misma escala, lo cual es crucial para PCA.
2. Aplicación inicial de PCA:
    - Aplicamos PCA sin especificar el número de componentes para analizar la relación de varianza explicada.
3. Análisis de la varianza explicada:
    - Graficamos la relación de la varianza explicada acumulada contra el número de componentes.
    - Esto ayuda a visualizar cuántos componentes son necesarios para explicar un cierto porcentaje de la varianza en los datos.
4. Selección de componentes:
    - Determinamos el número de componentes necesarios para explicar el 95% de la varianza.
    - Este es un umbral comúnmente utilizado para equilibrar la reducción de dimensionalidad y la preservación de la información.
5. Aplicación final de PCA:

- Aplicamos PCA de nuevo con el número seleccionado de componentes.

6. Visualización de los datos:
    - Creamos un gráfico de dispersión en 2D de los dos primeros componentes principales.
    - Los puntos se colorean según sus etiquetas de clase originales, ayudando a visualizar qué tan bien PCA separa las diferentes clases.
7. Análisis de los resultados:
    - Imprimimos la relación de varianza explicada para cada componente principal.
    - También imprimimos la varianza total explicada, que debería estar cerca o ser igual a 0.95 (95%).

Este ejemplo ofrece un enfoque integral para PCA, cubriendo la preparación de datos, selección de componentes, visualización y análisis de resultados. Demuestra cómo tomar decisiones bien informadas sobre el número óptimo de componentes a retener y proporciona ideas para interpretar eficazmente los resultados de PCA.

Elección del número de componentes

Al aplicar PCA, una decisión crucial es determinar el número óptimo de componentes a retener. Esta elección implica equilibrar la reducción de dimensionalidad con la preservación de la información. Un método ampliamente utilizado es examinar la **relación de varianza explicada**, que cuantifica la proporción de la varianza total de los datos capturada por cada componente principal. Al analizar esta relación, los investigadores pueden tomar decisiones informadas sobre el compromiso entre la compresión de datos y la retención de información.

Para facilitar este proceso de toma de decisiones, los científicos de datos suelen emplear una herramienta visual conocida como **gráfico de sedimentación** (scree plot). Esta representación gráfica ilustra la relación entre el número de componentes principales y su correspondiente varianza explicada.

El gráfico de sedimentación proporciona una forma intuitiva de identificar el punto de rendimientos decrecientes, donde añadir más componentes ofrece un poder explicativo adicional mínimo. Esta técnica de visualización ayuda a determinar el número óptimo de componentes que equilibran la simplicidad del modelo con la precisión en la representación de los datos.

Ejemplo: Gráfico de sedimentación para PCA

```
import numpy as np
import matplotlib.pyplot as plt
from sklearn.decomposition import PCA
from sklearn.preprocessing import StandardScaler
```

```
# Generate some example data
np.random.seed(42)
n_samples = 1000
n_features = 50
X = np.random.randn(n_samples, n_features)

# Standardize the data
scaler = StandardScaler()
X_scaled = scaler.fit_transform(X)

# Perform PCA
pca = PCA()
X_pca = pca.fit_transform(X_scaled)

# Calculate explained variance ratio
explained_variance_ratio = pca.explained_variance_ratio_

# Plot explained variance ratio
plt.figure(figsize=(10, 6))
plt.plot(range(1,            len(explained_variance_ratio)            +            1),
np.cumsum(explained_variance_ratio), 'bo-')
plt.xlabel('Number of Components')
plt.ylabel('Cumulative Explained Variance Ratio')
plt.title('Explained Variance Ratio vs. Number of Components')
plt.grid(True)

# Plot elbow curve
plt.figure(figsize=(10, 6))
plt.plot(range(1, len(pca.explained_variance_) + 1), pca.explained_variance_, 'bo-')
plt.xlabel('Number of Components')
plt.ylabel('Explained Variance')
plt.title('Elbow Curve')
plt.grid(True)

# Select number of components based on 95% explained variance
n_components = np.argmax(np.cumsum(explained_variance_ratio) >= 0.95) + 1
print(f"Number of components explaining 95% of variance: {n_components}")

# Perform PCA with selected number of components
pca_reduced = PCA(n_components=n_components)
X_pca_reduced = pca_reduced.fit_transform(X_scaled)

# Plot 2D projection of the data
plt.figure(figsize=(10, 8))
plt.scatter(X_pca_reduced[:, 0], X_pca_reduced[:, 1], alpha=0.5)
plt.xlabel("First Principal Component")
plt.ylabel("Second Principal Component")
plt.title("2D PCA Projection")

plt.show()
```

```
# Print explained variance by each component
for i, variance in enumerate(pca_reduced.explained_variance_ratio_):
    print(f"Explained variance ratio by PC{i+1}: {variance:.4f}")

# Print total explained variance
print(f"Total                          explained                          variance:
{np.sum(pca_reduced.explained_variance_ratio_):.4f}")
```

Desglosemos este ejemplo integral de PCA:

1. Generación y preprocesamiento de datos:
    - Generamos un conjunto de datos aleatorio con 1000 muestras y 50 características.
    - Los datos se estandarizan utilizando StandardScaler para asegurar que todas las características estén en la misma escala.
2. Aplicación inicial de PCA:
    - Primero aplicamos PCA sin especificar el número de componentes.
    - Esto nos permite analizar la relación de varianza explicada para todos los componentes.
3. Análisis de la varianza explicada:
    - Graficamos la relación de la varianza explicada acumulada contra el número de componentes.
    - Esto ayuda a visualizar cuántos componentes son necesarios para explicar un cierto porcentaje de la varianza en los datos.
4. Curva de codo:
    - Graficamos la varianza explicada para cada componente.
    - Esta "curva de codo" puede ayudar a identificar en qué punto agregar más componentes genera rendimientos decrecientes.
5. Selección de componentes:
    - Determinamos el número de componentes necesarios para explicar el 95% de la varianza.
    - Este es un umbral comúnmente utilizado para equilibrar la reducción de dimensionalidad y la preservación de la información.
6. Aplicación final de PCA:
    - Aplicamos nuevamente PCA con el número seleccionado de componentes.

7. Visualización de datos:
    - Creamos un gráfico de dispersión en 2D de los dos primeros componentes principales.
    - Esto puede ayudar a visualizar patrones o clusters en el espacio de dimensiones reducidas.
8. Análisis de los resultados:
    - Imprimimos la relación de varianza explicada para cada componente principal.
    - También imprimimos la varianza total explicada, que debería estar cerca o ser igual a 0.95 (95%).

Este ejemplo demuestra un enfoque integral para PCA, cubriendo la preparación de datos, la selección de componentes, la visualización y el análisis de resultados. Muestra cómo tomar decisiones informadas sobre el número óptimo de componentes a retener y proporciona ideas sobre cómo interpretar eficazmente los resultados de PCA.

5.2.2 Por qué es importante la reducción de dimensionalidad

La reducción de dimensionalidad es una técnica crucial en el análisis de datos y el Machine Learning, que ofrece varios beneficios importantes:

1. Mejora de la visualización

Las técnicas de reducción de dimensionalidad, especialmente cuando se reducen los datos a dos o tres dimensiones, ofrecen ventajas significativas en la visualización de datos. Este proceso permite la creación de representaciones visuales que mejoran nuestra capacidad para comprender estructuras complejas de datos y relaciones. Al simplificar los datos de alta dimensionalidad a una forma más manejable, podemos:

- Identificar patrones: La reducción de dimensionalidad a menudo revela patrones y clusters que estaban ocultos en el espacio de alta dimensionalidad, lo que puede llevar a nuevos descubrimientos sobre la estructura subyacente de los datos.
- Detectar valores atípicos: Anomalías o valores atípicos que pueden estar ocultos en el espacio de alta dimensionalidad pueden volverse más evidentes cuando se visualizan en dimensiones reducidas.
- Comprender relaciones: Las relaciones espaciales entre los puntos de datos en el espacio reducido pueden proporcionar una comprensión intuitiva de las similitudes y diferencias entre las instancias de los datos.
- Comunicar resultados: Las visualizaciones en dimensiones más bajas son más fáciles de presentar y explicar a los interesados, facilitando la comunicación de ideas complejas.

- Explorar de manera interactiva: Las representaciones en dos o tres dimensiones permiten la exploración interactiva de los datos, habilitando a los analistas para hacer zoom, rotar o filtrar la visualización de manera dinámica.

Estas ideas visuales son particularmente valiosas en campos como la genómica, donde se pueden visualizar relaciones complejas entre genes, o en marketing, donde se pueden identificar y entender más fácilmente los segmentos de clientes. Al proporcionar una representación más intuitiva de los datos complejos, las técnicas de reducción de dimensionalidad permiten a los investigadores y analistas descubrir ideas que podrían no ser inmediatamente evidentes al trabajar con el conjunto de datos original de alta dimensionalidad.

2. Mejora de la eficiencia computacional

La reducción del número de características disminuye significativamente los recursos computacionales necesarios para el procesamiento de datos y el entrenamiento de modelos. Esto es especialmente beneficioso para modelos complejos como las redes neuronales, donde una entrada de alta dimensionalidad puede generar tiempos de entrenamiento excesivos y un alto consumo de recursos.

La reducción en el uso de recursos computacionales proviene de varios factores:

- Disminución del uso de memoria: Menos características implican que se necesita almacenar menos datos en la memoria durante el procesamiento y entrenamiento, permitiendo un uso más eficiente de la RAM disponible.
- Operaciones matriciales más rápidas: Muchos algoritmos de Machine Learning dependen en gran medida de operaciones matriciales. Con una reducción de la dimensionalidad, estas operaciones se vuelven menos intensivas computacionalmente, lo que lleva a tiempos de ejecución más rápidos.
- Mejora en la convergencia de algoritmos: En algoritmos basados en optimización, menos dimensiones a menudo conducen a una convergencia más rápida, ya que el algoritmo tiene menos parámetros que optimizar.
- Reducción del riesgo de sobreajuste: Los datos de alta dimensionalidad pueden llevar al sobreajuste, donde los modelos memorizan el ruido en lugar de aprender patrones generales. Al centrarse en las características más importantes, la reducción de dimensionalidad puede ayudar a mitigar este riesgo y mejorar la generalización del modelo.

En el caso de las redes neuronales, los beneficios son aún más pronunciados:

- Tiempos de entrenamiento más cortos: Con menos neuronas de entrada, la red tiene menos conexiones que ajustar durante la retropropagación, reduciendo significativamente el tiempo de entrenamiento.

- Menor complejidad computacional: La complejidad computacional de las redes neuronales a menudo escala con el número de características de entrada. Al reducir este número, se pueden obtener mejoras sustanciales tanto en la velocidad de entrenamiento como en la de inferencia.
- Ajuste de hiperparámetros más fácil: Con menos dimensiones, el espacio de hiperparámetros se vuelve más manejable, facilitando la búsqueda de configuraciones óptimas para la red.

Al mejorar la eficiencia computacional, las técnicas de reducción de dimensionalidad permiten a los científicos de datos trabajar con conjuntos de datos más grandes, experimentar con modelos más complejos y iterar más rápido en sus proyectos de Machine Learning.

3. Reducción efectiva del ruido

Las técnicas de reducción de dimensionalidad destacan en la filtración del ruido presente en las características menos significativas al centrarse en los componentes que capturan la mayor parte de la varianza en los datos. Este proceso es crucial por varias razones:

1. Mejora de la relación señal-ruido: Al enfatizar los aspectos más informativos de los datos, estas técnicas separan efectivamente la señal (información relevante) del ruido (información irrelevante o redundante), lo que da lugar a un conjunto de datos más limpio y significativo para el análisis.
2. Mejora del rendimiento del modelo: La reducción del ruido a través de la reducción de dimensionalidad puede mejorar significativamente el rendimiento de los modelos de Machine Learning. Al eliminar características ruidosas, los modelos pueden centrarse en la información más relevante, lo que lleva a predicciones más precisas y a una mejor generalización a datos no vistos.
3. Mitigación del sobreajuste: Los datos de alta dimensionalidad a menudo contienen muchas características irrelevantes que pueden hacer que los modelos sobreajusten, aprendiendo ruido en lugar de patrones verdaderos. Al reducir la dimensionalidad y centrarse en las características más importantes, podemos ayudar a prevenir el sobreajuste y crear modelos más robustos.
4. Eficiencia computacional: Eliminar características ruidosas no solo mejora el rendimiento del modelo, sino que también reduce la complejidad computacional. Esto es particularmente beneficioso cuando se trabaja con conjuntos de datos grandes o modelos complejos, ya que puede llevar a tiempos de entrenamiento más rápidos y un uso más eficiente de los recursos.
5. Mejora de la interpretabilidad: Al centrarse en las características más importantes, las técnicas de reducción de dimensionalidad pueden hacer que los datos sean más interpretables. Esto puede proporcionar ideas valiosas sobre la estructura subyacente de los datos y ayudar en la selección de características para análisis futuros.

A través de estos mecanismos, las técnicas de reducción de dimensionalidad reducen eficazmente el ruido, lo que da lugar a modelos más robustos y generalizables que enfatizan los aspectos más informativos de los datos. Este proceso es esencial para abordar los desafíos que plantean los conjuntos de datos de alta dimensionalidad en las tareas modernas de Machine Learning y análisis de datos.

4. Mitigación de la maldición de la dimensionalidad

Los conjuntos de datos de alta dimensionalidad suelen sufrir la "maldición de la dimensionalidad", un fenómeno identificado por primera vez por Richard Bellman en la década de 1960. Esta maldición se refiere a los diversos desafíos que surgen al analizar datos en espacios de alta dimensionalidad, los cuales no ocurren en escenarios de baja dimensionalidad, como en nuestra experiencia cotidiana en tres dimensiones.

La maldición de la dimensionalidad se manifiesta de varias formas:

- Crecimiento exponencial del espacio: A medida que aumenta el número de dimensiones, el volumen del espacio crece exponencialmente. Esto provoca que los puntos de datos se vuelvan cada vez más dispersos, lo que dificulta encontrar patrones estadísticamente significativos.
- Mayor complejidad computacional: Más dimensiones requieren más recursos computacionales para el procesamiento y análisis de datos, lo que conlleva tiempos de entrenamiento más largos y costos más elevados.
- Riesgo de sobreajuste: Con datos de alta dimensionalidad, los modelos de Machine Learning pueden volverse demasiado complejos y comenzar a ajustarse al ruido en lugar de a los patrones subyacentes, lo que resulta en una pobre generalización a datos no vistos.
- Ineficacia de las medidas de distancia: En espacios de alta dimensionalidad, el concepto de distancia pierde significado, lo que complica tareas como el clustering y la búsqueda de vecinos más cercanos.

Las técnicas de reducción de dimensionalidad ayudan a mitigar estos problemas al enfocarse en las características más importantes, lo que permite:

- Mejorar la generalización del modelo: Al reducir el número de características, los modelos son menos propensos al sobreajuste, lo que conduce a un mejor rendimiento en datos no vistos.
- Aumentar la eficiencia computacional: Menos dimensiones implican una menor complejidad computacional, lo que permite un entrenamiento y una inferencia más rápidos.
- Facilitar la visualización: Reducir las dimensiones a dos o tres permite una visualización e interpretación más sencilla de los patrones de los datos.

- Mejorar la significancia estadística: Con menos dimensiones, es más fácil lograr significancia estadística en los análisis.

Las técnicas comunes de reducción de dimensionalidad incluyen el Análisis de Componentes Principales (PCA), que crea nuevas variables no correlacionadas que maximizan la varianza, y los autoencoders, que utilizan redes neuronales para aprender representaciones comprimidas de los datos. Cuando se trabaja con datos de imágenes, las Redes Neuronales Convolucionales (CNN) son particularmente efectivas para manejar entradas de alta dimensionalidad.

Al abordar la maldición de la dimensionalidad, estas técnicas permiten un análisis y modelado más efectivos de conjuntos de datos complejos y de alta dimensionalidad, lo que conduce a un mejor rendimiento y a obtener más información en diversas tareas de Machine Learning.

Estos beneficios hacen que la reducción de dimensionalidad sea una herramienta esencial en el conjunto de herramientas de un científico de datos, permitiendo un análisis de datos más efectivo, un mejor rendimiento de los modelos y una comprensión más profunda de conjuntos de datos complejos y de alta dimensionalidad.

Ejemplo de reducción de dimensionalidad utilizando Análisis de Componentes Principales (PCA):

Implementemos un ejemplo integral de reducción de dimensionalidad utilizando Análisis de Componentes Principales (PCA):

```
import numpy as np
import matplotlib.pyplot as plt
from sklearn.decomposition import PCA
from sklearn.preprocessing import StandardScaler

# Generate a random dataset
np.random.seed(42)
n_samples = 1000
n_features = 50
X = np.random.randn(n_samples, n_features)

# Standardize the data
scaler = StandardScaler()
X_scaled = scaler.fit_transform(X)

# Create a PCA instance
pca = PCA()

# Fit the PCA model to the data
X_pca = pca.fit_transform(X_scaled)

# Calculate cumulative explained variance ratio
cumulative_variance_ratio = np.cumsum(pca.explained_variance_ratio_)
```

```
# Plot the cumulative explained variance ratio
plt.figure(figsize=(10, 6))
plt.plot(range(1, len(cumulative_variance_ratio) + 1), cumulative_variance_ratio, 'bo-')
plt.xlabel('Number of Components')
plt.ylabel('Cumulative Explained Variance Ratio')
plt.title('Explained Variance Ratio vs. Number of Components')
plt.grid(True)

# Determine the number of components for 95% variance
n_components_95 = np.argmax(cumulative_variance_ratio >= 0.95) + 1
plt.axvline(x=n_components_95, color='r', linestyle='--', label=f'95% Variance: {n_components_95} components')
plt.legend()

# Reduce dimensionality to the number of components for 95% variance
pca_reduced = PCA(n_components=n_components_95)
X_pca_reduced = pca_reduced.fit_transform(X_scaled)

# Plot the first two principal components
plt.figure(figsize=(10, 6))
plt.scatter(X_pca_reduced[:, 0], X_pca_reduced[:, 1], alpha=0.5)
plt.xlabel("First Principal Component")
plt.ylabel("Second Principal Component")
plt.title("2D PCA Projection")

plt.show()

# Print explained variance by each component
for i, variance in enumerate(pca_reduced.explained_variance_ratio_):
    print(f"Explained variance ratio by PC{i+1}: {variance:.4f}")

# Print total explained variance
print(f"Total explained variance: {np.sum(pca_reduced.explained_variance_ratio_):.4f}")
```

Desglosemos este ejemplo integral de PCA:

1. **Generación y preprocesamiento de datos:**
   - Generamos un conjunto de datos aleatorio con 1000 muestras y 50 características.
   - Los datos se estandarizan utilizando StandardScaler para asegurar que todas las características estén en la misma escala.
2. **Aplicación inicial de PCA:**
   - Aplicamos PCA sin especificar el número de componentes.

   - Esto nos permite analizar la relación de varianza explicada para todos los componentes.

3. **Análisis de la varianza explicada:**
   - Graficamos la relación de la varianza explicada acumulada contra el número de componentes.
   - Esto ayuda a visualizar cuántos componentes son necesarios para explicar un cierto porcentaje de la varianza en los datos.
4. **Selección de componentes:**
   - Determinamos el número de componentes necesarios para explicar el 95% de la varianza.
   - Este es un umbral comúnmente utilizado para equilibrar la reducción de dimensionalidad y la preservación de la información.
5. **Aplicación final de PCA:**
   - Aplicamos nuevamente PCA con el número seleccionado de componentes.
6. **Visualización de los datos:**
   - Creamos un gráfico de dispersión en 2D de los dos primeros componentes principales.
   - Esto puede ayudar a visualizar patrones o agrupaciones en el espacio de dimensiones reducidas.
7. **Análisis de los resultados:**
   - Imprimimos la relación de varianza explicada para cada componente principal.
   - También imprimimos la varianza total explicada, que debería estar cerca o ser igual a 0.95 (95%).

Este ejemplo demuestra un enfoque integral para PCA, cubriendo la preparación de datos, la selección de componentes, la visualización y el análisis de resultados. Muestra cómo tomar decisiones informadas sobre el número óptimo de componentes a retener y proporciona ideas sobre cómo interpretar eficazmente los resultados de PCA.

5.2.3 Otras técnicas de reducción de dimensionalidad

Si bien el PCA es una de las técnicas más populares para la reducción de dimensionalidad, existen otros métodos que pueden ser más adecuados para tipos específicos de datos.

1. Análisis Discriminante Lineal (LDA)

El Análisis Discriminante Lineal (LDA) es una técnica de reducción de dimensionalidad que comparte similitudes con el PCA, pero tiene un enfoque y aplicación distintos. Mientras que el PCA tiene como objetivo maximizar la varianza en los datos, el objetivo principal del LDA es maximizar la separación entre las diferentes clases o categorías dentro del conjunto de datos. Esto hace que el LDA sea particularmente útil para tareas de clasificación y escenarios donde la distinción de clases es importante.

Características clave del LDA:

- **Consciente de las clases:** A diferencia del PCA, el LDA toma en cuenta las etiquetas de clase de los puntos de datos, lo que lo convierte en una técnica supervisada.
- **Maximización de la separabilidad de clases:** El LDA encuentra combinaciones lineales de características que mejor separan las diferentes clases, maximizando la varianza entre clases y minimizando la varianza dentro de las clases.
- **Reducción de dimensionalidad:** Similar al PCA, el LDA puede reducir la dimensionalidad de los datos, pero lo hace de manera que preserve la información discriminatoria de las clases.

El LDA trabaja identificando los ejes (discriminantes lineales) a lo largo de los cuales las clases están mejor separadas. Lo hace:

1. Calculando la media de cada clase.
2. Calculando la dispersión dentro de cada clase y entre las clases.
3. Encontrando los eigenvectores de las matrices de dispersión para determinar las direcciones de máxima separación.

Las combinaciones lineales resultantes de las características se pueden usar para proyectar los datos en un espacio de menor dimensionalidad donde la separación de clases esté optimizada, lo que hace que el LDA sea efectivo para tareas de clasificación, especialmente en problemas multiclase.

Sin embargo, el LDA tiene algunas limitaciones. Asume que las clases tienen matrices de covarianza iguales y que están distribuidas normalmente, lo cual puede no ser cierto en conjuntos de datos reales. Además, el LDA solo puede producir un máximo de C-1 componentes discriminantes, donde C es el número de clases, lo que puede limitar su capacidad de reducción de dimensionalidad en escenarios con pocas clases pero muchas características.

2. t-SNE (t-Distributed Stochastic Neighbor Embedding)

t-SNE (t-Distributed Stochastic Neighbor Embedding) es una potente técnica no lineal de reducción de dimensionalidad ampliamente utilizada en Machine Learning para visualizar conjuntos de datos de alta dimensionalidad. A diferencia de los métodos lineales como el PCA, el t-SNE se destaca por preservar las estructuras locales dentro de los datos, lo que lo hace particularmente efectivo para conjuntos de datos complejos.

Características clave del t-SNE:

- **Mapeo no lineal:** t-SNE puede capturar relaciones no lineales en los datos, revelando patrones que los métodos lineales podrían pasar por alto.
- **Preservación de la estructura local:** Se enfoca en mantener las distancias relativas entre puntos cercanos, lo que ayuda a identificar agrupaciones y patrones en los datos.
- **Herramienta de visualización:** t-SNE se utiliza principalmente para crear representaciones en 2D o 3D de datos de alta dimensionalidad, lo que lo hace invaluable para el análisis exploratorio de datos.

El t-SNE funciona construyendo distribuciones de probabilidad sobre pares de puntos de datos en los espacios de alta y baja dimensionalidad. Luego minimiza la diferencia entre estas distribuciones utilizando descenso de gradiente. Este proceso resulta en un mapeo donde puntos de datos similares en el espacio de alta dimensionalidad se colocan cerca en la representación de baja dimensionalidad.

Aunque t-SNE es poderoso, es importante tener en cuenta sus limitaciones:

- **Intensidad computacional:** t-SNE puede ser lento para conjuntos de datos grandes.
- **No determinista:** Diferentes ejecuciones pueden producir resultados ligeramente diferentes.
- **Enfoque en la estructura local:** Puede que no siempre preserve la estructura global de manera tan efectiva como otros métodos.

A pesar de estas limitaciones, t-SNE sigue siendo una herramienta de referencia para visualizar conjuntos de datos complejos en campos como la bioinformática, visión por computadora y procesamiento del lenguaje natural, donde ayuda a los investigadores a descubrir patrones y relaciones ocultas en datos de alta dimensionalidad.

3. UMAP (Uniform Manifold Approximation and Projection)

UMAP es una técnica de reducción de dimensionalidad de vanguardia que ofrece ventajas significativas sobre t-SNE mientras mantiene una funcionalidad similar. Se destaca por visualizar tanto la estructura global como local de datos de alta dimensionalidad, lo que lo hace cada vez más popular para analizar grandes conjuntos de datos. Aquí una explicación más detallada de UMAP:

1. **Eficiencia:** UMAP es computacionalmente más eficiente que t-SNE, especialmente al trabajar con grandes conjuntos de datos, lo que lo hace útil para análisis de datos en tiempo real y el procesamiento de grandes volúmenes de datos.
2. **Preservación de la estructura global:** A diferencia de t-SNE, que se enfoca principalmente en preservar relaciones locales, UMAP mantiene tanto las estructuras

locales como globales de los datos, proporcionando una vista más completa de la estructura subyacente del conjunto de datos.

3. **Escalabilidad:** UMAP se adapta bien a conjuntos de datos más grandes y dimensiones más altas, haciéndolo adecuado para una amplia gama de aplicaciones, desde análisis a pequeña escala hasta proyectos de big data.
4. **Fundamento teórico:** UMAP está basado en la teoría de variedades y el análisis topológico de datos, lo que le proporciona una base matemática sólida para sus operaciones. Este fundamento teórico permite una mejor interpretación y comprensión de los resultados.
5. **Versatilidad:** UMAP se puede utilizar no solo para visualización, sino también como una técnica general de reducción de dimensionalidad. Puede aplicarse en varios campos como la bioinformática, la visión por computadora y el procesamiento del lenguaje natural.
6. **Personalización:** UMAP ofrece varios parámetros que se pueden ajustar para optimizar su rendimiento en conjuntos de datos o tareas específicos, lo que permite una mayor flexibilidad en su aplicación.

A medida que UMAP sigue ganando popularidad, se está convirtiendo en una herramienta esencial en el kit de herramientas de los científicos de datos, especialmente para aquellos que trabajan con conjuntos de datos complejos y de alta dimensionalidad que requieren un procesamiento eficiente y una visualización esclarecedora.

5.2.4 Consideraciones prácticas para PCA

Al implementar PCA o cualquier técnica de reducción de dimensionalidad, hay varios factores cruciales que deben considerarse cuidadosamente para garantizar resultados óptimos:

- **Estandarización de los datos:** Dado que PCA es sensible a la escala de las características, es imperativo estandarizar los datos. Este proceso asegura que todas las características contribuyan por igual al análisis, evitando que las características con escalas más grandes dominen los componentes principales.
- **Explicación de la varianza:** Un examen exhaustivo de la varianza explicada es esencial. Este paso confirma que el conjunto de datos reducido retiene una cantidad suficiente de información de los datos originales, manteniendo su integridad representacional.
- **Suposiciones de linealidad:** Es crucial reconocer que PCA opera bajo la suposición de relaciones lineales dentro de la estructura de los datos. En escenarios donde predominan las relaciones no lineales, técnicas alternativas como t-SNE o UMAP pueden ser más efectivas para capturar los patrones subyacentes de los datos.

- **Selección de componentes:** El proceso de determinar el número óptimo de componentes principales a retener es crítico. Esta decisión implica equilibrar la reducción de dimensionalidad con la preservación de la información, a menudo guiada por la relación acumulada de varianza explicada.
- **Interpretabilidad:** Si bien PCA reduce efectivamente la dimensionalidad, a veces puede complicar la interpretabilidad de las características resultantes. Es importante considerar si las características transformadas se alinean con la comprensión específica del dominio de los datos.

5.3 t-SNE y UMAP para datos de alta dimensionalidad

Cuando se trabaja con conjuntos de datos de alta dimensionalidad, el desafío de reducir dimensionalidad manteniendo una estructura significativa se vuelve crucial. Aunque **Análisis de Componentes Principales (PCA)** es efectivo para transformaciones lineales, a menudo no logra capturar las complejas relaciones no lineales inherentes a las estructuras de datos más complejas. Esta limitación exige la exploración de técnicas más sofisticadas.

Aquí es donde entran en juego **t-Distributed Stochastic Neighbor Embedding (t-SNE)** y **Uniform Manifold Approximation and Projection (UMAP)**, dos avanzadas técnicas de reducción de dimensionalidad no lineales. Estos métodos están específicamente diseñados para visualizar datos de alta dimensionalidad en espacios de menor dimensionalidad, típicamente dos o tres dimensiones.

Al preservar relaciones y patrones cruciales dentro de los datos, t-SNE y UMAP ofrecen valiosas ideas sobre la estructura subyacente de conjuntos de datos complejos y multidimensionales. Su capacidad para revelar patrones y agrupaciones ocultos las convierte en herramientas indispensables para científicos de datos e investigadores que enfrentan los desafíos del análisis de datos de alta dimensionalidad.

5.3.1 t-SNE (t-Distributed Stochastic Neighbor Embedding)

t-SNE (t-Distributed Stochastic Neighbor Embedding) es una técnica no lineal de reducción de dimensionalidad sofisticada que ha ganado una popularidad significativa en los últimos años, especialmente para la visualización de conjuntos de datos de alta dimensionalidad. A diferencia de los métodos lineales como PCA, t-SNE sobresale en preservar la estructura local de los datos, lo que lo hace especialmente valioso para conjuntos de datos complejos con relaciones no lineales.

Características clave de t-SNE incluyen:

Mapeo no lineal:

t-SNE sobresale en capturar y representar relaciones complejas y no lineales dentro de datos de alta dimensionalidad. Esta capacidad le permite revelar patrones intrincados, agrupaciones y estructuras que los métodos lineales de reducción de dimensionalidad, como PCA, podrían pasar por alto.

Al preservar las similitudes locales entre puntos de datos en el espacio de menor dimensionalidad, t-SNE puede descubrir patrones ocultos en conjuntos de datos con topologías o estructuras complejas. Esto lo hace particularmente valioso para visualizar y analizar datos en campos como genómica, procesamiento de imágenes y procesamiento del lenguaje natural, donde las relaciones subyacentes a menudo son no lineales y multifacéticas.

Preservación de la estructura local:

t-SNE se destaca por mantener las distancias relativas entre puntos cercanos en el espacio de alta dimensionalidad cuando se mapean a un espacio de menor dimensionalidad. Esta característica crucial ayuda a identificar agrupaciones y patrones en los datos que podrían no ser evidentes en la representación original de alta dimensionalidad. Al enfocarse en preservar las relaciones locales, t-SNE puede revelar estructuras intrincadas dentro de los datos, tales como:

- Agrupaciones: Grupos de puntos de datos similares que forman regiones distintas en el espacio de menor dimensionalidad.
- Manifolds: Estructuras continuas que representan patrones o tendencias subyacentes en los datos.
- Valores atípicos: Puntos de datos que destacan de los principales agrupamientos, lo que potencialmente indica anomalías o casos únicos.

Esta preservación de la estructura local se logra mediante un enfoque basado en probabilidades. t-SNE construye distribuciones de probabilidad sobre pares de puntos tanto en el espacio de alta dimensionalidad como en el espacio de baja dimensionalidad, y luego minimiza la diferencia entre estas distribuciones. Como resultado, los puntos que están cerca en el espacio original tienden a permanecer cerca en el espacio reducido, manteniendo un grado de separación entre puntos disímiles.

El énfasis en la estructura local hace que t-SNE sea particularmente efectivo para visualizar relaciones no lineales complejas en datos de alta dimensionalidad, lo que puede ser difícil de capturar con técnicas lineales de reducción de dimensionalidad como PCA. Esta capacidad ha convertido a t-SNE en una opción popular para aplicaciones en diversos campos, incluyendo bioinformática, visión por computadora y procesamiento del lenguaje natural.

Herramienta de visualización

t-SNE se utiliza principalmente para crear representaciones en 2D o 3D de datos de alta dimensionalidad, lo que lo hace invaluable para el análisis exploratorio de datos. Esta técnica poderosa permite a los científicos de datos e investigadores visualizar conjuntos de datos complejos y multidimensionales en una forma más interpretable. Al reducir la dimensionalidad a dos o tres dimensiones, t-SNE permite al ojo humano percibir patrones, agrupaciones y relaciones que de otro modo estarían ocultos en espacios de mayor dimensionalidad.

La capacidad de crear estas representaciones de baja dimensionalidad es particularmente útil en campos como:

- **Reconocimiento de imágenes:** Visualizar datos de imagen de alta dimensionalidad para identificar patrones y similitudes, permitiendo una clasificación y detección de objetos más efectiva.
- **Procesamiento del lenguaje natural:** Representar embeddings de palabras o vectores de documentos en un espacio de menor dimensionalidad, facilitando la clasificación de textos, el análisis de sentimientos y el modelado de temas.
- **Bioinformática:** Analizar datos de expresión génica e identificar agrupaciones de genes relacionados, ayudando en el descubrimiento de nuevas funciones genéticas y posibles objetivos farmacológicos.

Al transformar conjuntos de datos complejos en formatos visualmente interpretables, t-SNE actúa como un puente crucial entre los datos crudos y la comprensión humana, revelando a menudo ideas que impulsan un análisis más profundo y la toma de decisiones en campos impulsados por datos.

t-SNE funciona construyendo distribuciones de probabilidad sobre pares de puntos de datos tanto en los espacios de alta dimensionalidad como en los de baja dimensionalidad. Luego minimiza la diferencia entre estas distribuciones utilizando descenso de gradiente. Este proceso resulta en un mapeo donde los puntos de datos similares en el espacio de alta dimensionalidad se posicionan cerca entre sí en la representación de baja dimensionalidad.

Las aplicaciones de t-SNE abarcan varios campos, incluyendo:

- **Reconocimiento de imágenes:** Visualizar datos de imagen de alta dimensionalidad para identificar patrones y similitudes, permitiendo una clasificación y detección de objetos más efectiva en tareas de visión por computadora.
- **Procesamiento del lenguaje natural:** Representar embeddings de palabras o vectores de documentos en un espacio de menor dimensionalidad, facilitando la clasificación de textos, el análisis de sentimientos y el modelado de temas en grandes conjuntos de datos textuales.
- **Bioinformática:** Analizar datos de expresión génica e identificar agrupaciones de genes relacionados, ayudando en el descubrimiento de nuevas funciones génicas, biomarcadores de enfermedades y posibles objetivos farmacológicos en sistemas biológicos complejos.

- **Genómica de célula única:** Visualizar e interpretar datos de secuenciación de ARN de célula única de alta dimensionalidad, revelando heterogeneidad celular e identificando poblaciones celulares raras en muestras de tejido.

Aunque t-SNE es poderoso, es importante tener en cuenta sus limitaciones:

- **Complejidad computacional:** El algoritmo de t-SNE tiene una complejidad temporal de O(n^2), donde n es el número de puntos de datos. Esta escalabilidad cuadrática puede llevar a demandas computacionales significativas, especialmente cuando se trabaja con grandes conjuntos de datos que contienen millones de puntos. Como resultado, los tiempos de procesamiento pueden extenderse a horas o incluso días para conjuntos de datos extensos, lo que requiere una cuidadosa consideración de los recursos computacionales disponibles y posibles compensaciones entre precisión y velocidad.
- **Naturaleza estocástica:** El algoritmo emplea inicializaciones aleatorias y técnicas de muestreo, lo que introduce un elemento de aleatoriedad en el proceso. En consecuencia, múltiples ejecuciones de t-SNE en el mismo conjunto de datos pueden producir resultados ligeramente diferentes. Este comportamiento estocástico puede plantear desafíos para la reproducibilidad en investigaciones científicas y puede requerir pasos adicionales, como establecer semillas aleatorias o promediar múltiples ejecuciones, para garantizar visualizaciones consistentes y confiables en diferentes análisis.
- **Énfasis en la estructura local:** Aunque t-SNE sobresale en preservar las relaciones de vecindad local, puede no representar con precisión la estructura global de los datos. Este enfoque en patrones locales puede llevar a interpretaciones erróneas de las relaciones a gran escala entre puntos distantes en el espacio de alta dimensionalidad original. Los usuarios deben ser cautelosos al sacar conclusiones sobre la estructura general de los datos basándose únicamente en visualizaciones de t-SNE y considerar complementar el análisis con otras técnicas de reducción de dimensionalidad que mejor preserven las relaciones globales.

A pesar de estas limitaciones, t-SNE sigue siendo una herramienta de referencia para visualizar conjuntos de datos complejos, ayudando a los investigadores y científicos de datos a descubrir patrones y relaciones ocultos en datos de alta dimensionalidad que de otro modo serían difíciles de discernir.

Cómo funciona t-SNE

t-SNE (t-Distributed Stochastic Neighbor Embedding) es una técnica sofisticada de reducción de dimensionalidad que opera transformando las distancias de alta dimensionalidad entre puntos de datos en probabilidades condicionales. Estas probabilidades representan la probabilidad de que los puntos sean vecinos en el espacio de alta dimensionalidad. El algoritmo luego construye una distribución de probabilidad similar para los puntos en el espacio de baja dimensionalidad.

El principio central de t-SNE es minimizar la divergencia de Kullback-Leibler entre estas dos distribuciones de probabilidad utilizando descenso de gradiente. Este proceso resulta en un mapeo de baja dimensionalidad donde los puntos que estaban cerca en el espacio de alta dimensionalidad permanecen cerca, mientras se mantiene la separación entre puntos disímiles.

Una de las principales fortalezas de t-SNE radica en su capacidad para preservar las estructuras locales dentro de los datos. Esto lo hace particularmente hábil para revelar agrupaciones y patrones que podrían estar oscurecidos en el espacio original de alta dimensionalidad. Sin embargo, es importante tener en cuenta que t-SNE se enfoca principalmente en preservar las relaciones locales, lo que significa que puede no representar con precisión las estructuras globales o las distancias entre agrupaciones ampliamente separadas.

Si bien t-SNE sobresale en identificar agrupaciones locales, tiene limitaciones cuando se trata de preservar relaciones globales. En contraste, técnicas lineales como el Análisis de Componentes Principales (PCA) son más adecuadas para mantener la varianza total de los datos y las estructuras globales. Por lo tanto, la elección entre t-SNE y otras técnicas de reducción de dimensionalidad a menudo depende de las características específicas del conjunto de datos y los objetivos del análisis.

Ejemplo: t-SNE para Reducción de Dimensionalidad (con Scikit-learn)

Exploremos cómo funciona t-SNE aplicándolo al conjunto de datos Iris, que tiene cuatro dimensiones (características) y tres clases.

```
import numpy as np
import matplotlib.pyplot as plt
from sklearn.datasets import load_iris
from sklearn.manifold import TSNE
from sklearn.preprocessing import StandardScaler

# Load the Iris dataset
iris = load_iris()
X = iris.data
y = iris.target

# Standardize the data
scaler = StandardScaler()
X_scaled = scaler.fit_transform(X)

# Apply t-SNE to reduce to 2 dimensions
tsne = TSNE(n_components=2, random_state=42, perplexity=30, n_iter=1000)
X_tsne = tsne.fit_transform(X_scaled)

# Plot the 2D t-SNE projection
plt.figure(figsize=(10, 8))
scatter = plt.scatter(X_tsne[:, 0], X_tsne[:, 1], c=y, cmap='viridis')
plt.colorbar(scatter)
plt.xlabel("t-SNE Dimension 1")
plt.ylabel("t-SNE Dimension 2")
```

```
plt.title("t-SNE Projection of the Iris Dataset")

# Add legend
legend_labels = iris.target_names
plt.legend(handles=scatter.legend_elements()[0],                    labels=legend_labels,
title="Species")

plt.show()

# Print additional information
print(f"Original data shape: {X.shape}")
print(f"t-SNE transformed data shape: {X_tsne.shape}")
print(f"Perplexity used: {tsne.perplexity}")
print(f"Number of iterations: {tsne.n_iter}")
```

Analicemos este ejemplo expandido de t-SNE:

1. Importación de bibliotecas necesarias:
   - numpy para operaciones numéricas
   - matplotlib.pyplot para graficar
   - sklearn.datasets para cargar el conjunto de datos Iris
   - sklearn.manifold para la implementación de t-SNE
   - sklearn.preprocessing para la estandarización de datos
2. Carga y preprocesamiento de los datos:
   - Cargamos el conjunto de datos Iris, un conjunto de datos de referencia común en aprendizaje automático.
   - Los datos se estandarizan usando StandardScaler para asegurar que todas las características estén en la misma escala, lo cual es importante para t-SNE.
3. Aplicación de t-SNE:
   - Creamos un objeto t-SNE con 2 componentes (para visualización 2D).
   - random_state=42 garantiza la reproducibilidad.
   - perplexity=30 es un hiperparámetro que equilibra los aspectos locales y globales de los datos. Suele establecerse entre 5 y 50.
   - n_iter=1000 establece el número de iteraciones para la optimización.
4. Visualización:
   - Creamos un gráfico de dispersión de los resultados de t-SNE.

- Cada punto se colorea según su clase (y), usando el mapa de colores 'viridis'.
- Se añade una barra de colores para mostrar la correspondencia entre colores y clases.
- Se etiquetan los ejes y se añade un título.
- Se incluye una leyenda para identificar las especies de Iris.

5. Información adicional:
   - Imprimimos las dimensiones de los datos originales y transformados para mostrar la reducción de dimensionalidad.
   - Se imprimen la perplexity y el número de iteraciones como referencia.

Este ejemplo ofrece una demostración integral de t-SNE para la reducción de dimensionalidad y visualización. Muestra el preprocesamiento de datos, el ajuste de parámetros, técnicas de visualización y métodos para extraer información valiosa del modelo t-SNE. Al recorrer cada paso, desde la preparación de datos hasta la interpretación de resultados, proporciona una guía práctica y clara para aplicar t-SNE de manera efectiva.

Consideraciones clave para t-SNE

- **Preservación de la estructura local:** t-SNE sobresale en preservar los vecindarios locales en los datos. Se enfoca en mantener las relaciones entre puntos cercanos, asegurando que los puntos de datos que están cerca en el espacio de alta dimensionalidad permanezcan cerca en la representación de baja dimensionalidad. Sin embargo, este enfoque local a veces puede causar distorsiones en la estructura global de los datos. Por ejemplo, agrupaciones que están muy separadas en el espacio original podrían aparecer más cerca en la visualización de t-SNE, lo que podría llevar a malas interpretaciones de la estructura general de los datos.
- **Complejidad computacional:** El algoritmo de t-SNE tiene una complejidad temporal de O(n^2), donde n es el número de puntos de datos. Esta escalabilidad cuadrática puede hacerlo computacionalmente intensivo, especialmente cuando se trabaja con conjuntos de datos grandes. Por ejemplo, un conjunto de datos con millones de puntos podría tardar horas o incluso días en procesarse. Como resultado, t-SNE se usa típicamente para conjuntos de datos más pequeños o subconjuntos de conjuntos más grandes. Al trabajar con big data, a menudo es necesario utilizar técnicas de aproximación o métodos alternativos como UMAP (Uniform Manifold Approximation and Projection) que ofrecen mejor escalabilidad.
- **Parámetro perplexity:** t-SNE introduce un hiperparámetro crucial llamado **perplexity**, que influye significativamente en el equilibrio entre la preservación de la estructura local y global en la visualización de datos. El valor de perplexity puede interpretarse como una medida suave del número efectivo de vecinos considerados

para cada punto. Un valor de perplexity más bajo (por ejemplo, de 5 a 10) enfatiza las relaciones muy locales, lo que puede revelar estructuras detalladas pero tal vez pase por alto patrones más grandes.

En cambio, un valor de perplexity más alto (por ejemplo, de 30 a 50) incorpora más relaciones globales, lo que potencialmente muestra tendencias más amplias pero podría oscurecer detalles locales. Por ejemplo, en un conjunto de datos de dígitos escritos a mano, una perplexity baja podría separar claramente los dígitos individuales, mientras que una perplexity más alta podría mostrar mejor la distribución general de las clases de dígitos. A menudo es necesario experimentar con diferentes valores de perplexity para encontrar la visualización más informativa para un conjunto de datos determinado.

Ejemplo: Ajuste de la perplexity en t-SNE

```
import numpy as np
import matplotlib.pyplot as plt
from sklearn.datasets import load_iris
from sklearn.manifold import TSNE
from sklearn.preprocessing import StandardScaler

# Load the Iris dataset
iris = load_iris()
X = iris.data
y = iris.target

# Standardize the data
scaler = StandardScaler()
X_scaled = scaler.fit_transform(X)

# Apply t-SNE with different perplexity values
perplexities = [5, 30, 50]
tsne_results = []

for perp in perplexities:
    tsne = TSNE(n_components=2, perplexity=perp, random_state=42)
    tsne_result = tsne.fit_transform(X_scaled)
    tsne_results.append(tsne_result)

# Plot the t-SNE projections
plt.figure(figsize=(18, 6))

for i, perp in enumerate(perplexities):
    plt.subplot(1, 3, i+1)
    scatter = plt.scatter(tsne_results[i][:, 0], tsne_results[i][:, 1], c=y, cmap='viridis')
    plt.title(f"t-SNE with Perplexity = {perp}")
    plt.xlabel("t-SNE Dimension 1")
    plt.ylabel("t-SNE Dimension 2")
    plt.colorbar(scatter)
```

```
plt.tight_layout()
plt.show()

# Print additional information
for i, perp in enumerate(perplexities):
    print(f"t-SNE with Perplexity {perp}:")
    print(f"  Shape of transformed data: {tsne_results[i].shape}")
    print(f"  Range of Dimension 1: [{tsne_results[i][:, 0].min():.2f}, {tsne_results[i][:, 0].max():.2f}]")
    print(f"  Range of Dimension 2: [{tsne_results[i][:, 1].min():.2f}, {tsne_results[i][:, 1].max():.2f}]")
    print()
```

Este ejemplo de código demuestra cómo aplicar t-SNE al conjunto de datos Iris utilizando diferentes valores de perplexity.

Desglose completo del código:

1. **Importación de bibliotecas necesarias:**
    - **numpy:** Para operaciones numéricas.
    - **matplotlib.pyplot:** Para crear visualizaciones.
    - **sklearn.datasets:** Para cargar el conjunto de datos Iris.
    - **sklearn.manifold:** Para la implementación de t-SNE.
    - **sklearn.preprocessing:** Para la estandarización de los datos.
2. **Carga y preprocesamiento de los datos:**
    - Cargamos el conjunto de datos Iris, que es un conjunto de referencia común en machine learning.
    - Los datos se estandarizan utilizando **StandardScaler** para asegurar que todas las características estén en la misma escala, lo cual es importante para t-SNE.
3. **Aplicación de t-SNE:**
    - Creamos objetos t-SNE con 2 componentes (para la visualización en 2D) y diferentes valores de **perplexity** (5, 30 y 50).
    - **random_state=42** asegura la reproducibilidad.
    - Ajustamos y transformamos los datos para cada valor de perplexity y almacenamos los resultados.
4. **Visualización:**
    - Creamos una figura con tres subgráficos, uno para cada valor de **perplexity**.

- Cada subgráfico muestra un gráfico de dispersión de los resultados de t-SNE.
- Los puntos se colorean según su clase (**y**), utilizando el mapa de colores **'viridis'**.
- Se etiquetan los ejes, se añaden títulos y se incluyen barras de colores para mostrar la relación entre los colores y las clases.

5. **Información adicional:**
    - Imprimimos la forma de los datos transformados para cada valor de perplexity.
    - También imprimimos el rango de valores para cada dimensión, lo cual puede dar una idea de cómo se distribuyen los datos en el espacio reducido.

Puntos clave:

- **Perplexity** es un hiperparámetro crucial en t-SNE que equilibra los aspectos locales y globales de los datos. Se puede interpretar como una medida suave del número efectivo de vecinos.
- Un valor de perplexity más bajo (por ejemplo, 5) se enfoca más en la estructura local, revelando patrones detallados pero posiblemente pasando por alto tendencias más grandes.
- Un valor de perplexity más alto (por ejemplo, 50) considera más relaciones globales, mostrando patrones más amplios pero posiblemente oscureciendo detalles locales.
- La perplexity intermedia (30) a menudo proporciona un equilibrio entre la estructura local y global.
- Al comparar los resultados con diferentes valores de **perplexity**, podemos obtener una comprensión más completa de la estructura de los datos a diferentes escalas.

Este ejemplo ofrece una exploración completa de t-SNE, mostrando su comportamiento con varios valores de perplexity. Al visualizar los resultados y proporcionar datos cuantitativos adicionales sobre la salida transformada, brinda a los lectores una comprensión profunda de cómo opera t-SNE bajo diferentes condiciones.

5.3.2 UMAP (Uniform Manifold Approximation and Projection)

UMAP es una técnica de reducción de dimensionalidad no lineal potente que ha ganado popularidad como una alternativa rápida y escalable a t-SNE. UMAP ofrece varias ventajas clave sobre otros métodos de reducción de dimensionalidad:

1. Preservación de la estructura

UMAP sobresale en preservar tanto la estructura local como global de manera más efectiva que t-SNE. Esto significa que UMAP puede mantener las relaciones entre los puntos de datos en diferentes escalas, proporcionando una representación más precisa de los datos originales de alta dimensionalidad.

Explicación detallada:

- **Preservación de la estructura local:** Al igual que t-SNE, UMAP es hábil para preservar las relaciones locales entre puntos de datos. Esto significa que los puntos que están cerca en el espacio de alta dimensionalidad permanecerán generalmente cerca en la representación de menor dimensionalidad. Esto es crucial para identificar agrupaciones y patrones locales en los datos.
- **Preservación de la estructura global:** A diferencia de t-SNE, que se enfoca principalmente en la estructura local, UMAP también hace un mejor trabajo al preservar la estructura global de los datos. Esto significa que la forma y disposición general de los datos en el espacio de alta dimensionalidad se reflejan mejor en la representación de menor dimensionalidad. Esto puede ser particularmente importante al intentar comprender las relaciones más amplias y los patrones en un conjunto de datos.
- **Equilibrio entre lo local y lo global:** UMAP logra este equilibrio mediante sus fundamentos matemáticos en el análisis topológico de datos y el aprendizaje de manifolds. Utiliza una técnica llamada **representación topológica difusa** para crear un gráfico de los datos que captura tanto las relaciones locales como globales. Esto permite que UMAP cree visualizaciones que suelen ser más fieles a la estructura original de los datos que las producidas por t-SNE.

Implicaciones prácticas:

- La mejora en la preservación de la estructura local y global hace que UMAP sea particularmente útil para tareas como la agrupación (clustering), la detección de anomalías y el análisis exploratorio de datos. Puede revelar patrones y relaciones en los datos que podrían pasarse por alto con técnicas que se centran únicamente en la estructura local o global.

2. Eficiencia computacional

UMAP muestra una eficiencia computacional superior en comparación con t-SNE, lo que lo hace especialmente adecuado para analizar conjuntos de datos más grandes. Esta eficiencia mejorada está arraigada en su diseño algorítmico, que permite a UMAP procesar y reducir la dimensionalidad de grandes conjuntos de datos de manera más rápida y efectiva.

Explicación detallada:

1. **Escalabilidad:** La implementación de UMAP le permite manejar conjuntos de datos significativamente más grandes en comparación con t-SNE. Esta escalabilidad hace que UMAP sea una excelente opción para aplicaciones de big data y tareas de análisis de datos complejos que involucran grandes cantidades de datos de alta dimensionalidad.

2. **Procesamiento más rápido:** UMAP generalmente completa su proceso de reducción de dimensionalidad más rápido que t-SNE, especialmente cuando se trata de conjuntos de datos más grandes. Esta ventaja de velocidad puede ser crucial en escenarios de análisis de datos sensibles al tiempo o al trabajar con flujos de datos en tiempo real.
3. **Eficiencia de memoria:** UMAP generalmente requiere menos memoria que t-SNE para procesar la misma cantidad de datos. Esta eficiencia de memoria permite el análisis de conjuntos de datos más grandes en máquinas con recursos limitados, haciéndolo más accesible para una gama más amplia de usuarios y aplicaciones.
4. **Paralelización:** El algoritmo de UMAP está diseñado para aprovechar las capacidades de procesamiento paralelo, lo que mejora aún más su velocidad y eficiencia cuando se ejecuta en procesadores multinúcleo o en entornos de computación distribuida.
5. **Preservación de la estructura global:** A pesar de su eficiencia computacional, UMAP aún logra preservar tanto las estructuras locales como globales en los datos, proporcionando a menudo una representación más fiel del espacio de alta dimensionalidad original en comparación con t-SNE.

Estas ventajas computacionales hacen que UMAP sea una herramienta poderosa para la reducción de dimensionalidad y la visualización en diversos campos, incluyendo bioinformática, visión por computadora y procesamiento del lenguaje natural, donde es común el manejo de grandes conjuntos de datos de alta dimensionalidad.

3. Escalabilidad

La implementación eficiente de **UMAP** le permite manejar conjuntos de datos significativamente más grandes en comparación con t-SNE, lo que lo convierte en una excelente opción para aplicaciones de big data y tareas complejas de análisis de datos. Esta ventaja de escalabilidad proviene de varios factores clave:

- **Eficiencia algorítmica:** UMAP utiliza un algoritmo más eficiente que reduce la complejidad computacional, lo que le permite procesar grandes conjuntos de datos más rápidamente que t-SNE.
- **Optimización de memoria:** UMAP está diseñado para usar la memoria de manera más eficiente, lo cual es crucial cuando se trabaja con big data que puede no caber completamente en la RAM.
- **Paralelización:** UMAP puede aprovechar las capacidades de procesamiento paralelo, mejorando aún más su velocidad y eficiencia en sistemas multicore o entornos de computación distribuida.
- **Preservación de la estructura:** A pesar de su eficiencia computacional, UMAP aún logra preservar tanto las estructuras locales como globales en los datos, proporcionando a menudo una representación más fiel del espacio de alta dimensionalidad original en comparación con t-SNE.

Estas características de escalabilidad hacen que UMAP sea particularmente valioso en campos como la genómica, el procesamiento de imágenes a gran escala y el procesamiento del lenguaje natural, donde los conjuntos de datos pueden alcanzar millones o incluso miles de millones de puntos.

4. Versatilidad

UMAP demuestra una adaptabilidad excepcional a diversos tipos de datos, lo que lo convierte en una herramienta poderosa para aplicaciones variadas. Aquí una explicación ampliada de la versatilidad de UMAP:

- **Datos numéricos:** UMAP destaca en el procesamiento de datos numéricos de alta dimensionalidad, lo que lo hace ideal para tareas como el análisis de expresión génica en bioinformática o el análisis de datos financieros.
- **Datos categóricos:** A diferencia de otras técnicas de reducción de dimensionalidad, UMAP puede manejar datos categóricos de manera efectiva. Esto es útil para analizar respuestas de encuestas o datos de segmentación de clientes.
- **Datos mixtos:** La flexibilidad de UMAP le permite trabajar con conjuntos de datos que combinan características numéricas y categóricas, algo común en escenarios del mundo real.
- **Datos de texto:** En procesamiento del lenguaje natural, UMAP puede aplicarse a embeddings de palabras o vectores de documentos para visualizar las relaciones semánticas entre palabras o documentos.
- **Datos de imágenes:** UMAP puede procesar datos de imágenes de alta dimensionalidad, lo que lo hace valioso para tareas como el reconocimiento facial o el análisis de imágenes médicas.
- **Datos estructurados en grafos:** UMAP puede manejar datos de grafos o redes, preservando tanto la estructura local como global. Esto es útil para análisis de redes sociales o el estudio de redes de interacción de proteínas en biología.

La capacidad de UMAP para procesar una amplia gama de tipos de datos mientras preserva tanto las estructuras locales como globales lo convierte en una herramienta invaluable en muchos campos, incluidos machine learning, ciencia de datos y diversas aplicaciones específicas de dominio.

5. Fundamento teórico

UMAP se basa en un sólido fundamento matemático, derivado de conceptos del análisis topológico de datos y el aprendizaje de manifolds. Esta base teórica proporciona un fundamento robusto para su rendimiento e interpretabilidad. El marco de UMAP está arraigado en la geometría de Riemann y la topología algebraica, lo que le permite capturar tanto las estructuras locales como globales en los datos de alta dimensionalidad.

La idea central detrás de UMAP es construir una representación topológica de los datos de alta dimensionalidad en forma de un grafo ponderado. Este grafo luego se utiliza para crear un diseño de baja dimensionalidad que preserva las características topológicas esenciales de los datos originales. El algoritmo logra esto a través de varios pasos clave:

1. Construcción de una representación topológica difusa de los datos de alta dimensionalidad.
2. Creación de una representación topológica similar en el espacio de baja dimensionalidad.
3. Optimización del diseño de la representación de baja dimensionalidad para que coincida de cerca con la topología de alta dimensionalidad.

El uso de UMAP de conceptos del aprendizaje de manifolds le permite modelar efectivamente la geometría intrínseca de los datos, mientras que su base en el análisis topológico de datos le permite capturar la estructura global que otras técnicas de reducción de dimensionalidad podrían pasar por alto. Esta combinación de enfoques contribuye a la capacidad de UMAP para preservar tanto las relaciones locales como globales en los datos, lo que lo convierte en una poderosa herramienta para la visualización y el análisis de conjuntos de datos complejos y de alta dimensionalidad.

Al combinar estas ventajas, UMAP se ha convertido en una herramienta fundamental para investigadores y científicos de datos que trabajan con datos de alta dimensionalidad en diversos campos, incluidos bioinformática, visión por computadora y procesamiento del lenguaje natural.

Cómo funciona UMAP

UMAP (Uniform Manifold Approximation and Projection) es una técnica avanzada de reducción de dimensionalidad que opera construyendo una representación gráfica de alta dimensionalidad de los datos. Este grafo captura la estructura topológica del conjunto de datos original.

Luego, UMAP optimiza este grafo, proyectándolo en un espacio de menor dimensionalidad mientras se esfuerza por preservar las relaciones entre los puntos de datos. Este proceso da como resultado una representación de baja dimensionalidad que mantiene tanto las estructuras locales como globales de los datos originales.

La funcionalidad de UMAP está gobernada por dos parámetros principales:

- **n_neighbors:** Este parámetro desempeña un papel crucial en cómo UMAP equilibra la preservación de la estructura local y global. Define esencialmente el tamaño del vecindario local para cada punto en el espacio de alta dimensionalidad. Un valor más alto de **n_neighbors** instruye a UMAP a considerar más puntos como "vecinos", preservando así más de la estructura global de los datos. Por el contrario, un valor más bajo se enfoca en preservar las estructuras locales.

- **min_dist:** Este parámetro controla la distancia mínima entre los puntos en la representación de baja dimensionalidad. Influye en cuán compactamente UMAP puede agrupar los puntos en el espacio reducido. Un valor más bajo de **min_dist** resulta en clusters más compactos, lo que potencialmente enfatiza la estructura local detallada, mientras que un valor más alto conduce a una representación más dispersa que podría preservar mejor las relaciones globales.

La interacción entre estos parámetros permite a UMAP crear visualizaciones que pueden revelar tanto agrupaciones locales como patrones globales en los datos, lo que lo convierte en una herramienta poderosa para el análisis exploratorio de datos y la extracción de características en pipelines de machine learning.

Ejemplo: UMAP para la reducción de dimensionalidad

Apliquemos UMAP al mismo conjunto de datos Iris y comparemos los resultados con t-SNE.

```
import umap
import matplotlib.pyplot as plt
from sklearn.datasets import load_iris
from sklearn.preprocessing import StandardScaler
import numpy as np
import pandas as pd

# Load the Iris dataset
data = load_iris()
X = data.data
y = data.target

# Create a DataFrame for easier manipulation
df = pd.DataFrame(X, columns=data.feature_names)
df['target'] = y

# Standardize the data
scaler = StandardScaler()
X_scaled = scaler.fit_transform(X)

# Apply UMAP with different parameters
umap_default = umap.UMAP(random_state=42)
umap_neighbors = umap.UMAP(n_neighbors=30, random_state=42)
umap_min_dist = umap.UMAP(min_dist=0.5, random_state=42)

# Fit and transform the data
X_umap_default = umap_default.fit_transform(X_scaled)
X_umap_neighbors = umap_neighbors.fit_transform(X_scaled)
X_umap_min_dist = umap_min_dist.fit_transform(X_scaled)

# Plotting function
def plot_umap(X_umap, title):
    plt.figure(figsize=(10, 8))
    scatter = plt.scatter(X_umap[:, 0], X_umap[:, 1], c=y, cmap='viridis')
```

```
    plt.colorbar(scatter)
    plt.title(title)
    plt.xlabel("UMAP Dimension 1")
    plt.ylabel("UMAP Dimension 2")
    plt.show()

# Plot the UMAP projections
plot_umap(X_umap_default, "UMAP Projection of Iris Dataset (Default)")
plot_umap(X_umap_neighbors, "UMAP Projection (n_neighbors=30)")
plot_umap(X_umap_min_dist, "UMAP Projection (min_dist=0.5)")

# Analyze the results
print("Shape of original data:", X.shape)
print("Shape of UMAP projection:", X_umap_default.shape)

# Calculate the variance explained
def calc_variance_explained(X_original, X_embedded):
    return 1 - np.var(X_original - X_embedded) / np.var(X_original)

variance_explained = calc_variance_explained(X_scaled, X_umap_default)
print(f"Variance explained by UMAP: {variance_explained:.2f}")
```

Este ejemplo de UMAP proporciona una demostración completa de cómo utilizar UMAP para la reducción de dimensionalidad y visualización.

Desglose del código y su funcionalidad:

1. Preparación de datos:

- Cargamos el conjunto de datos Iris utilizando la función load_iris() de scikit-learn.
- Luego, los datos se convierten en un DataFrame de pandas para facilitar su manipulación.
- Estandarizamos las características usando StandardScaler para garantizar que todas las características estén en la misma escala.

2. Aplicación de UMAP:

- Creamos tres modelos UMAP con diferentes parámetros: a) Parámetros predeterminados. b) Aumento de n_neighbors (30 en lugar de los 15 predeterminados). c) Aumento de min_dist (0.5 en lugar del 0.1 predeterminado).
- Luego, cada modelo se ajusta a los datos estandarizados y se utiliza para transformarlos en una representación 2D.

3. Visualización:

- Se define una función de graficación plot_umap() para crear gráficos de dispersión de las proyecciones de UMAP.

- Creamos tres gráficos, uno para cada modelo de UMAP, para visualizar cómo los diferentes parámetros afectan la proyección.
- Los gráficos utilizan colores para distinguir entre las tres especies de Iris.

4. Análisis:

- Imprimimos las dimensiones de los datos originales y transformados para mostrar la reducción de dimensionalidad.
- Se define una función calc_variance_explained() para calcular cuánto de la varianza original se preserva en la proyección de UMAP.
- Imprimimos la varianza explicada por la proyección UMAP predeterminada.

5. Interpretación:

- Las proyecciones de UMAP deberían mostrar una clara separación entre las tres especies de Iris si el algoritmo es efectivo.
- Cambiar el valor de n_neighbors afecta el equilibrio entre la preservación de la estructura local y global. Un valor mayor (30) podría capturar más estructura global.
- Aumentar min_dist a 0.5 debería resultar en una proyección más dispersa, lo que potencialmente facilita la visualización de relaciones globales, pero podría oscurecer estructuras locales.
- La varianza explicada da una idea de cuánta información del espacio original 4D se conserva en la proyección 2D.

Este ejemplo ofrece una exploración completa de UMAP, mostrando su aplicación con varios parámetros e incorporando pasos adicionales de análisis. Proporciona valiosos conocimientos sobre la funcionalidad de UMAP e ilustra cómo el ajuste de sus parámetros influye en las proyecciones resultantes.

Comparación entre UMAP y t-SNE

- **Velocidad**: UMAP es generalmente más rápido y escalable que t-SNE, lo que lo hace adecuado para conjuntos de datos más grandes. Esto es particularmente importante al trabajar con datos de alta dimensionalidad o tamaños de muestra grandes, donde la eficiencia computacional es crucial. El algoritmo de UMAP está diseñado para manejar conjuntos de datos más grandes de manera más eficiente, permitiendo tiempos de procesamiento más rápidos y la posibilidad de trabajar con conjuntos de datos que podrían ser imprácticos para t-SNE.
- **Preservación de la estructura**: UMAP tiende a preservar tanto la estructura local como la global, mientras que t-SNE se centra más en las relaciones locales. Esto significa que UMAP es mejor para mantener la forma y estructura general de los datos en el espacio de menor dimensión. Puede capturar tanto los detalles finos de los

vecindarios locales como los patrones más amplios en todo el conjunto de datos. En contraste, t-SNE se destaca en preservar las estructuras locales, pero puede distorsionar las relaciones globales, lo que puede llevar a malinterpretaciones de la estructura general de los datos.

- **Ajuste de parámetros**: UMAP es sensible a los parámetros **n_neighbors** y **min_dist**, y ajustar finamente estos valores puede mejorar significativamente los resultados. El parámetro n_neighbors controla el tamaño de los vecindarios locales utilizados en la aproximación del colector, afectando el equilibrio entre la preservación de la estructura local y global. El parámetro min_dist influye en cuán estrechamente UMAP permite empaquetar los puntos en la representación de baja dimensión. Ajustar estos parámetros permite tener más control sobre la visualización final, pero también requiere una consideración cuidadosa y experimentación para lograr resultados óptimos para un conjunto de datos determinado.

Ejemplo: Ajuste de los parámetros de UMAP

```
# Import necessary libraries
import numpy as np
import matplotlib.pyplot as plt
from sklearn.datasets import load_iris
from sklearn.preprocessing import StandardScaler
import umap

# Load the Iris dataset
iris = load_iris()
X = iris.data
y = iris.target

# Standardize the features
scaler = StandardScaler()
X_scaled = scaler.fit_transform(X)

# Create UMAP models with different parameters
umap_default = umap.UMAP(random_state=42)
umap_neighbors = umap.UMAP(n_neighbors=30, random_state=42)
umap_min_dist = umap.UMAP(min_dist=0.5, random_state=42)

# Fit and transform the data
X_umap_default = umap_default.fit_transform(X_scaled)
X_umap_neighbors = umap_neighbors.fit_transform(X_scaled)
X_umap_min_dist = umap_min_dist.fit_transform(X_scaled)

# Plotting function
def plot_umap(X_umap, title):
    plt.figure(figsize=(10, 8))
    scatter = plt.scatter(X_umap[:, 0], X_umap[:, 1], c=y, cmap='viridis')
    plt.colorbar(scatter)
```

```
    plt.title(title)
    plt.xlabel("UMAP Dimension 1")
    plt.ylabel("UMAP Dimension 2")
    plt.show()

# Plot the UMAP projections
plot_umap(X_umap_default, "UMAP Projection of Iris Dataset (Default)")
plot_umap(X_umap_neighbors, "UMAP Projection (n_neighbors=30)")
plot_umap(X_umap_min_dist, "UMAP Projection (min_dist=0.5)")

# Analyze the results
print("Shape of original data:", X.shape)
print("Shape of UMAP projection:", X_umap_default.shape)

# Calculate the variance explained
def calc_variance_explained(X_original, X_embedded):
    return 1 - np.var(X_original - X_embedded) / np.var(X_original)

variance_explained = calc_variance_explained(X_scaled, X_umap_default)
print(f"Variance explained by UMAP: {variance_explained:.2f}")
```

Este ejemplo de código demuestra la aplicación de UMAP (Uniform Manifold Approximation and Projection) para la reducción de dimensionalidad utilizando el conjunto de datos Iris.

Desglose completo del código:

1. **Importar bibliotecas y cargar datos**

El código comienza importando las bibliotecas necesarias: NumPy para operaciones numéricas, Matplotlib para la visualización, scikit-learn para el conjunto de datos Iris y StandardScaler, y UMAP para la reducción de dimensionalidad.

2. **Preparación de datos**

Se carga el conjunto de datos Iris y se estandarizan las características usando StandardScaler. Este paso es crucial, ya que garantiza que todas las características estén en la misma escala, lo que puede mejorar el rendimiento de muchos algoritmos de aprendizaje automático, incluido UMAP.

3. **Creación del modelo UMAP**

Se crean tres modelos UMAP con diferentes parámetros:

- Parámetros predeterminados
- Aumento de n_neighbors (30 en lugar de los 15 predeterminados)
- Aumento de min_dist (0.5 en lugar de los 0.1 predeterminados)

Esto nos permite comparar cómo los diferentes parámetros afectan la proyección UMAP.

4. **Transformación de datos**

Cada modelo UMAP se ajusta a los datos estandarizados y se utiliza para transformarlos en una representación 2D.

5. **Visualización**

Se define una función de visualización, plot_umap(), para crear gráficos de dispersión de las proyecciones de UMAP. Esta función utiliza Matplotlib para crear un gráfico de dispersión codificado por colores, donde el color representa las diferentes especies de Iris.

6. **Análisis de resultados**

El código imprime las dimensiones de los datos originales y transformados para mostrar la reducción de dimensionalidad. También incluye una función, calc_variance_explained(), para calcular cuánto de la varianza original se conserva en la proyección UMAP.

7. **Interpretación**

- Las proyecciones de UMAP deberían mostrar una clara separación entre las tres especies de Iris si el algoritmo es efectivo.
- Cambiar el valor de n_neighbors afecta el equilibrio entre la preservación de la estructura local y global. Un valor mayor (30) podría capturar más estructura global.
- Aumentar min_dist a 0.5 debería resultar en una proyección más dispersa, lo que potencialmente facilita la visualización de relaciones globales, pero podría oscurecer estructuras locales.
- La varianza explicada ofrece una idea de cuánta información del espacio 4D original se conserva en la proyección 2D.

Este ejemplo completo muestra la aplicación de UMAP con varios parámetros e incorpora pasos adicionales de análisis. Proporciona valiosos conocimientos sobre la funcionalidad de UMAP e ilustra cómo el ajuste de sus parámetros influye en las proyecciones resultantes.

5.3.3 Cuándo usar t-SNE y UMAP

t-SNE (t-Distributed Stochastic Neighbor Embedding) es una técnica avanzada para visualizar datos de alta dimensionalidad. Se destaca en la revelación de estructuras locales y patrones dentro de los conjuntos de datos, lo que la hace particularmente útil para:

- Explorar conjuntos de datos complejos con relaciones intrincadas
- Visualizar clústeres en conjuntos de datos pequeños a medianos
- Descubrir patrones ocultos que pueden no ser evidentes usando técnicas lineales

Sin embargo, t-SNE tiene limitaciones:

- Puede ser computacionalmente intensiva, especialmente para conjuntos de datos grandes.
- Los resultados pueden ser sensibles a la elección de los parámetros.
- Puede no preservar la estructura global tan eficazmente como la estructura local.

UMAP (Uniform Manifold Approximation and Projection) es una técnica más reciente de reducción de dimensionalidad que ofrece varias ventajas:

- Tiempos de procesamiento más rápidos, lo que lo hace adecuado para conjuntos de datos más grandes.
- Mejor preservación tanto de la estructura local como global de los datos.
- Capacidad para manejar una mayor variedad de tipos y estructuras de datos.

UMAP es particularmente adecuado para:

- Analizar conjuntos de datos a gran escala donde el rendimiento es crucial.
- Aplicaciones que requieren un equilibrio entre la preservación de la estructura local y global.
- Escenarios donde el colector subyacente de los datos es complejo o no lineal.

Al elegir entre t-SNE y UMAP, considere factores como el tamaño del conjunto de datos, los recursos computacionales y los conocimientos específicos que busca obtener de la visualización de sus datos.

5.4 Técnicas de Evaluación para el Aprendizaje No Supervisado

Evaluar los modelos de aprendizaje no supervisado presenta desafíos únicos debido a la ausencia de etiquetas predefinidas para comparación. A diferencia del aprendizaje supervisado, donde podemos medir directamente el rendimiento del modelo frente a resultados conocidos, el aprendizaje no supervisado requiere enfoques más matizados para evaluar la calidad del modelo. Esta sección profundiza en una variedad de técnicas de evaluación diseñadas específicamente para escenarios de aprendizaje no supervisado.

Exploraremos métodos para evaluar la efectividad de los algoritmos de clustering, que tienen como objetivo agrupar puntos de datos similares sin conocimiento previo de las agrupaciones correctas. Además, examinaremos estrategias para evaluar técnicas de reducción de dimensionalidad, que buscan comprimir datos de alta dimensionalidad en representaciones de menor dimensión, preservando la información esencial y las relaciones.

Al emplear estos métodos de evaluación indirecta, podemos obtener valiosas ideas sobre el rendimiento y la fiabilidad de los modelos de aprendizaje no supervisado. Estas técnicas no solo ayudan a evaluar la calidad de los resultados, sino que también guían el proceso de selección de modelos y ajuste de parámetros, lo que finalmente conduce a resultados de aprendizaje no supervisado más sólidos y significativos.

5.4.1 Evaluación de Algoritmos de Clustering

Los algoritmos de clustering agrupan puntos de datos según su similitud, con el objetivo de crear clústeres donde los puntos dentro de un clúster sean más similares entre sí que con los puntos en otros clústeres. Sin embargo, determinar la efectividad de un algoritmo de clustering sin etiquetas de verdad fundamental presenta un desafío significativo en el aprendizaje no supervisado. Para abordar esto, se han desarrollado varias técnicas de evaluación para medir la calidad de los clústeres basándose en las propiedades inherentes de los datos mismos.

Estas técnicas de evaluación pueden clasificarse en dos tipos:

1. Métricas de evaluación interna

Estas métricas evalúan la calidad del clustering al analizar propiedades intrínsecas de los datos y los clústeres resultantes, sin depender de información externa o etiquetas predefinidas. Examinar factores como la cohesión intra-clúster y la separación inter-clúster ayuda a evaluar qué tan bien ha agrupado el algoritmo puntos de datos similares juntos mientras mantiene separados a los puntos disímiles.

Ejemplos incluyen:

Silhouette Score

Esta métrica evalúa qué tan bien se ajusta cada punto de datos a su clúster asignado en comparación con otros clústeres. Proporciona una medida integral de la calidad del clustering al evaluar tanto la cohesión dentro de los clústeres como la separación entre ellos.

El puntaje oscila entre -1 y 1, donde:

- Un puntaje de 1 indica que el punto de datos está muy bien ajustado a su propio clúster y mal ajustado a los clústeres vecinos, lo que sugiere un clustering óptimo.
- Un puntaje de 0 indica que el punto de datos está en o muy cerca del límite de decisión entre dos clústeres vecinos.
- Un puntaje de -1 indica que el punto de datos podría haber sido asignado al clúster incorrecto, ya que es más similar a los clústeres vecinos que a su propio clúster.

El Silhouette Score se calcula para cada punto de datos utilizando los siguientes pasos:

1. Calcular la distancia promedio entre el punto de datos y todos los demás puntos en su clúster (a).

2. Para cada otro clúster, calcular la distancia promedio entre el punto de datos y todos los puntos en ese clúster.
3. Encontrar el mínimo de estas distancias promedio (b).
4. El Silhouette Score para el punto de datos es (b - a) / max(a, b).

El puntaje general de Silhouette para un clustering es el promedio de los puntajes de Silhouette para todos los puntos de datos. Este puntaje se utiliza ampliamente en diversas aplicaciones, como la segmentación de imágenes, el reconocimiento de patrones y la minería de datos, para evaluar y optimizar algoritmos de clustering.

Ejemplo: Silhouette Score para K-Means con Scikit-learn

Calculemos el **Silhouette Score** para un ejemplo de clustering K-Means.

```
import numpy as np
from sklearn.cluster import KMeans
from sklearn.datasets import make_blobs
from sklearn.metrics import silhouette_score
import matplotlib.pyplot as plt

# Generate synthetic data
n_samples = 1000
n_features = 2
n_clusters = 4
X, y = make_blobs(n_samples=n_samples, n_features=n_features, centers=n_clusters,
random_state=42)

# Perform K-Means clustering
kmeans = KMeans(n_clusters=n_clusters, random_state=42)
labels = kmeans.fit_predict(X)

# Calculate Silhouette Score
silhouette_avg = silhouette_score(X, labels)

# Visualize the clusters
plt.figure(figsize=(10, 5))
plt.subplot(121)
scatter = plt.scatter(X[:, 0], X[:, 1], c=labels, cmap='viridis')
plt.colorbar(scatter)
plt.title('K-Means Clustering Result')
plt.xlabel('Feature 1')
plt.ylabel('Feature 2')

# Plot Elbow Method
inertias = []
k_range = range(1, 11)
for k in k_range:
    kmeans = KMeans(n_clusters=k, random_state=42)
    kmeans.fit(X)
    inertias.append(kmeans.inertia_)
```

```
plt.subplot(122)
plt.plot(k_range, inertias, 'bo-')
plt.xlabel('Number of Clusters (k)')
plt.ylabel('Inertia')
plt.title('Elbow Method for Optimal k')

plt.tight_layout()
plt.show()

print(f"Silhouette Score: {silhouette_avg:.4f}")
print(f"Optimal number of clusters (from elbow method): {n_clusters}")
```

Este ejemplo de código demuestra un enfoque integral para el clustering con K-Means, que incluye la generación de datos, clustering, evaluación y visualización.

Desglose del código:

1. **Importar bibliotecas necesarias**:
   - numpy para operaciones numéricas.
   - KMeans de sklearn.cluster para el clustering.
   - make_blobs de sklearn.datasets para generar datos sintéticos.
   - silhouette_score de sklearn.metrics para la evaluación del clustering.
   - matplotlib.pyplot para la visualización.
2. **Generación de datos sintéticos**:
   - Se usa make_blobs para crear un conjunto de datos con 1000 muestras, 2 características y 4 clusters.
   - Esto simula un escenario real de clustering.
3. **Realizar clustering con K-Means**:
   - Inicializar KMeans con 4 clusters.
   - Ajustar el modelo a los datos y predecir las etiquetas de los clusters.
4. **Calcular el Silhouette Score**:
   - Usar silhouette_score para evaluar la calidad del clustering.
   - El puntaje de Silhouette varía de -1 a 1, con valores más altos indicando clusters mejor definidos.
5. **Visualizar los clusters**:

   - Crear un gráfico de dispersión de los puntos de datos, coloreados por sus asignaciones de clusters.
   - Añadir una barra de color para mostrar las etiquetas de los clusters.
6. **Implementar el método del codo (Elbow Method)**:
   - Ejecutar K-Means para diferentes números de clusters (de 1 a 10).
   - Calcular la inercia (suma de cuadrados dentro del cluster) para cada valor de k.
   - Graficar la inercia frente al número de clusters.
7. **Mostrar los resultados**:
   - Mostrar la visualización del clustering y el gráfico del método del codo uno al lado del otro.
   - Imprimir el Silhouette Score y el número óptimo de clusters.

Este ejemplo completo no solo realiza clustering con K-Means, sino que también incluye métodos para determinar el número óptimo de clusters (Método del Codo) y evaluar la calidad del clustering (Silhouette Score). Las visualizaciones ayudan a entender la estructura del cluster y el proceso de selección del mejor número de clusters.

Índice de Davies-Bouldin

Este índice evalúa la calidad de los algoritmos de clustering midiendo la similitud promedio entre cada cluster y su cluster más similar. Se calcula de la siguiente manera:

1. Para cada cluster, se encuentra su cluster más similar basado en la relación entre las distancias dentro del cluster y las distancias entre clusters.
2. Se calcula la medida de similitud para este par de clusters.
3. Se toma el promedio de estas medidas de similitud a lo largo de todos los clusters.

Características clave del Índice de Davies-Bouldin:

- **Rango**: Varía de 0 al infinito.
- **Interpretación**: Valores más bajos indican un mejor clustering, siendo 0 la mejor puntuación posible.
- **Propiedades del cluster**: Favorece clusters compactos (bajas distancias dentro del cluster) y bien separados de otros clusters (altas distancias entre clusters).
- **Limitaciones**: Al igual que algunas otras métricas, asume que los clusters son convexos e isotrópicos, lo que puede no ser siempre el caso en datos del mundo real.

Al usar el Índice de Davies-Bouldin:

- Un puntaje cercano a 0 sugiere clusters bien definidos y distintos.
- Puntajes más altos indican clusters solapados o mal separados.
- A menudo se usa en combinación con otras métricas para una evaluación integral de la calidad del clustering.

Interpretación de ejemplos:

- **Puntaje de 0.2**: Indica clusters bien separados.
- **Puntaje de 1.5**: Sugiere clusters solapados o mal separados.

El Índice de Davies-Bouldin es particularmente útil al comparar diferentes algoritmos de clustering o configuraciones de parámetros en el mismo conjunto de datos, ayudando a los científicos de datos a elegir el enfoque más efectivo para sus datos específicos.

Ejemplo: Índice de Davies-Bouldin con Scikit-learn.

```
import numpy as np
from sklearn.cluster import KMeans
from sklearn.datasets import make_blobs
from sklearn.metrics import davies_bouldin_score
import matplotlib.pyplot as plt

# Generate synthetic data for clustering
X, y = make_blobs(n_samples=300, centers=4, cluster_std=0.60, random_state=0)

# Perform K-means clustering
kmeans = KMeans(n_clusters=4, random_state=0)
labels = kmeans.fit_predict(X)

# Calculate the Davies-Bouldin Index
db_index = davies_bouldin_score(X, labels)

# Visualize the clusters
plt.figure(figsize=(10, 5))
plt.subplot(121)
scatter = plt.scatter(X[:, 0], X[:, 1], c=labels, cmap='viridis')
plt.colorbar(scatter)
plt.title('K-means Clustering Result')
plt.xlabel('Feature 1')
plt.ylabel('Feature 2')

# Plot Elbow Method
inertias = []
k_range = range(1, 11)
for k in k_range:
    kmeans = KMeans(n_clusters=k, random_state=0)
    kmeans.fit(X)
    inertias.append(kmeans.inertia_)
```

```
plt.subplot(122)
plt.plot(k_range, inertias, 'bo-')
plt.xlabel('Number of Clusters (k)')
plt.ylabel('Inertia')
plt.title('Elbow Method for Optimal k')

plt.tight_layout()
plt.show()

print(f"Davies-Bouldin Index: {db_index:.2f}")
```

Este ejemplo demuestra un enfoque integral para el clustering con K-means, que incluye la generación de datos, clustering, evaluación usando el Índice de Davies-Bouldin y visualización.

Desglose del código:

1. **Importar bibliotecas necesarias**:
   - numpy para operaciones numéricas.
   - KMeans de sklearn.cluster para el clustering.
   - make_blobs de sklearn.datasets para generar datos sintéticos.
   - davies_bouldin_score de sklearn.metrics para la evaluación del clustering.
   - matplotlib.pyplot para la visualización.
2. **Generación de datos sintéticos**:
   - Usar make_blobs para crear un conjunto de datos con 300 muestras, 4 centros y una desviación estándar de los clusters de 0.60.
   - Esto simula un escenario de clustering del mundo real.
3. **Realizar clustering con K-means**:
   - Inicializar KMeans con 4 clusters.
   - Ajustar el modelo a los datos y predecir las etiquetas de los clusters.
4. **Calcular el Índice de Davies-Bouldin**:
   - Usar davies_bouldin_score para evaluar la calidad del clustering.
   - El Índice de Davies-Bouldin varía de 0 al infinito, con valores más bajos que indican clusters mejor definidos.
5. **Visualizar los clusters**:
   - Crear un gráfico de dispersión de los puntos de datos, coloreados por sus asignaciones de clusters.

    - Añadir una barra de color para mostrar las etiquetas de los clusters.

6. **Implementar el método del codo (Elbow Method)**:
    - Ejecutar K-means para diferentes números de clusters (de 1 a 10).
    - Calcular la inercia (suma de cuadrados dentro del cluster) para cada valor de k.
    - Graficar la inercia frente al número de clusters.

7. **Mostrar los resultados**:
    - Mostrar la visualización del clustering y el gráfico del método del codo uno al lado del otro.
    - Imprimir el puntaje del Índice de Davies-Bouldin.

Este ejemplo no solo realiza clustering con K-means, sino que también incluye métodos para determinar el número óptimo de clusters (Método del Codo) y evaluar la calidad del clustering (Índice de Davies-Bouldin). Las visualizaciones ayudan a entender la estructura del cluster y el proceso de selección del mejor número de clusters.

Índice de Calinski-Harabasz

El Índice de Calinski-Harabasz, también conocido como el Criterio de la Relación de Varianza, es una métrica importante para evaluar la calidad de los resultados del clustering. Este índice mide la relación entre la dispersión entre clusters y la dispersión dentro de los clusters, proporcionando información valiosa sobre la efectividad de un algoritmo de clustering.

Explicación más detallada del Índice de Calinski-Harabasz:

- **Dispersión entre clusters**: Mide qué tan bien separados están los clusters entre sí. Un valor alto indica que los clusters son más distintos y están más alejados.
- **Dispersión dentro del cluster**: Mide qué tan compactos están los puntos de datos dentro de cada cluster. Un valor bajo indica que los puntos dentro de cada cluster están más agrupados.

El Índice de Calinski-Harabasz se calcula dividiendo la dispersión entre clusters por la dispersión dentro del cluster. Un valor alto del índice sugiere clusters mejor definidos, ya que indica que los clusters están bien separados entre sí mientras los puntos dentro de cada cluster están agrupados de forma compacta.

Al interpretar el Índice de Calinski-Harabasz:

- Valores más altos indican mejores resultados de clustering, con clusters más distintos y bien definidos.

- El índice se puede usar para comparar diferentes algoritmos de clustering o para determinar el número óptimo de clusters para un conjunto de datos.
- Es particularmente útil cuando se trabaja con datos de alta dimensionalidad, ya que proporciona un valor escalar único para evaluar la calidad del clustering.

Sin embargo, es importante notar que, al igual que otras métricas de evaluación de clustering, el Índice de Calinski-Harabasz tiene sus limitaciones. Tiende a favorecer clusters convexos y esféricos y puede no funcionar tan bien con clusters de densidades variables o formas no globulares. Por lo tanto, se recomienda usar este índice junto con otras métricas de evaluación para una evaluación más integral de la calidad del clustering.

Ejemplo:

Aquí hay un ejemplo completo de cómo calcular el Índice de Calinski-Harabasz usando Scikit-learn.

```
import numpy as np
from sklearn.cluster import KMeans
from sklearn.metrics import calinski_harabasz_score
from sklearn.datasets import make_blobs

# Generate synthetic data for clustering
X, y = make_blobs(n_samples=300, centers=4, cluster_std=0.60, random_state=0)

# Perform K-means clustering
kmeans = KMeans(n_clusters=4, random_state=0)
labels = kmeans.fit_predict(X)

# Compute the Calinski-Harabasz Index
ch_score = calinski_harabasz_score(X, labels)

print(f"Calinski-Harabasz Index: {ch_score:.2f}")
```

Desglose del código:

1. **Importar bibliotecas necesarias**:
   - numpy para operaciones numéricas
   - KMeans de sklearn.cluster para realizar el clustering con K-means
   - calinski_harabasz_score de sklearn.metrics para calcular el Índice de Calinski-Harabasz
   - make_blobs de sklearn.datasets para generar datos sintéticos
2. **Generar datos sintéticos**:

- Crear un conjunto de datos con 300 muestras, 4 centros y una desviación estándar del cluster de 0.60
- Se establece random_state en 0 para reproducibilidad

3. **Realizar clustering con K-means**:
    - Inicializar KMeans con 4 clusters (coincidiendo con el número de centros en los datos sintéticos)
    - Ajustar el modelo a los datos y predecir las etiquetas de los clusters
4. **Calcular el Índice de Calinski-Harabasz**:
    - Usar la función calinski_harabasz_score, pasando los datos (X) y las etiquetas de los clusters
5. **Imprimir el resultado**:
    - Mostrar el puntaje del Índice de Calinski-Harabasz, formateado a dos decimales

Interpretación:

El Índice de Calinski-Harabasz varía de 0 al infinito. Un puntaje más alto indica clusters mejor definidos. Al interpretar los resultados:

- Un puntaje más alto sugiere que los clusters son densos y están bien separados.
- Un puntaje más bajo puede indicar clusters solapados o puntos de datos mal separados.

Este índice es especialmente útil al comparar diferentes algoritmos de clustering o al determinar el número óptimo de clusters para un conjunto de datos determinado. Al ejecutar este código con diferentes números de clusters o con distintos algoritmos de clustering, puedes comparar los puntajes resultantes para encontrar el enfoque de clustering más efectivo para tus datos.

Recuerda que, aunque el Índice de Calinski-Harabasz es una herramienta valiosa, debe usarse junto con otras métricas de evaluación y el conocimiento del dominio para una evaluación integral de la calidad del clustering.

2. Métricas de evaluación externa

Estas se utilizan cuando se tiene algún conocimiento externo sobre los datos, como etiquetas de clase o anotaciones humanas. Las métricas de evaluación externa proporcionan una forma de evaluar la calidad de los resultados del clustering o de la reducción de dimensionalidad al compararlos con información de verdad fundamental conocida. Dos métricas de evaluación externa comúnmente usadas son:

- **Adjusted Rand Index (ARI)**: Esta métrica mide la similitud entre las etiquetas verdaderas y las etiquetas predichas. Tiene en cuenta el número de pares de puntos de datos que están correctamente colocados en el mismo o diferente cluster, ajustado por azar. El ARI varía de -1 a 1, donde 1 indica un acuerdo perfecto entre las etiquetas verdaderas y las predichas, 0 representa un etiquetado aleatorio, y valores negativos indican menos acuerdo que lo esperado por azar.
- **Normalized Mutual Information (NMI)**: Esta métrica cuantifica la información mutua entre las etiquetas verdaderas y las etiquetas predichas. Mide cuánta información se comparte entre los dos conjuntos de etiquetas, normalizada en un rango de 0 a 1. Un puntaje más alto de NMI indica un mejor acuerdo entre las etiquetas verdaderas y las predichas, con 1 representando una coincidencia perfecta y 0 indicando ninguna información mutua.

Estas métricas de evaluación externa son particularmente útiles cuando se valida el rendimiento de los algoritmos de clustering en conjuntos de datos donde se conocen las etiquetas verdaderas, como en estudios de referencia o cuando se trabaja con datos parcialmente etiquetados. Sin embargo, es importante notar que en muchos escenarios reales de aprendizaje no supervisado, las etiquetas verdaderas pueden no estar disponibles, lo que limita la aplicabilidad de estas métricas.

Ejemplos incluyen:

- **Adjusted Rand Index (ARI)**: Mide la similitud entre las etiquetas verdaderas y las etiquetas predichas del clustering, ajustado por azar.
- **Normalized Mutual Information (NMI)**: Cuantifica la información mutua entre las etiquetas verdaderas y las etiquetas predichas del clustering, normalizada en un rango de 0 a 1.

Al aplicar estas técnicas de evaluación, es importante considerar múltiples métricas, ya que cada una proporciona una perspectiva diferente sobre la calidad del clustering. Además, la elección de la métrica de evaluación debe alinearse con los objetivos específicos de la tarea de clustering y las características del conjunto de datos que se esté analizando.

5.4.2 Evaluación de Técnicas de Reducción de Dimensionalidad

Las técnicas de reducción de dimensionalidad, como el Análisis de Componentes Principales (PCA), el t-Distributed Stochastic Neighbor Embedding (t-SNE) y la Aproximación y Proyección Uniforme de Manifold (UMAP), son métodos potentes utilizados en aprendizaje no supervisado para abordar los desafíos que presenta el manejo de datos de alta dimensionalidad. Estas técnicas tienen como objetivo reducir el número de características o variables en un conjunto de datos, preservando al mismo tiempo las estructuras y relaciones importantes dentro de los datos.

El PCA es una técnica lineal que identifica los componentes principales de los datos, es decir, nuevas variables que son combinaciones lineales de las características originales y que capturan la máxima varianza en el conjunto de datos. Es especialmente útil para conjuntos de datos con relaciones lineales entre variables.

Por otro lado, el t-SNE es una técnica no lineal que destaca en la preservación de las estructuras locales en los datos. Mapea los datos de alta dimensionalidad a un espacio de menor dimensionalidad (generalmente 2D o 3D), de manera que los puntos de datos similares en el espacio de alta dimensionalidad permanezcan cercanos en la representación de menor dimensionalidad.

UMAP es otra técnica no lineal, similar a t-SNE, pero a menudo más rápida y mejor en la preservación tanto de las estructuras locales como globales en los datos. Es especialmente útil para la visualización de conjuntos de datos complejos y de alta dimensionalidad.

La importancia de estas técnicas radica en su capacidad para mitigar la "maldición de la dimensionalidad", un fenómeno en el que la dispersión de los datos en espacios de alta dimensionalidad dificulta el análisis estadístico. Al reducir la dimensionalidad, estos métodos pueden mejorar el rendimiento de los modelos de aprendizaje automático, facilitar la visualización de los datos y descubrir patrones ocultos en los mismos.

Evaluar el rendimiento de las técnicas de reducción de dimensionalidad implica el uso de diferentes métricas, dependiendo del método específico y del contexto del problema. Para PCA, a menudo se utiliza la proporción de varianza explicada para determinar cuánta información se retiene en las dimensiones reducidas. Para t-SNE y UMAP, es común la inspección visual de la representación en baja dimensionalidad, junto con métricas como la confianza y la continuidad, que miden qué tan bien se preserva la estructura local de los datos.

Varianza Explicada (PCA)

Para el **Análisis de Componentes Principales (PCA)**, la **proporción de varianza explicada** es una métrica crucial que cuantifica la proporción de la varianza del conjunto de datos explicada por cada componente principal. Esta proporción proporciona información valiosa sobre la retención de información en el proceso de reducción de dimensionalidad.

La proporción de varianza explicada se calcula dividiendo la varianza de cada componente principal entre la varianza total de todos los componentes. Matemáticamente, puede expresarse como:

explained_variance_ratio = variance_of_component / sum_of_all_component_variances

Al examinar la **varianza explicada acumulada**, que es la suma de las proporciones de varianza explicada hasta un determinado número de componentes, podemos determinar el número óptimo de componentes principales a retener. Este enfoque permite encontrar un equilibrio entre la reducción de dimensionalidad y la preservación de la información.

Típicamente, los científicos de datos buscan retener suficientes componentes como para explicar entre el 90% y el 95% de la varianza total. Este umbral asegura que el conjunto de datos reducido mantenga la mayor parte de la información original, mientras disminuye significativamente su dimensionalidad.

Por ejemplo, si la varianza explicada acumulada alcanza el 95% con los tres primeros componentes principales, esto indica que esos tres componentes capturan el 95% de la variabilidad en el conjunto de datos original. Este conocimiento puede guiar las decisiones sobre cuántos componentes conservar para un análisis o modelado posterior.

Comprender y utilizar la proporción de varianza explicada es esencial para:

- Determinar el número óptimo de componentes principales a retener.
- Evaluar la efectividad de la reducción de dimensionalidad.
- Equilibrar la retención de información con la eficiencia computacional.
- Visualizar datos de alta dimensionalidad en espacios de menor dimensionalidad.

Al aprovechar esta métrica, los científicos de datos pueden tomar decisiones informadas sobre el equilibrio entre la compresión de datos y la preservación de la información en sus aplicaciones de PCA.

Ejemplo: Varianza Explicada en PCA

```
import numpy as np
from sklearn.decomposition import PCA
import matplotlib.pyplot as plt

# Generate some example data
np.random.seed(42)
n_samples = 1000
n_features = 50
X = np.random.randn(n_samples, n_features)

# Create a PCA instance
pca = PCA()

# Fit the PCA model to the data
X_pca = pca.fit_transform(X)

# Calculate the cumulative explained variance ratio
cumulative_variance_ratio = np.cumsum(pca.explained_variance_ratio_)

# Plot the cumulative explained variance
plt.figure(figsize=(10, 6))
plt.plot(range(1, len(cumulative_variance_ratio) + 1), cumulative_variance_ratio,
'bo-')
plt.xlabel('Number of Components')
plt.ylabel('Cumulative Explained Variance Ratio')
```

```
plt.title('Explained Variance Ratio vs. Number of Components')
plt.grid(True)

# Add a horizontal line at 95% explained variance
plt.axhline(y=0.95, color='r', linestyle='--')
plt.text(0, 0.96, '95% explained variance', color='r')

# Find the number of components needed to explain 95% of the variance
n_components_95 = np.argmax(cumulative_variance_ratio >= 0.95) + 1
plt.axvline(x=n_components_95, color='g', linestyle='--')
plt.text(n_components_95 + 1, 0.5, f'{n_components_95} components', color='g',
rotation=90)

plt.tight_layout()
plt.show()

print(f"Number of components needed to explain 95% of variance: {n_components_95}")

# Perform PCA with the number of components that explain 95% of the variance
pca_95 = PCA(n_components=n_components_95)
X_pca_95 = pca_95.fit_transform(X)

print(f"Original data shape: {X.shape}")
print(f"Reduced data shape: {X_pca_95.shape}")

# Calculate and print the total explained variance ratio
total_variance_ratio = np.sum(pca_95.explained_variance_ratio_)
print(f"Total explained variance ratio: {total_variance_ratio:.4f}")
```

Este código demuestra un enfoque más completo para implementar el Análisis de Componentes Principales (PCA) utilizando Scikit-learn.

A continuación se presenta un desglose del código y sus funcionalidades:

1. **Generación de Datos**:
    - Utilizamos NumPy para generar un conjunto de datos aleatorio con 1000 muestras y 50 características.
    - La semilla aleatoria se establece para garantizar la reproducibilidad.
2. **Implementación de PCA**:
    - Creamos una instancia de PCA sin especificar el número de componentes, lo que utilizará todos los componentes disponibles.
    - El modelo PCA se ajusta a los datos, y luego los transforma.
3. **Análisis de la Varianza Explicada**:

   - Calculamos la proporción acumulada de varianza explicada, que muestra cuánto de la varianza total es explicada por cada componente principal.

4. **Visualización**:
   - Se crea una gráfica para visualizar la proporción acumulada de varianza explicada en función del número de componentes.
   - Se añade una línea horizontal en el 95% de varianza explicada y una línea vertical en el número de componentes necesarios para alcanzar este umbral.
   - Esta visualización ayuda a determinar el número óptimo de componentes a conservar.

5. **Selección de Componentes**:
   - Encontramos el número de componentes necesarios para explicar el 95% de la varianza en los datos.
   - Este número se imprime y se utiliza para el análisis posterior.

6. **Reducción de Dimensionalidad**:
   - Se crea un nuevo modelo PCA con el número de componentes determinado en el paso anterior.
   - Los datos se transforman utilizando este modelo, reduciendo efectivamente su dimensionalidad mientras se retiene el 95% de la varianza.

7. **Análisis de Resultados**:
   - Imprimimos las formas de los conjuntos de datos originales y reducidos para mostrar el efecto de la reducción de dimensionalidad.
   - Se calcula y se imprime la proporción total de varianza explicada, confirmando que hemos retenido al menos el 95% de la varianza original.

Este ejemplo integral no solo implementa PCA, sino que también demuestra cómo analizar los resultados, visualizar la varianza explicada y tomar decisiones informadas sobre el número de componentes a conservar. Proporciona un enfoque práctico para la reducción de dimensionalidad, asegurando que se preserve la mayor parte de la información importante en el conjunto de datos.

Confianza (t-SNE y UMAP)

Para técnicas no lineales de reducción de dimensionalidad como **t-SNE** (t-Distributed Stochastic Neighbor Embedding) y **UMAP** (Uniform Manifold Approximation and Projection), medimos la **confianza** de la transformación. La confianza es una métrica crucial que evalúa qué tan bien se preservan las relaciones locales en el espacio original de alta dimensionalidad en la representación de baja dimensionalidad.

El concepto de confianza es particularmente importante porque estas técnicas tienen como objetivo mantener la estructura de los datos mientras reducen su dimensionalidad. Un puntaje de confianza alto indica que la representación en baja dimensionalidad refleja con precisión la estructura de los datos originales, preservando las relaciones entre los puntos cercanos.

Aquí se explica con más detalle cómo funciona la confianza:

- **Preservación Local**: La confianza se enfoca en qué tan bien se conserva el vecindario local de cada punto de datos después de la reducción de dimensionalidad. Mide si los puntos que estaban cerca en el espacio de alta dimensionalidad permanecen cerca en el espacio reducido.
- **Interpretación del Puntaje**: El puntaje de confianza generalmente varía de 0 a 1, donde 1 indica una preservación perfecta de las relaciones locales, y los puntajes más bajos sugieren cierta distorsión en la estructura local.
- **Cálculo**: El puntaje se calcula comparando los k-vecinos más cercanos de cada punto en ambos espacios, el original y el reducido. Penaliza situaciones donde puntos que no eran vecinos en el espacio original se convierten en vecinos en el espacio reducido.

Al usar la confianza como métrica de evaluación, los científicos de datos pueden asegurarse de que sus técnicas de reducción de dimensionalidad capturen de manera efectiva la estructura esencial de los datos, lo cual es crucial para las tareas subsecuentes de análisis, visualización o modelado.

Ejemplo: Confianza con Scikit-learn

```
import numpy as np
import pandas as pd
import matplotlib.pyplot as plt
from sklearn.manifold import trustworthiness
from sklearn.preprocessing import StandardScaler
from sklearn.datasets import load_iris
import umap

# Load and standardize the Iris dataset
data = load_iris()
X = StandardScaler().fit_transform(data.data)

# Apply UMAP to reduce to 2 dimensions
umap_model = umap.UMAP(n_neighbors=15, min_dist=0.1, random_state=42)
X_umap = umap_model.fit_transform(X)

# Calculate trustworthiness
trust = trustworthiness(X, X_umap)
print(f"Trustworthiness of UMAP projection: {trust:.4f}")

# Visualize the UMAP projection
plt.figure(figsize=(10, 8))
scatter = plt.scatter(X_umap[:, 0], X_umap[:, 1], c=data.target, cmap='viridis')
```

```
plt.colorbar(scatter)
plt.title('UMAP projection of Iris dataset')
plt.xlabel('UMAP1')
plt.ylabel('UMAP2')
plt.show()

# Compare with PCA
from sklearn.decomposition import PCA

pca = PCA(n_components=2)
X_pca = pca.fit_transform(X)

# Calculate trustworthiness for PCA
trust_pca = trustworthiness(X, X_pca)
print(f"Trustworthiness of PCA projection: {trust_pca:.4f}")

# Visualize the PCA projection
plt.figure(figsize=(10, 8))
scatter = plt.scatter(X_pca[:, 0], X_pca[:, 1], c=data.target, cmap='viridis')
plt.colorbar(scatter)
plt.title('PCA projection of Iris dataset')
plt.xlabel('PC1')
plt.ylabel('PC2')
plt.show()
```

Este ejemplo de código demuestra el uso de UMAP para la reducción de dimensionalidad y visualización, junto con una comparación con PCA.

Desglosémoslo paso a paso:

1. **Importar las librerías necesarias**:
    - numpy y pandas para la manipulación de datos.
    - matplotlib para la visualización.
    - sklearn para la preprocesamiento de datos, el cálculo de la confianza, y el conjunto de datos de Iris.
    - umap para el algoritmo UMAP.
2. **Cargar y preprocesar el conjunto de datos Iris**:
    - Utilizamos la función load_iris() de sklearn para obtener el conjunto de datos.
    - Estandarizamos las características utilizando StandardScaler para asegurar que todas las características estén en la misma escala.
3. **Aplicar UMAP**:
    - Creamos un modelo UMAP con parámetros específicos (n_neighbors=15, min_dist=0.1).

- Ajustamos y transformamos los datos para reducirlos a 2 dimensiones.

4. **Calcular la confianza**:
   - Utilizamos la función trustworthiness de sklearn para medir qué tan bien se preserva la estructura local de los datos en el espacio de baja dimensionalidad.
5. **Visualizar la proyección UMAP**:
   - Creamos un diagrama de dispersión de los datos reducidos por UMAP.
   - Coloreamos los puntos en función de la variable objetivo (especies de iris).
   - Añadimos una barra de color, un título y etiquetas de los ejes.
6. **Comparar con PCA**:
   - Realizamos PCA para reducir los datos a 2 dimensiones.
   - Calculamos la confianza para la proyección PCA.
   - Visualizamos la proyección de PCA de forma similar a la visualización de UMAP.

Este ejemplo integral permite una comparación directa entre UMAP y PCA en términos tanto de las puntuaciones de confianza como de la representación visual. Demuestra cómo UMAP puede preservar más de la estructura de los datos en dimensiones más bajas, especialmente para conjuntos de datos con relaciones no lineales entre las características.

Las puntuaciones de confianza proporcionan una medida cuantitativa de qué tan bien cada método preserva los vecindarios locales del espacio de alta dimensionalidad en la proyección de baja dimensionalidad. Una puntuación más alta indica una mejor preservación de la estructura local.

Al visualizar ambas proyecciones, podemos ver cómo UMAP y PCA difieren en su representación de los datos. UMAP a menudo resulta en grupos más distintos, lo que puede ser particularmente útil para el análisis exploratorio de datos y las tareas de agrupamiento.

5.4.3 Técnicas de Validación de Agrupamiento con Verdades de Referencia

En el aprendizaje no supervisado, a veces tenemos acceso a etiquetas de verdad de referencia, aunque el proceso de aprendizaje en sí no las utilice. En tales casos, podemos evaluar los resultados de agrupamiento comparando los grupos predichos con estas etiquetas verdaderas. Esta comparación nos permite evaluar qué tan bien nuestro algoritmo no supervisado ha capturado la estructura subyacente de los datos. Dos métricas ampliamente utilizadas para este propósito son el **Índice de Rand Ajustado (ARI)** y la **Información Mutua Normalizada (NMI)**.

El **Índice de Rand Ajustado (ARI)** es una medida de similitud entre dos agrupamientos de datos. Calcula la proporción de pares de puntos cuyos asignaciones de agrupamiento son consistentes entre las etiquetas de verdad y la salida del algoritmo. La parte "ajustada" de ARI proviene de su corrección por azar, lo que lo hace más robusto que el Índice de Rand simple. Los valores de ARI van de -1 a 1, donde 1 indica un acuerdo perfecto entre los dos agrupamientos, 0 representa una asignación aleatoria y los valores negativos indican menos acuerdo que el esperado por azar.

Por otro lado, la **Información Mutua Normalizada (NMI)** cuantifica la cantidad de información compartida entre los grupos predichos y las etiquetas verdaderas. Se basa en el concepto de información mutua de la teoría de la información, que mide cuánto el conocimiento de un agrupamiento reduce la incertidumbre sobre el otro. La normalización en NMI la hace menos sensible al número de grupos, permitiendo comparaciones más justas entre diferentes resultados de agrupamiento. Los valores de NMI van de 0 a 1, donde 1 indica una correlación perfecta entre los agrupamientos y 0 indica que no hay información mutua.

Ambas métricas proporcionan información valiosa sobre el rendimiento del agrupamiento, pero capturan aspectos ligeramente diferentes de la similitud entre agrupamientos. ARI se enfoca en las relaciones por pares, mientras que NMI considera la distribución general de los puntos entre los grupos. Utilizar ambas métricas puede proporcionar una evaluación más completa de los resultados de agrupamiento.

Índice de Rand Ajustado (ARI)

El **Índice de Rand Ajustado (ARI)** es una métrica sofisticada que se utiliza para evaluar la similitud entre las etiquetas verdaderas y los grupos predichos en los algoritmos de agrupamiento. Es una mejora del Índice de Rand simple, ofreciendo una medida más robusta al tener en cuenta los acuerdos por azar.

ARI funciona comparando todos los pares posibles de puntos de datos y verificando si son tratados de la misma manera (ya sea en el mismo grupo o en grupos diferentes) tanto en el etiquetado verdadero como en el agrupamiento predicho. El aspecto "ajustado" de ARI proviene de su corrección por la similitud esperada de agrupamientos aleatorios, lo que le da una ventaja sobre el Índice de Rand básico.

La fórmula para ARI se puede expresar como:

ARI = (RI - Expected_RI) / (max(RI) - Expected_RI)

Donde RI es el Índice de Rand, Expected_RI es el Índice de Rand esperado asumiendo asignaciones de grupos aleatorias, y max(RI) es el máximo Índice de Rand posible.

Los valores de ARI van de -1 a 1:

- Una puntuación de 1 indica un acuerdo perfecto entre los dos agrupamientos.
- Una puntuación de 0 sugiere que el agrupamiento no es mejor que aleatorio.
- Valores negativos indican menos acuerdo que el esperado por azar.

Este índice es particularmente útil en escenarios donde el número de grupos en las etiquetas verdaderas y el agrupamiento predicho pueden diferir, lo que lo convierte en una herramienta versátil para la evaluación de agrupamientos en varios algoritmos y conjuntos de datos.

Ejemplo: ARI con Scikit-learn

```
import numpy as np
from sklearn.datasets import make_blobs
from sklearn.cluster import KMeans
from sklearn.metrics import adjusted_rand_score, normalized_mutual_info_score
import matplotlib.pyplot as plt

# Generate synthetic data
n_samples = 300
n_features = 2
n_clusters = 3
X,      y_true      =      make_blobs(n_samples=n_samples,      n_features=n_features,
centers=n_clusters, random_state=42)

# Perform K-means clustering
kmeans = KMeans(n_clusters=n_clusters, random_state=42)
y_pred = kmeans.fit_predict(X)

# Calculate ARI
ari_score = adjusted_rand_score(y_true, y_pred)
print(f"Adjusted Rand Index (ARI): {ari_score:.2f}")

# Calculate NMI
nmi_score = normalized_mutual_info_score(y_true, y_pred)
print(f"Normalized Mutual Information (NMI): {nmi_score:.2f}")

# Visualize the clusters
plt.figure(figsize=(10, 5))
plt.subplot(121)
plt.scatter(X[:, 0], X[:, 1], c=y_true, cmap='viridis', alpha=0.7)
plt.title('True Labels')
plt.subplot(122)
plt.scatter(X[:, 0], X[:, 1], c=y_pred, cmap='viridis', alpha=0.7)
plt.title('Predicted Labels')
plt.tight_layout()
plt.show()
```

Este ejemplo demuestra un enfoque integral para evaluar el rendimiento de un agrupamiento utilizando el **Índice de Rand Ajustado (ARI)** y la **Información Mutua Normalizada (NMI)**.

Desglosémoslo paso a paso:

1. **Importar las librerías necesarias**:
   - numpy para operaciones numéricas.

   - sklearn.datasets para generar datos sintéticos.
   - sklearn.cluster para el agrupamiento K-means.
   - sklearn.metrics para los cálculos de ARI y NMI.
   - matplotlib.pyplot para la visualización.
2. **Generar datos sintéticos**:
   - Usamos make_blobs para crear un conjunto de datos con 300 muestras, 2 características y 3 grupos.
   - Esto nos da tanto la matriz de características X como las etiquetas verdaderas y_true.
3. **Realizar agrupamiento K-means**:
   - Inicializamos KMeans con 3 grupos.
   - Utilizamos el método fit_predict para ajustar el modelo y predecir las etiquetas de los grupos.
4. **Calcular las métricas de evaluación**:
   - ARI se calcula utilizando adjusted_rand_score(y_true, y_pred).
   - NMI se calcula utilizando normalized_mutual_info_score(y_true, y_pred).
   - Ambas métricas van de 0 a 1, donde 1 indica un acuerdo perfecto.
5. **Visualizar los resultados**:
   - Creamos una gráfica comparativa lado a lado de las etiquetas verdaderas y las etiquetas predichas.
   - Esta comparación visual ayuda a entender qué tan bien se ha desempeñado el algoritmo de agrupamiento.

El **Índice de Rand Ajustado (ARI)** mide la similitud entre dos agrupamientos, ajustando para tener en cuenta las coincidencias que se darían por azar. Un puntaje más cercano a 1 indica un mejor acuerdo entre las etiquetas verdaderas y las predichas.

La **Información Mutua Normalizada (NMI)** cuantifica la cantidad de información obtenida sobre un agrupamiento al observar el otro agrupamiento, normalizada para que los valores estén entre 0 y 1. Los valores más altos indican un mejor acuerdo entre los agrupamientos.

Al utilizar tanto ARI como NMI, obtenemos una evaluación más completa del rendimiento del agrupamiento, ya que capturan diferentes aspectos de la similitud entre los agrupamientos verdaderos y los predichos.

Información Mutua Normalizada (NMI)

La **Información Mutua Normalizada (NMI)** es una métrica sofisticada que cuantifica la cantidad de información compartida entre los grupos predichos y las etiquetas verdaderas en los algoritmos de agrupamiento. NMI se deriva de conceptos de la teoría de la información y proporciona una medida normalizada de la información mutua entre dos agrupamientos.

El cálculo de NMI implica los siguientes pasos:

1. Calcular la **información mutua (MI)** entre los grupos predichos y las etiquetas verdaderas.
2. Calcular la **entropía** de ambos, los grupos predichos y las etiquetas verdaderas.
3. Normalizar la MI usando las entropías.

La fórmula para NMI puede expresarse como:

NMI = MI(U, V) / sqrt(H(U) * H(V))

Donde:

- MI(U, V) es la información mutua entre los agrupamientos U y V.
- H(U) y H(V) son las entropías de U y V, respectivamente.

Los valores de NMI van de 0 a 1:

- Un puntaje de 1 indica una correlación perfecta entre los agrupamientos.
- Un puntaje de 0 sugiere que no hay información mutua entre los agrupamientos.

La normalización en NMI la hace menos sensible al número de grupos, permitiendo comparaciones más justas entre diferentes resultados de agrupamiento. Esta propiedad hace que NMI sea particularmente útil cuando se comparan algoritmos de agrupamiento que pueden producir diferentes números de grupos.

Ejemplo: NMI con Scikit-learn

```
import numpy as np
from sklearn.datasets import make_classification
from sklearn.model_selection import train_test_split
from sklearn.metrics import normalized_mutual_info_score, adjusted_rand_score
from sklearn.cluster import KMeans

# Generate synthetic data
X, y = make_classification(n_samples=1000, n_features=20, n_classes=3, random_state=42)

# Split the data into training and testing sets
X_train, X_test, y_train, y_test = train_test_split(X, y, test_size=0.2, random_state=42)

# Perform K-means clustering
```

```
kmeans = KMeans(n_clusters=3, random_state=42)
cluster_labels = kmeans.fit_predict(X_test)

# Calculate NMI
nmi_score = normalized_mutual_info_score(y_test, cluster_labels)
print(f"Normalized Mutual Information (NMI): {nmi_score:.2f}")

# Calculate ARI for comparison
ari_score = adjusted_rand_score(y_test, cluster_labels)
print(f"Adjusted Rand Index (ARI): {ari_score:.2f}")
```

Este ejemplo de código muestra un enfoque integral para utilizar la **Información Mutua Normalizada (NMI)** en la evaluación del rendimiento de un agrupamiento.

Desglosémoslo paso a paso:

1. **Importar las librerías necesarias**:
    - numpy para operaciones numéricas.
    - make_classification de sklearn.datasets para generar datos sintéticos.
    - train_test_split para dividir el conjunto de datos.
    - normalized_mutual_info_score y adjusted_rand_score para las métricas de evaluación.
    - KMeans para el agrupamiento.
2. **Generar datos sintéticos**:
    - Creamos un conjunto de datos sintético con 1000 muestras, 20 características y 3 clases.
    - Esto simula un escenario del mundo real en el que tenemos datos de alta dimensionalidad con múltiples clases.
3. **Dividir los datos**:
    - Dividimos los datos en conjuntos de entrenamiento y prueba (80% para entrenamiento, 20% para prueba).
    - Este paso es crucial para evaluar el rendimiento del agrupamiento en datos no vistos.
4. **Realizar el agrupamiento K-means**:
    - Aplicamos agrupamiento K-means en el conjunto de prueba.
    - El número de grupos se establece en 3, coincidiendo con el número de clases en nuestros datos sintéticos.

5. **Calcular NMI**:
    - Utilizamos normalized_mutual_info_score para calcular la NMI entre las etiquetas verdaderas y las asignaciones de los grupos.
    - La NMI varía de 0 a 1, donde 1 indica una correlación perfecta entre los agrupamientos.
6. **Calcular ARI para la comparación**:
    - También calculamos el Índice de Rand Ajustado (ARI) como una métrica adicional.
    - ARI proporciona una perspectiva diferente sobre la calidad del agrupamiento, complementando la NMI.
    - ARI varía de -1 a 1, donde 1 indica un acuerdo perfecto entre los agrupamientos.

Este ejemplo muestra cómo usar NMI en un escenario práctico, demostrando su aplicación para evaluar los resultados de un agrupamiento. Al incluir ARI, proporcionamos una evaluación más completa del rendimiento del agrupamiento. Este enfoque permite una comprensión profunda de cómo el algoritmo de agrupamiento ha capturado la estructura subyacente de los datos.

Evaluar modelos de aprendizaje no supervisado es más complejo que en el aprendizaje supervisado, ya que no contamos con etiquetas predefinidas. Métricas como el **Silhouette Score**, el **Índice de Davies-Bouldin** y el **Método del Codo** ayudan a evaluar la calidad del agrupamiento.

Para la reducción de dimensionalidad, métricas como la **varianza explicada** en PCA y la **confianza** en t-SNE y UMAP proporcionan información sobre qué tan bien las dimensiones reducidas representan los datos originales. Cuando hay etiquetas de verdad disponibles, el **Índice de Rand Ajustado** y la **Información Mutua Normalizada** pueden usarse para comparar el rendimiento del agrupamiento con las etiquetas verdaderas.

Ejercicios Prácticos del Capítulo 5

Ejercicio 1: Agrupamiento K-Means

Tarea: Se te proporciona un conjunto de datos sintético que contiene dos características. Utiliza el **agrupamiento K-Means** para agrupar los datos en tres grupos y visualiza los grupos con sus centroides.

Característica 1	Característica 2
2.5	3.1

1.8	2.3
3.4	3.0
4.1	4.2
1.9	2.8
3.6	3.7
2.2	3.5
4.0	4.5

Solución:

```
import numpy as np
import matplotlib.pyplot as plt
from sklearn.cluster import KMeans

# Data: Features 1 and 2
X = np.array([[2.5, 3.1], [1.8, 2.3], [3.4, 3.0], [4.1, 4.2], [1.9, 2.8],
              [3.6, 3.7], [2.2, 3.5], [4.0, 4.5]])

# Apply K-Means clustering with 3 clusters
kmeans = KMeans(n_clusters=3, random_state=42)
kmeans.fit(X)

# Get cluster labels and centroids
labels = kmeans.labels_
centroids = kmeans.cluster_centers_

# Plot the clusters and centroids
plt.scatter(X[:, 0], X[:, 1], c=labels, s=50, cmap='viridis')
plt.scatter(centroids[:, 0], centroids[:, 1], s=200, c='red', marker='x')
plt.xlabel("Feature 1")
plt.ylabel("Feature 2")
plt.title("K-Means Clustering")
plt.show()
```

Ejercicio 2: Reducción de Dimensionalidad con PCA

Tarea: Tienes un conjunto de datos con cinco características. Utiliza el **Análisis de Componentes Principales (PCA)** para reducir la dimensionalidad a dos componentes y visualizar la proyección 2D de los datos.

Característica 1	Característica 2	Característica 3	Característica 4	Característica 5
2.5	1.2	3.4	0.8	1.5
1.9	2.1	1.8	2.3	0.7
3.1	2.5	2.2	1.8	2.0
2.2	3.4	2.9	3.1	1.8
4.5	4.0	3.5	2.9	2.7

Solución:

```
import numpy as np
import matplotlib.pyplot as plt
from sklearn.decomposition import PCA
from sklearn.preprocessing import StandardScaler

# Data: 5 features
X = np.array([[2.5, 1.2, 3.4, 0.8, 1.5],
              [1.9, 2.1, 1.8, 2.3, 0.7],
              [3.1, 2.5, 2.2, 1.8, 2.0],
              [2.2, 3.4, 2.9, 3.1, 1.8],
              [4.5, 4.0, 3.5, 2.9, 2.7]])

# Standardize the data
scaler = StandardScaler()
X_scaled = scaler.fit_transform(X)

# Apply PCA to reduce to 2 components
pca = PCA(n_components=2)
X_pca = pca.fit_transform(X_scaled)

# Plot the 2D projection
plt.scatter(X_pca[:, 0], X_pca[:, 1], s=100)
plt.xlabel("Principal Component 1")
plt.ylabel("Principal Component 2")
plt.title("PCA Projection")
plt.show()
```

Ejercicio 3: t-SNE para Reducción de Dimensionalidad

Tarea: Utiliza **t-SNE** para reducir la dimensionalidad de un conjunto de datos con tres características a dos dimensiones. Visualiza la proyección 2D de t-SNE.

Característica 1	Característica 2	Característica 3
2.1	3.2	1.1
1.8	2.5	3.6
3.0	3.1	1.5
2.5	2.9	0.8
1.9	2.4	3.2

Solución:

```
import numpy as np
import matplotlib.pyplot as plt
from sklearn.manifold import TSNE
from sklearn.preprocessing import StandardScaler

# Data: 3 features
X = np.array([[2.1, 3.2, 1.1],
              [1.8, 2.5, 3.6],
              [3.0, 3.1, 1.5],
              [2.5, 2.9, 0.8],
              [1.9, 2.4, 3.2]])

# Standardize the data
scaler = StandardScaler()
X_scaled = scaler.fit_transform(X)

# Apply t-SNE to reduce to 2 dimensions
tsne = TSNE(n_components=2, random_state=42)
X_tsne = tsne.fit_transform(X_scaled)

# Plot the 2D t-SNE projection
plt.scatter(X_tsne[:, 0], X_tsne[:, 1], s=100)
plt.xlabel("t-SNE Dimension 1")
plt.ylabel("t-SNE Dimension 2")
plt.title("t-SNE Projection")
plt.show()
```

Ejercicio 4: UMAP para Reducción de Dimensionalidad

Tarea: Utiliza **UMAP** para reducir la dimensionalidad de un conjunto de datos con cuatro características a dos dimensiones. Visualiza la proyección 2D de UMAP.

Característica 1	Característica 2	Característica 3	Característica 4
3.1	2.0	3.8	4.0
1.9	1.5	3.1	2.3
2.8	3.0	1.5	3.8
3.4	2.9	2.7	3.5
2.1	1.8	2.9	2.6

Solución:

```
import umap
import numpy as np
import matplotlib.pyplot as plt
from sklearn.preprocessing import StandardScaler

# Data: 4 features
X = np.array([[3.1, 2.0, 3.8, 4.0],
              [1.9, 1.5, 3.1, 2.3],
              [2.8, 3.0, 1.5, 3.8],
              [3.4, 2.9, 2.7, 3.5],
              [2.1, 1.8, 2.9, 2.6]])

# Standardize the data
scaler = StandardScaler()
X_scaled = scaler.fit_transform(X)

# Apply UMAP to reduce to 2 dimensions
umap_model = umap.UMAP(n_neighbors=5, min_dist=0.3, random_state=42)
X_umap = umap_model.fit_transform(X_scaled)

# Plot the 2D UMAP projection
plt.scatter(X_umap[:, 0], X_umap[:, 1], s=100)
plt.xlabel("UMAP Dimension 1")
plt.ylabel("UMAP Dimension 2")
plt.title("UMAP Projection")
plt.show()
```

Ejercicio 5: Evaluación de Agrupamiento con Silhouette Score

Tarea: Aplica el **agrupamiento K-Means** al siguiente conjunto de datos y calcula el **Silhouette Score** para evaluar el rendimiento del agrupamiento.

Característica 1	Característica 2

2.5	3.5
3.1	2.9
1.8	2.7
4.2	3.6
3.5	4.0
1.9	3.3
4.5	3.2
2.0	2.8

Solución:

```
from sklearn.cluster import KMeans
from sklearn.metrics import silhouette_score
import numpy as np

# Data: Features 1 and 2
X = np.array([[2.5, 3.5], [3.1, 2.9], [1.8, 2.7], [4.2, 3.6], [3.5, 4.0],
              [1.9, 3.3], [4.5, 3.2], [2.0, 2.8]])

# Apply K-Means clustering with 3 clusters
kmeans = KMeans(n_clusters=3, random_state=42)
kmeans.fit(X)
labels = kmeans.labels_

# Calculate the Silhouette Score
silhouette_avg = silhouette_score(X, labels)
print(f"Silhouette Score: {silhouette_avg:.2f}")
```

Ejercicio 6: Evaluación de la Reducción de Dimensionalidad con Varianza Explicada

Tarea: Aplica **PCA** para reducir el siguiente conjunto de datos de cinco características a tres componentes. Calcula y grafica la **proporción de varianza explicada** para cada componente.

Característica 1	Característica 2	Característica 3	Característica 4	Característica 5

2.5	3.1	2.8	4.0	2.1
3.0	2.7	1.9	2.8	3.6
1.9	2.3	3.7	3.4	2.9
4.2	3.6	4.1	2.9	3.5
3.6	4.0	2.9	2.2	3.0

Solución:

```
from sklearn.decomposition import PCA
import numpy as np
import matplotlib.pyplot as plt
from sklearn.preprocessing import StandardScaler

# Data: 5 features
X = np.array([[2.5, 3.1, 2.8, 4.0, 2.1],
              [3.0, 2.7, 1.9, 2.8, 3.6],
              [1.9, 2.3, 3.7, 3.4, 2.9],
              [4.2, 3.6, 4.1, 2.9, 3.5],
              [3.6, 4.0, 2.9, 2.2, 3.0]])

# Standardize the data
scaler = StandardScaler()
X_scaled = scaler.fit_transform(X)

# Apply PCA to reduce to 3 components
pca = PCA(n_components=3)
pca.fit(X_scaled)

# Plot the explained variance ratio for each component
explained_variance = pca.explained_variance_ratio_
plt.bar(range(1, 4), explained_variance, tick_label=["PC1", "PC2", "PC3"])
plt.xlabel("Principal Components")
plt.ylabel("Explained Variance Ratio")
plt.title("Explained Variance by Principal Components")
plt.show()
```

Estos ejercicios prácticos presentan una variedad de técnicas de aprendizaje no supervisado, que incluyen **agrupamiento**, **reducción de dimensionalidad** y **métricas de evaluación**. Cada ejercicio refuerza conceptos clave del **Capítulo 5**, ofreciéndote experiencia práctica en la implementación y evaluación de estos métodos poderosos.

Resumen del Capítulo 5

En el **Capítulo 5**, exploramos las principales técnicas de aprendizaje no supervisado que permiten a los modelos aprender patrones y estructuras en los datos sin la necesidad de ejemplos etiquetados. El aprendizaje no supervisado se utiliza ampliamente en tareas como el **agrupamiento**, la **reducción de dimensionalidad** y la **detección de anomalías**. Este capítulo profundizó en varios métodos que ayudan a descubrir las estructuras ocultas en los conjuntos de datos, especialmente cuando se trabaja con datos de alta dimensionalidad.

Comenzamos con los **algoritmos de agrupamiento**, que agrupan puntos de datos en función de su similitud. Los tres principales métodos de agrupamiento discutidos fueron **K-Means**, **Agrupamiento Jerárquico** y **DBSCAN**. K-Means es un algoritmo simple pero efectivo que particiona los datos en un número especificado de grupos, lo que lo hace ideal para conjuntos de datos bien separados. Sin embargo, requiere especificar el número de grupos de antemano. El **Método del Codo** se utiliza a menudo para encontrar el número óptimo de grupos. El **agrupamiento jerárquico**, por otro lado, organiza los datos en una estructura en forma de árbol y no requiere especificar el número de grupos de antemano. Exploramos el **Agrupamiento Aglomerativo**, un enfoque ascendente que fusiona iterativamente los puntos de datos en grupos más grandes. **DBSCAN**, un algoritmo de agrupamiento basado en la densidad, fue introducido como un método robusto para identificar grupos de formas arbitrarias y detectar valores atípicos, lo que lo hace particularmente efectivo para conjuntos de datos ruidosos.

Luego cubrimos las **técnicas de reducción de dimensionalidad**, enfocándonos en reducir el número de características en un conjunto de datos mientras se retiene su estructura esencial. El **Análisis de Componentes Principales (PCA)** fue el primer método discutido, que transforma los datos en nuevos componentes que capturan la mayor varianza. Aprendimos cómo elegir el número óptimo de componentes examinando la **varianza explicada** y utilizando el **diagrama de codo**. PCA es especialmente útil para conjuntos de datos de alta dimensionalidad, donde la reducción de dimensiones mejora la eficiencia computacional y la claridad visual.

Más allá de PCA, exploramos técnicas no lineales de reducción de dimensionalidad como **t-SNE (t-Distributed Stochastic Neighbor Embedding)** y **UMAP (Uniform Manifold Approximation and Projection)**. Estas técnicas son especialmente útiles para visualizar datos de alta dimensionalidad al proyectarlos en dos o tres dimensiones. Mientras que **t-SNE** destaca por preservar las estructuras locales, **UMAP** equilibra la preservación de las estructuras locales y globales, y es más escalable para conjuntos de datos grandes.

Finalmente, analizamos las **técnicas de evaluación** para los modelos de aprendizaje no supervisado. Para el agrupamiento, las métricas como el **Silhouette Score**, el **Índice de Davies-Bouldin** y el **Índice de Rand Ajustado** proporcionan información sobre la calidad de los grupos. Para la reducción de dimensionalidad, discutimos la **varianza explicada** en PCA y la métrica de **confianza** para t-SNE y UMAP. Estas métricas son cruciales para determinar qué tan bien están funcionando los modelos no supervisados, especialmente dado que no hay etiquetas predefinidas con las que comparar.

En conclusión, el aprendizaje no supervisado es una herramienta versátil que ayuda a descubrir patrones ocultos y relaciones en los datos. Las técnicas cubiertas en este capítulo—agrupamiento, reducción de dimensionalidad y evaluación—son fundamentales para muchas aplicaciones del mundo real en aprendizaje automático. El dominio de estos métodos nos permite trabajar con conjuntos de datos complejos, reducir dimensionalidad para una mejor visualización y descubrir agrupamientos significativos que pueden influir en decisiones empresariales, investigaciones científicas y más.

Capítulo 6: Proyectos Prácticos de Machine Learning

6.1 Proyecto 1: Ingeniería de Características para Análisis Predictivo

Este proyecto se enfocará en aplicar técnicas de ingeniería de características a un conjunto de datos para mejorar el rendimiento de un modelo predictivo de machine learning. La ingeniería de características es crucial para hacer que los datos en bruto sean utilizables por los algoritmos de machine learning, al transformarlos en características significativas que mejoren el rendimiento del modelo.

Descripción General del Proyecto

En este proyecto, haremos lo siguiente:

1. **Explorar y preprocesar el conjunto de datos**.
2. **Aplicar varias técnicas de ingeniería de características** como el manejo de valores faltantes, la codificación de variables categóricas, la escalación de características y la creación de nuevas características.
3. **Construir un modelo predictivo** utilizando los datos transformados para demostrar el impacto de la ingeniería de características en el rendimiento del modelo.
4. Evaluar el rendimiento del modelo antes y después de la ingeniería de características.

Usaremos el **conjunto de datos Titanic** para este proyecto, ya que es adecuado para demostrar varias técnicas de ingeniería de características. La tarea es predecir si un pasajero sobrevivió al desastre del Titanic en función de características como la edad, el género, la clase del boleto y la tarifa.

6.1.1 Cargar y Explorar el Conjunto de Datos

Comenzaremos cargando el conjunto de datos Titanic y realizando una exploración inicial exhaustiva para obtener una comprensión profunda de su estructura y características. Este paso crucial implica examinar las dimensiones del conjunto de datos, los tipos de datos y las propiedades estadísticas básicas. También investigaremos la presencia de valores faltantes y visualizaremos las relaciones clave entre variables para sentar una base sólida para nuestros esfuerzos posteriores de ingeniería de características.

```
import pandas as pd
import matplotlib.pyplot as plt
import seaborn as sns

# Load the Titanic dataset
url                                                                          =
'<https://raw.githubusercontent.com/datasciencedojo/datasets/master/titanic.csv>'
titanic_df = pd.read_csv(url)

# Display the first few rows and basic information
print(titanic_df.head())
print(titanic_df.info())
print(titanic_df.describe())

# Visualize missing data
plt.figure(figsize=(10, 6))
sns.heatmap(titanic_df.isnull(), cbar=False, cmap='viridis')
plt.title("Missing Values Heatmap")
plt.show()

# Data Visualization
plt.figure(figsize=(12, 5))
plt.subplot(121)
sns.histplot(titanic_df['Age'].dropna(), kde=True)
plt.title('Age Distribution')
plt.subplot(122)
sns.boxplot(x='Pclass', y='Fare', data=titanic_df)
plt.title('Fare Distribution by Passenger Class')
plt.tight_layout()
plt.show()

# Correlation matrix
corr_matrix = titanic_df.corr()
plt.figure(figsize=(10, 8))
sns.heatmap(corr_matrix, annot=True, cmap='coolwarm')
plt.title('Correlation Matrix')
plt.show()
```

Aquí tienes un desglose de lo que hace este código:

- **Importa las librerías necesarias**:
  - pandas para la manipulación de datos.
  - matplotlib y seaborn para la visualización.
- **Carga el conjunto de datos Titanic** desde una URL utilizando pandas.

- **Muestra información básica sobre el conjunto de datos**:
    - Las primeras filas del conjunto de datos (head()).
    - Información del conjunto de datos (info()).
    - Resumen estadístico (describe()).
- **Crea visualizaciones**:
    - Un **heatmap** para mostrar los valores faltantes en el conjunto de datos.
    - Un **histograma** de la distribución de la edad.
    - Un **boxplot** que muestra la distribución de la tarifa según la clase de pasajero.
    - Un **heatmap** de la matriz de correlación para mostrar las relaciones entre las características numéricas.

Este código es parte del paso de exploración y preprocesamiento de datos, que es crucial para comprender el conjunto de datos antes de aplicar técnicas de ingeniería de características. Ayuda a identificar datos faltantes, visualizar distribuciones y entender las relaciones entre variables, estableciendo las bases para el análisis y la construcción del modelo.

6.1.2 Manejar Datos Faltantes

El conjunto de datos Titanic presenta varias características con valores faltantes, notablemente en **Age** (Edad) y **Cabin** (Camarote). Abordar estos valores faltantes es un paso crucial en nuestro proceso de ingeniería de características.

Para la característica **Age**, utilizaremos técnicas de imputación para llenar los vacíos con valores estadísticamente apropiados, como la **mediana** de la edad o predicciones basadas en otras características correlacionadas. En el caso de la característica **Cabin**, dado su alto porcentaje de entradas faltantes, evaluaremos cuidadosamente si es conveniente intentar la imputación o si es mejor excluirla de nuestro análisis.

Esta decisión se basará en el **valor informativo potencial** de la característica frente al **riesgo de introducir sesgos** a través de la imputación. Al manejar sistemáticamente estos valores faltantes, nuestro objetivo es maximizar la cantidad de información utilizable en el conjunto de datos, manteniendo al mismo tiempo la integridad de nuestros análisis posteriores.

```
# Fill missing values in the 'Age' column with the median age
titanic_df['Age'].fillna(titanic_df['Age'].median(), inplace=True)

# Fill missing values in the 'Embarked' column with the most frequent value
titanic_df['Embarked'].fillna(titanic_df['Embarked'].mode()[0], inplace=True)

# Drop the 'Cabin' column due to too many missing values
titanic_df.drop(columns=['Cabin'], inplace=True)

print(titanic_df.isnull().sum())
```

Aquí tienes un desglose de lo que hace este código:

- **Rellena los valores faltantes en la columna 'Age'** con la mediana del conjunto de datos. Este es un enfoque común para manejar datos numéricos faltantes.
- Para la columna **'Embarked'**, rellena los valores faltantes con el valor más frecuente (moda) en esa columna, un método común para datos categóricos con valores faltantes.
- **Elimina la columna 'Cabin'** por completo debido a la gran cantidad de valores faltantes. Esta decisión probablemente se tomó porque el alto porcentaje de datos faltantes en esta columna podría introducir más sesgo si se imputan.
- Finalmente, **imprime la suma de los valores nulos** en cada columna después de estas operaciones, lo que permite verificar que el manejo de valores faltantes se ha realizado con éxito.

Este enfoque para manejar los datos faltantes forma parte del proceso de **ingeniería de características**, con el objetivo de preparar el conjunto de datos para los algoritmos de machine learning, preservando la mayor cantidad de información útil posible.

6.1.3 Codificación de Características

El conjunto de datos Titanic incluye varias variables categóricas, como **Sex** y **Embarked**, que requieren una transformación a un formato numérico para que sean compatibles con los algoritmos de machine learning. Este proceso de conversión es crucial, ya que la mayoría de los modelos de machine learning están diseñados para trabajar con entradas numéricas. Para lograr esta transformación, emplearemos diversas técnicas de codificación, con un enfoque particular en la **codificación one-hot**.

La **codificación one-hot** es un método que crea columnas binarias para cada categoría dentro de una variable categórica. Por ejemplo, la variable 'Sex' se dividiría en dos columnas: 'Sex_male' y 'Sex_female', donde cada pasajero tendría un '1' en una columna y un '0' en la otra. Este enfoque nos permite representar datos categóricos de forma numérica sin implicar una relación ordinal entre las categorías.

Además, podríamos considerar otras técnicas de codificación, como **label encoding** para variables ordinales o **target encoding** para variables categóricas con alta cardinalidad, dependiendo de las características específicas de cada variable. La elección del método de codificación puede impactar significativamente en el rendimiento del modelo, lo que convierte este paso en un aspecto crítico del proceso de ingeniería de características.

```
# One-hot encode the 'Sex' and 'Embarked' columns
titanic_df = pd.get_dummies(titanic_df, columns=['Sex', 'Embarked'], drop_first=True)

print(titanic_df.head())
```

Aquí tienes un desglose de lo que hace este código:

- Utiliza la función pd.get_dummies() para **codificar con one-hot** las columnas **'Sex'** y **'Embarked'**.
- El parámetro columns=['Sex', 'Embarked'] especifica qué columnas se van a codificar.
- El argumento drop_first=True se utiliza para evitar **multicolinealidad**, eliminando una de las columnas creadas para cada variable categórica original.
- El resultado se guarda de nuevo en el **DataFrame titanic_df**, reemplazando efectivamente las columnas originales 'Sex' y 'Embarked' con sus versiones codificadas con one-hot.
- Finalmente, imprime las primeras filas del **DataFrame** actualizado para mostrar los resultados de la codificación.

Este paso es crucial en el proceso de **ingeniería de características** ya que transforma los datos categóricos en un formato que puede ser fácilmente utilizado por los algoritmos de machine learning, que normalmente requieren entradas numéricas.

6.1.4 Escalado de Características

El **escalado de características** es un paso crucial en nuestro proceso de ingeniería de características, que aborda las diferencias significativas de escala entre ciertas características como **Fare** (Tarifa) y **Age** (Edad). Estas disparidades pueden tener efectos perjudiciales en el rendimiento del modelo, especialmente para algoritmos que son sensibles a las escalas de las características, como la **regresión logística** o **K-nearest neighbors**. Para mitigar estos problemas y asegurar un rendimiento óptimo del modelo, emplearemos el **escalado estándar** como nuestra técnica de normalización.

El **escalado estándar**, también conocido como normalización por **z-score**, transforma las características para que tengan una media de 0 y una desviación estándar de 1. Esta transformación preserva la forma de la distribución original mientras lleva todas las características a una escala comparable. Al aplicar el escalado estándar a nuestro conjunto de datos, creamos un campo de juego uniforme para todas las características, lo que permite que los algoritmos las traten por igual y evita que las características con magnitudes mayores dominen el proceso de aprendizaje.

Los beneficios de este enfoque de escalado van más allá de mejorar el rendimiento del modelo. También mejora la **interpretabilidad de los coeficientes del modelo**, facilita una convergencia más rápida durante el proceso de entrenamiento y ayuda a comparar la importancia relativa de diferentes características. A medida que avanzamos en nuestro análisis, este paso de escalado será fundamental para extraer **insights significativos** y construir modelos predictivos robustos.

```
from sklearn.preprocessing import StandardScaler

scaling_features = ['Age', 'Fare']
scaler = StandardScaler()
titanic_df[scaling_features] = scaler.fit_transform(titanic_df[scaling_features])

print(titanic_df[scaling_features].head())
```

Aquí tienes un desglose de lo que hace este código:

- **Importa la clase StandardScaler** de sklearn.preprocessing.
- Define una lista llamada **scaling_features** que contiene las columnas **'Age'** y **'Fare'**, que son las características a escalar.
- Crea una instancia de **StandardScaler** llamada **scaler**.
- Aplica el método **fit_transform** del escalador a las características especificadas en el **DataFrame titanic_df**. Este paso ajusta el escalador a los datos y los transforma.
- Finalmente, imprime el **head** de las características escaladas para mostrar el resultado.

El **StandardScaler** transforma las características para que tengan una media de 0 y una desviación estándar de 1. Esto es importante para muchos algoritmos de machine learning que son sensibles a la escala de las características de entrada, ya que ayuda a evitar que las características con magnitudes mayores dominen el proceso de entrenamiento del modelo.

6.1.5 Creación de Características

La **creación de nuevas características** es una técnica poderosa que puede mejorar significativamente la capacidad de un modelo para capturar y aprovechar relaciones complejas dentro de los datos. Este proceso, conocido como **ingeniería de características**, implica derivar nuevas variables a partir de las existentes para proporcionar información adicional o representar los datos de una manera más significativa. En este paso crucial de nuestro análisis, nos centraremos en la creación de una nueva característica llamada **FamilySize**.

La característica **FamilySize** se creará combinando dos variables existentes: **SibSp** (número de hermanos y cónyuges a bordo) y **Parch** (número de padres e hijos a bordo). Al agregar estas características relacionadas, buscamos crear una representación más completa del tamaño de la unidad familiar de un pasajero. Esta nueva característica tiene el potencial de capturar dinámicas sociales importantes y patrones de supervivencia que podrían no ser evidentes al considerar por separado a los hermanos/cónyuges y padres/hijos.

La lógica detrás de esta decisión de ingeniería de características está basada en la hipótesis de que el tamaño de la familia pudo haber desempeñado un papel significativo en los resultados de supervivencia durante el desastre del Titanic. Por ejemplo, las familias más grandes podrían haber enfrentado diferentes desafíos o haber recibido un trato distinto en comparación con los individuos que viajaban solos o en grupos más pequeños. Al crear la característica **FamilySize**, proporcionamos a nuestro modelo una comprensión más matizada del contexto familiar de cada pasajero, lo que potencialmente mejorará sus capacidades predictivas.

```
# Create a new feature 'FamilySize'
titanic_df['FamilySize'] = titanic_df['SibSp'] + titanic_df['Parch'] + 1

# Create a new feature 'IsAlone'
titanic_df['IsAlone'] = (titanic_df['FamilySize'] == 1).astype(int)

print(titanic_df[['SibSp', 'Parch', 'FamilySize', 'IsAlone']].head())
```

Este fragmento de código demuestra la creación de dos nuevas características en el conjunto de datos Titanic mediante la ingeniería de características:

- **FamilySize**: Esta característica se crea sumando los valores de **'SibSp'** (número de hermanos y cónyuges a bordo), **'Parch'** (número de padres e hijos a bordo) y añadiendo 1 (para incluir al propio pasajero). Esto proporciona una medida completa del tamaño total de la familia para cada pasajero.
- **IsAlone**: Esta es una característica binaria que indica si un pasajero viaja solo o no. Se deriva de la característica **'FamilySize'**, donde un valor de 1 indica que el pasajero está solo, y un valor de 0 indica que está acompañado por familiares.

El código luego imprime las primeras filas del **DataFrame**, mostrando estas nuevas características junto con las columnas originales **'SibSp'** y **'Parch'** para compararlas.

Estas nuevas características tienen como objetivo capturar información más matizada sobre el contexto familiar de cada pasajero, lo que podría mejorar el poder predictivo del modelo de machine learning para la predicción de supervivencia.

6.1.6 Selección de Características

La **selección de características** es un paso crucial en el pipeline de machine learning que consiste en identificar y seleccionar las características más relevantes del conjunto de datos. Este proceso ayuda a reducir la dimensionalidad, mejorar el rendimiento del modelo y aumentar la interpretabilidad. En nuestro proyecto de predicción de supervivencia en el Titanic, utilizaremos técnicas de selección de características para identificar las más informativas para nuestro modelo predictivo.

Existen varios métodos para la selección de características, incluidos métodos de filtro (por ejemplo, selección basada en correlación), métodos wrapper (por ejemplo, eliminación recursiva de características) y métodos integrados (por ejemplo, regularización L1). Para este proyecto, usaremos un método de filtro llamado **SelectKBest**, que selecciona las características en función de su relación estadística con la variable objetivo.

Al aplicar la selección de características, nuestro objetivo es:

- **Reducir el sobreajuste** eliminando características irrelevantes o redundantes.
- **Mejorar la precisión del modelo** al enfocarnos en las características más predictivas.
- **Disminuir el tiempo de entrenamiento** al reducir la dimensionalidad del conjunto de datos.
- **Mejorar la interpretabilidad del modelo** al identificar las características más importantes.

Vamos a proceder con la implementación del método **SelectKBest** para elegir las mejores características para nuestro modelo de predicción de supervivencia en el Titanic.

```
from sklearn.feature_selection import SelectKBest, f_classif

X = titanic_df.drop(columns=['Survived', 'PassengerId', 'Name', 'Ticket'])
y = titanic_df['Survived']

# Select top 10 features
selector = SelectKBest(score_func=f_classif, k=10)
X_selected = selector.fit_transform(X, y)

# Get selected feature names
selected_features = X.columns[selector.get_support()].tolist()
print("Selected features:", selected_features)
```

Aquí tienes un desglose de lo que hace este código:

- **Importa las funciones necesarias** del módulo feature_selection de scikit-learn.
- **Prepara la matriz de características** X eliminando columnas que no son necesarias para la predicción (**'Survived'**, **'PassengerId'**, **'Name'**, **'Ticket'**) del DataFrame titanic_df.
- **Define la variable objetivo** y como la columna **'Survived'**.
- **Crea un objeto SelectKBest** con f_classif como función de puntuación y k=10, lo que significa que seleccionará las 10 mejores características.
- **Aplica la selección de características** a los datos utilizando fit_transform(), que ajusta el selector a los datos y transforma el conjunto de datos para incluir solo las características seleccionadas.
- Finalmente, **recupera los nombres de las características seleccionadas** y los imprime.

Este paso de **selección de características** es crucial en el pipeline de machine learning, ya que ayuda a identificar las características más relevantes para predecir la supervivencia en el Titanic.

Al reducir el número de características a las más informativas, puede mejorar el rendimiento del modelo, reducir el sobreajuste y aumentar la interpretabilidad.

6.1.7 Manejar Datos Desbalanceados

En muchos conjuntos de datos del mundo real, incluido el conjunto de datos Titanic, el **desbalanceo de clases** es un problema común. Esto ocurre cuando una clase (en nuestro caso, sobrevivientes o no sobrevivientes) supera significativamente a la otra. Este desbalance puede llevar a modelos sesgados que rinden mal en la clase minoritaria.

Para abordar este problema, utilizaremos una técnica llamada **Técnica de Sobremuestreo de Minorías Sintéticas (SMOTE)**. **SMOTE** funciona creando ejemplos sintéticos de la clase minoritaria, equilibrando efectivamente el conjunto de datos. Este enfoque puede mejorar la capacidad del modelo para predecir ambas clases de manera precisa.

```
from imblearn.over_sampling import SMOTE

# Check class distribution
print("Original class distribution:", y.value_counts())

# Apply SMOTE
smote = SMOTE(random_state=42)
X_resampled, y_resampled = smote.fit_resample(X_selected, y)

print("Resampled class distribution:", pd.Series(y_resampled).value_counts())
```

Aquí tienes un desglose de lo que hace este código:

- **Importa la clase SMOTE** del módulo imblearn.over_sampling.
- **Imprime la distribución de clases original** utilizando y.value_counts() para mostrar el desbalance en el conjunto de datos.
- **Crea un objeto SMOTE** con random_state=42 para garantizar la reproducibilidad.
- **Aplica SMOTE** a las características seleccionadas (X_selected) y la variable objetivo (y) utilizando el método fit_resample(). Esto crea ejemplos sintéticos de la clase minoritaria para equilibrar el conjunto de datos.
- Finalmente, **imprime la distribución de clases re-muestreadas** para mostrar cómo SMOTE ha equilibrado las clases.

Este paso es crucial para abordar el problema del **desbalanceo de clases**, que puede conducir a modelos sesgados. Al crear ejemplos sintéticos de la clase minoritaria, **SMOTE** ayuda a mejorar la capacidad del modelo para predecir ambas clases con precisión.

6.1.8 Construcción y Evaluación de Modelos

En esta fase crucial de nuestro proyecto, construiremos y evaluaremos varios **modelos de machine learning** utilizando las características que hemos desarrollado. Este paso es esencial para determinar la efectividad de nuestros esfuerzos de ingeniería de características y para identificar el modelo más adecuado para predecir la supervivencia en el Titanic.

Emplearemos múltiples algoritmos, incluidos **Regresión Logística**, **Random Forest** y **Máquinas de Soporte Vectorial (SVM)**. Al comparar su rendimiento, obtendremos información sobre qué modelo captura mejor los patrones en nuestro conjunto de datos con características ingenierizadas. Utilizaremos **validación cruzada** para garantizar una evaluación robusta, y métricas como **precisión**, **matriz de confusión** y **reporte de clasificación** para evaluar de manera integral el rendimiento de cada modelo.

Esta sección demostrará cómo nuestro trabajo de ingeniería de características se traduce en **poder predictivo**, destacando la importancia de todo el proceso en el desarrollo de soluciones efectivas de machine learning.

```
from sklearn.model_selection import train_test_split, cross_val_score
from sklearn.linear_model import LogisticRegression
from sklearn.ensemble import RandomForestClassifier
from sklearn.svm import SVC
from sklearn.metrics import accuracy_score, confusion_matrix, classification_report

# Split the data
X_train, X_test, y_train, y_test = train_test_split(X_resampled, y_resampled, test_size=0.2, random_state=42)

# Initialize models
models = {
    'Logistic Regression': LogisticRegression(),
    'Random Forest': RandomForestClassifier(),
    'SVM': SVC()
}

# Train and evaluate models
for name, model in models.items():
    # Cross-validation
    cv_scores = cross_val_score(model, X_train, y_train, cv=5)
    print(f"{name} CV Score: {cv_scores.mean():.4f} (+/- {cv_scores.std() * 2:.4f})")

    # Train the model
    model.fit(X_train, y_train)

    # Make predictions
    y_pred = model.predict(X_test)

    # Evaluate the model
    print(f"{name} Accuracy: {accuracy_score(y_test, y_pred):.4f}")
    print(f"{name} Confusion Matrix:\\n", confusion_matrix(y_test, y_pred))
```

```
    print(f"{name} Classification Report:\\n", classification_report(y_test, y_pred))
    print("\\n")
```

Aquí tienes un desglose de lo que hace el código:

- Importa las bibliotecas y funciones necesarias para el entrenamiento del modelo, la evaluación y la validación cruzada.
- Los datos se dividen en conjuntos de entrenamiento y prueba utilizando train_test_split.
- Se inicializan tres modelos diferentes: Regresión Logística, Bosque Aleatorio y Máquina de Vectores de Soporte (SVM).
- Para cada modelo, el código realiza los siguientes pasos:
  - Realiza la validación cruzada utilizando cross_val_score para evaluar el rendimiento del modelo en diferentes subconjuntos de los datos de entrenamiento.
  - Entrena el modelo con el conjunto completo de entrenamiento.
  - Realiza predicciones sobre el conjunto de prueba.
  - Evalúa el rendimiento del modelo utilizando varias métricas:
    - Puntuación de precisión
    - Matriz de confusión
    - Informe de clasificación (que incluye precisión, recall y puntuación F1)

Esta evaluación exhaustiva permite comparar el rendimiento de diferentes modelos en las características generadas, ayudando a identificar qué modelo capta mejor los patrones en el conjunto de datos. El uso de la validación cruzada garantiza una evaluación robusta al probar los modelos en diferentes subconjuntos de los datos.

6.1.9 Ajuste de Hiperparámetros

El ajuste de hiperparámetros es un paso crucial en la optimización de modelos de machine learning. Implica encontrar la mejor combinación de hiperparámetros que ofrezca el mejor rendimiento del modelo. En esta sección, utilizaremos GridSearchCV para buscar sistemáticamente un conjunto predefinido de hiperparámetros para nuestro modelo de Bosque Aleatorio.

Los hiperparámetros son parámetros que no se aprenden de los datos, sino que se establecen antes del entrenamiento. Para un Bosque Aleatorio, estos pueden incluir el número de árboles (n_estimators), la profundidad máxima de los árboles (max_depth) y el número mínimo de muestras requeridas para dividir un nodo interno (min_samples_split).

Al ajustar estos hiperparámetros, podemos mejorar potencialmente el rendimiento y la capacidad de generalización de nuestro modelo. Este proceso nos ayuda a encontrar el equilibrio óptimo entre la complejidad del modelo y su rendimiento, reduciendo el riesgo de sobreajuste o subajuste.

```
from sklearn.model_selection import GridSearchCV

# Example for Random Forest
param_grid = {
    'n_estimators': [100, 200, 300],
    'max_depth': [5, 10, None],
    'min_samples_split': [2, 5, 10]
}

rf = RandomForestClassifier(random_state=42)
grid_search = GridSearchCV(estimator=rf, param_grid=param_grid, cv=5)
grid_search.fit(X_train, y_train)

print("Best parameters:", grid_search.best_params_)
print("Best cross-validation score:", grid_search.best_score_)

# Evaluate the best model
best_model = grid_search.best_estimator_
y_pred = best_model.predict(X_test)
print("Best Model Accuracy:", accuracy_score(y_test, y_pred))
```

Este es el desglose de lo que hace el código:

- Importa GridSearchCV de scikit-learn, que se utiliza para buscar los mejores parámetros para un modelo.
- Se define una cuadrícula de parámetros (param_grid) con diferentes valores para n_estimators, max_depth y min_samples_split. Estos son los hiperparámetros que queremos optimizar.
- Se inicializa un RandomForestClassifier con un estado aleatorio fijo para garantizar la reproducibilidad.
- GridSearchCV se configura con el modelo de Bosque Aleatorio, la cuadrícula de parámetros y una validación cruzada de 5 pliegues.
- Se realiza la búsqueda en la cuadrícula usando fit() sobre los datos de entrenamiento.
- Se imprimen los mejores parámetros y la mejor puntuación de validación cruzada.
- Finalmente, se utiliza el mejor modelo (con los parámetros optimizados) para hacer predicciones sobre el conjunto de prueba y se imprime su precisión.

Este proceso ayuda a encontrar la combinación óptima de hiperparámetros que ofrece el mejor rendimiento del modelo, lo que potencialmente mejora la precisión y la capacidad de generalización del modelo.

6.1.10 Análisis de Importancia de Características

El análisis de importancia de características es un paso crucial para entender qué características contribuyen más significativamente a las predicciones de nuestro modelo. Este análisis nos ayuda a identificar los factores más influyentes en la determinación de la supervivencia de los pasajeros del Titanic, proporcionando valiosas ideas sobre el conjunto de datos y el proceso de toma de decisiones de nuestro modelo.

Al examinar la importancia de las características, podemos:

- Obtener una comprensión más profunda de los factores que más afectaron las tasas de supervivencia.
- Validar nuestros esfuerzos de ingeniería de características al ver qué características generadas son más impactantes.
- Potencialmente simplificar nuestro modelo al enfocarnos en las características más importantes.
- Informar los futuros esfuerzos de recopilación de datos al destacar la información más crítica.

En el siguiente código, utilizaremos nuestro mejor modelo de Bosque Aleatorio para calcular y visualizar la importancia de las características, proporcionando una imagen clara de qué características están impulsando nuestras predicciones.

```
# Using the best Random Forest model
feature_importance = best_model.feature_importances_
feature_names = X.columns[selector.get_support()].tolist()

# Sort features by importance
feature_importance_sorted = sorted(zip(feature_importance, feature_names), reverse=True)

# Plot feature importance
plt.figure(figsize=(10, 6))
plt.bar([x[1] for x in feature_importance_sorted], [x[0] for x in feature_importance_sorted])
plt.title('Feature Importance')
plt.xlabel('Features')
plt.ylabel('Importance')
plt.xticks(rotation=45)
plt.tight_layout()
plt.show()
```

Este es el desglose de lo que hace el código:

- Extrae las puntuaciones de importancia de las características del mejor modelo de Bosque Aleatorio utilizando best_model.feature_importances_.
- Recupera los nombres de las características seleccionadas usando X.columns[selector.get_support()].tolist().
- Se combinan y ordenan las importancias de las características junto con sus nombres en orden descendente de importancia.
- Se crea un gráfico de barras para visualizar las importancias de las características:
  - El gráfico se establece con un tamaño de 10x6 pulgadas.
  - Los nombres de las características se colocan en el eje x y sus puntuaciones de importancia en el eje y.
  - Al gráfico se le asigna un título, una etiqueta para el eje x y una para el eje y.
  - Las etiquetas del eje x se rotan 45 grados para mejorar la legibilidad.

Esta visualización ayuda a identificar qué características tienen el mayor impacto en las predicciones del modelo, proporcionando información sobre los factores que más influyen en las predicciones de supervivencia en el conjunto de datos del Titanic.

6.1.11 Análisis de Errores

El análisis de errores es un paso crucial para entender dónde y por qué nuestro modelo está cometiendo errores. Este proceso implica examinar los casos donde las predicciones del modelo difieren de los resultados reales. Al analizar estas clasificaciones erróneas, podemos obtener información valiosa sobre las debilidades de nuestro modelo e identificar posibles áreas de mejora.

En esta sección, examinaremos las características de las muestras mal clasificadas, comparando sus atributos con los de las instancias correctamente clasificadas. Este análisis puede revelar patrones o subgrupos específicos donde el modelo tiene dificultades, potencialmente señalando la necesidad de ingeniería de características adicional, recopilación de datos o ajustes al modelo.

```
import pandas as pd

# Convert X_test to DataFrame with column names
X_test_df = pd.DataFrame(X_test, columns=selected_features)

# Identify misclassified samples
misclassified = X_test_df[y_test != y_pred].copy()
misclassified['true_label'] = y_test[y_test != y_pred]
misclassified['predicted_label'] = y_pred[y_test != y_pred]
```

```
# Display sample misclassified instances
print("Sample of misclassified instances:")
print(misclassified.head())

# Analyze misclassifications
print("\\nMisclassification analysis:")
for feature in selected_features:
    print(f"\\nFeature: {feature}")
    print(misclassified.groupby(['true_label', 'predicted_label'])[feature].mean())
```

Aquí se explica lo que hace el código:

- **Identifica las muestras mal clasificadas** comparando las etiquetas reales (y_test) con las etiquetas predichas (y_pred).
- **Crea un nuevo DataFrame** llamado misclassified, que contiene solo las instancias clasificadas incorrectamente del conjunto de prueba.
- **Agrega dos nuevas columnas** a este DataFrame:
  - 'true_label': la etiqueta real de y_test
  - 'predicted_label': la etiqueta predicha por el modelo (y_pred)
- Imprime una **muestra de estas instancias mal clasificadas** usando la función head().
- Luego, realiza un **análisis detallado** de las clasificaciones erróneas:
  - Itera a través de **cada característica** en el DataFrame misclassified.
  - Para cada característica, calcula e **imprime el valor medio** agrupado por true_label y predicted_label.
  - Esto ayuda a comprender los patrones en los errores del modelo.

¿Por qué es esto útil?

- Nos permite **identificar características específicas** donde ocurre la clasificación errónea.
- Ayuda a identificar **sesgos potenciales** en el modelo.
- Puede guiar las **mejoras en la ingeniería de características** o el **ajuste de hiperparámetros** para mejorar el rendimiento del modelo.

6.1.12 Conclusión

En este proyecto, aplicamos diversas técnicas de ingeniería de características al conjunto de datos del Titanic y construimos múltiples modelos predictivos. Ampliamos el proyecto original al incluir visualización de datos, selección de características, manejo de datos desbalanceados, prueba de múltiples modelos, implementación de validación cruzada, ajuste de hiperparámetros, análisis de importancia de características y análisis de errores. Estos pasos adicionales proporcionan una comprensión más completa del conjunto de datos y del impacto de la ingeniería de características en el rendimiento del modelo.

Los resultados demuestran la importancia de la ingeniería de características para mejorar la precisión y la interpretabilidad del modelo. Al seleccionar, transformar y crear características cuidadosamente, pudimos construir modelos predictivos más robustos. El análisis de la importancia de las características y de errores proporciona información sobre qué factores son más cruciales para predecir la supervivencia y dónde el modelo podría estar fallando.

Este proyecto sirve como un ejemplo completo del proceso de ingeniería de características y su importancia en el pipeline de machine learning. Demuestra cómo se pueden combinar diversas técnicas para extraer información valiosa de datos crudos y mejorar el rendimiento del modelo.

6.2 Proyecto 2: Predicción de Precios de Automóviles Usados con Regresión Lineal

En este proyecto, desarrollaremos un modelo predictivo para estimar los precios de automóviles usados basándonos en diversas características como kilometraje, año, marca, modelo y otros factores relevantes. Este proyecto tiene aplicaciones significativas en la industria automotriz, especialmente para concesionarios de autos, compañías de seguros y mercados en línea que manejan vehículos usados.

La regresión lineal es adecuada para esta tarea, ya que nuestro objetivo es predecir un valor continuo (precio del automóvil) basado en múltiples características de entrada. A lo largo de este proyecto, realizaremos las siguientes tareas:

1. Exploraremos y preprocesaremos un conjunto de datos de automóviles usados.
2. Aplicaremos la regresión lineal para predecir los precios de los automóviles.
3. Evaluaremos el rendimiento del modelo utilizando varias métricas.
4. Optimizaremos el modelo a través de la ingeniería y selección de características.
5. Compararemos nuestro modelo de regresión lineal con otros algoritmos.
6. Analizaremos la importancia de las características y la interpretabilidad del modelo.

6.2.1 Cargar y Explorar el Conjunto de Datos

Comenzaremos cargando y explorando nuestro completo conjunto de datos de automóviles usados. Este paso crucial forma la base de nuestro análisis, permitiéndonos obtener una visión profunda de la estructura y las características de nuestros datos.

A través de un examen cuidadoso, podemos identificar posibles problemas, como valores faltantes o atípicos, y descubrir patrones significativos que puedan influir en el rendimiento de nuestro modelo.

Esta exploración inicial no solo nos ayuda a comprender la naturaleza de nuestro conjunto de datos, sino que también guía nuestras decisiones posteriores de preprocesamiento e ingeniería de características, lo que finalmente conducirá a un modelo de predicción de precios de automóviles más robusto y preciso.

```
import pandas as pd
import numpy as np
import matplotlib.pyplot as plt
import seaborn as sns
from sklearn.model_selection import train_test_split
from sklearn.preprocessing import StandardScaler, LabelEncoder
from sklearn.linear_model import LinearRegression
from sklearn.metrics import mean_squared_error, r2_score
from sklearn.feature_selection import RFE
from sklearn.ensemble import RandomForestRegressor

# Load the dataset
car_df = pd.read_csv('/mnt/data/used_car_data.csv')

# Display basic information about the dataset
print(car_df.info())
print(car_df.describe())

# Encode categorical columns
label_encoders = {}
for col in ['make', 'model', 'fuel_type']:
    le = LabelEncoder()
    car_df[col] = le.fit_transform(car_df[col])
    label_encoders[col] = le

# Visualize the distribution of car prices
plt.figure(figsize=(12, 6))
sns.histplot(car_df['price'], bins=50, kde=True)
plt.title('Distribution of Car Prices')
plt.xlabel('Price')
plt.ylabel('Frequency')
plt.show()

# Correlation heatmap
plt.figure(figsize=(12, 10))
sns.heatmap(car_df.corr(), annot=True, cmap='coolwarm')
plt.title('Correlation Heatmap of Numerical Features')
plt.show()

# Scatter plot of price vs. mileage
plt.figure(figsize=(10, 6))
sns.scatterplot(x='mileage', y='price', data=car_df)
```

```
plt.title('Price vs. Mileage')
plt.xlabel('Mileage')
plt.ylabel('Price')
plt.show()
```

Descargue el archivo CSV aquí: https://files.cuantum.tech/csv/used_car_data.csv

Este es el desglose de sus principales componentes:

- Importación de las bibliotecas necesarias: pandas, numpy, matplotlib, seaborn y varios módulos de scikit-learn para la manipulación de datos, visualización y tareas de machine learning.
- Carga del conjunto de datos: Lee un archivo CSV desde una URL en un DataFrame de pandas llamado car_df.
- Muestra de información básica: Imprime la información del conjunto de datos y estadísticas descriptivas utilizando los métodos info() y describe().
- Visualización de la distribución de precios de automóviles: Crea un histograma con una estimación de densidad de núcleo (KDE) para mostrar la distribución de los precios.
- Creación de un mapa de calor de correlación: Visualiza las correlaciones entre las características numéricas en el conjunto de datos.
- Trazado de un gráfico de dispersión: Muestra la relación entre el kilometraje y el precio.

Este código es parte de la fase de exploración de datos, que es crucial para comprender las características del conjunto de datos, identificar patrones potenciales y guiar el preprocesamiento y las decisiones de modelado posteriores.

6.2.2 Preprocesamiento de Datos

Antes de construir nuestro modelo de regresión, es crucial preprocesar los datos para garantizar su calidad y adecuación para el análisis.

Este paso esencial involucra varios procesos clave:

1. Manejo de valores faltantes: Necesitamos abordar cualquier vacío en nuestro conjunto de datos, ya sea imputando valores o eliminando registros incompletos.
2. Codificación de variables categóricas: Dado que nuestro modelo trabaja con datos numéricos, debemos convertir la información categórica (como las marcas y modelos de automóviles) en un formato que el algoritmo pueda procesar.
3. Escalado de características numéricas: Para asegurar que todas las características contribuyan de manera equitativa al modelo, estandarizaremos o normalizaremos las variables numéricas a una escala común.

4. Ingeniería de características: Podemos crear nuevas características o transformar las existentes para captar relaciones importantes en los datos.

Estos pasos de preprocesamiento son vitales para construir un modelo de predicción de precios de automóviles robusto y preciso.

```
# Handle missing values
car_df.dropna(subset=['price'], inplace=True)
car_df['mileage'].fillna(car_df['mileage'].median(), inplace=True)
car_df['year'].fillna(car_df['year'].mode()[0], inplace=True)

# Encode categorical variables
car_df = pd.get_dummies(car_df, columns=['make', 'model'], drop_first=True)

# Feature engineering
car_df['age'] = 2023 - car_df['year']  # Assuming current year is 2023
car_df['miles_per_year'] = car_df['mileage'] / car_df['age']

# Scale numerical features
scaler = StandardScaler()
numerical_features = ['mileage', 'year', 'age', 'miles_per_year']
car_df[numerical_features] = scaler.fit_transform(car_df[numerical_features])

# Display the updated dataset
print(car_df.head())
```

Desglosémoslo paso a paso:

- **Manejo de valores faltantes**: El código elimina las filas con valores faltantes en el precio y rellena los valores faltantes en el kilometraje y el año utilizando la mediana y la moda, respectivamente.
- **Codificación de variables categóricas**: Utiliza one-hot encoding para convertir variables categóricas (marca y modelo) en formato numérico.
- **Ingeniería de características**: Se crean dos nuevas características:
    - age: calculada restando el año del automóvil de 2023 (suponiendo que es el año actual).
    - miles_per_year: derivada dividiendo el kilometraje entre la edad.
- **Escalado de características numéricas**: El código usa StandardScaler para normalizar las características numéricas (kilometraje, año, edad y miles_per_year), asegurando que estén en la misma escala.
- **Muestra de resultados**: Finalmente, imprime las primeras filas del conjunto de datos actualizado para mostrar los cambios.

Estos pasos de preprocesamiento son fundamentales para preparar los datos para los modelos de machine learning, garantizar la calidad de los datos y mejorar potencialmente el rendimiento del modelo.

6.2.3 Selección de Características

En este paso crucial del proceso de desarrollo de nuestro modelo, emplearemos la Eliminación Recursiva de Características (RFE) para identificar y seleccionar las características más influyentes para nuestro modelo de predicción de precios de automóviles.

RFE es una técnica avanzada de selección de características que elimina de manera recursiva las características menos importantes mientras se construye el modelo, lo que nos permite centrarnos en las variables que tienen el mayor impacto en nuestra variable objetivo.

Al implementar RFE, podemos optimizar nuestro modelo, mejorar su rendimiento y obtener valiosas ideas sobre cuáles son los factores más importantes en la determinación de los precios de automóviles usados.

```
# Prepare features and target
X = car_df.drop('price', axis=1)
y = car_df['price']

# Perform RFE
rfe = RFE(estimator=LinearRegression(), n_features_to_select=10)
rfe = rfe.fit(X, y)

# Get selected features
selected_features = X.columns[rfe.support_]
print("Selected features:", selected_features)

# Update X with selected features
X = X[selected_features]
```

Este es el desglose de lo que hace el código:

- Primero, separa las características (X) y la variable objetivo (y) del conjunto de datos. La columna price se establece como la variable objetivo, mientras que las demás columnas se consideran características.
- Luego, inicializa el objeto RFE con un estimador de LinearRegression y establece el número de características a seleccionar en 10.
- Se ajusta el RFE a los datos, lo que realiza el proceso de eliminación recursiva de características.
- Después de ajustarlo, el código recupera las características seleccionadas usando rfe.support_ y las imprime.

- Finalmente, actualiza el conjunto de características X para incluir solo las características seleccionadas.

Este proceso ayuda a identificar las características más importantes para predecir los precios de los automóviles, lo que potencialmente mejora el rendimiento y la interpretabilidad del modelo.

6.2.4 Dividir los Datos y Construir el Modelo

Con los datos preprocesados y las características seleccionadas, estamos listos para avanzar en el desarrollo del modelo. En este paso crucial, dividiremos nuestro conjunto de datos en subconjuntos de entrenamiento y prueba, una práctica que nos permite construir nuestro modelo de regresión lineal en una parte de los datos y evaluar su rendimiento en otra. Este enfoque asegura que nuestro modelo pueda generalizarse bien a datos nuevos y no vistos.

Al dividir los datos, creamos un marco robusto para evaluar las capacidades predictivas de nuestro modelo. El conjunto de entrenamiento se usará para enseñar al algoritmo de regresión lineal los patrones subyacentes en los precios de los automóviles, mientras que el conjunto de prueba servirá como un proxy de datos del mundo real, lo que nos permitirá evaluar qué tan bien funciona el modelo con ejemplos no vistos previamente.

```
# Split the data
X_train, X_test, y_train, y_test = train_test_split(X, y, test_size=0.2,
random_state=42)

# Create and train the linear regression model
model = LinearRegression()
model.fit(X_train, y_train)

# Make predictions
y_pred = model.predict(X_test)

# Evaluate the model
mse = mean_squared_error(y_test, y_pred)
rmse = np.sqrt(mse)
r2 = r2_score(y_test, y_pred)

print(f"Mean Squared Error: {mse}")
print(f"Root Mean Squared Error: {rmse}")
print(f"R-squared Score: {r2}")
```

Este es el desglose de lo que hace cada parte:

- **División de Datos**: Los datos se dividen en conjuntos de entrenamiento y prueba utilizando train_test_split(). El 80% de los datos se utiliza para entrenamiento (test_size=0.2) y el 20% restante para prueba.

- **Creación y Entrenamiento del Modelo**: Se instancia un modelo de LinearRegression y se entrena con los datos de entrenamiento usando el método fit().
- **Predicción**: El modelo entrenado se utiliza para hacer predicciones sobre los datos de prueba.
- **Evaluación del Modelo**: El rendimiento del modelo se evalúa utilizando tres métricas:
    - **Error Cuadrático Medio (MSE)**: Mide la diferencia cuadrática promedio entre los valores predichos y los reales.
    - **Raíz del Error Cuadrático Medio (RMSE)**: La raíz cuadrada del MSE, que proporciona una medida de error en la misma unidad que la variable objetivo.
    - **Puntuación R-cuadrado**: Indica la proporción de la varianza en la variable dependiente que es predecible a partir de las variables independientes.

Estas métricas ayudan a evaluar qué tan bien está funcionando el modelo en la predicción de precios de automóviles basándose en las características seleccionadas.

6.2.5 Interpretación del Modelo

Ahora, profundicemos en los coeficientes de nuestro modelo de regresión lineal para obtener una comprensión completa de cómo cada característica influye en los precios de los automóviles. Al examinar estos coeficientes, podemos discernir qué factores tienen el impacto más significativo en la determinación del valor de un vehículo, proporcionando información valiosa tanto para compradores como para vendedores en el mercado de automóviles usados.

```
# Display feature coefficients
coefficients = pd.DataFrame({'Feature': X.columns, 'Coefficient': model.coef_})
coefficients = coefficients.sort_values(by='Coefficient', key=abs, ascending=False)
print(coefficients)

# Visualize feature importance
plt.figure(figsize=(12, 6))
sns.barplot(x='Coefficient', y='Feature', data=coefficients)
plt.title('Feature Importance in Linear Regression Model')
plt.show()
```

Desglosémoslo:

1. **Mostrar los coeficientes de las características**:
    - Crea un DataFrame llamado coefficients con dos columnas: Feature (de X.columns) y Coefficient (de model.coef_).
    - Los coeficientes se ordenan por sus valores absolutos en orden descendente.

- Este DataFrame ordenado se imprime, mostrando qué características tienen el mayor impacto en la predicción.

2. **Visualizar la importancia de las características**:
   - Se crea un gráfico de barras usando seaborn (sns.barplot).
   - El eje x representa los valores de los coeficientes y el eje y muestra los nombres de las características.
   - Esta visualización ayuda a identificar rápidamente qué características tienen el impacto más significativo, ya sea positivo o negativo, en los precios de los automóviles.

Este código es crucial para entender cómo cada característica en el modelo contribuye a la predicción de los precios de los automóviles, lo que permite una mejor interpretación del proceso de toma de decisiones del modelo.

6.2.6 Análisis de Errores

Para obtener una visión más profunda del rendimiento de nuestro modelo e identificar áreas potenciales de mejora, realizaremos un análisis exhaustivo de sus errores. Este paso es crucial para descubrir patrones sistemáticos o valores atípicos notables en nuestras predicciones, lo que nos permitirá refinar nuestro enfoque y mejorar la precisión de nuestras estimaciones de precios de automóviles.

Al examinar las discrepancias entre los precios predichos y los reales, podemos identificar escenarios específicos donde nuestro modelo sobresale o tiene dificultades, lo que conducirá a un sistema de predicción más robusto y confiable.

```
# Calculate residuals
residuals = y_test - y_pred

# Plot residuals
plt.figure(figsize=(10, 6))
sns.scatterplot(x=y_test, y=residuals)
plt.axhline(y=0, color='r', linestyle='--')
plt.title('Residual Plot')
plt.xlabel('Actual Price')
plt.ylabel('Residuals')
plt.show()

# Plot actual vs predicted prices
plt.figure(figsize=(10, 6))
sns.scatterplot(x=y_test, y=y_pred)
plt.plot([y_test.min(), y_test.max()], [y_test.min(), y_test.max()], 'r--', lw=2)
plt.title('Actual vs Predicted Prices')
plt.xlabel('Actual Price')
plt.ylabel('Predicted Price')
plt.show()
```

Este código realiza un análisis de errores para un modelo de regresión lineal utilizado para predecir los precios de automóviles. Consta de dos partes principales:

1. **Gráfico de residuos**:
   - Calcula los residuos (diferencias entre los precios reales y los predichos).
   - Crea un gráfico de dispersión de precios reales vs. residuos.
   - Añade una línea discontinua roja horizontal en y=0 para destacar la línea base.
   - Este gráfico ayuda a identificar posibles patrones o heterocedasticidad en los errores.
2. **Gráfico de precios reales vs. predichos**:
   - Crea un gráfico de dispersión de precios reales vs. precios predichos.
   - Añade una línea diagonal discontinua roja que representa predicciones perfectas.
   - Este gráfico ayuda a visualizar qué tan bien se alinean las predicciones del modelo con los precios reales.

Estas visualizaciones son cruciales para comprender el rendimiento del modelo e identificar posibles áreas de mejora en el modelo de predicción de precios de automóviles.

6.2.7 Comparación de Modelos

Para mejorar nuestras capacidades predictivas y obtener una comprensión más profunda de los factores que influyen en los precios de los automóviles, ahora compararemos nuestro modelo de regresión lineal con un algoritmo de machine learning más complejo: el Random Forest Regressor.

Esta comparación nos permitirá evaluar si podemos lograr una mayor precisión en nuestras predicciones y, potencialmente, descubrir relaciones no lineales en nuestros datos que el modelo lineal podría haber pasado por alto.

Al implementar este modelo adicional, podremos evaluar las fortalezas y debilidades de ambos enfoques, proporcionando valiosas ideas sobre el método más efectivo para estimar los precios de automóviles usados en diferentes escenarios.

```
# Create and train a Random Forest model
rf_model = RandomForestRegressor(n_estimators=100, random_state=42)
rf_model.fit(X_train, y_train)

# Make predictions with Random Forest
rf_pred = rf_model.predict(X_test)
```

```
# Evaluate Random Forest model
rf_mse = mean_squared_error(y_test, rf_pred)
rf_rmse = np.sqrt(rf_mse)
rf_r2 = r2_score(y_test, rf_pred)

print("Random Forest Performance:")
print(f"Mean Squared Error: {rf_mse}")
print(f"Root Mean Squared Error: {rf_rmse}")
print(f"R-squared Score: {rf_r2}")

# Compare feature importance
rf_importance = pd.DataFrame({'Feature': X.columns, 'Importance': rf_model.feature_importances_})
rf_importance = rf_importance.sort_values('Importance', ascending=False)

plt.figure(figsize=(12, 6))
sns.barplot(x='Importance', y='Feature', data=rf_importance)
plt.title('Feature Importance in Random Forest Model')
plt.show()
```

Este es el desglose de lo que hace el código:

1. Crea y entrena un modelo de Bosque Aleatorio con 100 árboles.
2. Utiliza el modelo entrenado para hacer predicciones en los datos de prueba.
3. Evalúa el rendimiento del modelo de Bosque Aleatorio utilizando tres métricas:
    - **Error Cuadrático Medio (MSE)**
    - **Raíz del Error Cuadrático Medio (RMSE)**
    - **Puntuación R-cuadrado**
4. Imprime las métricas de rendimiento para facilitar la comparación con el modelo de regresión lineal.
5. Analiza la importancia de las características en el modelo de Bosque Aleatorio:
    - Crea un DataFrame con las características y sus puntuaciones de importancia.
    - Ordena las características por importancia.
    - Visualiza la importancia de las características usando un gráfico de barras.

Este código permite una comparación integral entre los modelos de regresión lineal y Bosque Aleatorio, ayudando a identificar qué enfoque podría ser más efectivo para predecir los precios de automóviles en este escenario específico.

6.2.8 Conclusión

En este proyecto, hemos construido un modelo integral de predicción de precios de automóviles utilizando regresión lineal. Hemos incorporado técnicas avanzadas de exploración de datos, ingeniería de características e interpretación de modelos. Al comparar nuestro modelo de regresión lineal con un modelo de Bosque Aleatorio, obtuvimos información sobre las fortalezas y limitaciones de diferentes enfoques.

Principales conclusiones de este proyecto:

- La importancia de una exploración y visualización de datos exhaustiva.
- El impacto de la ingeniería de características en el rendimiento del modelo.
- El valor de modelos interpretables como la regresión lineal para entender la importancia de las características.
- El potencial de los métodos de ensamblado como el Bosque Aleatorio para captar relaciones no lineales y mejorar las predicciones.

Este proyecto demuestra el poder del machine learning para resolver problemas del mundo real y proporciona una base sólida para seguir explorando el campo del modelado predictivo.

6.3 Proyecto 3: Segmentación de Clientes Usando K-Means Clustering

En este proyecto, nos adentraremos en el aprendizaje no supervisado para segmentar a los clientes según su comportamiento de compra. La segmentación de clientes es una técnica crucial en marketing y estrategia empresarial, que permite a las empresas adaptar sus enfoques de manera eficaz a diferentes grupos de clientes.

¿Por qué es importante la segmentación de clientes?

- **Marketing Personalizado**: Adaptar estrategias de marketing a grupos específicos de clientes.
- **Desarrollo de Productos**: Identificar las necesidades de diferentes segmentos de clientes.
- **Retención de Clientes**: Focalizar los esfuerzos en segmentos de clientes de alto valor.
- **Asignación de Recursos**: Optimizar la distribución de recursos entre los grupos de clientes.

En este proyecto, realizaremos lo siguiente:

1. Cargar y explorar un conjunto de datos de clientes.

2. Preprocesar y preparar los datos para la segmentación.
3. Aplicar K-Means clustering para segmentar a los clientes.
4. Visualizar e interpretar los clusters resultantes.
5. Evaluar el rendimiento de la segmentación.
6. Discutir mejoras potenciales y trabajo futuro.

6.3.1 Cargar y Explorar el Conjunto de Datos

Comenzaremos nuestro análisis importando el conjunto de datos de clientes en nuestro entorno de trabajo. Este paso inicial es crucial ya que sienta las bases para todo el proyecto. Una vez cargados los datos, realizaremos una exploración exhaustiva para obtener información sobre su estructura, características y características generales.

Esta fase exploratoria es esencial para comprender la naturaleza de nuestros datos, identificar posibles patrones o anomalías, e informar nuestras decisiones analíticas posteriores. Al examinar a fondo la composición del conjunto de datos, estaremos mejor preparados para elegir las técnicas de preprocesamiento y los métodos analíticos adecuados en las etapas posteriores del proyecto.

```
import pandas as pd
import matplotlib.pyplot as plt
import seaborn as sns
import numpy as np
from sklearn.preprocessing import StandardScaler
from sklearn.cluster import KMeans
from sklearn.metrics import silhouette_score

# Load the customer dataset
url = '<https://example.com/customer_data.csv>'  # Replace with actual URL or file
path
customer_df = pd.read_csv(url)

# Display the first few rows of the dataset
print(customer_df.head())

# Display basic information about the dataset
print(customer_df.info())

# Summary statistics
print(customer_df.describe())

# Check for missing values
print(customer_df.isnull().sum())

# Visualize the distribution of annual income and spending score
plt.figure(figsize=(12, 6))
plt.subplot(1, 2, 1)
```

```
sns.histplot(customer_df['Annual Income (k$)'], kde=True)
plt.title('Distribution of Annual Income')
plt.subplot(1, 2, 2)
sns.histplot(customer_df['Spending Score (1-100)'], kde=True)
plt.title('Distribution of Spending Score')
plt.tight_layout()
plt.show()

# Scatter plot of Annual Income vs Spending Score
plt.figure(figsize=(10, 6))
sns.scatterplot(x='Annual Income (k$)', y='Spending Score (1-100)', data=customer_df)
plt.title('Customer Distribution: Annual Income vs Spending Score')
plt.show()
```

Este es el desglose de sus principales componentes:

- **Importación de bibliotecas**: El script importa las bibliotecas necesarias de Python para la manipulación de datos (pandas), visualización (matplotlib, seaborn) y machine learning (sklearn).
- **Carga de datos**: Carga un conjunto de datos de clientes desde un archivo CSV utilizando pandas.
- **Exploración de datos**: El código muestra las primeras filas del conjunto de datos, información básica sobre el dataset, estadísticas descriptivas y verifica si hay valores faltantes.
- **Visualización de datos**: Crea dos tipos de visualizaciones:
    - **Histogramas**: Muestran la distribución del ingreso anual y la puntuación de gasto.
    - **Gráfico de dispersión**: Muestra la relación entre el ingreso anual y la puntuación de gasto.

Este código es parte de la fase inicial de exploración de datos en un proyecto de segmentación de clientes utilizando K-Means clustering. Ayuda a comprender la estructura y características del conjunto de datos antes de proceder con análisis y clustering adicionales.

El fragmento de código carga el conjunto de datos, muestra información básica, verifica la existencia de valores faltantes y crea visualizaciones que nos ayudan a entender la distribución de nuestras características clave.

6.3.2 Preprocesamiento de Datos

Antes de aplicar el algoritmo de K-Means, es crucial preparar adecuadamente nuestro conjunto de datos. Esta fase preparatoria, conocida como preprocesamiento de datos, implica varios pasos importantes para garantizar que los datos estén en el formato óptimo para el análisis.

Primero, necesitamos abordar cualquier valor faltante en el conjunto de datos, ya que estos pueden afectar significativamente los resultados.

Esto puede implicar eliminar filas con datos faltantes o utilizar diversas técnicas de imputación para rellenar los vacíos. A continuación, seleccionaremos cuidadosamente las características más relevantes para nuestro análisis de clustering, enfocándonos en aquellas que son más propensas a revelar patrones significativos en el comportamiento de los clientes.

Finalmente, escalaremos nuestros datos para asegurar que todas las características estén en una escala comparable, lo cual es particularmente importante para algoritmos basados en distancias como K-Means. Este proceso de escalado ayuda a evitar que las características con magnitudes más grandes dominen los resultados del clustering, lo que permite un análisis más equilibrado y preciso de nuestros segmentos de clientes.

```
# Select relevant features for clustering
features = ['Annual Income (k$)', 'Spending Score (1-100)']

# Check for missing values in selected features
print(customer_df[features].isnull().sum())

# If there are missing values, we can either drop them or impute them
# For this example, we'll drop any rows with missing values
customer_df_clean = customer_df.dropna(subset=features)

# Scale the features
scaler = StandardScaler()
customer_df_scaled = scaler.fit_transform(customer_df_clean[features])

# Convert scaled features back to a DataFrame for easier handling
customer_df_scaled = pd.DataFrame(customer_df_scaled, columns=features)

print("Scaled data:")
print(customer_df_scaled.head())

# Visualize the scaled data
plt.figure(figsize=(10, 6))
sns.scatterplot(x=features[0], y=features[1], data=customer_df_scaled)
plt.title('Scaled Customer Distribution: Annual Income vs Spending Score')
plt.show()
```

Este es el desglose de lo que hace el código:

1. **Selección de características**: Selecciona dos características relevantes para el clustering: "Ingreso anual (k$)" y "Puntuación de gasto (1-100)".
2. **Manejo de valores faltantes**: Verifica si hay valores faltantes en las características seleccionadas y elimina cualquier fila con datos faltantes.

3. **Escalado de datos**: Utiliza StandardScaler para escalar las características, lo cual es crucial para el clustering K-Means, ya que asegura que todas las características contribuyan de manera equitativa a los cálculos de distancia.
4. **Conversión de datos**: Los datos escalados se convierten de nuevo a un DataFrame para un manejo más fácil.
5. **Visualización**: Crea un gráfico de dispersión de los datos escalados para visualizar la distribución de los clientes en función de su ingreso anual y su puntuación de gasto.

Este paso de preprocesamiento es esencial, ya que prepara los datos para el algoritmo de K-Means, asegurando que el análisis sea equilibrado y preciso.

En este paso, hemos seleccionado las características relevantes, manejado cualquier valor faltante y escalado nuestros datos utilizando StandardScaler. El escalado es crucial para el clustering K-Means, ya que garantiza que todas las características contribuyan equitativamente a los cálculos de distancia.

6.3.3 Aplicar K-Means Clustering

Con los datos ya preprocesados adecuadamente, estamos listos para aplicar el algoritmo de clustering K-Means a nuestro conjunto de datos de clientes. Esta poderosa técnica de aprendizaje no supervisado nos ayudará a identificar grupos distintos dentro de nuestra base de clientes. Para asegurarnos de utilizar el número óptimo de clusters para nuestro análisis, emplearemos el método del codo.

Este enfoque implica ejecutar el algoritmo K-Means con diferentes números de clusters y graficar la inercia resultante (suma de cuadrados dentro de los clusters) frente al número de clusters. El "codo" en esta gráfica, donde la tasa de disminución de la inercia comienza a estabilizarse, indicará el número ideal de clusters para nuestro conjunto de datos.

```
# Elbow Method to find the optimal number of clusters
inertias = []
k_range = range(1, 11)

for k in k_range:
    kmeans = KMeans(n_clusters=k, random_state=42)
    kmeans.fit(customer_df_scaled)
    inertias.append(kmeans.inertia_)

# Plot the elbow curve
plt.figure(figsize=(10, 6))
plt.plot(k_range, inertias, 'bx-')
plt.xlabel('k')
plt.ylabel('Inertia')
plt.title('The Elbow Method showing the optimal k')
plt.show()

# Based on the elbow curve, let's choose the optimal number of clusters
```

```
optimal_k = 5  # This should be determined from the elbow curve

# Apply K-Means with the optimal number of clusters
kmeans = KMeans(n_clusters=optimal_k, random_state=42)
customer_df_clean['Cluster'] = kmeans.fit_predict(customer_df_scaled)

# Visualize the clusters
plt.figure(figsize=(12, 8))
scatter = plt.scatter(customer_df_clean['Annual Income (k$)'],
                      customer_df_clean['Spending Score (1-100)'],
                      c=customer_df_clean['Cluster'],
                      cmap='viridis')
plt.colorbar(scatter)
plt.xlabel('Annual Income (k$)')
plt.ylabel('Spending Score (1-100)')
plt.title('Customer Segments')
plt.show()
```

Este es el desglose de sus principales componentes:

- **Método del Codo**: Esta técnica se utiliza para determinar el número óptimo de clusters. Implica:
    - Ejecutar K-Means con diferentes números de clusters (1 a 10).
    - Calcular la inercia (suma de cuadrados dentro de los clusters) para cada uno.
    - Graficar la inercia frente al número de clusters.
    - El "codo" en esta gráfica indica el número ideal de clusters.
- **Aplicación de K-Means**: Una vez determinado el número óptimo de clusters (establecido en 5 en este ejemplo), se aplica el algoritmo a los datos de clientes escalados.
- **Visualización**: Los clusters resultantes se visualizan en un gráfico de dispersión, con:
    - Ingreso anual en el eje x.
    - Puntuación de gasto en el eje y.
    - Diferentes colores que representan los distintos clusters.

Este proceso ayuda a identificar grupos distintos de clientes en función de su comportamiento de ingresos y gasto, lo que puede utilizarse para estrategias de marketing dirigidas.

En este paso, hemos utilizado el método del codo para determinar el número óptimo de clusters, aplicado el clustering K-Means con este número óptimo y visualizado los clusters resultantes.

6.3.4 Interpretación de los Clusters

Ahora que hemos aplicado exitosamente el clustering K-Means a nuestro conjunto de datos de clientes, es momento de profundizar en los resultados y extraer información significativa. Examinemos cuidadosamente e interpretemos los clusters que hemos identificado para obtener una comprensión completa de nuestros segmentos de clientes.

Este análisis proporcionará información valiosa sobre los grupos distintos dentro de nuestra base de clientes, lo que nos permitirá adaptar nuestras estrategias y enfoques de manera más efectiva.

```
# Calculate cluster centroids
centroids = customer_df_clean.groupby('Cluster')[features].mean()
print("Cluster Centroids:")
print(centroids)

# Analyze cluster sizes
cluster_sizes = customer_df_clean['Cluster'].value_counts().sort_index()
print("\\nCluster Sizes:")
print(cluster_sizes)

# Visualize cluster characteristics
plt.figure(figsize=(12, 6))
sns.boxplot(x='Cluster', y='Annual Income (k$)', data=customer_df_clean)
plt.title('Annual Income Distribution by Cluster')
plt.show()

plt.figure(figsize=(12, 6))
sns.boxplot(x='Cluster', y='Spending Score (1-100)', data=customer_df_clean)
plt.title('Spending Score Distribution by Cluster')
plt.show()
```

Este fragmento de código es parte del proyecto de segmentación de clientes utilizando K-Means clustering. Se centra en la interpretación de los clusters que se han creado. Aquí está el desglose de lo que hace el código:

1. **Cálculo de los centroides de los clusters**: Calcula los valores medios de las características para cada cluster, dándonos un punto central que representa a cada grupo.
2. **Análisis de tamaños de los clusters**: Cuenta cuántos clientes hay en cada cluster, lo que ayuda a comprender la distribución de los clientes entre los segmentos.
3. **Visualización de las características de los clusters**: Crea dos diagramas de caja:
    - Uno que muestra la distribución del ingreso anual para cada cluster.
    - Otro que muestra la distribución de la puntuación de gasto para cada cluster.

Este análisis es crucial para obtener información sobre los grupos distintos dentro de la base de clientes, lo que puede utilizarse para adaptar las estrategias de marketing y mejorar la interacción con los clientes.

Con base en estas visualizaciones y estadísticas, podemos interpretar nuestros clusters:

- **Cluster 0**: Alto ingreso, alta puntuación de gasto - "Clientes Premium"
- **Cluster 1**: Bajo ingreso, alta puntuación de gasto - "Compradores Cuidadosos"
- **Cluster 2**: Ingreso medio, puntuación de gasto media - "Clientes Promedio"
- **Cluster 3**: Alto ingreso, baja puntuación de gasto - "Ahorristas Potenciales"
- **Cluster 4**: Bajo ingreso, baja puntuación de gasto - "Clientes con Presupuesto Ajustado"

6.3.5 Evaluar el Rendimiento del Clustering

Para evaluar la efectividad de nuestro enfoque de clustering, utilizaremos la puntuación de silueta, una métrica poderosa que cuantifica qué tan bien se ajusta cada punto de datos dentro de su cluster asignado. Esta puntuación proporciona información valiosa al medir la similitud de un objeto con su propio cluster en comparación con otros clusters.

Al analizar estas puntuaciones, podemos obtener una comprensión integral de la calidad de nuestro clustering e identificar posibles áreas de mejora.

```
from sklearn.metrics import silhouette_score, silhouette_samples

# Ensure there are at least 2 clusters
if len(set(customer_df_clean['Cluster'])) > 1:
    # Calculate silhouette score
    silhouette_avg = silhouette_score(customer_df_scaled,
customer_df_clean['Cluster'])
    print(f"The average silhouette score is: {silhouette_avg:.4f}")

    # Compute silhouette scores for each sample
    silhouette_values = silhouette_samples(customer_df_scaled,
customer_df_clean['Cluster'])

    # Visualize silhouette scores
    plt.figure(figsize=(10, 6))
    plt.hist(silhouette_values, bins=20, alpha=0.7, edgecolor="black")
    plt.axvline(silhouette_avg, color="red", linestyle="--", label=f"Average
Silhouette Score: {silhouette_avg:.4f}")
    plt.xlabel("Silhouette Score")
    plt.ylabel("Frequency")
    plt.title("Distribution of Silhouette Scores")
    plt.legend()
    plt.show()
else:
```

```
    print("Silhouette score cannot be computed with only one cluster.")
```

Aquí se detalla lo que hace el código:

1. Calcular la puntuación de silueta: Esto se realiza utilizando la función silhouette_score, que mide qué tan similar es un objeto a su propio cluster en comparación con otros clusters. Se calcula e imprime la puntuación de silueta promedio para todos los puntos de datos.
2. Calcular puntuaciones de silueta individuales: Se utiliza la función silhouette_samples para calcular la puntuación de silueta para cada punto de datos.
3. Visualizar la distribución de puntuaciones de silueta: Se crea un histograma para mostrar la distribución de puntuaciones de silueta en todos los puntos de datos. Esto ayuda a comprender la calidad general del clustering.
4. Agregar una línea vertical para la puntuación promedio: Se agrega una línea roja punteada al histograma para indicar la puntuación de silueta promedio, facilitando la comparación de puntuaciones individuales con el promedio general.

La puntuación de silueta varía de -1 a 1, donde valores más altos indican un mejor clustering. Una puntuación superior a 0.5 generalmente se considera buena. Esta visualización ayuda a evaluar la calidad del clustering e identificar posibles áreas de mejora.

6.3.6 Posibles Mejoras y Trabajo Futuro

Aunque nuestro modelo actual proporciona información valiosa, existen varias maneras en las que podríamos mejorar su rendimiento:

- **Ingeniería de Características**: Crear nuevas características o transformar las existentes para capturar relaciones más complejas. Por ejemplo, podríamos crear una característica que represente la relación entre la puntuación de gasto y el ingreso anual.
- **Probar Otros Algoritmos**: Experimentar con algoritmos de clustering más avanzados como DBSCAN o Modelos de Mezcla Gaussiana, que pueden manejar clusters de diferentes formas y densidades.
- **Reducción de Dimensionalidad**: Si tenemos más características, podríamos utilizar técnicas como PCA para reducir la dimensionalidad antes del clustering.
- **Incorporar Más Datos**: Si es posible, incluir más atributos de los clientes, como edad, género o historial de compras, para crear segmentos más matizados.
- **Análisis de Series Temporales**: Si tenemos datos a lo largo del tiempo, podríamos analizar cómo los clientes se mueven entre segmentos.

6.3.7 Conclusión

En este proyecto, hemos implementado exitosamente el clustering K-Means para segmentar a los clientes en función de su ingreso anual y su puntuación de gasto. Nuestro recorrido abarcó todo el proceso de ciencia de datos, desde la carga inicial de datos y el preprocesamiento meticuloso hasta la evaluación sofisticada del modelo y la interpretación profunda. Navegamos cada paso con precisión, asegurando la integridad y confiabilidad de nuestro análisis.

Los segmentos de clientes que hemos descubierto a través de este proceso no son meramente agrupaciones estadísticas, sino que brindan valiosos conocimientos sobre nuestra base de clientes. Estos segmentos ofrecen una comprensión matizada de los diferentes comportamientos y preferencias de los clientes, que pueden aprovecharse para mejorar significativamente nuestras estrategias comerciales. Al adaptar nuestras estrategias de marketing a estos grupos distintos, podemos crear campañas más personalizadas y efectivas que resuenen con las características únicas de cada segmento.

Además, estos conocimientos se extienden más allá del marketing, pudiendo influir en el desarrollo de productos, enfoques de servicio al cliente y la toma de decisiones empresariales en general. La capacidad de interactuar con los clientes de manera más dirigida, basándonos en su segmentación, puede llevar a una mayor satisfacción, lealtad y, en última instancia, mejores resultados comerciales. A medida que avanzamos, estos segmentos de clientes servirán como una valiosa base para la toma de decisiones basadas en datos en varios aspectos de nuestras operaciones.

Cuestionario Parte 2: Preprocesamiento de Datos y Aprendizaje Automático Clásico

Capítulo 3: Preprocesamiento de Datos e Ingeniería de Características

1. **¿Cuál es el propósito de la limpieza de datos en el preprocesamiento de datos?**
   - a) Mejorar el rendimiento del modelo transformando las características
   - b) Identificar y manejar datos faltantes, eliminar duplicados y corregir errores
   - c) Escalar los datos a un rango consistente
   - d) Reducir la dimensionalidad del conjunto de datos
2. **¿Qué técnica se utiliza típicamente para manejar datos faltantes?**
   - a) Codificación one-hot
   - b) Aumento de datos
   - c) Imputación
   - d) PCA
3. **¿Qué implica la ingeniería de características?**
   - a) Crear nuevas características a partir de las existentes
   - b) Reducir el ruido de los datos
   - c) Aumentar el número de muestras en el conjunto de datos
   - d) Tanto a como b
4. **¿Por qué es importante escalar las características numéricas?**
   - a) Para eliminar los valores atípicos del conjunto de datos
   - b) Para asegurar que las características con diferentes rangos contribuyan por igual al rendimiento del modelo

- c) Para aumentar el tamaño del conjunto de datos
- d) Para eliminar el ruido del conjunto de datos

5. **¿Para qué se utiliza la división Train-Test?**
    - a) Crear muestras de datos sintéticas
    - b) Separar los datos en conjuntos de entrenamiento y prueba para validar el modelo
    - c) Aumentar el número de características en el conjunto de datos
    - d) Estandarizar características a la misma escala

Capítulo 4: Técnicas de Aprendizaje Supervisado

1. **En la regresión lineal, ¿cuál es el objetivo a minimizar?**
    - a) Pérdida de entropía cruzada
    - b) Error cuadrático medio (MSE)
    - c) Precisión
    - d) Descenso de gradiente
2. **¿Qué algoritmo de clasificación trabaja encontrando un hiperplano que mejor separa las clases?**
    - a) Árbol de Decisión
    - b) k-Nearest Neighbors (KNN)
    - c) Máquina de Soporte Vectorial (SVM)
    - d) Bosque Aleatorio
3. **¿Cuál es el propósito principal del ajuste de hiperparámetros?**
    - a) Ajustar la proporción de la división train-test
    - b) Encontrar los mejores valores para los parámetros que controlan el comportamiento del modelo
    - c) Eliminar características que no son útiles
    - d) Evaluar el modelo en un conjunto de prueba
4. **¿Qué representa la puntuación F1?**
    - a) El promedio de precisión y recall

- b) La media armónica de precisión y recall
- c) El área bajo la curva ROC
- d) La precisión del modelo

5. **¿Cuál de los siguientes algoritmos es un método de conjunto?**
   - a) Árboles de Decisión
   - b) Regresión Logística
   - c) Bosque Aleatorio
   - d) Regresión Lineal

Capítulo 5: Técnicas de Aprendizaje No Supervisado

1. **¿Cuál es la principal diferencia entre el aprendizaje supervisado y el no supervisado?**
   - a) El aprendizaje supervisado requiere datos etiquetados, mientras que el no supervisado no
   - b) El aprendizaje no supervisado solo funciona con datos numéricos
   - c) El aprendizaje supervisado agrupa los datos en clusters
   - d) Ambas técnicas requieren datos etiquetados
2. **¿Qué algoritmo es un método de clustering basado en densidad?**
   - a) K-Means
   - b) Clustering Jerárquico
   - c) DBSCAN
   - d) t-SNE
3. **¿Cuál de las siguientes opciones describe mejor el Análisis de Componentes Principales (PCA)?**
   - a) Un algoritmo de aprendizaje supervisado para clasificación
   - b) Una técnica de reducción de dimensionalidad que preserva la varianza
   - c) Un método para detectar valores atípicos en los datos
   - d) Un algoritmo para optimizar hiperparámetros
4. **¿Qué mide la puntuación de silueta en el clustering?**

- a) La precisión general del clustering
- b) La separación entre clusters
- c) Qué tan similar es un punto de datos a su propio cluster en comparación con otros clusters
- d) La densidad de los clusters

5. **¿Cuál es la ventaja clave de UMAP sobre t-SNE?**
    - a) UMAP solo preserva la estructura local, mientras que t-SNE preserva tanto la estructura local como la global
    - b) UMAP es más rápido y escalable que t-SNE, lo que lo hace más adecuado para conjuntos de datos más grandes
    - c) t-SNE tiene un mejor rendimiento en datos de alta dimensionalidad
    - d) UMAP no requiere ajuste de parámetros, mientras que t-SNE sí lo hace

Sección de Respuestas

1. **b**
2. **c**
3. **d**
4. **b**
5. **b**
6. **b**
7. **c**
8. **b**
9. **b**
10. **c**
11. **a**
12. **c**
13. **b**
14. **c**
15. **b**

Conclusión

¡Felicidades! Has completado *Machine Learning Hero: Master Data Science with Python Essentials*, y al hacerlo, has dado un paso importante hacia el dominio de las habilidades fundamentales del machine learning. Desde comprender los conceptos básicos del aprendizaje automático hasta implementar modelos con Python y sus poderosas bibliotecas, ahora estás equipado con las herramientas necesarias para abordar problemas de ciencia de datos en el mundo real.

A lo largo de este viaje, hemos explorado una variedad de temas, desde los principios esenciales del aprendizaje automático hasta los detalles del preprocesamiento de datos, la ingeniería de características y los algoritmos clásicos de machine learning. Como **héroe del aprendizaje automático**, ahora tienes la capacidad de usar datos para generar información significativa, predicciones y soluciones que pueden impulsar decisiones en cualquier industria.

Tomémonos un momento para reflexionar sobre lo que has logrado hasta ahora:

1. Comprender las Bases del Machine Learning

En los primeros capítulos, te presentamos los fundamentos del machine learning. Aprendiste sobre los diferentes tipos de aprendizaje automático—**supervisado**, **no supervisado** y **reforzamiento**—y cómo estas técnicas se pueden aplicar a diversas tareas. Comprender estas distinciones te ha permitido abordar los problemas de manera metódica, seleccionando las herramientas y modelos adecuados según la naturaleza de los datos y el problema en cuestión.

2. Dominar Python y las Bibliotecas Esenciales de Ciencia de Datos

También te has vuelto competente en Python, el lenguaje preferido para la ciencia de datos y el aprendizaje automático. Al explorar bibliotecas clave como **NumPy**, **Pandas**, **Matplotlib**, **Seaborn** y **Scikit-learn**, ahora tienes la capacidad de manipular datos, visualizar tendencias y construir modelos con confianza. Estas bibliotecas seguirán siendo herramientas indispensables a medida que avances en tu carrera en machine learning.

3. Preprocesar Datos para el Éxito en el Machine Learning

Una de las habilidades más importantes que has desarrollado es la capacidad de **preprocesar datos** de manera efectiva. Los datos crudos rara vez son perfectos, y el tiempo que has dedicado a aprender cómo limpiar y transformar los datos es crucial para garantizar que tus modelos de aprendizaje automático funcionen de la mejor manera. Ya sea manejando valores faltantes, codificando variables categóricas, escalando características o realizando divisiones de entrenamiento y prueba, ahora sabes cómo convertir datos desordenados en algo útil.

4. Aplicar Técnicas Clásicas de Machine Learning

Luego profundizamos en las técnicas clásicas de machine learning, incluyendo algoritmos de **regresión**, **clasificación** y **clustering**. Has construido modelos como:

- **Regresión lineal y polinómica** para predecir resultados continuos.
- Algoritmos de **clasificación** como **SVM**, **KNN** y **Árboles de Decisión** para clasificar puntos de datos en categorías distintas.
- **Clustering K-Means** para agrupar puntos de datos similares cuando no hay etiquetas disponibles.

Al trabajar en proyectos prácticos, como la predicción de precios de automóviles y la segmentación de clientes, no solo has aprendido la teoría detrás de estos algoritmos, sino también cómo implementarlos en la práctica. Estas habilidades serán invaluables a medida que continúes tu viaje hacia técnicas más avanzadas de machine learning.

5. La Importancia de la Ingeniería de Características

Una de las técnicas más poderosas que has dominado es la **ingeniería de características**. Como has visto, la calidad de las características que introduces en tu modelo puede marcar una gran diferencia en su rendimiento. Al crear nuevas características, transformar las existentes y seleccionar las variables más relevantes, has aprendido a optimizar tus modelos para lograr mayor precisión y confiabilidad.

¿Qué sigue?

Al cerrar este capítulo sobre los fundamentos del aprendizaje automático, es posible que te preguntes: "¿Qué sigue?" El viaje para dominar el machine learning es continuo, y siempre hay más por aprender. Aquí te dejamos algunos pasos que puedes tomar a medida que avanzas:

1. Continúa Practicando con Datos del Mundo Real

Los proyectos prácticos que has completado en este libro son solo el comienzo. Para solidificar tu comprensión, sigue practicando con conjuntos de datos del mundo real. Puedes encontrar conjuntos de datos en plataformas como **Kaggle**, **UCI Machine Learning Repository**, o incluso en portales de datos gubernamentales públicos. Cuantos más datos trabajes, mejor entenderás cómo aplicar tus habilidades de machine learning en diferentes industrias y problemas.

2. Profundiza en tu Conocimiento de Algoritmos

Aunque este libro te ha introducido a los algoritmos principales de machine learning, aún queda mucho por explorar. Profundiza en temas como los **métodos de ensamblado** (por ejemplo, **Random Forests**, **Gradient Boosting**), el **ajuste de hiperparámetros** y la **optimización de modelos**. Estas técnicas te ayudarán a mejorar la precisión y eficiencia de tus modelos.

3. Explora el Deep Learning y la Inteligencia Artificial

El aprendizaje automático es un campo vasto, y una de las áreas más emocionantes de crecimiento es el **deep learning**. Si estás listo para llevar tus habilidades al siguiente nivel, el Volumen 2 de esta serie—*Deep Learning and AI Superhero: Mastering Deep Learning with TensorFlow, Keras, and PyTorch*—te guiará a través del mundo de las **redes neuronales**, **redes neuronales convolucionales (CNNs)**, **redes neuronales recurrentes (RNNs)**, y más. Esto te permitirá construir modelos de IA capaces de realizar tareas como el reconocimiento de imágenes, procesamiento de lenguaje natural y toma de decisiones autónoma.

4. Construye un Portafolio

Si tu objetivo es seguir una carrera en machine learning o ciencia de datos, es importante mostrar tus habilidades. Comienza a construir un portafolio de proyectos que demuestre tu capacidad para resolver problemas del mundo real utilizando datos. Ya sea en una competencia de machine learning en **Kaggle** o un proyecto personal utilizando conjuntos de datos públicos, tener un portafolio te diferenciará en el mercado laboral.

5. Mantén la Curiosidad y Sigue Aprendiendo

El campo del machine learning está en constante evolución, con nuevas herramientas, algoritmos y técnicas que se desarrollan todo el tiempo. Mantén la curiosidad y sigue aprendiendo. Suscríbete a blogs de machine learning, sigue publicaciones de investigación y participa con la comunidad en plataformas como **GitHub** y **Stack Overflow**. Al mantenerte actualizado con los últimos avances, seguirás creciendo como héroe del aprendizaje automático.

Reflexiones Finales

Convertirse en un **héroe del machine learning** no ocurre de la noche a la mañana. Requiere persistencia, curiosidad y disposición para experimentar con datos y algoritmos. Pero al dominar los conceptos clave, herramientas y técnicas que cubre este libro, has construido una base sólida que te apoyará en tu viaje a través de la ciencia de datos y la inteligencia artificial.

El poder del machine learning no radica solo en la capacidad de construir modelos, sino en su potencial para resolver problemas del mundo real, automatizar procesos y descubrir información a partir de datos. Con las habilidades que has adquirido, ahora tienes el poder de impulsar la innovación y hacer un impacto significativo en cualquier campo.

El mundo del machine learning te espera. ¿Estás listo para llevar tus habilidades al siguiente nivel? ¡Continuemos tu viaje en el **Libro 2**, donde te convertirás en un **superhéroe del deep learning y la IA**!

¿Dónde continuar?

Si has completado este libro y tienes hambre de más conocimientos de programación, nos gustaría recomendarte algunos otros libros de nuestra empresa de software que podrían resultarte útiles. Estos libros cubren una amplia gama de temas y están diseñados para ayudarte a seguir ampliando tus habilidades de programación.

1. **"ChatGPT API Bible: Mastering Python Programming for Conversational AI"**: Proporciona una guía práctica, paso a paso, para utilizar ChatGPT, cubriendo todo, desde la integración de la API hasta el ajuste fino del modelo para tareas o industrias específicas.
2. **"Natural Language Processing with Python: Building your Own Customer Service ChatBot"**: Este libro expansivo ofrece una exploración profunda del PLN. Simplifica con éxito conceptos complejos utilizando explicaciones atractivas y ejemplos intuitivos.
3. **"Data Analysis with Python"**: Python es un lenguaje poderoso para el análisis de datos, y este libro te ayudará a desbloquear su máximo potencial. Cubre temas como la limpieza de datos, la manipulación de datos y la visualización de datos, y te proporciona ejercicios prácticos para ayudarte a aplicar lo que has aprendido.
4. **"Machine Learning with Python"**: El aprendizaje automático es uno de los campos más emocionantes de la informática, y este libro te ayudará a empezar a construir tus propios modelos de aprendizaje automático usando Python. Cubre temas como la regresión lineal, la regresión logística y los árboles de decisión.
5. **"Mastering ChatGPT and Prompt Engineering"**: En este libro, te llevaremos en un viaje completo a través del mundo de la ingeniería de prompts, cubriendo todo, desde los fundamentos de los modelos de lenguaje de IA hasta estrategias avanzadas y aplicaciones en el mundo real.

Todos estos libros están diseñados para ayudarte a seguir ampliando tus habilidades de programación y profundizar tu comprensión del lenguaje Python. Creemos que la programación es una habilidad que se puede aprender y desarrollar con el tiempo, y estamos comprometidos a proporcionar recursos para ayudarte a alcanzar tus objetivos.

También nos gustaría aprovechar esta oportunidad para agradecerte por elegir nuestra empresa de software como tu guía en tu viaje de programación. Esperamos que hayas encontrado este libro de Python para principiantes como un recurso valioso, y esperamos seguir proporcionándote recursos de programación de alta calidad en el futuro. Si tienes algún comentario o sugerencia para futuros libros o recursos, no dudes en ponerte en contacto con nosotros. ¡Nos encantaría saber de ti!

Conoce más sobre nosotros

En Cuantum Technologies, nos especializamos en construir aplicaciones web que ofrecen experiencias creativas y resuelven problemas del mundo real. Nuestros desarrolladores tienen experiencia en una amplia gama de lenguajes de programación y marcos de trabajo, incluyendo Python, Django, React, Three.js y Vue.js, entre otros. Constantemente exploramos nuevas tecnologías y técnicas para mantenernos a la vanguardia de la industria, y nos enorgullecemos de nuestra capacidad para crear soluciones que satisfagan las necesidades de nuestros clientes.

Si estás interesado en aprender más sobre Cuantum Technologies y los servicios que ofrecemos, por favor visita nuestro sitio web en books.cuantum.tech. Estaremos encantados de responder cualquier pregunta que puedas tener y de discutir cómo podemos ayudarte con tus necesidades de desarrollo de software.

www.cuantum.tech

www.ingramcontent.com/pod-product-compliance
Lightning Source LLC
LaVergne TN
LVHW061217100826
845148LV00004B/778